Michel Bourgeois

Sommaire

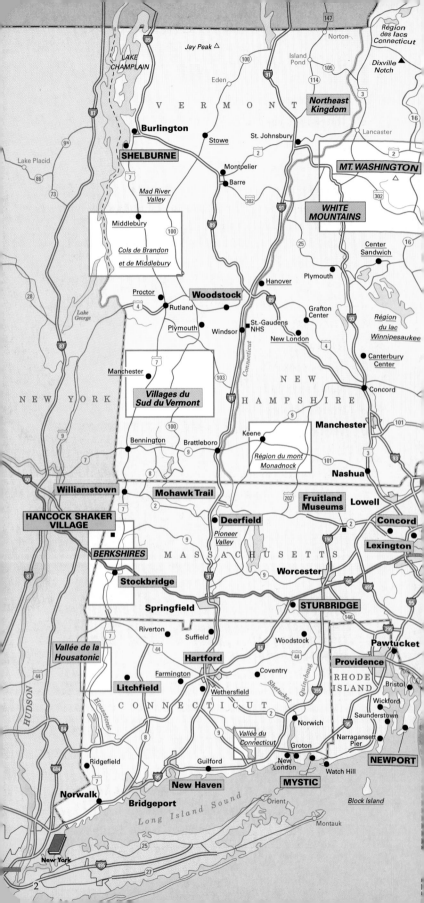

LAKE CHAMPLAIN

Jay Peak △

Norton

Région des lacs Connecticut

Island Pond

Dixville Notch

Eden

SHELBURNE

Burlington

Stowe

St. Johnsbury

Lancaster

Northeast Kingdom

Lake Placid

V E R M O N T

Montpelier

Barre

MT. WASHINGTON

Mad River Valley

Middlebury

Cols de Brandon et de Middlebury

WHITE MOUNTAINS

Center Sandwich

Proctor

Woodstock

Rutland

Hanover

Plymouth

Plymouth

Windsor

St.-Gaudens NHS

Grafton Center

Région du lac Winnipesaukee

Lake George

Manchester

Villages du Sud du Vermont

New London

Canterbury Center

N E W   H A M P S H I R E

Concord

N E W   Y O R K

Bennington

Brattleboro

Keene

Manchester

Nashua

Williamstown

Mohawk Trail

Région du mont Monadnock

Fruitland Museums

Lowell

Concord

HANCOCK SHAKER VILLAGE

Deerfield

Pioneer Valley

Lexington

BERKSHIRES

M A S S A C H U S E T T S

Worcester

Stockbridge

Springfield

STURBRIDGE

Riverton

Suffield

Woodstock

Pawtucket

Vallée de la Housatonic

Hartford

Coventry

Providence

Farmington

R H O D E   I S L A N D

Bristol

HUDSON

Litchfield

Wethersfield

Wickford

Saunderstown

C O N N E C T I C U T

Norwich

Narragansett Pier

Vallée du Connecticut

Groton

NEWPORT

Ridgefield

Guilford

New London

Watch Hill

Norwalk

New Haven

MYSTIC

Bridgeport

Long Island Sound

Orient

Block Island

New York

Montauk

2

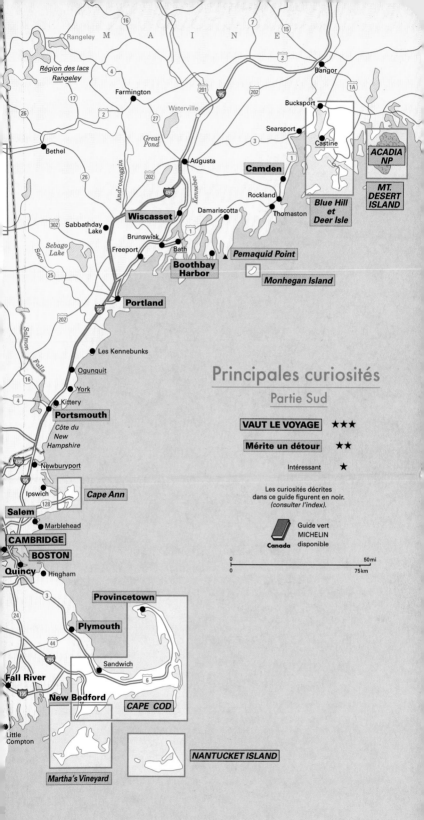

Principales curiosités

Partie Sud

VAUT LE VOYAGE	★★★
Mérite un détour	★★
Intéressant	★

Les curiosités décrites
dans ce guide figurent en noir.
(consulter l'index).

Canada — Guide vert MICHELIN disponible

0		50mi
0		75km

Région des lacs Rangeley

M A I N E

Rangeley

Farmington

Waterville

Bethel

Great Pond

Augusta

Bangor

Bucksport

Searsport

Castine

Camden

Rockland

Thomaston

ACADIA NP

MT. DESERT ISLAND

Blue Hill et Deer Isle

Wiscasset

Damariscotta

Sabbathday Lake

Brunswick

Freeport

Bath

Boothbay Harbor

Pemaquid Point

Monhegan Island

Sebago Lake

Androscoggin

Kennebec

Portland

Les Kennebunks

Ogunquit

York

Kittery

Portsmouth

Côte du New Hampshire

Newburyport

Ipswich

Cape Ann

Salem

Marblehead

CAMBRIDGE

BOSTON

Quincy

Hingham

Salmon Falls

Saco

Provincetown

Plymouth

Sandwich

Fall River

New Bedford

CAPE COD

Little Compton

Martha's Vineyard

NANTUCKET ISLAND

A T L A N T I C   O C E A N

3

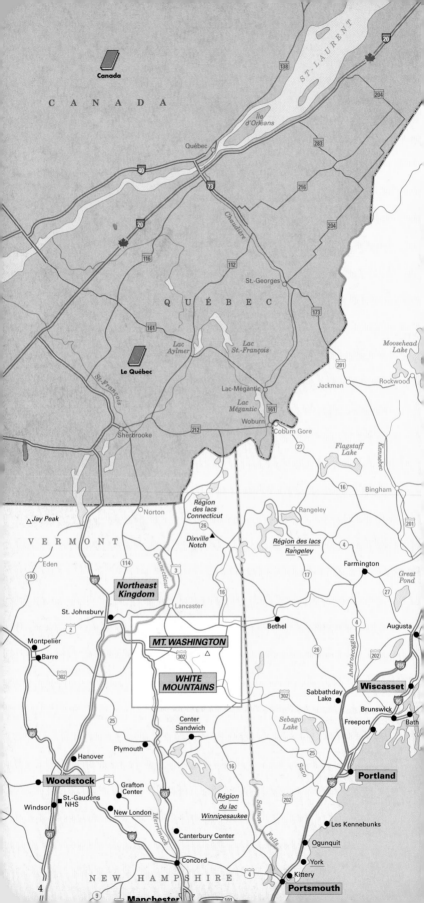

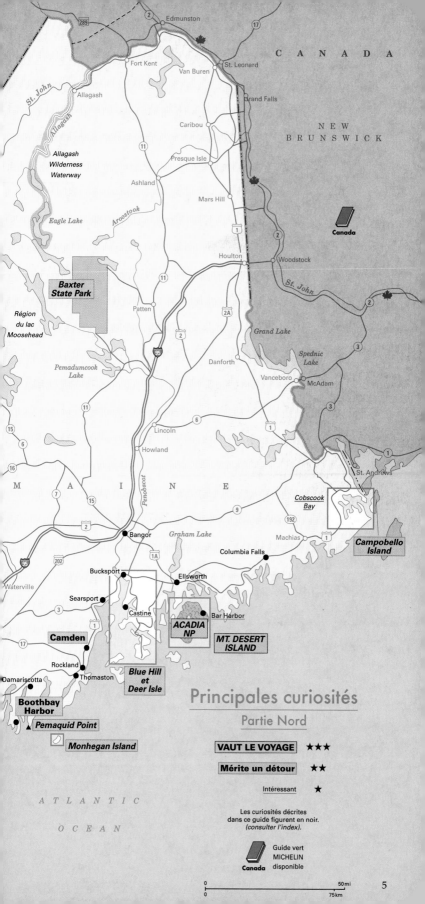

CANADA

NEW BRUNSWICK

289
Edmunston
2
17
Fort Kent
St. Leonard
Van Buren
Allagash
Grand Falls
St. John
Allagash
Caribou
11
Aroostook
Presque Isle
Allagash
Wilderness
Waterway
Ashland
Mars Hill
Eagle Lake
1
Canada
Houlton
Woodstock
Baxter
State Park
11
2
St. John
Région
du lac
Moosehead
Patten
2A
Grand Lake
Spednic
Lake
95
2
Pemadumcook
Lake
Danforth
Vanceboro
McAdam
3
11
Lincoln
6
St. Andrews
15
Howland
16
6
1
M   A   I   N   E
7
Cobscook
Bay
15
9
192
2
Machias
1A
Bangor
Graham Lake
Campobello
Island
95
Columbia Falls
202
Bucksport
Waterville
Ellsworth
Searsport
Castine
ACADIA
NP
Bar Harbor
3
1
Camden
MT. DESERT
ISLAND
Rockland
17
Thomaston
**Blue Hill
et
Deer Isle**
Damariscotta
**Boothbay
Harbor**
▲ **Pemaquid Point**

Monhegan Island

Principales curiosités

Partie Nord

| **VAUT LE VOYAGE** | ★★★ |

| **Mérite un détour** | ★★ |

| Intéressant | ★ |

Les curiosités décrites
dans ce guide figurent en noir.
(consulter l'index).

Guide vert
MICHELIN
Canada disponible

ATLANTIC

OCEAN

0   50mi
0   75km

5

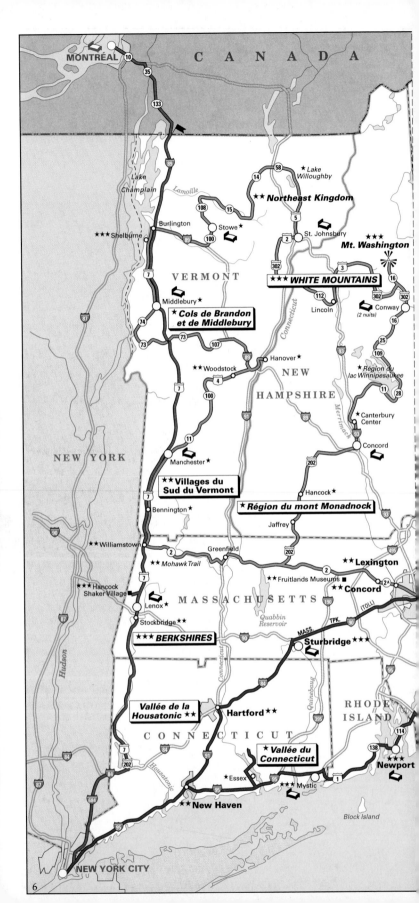

MONTRÉAL (10)
(35)
C A N A D A
(133)

Lake Champlain
Lamoille
(58) ★ *Lake Willoughby*
(14) ★★ **Northeast Kingdom**
(108) (15) (5)
(89) Burlington ★ Stowe (2) St. Johnsbury
(100) (302) ★★★ **Mt. Washington** ✴
★★★ Shelburne (3)
(302) ★★★ **WHITE MOUNTAINS** (16)
(7) **VERMONT** (302)(302)
(112) Conway (16)
★ Middlebury ★ Lincoln *(2 nuits)*
★ **Cols de Brandon et de Middlebury** (25)
(74) (109)
(73) (107) *Connecticut* ★ *Région du lac Winnipesaukee*
(73) ★ Hanover ★ (11)(28)
★★ Woodstock **NEW**
(7) (4)
(100) **HAMPSHIRE** ★ Canterbury Center
(91) (89) *Merrimack* ○ Concord
(93)
NEW YORK (11) (202)
★ Manchester ★ Hancock ★
★★ **Villages du Sud du Vermont** ★ **Région du mont Monadnock**
(7) Bennington ★ Jaffrey (93)
(202)
(90) ★★ Williamstown (495)
(2) Greenfield (202)
(7) ★★ *Mohawk Trail* ★★ **Lexington**
(2) (2A)
★★★ Hancock ★★ *Fruitlands Museums* ■ (TOLL)
Shaker Village ★ Lenox **MASSACHUSETTS** ★★ **Concord**
(87) (190)
Stockbridge ★★ *Quabbin Reservoir* MASS. TPK. (90)
★★★ **BERKSHIRES** (90) Sturbridge ★★★
Hudson *Connecticut* **RHODE**
Quinebaug **ISLAND**
(84) (395) (114)
Vallée de la Housatonic ★★ Hartford ★★
★ **Vallée du Connecticut** (138)
CONNECTICUT ★★★ **Newport**
(7) (84) (91) (95)
(202) ★ Essex (1)
Housatonic ★★★ Mystic
(84) ★★ **New Haven** *Block Island*
(684) (95)

NEW YORK CITY

6

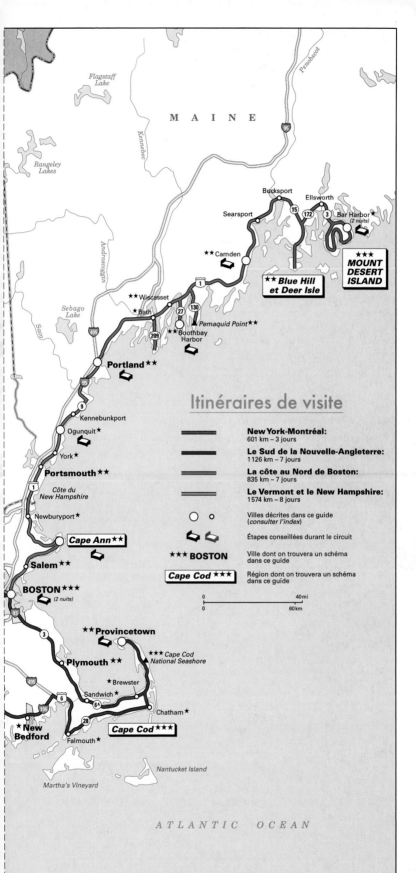

Itinéraires de visite

	New York-Montréal: 601 km – 3 jours
	Le Sud de la Nouvelle-Angleterre: 1126 km – 7 jours
	La côte au Nord de Boston: 835 km – 7 jours
	Le Vermont et le New Hampshire: 1574 km – 8 jours

○ ○   Villes décrites dans ce guide
(*consulter l'index*)

Étapes conseillées durant le circuit

★★★ **BOSTON**   Ville dont on trouvera un schéma
dans ce guide

Cape Cod ★★★   Région dont on trouvera un schéma
dans ce guide

0   40 mi
0   60 km

MAINE

Flagstaff Lake

Rangeley Lakes

Kennebec

Androscoggin

Penobscot

Bucksport

Searsport

Ellsworth

Bar Harbor ★
(2 nuits)

★★★
MOUNT DESERT ISLAND

★★ Camden

★★ Blue Hill et Deer Isle

★★ Wiscasset

★ Bath

Pemaquid Point ★★

★★ Boothbay Harbor

Sebago Lake

Saco

Portland ★★

Kennebunkport

Ogunquit ★

York ★

Portsmouth ★★

Côte du New Hampshire

Newburyport ★

Cape Ann ★★

Salem ★★

BOSTON ★★★
(2 nuits)

★★ **Provincetown**

★★★ *Cape Cod National Seashore*

Plymouth ★★

★ Brewster

Sandwich ★

Chatham ★

★ **New Bedford**

Falmouth ★

Cape Cod ★★★

Nantucket Island

Martha's Vineyard

ATLANTIC OCEAN

Tableau des distances

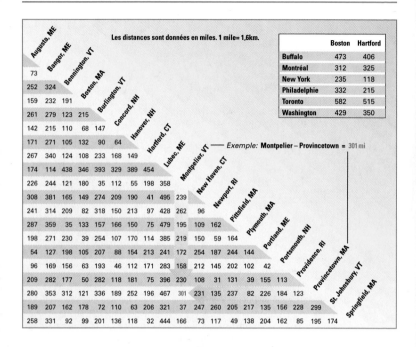

Les distances sont données en miles. 1 mile= 1,6km.

	Boston	Hartford
Buffalo	473	406
Montréal	312	325
New York	235	118
Philadelphie	332	215
Toronto	582	515
Washington	429	350

Diagonal labels: Augusta, ME; Bangor, ME; Bennington, VT; Boston, MA; Burlington, VT; Concord, NH; Hanover, NH; Hartford, CT; Lubec, ME; Montpelier, VT; New Haven, CT; Newport, RI; Pittsfield, MA; Plymouth, MA; Portland, ME; Portsmouth, NH; Providence, RI; Provincetown, MA; St. Johnsbury, VT; Springfield, MA.

Exemple: **Montpelier – Provincetown = 301 mi**

```
73
252 324
159 232 191
261 279 123 215
142 215 110  68 147
171 271 105 132  90  64
267 340 124 108 233 168 149
174 114 438 346 393 329 389 454
226 244 121 180  35 112  55 198 358
308 381 165 149 274 209 190  41 495 239
241 314 209  82 318 150 213  97 428 262  96
287 359  35 133 157 166 150  75 479 195 109 162
198 271 230  39 254 107 170 114 385 219 150  59 164
 54 127 198 105 207  88 154 213 241 172 254 187 244 144
 96 169 156  63 193  46 112 171 283 158 212 145 202 102  42
209 282 177  50 282 118 181  75 396 230 108  31 131  39 155 113
280 353 312 121 336 189 252 196 467 301 231 135 237  82 226 184 123
189 207 162 178  72 110  63 206 321  37 247 260 205 217 135 156 228 299
258 331  92  99 201 136 118  32 444 166  73 117  49 138 204 162  85 195 174
```

Feuillages d'automne: Itinéraires routiers *(voir cartes pp. 10-13)*

1 Environs de Boston
2 Nord du Vermont et New Hampshire
3 Connecticut (arrière-pays)
4 Berkshires et Sud du Vermont
5 Maine (arrière-pays)
6 Maine (côte)

Plans et schémas contenus dans ce guide

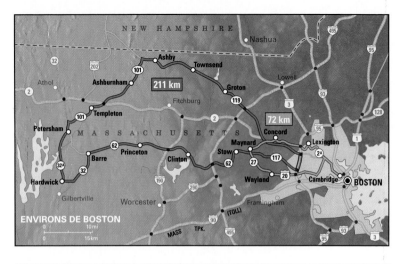

ENVIRONS DE BOSTON

- 211 km
- 72 km

New Hampshire / Massachusetts

Nashua, Ashby, Townsend, Groton, Lowell, Ashburnham, Fitchburg, Templeton, Petersham, Concord, Lexington, Maynard, Princeton, Clinton, Stow, Wayland, Cambridge, BOSTON, Barre, Hardwick, Gilbertville, Worcester, Framingham

MASS. TPK.

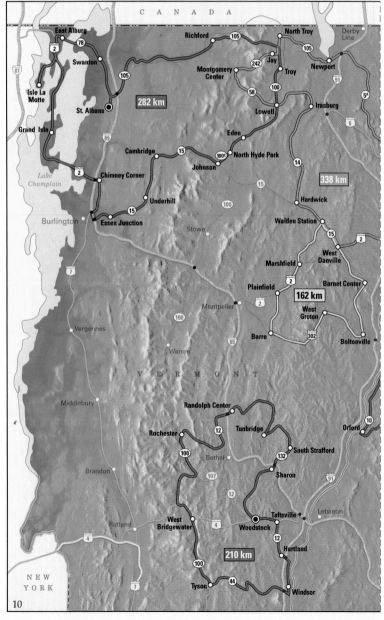

CANADA / VERMONT

- 282 km
- 338 km
- 162 km
- 210 km

East Alburg, Richford, North Troy, Derby Line, Swanton, Jay, Troy, Newport, Isle La Motte, Montgomery Center, St. Albans, Irasburg, Grand Isle, Eden, Lowell, Cambridge, North Hyde Park, Johnson, Hardwick, Chimney Corner, Walden Station, Underhill, Essex Junction, Stowe, West Danville, Burlington, Marshfield, Barnet Center, Plainfield, Barre, West Groton, Boltonville, Montpelier, Vergennes, Warren, Middlebury, Randolph Center, Tunbridge, Orford, Rochester, South Strafford, Bethel, Sharon, Brandon, Taftsville, Lebanon, West Bridgewater, Woodstock, Rutland, Hartland, Tyson, Windsor

Lake Champlain

NEW YORK

10

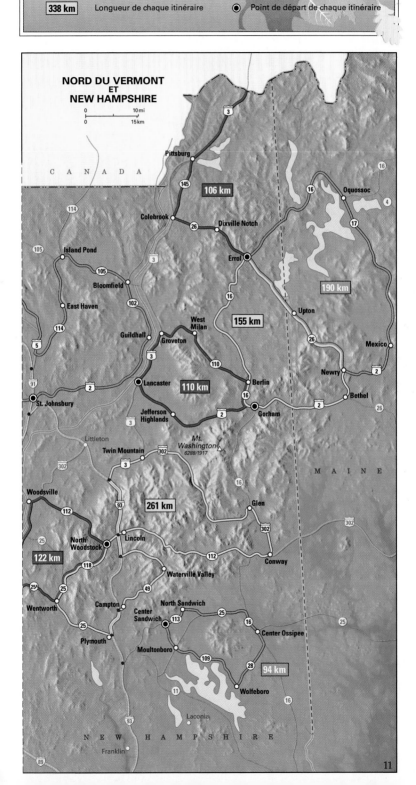

FEUILLAGES D'AUTOMNE
Itinéraires routiers

— Itinéraire conseillé

338 km — Longueur de chaque itinéraire

○ Étape (ville ou village)

◉ Point de départ de chaque itinéraire

NORD DU VERMONT ET NEW HAMPSHIRE

0 — 10mi
0 — 15km

CANADA

Pittsburg

145 — **106 km**

Colebrook — 26 — Dixville Notch

16 — Oquossoc

16 — 4

17

114

Island Pond

105

Bloomfield

102

East Haven

114

5

91

Errol

16 — **190 km**

Upton

26

Mexico

2

West Milan

Guildhall — Groveton — **155 km**

Newry

Bethel — 26

110

St. Johnsbury

2 — Lancaster — **110 km** — Berlin

16

Jefferson Highlands — 2 — Gorham — 2

3

Littleton

Twin Mountain — 302 — *Mt. Washington 6288/1917* ▲

3

MAINE

302

16

Woodsville

112

93 — **261 km**

Glen

25

North Woodstock

122 km

118

Lincoln — 112 — Conway

302

302

Waterville Valley

49

25A — 25

Campton

North Sandwich

Center Sandwich — 113 — 25

16 — 25

Wentworth

25

Plymouth

Moultonboro

16

Center Ossipee

109

28 — **94 km**

11

Wolfeboro — 16

93

Laconia

NEW HAMPSHIRE

89 — Franklin

11

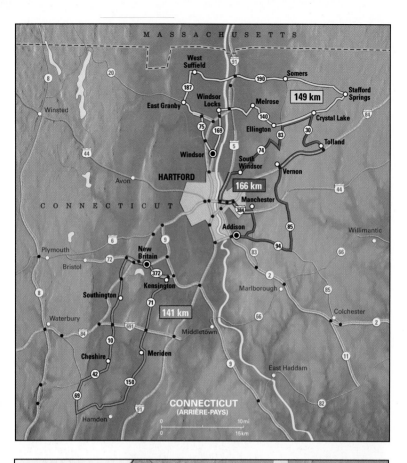

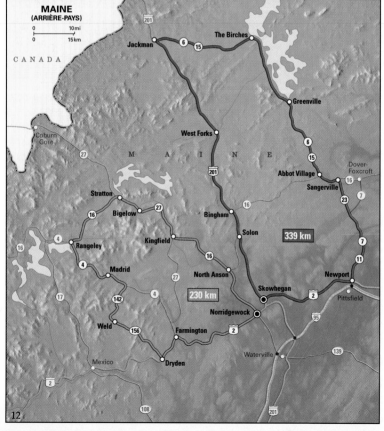

12

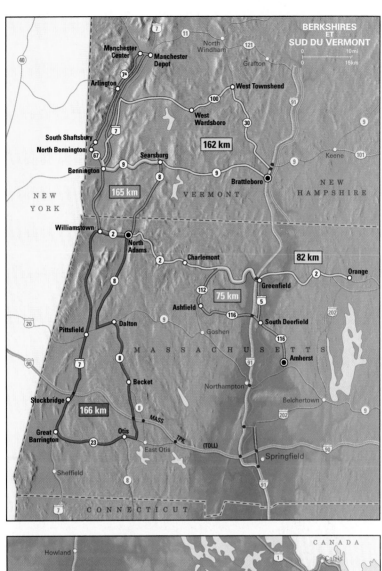

BERKSHIRES
ET
SUD DU VERMONT

0   10mi
0   15km

162 km
165 km
82 km
75 km
166 km

NEW YORK

VERMONT

NEW HAMPSHIRE

MASSACHUSETTS

CONNECTICUT

Manchester Center
Manchester Depot
Arlington
South Shaftsbury
North Bennington
Bennington
Searsburg
Williamstown
North Adams
Charlemont
Greenfield
Orange
Ashfield
South Deerfield
Amherst
Pittsfield
Dalton
Becket
Northampton
Belchertown
Stockbridge
Great Barrington
Otis
East Otis
Springfield
Sheffield

North Windham
Grafton
West Townshend
West Wardsboro
Brattleboro
Keene

Goshen

MASS TPK
(TOLL)

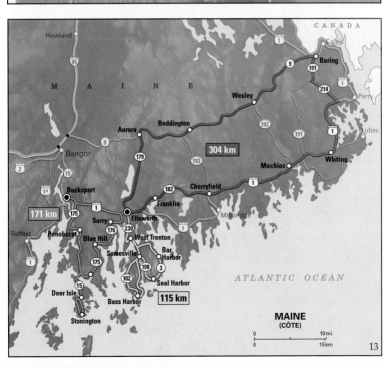

CANADA

MAINE
(CÔTE)

0   10mi
0   15km

MAINE

ATLANTIC OCEAN

304 km
171 km
115 km

Howland
Calais
Baring
Perry
Wesley
Beddington
Aurora
Lubec
Bangor
Machias
Whiting
Bucksport
Cherryfield
Franklin
Ellsworth
Surry
Millbridge
West Trenton
Belfast
Penobscot
Blue Hill
Somesville
Bar Harbor
Seal Harbor
Deer Isle
Bass Harbor
Stonington

13

Introduction au voyage

La physionomie du pays

Bordés au Nord par les White Mountains et à l'Ouest par les Green Mountains, les paysages vallonnés de la Nouvelle-Angleterre inclinent lentement vers un littoral rocheux et découpé au Nord, bordé de plages de sable au Sud. De vastes étendues de forêts et de nombreux ruisseaux et rivières achèvent d'en dépeindre le tableau. Les importants massifs montagneux de la région sont les vestiges de sommets plus élevés (entre 300 et 500 millions d'années). L'action de la calotte glaciaire des Laurentides et de ses glaciers secondaires, qui couvraient cette partie du continent nord-américain voici quelque 10 000 ans, a laissé au paysage ses nombreux plans d'eau, ses lacs, ses vallées taillées en forme de U et ses crêtes sinueuses géologiquement beaucoup plus récentes.

La formation de la Nouvelle-Angleterre – Au cours du paléozoïque (de 240 à 570 millions d'années), la surface de la croûte terrestre était essentiellement formée de gneiss et était recouverte par des mers intérieures dans lesquelles s'accumulaient des couches sédimentaires. A l'ère primaire, les roches se soulevèrent sous l'action des plaques eurasienne et nord-américaine et se plissèrent le long du Bouclier canadien, formant des montagnes aux masses parallèles. Les grès et les calcaires se cristallisèrent sous l'effet de la chaleur et de la pression pour former des chaînes (ancêtres des Green Mountains et de la Taconic Range) principalement composées de schiste et de marbre.

Au cours de la même ère, des dômes de roches précambriennes, granitiques en majorité, furent soulevés par le plissement des autres roches pour former la Presidential Range du New Hampshire. Ces anciennes montagnes étaient probablement aussi élevées que les Alpes ou l'Himalaya actuels. Pendant les ères suivantes, l'érosion les aplanit jusqu'à leur donner une forme de vaste pénéplaine qui connut plusieurs surrections. Cette région prit alors l'aspect d'un plateau, et l'action des glaciers créa le relief que l'on connaît aujourd'hui dans la Nouvelle-Angleterre.

Un paysage de glaciers – La dernière des quatre glaciations qui se succédèrent durant la première partie de l'ère quaternaire prit fin il y a environ 10 000 ans. Rappelons qu'à l'aube du pléistocène, voici quelque un million et demi d'années, le climat se refroidit fortement et la neige s'accumula au point de se tasser en glace (dernière période de glaciation). Le poids des couches supérieures, tassées par les gels et dégels successifs, écrasa les couches profondes.

Quand cette glace atteignit une épaisseur de 40 à 60 m, les couches inférieures, ne supportant plus une telle pression, se mirent à glisser. Se déplaçant de la péninsule du Labrador jusqu'à Long Island, cette énorme calotte glaciaire des Laurentides s'arrêta à peu près à hauteur de l'actuelle côte Sud de la Nouvelle-Angleterre après avoir érodé les fonds et les versants d'étroites vallées. Les matériaux abrasifs entraînés sous les glaciers ont strié et buriné le granit et les autres roches dures, si bien qu'ils ont creusé ces vallées en forme de U, ces «auges» appelées *notches*. Les moraines ont aussi creusé des trous et barré des vallées où se sont logés des lacs circulaires alimentés par des cascades à la fonte des glaces. Elles ont en outre déplacé de nombreux éléments arrachés aux flancs exposés des montagnes, ce qui explique que l'on rencontre fréquemment d'énormes blocs erratiques dans le paysage de la Nouvelle-Angleterre.

Près de la côte, les glaciers ont façonné des dépôts argileux très fins qui forment aujourd'hui de petites collines ovales appelées *drumlins*, telles que Bunker Hill et World's End *(voir Hingham)*. Lorsqu'ils se retirèrent définitivement, ils abandonnèrent de gigantesques moraines où s'accumulait une bonne partie des débris de roche amassés. Ces moraines immergées forment aujourd'hui Cape Cod, Martha's Vineyard, Nantucket, Block Island et Long Island.

Les grands traits du relief

Les Appalaches – L'épine dorsale de la Nouvelle-Angleterre est formée par le Nord-Est de la chaîne des Appalaches qui s'étire sur environ 2 600 km depuis la vallée du Saint-Laurent, au Canada, jusqu'à l'Alabama, selon un axe essentiellement Nord-Sud.

Les White Mountains – Ces montagnes autrefois couvertes de glaciers présentent des sommets rocheux arrondis entrecoupés de vallées glaciaires: les *notches*. Elles possèdent le sommet le plus élevé du Nord-Est des États-Unis, le mont Washington (alt. 1917 m).

Les Green Mountains – Les sommets les plus élevés du Vermont forment un axe longitudinal Nord-Sud. Ces montagnes sont constituées de roches métamorphiques précambriennes très anciennes, dont le fameux marbre du Vermont. Cette chaîne s'étire jusqu'au Massachusetts où elle prend le nom de Berkshire Hills.

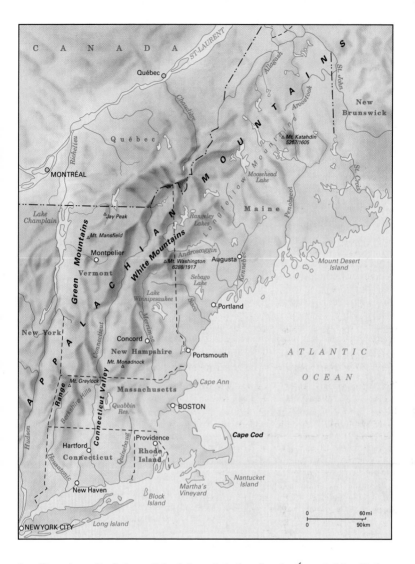

Les Taconics – Ce chaînon s'étire le long de la frontière des États de New York et du Massachusetts, et au Sud du Vermont. Constitué principalement de schistes, il est parsemé de sommets distincts dont le mont Equinox au Vermont et le mont Greylock au Massachusetts.

Les Monadnocks – Vestiges de reliefs anciens formés de roches très dures, ils présentent des sommets isolés. Le mont Monadnock, dans le New Hampshire, en est un exemple type; aussi a-t-il donné, dans le langage des géographes, son nom pour décrire cette forme de relief résiduel. Les monts Katahdin et Blue dans le Maine, Cardigan et Kearsage dans le New Hampshire, Wachusetts et Greylock dans le Massachusetts, sont d'autres exemples de ce type de relief.

La vallée du Connecticut – La Nouvelle-Angleterre est coupée en deux par cette entaille de 650 km de long que parcourt du Nord au Sud le fleuve Connecticut. Cette vallée résulte d'une faille ponctuée de plusieurs crêtes basaltiques escarpées (les monts Sugarloaf et Holyoke) qui la surplombent dans le Massachusetts et au Nord de New Haven, dans le Connecticut. L'abondance des fossiles mis au jour dans la vallée *(voir Pioneer Valley)* témoigne de la richesse de son passé géologique.

La côte – Au Nord, la côte très découpée dessine une multitude de péninsules et de baies toutes orientées Nord-Ouest Sud-Est, témoignage évident du glissement de la calotte glaciaire des Laurentides. La fonte des glaces éleva de façon sensible le niveau de la mer, ce qui donna naissance aux vastes baies et à la multitude d'îlots qui bordent le littoral. Au Sud de Portland (Maine), la plaine côtière est plus large, et l'absence de relief a donné une côte régulière bordée de grandes plages de sable.

Les estuaires et lagunes sont occupés par de grands marais d'eau salée où s'abritent et se nourrissent du gibier d'eau et des oiseaux migrateurs. Plus au Sud, Cape Cod et les îles ont vu s'accumuler sur les moraines glaciaires d'énormes épaisseurs de sable qui donnent son aspect si caractéristique au «Cape».

Le climat

Mark Twain remarqua un jour que «le climat de la Nouvelle-Angleterre présente une telle variété que cela force l'admiration… le mécontentement aussi car, au printemps, j'ai compté 136 changements de temps dans l'espace de 24 heures.» Ce climat inconstant est dû au fait que la région est géographiquement située à la rencontre des influences froides et sèches de la zone subpolaire et des influences chaudes et humides du Sud-Est. La moyenne annuelle des précipitations est de 1 070 mm, et les saisons sont nettement différenciées.

L'**hiver** est froid, principalement au Nord où les températures varient de -23°C à -12°C; la moyenne annuelle d'enneigement des montagnes est de 2,30 m à 2,50 m. Le **printemps**, aux températures très variables, ne dure guère plus de quelques semaines, surtout au Nord où la transition entre l'hiver et l'été, la «saison boueuse», est très courte. Les inondations y rendent la circulation sur les routes de campagne fréquemment dangereuse.

L'**été**, humide, se caractérise par l'alternance d'une atmosphère souvent brumeuse et de belles journées entrecoupées d'averses. Les températures diurnes peuvent s'élever à 32°C. Les soirées sont fraîches au bord de la côte, dans les montagnes et au bord des lacs. L'**automne**, aux journées ensoleillés et aux nuits froides, est une saison qui attire un grand nombre de touristes venus admirer la splendide parure des arbres. A une courte période de journées froides, fin septembre, peut succéder un redoux bienfaisant, le fameux **été indien** au cours duquel les feuilles prennent leurs coloris les plus vifs.

Les *Northeasters* (vents du Nord-Est), orages côtiers accompagnés de fortes marées, d'averses ou de chutes de neige en hiver, et de vents très violents, peuvent éclater tout au long de l'année, notamment sur la côte du Maine.

Les moyennes de température varient selon les zones et dépendent de l'altitude.

La végétation

Le manteau forestier couvrant plus de 70 % de la superficie de la Nouvelle-Angleterre, la région séduit par sa verdure en été et plus encore par ses feuillages flamboyants en automne. Ces forêts se composent surtout de feuillus et de conifères. Les arbres à feuilles caduques les plus communs sont le hêtre, le bouleau, le noyer d'Amérique, le chêne et l'érable sucrier ou rouge. Parmi les conifères, le pin de Weymouth domine au Sud de la Nouvelle-Angleterre, tandis que l'on rencontre au Nord de vastes forêts de sapins du Canada, de sapins baumiers et d'épicéas. Ces derniers sont exploités par les grandes industries papetières.

Les feuillages d'automne – Spectaculaires et inoubliables, les *foliages* de la Nouvelle-Angleterre semblent embraser la forêt par leur mélange d'ors vifs (bouleaux, peupliers, ginkgos), d'oranges (érables jaunes, noyers d'Amérique, frênes de montagne) et de rouges (érables rouges, chênes écarlates, sassafras, cornouillers) se détachant sur le fond vert foncé des sapins et des épicéas. La vivacité des coloris est frappante, surtout les tons cramoisi et écarlate des érables si répandus dans cette région. Elle est due au climat de l'été indien qui se traduit par de belles journées ensoleillées auxquelles succèdent des nuits froides qui connaissent même des gelées. Ce phénomène provoque une forte réaction des tanins contenus dans les feuilles, qui se libèrent alors en mettant fin à la production de

By permission of Houghton Mifflin Co.,
A Field Guide to Wildflowers, Peters & McKenny

Aster   Verge d'or   Lupin   Sabot de Vénus

Feuillages d'automne

chlorophylle. Dans le Nord, les feuilles changent de couleur vers la mi-septembre (fin-octobre au Sud) et laissent apparaître des pigments jusque-là cachés: carotène orangé, tanin brun, anthocyanine rouge. La plus belle période correspond généralement aux deux premières semaines d'octobre. Les six États de la Nouvelle-Angleterre disposent de bureaux d'information qui fournissent par téléphone des renseignements sur les feuillages *(voir chapitre Renseignements pratiques). Pour les itinéraires routiers les plus appropriés à la découverte des paysages d'automne, voir cartes des feuillages d'automne.*

Les érables sucriers – Présent dans le Vermont et dans le New Hampshire, l'érable sucrier, ou érable de montagne, a la faculté de s'adapter à un climat très froid et à un sol rocailleux. Au début du printemps, lorsque la sève commence à s'élever dans les érables, les exploitants pratiquent une entaille dans le tronc et y enfonce un petit tuyau auquel est attaché un seau. La sève ainsi recueillie est emportée dans une cabane à sucre où un évaporateur réduit le liquide pour obtenir du sirop. Il faut 30 litres de sève pour produire 1 litre de sirop. La technologie moderne a simplifié l'opération: des tuyaux en plastique raccordent maintenant directement l'arbre à la cabane à sucre. *On peut visiter de nombreuses cabanes à sucre en Nouvelle-Angleterre (voir chapitre Renseignements pratiques).*

Marais et tourbières – L'origine glaciaire du sol de la Nouvelle-Angleterre l'a bien souvent rendu marécageux. De vastes marais où poussent de hautes herbes et des roseaux longent les côtes. Ces zones humides, caractérisées par une importante acidité du sol, regorgent de plantes comme le jonc, la bruyère, l'orchidée, le théier du Labrador, la sphaigne (mousse des marais) et, dans, les zones sableuses de basse altitude, la canneberge. Cet environnement acide empêche la décomposition des déchets organiques qui s'accumulent dans les marais en se transformant peu à peu en tourbe. Progressivement, la surface du marais se couvre d'un épais matelas spongieux et humide constitué de sphaignes. Les arbres et les arbustes peuvent alors s'enraciner, la végétation gagne du terrain, et les étangs finissent par disparaître au profit d'un environnement sec et boisé.

Les fleurs sauvages – Vers la fin du printemps, la neige a pratiquement disparu, les fleurs éclosent dans les bois, le long des routes, dans les champs et aux flancs

Rhododendron   Laurier   Lys martagon   Arum

des montagnes. De magnifiques bosquets de **lauriers** et massifs de **rhododendrons** mêlent leurs couleurs éclatantes au vert sombre des forêts. En été, les bords des routes voient alterner l'orange des **lys martagons**, le panache jaune des **verges d'or**, le violet d'innombrables petits **asters** et le mauve des masses ondulantes des **lupins**. Des centaines d'espèces de fleurs sauvages plus communes parsèment les champs et l'herbe des prairies: boutons d'or, marguerites, tournesols, carottes sauvages, muguets… Dans les sous-bois humides et les marécages, on rencontre les gracieux **sabots de Vénus**, petites orchidées blanches et roses, ainsi que les curieux **arums** au pétale recourbé appelés «Jack-in-the-Pulpit» car ils évoquent un prédicateur en chaire.

La faune

La Nouvelle-Angleterre n'abrite pas d'espèces animales très originales, cependant certaines y sont particulièrement bien représentées.

Dans les forêts – Gibier favori des chasseurs, le **cerf de Virginie** se rencontre dans de nombreuses parties de la Nouvelle-Angleterre. Caractérisé par sa queue blanche et touffue, il cohabite avec l'**ours noir** et l'**élan du Canada** au cœur des forêts septentrionales constituées d'épicéas et de sapins. Celui-ci est le plus grand mammifère de la région et possède des bois énormes disposés en éventail. Il n'est pas rare de l'apercevoir au milieu d'une route forestière.

Autour des étangs et le long des ruisseaux s'activent des colonies de **castors**, abattant des troncs d'arbre qu'ils taillent en biseau avec leurs dents pour construire des barrages sur les cours d'eau. Ils provoquent ainsi des mares profondes ou des zones marécageuses fatales à la survie des arbres.

Parmi les autres habitants de la forêt, on compte le **raton laveur**, avec son masque noir, le **porc-épic**, dont les piquants hérissés assurent la protection, la **mouffette**, à la fourrure rayée de noir et de blanc, et l'**écureuil roux**. Le petit **tamia**, de la famille des écureuils, apprécie autant d'habiter les bois que les lieux fréquentés par l'homme.

Sur la côte – Les **goélands** et les **sternes** y sont omniprésents, à la recherche incessante de quelque nourriture sur les bateaux, sur les plages, dans les lagunes ou sur les quais des ports. Le **grand cormoran** vit surtout sur les rochers du littoral qu'il partage avec différentes espèces de **phoques**.

Les lagunes côtières servent de refuge et constituent d'importantes réserves de nourriture pour des centaines d'espèces d'oiseaux. Situées le long du **couloir de migration atlantique**, de larges étendues de marais d'eau de mer, comme ceux situés à l'Ouest de Barnstable Harbor à Cape Cod, accueillent un grand nombre d'ornithologues au printemps et en automne. Les **bernaches du Canada** aiment à se reposer sur ces étendues paisibles; leurs gracieuses formations de vol en forme de V sont un spectacle courant en Nouvelle-Angleterre pendant la période des migrations. On peut aussi voir des **macareux**, au bec si singulier.

Eric Le Bel/Parks Canada

Macareux

Quelques faits historiques

Découverte et exploration de la Nouvelle-Angleterre

1000 Quelques Vikings atteignent l'actuelle Terre-Neuve.

1492 Christophe Colomb débarque sur l'île de San Salvador.

1497 **John Cabot** explore la côte de l'Amérique du Nord. Les revendications territoriales de l'Angleterre sur le Nouveau Monde se basent sur son rapport.

1509 Henry VIII accède au trône d'Angleterre.

1524 **Giovanni da Verrazano** explore la côte de l'Amérique du Nord pour le compte de la France.

1534 Henry VIII fonde l'Église anglicane.

1558 Elizabeth I accède au trône d'Angleterre.

1602 L'explorateur anglais **Bartholomew Gosnold**, faisant route vers le Sud le long des côtes de la Nouvelle-Angleterre, baptise Cape Cod, Elizabeth Islands et Martha's Vineyard.

1604 Les Français **Samuel de Champlain** et **Pierre de Gua, sieur de Monts**, fondateurs de l'Acadie (la Nouvelle-France), établissent une colonie sur l'île Ste-Croix et explorent la côte du Maine.

1605 Le capitaine **George Weymouth** retourne du Maine en Angleterre avec cinq Indiens à son bord.

1607 La colonie de Virginie, première implantation permanente des Anglais en Amérique du Nord, est établie à Jamestown. **Sir John Popham** et **sir Ferdinando Gorges** financent une expédition pour fonder une colonie sur la côte du Maine.

1608 Samuel de Champlain fonde la ville de Québec.

1613 Les jésuites installent une mission sur l'île du Mont-Désert (Maine).

1614 Le capitaine **John Smith**, navigant pour le compte d'un groupe de marchands londoniens, retourne en Angleterre avec une cargaison de fourrures et de poissons. Le terme «Nouvelle-Angleterre» est employé pour la première fois dans ses récits de voyage, *A Description of New England*. Le navigateur hollandais Adrian Block donne son nom à Block Island.

La colonisation

1620 Arrivée des pères pèlerins du **Mayflower** et fondation de la colonie de Plymouth, première implantation anglaise permanente en Nouvelle-Angleterre.

1625 Charles Ier accède au trône d'Angleterre.

1626 A la tête d'une petite communauté, Roger Conant fonde la colonie puritaine de Salem.

1630 Fondation de **Boston** par des puritains conduits par **John Winthrop**.

1635 **Thomas Hooker** s'installe dans la vallée du Connecticut et fonde la colonie de Hartford.

1636 Création du **Harvard College**. **Roger Williams** fuit l'intolérance des puritains du Massachusetts et fonde Providence (Rhode Island).

1638 **Anne Hutchinson** et William Coddington fondent Portsmouth (Rhode Island).

1638-1639 Dans la vallée du Connecticut, Hartford, Windsor et Wethersfield se regroupent pour former la colonie du Connecticut.

1653 En Angleterre, Oliver Cromwell est nommé Lord Protector.

1660 En Angleterre, Restauration des Stuart. Charles II accède au trône.

1662 Une charte royale réunit New Haven et les colonies du Connecticut.

1689 William et Mary accèdent au trône d'Angleterre.

1702 Anne accède au trône d'Angleterre.

1713 Le traité d'Utrecht cède Terre-Neuve, l'Acadie et les territoires de la baie d'Hudson à la Grande-Bretagne.

1714 George Ier accède au trône de Grande-Bretagne.

1763 Le traité de Paris met fin à la guerre de Sept Ans (1756-1763): la France cède le Canada et ses territoires à l'Est du Mississippi à la Grande-Bretagne.

L'Indépendance

1765 Adoption du **Stamp Act** (acte du timbre), impôt direct prélevé par la Grande-Bretagne sur les colonies américaines, sans l'accord du corps législatif des colonies.

1766 Retrait du Stamp Act.

1767 Le Parlement adopte les **Townshend Acts**, taxes prélevées sur les importations du thé, du papier et du verre dans les colonies.

1770	Retrait des Townshend Acts, sauf pour le thé. Des échauffourées entre colons et Britanniques conduisent au Massacre de Boston *(voir Boston)*.
1773	Suite au refus des Britanniques d'abroger l'impôt sur le thé, les colons organisent la «Boston Tea Party» dans le port de Boston *(voir Boston)*.
1774	Le Parlement adopte les cinq **Intolerable Acts**: quatre d'entre eux sont dirigés contre les citoyens du Massachusetts en représailles de la Boston Tea Party. Des colons opposés à la politique britannique tiennent le **premier Congrès continental**.
1775	Début de la **guerre d'Indépendance**: 18 avril – Chevauchée de Paul Revere *(voir Boston)*. 19 avril – Batailles de Lexington et de Concord *(voir à ces noms)*.

Craig Alness (f/STOP PICTURES)

Guerre d'Indépendance (reconstitution historique)

	10 mai – Siège du Fort Ticonderoga *(voir cols de Brandon et de Middlebury)* par Ethan Allen et les Green Mountain Boys, secondés par Benedict Arnold et ses hommes. 17 juin – Bataille de Bunker Hill *(voir Boston)*. 3 juillet – Washington est nommé commandant-en-chef par le Congrès continental.
1776	17 mars – Les troupes britanniques évacuent Boston. 4 juillet – Adoption de la **Déclaration d'Indépendance**.
1777	Bataille de Bennington *(voir à ce nom)*. Le Vermont proclame son indépendance et adopte sa propre constitution.
1780	Le corps expéditionnaire français du général de Rochambeau débarque à Newport (Rhode Island) pour soutenir les révolutionnaires américains.
1781	Prise de Yorktown (Virginie): les troupes britanniques du général Cornwallis déposent les armes.
1783	Fin de la guerre d'Indépendance: la Grande-Bretagne reconnaît l'indépendance des 13 colonies.
1788	Ratification de la Constitution des États-Unis. Le Connecticut, le Massachusetts et le New Hampshire sont intégrés dans l'Union, respectivement comme 5e, 6e et 9e État.
1789	**George Washington** devient le premier président des États-Unis. La Révolution française éclate.
1790	Le Rhode Island devient le 13e État des États-Unis.
1791	Le Vermont rejoint l'Union et devient le 14e État des États-Unis.

19e et 20e s.

1812	Les États-Unis déclarent la guerre à la Grande-Bretagne.
1814	Le traité de Gand met fin à la guerre de 1812.
1815	Le 18 juin, l'Empereur Napoléon Bonaparte est défait à la bataille de Warterloo.
1820	Le Maine est le 23e État de l'Union.
1837	La reine Victoria accède au trône de Grande-Bretagne; son règne durera 64 ans.
1845	Sévère famine en Irlande.
1851-1852	Le roman de Harriet Beecher Stowe, *La Case de l'oncle Tom*, paraît sous forme de feuilleton dans *The National Era*, journal abolitionniste.

1861-1865	**Guerre de Sécession.**
1865	Le 14 avril, John Wilkes Booth assassine le président Lincoln au Ford's Theatre de Washington.
1905	A la Portsmouth Naval Base de Kittery (Maine), le traité de Portsmouth met fin à la guerre russo-japonaise.
1914-1918	**Première Guerre mondiale.**
1917	Les États-Unis déclarent la guerre à l'Allemagne.
1921	A Dedham (Massachusetts), procès pour meurtre des immigrants italiens Nicola Sacco et Bartolomeo Vanzetti.
1929	Un krach boursier annonce le début de la crise économique de la Dépression.
1932	Franklin Delano Roosevelt est élu 32e président des États-Unis.
1939-1945	**Seconde Guerre mondiale.**
1941	Les États-Unis déclarent la guerre au Japon après l'attaque sur Pearl Harbor du 7 décembre.
1944	La Conférence de Bretton Woods se tient dans le New Hampshire *(voir Les White Mountains)*.
1954	A Groton (Connecticut), lancement du 1er sous-marin à propulsion nucléaire.
1961	Élection de John F. Kennedy, précédemment sénateur du Massachusetts. Il est, à 43 ans, le plus jeune président des États-Unis.
1963	Le 22 novembre, assassinat du président Kennedy à Dallas (Texas).
1966	Le State Attorney General de l'État du Massachusetts, Edward W. Brooke, est le premier Noir élu au Sénat américain depuis la Reconstruction.
1976	Le pétrolier libérien *Argo Merchant* s'échoue près de l'île de Nantucket. 25 000 t de pétrole brut se déversent dans l'Atlantique Nord.
1980	Boston célèbre son 350e anniversaire.
1983	Au large de Newport (Rhode Island), *Australia II* remporte la Coupe de l'America en battant le yacht américain *Liberty*.
1985	Dans le Vermont, élection de Madeleine M. Kunin, première femme née hors des États-Unis à être élue à la fonction de gouverneur.
1988	Le candidat démocrate Michael Dukakis, ancien gouverneur du Massachusetts, perd l'élection présidentielle face à George Bush. Dukakis avait obtenu 46 % des voix.
1990	Au Musée Isabella Stewart Gardner à Boston, vol de 12 œuvres d'art d'une valeur estimée à 100 millions de dollars.
1991	Bridgeport (Connecticut) est la plus grande ville des États-Unis à déposer son bilan. Sa requête de mise en faillite est rejetée.
1992	Les Indiens Mashantucket Pequot ouvrent Foxwoods, un complexe de casinos situé à Ledyard (Connecticut).
1993	Le Musée Norman Rockwell ouvre ses portes à Stockbridge, dans l'Ouest du Massachusetts.
1994	La Harvard University, l'université privée la plus largement subventionnée des États-Unis (6 milliards de dollars), lance la plus importante opération de collecte de fonds de l'histoire de l'enseignement supérieur.
1995	Le Musée des Beaux-Arts de Boston annonce sa restructuration et des licenciements pour réduire son déficit qui s'élève à 4,5 millions de dollars.

Participez à notre effort permanent de mise à jour.
Adressez-nous vos remarques et vos suggestions:

Cartes et Guides Michelin
46, avenue de Breteuil
75324 PARIS CEDEX 07

L'économie

La vie économique de la Nouvelle-Angleterre a connu une évolution parallèle à celle de la «vieille» Angleterre. Après une période de vie agricole intense, puis une grande prospérité maritime, une industrialisation très importante s'est développée au cours du 19ᵉ s. et au début du 20ᵉ s. Plus récemment, la région a vu son économie péricliter, souffrant des migrations d'un grand nombre d'usines vers le Sud. La Nouvelle-Angleterre a donc dû se renouveler, diversifier ses activités et rechercher des débouchés nouveaux, comme l'électronique, qui constituent aujourd'hui ses principales sources de revenus.

L'industrie

Au 19ᵉ s., la Nouvelle-Angleterre comptait au nombre des plus grands centres industriels du monde grâce à trois atouts majeurs: la disponibilité de capitaux importants produits par le commerce maritime, l'esprit d'entreprise et une immigration massive qui offrait une main-d'œuvre d'origine européenne et canadienne.

Les Mill Towns – Les nombreux cours d'eau de la région permettaient de compenser le manque de matières premières nécessaires à l'énergie des machines. C'est pourquoi on vit surgir des villes manufacturières au bord des rivières. Ces «Mill Towns» se spécialisèrent dans l'industrie textile, le travail du cuir dans le Massachusetts et le New Hampshire, les industries de précision comme l'horlogerie et les armes à feu dans le Connecticut, et les machines-outils dans le Vermont. Les plus grandes villes industrielles de la vallée de la Merrimack, Lowell, Lawrence et Manchester, devinrent même des centres de production textile d'envergure mondiale. Des enfilades d'usines, d'habitations et de magasins en briques caractérisent toujours ces villes.
Au 20ᵉ s., la plupart de ces industries se déplacèrent vers le Sud, mais la région conserva toutefois son rang de première industrie lainière des États-Unis. Aujourd'hui, la production de machines-outils et la transformation des métaux ont remplacé le textile, et la fabrication des chaussures constitue toujours une grande spécialité du Maine et du New Hampshire.

Les nouvelles industries – Le renouveau économique de la Nouvelle-Angleterre après la Seconde Guerre mondiale est dû à ses nouvelles orientations industrielles. Le très haut niveau de connaissance des chercheurs et des savants de la région témoigne du rôle capital exercé par les écoles de l'État et du haut degré de qualification générale. Ces nouvelles industries, implantées pour la plupart autour de Boston (sur la route 128), dans le Sud du New Hampshire et à Hartford, ont fortement contribué à faire progresser les sciences de l'espace et la technologie des ordinateurs. Elles ont entraîné dans leur sillage la fabrication de composants électroniques, de matériels de précision et de systèmes informatiques, donnant ainsi naissance à toute une série d'activités nouvelles. Connue pour la place qu'y occupe la recherche médicale, Boston s'est tout naturellement orientée vers la production d'instruments médicaux et de prothèses.

L'agriculture

Malgré une terre pauvre et des terrains souvent rocailleux et pentus, l'agriculture fut une activité importante jusque vers le milieu du 19ᵉ s. Au printemps, les colons défrichaient la région pour préparer les semailles et les innombrables pierres qu'ils en retiraient servirent à construire les petits murets qui semblent maintenant courir sans raison à travers les bois. En Nouvelle-Angleterre, l'agriculture connut son âge d'or entre 1830 et 1880: 60 % du territoire étaient cultivés. Après 1880, la conquête des plaines fertiles au Sud des Grands Lacs attira les fermiers vers l'Ouest. Ils quittèrent leurs modestes exploitations, et la forêt regagna progressivement du terrain. Actuellement, seulement 6 % des terres sont encore consacrées à l'agriculture, tandis que 70 % du territoire (90 % dans le Maine et 80 % dans le New Hampshire) sont recouverts de forêt. Cependant, quelques exploitations spécialisées dans la monoculture sont florissantes.

L'élevage laitier et l'aviculture – La plus grande partie des revenus agricoles de la région sont issus de l'industrie laitière et de l'élevage des volailles. Les fermes fournissent des produits laitiers aux grandes agglomérations urbaines du Sud de la Nouvelle-Angleterre. Ces grandes fermes équipées de granges, d'étables rouges et de silos en aluminium caractérisent le paysage du Vermont.
L'aviculture est très répandue. Le Connecticut et le Rhode Island se sont spécialisés dans la production de poulets; le Rhode Island est réputé pour son espèce de poulets roux, les «Rhode Island Red». Dans le Vermont, les élevages de dindes, dont

les bâtiments sont de véritables usines chauffées, éclairées et contrôlées mécaniquement, sont en pleine effervescence pendant la période des fêtes, notamment à l'approche du Thanksgiving Day.

Les cultures spécialisées – La culture du **tabac** sous abri s'est développée dans la vallée fertile du Connecticut. Protégées par des écrans légers, puis séchées dans des hangars allongés, les feuilles, larges et fermes, sont utilisées pour rouler les cigares. Les cultures fruitières se pratiquent dans toute la Nouvelle-Angleterre: des vergers de poiriers, de pommiers et de pêchers couvrent les rives du lac Champlain et les versants ensoleillés du New Hampshire et du Rhode Island, et s'étendent le long

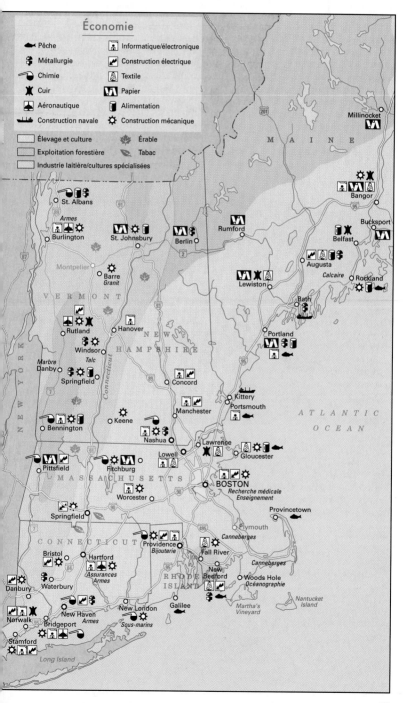

des vallées du Connecticut et de Nashua. Le Maine assure l'essentiel de la production des **airelles** (37 000 t en 1991), et les marais sablonneux de Cape Cod et de ses environs fournissent la plus importante récolte de **canneberges** (petites baies rouges utilisées en gelée, en jus ou en sauce), traditionnellement servies au repas du Thanksgiving Day.

Autre spécialité du Maine, la **pomme de terre** pousse dans le sol fertile du comté d'Aroostook; la production de cet État le place immédiatement derrière l'Idaho et l'État de Washington.

En automne, des étalages improvisés le long des routes *(voir chapitre Renseignements pratiques)* se couvrent de **citrouilles**, de **courges** et d'épis de **maïs** produits localement.

Les forêts – En dépit de l'immensité du territoire qu'elles recouvrent, les forêts de feuillus et de conifères ne constituent pas une importante ressource dans l'économie de la Nouvelle-Angleterre. Pour deux raisons majeures: d'une part, elles ont été mal exploitées au 19e s.; d'autre part, elles sont l'objet d'une grande politique fédérale de protection. Seules exceptions: les vastes exploitations des importantes sociétés papetières du Nord du Maine et du New Hampshire. La majorité des arbres abattus est transformée en pâte à papier dans les usines de Millinocket, Bucksport, Woodland et Rumford pour le Maine, et à Berlin pour le New Hampshire. Les premières comptent parmi les plus importantes du globe. Quelques entreprises transforment le bois de grume en divers produits: planches, contre-plaqués, meubles et caisses. Enfin, le **sirop d'érable** est un produit éminemment traditionnel dont l'élaboration occupe le New Hampshire, le Vermont et le Maine lorsqu'arrive le printemps.

John Lazenby (t/STOP PICTURES)

Pêche au homard

La pêche

Dès le 15e s., des bateaux de pêche venus d'Europe fréquentaient les eaux extrêmement poissonneuses des côtes de la Nouvelle-Angleterre. Les bancs de sable peu profonds – George's Bank par exemple – qui s'étendent d'Est en Ouest sur quelque 2 500 km au large de Cape Cod, grouillaient littéralement de poissons. La pêche devint donc rapidement une ressource si importante pour les colons que les pêcheurs étaient exemptés de service militaire et que la morue fut choisie comme symbole par la colonie de la baie du Massachusetts.

L'industrie de la pêche a été une activité très importante pour les ports de Gloucester, New Bedford et Boston. Les techniques modernes de débitage, de congélation et d'emballage, associées au lancement de bâtiments de plus en plus perfectionnés pour la pêche hauturière, ont placé la Nouvelle-Angleterre au sommet du commerce du poisson préemballé. Cependant, la pêche régionale a subi une forte récession au cours des 30 dernières années, à cause de bancs surexploités – et plus particulièrement en ce qui concerne la morue, le carrelet, le thon et l'églefin –, de la pollution, mais aussi de mesures de protection insuffisantes. Une réglementation fédérale stricte a été récemment proposée afin de mettre un frein à l'épuisement des réserves.

Dans le Maine, la pêche au homard est pratiquée de façon artisanale par des milliers de pêcheurs qui sortent chaque jour pour poser et relever leurs casiers. Ces homards sont vendus et dégustés sur place, ou expédiés vers tous les marchés des États-Unis pour le plus grand plaisir des gourmets.

Les assurances

Le secteur des assurances est une activité économique importante de la Nouvelle-Angleterre depuis le 19e s., époque à laquelle des investisseurs proposèrent de garantir les risques liés au trafic maritime international. Chaque départ de bateau représentait donc un pari financier: il pouvait revenir chargé d'une précieuse cargaison synonyme de fortune, ou sombrer en anéantissant tout espoir de profit. Avec le déclin du commerce maritime, l'industrie des assurances se diversifia pour prendre en charge les risques liés à l'incendie. C'est alors que Hartford (Connecticut) devint la capitale nationale des assurances avec quelque 40 sièges de grandes compagnies. Symboles de l'importance économique de ce secteur, les grandes tours modernes des compagnies John Hancock et Prudential à Boston sont les plus élevées de toute la Nouvelle-Angleterre.

L'enseignement

Il est devenu traditionnel de considérer la Nouvelle-Angleterre comme un centre de la culture et de l'enseignement. Il est vrai que l'État abrite quatre des prestigieuses universités de la Ivy League: Harvard, Yale, Dartmouth, Brown; et deux lycées privés très prisés: la Phillips Exeter Academy à Exeter et la Phillips Academy à Andover. L'existence de ces écoles et de ces lycées ainsi que de quelque 258 établissements d'enseignement supérieur pour l'ensemble des 6 États a placé le domaine de l'enseignement parmi les plus importantes activités économiques de la Nouvelle-Angleterre. La plupart des petites entreprises des grandes et des petites villes, et même celles qui se sont installées à leur limite, dépendent du rôle économique assuré par ces établissements administrés comme des entreprises. Au Massachusetts, où l'enseignement est l'une des premières sources de revenus, les 80 universités privées de l'État ont drainé 10 milliards de dollars en 1991.

Le tourisme

Le tourisme représente l'une des principales activités économiques de la Nouvelle-Angleterre. Côtières ou de montagne, certaines stations accueillent les touristes depuis plus d'un siècle. Du reste, le succès croissant que connaissent les sports d'hiver depuis les années 1940 a permis à la région de devenir une destination de vacances tout au long de l'année.
On trouve dans toute la Nouvelle-Angleterre quantité de beaux objets fabriqués par les artisans du New Hampshire, du Vermont et de la côte Atlantique. Ils sont, pour l'essentiel, achetés par les touristes de passage.

La Nouvelle-Angleterre et l'Océan

Colonisée par voie maritime, la Nouvelle-Angleterre s'est immédiatement et naturellement détournée de son sol rocailleux pour chercher au large de quoi s'alimenter. Les colons commencèrent par édifier de petits barrages, semblables à ceux qu'utilisent encore aujourd'hui les Indiens du Maine pour pêcher à proximité du rivage. Il fallut toutefois attendre le milieu du 17e s. pour les voir lancer des embarcations vers les grands bancs de Terre-Neuve où pullulaient morues, églefins et lieus jaunes. La morue en bois qui orne la State House du Massachusetts (voir Boston) symbolise le rôle capital exercé par la pêche à la morue dans l'histoire de cet État. L'industrie halieutique de la Nouvelle-Angleterre représenta rapidement la principale ressource économique de la région dans son commerce avec l'Europe. On vit donc surgir des chantiers navals tout le long de la côte, depuis le Connecticut jusqu'au Maine.
Au milieu du 19e s., chaque partie de la côte s'était spécialisée: le Sud (Connecticut, Rhode Island et Sud-Est du Massachusetts) s'était orienté vers la pêche à la baleine; la côte Nord du Massachusetts et le New Hampshire dominaient le commerce avec l'Extrême-Orient (pour le commerce avec la Chine, voir Salem); la côte du Maine abritait dans chacune de ses baies un chantier naval exploitant les ressources forestières de l'arrière-pays, et, de 1830 à 1860, cet État construisit près d'un tiers des bateaux mis à l'eau aux États-Unis.

Des petits villages côtiers devinrent progressivement d'élégants centres urbains où marchands, armateurs et capitaines au long cours firent édifier de belles demeures de style fédéral et néo-classique que l'on peut encore voir aujourd'hui à Salem, Nantucket, Portsmouth, Newburyport, New Bedford ou Providence.

Quelques grands musées font revivre le passé maritime de la Nouvelle-Angleterre. La pêche à la baleine est évoquée par le Mystic Seaport et les musées de New Bedford, Nantucket et Sharon. A Salem, le Peabody Essex Museum relate l'histoire des échanges commerciaux que la Nouvelle-Angleterre entretint avec l'Extrême-Orient. Le Maine Maritime Museum et le Penobscot Marine Museum sont consacrés à l'histoire de la construction navale dans le Maine.

La pêche à la baleine

Au cours du 19e s., l'huile de baleine était utilisée comme combustible pour éclairer les maisons et les rues des grandes villes américaines et européennes. Dans les ports de New Bedford et Nantucket, principaux centres de la pêche à la baleine, le va-et-vient des bateaux était ininterrompu. Le roman de Herman Melville, Moby Dick (1851), a immortalisé la vie des baleiniers de la Nouvelle-Angleterre.

Une prise de grande valeur – De tout temps, l'homme a été fasciné par ce mammifère qui habite les océans de la planète. L'ordre des cétacés, auquel appartiennent toutes les baleines, se divise en deux grandes familles: les baleines à fanons (dont la baleine bleue) et les cétacés à dents (dont le cachalot).

Les **baleines à fanons** se nourrissent de plancton filtré par leurs longs fanons de matière cornée et disposés en forme de peigne à partir de leur mâchoire supérieure. Ces fanons flexibles servaient à confectionner des «baleines» de corsets et de parapluies, des manches de fouets et une multitude d'autres articles; c'était en quelque sorte la matière plastique du 19e s. La baleine

Courtesy Mystic Seaport Museum

Scrimshaw sur une dent de cachalot

bleue est le plus grand des mammifères: adulte, elle peut mesurer plus de 30 m et peser jusqu'à 135 t. La baleine franche *(right whale)* était considérée comme «la bonne baleine à chasser», car elle flottait à la surface des flots une fois tuée…

Les **cétacés à dents** se nourrissent de poissons et peuvent atteindre un poids de quelque 63 t. Chassé à grande échelle, le **cachalot** était plus particulièrement recherché par les baleiniers de la Nouvelle-Angleterre, car il possède une huile extrêmement précieuse, le spermaceti, d'où le nom anglais de l'animal: *sperm whale*. Cette substance solide, également appelée blanc de baleine, était employée pour confectionner des bougies odorantes; sa forme liquide, située dans une poche de la tête, était utilisée comme combustible des lampes à huile. Un cachalot mâle fournissait près de 7 000 litres d'huile. Par ailleurs, l'ambre gris, sorte de boule recelée par l'intestin du cachalot, était très recherché pour l'élaboration des parfums.

Une expansion foudroyante – Les Indiens chassaient déjà la baleine longtemps avant que les pionniers n'arrivassent sur leurs côtes. Les premiers colons apprirent à chasser la baleine dans les baies du littoral en observant leurs méthodes: les Indiens édifiaient de hautes tours de guet et installaient sur les plages de grands chaudrons noirs pour faire fondre la graisse des animaux. Au 18e s., la découverte de cachalots dans les eaux du large poussa les pêcheurs à construire des bateaux plus grands et prévus pour de longues sorties en mer. Vers 1730, les chasseurs de baleines avaient équipé le pont de leurs navires de chaudrons afin d'exploiter au mieux leurs prises précieuses. Vers la fin du 18e s., Nantucket possédait 150 baleiniers. A son heure de gloire, New Bedford en comptait près de 400. New London, Provincetown, Fairhaven, Mystic, Stonington et Edgartown connaissaient aussi des flottes impressionnantes. Dans ces ports, où régnait une activité incessante, on pouvait voir des chantiers navals construire des bateaux toujours plus résistants, des fabriques traiter la graisse et le blanc de baleine pour couler des chandelles, des fanons mis à sécher dans de grands champs, des milliers de barils d'huile de baleine emmagasinés le long des quais. Du Groenland au Pacifique Nord, des Açores au Brésil, de la Polynésie au Japon, les océans étaient sillonnés par des baleiniers construits, armés et commandés par des habitants de la Nouvelle-Angleterre. Aussi, les rues et les ruelles des ports de la région résonnaient-elles de la multitude des langues que parlaient les marins recrutés dans les escales du monde entier.

La découverte de gisements de pétrole en Pennsylvanie en 1859 et la perte de près de la moitié de la flotte baleinière pendant la guerre de Sécession sonna le glas de cette industrie en Nouvelle-Angleterre. En 1861, la marine de l'Union acheta 39 baleiniers pour constituer la «flotte de pierres», des navires que l'on chargea de blocs de granit pour les couler dans les ports de Savannah (Géorgie) et de Charleston (Caroline du Sud) afin d'interdire l'accès de leurs chenaux aux briseurs de blocus. Le navire sudiste *Shenandoah* détruisit 21 autres baleiniers dans le Pacifique Nord, en 1865. Après la guerre, la Nouvelle-Angleterre arma de moins en moins de baleiniers, jusqu'à l'interdiction définitive de la chasse par les États-Unis en 1971.

Le commerce maritime

Au début du 18e s., le commerce avec l'Afrique, l'Europe et les Antilles enrichit de nombreux ports de la côte. Mais ce n'est qu'au lendemain de l'Indépendance, lorsque les Américains furent libres de commercer avec l'Extrême-Orient, que Boston, Providence, Portsmouth, Salem et d'autres villes prirent leur réel essor avec ce que l'on a appelé ici le China Trade.

Le «China Trade» – Les navires qui faisaient route vers l'Extrême-Orient suivaient un parcours tortueux: ils contournaient le Cap Horn puis faisaient généralement des détours vers de nombreux ports pour trouver en chemin des marchandises à troquer contre la soie, la porcelaine et le thé proposés par les Chinois. Ils achetaient donc des fourrures de loutre de mer le long des côtes Nord-Ouest du Pacifique, du bois de santal aux îles Sandwich, des bêches-de-mer, coquillages qui faisaient les délices des Chinois, dans les îles polynésiennes. Plus tard, l'opium devint la monnaie d'échange la plus courante; les navires firent alors voile vers la Turquie et l'Inde pour embarquer cette cargaison illicite avant de poursuivre vers la Chine.
Au fil des haltes, on chargeait les cales d'autres produits exotiques: poivre de Sumatra, sucre et café de Java, coton de Bombay et Madras, ivoire de Zanzibar, épices d'Indonésie et gomme arabique d'Oman.
Jusqu'en 1842, **Canton** fut le seul port chinois ouvert au commerce international. Les navires jetaient l'ancre à quelque 15 km de la ville, à **Whampoa Reach**. Leurs équipages y restaient plusieurs semaines, parfois des mois, le temps nécessaire pour visiter les magasins et les entrepôts, pour négocier avec les marchands locaux, avant de reprendre la mer chargés de produits de luxe.
Les musées et les anciennes demeures de la Nouvelle-Angleterre regorgent d'arts décoratifs et de mobilier chinois apportés en Amérique à l'époque du *China Trade*.

Un commerce original: la glace – Ce commerce insolite se développa au 19e s. La glace était recueillie au Nord de Boston et dans le Maine, puis était expédiée par bateaux dans le Sud des États-Unis, aux Antilles et jusqu'à Calcutta. On la récoltait en hiver, quand les rivières, les lacs et les étangs étaient gelés. On dégageait la neige à l'aide de chevaux ou de bœufs puis le champ de glace était quadrillé avant d'être découpé en blocs pesant chacun jusqu'à 100 kg. Stockée dans de la sciure jusqu'au premier dégel dans des cabanes servant de chambres froides, la glace était ensuite transportée par des bateaux spécialement équipés de cales étanches à l'air. Ce commerce fut très prospère jusqu'à l'invention de la réfrigération mécanique à la fin du 19e s.

La construction navale

Le voilier en bois a été à l'origine de la tradition des chantiers navals de la Nouvelle-Angleterre depuis 1607, date à laquelle le *Virginia* fut construit par la colonie de Popham qui se développa durant quelques années sur les rives de la Kennebec River (Maine).

Les débuts – Dès que les colons établirent leurs premiers villages, des chantiers navals s'ouvrirent le long de la côte. Au départ, ces chantiers construisaient des petits ketchs à un mât, et des sloops pour la pêche. Puis, au début du 18e s., ils mirent au point des goélettes à deux ou trois mâts capables de traverser l'Atlantique. Ces bâtiments légers firent rapidement l'«admiration» de tous car, les Anglais contrôlant le commerce, les colons se lancèrent dans la contrebande, et leurs goélettes échappèrent aux navires des douanes britanniques grâce à un gréement simple et un maniement aisé. Ces schooners furent armés pendant la guerre d'Indépendance. On les appelait les «privateers» car c'étaient des bateaux privés dont le Congrès avait autorisé l'armement afin de capturer des navires ennemis. Les goélettes connurent une très belle carrière: elles étaient encore utilisées pour le transport du fret à la fin de la Première Guerre mondiale.

L'ère des clippers – Avec l'ouverture des ports chinois en 1842, les Américains réclamèrent davantage de produits de cette origine. Sachant que leurs clients américains étaient disposés à payer des sommes élevées pour du thé fraîchement cueilli en Extrême-Orient, des armateurs avisés exigèrent des chantiers des navires plus rapides pour pouvoir transporter cette denrée périssable dans les meilleurs délais. Le clipper – mot désignant une personne ou un objet qui se déplaçait à vive allure – fut conçu pour répondre à leur demande. Entre 1845 et 1850, ces trois-mâts aux coques effilées, à la proue étroite et à l'immense voilure, s'imposèrent à tous en atteignant des vitesses impressionnantes. Ils parcoururent toutes les mers menant à l'Extrême-Orient et transportèrent mineurs et matériel à San Francisco lors de la ruée vers l'or. Toutes les coques de ces voiliers étaient frappées de noms évoquant leur rapidité bientôt légendaire: le *Lightning* (l'Éclair), le *Flying Cloud* (le Nuage volant) ou l'*Eagle Wing* (l'Aile d'aigle).

Les grands chantiers navals qui construisaient ces navires se situaient à New York, Boston et Bath (Maine). L'architecte le plus connu fut **Donald McKay**, de East Boston. McKay fit construire 19 des 100 vaisseaux qui faisaient le voyage du Cap Horn en moins de quatre mois, dont le *Flying Cloud*. Premier navire à rejoindre San Francisco par le Cap Horn en moins de 90 jours, ce clipper établit le record de 89 jours lors de son voyage inaugural, en 1851, et renouvela son exploit trois ans plus tard. A ce jour, aucun voilier n'a battu ce record.

Les derniers voiliers – Des années 1850 au début du 20e s., les ports du Maine se spécialisèrent dans la construction de navires pour le commerce du bois: le **down-easter** (bateau du Maine) et la **grande goélette**. Le down-easter, un trois-mâts à gréement carré, présentait la belle ligne allongée du clipper et pouvait atteindre des vitesses comparables. Mais, contrairement à celle du clipper, sa grande coque profonde lui permettait d'emmagasiner plus de marchandises, ce qui le rendait plus rentable pour le transport du fret.

Les down-easters et les goélettes furent utilisées jusqu'aux années 1880, lorsque les armateurs constatèrent que les quatre-mâts, bien que plus grands, ne coûtaient guère plus cher à exploiter. On construisit donc des goélettes à cinq et six mâts. Ces navires transportaient des marchandises en grande quantité (charbon, bois, granit, céréales) depuis la côte Est jusqu'à la côte Ouest, en contournant le Cap Horn. S'efforçant de concurrencer les vapeurs, les chantiers du Maine produisirent une petite flotte de quatre-, cinq- et six-mâts. L'âge d'or de la marine à voile avait cependant vécu et le steamer, plus efficace et davantage ponctuel, ne tarda pas à s'imposer.

La population

La population de la Nouvelle-Angleterre s'élève à 13 millions d'habitants, inégalement répartis. La majorité vit dans la moitié Sud, où l'on trouve les plus grandes villes: Boston, Worcester, Providence, Springfield, Hartford et New Haven. Cette population fut constituée par les grandes vagues d'immigration du 19e s. qui ont apporté avec elles une variété de cultures, de traditions et de religions que l'on perçoit encore aujourd'hui.

Les nombreux visages de la Nouvelle-Angleterre – Les premiers habitants de la région furent les **Indiens** Algonquins. Ils vivaient dans les bois, cultivaient la terre, chassaient, pêchaient et campaient le long de la côte. Les maladies et les guerres intertribales avaient déjà beaucoup diminué leur nombre quand arrivèrent les colons au 17e s. Le groupe le plus important, les **Narragansetts** du Rhode Island, fut pratiquement rayé de la carte par les colons anglais à la bataille de Great Swamp *(voir Rhode Island, Introduction)* lors de la guerre du roi Philip. Quelques descendants des **Passamaquoddys** et des **Penobscots** vivent aujourd'hui dans les réserves de Pleasant Point et de Old Town, dans le Maine. Certains **Wampanoags** subsistent à Cape Cod et Martha's Vineyard.

Les descendants des colons puritains des 17e et 18e s. ont dominé la population de la Nouvelle-Angleterre jusqu'au milieu du 19e s. Ces premiers habitants étaient des gens austères, grands travailleurs, et possédaient cette «ingéniosité Yankee» qui permet de tirer le meilleur parti de toutes les situations. Certains d'entre eux réalisèrent de véritables fortunes dans le commerce maritime avant de dominer le monde de l'industrie et de la finance.

La population resta pratiquement homogène jusqu'aux années 1840. C'est alors que la terrible famine de la pomme de terre obligea des milliers d'**Irlandais** à émigrer vers la Nouvelle Angleterre pour travailler dans les manufactures. Avec les années 1870 arrivèrent les **Italiens**, puis, vers la fin du siècle, des **Canadiens français** venus se faire embaucher en grand nombre dans les usines du New Hampshire et du Maine. Des communautés de pêcheurs **portugais** provenant des Açores se développèrent dans des ports comme Gloucester, Provincetown et Quincy, tandis que des vagues d'immigration successives amenèrent des **Suédois** et des **Russes**, ainsi que des **Européens de l'Est**, à s'installer dans plusieurs villes industrielles.

Alors que la communauté **afro-américaine** de Boston abandonnait North End pour Beacon Hill, les Irlandais vinrent y établirent leur domicile, suivis par les Juifs et les Italiens. Chaque groupe ethnique a ainsi formé son propre quartier, sa propre communauté linguistique et culturelle où une seule et même religion est pratiquée. Irlandais, Italiens et Juifs se sont installés dans les grandes villes ou à leur proximité; les Portugais sont restés dans les régions côtières, y conservant leurs traditions, comme par exemple la bénédiction de la flotte *(voir chapitre Renseignements pratiques)*. Dans le New Hampshire, le Maine et le Vermont, il est courant de rencontrer des noms d'origine ou à consonance française; ceci est dû au grand nombre de Canadiens français qui s'y installèrent – on les surnommait les «Francos». Les habitants d'origine suédoise et russe, et les Européens de l'Est, sont plutôt regroupés dans le Maine et les régions rurales. La majorité de la population noire et **hispanique** de la Nouvelle-Angleterre habite dans le Sud de la région.

L'architecture

L'architecture de la Nouvelle-Angleterre est à l'image de son histoire. Et si ses églises à clocher blanc, ses mignonnes granges rouges et ses fermes battues par les intempéries illustrent traditionnellement les calendriers, c'est parce qu'elles ont été fièrement conservées par des habitants très attachés à l'histoire de leur région. Certes, la Nouvelle-Angleterre est surtout connue pour son architecture coloniale, mais elle possède néanmoins un patrimoine qui a traversé toutes les époques. On y rencontre en effet des habitations indiennes extrêmement rudimentaires, de splendides manoirs bâtis en pleine prospérité maritime, et d'impressionnantes tours post-modernistes élevées au cours des dernières décennies. Au 20ᵉ s., les prestigieuses universités de la région ont attiré d'éminents architectes modernistes tels que Walter Gropius, Le Corbusier, Eero Saarinen, Philip Johnson et I.M. Pei, qui ont tour à tour transformé la silhouette de villes comme Boston, Cambridge et New Haven, jetant la Nouvelle-Angleterre à l'avant-scène de l'architecture contemporaine.

L'époque amérindienne – Les Algonquins ne vivaient pas dans des tipis, mais plutôt dans des **wigwams**, huttes de forme arrondie ou conique faites de jeunes arbres aux branches recourbées et recouvertes de nattes de roseaux ou d'écorce. Faciles et rapides à monter, ces abris commodes furent copiés par les premiers colons du Massachusetts en attendant de construire des maisons à charpentes. On peut voir des wigwams traditionnels à Pioneer Village *(voir Salem)* et à l'Institute for American Indian Studies *(voir Litchfield)*.

Le style colonial – Les premières habitations construites par les colons s'inspiraient de l'architecture médiévale: des maisons à deux étages, bâties avec des poutres, des madriers et des solives, reconnaissables à leur toit à pente raide initialement recouvert de chaume. Plusieurs exemples sont encore visibles (1660-1720), par exemple la Buttolph-Williams House dans le Connecticut *(voir Wethersfield)*, la Parson Capen House *(voir Ipswich)* ou la Plimoth Plantation *(voir Plymouth, MA)*. Les colons de la région, et notamment ceux de la baie du Massachusetts, provenaient pour la plupart de l'East Anglia, région du Sud-Est de l'Angleterre où les constructions en bois étaient communes. Trouvant du bois en quantité illimitée dans leur nouveau pays, ils continuèrent logiquement à employer leur propre mode de construction. Ces maisons comportaient généralement 2 grandes pièces aux poutres apparentes, disposées autour d'une imposante cheminée centrale que flanquait un escalier étroit menant aux chambres à l'étage. Recouvert de bardeaux, l'extérieur était percé de petites fenêtres à carreaux en losanges faisant songer aux vieilles

Style colonial

maisons anglaises. Des pignons étaient parfois ajoutés afin d'agrandir le premier étage, comme on peut le voir à l'Iron Works House *(voir Medford)*. On construisait aussi en encorbellement, et les consoles étaient alors l'occasion d'apporter une touche décorative, comme on peut le voir à la Stanley-Whitman House *(voir Farmington)*. La partie arrière de certaines habitations appelées «boîte à sel», ou **saltbox**, présentait une particularité: le toit recouvrait une cuisine en forme d'appentis et touchait presque le sol; telle est la Fairbanks House *(voir Dedham)*. Autre type de maison coloniale, le «**Cape Cod cottage**» était une petite construction à toiture à pente raide ou arrondie, conçue pour résister aux vents du large.

Lorsque l'on construisait une maison, les lourdes pièces de charpente équarries manuellement, généralement en chêne ou en pin, étaient numérotées – il n'est pas rare de voir des chiffres romains inscrits sur les poutres des greniers – puis assemblées au sol. Tout le monde était alors mobilisé pour hisser la charpente dans un effort collectif appelé «the raising».

En Nouvelle-Angleterre, le plan de tous les villages du 17e s. avait été arrêté par un décret de justice. Pour se protéger des Indiens et assurer à tous la proximité de la maison commune, la **meetinghouse** (le plus grand bâtiment du village), on avait obligation de construire autour du **green**, espace vert commun et central. Se démarquant délibérément de l'Église anglicane traditionnelle, la maison commune des puritains était un édifice à l'architecture originale: de plan carré, il présentait un toit à croupes surmonté d'un clocher, ce dont témoigne aujourd'hui l'Old Ship Church *(voir Hingham)*. Il servait à la fois d'église et d'hôtel de ville, ce qui prouve les liens étroits qui unissaient politique et religion au 17e s.

Le style georgien – Ce terme recouvre généralement le style architectural développé en Angleterre sous les règnes de George II et George III par des architectes réputés comme Christopher Wren et James Gibbs. Ce style se popularisa dans les colonies américaines de 1720 à la guerre d'Indépendance, grâce à la diffusion de manuels descriptifs et à des architectes formés en Grande-Bretagne. Le style georgien s'inspirait de la Renaissance italienne, et notamment d'Andrea Palladio. Essentiellement fondé sur les canons de la Rome antique, il se caractérise par l'utilisation des ordres classiques: dorique, ionique et corinthien.

Sobre et d'une élégance un peu solennelle, la maison georgienne plut immédiatement à la nouvelle classe marchande. De grandes demeures en bois, pierres ou briques apparurent dans toutes les grandes villes portuaires de l'importance de Portsmouth *(voir Strawbery Banke)*. Couronnée d'un toit à deux ou quatre versants, ou d'un toit brisé, la maison georgienne présentait une façade dont la symétrie était soulignée par des rangées régulières de fenêtres à guillotine. Au centre, l'entrée était souvent précédée d'un porche à fronton orné d'une baie palladienne. Le chaînage des angles (en pierres ou en bois) était fortement souligné, et la porte était surmontée d'une fenêtre semi-circulaire et d'un fronton sculpté.

Style georgien

Ces maisons ouvraient sur un vestibule central flanqué de cheminées; plus grandes qu'auparavant, les pièces avaient une destination désormais déterminée (salon de musique ou salle à manger) et étaient décorées de boiseries fortement ouvragées, de stucs et de coloris généralement vifs. Dans les bourgs de campagne, la maison georgienne perpétuait généralement le plan traditionnel avec cheminée centrale, mais elle ne négligeait cependant pas l'ornementation extérieure, comme par exemple le fronton à rampant «en col de cygne» visible dans la vallée du Connecticut *(voir Deerfield, Dwight House)*. Plusieurs bâtiments publics de style georgien furent conçus par **Peter Harrison** (1716-1775), sans doute l'architecte le plus important de la période coloniale. Sa Redwood Library à Newport s'inspire d'un temple romain; sa Touro Synagogue, également à Newport, et sa King's Chapel à Boston présentent des boiseries intérieures remarquables. C'est à cette époque que de nombreuses églises de la Nouvelle-Angleterre furent dotées d'une tour de façade surmontée d'une flèche. On y remarquait l'influence de Wren, par exemple à la Trinity Church *(voir Newport)*, ou de Gibbs, par exemple à la First Baptist Church *(voir Providence)*, architectes dont les croquis avaient été largement édités et diffusés dans le Nouveau Monde.

Le style fédéral – Très apprécié entre 1780 et 1820, le style néo-classique développé en Angleterre sous le nom de style Adam fut tout d'abord adopté en Amérique par la riche classe marchande, majoritairement fédéraliste, mais qui avait conservé malgré l'Indépendance des liens étroits avec la Grande-Bretagne. Le Bostonien **Charles Bulfinch** (1763-1844), le plus connu des architectes de la période fédérale, a notamment réalisé la State House du Massachusetts sur Beacon Hill et la Harrison Gray Otis House, dans la même ville de Boston. **Samuel McIntire** (1757-1811), autre émule de ce style, a conçu plusieurs édifices publics et habitations de Salem. Sa Gardener-Pingree House (*voir Salem*) est un exemple typique des élégantes maisons à trois niveaux que l'on voit en grand nombre dans les villes portuaires: petites briques, toit à pente douce à quatre versants orné d'une belle balustrade en corniche. Faisant écho à la belle demeure georgienne, la gentilhommière fédérale, aux murs souvent animés de courbures, était conçue

Style fédéral

symétriquement et sa porte d'entrée était surmontée d'une baie palladienne. Sa silhouette était toutefois beaucoup plus légère et plus traditionnelle, au point de paraître parfois austère. Généralement, la décoration de la façade se réduisait à des porches à colonnes et des fenêtres à arc en plein-cintre surbaissé.

Ce style est surtout remarquable pour le raffinement de sa décoration intérieure qu'influença grandement l'architecte britannique **Robert Adam**. L'une des grandes nouveautés consistait en des pièces ovales ou rondes, mais on découvrit également l'escalier sans mur de cage. Les manteaux et les piédroits des cheminées furent allégés de guirlandes et de gerbes ou sculptés de motifs classiques que l'engouement pour les récentes fouilles de Herculanum et de Pompéi avaient mis à la mode. Le style fédéral connut un grand succès, et on le retrouve jusque dans de simples maisons villageoises, de modestes églises rurales et même des fermes.

Le style néo-classique – Parallèlement au succès de plusieurs ouvrages anglais traitant d'archéologie grecque, le style néo-classique parvint en Amérique via la Grande-Bretagne et connut son apogée entre 1820 et 1845. Si les styles georgien et fédéral s'inspiraient des canons romains, le néo-classicisme se référait plus particulièrement au vocabulaire architectural de la Grèce Antique, ce qui se traduisit dans le Nouveau Monde par des proportions plus carrées, une échelle davantage monumentale et une ornementation réduite en façade. Influencés par ce modèle, les bâtiments néo-classiques étaient presque toujours blancs et comportaient ce que l'on appelait ici un «fronton de temple». Ce corps de portique à deux niveaux et à colonnes doriques, ioniques ou corinthiennes soutenait un fronton triangulaire s'étendant sur toute la largeur en toiture.

Style néo-classique

Pour l'élite cultivée, le style néo-classique symbolisait un lien unissant l'antique république grecque et la nouvelle nation américaine. On adopta sa monumentalité pour édifier de nombreux bâtiments publics: palais de Justice en marbre ou en granit, sièges de banques, bibliothèques comme l'Athenaeum de Providence (*voir à ce nom*), églises (*voir Quincy, United First Parish Church*) ou bourses de commerce. Son élégance fut appréciée, et l'on vit de belles résidences de style néo-classique faire leur apparition dans les ports et les villes prospères; le groupe de maisons de Whale Oil Row en est un bel exemple (*voir New London*).

Les plus grands architectes de ce style comptent **Alexander Parris**, qui réalisa le Quincy Market (*voir Boston*) et **Robert Mills**, auteur de la Custom House (*voir Newburyport*). **Asher Benjamin**, qui écrivit quelques guides de construction parmi les plus diffusés aux États-Unis, dessina de nombreuses églises, telle l'Old West

Church (*voir Boston*), et de belles demeures, notamment les n°s 54 et 55 de Beacon Street à Boston. De tels manuels popularisèrent le style néo-classique en Nouvelle-Angleterre, ce qui explique qu'on le rencontre même dans de simples maisons de village, et que de très modestes habitations présentent parfois une toiture simulant un fronton triangulaire et d'élémentaires soutiens angulaires en bois figurant les nobles colonnes du style néo-grec.

L'architecture vernaculaire du 19e s. – L'une des silhouettes caractéristiques de la Nouvelle-Angleterre rurale est le **pont couvert**, que l'on rencontre par exemple à West Cornwall (*voir Housatonic Valley*) et à Windsor (*voir à ce nom*). En 1820, Ithiel Town, architecte réputé de New Haven, fit breveter la **ferme de charpente en treillis**, structure que l'on peut voir à l'intérieur de la Center Church et de la Trinity Church (*voir New Haven*). Formé de pièces en bois de pin ou d'épicéa, cet ouvrage portait un toit destiné à protéger d'intempéries souvent violentes. Au milieu du 19e s., la Nouvelle-Angleterre était couverte de **fermes** comprenant plusieurs corps de bâtiments constitués de logis, de granges et d'étables. Peu à peu, elles gagnèrent d'autres dépendances: des bâtiments isolés dans les campagnes vinrent en effet s'y greffer pour former de grosses fermes abritant des ateliers de tissage ou de mise en conserve, ce qui consolida les revenus de ces exploitations agricoles.

Au 19e s., le long de la côte, des **phares** furent élevés pour marquer l'entrée des ports et les fonds dangereux. A l'origine, ces constructions comprenaient une tour et son fanal, utilisant initialement des lampes à huile et des miroirs paraboliques, ainsi que l'habitation du gardien, qui assurait fréquemment le contrôle douanier. Aujourd'hui, l'automatisation a remplacé le gardien. Édifiés sur des sites spectaculaires, certains de ces phares ont été reconvertis en habitations privées; un grand nombre reste toutefois ouvert au public, notamment à Sheffield Island (*voir Norwalk*) et Owl's Head (*voir Rockland*).

La plupart des villes industrielles ont conservé leurs **manufactures textiles** du 19e s., qui étaient à l'origine alimentées par des turbines hydrauliques, la machine à vapeur ne s'étant répandue qu'à partir des années 1850. Employant principalement la main d'œuvre bon marché fournie par les vagues d'immigration, les manufactures étaient conçues comme de vastes phalanstères comprenant très souvent une ligne de chemin de fer, des parcs, des canaux, des églises et les habitations destinées aux ouvriers. Ces bâtiments de granit ou de briques, généralement hauts de cinq ou six étages, s'étiraient en de longues rangées de plusieurs kilomètres au bord d'une voie d'eau. Certains de ces ensembles ont été transformés en musée; c'est le cas du Lowell National Historic Park (*voir Lowell*). Certains ont été reconvertis et abritent aujourd'hui de petites et moyennes entreprises ainsi que des magasins où sont vendus des articles à prix d'usine; c'est le cas de l'Amoskeag Manufacturing Complex (*voir Manchester*).

L'éclectisme victorien – A l'époque victorienne (1837-1901), les canons classiques furent abandonnés au profit d'une grande variété de styles, dont beaucoup s'inspiraient de l'architecture romantique du moyen âge. Le **néo-gothique** dont témoigne Kingscote (*voir Newport*) en est un exemple pittoresque: fenêtres en ogive, pignons pointus et corniches ouvragées en sont les caractéristiques. Ce style s'est également développé dans les demeures et les «cottages» privés, qui présentent ce que l'on a appelé le «gothique du charpentier» ou le «gingerbread style», tel qu'on peut le voir au Roseland Cottage (*voir Woodstock*). La période victorienne a connu d'autres styles:

Style italianisant

le style **italianisant**, aux tours carrées, aux toits plats ou à pente douce, aux grands porches spacieux, ainsi qu'on peut le voir au Victoria Mansion (*voir Portland*); le **Second Empire**, aux toits mansardés, aux corniches décorées et aux lucarnes rondes, dont témoigne le Old City Hall (*voir Boston*); le style **Queen Anne** présentant des tourelles, des porches asymétriques, des fenêtres en saillie et des moulures fortement ouvragées, comme à Oak Bluffs (*voir Martha's Vineyard*). Au début des années 1870, l'architecte bostonien **Henry Hobson Richardson** lança aux États-Unis le **néo-roman**, également connu sous le nom de «Richardsonian Romanesque» ou roman richardsonien, style proprement américain qui s'inspirait de l'architecture médiévale française et espagnole. La Trinity Church *(voir Boston)*, son chef-d'œuvre, en est la plus parfaite illustration avec ses colonnes trapues, ses arcs en plein-cintre et ses lourdes pierres grossièrement taillées. Par ailleurs, les villégiatures du littoral affectionnaient le **Shingle style** (ou Domestic Revival américain) constitué de bardeaux de bois sombre, de tours et de vérandas, de toits à pente raide et de façades asymétriques, comme à Hammersmith Farm et au casino de Newport *(voir Newport)*; quelques villégiatures furent réalisées en **Stick style**, c'est-à-dire des toitures à pignons, des façades de bois soulignées par des plate-bandes, des couleurs aux tons contrastés, des bardeaux décoratifs, ce dont témoigne la maison de Mark Twain *(voir Hartford)*.

La fin du 19e s. et le début du 20e s. – A la fin du 19e s., les architectes académiques de la prestigieuse École des Beaux-Arts de Paris rejetèrent les dérives de l'éclectisme au profit d'interprétations plus «correctes» des grands courants de l'architecture européenne, notamment de la Renaissance italienne, du classicisme français et du néo-classicisme anglais. Sans parler de style des **Beaux-Arts**, un style hautement décoratif se développa et trouva son expression dans plusieurs grandes demeures privées comme The Breakers et Marble House *(voir Newport)*, conçues l'une et l'autre par un architecte très apprécié de la haute société de l'époque, **Richard Morris Hunt**; mais aussi dans l'architecture publique, comme à la Boston Public Library. Tous ces bâtiments correspondant à ce que l'on a appelé en France «la réaction classique» s'inspiraient des palais de la Renaissance italienne. Ils furent construits en pierres (granit ou marbre) et se caractérisent par une statuaire décorative, une façade lourdement ornée et des rangées de colonnes jumelées alternant avec des fenêtres cintrées.

A la même époque apparut le style **néo-colonial**, dont les fondements puisent leurs origines dans la propre architecture coloniale des États-Unis, mais interprétée dans un sens plus monumental. Ce style se reconnaît à l'utilisation d'une baie palladienne, de colonnes classiques, d'un fronton aux rampants «en col de cygne» et d'un grand portique d'entrée. Très apprécié par de nombreux cabinets d'architectes prestigieux, tel celui de **McKim, Mead et White** qui réalisa le Capitole du Rhode Island *(voir Providence)*, ce style s'appliqua tout d'abord (entre 1900 et 1920) aux maisons urbaines (par exemple North Street et South Street à Litchfield) et aux résidences de campagne néo-georgiennes.

L'architecture contemporaine – Un grand nombre d'architectes européens s'installèrent en Nouvelle-Angleterre dans les années 1930, et importèrent aux États-Unis ce style **international** naissant. Parmi eux étaient **Walter Gropius** (1883-1969), fondateur de l'école du **Bauhaus** en Allemagne. La Gropius House qu'il édifia en 1938 *(voir Concord)* est un bâtiment cubique et rationaliste construit avec des matériaux nouveaux: briques de verre, plâtre à isolation phonique, métal chromé, etc. Cette maison illustre parfaitement les débuts du **modernisme**, mouvement qui, rejetant toute ornementation et toutes références historiques, se réclamait de la technologie de son époque. La MIT Chapel construite en 1955 par **Eero Saarinen** *(voir Cambridge)* est une réalisation plus tardive de ce modernisme faisant table rase du passé. Sa structure cylindrique en briques contraste fortement avec la traditionnelle et modeste église blanche de bois qui embellit les greens de la Nouvelle-Angleterre. Héritier du modernisme, le **glass box design** se répandit partout dans l'Amérique urbaine des années 1960, dans les immeubles d'habitation comme dans les bâtiments publics. La Beinecke Library de Yale *(voir New Haven)*, bâtie en 1963 par **Gordon Bunshaft** du cabinet **Skidmore, Owings et Merrill**, en est un exemple peu ordinaire avec ses murs autoportants en marbre translucide, au point que des critiques parlèrent de style SOM. La glass box peut se traduire comme une architecture métallique utilisant le mur-rideau et du vitrage continu; on en vit surgir dans toute la Nouvelle-Angleterre

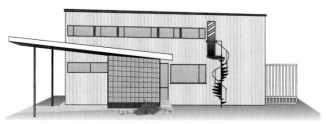

Style international

au cours des nombreuses campagnes de rénovation urbaine. Toutefois, depuis deux décennies, la tendance est à la sauvegarde et à la restauration des bâtiments anciens, et plusieurs programmes de rénovation ont préservé des édifices menacés et contribué à la réhabilitation de quartiers devenus lépreux dans des villes comme Boston, Salem, Newburyport, Norwalk et Burlington.

Depuis le début des années 1970, des architectes comme Robert Venturi, Robert Stern et Philip Johnson ont développé le **post-modernisme,** mouvement qui prône un retour à l'ornementation. Des éléments profondément traditionnels comme par exemple le fronton classique sont repris et souvent exagérés, non sans un certain humour, pour couronner un bâtiment. La baie palladienne est simplifiée jusqu'à la caricature, ou bien la colonne classique est réduite à un simple fût surmonté par une sphère au lieu de l'habituel chapiteau. Ce style se signale également par des combinaisons inattendues de couleurs pour dynamiser les façades. Ces dernières années, les campus universitaires et un grand nombre de gratte-ciel de la Nouvelle-Angleterre, en particulier ceux de Boston *(voir les 222 Berkeley Street et 500 Boylston Street),* de Providence et de Hartford, sont devenus les vitrines nationales de ce style qui s'attache surtout à reconsidérer l'échelle d'une construction, la compatibilité de ses matériaux et sa relation aux bâtiments anciens qu'il doit voisiner.

La sculpture

Jusqu'au 19e s., la sculpture fut un art essentiellement populaire, un artisanat produisant des enseignes de boutiques et d'échoppes, des girouettes ou des figures de proue. Puis, les sculpteurs américains partirent étudier en Italie et à l'École des Beaux-Arts de Paris, où ils furent confrontés à la grandeur et la magnificence de la sculpture classique. Deux de ces artistes formés en Europe, **Daniel Chester French** (1850-1931) *(voir Stockbridge, Chesterwood)* et **Augustus Saint-Gaudens** (1848-1907) *(voir Saint-Gaudens National Site),* influencèrent fortement la sculpture américaine au lendemain de la guerre de Sécession et jusqu'au début du 20e s. Tous deux reçurent de nombreuses commandes publiques de statues et de monuments commémoratifs. French connut une célébrité rapide avec sa statue *Minute Man (voir Concord),* mais le monumental *Lincoln* du Lincoln Memorial de Washington passe pour être son chef-d'œuvre. Saint-Gaudens réalisa d'admirables portraits en bas-relief et des sculptures monumentales comme le Shaw Memorial à Boston, son œuvre la plus connue.

Malgré le fait qu'une grande partie de leur carrière eut l'Italie pour cadre, **Horatio Greenough** (1805-1852), natif de Boston, et **Hiram Powers** (1805-1873), originaire du Vermont, ont joué un rôle important dans la diffusion du néo-classicisme aux États-Unis. *The Greek Slave* de Powers (1843) *(voir New Haven, Yale University Art Gallery)* fut certainement l'une des sculptures parmi les plus célèbres de son temps, en Europe comme aux États-Unis. **John Rogers** (1829-1904), de Salem, fit de brèves études à Rome. Très intéressé par la vie quotidienne américaine, Rogers modela de petits groupes en terre représentant des scènes assez typiques d'intérêt historique *(The Slave Auction)* ou s'inspirant de la vie quotidienne *(Checkers at the Farm).* Ses 80 groupes, connus sous l'appellation «groupes de Rogers», furent reproduits à des milliers d'exemplaires et connurent un succès immédiat.

Le mobilier

De l'époque coloniale à la fin du 19e s., les meubles américains ont subi l'influence des styles européens, en particulier anglais. Les menuisiers des villages ruraux reproduisaient les meubles que les colons avaient amenés avec eux, ou fabriquaient de mémoire les pièces qu'ils avaient vues en Angleterre. En outre, les premiers ébénistes des territoires coloniaux faisaient venir d'Europe des manuels de style pour les guider dans la réalisation de leurs meubles.

Le style Pilgrim – Le mobilier daté de 1620 à 1690 – coffres, tables, fauteuils et coffrets à Bible – est massif et d'un dessin simple aux lignes droites. Il est nettement influencé par les styles Tudor et jacobite, et présente donc une inspiration encore moyenâgeuse. Il est généralement réalisé en chêne. Les coffres Hadley, Guilford et Sunflower fabriqués au Connecticut, décorés de motifs floraux (tournesol) et géométriques sculptés et peints, sont caractéristiques de cette époque très religieuse, et donc marquée par les pères pèlerins.

William and Mary – Ce style fut en vogue de 1689 à 1702 sous le règne de Guillaume III (Guillaume d'Orange) et de sa femme Mary. L'influence du baroque flamand et les échanges avec l'Extrême-Orient introduisirent de nouvelles techniques comme le tournage (pièces de bois travaillées au tour) et le laquage (motifs floraux ou paysages sur des surfaces laquées). Le mobilier est raffiné et confortable; les commodes laquées, les coffres de bois fortement ouvragés et les chaises cannées ou à dossier garni de cuir étaient très populaires à cette époque.

William and Mary

Queen Anne – Les années comprises entre 1720 et 1750 voient apparaître les lignes courbes, comme le gracieux pied-de-biche. Le noyer, l'érable et le merisier remplacent le chêne et la décoration a tendance à se réduire. La chaise Queen Anne se reconnaît à ses pieds galbés et à son dossier en forme de balustre plat.

La **chaise Windsor** se distingue du style Queen Anne. Elle fut importée d'Angleterre au début du 18ᵉ s. et est restée populaire jusqu'aujourd'hui au point d'être devenue typiquement américaine. Cette chaise se caractérise par les fins barreaux ronds de son dossier arrondi.

Queen Anne

Chippendale – L'ébéniste londonien Thomas Chippendale emprunta des éléments rocailles et orientaux pour créer ses recueils de modèles de meubles. Pour la plupart en acajou, les meubles Chippendale (de 1750 à 1785) reposent sur des pieds courbes se terminant par une griffe enserrant une boule, et présentent des dossiers finement chantournés. Des sculptures détaillées, de riches ornements de cuivre et des fleurons achèvent la décoration de ces meubles. Les familles **Goddard** et **Townsend**, à Newport, furent parmi les ébénistes les plus célèbres à diffuser ce style.

Windsor

Le style fédéral – L'architecte anglais **Robert Adam** et les ébénistes anglais **George Hepplewhite** et **Thomas Sheraton** ont inspiré ce style très populaire de 1785 à 1815. Il se définit par des lignes droites et légères et une décoration délicate faite de placages et de marqueteries de bois contrastés, d'incrustations. Le pied est généralement de section carrée, effilé et cannelé. Les dossiers des chaises Hepplewhite se signalent par leur forme de boucliers ajourés, tandis que les dossiers Sheraton sont droits. John et Thomas Seymour, ainsi que John et Simeon Skillin, de Boston, font partie des ébénistes qui propagèrent le style fédéral. L'aigle, symbole de la nouvelle indépendance des États-Unis, est un motif décoratif fréquent. Les intérieurs étaient souvent garnis de miroirs à cadre doré, décoré d'une corniche plate ou d'une guirlande florale, ainsi que de pendules d'étagère et de cheminée fabriquées par les horlogers de la Nouvelle-Angleterre.

Chippendale

Le style Empire – Importé d'Europe, ce style au décor chargé qui connut son heure de gloire de 1815 à 1840 est inspiré de l'Antiquité grecque et égyptienne. Dorures et bronzes, satins, cariatides et animaux ailés, pieds léonins, têtes de sphinx et aigles caractérisent ce style.

Le style victorien – Le mobilier de la période qui s'étend de 1840 à la fin du 19ᵉ s. s'inspire de tous les styles: gothique, élisabéthain, Renaissance, rocaille… Le mobilier victorien est lourd et surchargé. Fauteuils et canapés sont abondamment capitonnés et garnis de velours; la décoration comprend des tourelles, des formes de violons, des pendeloques, etc., et les tables à plateau de marbre avaient la faveur du public.

Le mobilier shaker – Fabriquées à partir de 1800 jusqu'au milieu du 19ᵉ s., les chaises, tables et commodes shakers étaient simples et fonctionnelles. Ce mobilier aux lignes pures était généralement remarquablement réalisé. La chaise shaker se caractérise par un dossier en barreaux d'échelle et un siège en vannerie.

Hepplewhite

La peinture

De l'aube de la période coloniale à la fin du 17ᵉ s., la peinture se développa sous sa forme la plus utilitaire: des enseignes et des portraits. Généralement, le portraitiste ne réalisait qu'une esquisse du visage, puis il achevait son travail en stylisant son modèle. Ces portraits réalistes et naïfs étaient tout en charme et simplicité. Le tableau représentant Mme Elizabeth Freake et son bébé Mary (Worcester Art Museum) est un exemple célèbre de cette période.

Développement de la peinture au 18ᵉ s. – En 1729, l'arrivée du peintre écossais **John Smibert** (1688-1751) ouvrit l'ère des peintres professionnels. Dans son atelier de Boston, Smibert formait ses élèves en leur enseignant la technique de l'art du portrait tel qu'il était alors pratiqué en Europe. Une toile comme celle représentant l'évêque Berkeley (Yale University Art Gallery, New Haven) servit de modèles à plusieurs de ses disciples américains, dont l'artiste Newportais **Robert Feke** (1705-1750) et **John Singleton Copley** (1738-1815), le premier grand portraitiste américain. Copley fit le portrait des célébrités de son époque (*Paul Revere*, Museum of Fine Arts à Boston); son souci du détail a fourni une peinture extrêmement ressemblante.

Gilbert Stuart (1755-1828) fut le peintre le plus populaire de son temps. Il est surtout connu pour ses portraits de George Washington. En fait, le président ne posa que pour trois portraits réalisés par cet artiste, et celui-ci s'en inspira ensuite pour en réaliser un nombre insensé à la fin de sa vie.

A la fin du 18ᵉ s., de nombreux Américains partirent étudier à Londres dans l'atelier de leur compatriote **Benjamin West** (1738-1820). Ce natif de Springfield (Massachusetts) était en effet devenu l'un des maîtres du néo-classicisme après un séjour à Rome. Parmi eux se trouvaient **Samuel F.B. Morse** (1791-1872), qui fut un portraitiste de talent avant d'inventer le télégraphe, et **Ralph Earl** (1751-1801), qui séjourna sept ans à Londres sans jamais trahir la fraîcheur du style populaire américain qui était le sien. C'est également à la lumière de l'enseignement de B. West que **John Trumbull** (1756-1843), fils d'un gouverneur du Connecticut, exécuta une série de peintures d'histoire qui firent par la suite sa renommée, dont celles représentant la bataille de Bunker Hill et la signature de la Déclaration d'Indépendance (Yale University Art Gallery). Le Congrès lui commanda plus tard les fresques de la rotonde du Capitole de Washington.

Le 19ᵉ s. – Avant le 19ᵉ s., le portrait a donc dominé la production picturale, et cette tendance s'est poursuivie jusqu'au milieu du siècle avec des artistes au style naïf comme **William Matthew Prior** (1806-1873) et **Erastus Salisbury Field** (1805-1900).

Mrs. Elizabeth Freake and Baby Mary (v. 1671; œuvre anonyme)

Après l'Indépendance, les États-Unis connurent une période d'expansion commerciale et territoriale: la conscience de l'immensité et de la beauté de la nation se traduisit par l'introduction du paysage dans l'art américain. Dans les années 1820, les peintres de l'**École de l'Hudson** suivirent l'exemple de **Thomas Cole** et **Albert Bierstadt** en s'adonnant à la peinture d'extérieur. En Nouvelle-Angleterre, leurs sujets de prédilection furent les White Mountains et la vallée du Connecticut. Né à Hartford, **Frederick Edwin Church** (1826-1900), élève de Cole, fut le paysagiste de la Nouvelle-Angleterre par excellence. L'océan inspira un grand nombre d'artistes. **Fitz Hugh Lane** (1804-1865), qui habitait Gloucester, devint l'illustrateur fidèle de la vie mouvementée des ports et de la belle sérénité des îles proches de la côte. Peintre de New Bedford, **William Bradford** (1823-1892) était fasciné par la mer et la lumière du septentrion; il a réalisé de beaux tableaux crépusculaires et un grand nombre de toiles représentant des baleiniers (New Bedford Whaling Museum).

A partir des années 1860, certains artistes américains s'installèrent à l'étranger. Parmi eux, **James McNeill Whistler** (1834-1903), né à Lowell, se fit connaître à Londres pour ses délicats paysages de la Tamise. **William Morris Hunt** (1824-1879), influencé par la peinture française, ouvrit à Boston un atelier où il initia ses élèves au naturalisme de l'École de Barbizon. Quelques années plus tard, **John Singer Sargent** (1856-1925), né à Florence, voyageur impénitent, connut la célébrité comme portraitiste de la haute société. La grâce et l'élégance qu'il prêtait à ses modèles firent de lui l'un des peintres les plus recherchés de son temps.

Winslow Homer (1836-1910), aquarelliste autodidacte et maître du mouvement naturaliste, démarra sa carrière pendant la guerre de Sécession en travaillant comme illustrateur pour le *Harper's Weekly*. Ses grandes marines et ses scènes champêtres réalisées au cours de ses nombreux séjours estivaux à Prout's Neck, dans le Maine, lui assurèrent une renommée considérable.

Le 20ᵉ s. – Au cours de ce siècle, trois peintres de style très différent ont incarné la peinture de la Nouvelle-Angleterre. **Grandma Moses** (1860-1961), qui se mit à peindre à l'âge de 70 ans, a illustré les scènes rurales de son enfance. Ses tableaux naïfs, très colorés, sont de merveilleuses évocations de la campagne de la Nouvelle-Angleterre. On y reconnaît tous les éléments qui en composent le paysage: petites maisons, ponts couverts, clochers pointus… On peut en admirer un grand nombre au Bennington Museum dans le Vermont.

Norman Rockwell (1894-1978) fut pendant des années illustrateur au *Saturday Evening Post*, pour lequel il réalisa une chronique de la vie américaine. Le regard que cet artiste porta sur ses contemporains fut constamment imprégné d'une attention chaleureuses, d'un souci extrême du détail – au point d'avoir été qualifié d'hyperréaliste – et d'un sens de l'humour. Il vécut à Stockbridge où un musée lui est consacré.

Andrew Wyeth, né en 1917, a passé plusieurs étés dans le Maine, où il a produit des tableaux d'un réalisme très minutieux. Ses toiles sont spectaculaires et dégagent une atmosphère étrange, comme le montre une de ses œuvres les plus fameuses, *Christina's World*. Le Farnsworth Art Museum de Rockland permet de se faire une excellente idée de sa production.

Les arts populaires

Isolée de la terre mère, la société rurale de la Nouvelle-Angleterre a développé des formes d'artisanat répondant aux conditions et aux exigences de la vie quotidienne. Chaque paysan devait réaliser lui-même ou faire confectionner par un artisan les ustensiles domestiques que ce dernier vendait à très bas prix. Ces outils, ces tissus, ces girouettes, ces enseignes ou ces pierres tombales étaient naturellement imprégnés de la naïveté et du charme du travail effectué par ces premiers colons qui y mettaient tout leur cœur.

Les quilts – *Quilt* est le nom donné à ces couvertures piquées formées de deux pièces de tissus cousues ensemble et renfermant plusieurs couches de coton ou de bourre de laine. Ces courtepointes bien chaudes étaient indispensables dans ce pays aux hivers rudes. Afin de bien maintenir les diverses épaisseurs, des surpiqûres dessinant des motifs géométriques ou floraux étaient effectuées sur toute la surface à l'aide de petits bouts de tissus inutilisés ou de chutes de chiffons. Ce travail en **patchwork** (*patch* signifie morceau) était, soit réalisé avec des pièces assemblées, soit à l'appliqué, c'est-à-dire que les motifs étaient découpés dans divers morceaux de tissu, puis étaient cousus sur une base, ce qui autorisait davantage d'effets décoratifs. Les quilts eurent un rôle social important dans les villages, notamment à l'occasion du «quilting bee», réunion au cours de laquelle les femmes se groupaient pour réaliser un «wedding quilt» ou **courtepointe de mariage**, que l'on offrait à une jeune fiancée, ou un «freedom quilt» ou **courtepointe de liberté**, qui fêtait la majorité d'un jeune homme. Après une composition longue à réaliser, les couturières organisaient une fête traditionnelle pour célébrer la fin de leur ouvrage.

Les peintures au pochoir – Ce procédé de décoration s'est répandu dès l'époque coloniale. Le système du pochoir permet de reproduire un motif sur n'importe quel matériau: mobilier, tissus, planchers, murs. Au 19e s., cette technique représentait une solution bon marché remplaçant des papiers peints d'importation trop coûteux, et permit d'égayer de nombreux intérieurs. Les motifs étaient donc variés: dessins géométriques, fleurs, corbeilles de fruits, aigle de la liberté, ananas de l'hospitalité, saule de l'immortalité, voire des cloches et des cœurs symbolisant la joie. La fameuse «fancy chair» produite par la fabrique de **Lambert Hitchcock** à Riverton était décorée à la main de motifs au pochoir.

Les girouettes – Pour les très nombreux colons de la Nouvelle-Angleterre vivant de la terre ou de l'océan, la girouette jouait un rôle essentiel. Simplement sculptée dans le bois ou fondue dans le métal, la girouette orne la plupart des bâtiments un tant soit peu élevés. Celles destinées à coiffer les flèches des églises pouvaient avoir la forme d'un coq ou d'un poisson, car ce sont des symboles chrétiens. Dans les régions rurales, elles prenaient volontiers la forme d'une vache, d'un cheval ou d'un mouton. Le long des côtes, elles représentaient des baleines, des sirènes ou des clippers. Depuis le 18e s., la fameuse girouette en forme de sauterelle perchée sur le dôme de Faneuil Hall est l'emblème du port de Boston. Un autre type de girouette, délibérément fantaisiste, est le **tourniquet**, petits personnages aux bras en forme d'hélices; les grands tourniquets indiquaient la vitesse et la direction du vent, les petits servaient de jouets aux plus petits.

Enseignes et figures de proue – A l'époque de la marine à voile, les artisans sculptaient des figures de proue ou des plaques de poupe pour orner les nouveaux bateaux. Les baleiniers étaient souvent décorés d'une figure féminine, représentant généralement la femme ou la fille de l'armateur. Ces personnages dressés face au large, cheveux au vent, prolongeaient élégamment la proue des clippers (*voir les collections des musées maritimes de Mystic, New Bedford, Nantucket, Salem et Shelburne*). Ces artisans fabriquaient aussi des enseignes pour les magasins. Ces panneaux sculptés à la main et peints de couleurs vives servaient à signaler la spécialité d'un commerce tout en lui assurant de la réclame. La silhouette d'un marin, sextant à la main, marquait la boutique d'un fabricant d'instruments de navigation; un panneau arborant une grosse botte indiquait l'échoppe d'un cordonnier, etc. Des enseignes de ce genre attirent encore le regard le long des rues de

Courtesy Mystic Seaport Museum

Figures de proue

l'Old Port Exchange à Portland. Au 19e s., on sculpta un grand nombre de **Cigar Store Indians** pour signaler un marchand de tabac tout en rappelant que c'est une plante originaire d'Amérique. Haute de 60 cm à 2 m, la silhouette de l'Indien était habituellement dotée d'une coiffe en feuilles de tabac que l'on confond facilement avec des plumes.

La verrerie – Jusqu'au milieu du 19e s., la verrerie façonnée à la main était un luxe que peu de gens pouvaient s'offrir. Néanmoins, Deming James et ses ouvriers de **Sandwich** réalisaient de beaux objets en verre à des prix abordables et donc accessibles au plus grand nombre. Cette fabrique de Sandwich fut bientôt réputée pour son verre moulé dont les motifs évoquaient la dentelle. Malgré la production industrielle du verre moulé, l'art des souffleurs de verre continua à prospérer. De nombreuses fabriques ouvrirent en Nouvelle-Angleterre au 19e s. Celles du

Massachusetts – les New England Glass Co., Boston and Sandwich Glass Co., et Mount Washington Glass Works – réalisèrent des pièces remarquables dont on ne trouve pas l'équivalent dans la région. La production était très diversifiée, autant utilitaire que décorative, et les techniques différaient d'un atelier à l'autre comme on pourra le découvrir ci-dessous. Le Sandwich Glass Museum, l'Old Sturbridge Village et le Bennington Museum exposent des pièces de très belle qualité.

Birmese Glass – Ce verre opaque, dont les tons varient du rose corail au jaune, fut fabriqué entre 1885 et 1895 par la Mount Washington Glass Works. On mettait de l'or dans la pâte de verre pour obtenir la coloration rose.

Peachblow – La technique est la même que celle utilisée pour le verre birman, mais les tons vont du blanc opaque au rosé. L'aspect mat et satiné est obtenu par trempage dans un bain acide. Le Peachblow, réalisé par la New England Glass Co. (1886-1888), était connu sous l'appellation «Wild Rose».

Lava Glass – Ce verre brillant de couleur noire, premier produit de la verrerie d'art aux États-Unis, fut inventé et breveté par la Mount Washington Glass Works, à New Bedford. Les premières pièces en verre de lave furent fabriquées à partir de pierres ponces.

Amberina – Ce verre transparent, dont la couleur s'étend de l'orange pâle aux tons rubis, fut baptisé «Amberina» par la New England Glass Co. et «Rose Amber» par la Mount Washington Glass Works. La pâte de verre, de couleur ambrée, contenait une faible proportion d'or, qui donnait une couleur rubis lorsqu'on réchauffait une partie du verre.

Pomona – L'aspect craquelé de ce coûteux verre transparent était à l'origine obtenu en recouvrant le verre de cire, que l'on grattait à l'aide d'une pointe avant d'attaquer les parties découvertes avec de l'acide. Les desssins étaient colorés, puis la pièce était chauffée à haute température.

Le scrimshaw – Il n'y a pas de traduction pour ce mot qui désigne l'art de graver et de sculpter l'ivoire des dents et des mâchoires de cachalot, des défense de morse et les os de baleine. Perfectionné au 19e s. par les marins de la Nouvelle-Angleterre, cet art esquimau est souvent considéré comme la seule expression artistique authentiquement américaine. La dent ou la défense était mise à sécher, puis on polissait la surface à l'aide d'une peau de requin. Ensuite, on incisait dans l'ivoire le motif à l'aide d'un couteau de poche ou d'une aiguille à toile: une chasse à la baleine, un navire, une scène portuaire. Pour la couleur, on employait de l'encre, de la suie ou du jus de tabac. Les plus expérimentés parvenaient à réaliser de fines roulettes à pâtisserie, des dévidoirs à laine, des cages à oiseaux, des boîtes incrustées, des maquettes de bateau, etc. Les musées de New Bedford, Nantucket et Sharon renferment d'exceptionnelles collections de scrimshaw.

Les leurres – Depuis l'époque coloniale, les chasseurs ont utilisé des leurres en bois, sculptés et peints, pour imiter les oies, les canards, les échassiers et les oiseaux des marais afin d'attirer ce gibier à portée de fusil. Cette méthode était déjà employée par les Indiens, qui confectionnaient de faux oiseaux à l'aide de boue, de roseaux et de peaux remplies d'herbes séchées. Au 19e s., la fabrication des leurres est devenue un artisanat reconnu, le réalisme devenant de plus en plus fidèle et perfectionné. Dans le Maine, où la mer est houleuse et les bourrasques fréquentes, les leurres devaient être larges et lourds, à fond plat et tête baissée pour assurer leur stabilité. Dans la baie du Massachusetts, où les eaux sont calmes, ils étaient plus légers. Des leurres purement décoratifs firent leur apparition: les échassiers et les miniatures sculptés et peints par **A. Elmer Crowell**, du Massachusetts, représentent la forme la plus aboutie de cet artisanat. Le long de la côte, de Cape Cod jusqu'au Maine, de véritables artistes sculpteurs d'oiseaux, les *birdcarvers*, se consacrent encore à la fabrication de ces leurres. Le Shelburne Museum possède une riche collection de plus de 1 000 pièces.

Les pierres tombales – Les puritains, qui ne consacraient guère de temps à l'art, ont laissé des rangées de pierres tombales dans les vieux cimetières de la Nouvelle-Angleterre, des stèles témoignant du remarquable talent des premiers carriers. Au 17e s., les sujets sont sobres et symboliques: sabliers, soleils, faux, crânes ailés, cœurs et chérubins, symbolisant la vie, la mort et la résurrection. Au 18e s., les portraits devinrent réalistes, et l'on représentait les traits du défunt. Au 19e s., le mouvement romantique se manifesta dans la sculpture funéraire: saule pleureur et urne en sont des symboles typiques.
Les anciens cimetières de Boston, Lexington, Newburyport et Salem, New London et Newport, contiennent de magnifiques exemples de pierres tombales.

La littérature

Les premiers écrivains des colonies (17e et 18e s.) furent principalement des puritains cultivés (chroniques, sermons, pamphlets, journaux). Leur but premier était d'évoquer la Nouvelle Sion et donc l'histoire de la Nouvelle-Angleterre naissante, comme le fit William Bradford, gouverneur de Plimoth Plantation de 1621 à 1657, ou John Winthrop (1588-1649), premier gouverneur de la colonie de la baie du Massachusetts. **Cotton Mather** (1669-1728) rédigea des centaines de sermons, de notes et de traités scientifiques parmi lesquels la monumentale *Histoire ecclésiastique de la Nouvelle-Angleterre*.

Inventeur, diplomate, philosophe et chercheur, le Bostonien **Benjamin Franklin** (1706-1790) jouissait d'une grande renommée tant dans son pays qu'à l'étranger. Il est également connu pour ses écrits satiriques sur la politique britannique en Amérique, et son *Almanach du Pauvre Richard* se trouvait dans la plupart des foyers de la Nouvelle-Angleterre.

La maturité – Le 19e s. vit l'éclosion d'une littérature authentiquement américaine, et plus particulièrement en Nouvelle-Angleterre. Le transcendantalisme, philosophie de caractère nettement individualiste, réunit de jeunes écrivains rejetant leur passé puritain et gagna la faveur du public sous la conduite de **Ralph Waldo Emerson** (1803-1882), qui donna des conférences à travers les États-Unis. Son *Essai sur la nature* (1836) condense les idées et les principes de ce mouvement.

L'un de ses disciples, **Henry David Thoreau** (1817-1862), apôtre du retour à la nature, vécut solitairement pendant deux années dans une cabane au bord de l'étang de Walden Pond, près de Concord. Il rapporta son expérience dans *Walden*. Le transcendantalisme inspira des expériences de vie communautaire, comme à Brook Farm près de Boston, ou à Fruitlands *(voir Fruitlands Museum)*. *The Dial* (Le Cadran), magazine littéraire fondé par Emerson et Margaret Fuller en 1840, diffusait les idées du mouvement. Bronson Alcott en était un des collaborateurs; sa fille **Louisa May Alcott** (1832-1888) devint célèbre pour son roman *Les Quatre Filles du docteur March*. Attiré par les thèses du transcendantalisme, **Nathaniel Hawthorne** (1806-1864) séjourna à Brook Farm. Il était cependant trop marqué par son éducation puritaine pour en partager tout à fait les idées, et se lança dans les nouvelles et le roman d'aventures comme *La Lettre écarlate* et *La Maison aux sept pignons (voir House of the Seven Gables, à Salem)*. Influencé par la technique de Hawthorne, **Herman Melville** (1819-1891) écrivit son chef-d'œuvre *Moby Dick*, roman symboliste aux nombreuses métaphores, alors qu'il résidait dans les Berkshires.

Un grand nombre d'écrivains apportèrent leur soutien au mouvement abolitionniste. Pendant plus de trente ans, **William Lloyd Garrison** (1805-1879) publia le journal anti-esclavagiste *The Liberator*, jusqu'à l'adoption du 13e amendement de la Constitution. **Harriet Beecher Stowe** (1811-1896) connut un succès foudroyant dès la parution de *La Case de l'Oncle Tom*, qui dénonçait la cruauté de l'esclavage et fut l'un des détonateurs de la guerre de Sécession.

Avec l'expansion de la nation surgit une conscience plus aiguë des différences régionales, d'où le développement d'un genre littéraire régionaliste inspiré par les paysages et les variétés de la langue. **Mark Twain** (1835-1910) était originaire du Sud, mais vécut longtemps à Hartford où il écrivit *Tom Sawyer* et *Huckleberry Finn*, récits d'aventures décrivant la vie sur le Mississippi. Le roman *The Country of The Pointed Firs*, de **Sarah Orne Jewett** (1849-1909), est une évocation poétique de la campagne et des habitants du Maine.

L'Histoire était un genre particulièrement prisé par les érudits de la Nouvelle-Angleterre. Bien que presque aveugle, **William Hickling Prescott** (1796-1859), natif de Salem, écrivit plusieurs tomes consacrés à l'histoire de l'Espagne. **George Bancroft** (1800-1891), professeur dans le Massachusetts, rédigea une *Histoire des États-Unis*, le premier ouvrage d'envergure sur le sujet. **Francis Parkman** (1823-1893) consacra près de quarante années de sa vie à composer dix volumes sur le conflit qui opposa la France et l'Angleterre pour la conquête du Nouveau Monde. Le Bostonien **Henry Adams** (1838-1918) consacra neuf volumes à étudier la formation de la nation américaine. En 1828, un natif de New Haven, **Noah Webster** (1758-1843), publia le premier *Dictionnaire américain de la langue anglaise*.

20e s. – Le théâtre américain connut un succès international grâce aux pièces de l'auteur dramatique **Eugene O'Neill** (1888-1953), qui entama en 1916 une étroite collaboration avec la troupe des Provincetown Players lorsque sa pièce *En Route vers Cardiff* fut montée à Provincetown. Plusieurs ouvrages ont choisi de situer leur action en Nouvelle-Angleterre, dont *Désir sous les ormes*, *Le Deuil sied à Electre* et *Derrière l'horizon*, qui fut couronné du prix Pulitzer. Parmi les auteurs nés en Nouvelle-Angleterre se trouvent notamment John P. Marquand, Kenneth Roberts,

William Dean Howells; d'autres ont adopté la région, comme par exemple Edith Wharton, Pearl Buck, Norman Mailer, Alexandre Soljénitsyne et Marguerite Yourcenar, décédée en 1987.

La poésie – Henry Wadsworth Longfellow (1807-1882), né à Portland, était professeur de langues modernes à Harvard et un des poètes les plus lus de son époque. Ses longs poèmes narratifs avaient pour sujet des héros populaires comme Hiawatha, Evangeline, Paul Revere et Miles Standish. Son contemporain, **John Greenleaf Whittier** (1807-1892), porte-parole de la cause abolitionniste, écrivit des poèmes dépeignant la vie rurale de la Nouvelle-Angleterre.

Emily Dickinson (1830-1886) vécut en recluse à Amherst; on ne découvrit ses vers tout empreints de lyrisme et de sensibilité qu'après sa mort. **Robert Frost** (1874-1963), poète de la nature, s'était retiré dans une petite ferme du New Hampshire de 1901 à 1909 avant de passer ses étés dans le Vermont. Fortement inspirée par la population et les paysages de la Nouvelle-Angleterre, sa poésie charme par sa fraîcheur et sa simplicité. Originaire du Massachusetts, **Amy Lowell** (1874-1925) partit s'installer en Angleterre en 1913. Elle y rencontra Ezra Pound et devint une personnalité majeure de l'Imagisme, mouvement recherchant la clarté de l'expression à travers des images concrètes et libérées des fioritures qui caractérisèrent la poésie du 19e s.

Plus récemment, **e.e. Cummings** (1894-1962), né à Cambridge, fut l'auteur de poèmes qui se distinguent par l'utilisation insolite de la typographie et de la ponctuation. **Robert Lowell** (1917-1977) fut un chantre de la Nouvelle-Angleterre dont l'influence s'est fait sentir sur la poésie moderne; ses vers de jeunesse se faisaient l'écho des traditions historiques et éthiques de sa région natale.

La gastronomie

La Nouvelle-Angleterre jouit d'une réputation méritée pour ses plats simples et copieux, mais sa cuisine est également très attrayante par sa variété. Aux coquillages de la côte s'ajoutent les plats de gibier, notamment la grouse (un coq de bruyère), les produits de la ferme, de bons vins de pays, et des spécialités régionales comme le sirop d'érable, le cheddar du Vermont, les caramels salés (*saltwater taffy*) et le **Boston cream pie** (gâteau fourré à la crème anglaise et glacé au chocolat). Les auberges et tavernes de campagne proposent des plats traditionnels yankees, tandis que l'on trouve sur la côte des baraques où l'on vend des palourdes, des viviers à homards et des restaurants permettant de profiter pleinement des richesses de la mer.

Plat traditionnel

La tradition – De nombreuses spécialités locales proviennent des Indiens de la Nouvelle-Angleterre. Ces derniers furent les premiers à découvrir le sirop d'érable, à inventer la **sauce à la canneberge** (*cranberry sauce*), les **Johnnycakes** (petits pâtés de farine de maïs frits, populaires au Rhode Island) et l'**Indian pudding** (flan à la farine de maïs et à la mélasse, parfumé à la cannelle et à la muscade, et servi chaud). Les **Boston baked beans** (haricots secs longuement mijotés et assaisonnés de mélasse et de porc salé) et le **brown bread** (pain de seigle, de blé et de maïs, cuit à la vapeur) qui les accompagnent dérivent d'une ancienne recette indienne.

Poissons et crustacés – La truite de rivière (*brook trout*) est le poisson d'eau douce le plus consommé; l'espadon (*swordfish*) et le thon (*tuna*), grillés avec du citron, ainsi que le **tassergal** (*bluefish*) et le **séran des rochers** (*striped bass*), cuits au four ou grillés, sont des poissons de mer particulièrement appréciés puisque fraîchement pêchés. Le **homard** (*lobster*), qui habite les eaux froides du Rhode Island, du Massachusetts et du Maine, était si commun à l'époque des pionniers qu'il était considéré comme un plat de pauvre. Il se déguste cuit au four ou ébouillanté, avec du beurre et du citron, ou sous forme de bisque ou de tourte, ou encore chaud dans un petit pain beurré (*lobster roll*) ou froid avec de la mayonnaise (*lobster-salad roll*). Les **moules** (*blue mussels*) vivent fixées en grappes sur les rochers du rivage. On les déguste soit à la marinière, soit grillées avec de l'aïl. Les **palourdes** (*clams*) sont également très prisées. On les ramasse au râteau sur les fonds sablonneux des baies et des lagunes où l'eau est moins froide. Ces coquillages s'apprécient cuits à la vapeur avec du beurre, panés, en **fritters** (beignets légers, spécialité du Rhode Island) ou farcis. Il en existe plusieurs variétés: le *steamer*, à coquille fine et siphon allongé; les grands *quahogs*, à coquille épaisse; les *littlenecks* ou *cherrystones*, deux sortes de jeunes *quahogs* à manger crus sur le pouce, avec du citron et de la sauce au raifort. L'automne et l'hiver sont les meilleures saisons pour les **coquilles St-Jacques** (*bay scallops*), sautées au beurre avec un filet de citron, et les **huîtres** (*oysters*), servies dans leur coquille.

Le fameux **clambake**, autre préparation héritée des Indiens, se prépare sur le rivage. Un grand feu est allumé. Sur les braises sont ensuite disposées des pierres qui deviennent brûlantes, puis un tapis d'algues où reposent pommes de terre, oignons, épis de maïs dans leurs feuilles et palourdes, séparés par des couches d'algues. On laisse cuire pendant plusieurs heures; les palourdes ayant cuit dans leur jus gardent toute leur saveur. Ce procédé est aussi utilisé pour le poulet et le homard. Un clambake traditionnel peut nourrir jusqu'à 100 personnes; les restaurants en proposent souvent une version plus modeste où les palourdes sont présentées sautées ou en marinade.

Soupes et ragoûts – S'il semble que la tradition des **chowders**, soupes épaisses à base de légumes et de lait, vienne des pionniers originaires des îles Anglo-Normandes, la soupe de maïs est une spécialité proprement régionale. Les soupes de poissons sont généralement faite à base de morue ou d'églefin. Palourdes, pommes de terre et oignons – jamais de tomates – sont les ingrédients indispensables du **clam chowder**, soupe de palourdes concoctée au Rhode Island où l'eau des palourdes remplace le lait.

Le **New England boiled dinner** est un plat automnal composé de *corned beef* (poitrine de bœuf marinée dans la saumure) et cuisiné avec des légumes de fin de saison tels que navets, betteraves, choux et carottes. Ce plat était traditionnellement préparé le lundi. Les autres jours de la semaine, on mangeait ce qu'il en restait: le **red flannel hash** ou «ragoût de flanelle rouge», à cause de la coloration due aux betteraves.

Les produits de la terre – Au printemps, on déguste les *fiddlehead ferns* (jeunes crosses de fougère); au début de l'été, les fraises que l'on retrouve dans les fameuses tartes sablées, les *strawberry shortcakes*. Le Maine est réputé pour ses airelles, et il n'est pas de séjour réussi en Nouvelle-Angleterre si l'on n'a pas goûté aux crêpes, tourtes, petits pains (*muffins*), ou aux **blueberry slumps** gorgés d'airelles. A la fin de l'été mûrissent tomates en espaliers, épis de maïs et potirons utilisés dans les soupes et les tartes. A ces produits traditionnels présentés sur les étals des fermiers, il faut ajouter les conserves de prunes sauvages et de raisins de Concord. En automne, une halte s'impose dans les vergers où l'on cueille les fruits soi-même; on y trouve du cidre, et quelques-unes des meilleures pommes cultivées aux États-Unis (Cortland, Granny Smith, Macoun et MacIntosh).

Le sirop d'érable – Au début du printemps, on recueille la sève des érables pour la réduire en un sirop très sucré. Extrêmement parfumé, le sirop d'érable accommode les glaces, les puddings ou les *sausages* du petit déjeuner. Le Vermont et le New Hampshire sont les plus grands producteurs de sirop d'érable en Nouvelle-Angleterre. Le *Grade A light amber* (clair) est de qualité supérieure, suivi du *Grade A medium amber* (coloration moyenne) et du *Grade A dark amber* (foncé).

Si vous envisagez de faire un voyage aux États-Unis, ne manquez pas de vous procurer la **carte Michelin** *n° 930.*

Lectures complémentaires

Guides Pratiques

Guides de l'Appalachian Mountain Club
(Appalachian Mountain Club)

Bed and Breakfast en Nouvelle-Angleterre, Bernice Chester
(Globe Pequot Press, 1994)

Promenades Historiques du Boston Globe dans le Vieux Boston, John Harris
(Globe Pequot Press, 1993)

Auberges de Campagne et Routes Secondaires de Nouvelle-Angleterre
(Berkshire Traveller Press, 1994)

Série «Cinquante Randonnées en Nouvelle-Angleterre»
(disponible pour Connecticut, Maine, Massachusetts, New Hampshire, Vermont)
(Countryman Press, Inc. 1994)

Topoguide du Long Trail (Sentier de Grande Randonnée)
(Green Mountain Club, 1995)

Nouvelle-Angleterre: Splendeur des Paysages
(National Geographic Society, 1989)

Romans

Henry James, **Les Bostoniennes** (1886)

Rudyard Kipling, **Capitaines courageux** (1897)

Nathaniel Hawthorne, **La Lettre écarlate** (1850)

Nathaniel Hawthorne, **La Maison aux sept pignons** (1851)

Herman Melville, **Moby Dick** (1851)

George Santayana, **Le Dernier Puritain** (1935)

(En anglais)

Sara Orne Jewett, **The Country of The Pointed Firs** (1896)

John P. Marquand, **The Late George Apley** (1937)

Henry Beston, **The Outermost House** (1928)

Richard Henry Dana, **Two Years Before The Mast** (1840)

Connecticut

Superficie: 12 968 km²
Population: 3 287 116 h.
Capitale: Hartford
Surnom: Constitution State
Fleur emblème: le laurier

Cet État rectangulaire de 145 km de long sur 88 km de large porte le nom du fleuve qui le traverse en son milieu, mot indien qui signifie «au bord de la longue rivière». De petits villages au charme colonial, comme parsemés dans tout l'État, offrent un contraste agréable avec les grandes villes industrielles de la région de Hartford et les localités de Stamford, Bridgeport, Stratford et New Haven sur la côte Sud. Les riches communes du comté de Fairfield, dans le Sud-Ouest du Connecticut (Greenwich, Ridgefield, New Canaan), font fonction de banlieues résidentielles de New York.

Le Connecticut est principalement rural; deux tiers de ses forêts appartiennent à des parcs de l'État. Au Sud, sur les berges du détroit de Long Island, des plages de sable séparent les anciens ports baleiniers de New London, Mystic et Stonington. Au Nord, les hauteurs charmantes de Litchfield Hills s'inscrivent dans le prolongement des Green Mountains et des Berkshire Hills.

The Constitution State – Les pionniers qui s'installèrent au Connecticut étaient de fervents puritains ayant quitté Boston, qu'ils jugeaient trop libérale. En 1633, ils arrivèrent du Massachusetts par voie fluviale et créèrent, en seulement deux ans, les villes de Hartford, Windsor et Wethersfield.
En 1639, ces villes furent réunies pour former la colonie de Hartford qui forma plus tard la colonie du Connecticut. La constitution que le gouvernement de la colonie de Hartford se donna le 14 janvier 1639 sous le nom de «Fundamental Orders of Connecticut», fut la première à avoir été rédigée dans le Nouveau Monde, d'où le surnom de Constitution State.

Économie – Tirant parti des innombrables inventions développées par ses ingénieux habitants, le Connecticut est devenu un pôle industriel prospère, atteignant en 1989 le niveau de vie le plus élevé des États-Unis. Les innovations dues aux horlogers du Connecticut firent de l'horlogerie l'une des principales activités manufacturières de l'État, chaque famille américaine s'étant procurée, dit-on, une horloge fabriquée dans le Connecticut.
Au 19ᵉ s., la fabrication des armes à feu prit un grand essor. Le fameux colt 45,

mis au point par un homme d'affaires de Hartford, **Samuel Colt**, et la carabine Winchester étaient produits dans le Connecticut. A la même époque, **Eli Whitney** confectionnait à New Haven sa toute dernière trouvaille, une égreneuse à coton automatique, et lançait dans son usine d'armes à feu l'utilisation de pièces fabriquées à la chaîne. Danbury se forgea une belle renommée pour la qualité de ses chapeaux, Torrington et Waterbury pour leurs articles en laiton, et Meriden pour son argenterie fine.

Aujourd'hui encore, une grande partie des revenus de l'État est générée par l'industrie. L'équipement électrique, l'outillage, les produits chimiques et plastiques, les moteurs d'avion, les hélicoptères et les sous-marins nucléaires sont les fers de lance de ce secteur d'activités. La grande firme General Dynamics, sise à Groton

Larry Lefever/Grant Hellman Photography

(voir à ce nom), construit des sous-marins pour la flotte américaine. De nombreuses sociétés (General Electric, Union Carbide, Xerox) et compagnies d'assurances ont leur siège social dans le Connecticut.

Les revenus agricoles proviennent principalement du commerce local de volailles, de la culture fruitière et des produits laitiers. Dans les vallées du Connecticut et de Farmington sont cultivées des qualités de tabac destinées à la confection des cigares. Ces plaines pittoresques sont caractérisées par des abris de toile blanche protégeant ces précieux plants.

BRIDGEPORT

141 686 h.
Voir Carte des Principales Curiosités
Renseignements touristiques ☎203-854-7825

C'est dans cette ville industrielle très peuplée du détroit de Long Island qu'élut domicile le célèbre promoteur de spectacles **Phineas T. Barnum**, qui devint maire de Bridgeport. Au 19e s., son illustre cirque à trois pistes entreprit une tournée dans toute l´Amérique et jusqu'en Europe, devenant «le plus grand spectacle du monde». Une statue de Barnum surplombe le port depuis le Seaside Park, situé à l'extrémité de Main Street.

L'économie locale repose sur des industries manufacturières, les services gouvernementaux, le secteur tertiaire et le commerce de gros et de détail. Les usines de Bridgeport produisent des machines-outils, des équipements de transport et des métaux bruts et affinés. Le fleuron des écoles de la ville est la fameuse **University of Bridgeport**.

Barnum Museum – *820 Main Street. Visite tous les jours du mardi au samedi de 10h à 16h 30, le dimanche de 12h à 16h 30. Fermé les jours fériés. 5 $. & ☎203-331-9881.* Ce bâtiment tout aussi excentrique que son créateur renferme des souvenirs rattachés à la vie du cirque et à la personnalité exubérante de Barnum: des costumes et des objets ayant appartenu à Tom Pouce, la première grande attraction du cirque, et le **Brinley Miniature Circus**, composé de plus de 3 000 figurines sculptées à la main. Une aile récente abrite des expositions temporaires concernant l'histoire industrielle et l'art du 19e s. ainsi que la culture populaire américaine.

EXCURSION

Ferry de Bridgeport à Port Jefferson, Long Island, NY – *Départs de Bridgeport Harbor toute l'année de 7h 30 à 21h (19h 30 le vendredi et le dimanche). Durée de la traversée: 1h 1/4. 31 $ (voiture et chauffeur). ⚓ Bridgeport & Port Jefferson Steamboat Co. ☎203-367-3043.*

Vallée du CONNECTICUT ★

Voir Carte des Principales Curiosités
Renseignements touristiques ☎203-347-0028

Large, calme et bordé de paysages sauvages, le Connecticut dessine une multitude de criques et arrose de nombreux ports de plaisance avant de se jeter dans le détroit de Long Island au terme d´un parcours de plus de 600 km. De petits villages comme Old Lyme ou Old Saybrook doivent à un méandre ou un banc de sable le fait d'avoir préservé leur charme d'antan, car ces obstacles naturels ont toujours empêché les vaisseaux de fort tonnage d'y accéder.

La découverte de la vallée se fait soit par voie terrestre, en suivant l'itinéraire proposé ci-dessous et qui traverse de petites bourgades s'égrenant le long du cours d'eau, soit par voie fluviale en embarquant à East Haddam, Deep River ou Essex. En été, un bac relie Haddam et Long Island (*3 h, voir plus loin*).

DE LA ROUTE 95 À MOODUS   *26 miles. Compter 4 h. Voir schéma ci-contre.*

Prendre la route 95 jusqu'à la sortie 69 (Old Saybrook), puis emprunter la route 9 jusqu'à la sortie 3 et suivre la direction d'Essex.

★ **Essex** – 2 500 h. Fondé en 1645, Essex se développa dès le début du 18e s. grâce à la construction navale dont elle devint un centre important. En 1775, le premier navire de guerre du Connecticut, l'*Oliver Cromwell*, y fut lancé. Aujourd'hui, Essex attire une élégante et estivale foule de plaisanciers dont les bateaux mouillent dans les marinas des alentours. La rue principale est bordée de charmantes boutiques et de galeries d'art, mais surtout par la fameuse auberge Old Griswold Inn, en activité depuis 1776. Un ancien entrepôt de Steamboat Dock abrite le **Connecticut River Museum** qui présente des objets relatifs à la navigation, notamment une maquette de l'*Oliver Cromwell* (*visite toute l'année de 10h à 17h; fermé le lundi; 4 $; & ☎203-767-8269*).

Valley Railroad – *Sortie 3 sur la route 9. Départs de la gare d'Essex de mi-juin à mi-septembre, tous les jours de 10h à 16h 15 (18h 45 le samedi et 17h 30 le dimanche); de fin avril à mi-juin, le mercredi de 14h à 15h 30, le week-end de 10h à 16h 15; de mi-septembre à octobre, du mercredi au dimanche de 10h à 16h 15. Trajet ferroviaire jusqu'à Chester (1 h), puis trajet fluvial de Deep River à East Haddam (durée totale: 2h 1/2). 8,50 $ (train uniquement), 14 $ (train et bateau). ⚓ Valley Railroad Co. ☎203-767-0103. Ce train* touristique à vapeur datant du début du siècle permet d'admirer le paysage de la vallée, avec le fleuve Connecticut en arrière-plan.

Depuis Essex, prendre la route 9 jusqu'à la sortie 6, puis la route 148 jusqu'au bac qui traverse le fleuve.

Chester-Hadlyme Ferry – *Départs de Chester d'avril à mi-décembre, tous les jours de 7 h à 18 h 45, sauf le Thanksgiving Day (4e jeudi de novembre). Durée de la traversée: 5 min. 2,25 $ (voiture et chauffeur). & State Bureau of Aviation & Ports.* ☎203-566-7635. Durant la traversée, on bénéficie d'une très belle vue sur le château de Gillette, juché en haut d'une colline qui domine la rive Est.

Prendre la route 148, puis tourner à gauche et suivre la direction de Gillette Castle.

★ **Gillette Castle State Park** – *Visite de fin mai à mi-octobre, tous les jours de 8 h à 17 h (château, de 10 h à 17 h); de mi-octobre à mi-décembre, uniquement le week-end de 10 h à 16 h. 4 $. △ ✗ & ☎203-526-2336.* L'acteur **William Gillette** s'inspira des châteaux de la vallée du Rhin lorsqu'il traça les plans de cette étonnante demeure bâtie en 1919. Il décora lui-même chacune des 24 pièces qui la composent. Fasciné par les gadgets, il conçut des meubles mobiles sur rail métallique et de nombreuses curiosités témoignant de son ingéniosité. Cette propriété de 77 ha offre des **vues**★ splendides sur le Connecticut et sa vallée. *Pique-nique et sentiers de randonnée.*

Prendre la route 82 jusque East Haddam.

East Haddam – 6 676 h. Cette petite ville aux belles maisons anciennes s'enorgueillit de sa petite **école** de couleur rouge où enseigna Nathan Hale, et n'est pas moins fière de sa fameuse **Goodspeed Opera House**, bâtisse de style victorien érigée à une époque où les vapeurs de la ligne reliant New York et le Connecticut faisaient escale à East Haddam. *Représentations d'avril à décembre. Réservations:* ☎203-873-8668.

Des bacs (3 h de traversée) relient Haddam (embarcadère de Marine Park à 2,5 miles au Nord d'East Haddam sur la rive opposée) et Long Island. Départs à 9 h. Tous les jours de juin à août, sauf le lundi; en septembre, le dimanche. 15 $. ✗ & Camelot Cruises. ☎203-345-4507.

Prendre la route 149 qui offre de belles vues sur le fleuve, puis tourner en direction du Nord-Est.

Moodus – En face du green se dresse la **Amasa Day House** (1816) recelant des exemples bien conservés de planchers peints au pochoir voici plus d'un siècle *(visite de la fin mai au Labor Day, du mercredi au dimanche, de 13 h à 17 h; fermé les jours fériés; 3 $;* ☎203-873-8144).

COVENTRY
9 820 h.
Voir Carte des Principales Curiosités
Renseignements touristiques ☎203-928-1228

C'est dans cette bourgade que vit le jour **Nathan Hale** (1755-1776), héros de la guerre d'Indépendance. Instituteur à l'école locale, Hale devint officier dans la milice du Connecticut à la déclaration des hostilités. Après avoir participé à plusieurs opérations militaires en Nouvelle-Angleterre, il se porta volontaire pour une mission périlleuse: espionner les troupes anglaises stationnées à Long Island. Découvert par les Britanniques, il fut pendu le 22 septembre 1776. Les dernières paroles qu'il prononça sur l'échafaud, «je regrette de n'avoir qu'une vie à donner pour ma patrie», sont restées gravées dans la mémoire de l'histoire américaine.

Nathan Hale Homestead – *2299 South Street. Visite de mi-mai à mi-octobre, tous les jours de 13 h à 17 h. 3 $. & ☎203-742-6917.* Nathan Hale n'habita jamais cette demeure de dix pièces, construite en octobre 1776 par son père sur le site de la maison où Hale vit le jour. Ferme familiale jusqu'en 1832, la maison contient des souvenirs de la famille Hale et du mobilier d'époque.

Caprilands Herb Farm – *534 Silver Street. Ouvert toute l'année de 9 h à 17 h, sauf les jours fériés. ✗ ☎203-742-7244.* Plus de 300 espèces d'herbes médicinales différentes sont cultivées sur ce domaine de 10 ha, propriété familiale de Adelma Grenier Simmons depuis 1929. Les visiteurs ont tout loisir de découvrir la grange restaurée (18ᵉ s.) et de se promener à travers les jardins variétaux et la serre. Tous les jours, un déjeuner-conférence est donné dans le corps de ferme datant du 18ᵉ s. *(ouvert d'avril à décembre; 18 $; inscription à 11 h 15; réservations conseillées: ☎203-742-7244).*

FARMINGTON ★

De belles demeures des 18ᵉ et 19ᵉ s. bordent les rues de cet élégant faubourg de Hartford arrosé par la Farmington River. Sur Main Street se dressent plusieurs bâtiments de cette époque; ils appartiennent à l'une des institutions privées de jeunes filles parmi les plus distinguées des État-Unis, **Miss Porter's School**.

★ **Hill-Stead Museum** – *35 Mountain Road. Visite guidée (1 h) de mai à octobre, du mardi au dimanche de 10 h à 16 h; de 11 h à 15 h le reste de l'année. 6 $. & ☎203-677-9064.* C'est pour son père, le riche industriel Alfred Atmore Pope, que Theodate Pope Riddle, l'une des premières femmes architectes des États-Unis, conçut en 1900 cette résidence de campagne de style néo-colonial qu'elle réalisa en collaboration avec McKim, Mead et White. Les plans du jardin encaissé ont été dessinés par Beatrix Jones Farrand. Le superbe mobilier et les objets d'art européens et orientaux confèrent une ambiance agréable et raffinée au musée, aménagé sur un domaine de 60 ha. Son vif intérêt pour les impressionnistes conduisit Pope à acquérir la plupart des œuvres exposées ici, notamment *Les Meules de foin* de Monet, *Le Joueur de guitare* de Manet, *Les Jockeys* de Degas, ainsi que plusieurs toiles de Whistler et de Mary Cassatt.

Stanley-Whitman House – *37 High Street. Visite guidée (3/4 h) de mai à octobre, du mercredi au dimanche de 12 h à 16 h; en mars, avril, novembre et décembre, uniquement le dimanche de 12 h à 16 h. Fermé les jours fériés. 3 $. & ☎203-677-9222.* Avec sa cheminée centrale et ses murs en encorbellement supportés par des consoles décoratives, cette maison construite vers 1720 est un bel exemple d'architecture coloniale s'inspirant de modèles européens. A l'intérieur, le mobilier et les objets artisanaux datent de la même époque.

GROTON

Situé face à New London, sur la rive gauche de la Thames River, Groton est le port d'attache de la flotte sous-marine américaine de la côte Atlantique. La base navale de l'armée américaine *(inaccessible au public)* regroupe plus de 270 édifices; les sous-marins mouillent et sont entretenus à la Lower Base, près du fleuve. La rade de Groton est le théâtre d'un va-et-vient incessant de voiliers, de navires marchands, de remorqueurs et de vedettes de plaisance. Les chantiers navals implantés sur le fleuve construisent des bâtiments de types très différents. Le plus renommé d'entre eux, l'Electric Boat Division of General Dynamics – qui a fabriqué le premier sous-marin nucléaire au monde – est le premier employeur de la ville. En juin, le fleuve est le cadre d'une régate où s'affrontent les étudiants de Harvard et de Yale.

Le fleuve est dominé par un obélisque, le **Groton Monument**, dédié au patriotes morts pendant la prise de **Fort Griswold** par les Anglais, en 1781 *(voir à ce nom)*.

Nautilus Memorial – *Amarré à un ponton jouxtant la base sous-marine. A partir de la sortie 86 de la route 95, prendre la route 12 vers le Nord et suivre la signalisation. Ouvert de mi-avril à mi-octobre, le lundi et du mercredi au dimanche de 9 h à 17 h, le mardi de 13 h à 17 h; le reste de l'année, le lundi et du mercredi au dimanche de 9 h à 16 h. Fermé le 1ᵉʳ janvier, le Thanksgiving Day (4ᵉ jeudi de novembre) et le 25 décembre. ☎203-449-3174.* Lancé en 1954, le *USS Nautilus* fut le premier sous-marin de l'ère nucléaire. En plongée, il établit de nouveaux records de vitesse, de distance et de durée. En 1958, il fut le premier sous-marin à atteindre le pôle Nord.

Désarmé en 1980, ce bâtiment de 97,5 m constitue la principale attraction d'un ensemble comprenant également un musée et une bibliothèque. Dans le sous-marin, on visite, entre autres, la salle des torpilles et la salle de contrôle.

Le **musée** présente l'histoire de la navigation sous-marine, celle du *Nautilus*, et la vie à bord de ce type de bâtiment. Les visiteurs peuvent s'initier à l'utilisation du périscope.

GUILFORD

19 848 h.
Voir Carte des Principales Curiosités
Renseignements touristiques ☎203-347-0028

En 1639, le pasteur Henry Whitfield arriva à cet endroit avec 25 familles, acheta des terres aux Indiens Menunketuck et créa Guilford. Très vite, le village s'agrandit grâce au commerce et à la pêche, à la meunerie et à la construction navale, et surtout à sa situation de relais sur la route reliant New York et Boston. Le charmant green et les maisons des 18ᵉ et 19ᵉ s. témoignent de l'ancienne prospérité de Guilford.

Henry Whitfield State Museum – *Old Whitfield Street. Visite de février à mi-décembre, du mercredi au dimanche de 10 h à 16 h 30; le reste de l'année, uniquement sur rendez-vous. Fermé le 1ᵉʳ janvier, le Thanksgiving Day (4ᵉ jeudi de novembre) et le 25 décembre. 3 $. ☎203-453-2457.* Dans une contrée où le bois abondait, le révérend Whitfield, se rappelant les demeures du Nord de l'Angleterre, choisit de construire sa maison en pierres. Première habitation de Guilford (1639), elle servit d'église et de logement à une garnison. Restaurée telle qu'elle était au 17ᵉ s., elle conserve des meubles de la période coloniale. Il s'agit de la plus ancienne maison en pierres de la Nouvelle-Angleterre.

Hyland House – *84 Boston Street. Visite guidée (3/4 h) de juin au Labor Day (1ᵉʳ lundi de septembre), tous les jours sauf le lundi de 10 h à 16 h 30; de mi-septembre à mi-octobre, uniquement le week-end de 10 h à 16 h 30. Fermé le Columbus Day (2ᵉ lundi d'octobre) et les lundis fériés. 2 $. ☎203-453-9477.* «Boîte à sel» typique *(voir chapitre architecture de l'Introduction)* de la fin du 17ᵉ s., cette maison abrite des meubles américains remontant à la même époque. Le petit salon possède de très beaux lambris.

Thomas Griswold House – *171 Boston Street. Visite guidée (1/2 h) de mi-juin à mi-septembre, tous les jours sauf le lundi de 10 h à 16 h; de mi-septembre à mi-octobre, le samedi de 10 h à 16 h et le dimanche de 12 h à 16 h. 1 $. ☎203-453-3176.* Cette maison de type «boîte à sel» a été soigneusement restaurée. Elle a été habitée de 1774 à 1958 par cinq générations de la même famille et a conservé sa solide porte à double battant construite en prévision d'attaques indiennes. Deux cheminées ont retrouvé leurs dimensions d'origine. Le mobilier est des 18ᵉ et 19ᵉ s.; remarquer deux beaux cabinets d'angle dits de «Guilford».

*Les **guides verts Michelin**,*

destinés à faciliter la pratique du grand tourisme,
invitent à goûter les chefs-d'œuvre de la nature et des hommes.

Ils trouvent leur place dans toutes les autos.

HARTFORD ★★

139 739 h.
Voir Carte des Principales Curiosités
Renseignements touristiques ☎203-520-4480

Capitale du Connecticut, cette ville se distingue de loin grâce à ses hautes tours de bureaux érigées sur les rives du fleuve Connecticut. Ces immeubles modernes abritent les sièges de nombreuses compagnies d'assurances, Hartford étant une des villes les plus importantes de ce secteur d'activité.

La fabrication industrielle est un poumon de l'économie locale. Dans la grande banlieue de Hartford sont implantées les usines aéronautiques Pratt and Whitney Aircraft, la firme Colt – le fameux revolver, «conquérant» de l'Ouest, était fabriqué à Hartford au 19e s. – et des fabricants de machines à écrire, d'instruments de précision et d'ordinateurs. Le dôme bulbeux de l'usine Colt, bleu et constellé, est pour ainsi dire un emblème de Hartford et est visible depuis la route 91. Le centre de la ville a fait l'objet de nombreuses transformations au cours des dernières décennies, et de nouveaux complexes d'affaires et commerçants ont été construits, notamment le Constitution Plaza et le Civic Center. La silhouette du Cheney Building, rebaptisé «The Richardson» en hommage à l'éminent architecte qui le conçut en 1877, se voit de toutes parts; ce bâtiment abrite aujourd'hui un centre commercial et des logements. A l'instar du One Corporate Center, le centre de la ville, «downtown», est dominé par de belles réalisations édifiées au cours des années 1980.

Un peu d'histoire

De Good Hope à la colonie du Connecticut – Le site de Hartford, en bordure d'un fleuve côtier, incita les Hollandais à y établir dès 1633 un comptoir du nom de Fort Good Hope. Attirés par la richesse de la région en fourrures et en bois, des puritains de la baie du Massachusetts arrivèrent à leur tour deux années plus tard. Leur village se développa rapidement et, en 1638, ils se groupèrent avec Wethersfield *(voir à ce nom)* et Windsor pour former la colonie de Hartford. Les **Fundamental Orders of Connecticut**, document rédigé par les membres de la colonie de Hartford en 1639, est considéré comme la première constitution du Nouveau Monde. En 1662, la colonie de Hartford fut rebaptisée colonie du Connecticut.

The Charter Oak – L'indépendance de la colonie de Hartford était garantie par une charte royale datant de 1662. En 1687, le gouverneur, sir Edmond Andros, demanda toutefois la restitution de la charte. Selon la légende, quelqu'un aurait brusquement éteint les lumières lors d'une réunion consacrée à l'affaire, et aurait profité de l'obscurité pour disparaître avec le document. La charte aurait été cachée dans un chêne creux où elle demeura jusqu'au départ de sir Edmond quelques années plus tard. L'arbre, qui devint célèbre sous le nom de «Charter Oak», fut déraciné par une tempête au 19e s. Une série d'objets confectionnés à partir de

Connecticut State Capitol (vue prise de Bushnell Park)

son bois est exposée dans les musées de la ville. Le nombre de souvenirs supposés provenir du tronc du Charter Oak est tel que Mark Twain ironisa en ces termes: «une canne, un collier de chien, une boîte à couture, un tabouret, un tire-botte, une table à manger, une piste de bowling, des cure-dents, cet arbre avait assez de bois pour construire une route de planches de Hartford à Salt Lake City.» La charte originale, elle, est intacte, et elle est exposée avec les Fundamental Orders à la State Library.

Une capitale des assurances – Le secteur des assurances s'est développé à Hartford au 18e s., après l'association d'un groupe d'hommes d'affaires prêts à couvrir les pertes d'un armateur en cas de naufrage de son navire. Lorsque le commerce maritime déclina, on étendit l'assurance aux incendies.
A New York, le 31 octobre 1835, un incendie détruisit plus de 600 bâtiments. Les assurances new-yorkaises, dans l'incapacité de dédommager leurs clients, furent contraintes de déclarer faillite. Lucide et habile, le président de la Hartford Fire Insurance Company se rendit de nuit à New York malgré une tempête de neige pour annoncer à ses clients que sa compagnie couvrirait les pertes de ses souscripteurs. La promptitude des remboursements contribua à la prospérité de ses affaires et son excellente réputation, confirmée lors des catastrophes de Boston et de Chicago, conféra à la ville le surnom de «capitale nationale des assurances». Près de 40 compagnies d'assurances ont leur siège à Hartford et dans sa banlieue; elles emploient actuellement plus de 10 % de la population active dans toute la communauté urbaine.

LE CENTRE *4 h. Voir plan plus loin.*

Hartford Civic Center – *Trumbull Street. Bureau d'accueil pour les visiteurs.* Achevé en 1975, cet ensemble de verre et de béton est le plus grand centre de congrès du Connecticut et le lieu de la ville offrant le plus d'attractions. Outre une vaste salle de spectacles et de sports de 14 500 places, une salle de réunion et une aire d'exposition de 9 300 m², ce complexe abrite un centre commercial, un hôtel et un parc de stationnement souterrain. Un passage piétonnier relie le Hartford Civic Center au CityPlace.
Tout près de là, le bâtiment (1977) épuré du théâtre de la **Hartford Stage Company** s'étire sur Church Street. *Représentations de septembre à juin (salle de 489 places)* ☎*203-527-5151.*

CityPlace – *185 Asylum Street.* Ce gratte-ciel de 39 étages (1984) est l'immeuble le plus élevé du Connecticut. Sa façade de granit et de verre s'harmonise bien avec le quartier qu'elle domine. Conçu par les architectes Skidmore, Owings et Merrill, le CityPlace renferme un atrium où expositions et concerts sont organisés tout au long de l'année.

★ **Old State House** – *800 Main Street. Ouvert tous les jours de 10 h à 17 h sauf le 1er janvier et le 25 décembre. Le Visitor Center propose des cartes et des dépliants sur Hartford et le Connecticut.* ☎*203-522-6766.* Dessinée par l'architecte Charles Bulfinch, également à l'origine des parlements du Maine et du Massachusetts (*voir Augusta et Boston*), l'ancienne State House (1792) est un bel exemple du style fédéral avec ses escaliers élégants, ses arches, ses balustrades et ses frontons classiques. Au 1er étage se trouvent les salles des chambres législatives qui contiennent du mobilier d'origine.

★ **Constitution Plaza** – Cette esplanade de 5 000 m² achevée dans les années 1960 comprend des immeubles de bureaux, des magasins, une galerie marchande, ainsi qu'une impressionnante tour de verre, le **Phoenix Mutual Insurance Building**, surnommée «le bateau» en raison de sa forme elliptique. De fin novembre au 1er janvier, l'esplanade est le cadre, en soirée, du Hartford Festival of Light, fête de la lumière organisée chaque année.

Travelers Tower – *1 Tower Square.* Ce bâtiment est le siège de la Travelers Insurance Company qui, comme son nom l'indique, fut fondée pour assurer les voyageurs. En 1864, le premier client souscrivit une assurance-vie de 5 000 $ couvrant ses déplacements à pied entre son domicile et son lieu de travail, distant de quatre pâtés de maisons. A l'époque, la prime s'élevait à 2 cents.
Du haut de cet immeuble, l'**observation deck** offre une splendide **vue**★★ sur Hartford et ses environs (*visite guidée de 1/2 h, de mai à début octobre, tous les jours sauf le week-end de 10 h à 15 h; fermé les jours fériés; réservation obligatoire la veille; ascension de 100 marches;* ☎*203-277-3011).*

★★ **Wadsworth Atheneum** – *600 Main Street. Visite tous les jours sauf le lundi, de 11 h à 17 h. Fermé le 1ᵉʳ janvier, le 4 juillet, le Thanksgiving Day (4ᵉ jeudi de novembre) et le 25 décembre. 5 $.* ✗ & ☎*203-278-2670.* Fondé en 1842, ce musée dont la première collection réunissait des paysagistes comme John Trumbull, Frederick Edwin Church et Thomas Cole, propose aujourd'hui un large éventail d'œuvres anciennes et modernes. Outre les tableaux de l'École de l'Hudson, le musée s'enorgueillit de posséder une collection de porcelaines européennes, des toiles européennes (19ᵉ s.) et des meubles (17ᵉ s.) rassemblés par Wallace Nutting.

Le bâtiment original de style néo-gothique, érigé en 1844 pour abriter une bibliothèque et une galerie d'art fondées par Daniel Wadsworth, a progressivement connu quelques ajouts. Agrandi au gré des donations et legs, le musée s'est développé avec l'aile Colt (1907), le Morgan Memorial (1910), l'Avery Memorial (1934) et l'aile Goodwin (1969). Intéressant mélange de styles architecturaux traditionnels et modernes, le complexe actuel comprend le musée proprement dit, un théâtre et une bibliothèque d'art.

Rez-de-chaussée – La galerie Hilles présente une sélection d'œuvres issues de la collection permanente du 20ᵉ s. Sont exposées, entre autres, des toiles de Picasso, Mondrian et Dali, ainsi que des sculptures de Giacometti, Calder, Hepworth et David Smith. Une Vénus de 3 m de haut, sculptée par Pietro Francavilla (16ᵉ s.), orne la fontaine intérieure de l'**Avery Court**. La galerie MATRIX est réservée aux expositions temporaires d'art contemporain.

Le **Morgan Great Hall★** et les galeries adjacentes présentent des antiquités asiatiques, grecques, romaines et égyptiennes, des œuvres médiévales et Renaissance ainsi que des tableaux et des sculptures (du 17ᵉ au 19ᵉ s.), tant européens qu'américains. On y trouve également une exposition de costumes et de textiles.

La galerie Huntington renferme l'une des principales richesses du musée, une collection de **tableaux européens** essentiellement consacrée au 19ᵉ s. français. Des toiles de Monet *(Plage à Trouville)*, Renoir *(Monet peignant dans son jardin à Argenteuil)*, Toulouse-Lautrec *(Jane Avril sortant du Moulin Rouge)* et Degas côtoient des œuvres de Manet, Ingres, Delacroix *(Femmes turques au bain)*, Cézanne, Vlaminck, Vuillard et Bonnard. On peut également y admirer un tableau de Goya *(Femmes bavardant)*.

1ᵉʳ étage – Les galeries Amistad et Fleet présentent une sélection d'art et d'artisanat afro-américain (du 18ᵉ au 20ᵉ s.). Plusieurs salles de l'aile Morgan sont consacrées à la peinture des 17ᵉ et 18ᵉ s. Parmi les grands maîtres espagnols, italiens, français et hollandais figurent le Caravage *(Extase de saint François)*, Rembrandt, Rubens, Zurbarán *(Le Bienheureux Sérapion)*, Boucher, Chardin et Van Dyck.

Une vaste collection de porcelaines de **Meissen**, Sèvres et Worcester est exposée dans une galerie de l'aile Morgan. A cet étage, on verra également de l'argenterie et de la céramique anglaises.

2ᵉ étage – La galerie Austin abrite des expositions itinérantes.

★ **Collection américaine** – Les galeries des 1ᵉʳ et 2ᵉ étages de l'aile Avery abritent une collection d'art américain depuis le début de la période coloniale jusqu'au 20ᵉ s. Elle comprend notamment des portraits signés John Singleton Copley *(Mrs Seymour Fort)*, Ralph Earl *(Chief Justice Oliver Ellsworth and His Wife)*, Rembrandt Peale et Thomas Eakins, ainsi que des peintures d'histoire et de genre de Benjamin West, Trumbull *(Signing of the Declaration of Independence)* et Homer *(The Nooning)*. Cette galerie possède également une remarquable collection de toiles paysagistes dues à des membres de l'**École de l'Hudson**, dont Cole *(Mount Etna From the Ruins of Taormina)*, Bierstadt *(In the Mountains - Yosemite Valley)*, Church, et des travaux plus récents d'importants artistes du 20ᵉ s., tel Andrew Wyeth *(Chambered Nautilus)*.

Dans les galeries du 1ᵉʳ étage se trouve la superbe **Wallace Nutting Collection★★** qui se compose de mobilier américain de la période coloniale. Amateur passionné de mobilier du 17ᵉ s., ce pasteur congrégationaliste (1861-1941) a notamment réuni des coffres magnifiquement sculptés, des ferronneries d'art, ainsi que des outils et ustensiles domestiques. Ces objets servaient de modèles dans son atelier de reproduction de mobilier. Auteur de plus de 20 ouvrages sur le mobilier ancien, il restaura une demi-douzaine de maisons, notamment la Wentworth-Gardner House *(à Portsmouth, voir à ce nom)* et la Webb House *(à Wethersfield, voir à ce nom)*. La visite de cette section américaine est couronnée par la collection Hammerslough, qui réunit de l'argenterie (écuelles, salières, brochettes, passoires, etc.).

A l'extérieur, sur le Burr Mall, entre l'Atheneum et le Municipal Building, le **Stegosaurus [1]** est un grand stabile rouge d'Alexander Calder. Juste à côté de

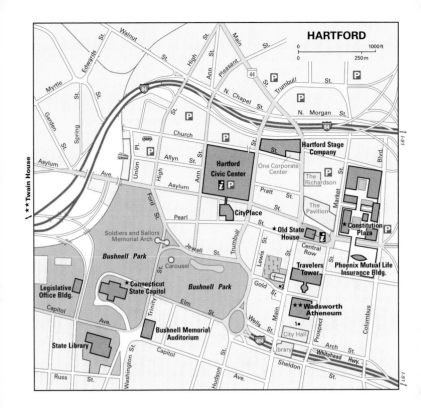

l'Atheneum se trouve un groupe de 36 rochers disposés géométriquement, une œuvre minimaliste de Carl Andre intitulée **Stone Field [2]** et qui a suscité de vives polémiques.

★ **Connecticut State Capitol** – *210 Capitol Avenue. Visite d'avril à octobre, du lundi au vendredi de 8 h à 17 h, le samedi de 10 h à 15 h; le reste de l'année, du lundi au vendredi de 8 h à 17 h. Fermé les jours fériés.* ※ & ☎ *203-240-0222.* Cette débauche de tourelles, de fleurons, de gables, de porches et de tours conçue par Richard Upjohn fit énormément parler d'elle à l'époque de sa construction en 1879. Coiffant des murs richement sculptés, le dôme doré du capitole surplombe le **Bushnell Park**, aménagé à l'origine par Frederick Law Olmsted.

Le décor des colonnes, les décorations au pochoir, les loggias, les vitraux, le marbre des pavements et des balcons qui ornent l'**intérieur★** de l'édifie produisent un effet saisissant. Le capitole abrite la Chambre des députés et les bureaux de l'État du Connecticut. Relié au capitole par un passage piétonnier et une voie souterraine, le **Legislative Office Building** renferme cinq étages de bureaux du Corps législatif.

State Library – *231 Capitol Avenue. Visite toute l'année, du lundi au vendredi de 9 h 30 à 17 h, sauf les jours fériés.* ※ & ☎ *203-566-4777.* Face au capitole, ce bâtiment abrite la bibliothèque (*aile Est*), la Cour suprême (*aile Ouest*) et le musée (*aile centrale*) du Connecticut (revolvers Colt, histoire de l'État et de sa fameuse constitution, le «Fundamental Orders of Connecticut»).

Bushnell Memorial Auditorium – *A l'angle de Trinity Avenue et de Capitol Avenue.* Ce bâtiment de style colonial, érigé en 1930 à la mémoire du révérend Horace Bushnell (1802-1876), sert de cadre à des concerts, opéras, ballets et projections de films.

AUTRES CURIOSITÉS *2 h*

★★ **Mark Twain House** – *351 Farmington Avenue. Prendre la route 84 vers l'Ouest jusqu'à la sortie 46. Tourner à droite dans Sisson Avenue, puis à nouveau à droite dans Farmington Avenue. Visite guidée (1 h) de juin à mi-octobre, du lundi au samedi de 9 h 30 à 17 h et le dimanche de 12 h à 17 h; le reste de l'année, fermé le mardi. Fermé les jours fériés. 6,50 $.* & ☎ *203-493-6411.* Si elle est aujourd'hui consacrée à la mémoire du célèbre auteur, cette délicieuse maison faisait autrefois partie d'un groupe de confortables demeures victoriennes construites sur les terres de **Nook Farm**, un coin de forêt bordant le bras Nord de la Park River. Au 19ᵉ s., ce domaine bucolique était habité par une communauté littéraire à laquelle appartenait Mark Twain et Harriet Beecher Stowe, dont les maisons ont été restaurées et ouvertes aux visiteurs.

De son vrai nom Samuel Clemens, Mark Twain (1835-1910) fit construire en 1874 cette fantaisie victorienne que caractérise son Styck style aux bandeaux décoratifs. Individualiste et généreux, personnage hors du commun, Twain fumait 20 cigares par jour et dormait à contresens afin de pouvoir admirer sa tête de lit sculptée. Il se passionnait pour les inventions et fut le premier abonné privé au

Mark Twain House, Hartford CT

Mark Twain House

téléphone à Hartford. Son hospitalité était légendaire, et il comptait le général Sherman et Rudyard Kipling parmi ses meilleurs amis. Il écrivit sept de ses plus célèbres romans dans la salle de billard de cette maison qu'il habita entre 1874 et 1891, notamment *Les Aventures de Tom Sawyer* (1876) et *Les Aventures de Huckleberry Finn* (1884).

Porches, balcons, consoles et toits pointus ne manquent pas et confèrent à la demeure une silhouette quelque peu irrégulière et fantaisiste. La magnifique décoration intérieure (1881) a été restaurée: remarquer les dessins au pochoir argentés, les boiseries ouvragées et le raffinement du papier peint.

Harriet Beecher Stowe House – *73 Forest Street. Visite guidée (1 h) de juin à mi-octobre et en décembre, du lundi au samedi de 9 h 30 à 16 h, le dimanche de 12 h à 16 h; le reste de l'année, fermé le lundi. Fermé le 24 décembre et les jours fériés. 6,50 $.* ♿ 🅿 ☎203-525-9317. Non loin de la maison de Mark Twain se dresse ce modeste cottage victorien où vécut l'écrivain Harriet Beecher Stowe de 1873 jusqu'à sa mort, en 1896. Harriet Elizabeth Beecher Stowe, dont le roman *La Case de l'oncle Tom* était une dénonciation sans précédent de l'esclavage, écrivit également plusieurs ouvrages consacrés à la Nouvelle-Angleterre.

Plane, la façade est alourdie par ce décor un peu tarabiscoté que l'on appelle le style Gingerbread. Clair et aéré, l'intérieur a conservé le mobilier ayant appartenu à l'écrivain.

A côté, l'élégante **Day House** (*également présentée pendant la visite*) abrite une bibliothèque et des expositions temporaires. Cette maison porte le nom de la grande-nièce de Harriet Beecher Stowe, Katharine S. Day, dont l'action permit de sauvegarder le domaine.

EXCURSIONS

★★ **American Clock and Watch Museum** – *100 Maple Street, à Bristol: 18 miles au Sud-Ouest de Hartford. Prendre la route 84 jusqu'à la sortie 31, puis suivre le route 229 sur la droite pendant environ 3 miles. Tourner à gauche dans Woodland Street. Visite d'avril à novembre, tous les jours de 10h à 17h sauf le Thanksgiving Day (4ᵉ jeudi de novembre). 3,50 $.* ♿ ☎203-583-6070. Au 19ᵉ s., la région de Bristol était la capitale américaine de l'horlogerie (plus de 200 000 horloges produites pour la seule année 1860). Terryville et Thomaston, localités voisines de Bristol, furent même baptisées d'après les noms de **Eli Terry** et **Seth Thomas**, deux célèbres horlogers du Connecticut. Grâce à des pièces de bois standardisées, Terry mit les horloges à la portée de toutes les bourses. Il inventa une pendule compacte de petit format que les colporteurs pouvaient aisément transporter. Ainsi, des milliers de ces modèles très légers furent-ils écoulés à travers les États situés à l'Est du Mississipi.

La plupart des pièces de la collection ont été produites dans le Connecticut. Dans l'annexe sont exposées des pendules récentes et des spécimens de différentes formes: gland, banjo et horloges à caisse monumentale. *Un film vidéo (20 min) retrace l'histoire de l'horlogerie.*

★ **Wethersfield** – *5 miles au Sud de Hartford par la route 91. Voir à ce nom.*

★ **Dinosaur State Park** – *West Street, à Rocky Hill: 10 miles au Sud de Hartford. Prendre la route 91 jusqu'à la sortie 23 et tourner à gauche au feu. Ouvert tous les jours de 9 h à 16 h 30 (centre d'exposition fermé le lundi). 2 $. ☎203-529-8423.* Ce parc conserve plus de 500 traces de dinosaures encore intactes sur leur site d'origine. La taille des empreintes et l'envergure des pas (1,2 m) laissent à penser que les bipèdes à l'origine de ces traces mesuraient 2,5 m de haut et 6 m de long. L'exposition présente un modèle grandeur nature du dilophosaurus, dinosaure supposé être l'auteur des empreintes du parc, et du coelophysis, dont une partie du squelette a été mis au jour dans la vallée du Connecticut. Un dôme géodésique a été construit en 1977 pour protéger le site des fouilles et abriter les expositions qui s'y rapportent. Les visiteurs ont la possibilité de réaliser un moulage d'empreinte *(de mai à octobre, tous les jours de 9 h à 15 h 30; apporter le matériel nécessaire: plâtre, etc.; informations fournies par téléphone).*

★ **Farmington** – *10 miles à l'Ouest de Hartford par la route 84. Voir à ce nom.*

★ **Old New-Gate Prison and Copper Mine** – *A East Granby: 14 miles au Nord-Est de Hartford. Prendre la route 91 vers le Nord, puis la route 20 vers l'Ouest. Tourner à droite dans Newgate Road. Visite de mi-mai à octobre, du mercredi au dimanche de 10 h à 16 h 30. 3 $. ☎203-653-3563. Semelles antidérapantes recommandées.* Cette ancienne mine de cuivre fut exploitée jusqu'à la moitié du 18ᵉ s. Puis, des difficultés financières forcèrent le propriétaire à la vendre au gouvernement colonial. Celui-ci transforma la mine et en fit la première prison du Connecticut, en 1773. C'est ici qu'étaient détenus les brigands, faux-monnayeurs et autres voleurs de chevaux, puis, pendant la guerre d'Indépendance, les prisonniers anglais. La visite à travers ces tunnels froids et humides d'une grande profondeur permet d'imaginer le désespoir des prisonniers contraints de dormir dans ces passages souterrains sans voir la lumière du jour.

★ **New Britain Museum of American Art** – *56 Lexington Street, à New Britain: 15 miles au Sud-Ouest de Hartford. Prendre la route 84 jusqu'à la sortie 35, puis la route 72. Suivre les panneaux signalant New Britain jusqu'à la sortie Columbus Boulevard. Tourner à gauche au feu pour s'engager dans Lake Street. Au stop, tourner à droite, puis immédiatement à gauche dans Lexington Street. Ouvert tous les jours sauf le lundi et les jours fériés de 13 h à 17 h. ☎203-229-0257.* Le patrimoine de ce petit musée présente les tendances de l'art américain depuis la période coloniale jusqu'à nos jours. Les pièces majeures de la collection sont constituées par des portraits du 18ᵉ s. (Trumbull, Stuart, Smibert), des œuvres de l'École de l'Hudson et de l'École Ash Can (composée de huit artistes dont Sloan, Henri et Luks), ainsi que par des toiles de maîtres des 19ᵉ et 20ᵉ s., tels Homer, Whistler, Wyeth et Cassatt. La série de peintures murales *Arts of Life in America* (1932), que Thomas Hart Benton réalisa pour le Whitney Museum of American Art de New York, est désormais définitivement installée à New Britain. *Le musée édite un guide « Looking at Art» qui sera très utile à ceux et celles qui comprennent l'anglais (5 $ à la boutique du musée).*

Talcott Mountain State Park – *8 miles au Nord-Ouest de Hartford par la route 189, puis la route 185 qui mène directement à l'entrée du parc. Ouvert du Labor Day (1ᵉʳ lundi de septembre) à novembre, tous les jours de 10 h à 17 h; de mi-avril au Labor Day, du jeudi au dimanche de 10 h à 17 h. ☎203-677-0662.* Un sentier de 2 km mène à la Heublein Tower du haut de laquelle s'offre une belle **vue**★ sur la vallée de Farmington et Hartford, ainsi que sur le détroit de Long Island, au Sud.

New England Air Museum – *Bradley International Airport, à Windsor Locks: 14 miles au Nord-Est de Hartford. Prendre la route 91 vers le Nord, puis la route 20 vers l'Ouest et la route 75 vers le Nord. Visite tous les jours de 10 h à 17 h, sauf le Thanksgiving Day (4ᵉ jeudi de novembre) et le 25 décembre. 6,50 $. ☎203-623-3305.*

Aménagé dans deux spacieux bâtiments à l'Ouest du Bradley Airport, ce musée présente près de 70 appareils retraçant l'histoire de l'aviation. Parmi les plus anciens, le Blériot XI de 1909 fut l'un des premiers à être fabriqué en série. Un grand nombre d'avions militaires mettent en lumière les développements des dernières décennies. Parmi les hélicoptères, remarquer le Sikorsky Seabat, utilisé pour les secours dans l'Antarctique.

Suffield – *18 miles au Nord de Hartford. Prendre la route 91 vers le Nord, la route 20 vers l'Ouest, puis la route 75 vers le Nord. Voir à ce nom.*

Vallée de la HOUSATONIC★★

Voir Carte des Principales Curiosités
Renseignements touristiques ☎203-743-0546

La vallée de la Housatonic se niche au Nord-Ouest du Connecticut, région de collines fortement boisées encadrée par les Taconic Mountains et les Berkshire Hills. La vallée est paisible. Ici, nul parc d'attractions bruyant, nul panneau lumineux éblouissant, nulle autoroute encombrée. Seules quelques routes de campagne tranquilles, empruntant des ponts couverts et traversant parcs et forêts, conduisent à de petits villages fondés à l'époque des colonies. En hiver, les sentiers de la région (dont l'Appalachian Trail) sont fréquentés par les skieurs, et par les randonneurs lorsque la belle saison paraît. Le long de ces sentiers, torrents et cascades rythment le cours de la Housatonic qui se jette dans le détroit de Long Island. La beauté de cette vallée et sa proximité de New York en ont fait une région très recherchée par les artistes, les écrivains et les hommes d'affaires.

Cette région a connu une brève période de prospérité au 18e s., quand on découvrit du minerai de fer dans les Lichtfield Hills. Des forges jaillirent alors du sol, et leur exploitation dura jusqu'à la découverte de gisements de charbon en Pennsylvanie. Des vestiges de fourneaux sont encore visibles dans plusieurs villages, bien qu'ils soient fréquemment dissimulés par la forêt qui a regagné du terrain au fil des ans.

DE BULLS BRIDGE À WEST CORNWALL

24 miles. Environ 3 h. Voir schéma ci-contre.

Cet itinéraire suit la route 7, qui était naguère un axe majeur reliant Montréal à New York.

A Bull Bridge, 3 miles au Nord de Gaylordsville, prendre la route 7. Tourner à gauche dans Bull Bridge Road qui traverse un pont couvert enjambant la Housatonic. Passer un second pont, puis tourner à droite dans Schaghticoke Road.

Schaghticoke Road – *Le 1er mile de cette route étroite est en grande partie non pavé.* La route longe la Housatonic qui serpente parmi les bois et les formations

Rivière Housatonic (près de Kent)

Jonathan Wallen

rocheuses. Après 1 mile environ, la route pénètre la réserve indienne de Schaghticoke, et passe près d'un vieux cimetière indien dans lequel une pierre tombale porte cette inscription: «*Eunice-Mauwee – A Christian Indian Princess 1756-1860* ».

La route longe les bâtiments de la **Kent School**, une école privée très renommée (525 élèves).

Tourner à gauche dans la route 341.

Macedonia Brook State Park – *Suivre la route 341 pendant environ 1 mile, puis tourner à droite et suivre la signalisation. Ouvert tous les jours de 8h au coucher du soleil.* ⛺ *(réservation recommandée)* ☎*203-927-3238.* Ce parc où alternent gorges, torrents et ruisseaux, offre de nombreuses possibilités de promenade, de pêche et de camping.

Prendre la route 341 pour gagner Kent.

Kent – 2 918 h. Niché au milieu des collines qui bordent la Housatonic, Kent est un village d'artistes et d'artisans dont les travaux sont souvent exposés dans les boutiques du centre.

★ **Sloane-Stanley Museum** – *Sur la route 7, à 1 mile au Nord du croisement des routes 7 et 341. Visite de mi-mai à octobre, du mercredi au dimanche de 10h à 16 h. 3 \$. & ☎203-927-3849.* Situé à côté des ruines d'un haut fourneau du siècle dernier baptisé «the Old Kent

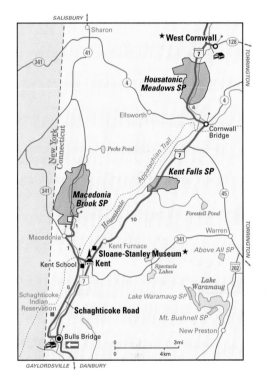

Furnace», ce musée abrite une importante collection d'anciens outils en bois et en acier rassemblés et fort joliment présentés par Eric Sloane (1905-1985). Les visiteurs peuvent visionner un film vidéo *(1/2 h)* consacré à cet artiste américain.

Suivre la route 7 vers le Nord.

Kent Falls State Park – *Entrée sur la route 7. Ouvert tous les jours de 8h au coucher du soleil.* ⛺& *(réservation recommandée). 5 \$ par véhicule.* ☎*203-927-3238. Voir chapitre Renseignements pratiques.* A droite des chutes, un escalier mène à un point de vue qui surplombe les cascades. De là, on peut traverser le pont et emprunter un sentier *(1/2 h)* à travers bois afin de rejoindre le parc de stationnement.

La route 7 traverse le petit village de **Cornwall Bridge**, dont le general store est une halte appréciée des randonneurs qui parcourent l'Appalachian Trail.

Housatonic Meadows State Park – *Entrée sur la route 7. Ouvert tous les jours de 8 h au coucher du soleil.* ⛺*(réservation recommandée)* & ☎*203-927-3238. Voir chapitre Renseignements pratiques.* Le **Pine Knob Loop Trail** est un sentier *(circuit de 2 h depuis le parc de stationnement côté Ouest de la route 7)* qui mène au sommet du Pine Knob (alt. 353 m) offrant de belles vues de la vallée.

Revenir sur la route 7 et continuer vers le Nord jusque West Cornwall.

★ **West Cornwall** – Ce petit village animé par plusieurs boutiques et restaurants est célèbre pour son pittoresque **pont couvert** construit en 1864 et récemment restauré.

LITCHFIELD ★★

1 378 h.
Voir Carte des Principales Curiosités
Renseignements touristiques ☎203-567-4506

Paradis des photographes pendant l'été indien, lorsque les feuillages des arbres s'embrasent, Litchfield est un petit village discret de la Nouvelle-Angleterre dont les larges avenues sont bordées de majestueuses demeures du 18ᵉ s. La première école de droit et la première institution supérieure de jeunes filles (Miss Pierce's School) des États-Unis furent fondées à Litchfield à cette époque. Au 19ᵉ s., le rail et l'ère industrielle épargnèrent le centre du bourg, si bien qu'aujourd'hui Litchfield peut s'enorgueillir de posséder l'un des ensembles architecturaux les plus beaux et les mieux conservés de toute la nation.

Green – Les quatre principales rues de Litchfield forment une croix dont le centre gazonné est dominé par le clocher de la **First Congregational Church**. Non loin de là, la **Litchfield Historical Society** organise des expositions sur la vie quotidienne à Litchfield aux 17ᵉ et 18ᵉ s. *(visite de mi-avril à novembre, du mardi au samedi de 11 h à 17 h, le dimanche de 13 h à 17 h; 2 $; ☎203-567-4501)*. Le long de **North Street** et **South Street**, on peut admirer de superbes maisons. La plupart sont des propriétés privées et sont ouvertes au public exclusivement à l'occasion du Historic Homes Tour (circuit des demeures historiques) organisé à la mi-juillet.

Tapping Reeve House and Law School – *82 South Street. Visite de mi-mai à mi-octobre, du mardi au samedi de 11 h à 17 h, le dimanche de 13 h à 17 h. 2 $. ☎203-567-4501.* La maison de Tapping Reeve, fondateur de la première école de droit en Amérique (1775), jouxte la petite école où il donnait ses premiers cours.

★ **White Memorial Foundation and Conservation Center** – *2 miles à l'Ouest de Litchfield par la route 202. Parc ouvert toute l'année. ☎203-567-0857.* Cette réserve de 1 600 ha, qui appartient à la White Memorial Foundation, offre des paysages et une flore très variés. On peut se procurer une carte des différents sentiers et monuments historiques de la réserve auprès du musée *(ouvert toute l'année du lundi au samedi de 9 h à 17 h, le dimanche de 12 h à 16 h)* ou au bureau de la fondation *(dans le parc)*.

EXCURSIONS

★ **Bellamy-Ferriday House and Garden** – *Situé sur le green à Bethlehem, à 6 miles au Sud de Litchfield par les routes 63 et 61. Visite guidée (1/2 h) de mai à octobre, du mercredi au samedi de 11 h à 16 h. 5 $. ☎203-266-7596.* Cette demeure de style georgien, dotée d'un élégant portique palladien, fut bâtie vers 1745, puis agrandie et embellie au cours des deux siècles suivants. Le mobilier est de fabrication locale.
Équipé d'écuries et agrémenté de vergers, le parc comprend un jardin aménagé en 1912 et décoré de lilas, de pivoines, de magnolias et de roses selon la saison.

Institute for American Indian Studies – *38 Curtis Road, à Washington: 11 miles au Sud-Ouest de Litchfield. Prendre la route 202 vers l'Ouest pendant 6 miles, puis la route 47 vers le Sud pendant 3 miles jusqu'à Washington. Prendre ensuite la route 199 vers le Sud pendant 2 miles jusqu'à Curtis Road, et suivre les panneaux signalant l'institut. Visite d'avril à décembre, du lundi au samedi de 10 h à 17 h, le dimanche de 12 h à 17 h; le reste de l'année, du mercredi au samedi de 10 h à 17 h, le dimanche de 12 h à 17 h. Fermé les jours fériés. 4 $. ☎203-868-0518.* Agréablement situé parmi les bois, ce petit musée est consacré à la culture et à l'histoire des Indiens du Connecticut. On y verra des mâts totémiques et des paniers tressés à la main, mais également une maison commune.
Un petit sentier mène à un campement de la tribu des Algonquins, entièrement recréé et complété de plusieurs **wigwams**, qui sont les huttes des tribus indiennes de l'Est des États-Unis.

MYSTIC ★★★

2 618 h.
Voir Carte des Principales Curiosités
Renseignements touristiques ☎203-444-2206

La bourgade de Mystic, au bord de la rivière du même nom, était déjà au 17ᵉ s. un important centre de construction navale. Dans les années 1850, ses chantiers produisaient les grands clippers qui firent la gloire de la marine américaine. Vers la même époque, la pêche à la baleine se développa sur cette côte, et Mystic compta alors jusqu'à 18 baleiniers. La plupart des belles demeures qui bordent Gravel Street, Clift Street et High Street appartenaient à des capitaines au long cours. Au début du 20ᵉ s., les chantiers navals se reconvertirent dans la construction de bateaux de plaisance, puis, durant la Seconde Guerre mondiale, dans celle de bâtiments pour la fameuse Navy.

Aujourd'hui, Mystic est avant tout le site de Mystic Seaport, un musée-village recréant l'atmosphère d'un port maritime américain.

★★★ MYSTIC SEAPORT   *Compter 1 journée*

Mystic Seaport est une reconstitution vivante d'un port du 19ᵉ s. Attraction populaire née à partir d'une exposition d'objets maritimes dans un ancien moulin rénové, l'ensemble comprend aujourd'hui 60 bâtiments répartis sur près de 7 ha. Les grands navires, le centre du village et le chantier naval toujours actif ajoutent encore à l'authenticité des lieux. Les bâtiments du musée abritent de merveilleuses collections d'art et d'artisanat maritimes.

Visite – *Prendre la route 95 jusqu'à la sortie 90, puis suivre la route 27 vers le Sud. Visite tous les jours de janvier à mars, de 10 h à 16 h; d'avril à fin juin et de septembre à fin octobre, de 9 h à 17 h; de fin juin à août, de 9 h à 20 h; de fin octobre à décembre, de 9 h à 16 h. Certaines parties du musée sont fermées lors du Thanksgiving Day (4ᵉ jeudi de novembre). Fermé le 25 décembre. 15 $. Programme des activités quotidiennes et plan distribués à l'entrée.* ✗ ♿ ☎ 203-572-5315. Commencer la visite par le bâtiment abritant le bureau d'accueil et situé à l'entrée principale. Un programme audiovisuel *(projeté en permanence)* présente Mystic Seaport.

Un vapeur de 1908, le **Sabino**, propose des excursions sur la Mystic River *(1/2 h; de mi-mai à mi-octobre, tous les jours de 11 h à 16 h; de fin juin à fin août, jusqu'à 18 h; 3 $ de supplément; croisière de 1 h 30 min en soirée, une heure après le dernier départ ♿).*

Le village et les quais – Le long des quais, qui constituent le cœur du village, et des rues adjacentes se succèdent une série de boutiques et de magasins tels qu'on les trouvait dans un port du siècle dernier: banque, imprimerie, taverne, forgeron, tonnelier, voilerie et corderie – long bâtiment où l'on fabriquait des kilomètres de cordages indispensables pour le gréement des bateaux.

Les enfants aimeront particulièrement le **Children's Museum** où ils pourront participer à divers jeux et activités maritimes remontant à l'époque de la navigation à voile.

Trois impressionnants voiliers entièrement gréés sont amarrés le long des quais:

★★ **Charles W. Morgan** – Seul survivant de la flotte baleinière américaine du 19ᵉ s., il a été classé monument historique. Au cours de ses 80 années de service, il effectua 37 voyages à travers le monde dont certains le retenaient éloigné pendant près de 4 années. A son bord, on visite les quartiers des officiers et on voit les gigantesques marmites utilisées pour faire fondre la graisse des baleines.

Joseph Conrad – Construit au Danemark comme bateau-école (1882), il navigua sous les pavillons danois, anglais et américain. Acheté par le Mystic Seaport, il a retrouvé sa fonction initiale.

L.A. Dunton – Datant de 1921, cette jolie goélette illustre à merveille ces grands bateaux de pêche qui sillonnaient les mers entre la Nouvelle-Angleterre et les bancs poissonneux de Terre-Neuve dans les années 1920 et 1930.

Mystic Seaport

Fred M. Dole (f/STOP PICTURES)

Henry B. du Pont Preservation Shipyard – Ce chantier naval restaure tous les types de bateaux que possède le Mystic Seaport. Depuis une plate-forme du premier étage, on peut observer le travail des artisans exécuté selon les méthodes traditionnelles.

Mystic River Scale Model – Maquette du port de Mystic en 1853.

Stillman Building – Sur trois étages sont présentées d'admirables **collections**★ de maquettes de bateaux et de scrimshaws (sculptures sur ivoire). Un film *(10 min)* tourné en 1917 relate les rigueurs de la chasse à la baleine.

Wendell Building – Ce bâtiment abrite une grande et riche collection de **figures de proue**★ en bois.

AUTRE CURIOSITÉ

★★**Mystic Marinelife Aquarium** – *55 Coogan Boulevard. Visite tous les jours de 9 h à 16 h 30; de juillet au Labor Day (1ᵉʳ lundi de septembre) de 9 h à 19 h. Fermé le 1ᵉʳ janvier, la dernière semaine de janvier, le Thanksgiving Day (4ᵉ jeudi de novembre) et le 25 décembre. 9,50 $.* ☎ *203-572-5955.* Faune et flore aquatiques sont présentées par thèmes à travers plus de 45 présentations différentes illustrant l'habitat, la cohabitation et la faculté d'adaptation de ces espèces marines.
Seal Island est un îlot de 1 ha hébergeant des phoques et des otaries dans une reconstitution de leur habitat naturel. Le **Penguin Pavilion** abrite une colonie de manchots. *Représentations quotidiennes avec des dauphins et des baleines (bassin intérieur).*

EXCURSION

★ **Stonington** – *1 287 h. 4 miles à l'Est par la route 1, puis la route 1A.* C'est un des plus beaux villages côtiers du Connecticut. Son caractère ancestral se retrouve dans les très belles maisons qui bordent les rues ombragées de cet ancien centre de construction navale. Du haut du phare, on peut voir l'île privée de Fisher Island.

Old Lighthouse Museum – *7 Water Street. Visite en juillet et août, tous les jours de 11 h à 17 h; en mai, juin, septembre et octobre, tous les jours sauf le lundi de 11 h à 17 h. 3 $.* ☎ *203-535-1440.* Les expositions saisonnières présentées dans le vieux phare évoquent le passé de Stonington, à l'époque des chantiers navals et de la pêche au phoque et à la baleine. Les souvenirs, remontant jusqu'au 17ᵉ s., comprennent des portraits, des outils de pêche à la baleine et des scrimshaws. Ceux qui souhaitent accéder à la plate-forme du phare seront récompensés par une vue embrassant trois États: Rhode Island, New York et Connecticut.

NEW HAVEN★★

130 474 h.
Voir Carte des Principales Curiosités
Renseignements touristiques ☎203-777-8550

Vue de la route 95, la ville de New Haven présente un paysage d'usines et de grandes tours administratives dont le **Knights of Columbus Building**, insolite immeuble cylindrique encadré par les crêtes de basalte rouge des parcs de East Rock et de West Rock. Il faut quitter la route et gagner le green pour découvrir la sérénité des quartiers résidentiels (Whitney Avenue, Hillhouse Avenue, Prospect Street) et les bâtiments couverts de lierre de l'Université de Yale.

Un peu d'histoire

Première ville des États-Unis aménagée selon un plan quadrillé, New Haven fut fondée en 1638 par un groupe de puritains conduits par le révérend John Davenport et Theophilus Eaton. A l'origine, la colonie était indépendante, mais une suite d'insuccès économiques la rattacha à la colonie du Connecticut en 1662. Les rêves nourris par les pionniers se concrétisèrent au siècle suivant. New Haven devint en effet une ville prospère grâce à son port en eau profonde, mais la guerre de 1812 mit un terme à cet essor économique, comme ce fut le cas pour de nombreux ports de la Nouvelle-Angleterre.
Au 19ᵉ s., le développement du rail modifia à jamais la physionomie de la ville. Des industries et des manufactures s'installèrent à New Haven, drainant avec elles des milliers d'immigrants travaillant dans les usines d'horlogerie, d'armes à feu et de diligences. Un de ces grands fabricants, **Eli Whitney**, fut le précurseur du travail à la chaîne: il avait découvert qu'en faisant confectionner par chaque ouvrier une pièce spéciale, la production était plus importante. Ainsi naquirent les premières chaînes d'assemblage.

Dans les années 1950, le centre ville eut à subir le contrecoup d'une croissance industrielle mal maîtrisée, conjuguée à une concurrence de plus en plus forte des banlieues: les constructions commencèrent à se délabrer. Les années 1960 virent donc des programmes de rénovation étudier la réhabilitation et la construction d'écoles, de maisons et de parcs dans le centre et les faubourgs. Aujourd'hui, New Haven marie plusieurs styles architecturaux, mêlant la tradition à la modernité, ce qui lui vaut la réputation d'être un exemple intéressant de rénovation urbaine.

Un centre culturel – La présence de l'Université de Yale fait de New Haven un centre culturel de premier plan, riche en musées, en bibliothèques et en activités artistiques (musique, théâtre et danse). Un grand nombre de boutiques et de restaurants chic ajoute encore à l'ambiance cosmopolite de la ville. Les théâtres de New Haven, qui servaient naguère de tremplin pour les productions de Broadway, se sont forgé une excellente réputation en montant leurs propres spectacles.

Long Wharf Theater – *222 Sargent Drive.* ☎*203-787-4282.* Installé dans un ancien entrepôt, ce théâtre a été couronné d'un «Tony Award», récompense artistique fort renommée aux États-Unis.

Shubert Performing Arts Center [1] – *Voir plan plus loin. 247 College Street.* ☎*203-624-1825.* Sa programmation variée propose des avant-premières ainsi que des spectacles et des concerts déjà rodés sur Broadway.

Palace Performing Arts Center [2] – *Voir plan plus loin. 246 College Street.* ☎*203-789-2120.* Cette salle de concert de 2 037 places, baptisée à l'origine Roger Sherman Theater, accueille des comédies musicales et des concerts de musiques classique et populaire.

Yale Repertory Theater [3] – *Voir plan plus loin. 1120 Chapel Street.* ☎*203-432-1234.* Surnommé le «Rep», ce théâtre fait la part belle aux pièces des jeunes auteurs et aux interprétations modernes des grands classiques.

New Haven Symphony Orchestra – *33 Whitney Avenue.* ☎*203-776-1444.* Cet orchestre, reconnu comme l'un des meilleurs des États-Unis, se produit dans le Woolsey Hall **[G]**, sur le campus universitaire.

Certains concerts ont également pour cadre la **Yale School of Music [4]** *(voir plan plus loin,* ☎*203-432-4157).*

★★★ YALE UNIVERSITY   *1 journée. Voir plan plus loin.*

Cette université, qui fait partie de la prestigieuse Ivy League, est la plus ancienne et la plus éminente des grandes écoles des États-Unis. Elle fut fondée en 1701 par un groupe de prêtres puritains, désireux de doter le Connecticut d'un établissement scolaire capable de former de bons éléments pour le clergé et l'État. Les premiers bâtiments furent érigés à Saybrook sous le nom de Collegiate School. En 1716, l'école vint s'installer sur le green de New Haven et fut rebaptisée deux ans plus tard en l'honneur de son bienfaiteur, le riche commerçant **Elihu Yale**.

Organisation – L'Université de Yale compte 10 600 étudiants et 4 000 enseignants, ce qui représente plus de 25 000 personnes en leur ajoutant le personnel administratif. Les étudiants du 1er cycle sont répartis dans 12 collèges qui possèdent chacun leur bibliothèque, leur réfectoire, leurs dortoirs, leurs équipements sportifs et leurs distractions. Cet enseignement recouvre plusieurs disciplines: art, architecture, théologie, dramaturgie, sylviculture et écologie, lettres, sciences et techniques, droit, médecine et disciplines médicales, musique, commerce.

En 1887, Yale devint une université, soit bien après la fondation de son école de médecine (1810) et de son école de droit (1824). C'est à Yale que fut attribué, en 1861, le premier titre de *Philosophiae Doctor* (Ph. D. ou doctorat) des États-Unis. Certaines facultés acceptèrent les femmes dès 1873, mais le Yale College ne s'ouvrit véritablement à l'enseignement mixte qu'en 1969.

Architecture – Avec ses tourelles médiévales, ses flèches, ses tours massives, ses vitraux et ses bâtiments aux silhouettes de cathédrales, le campus est principalement construit en **néo-gothique**. L'influence du style **georgien** est perceptible, mais il faut pénétrer dans les cours intérieures pour en découvrir les élégantes façades. A partir des années 1950, Yale fit appel aux plus grands architectes du moment pour édifier de nouveaux bâtiments: **Louis Kahn** (Yale Art Gallery et Yale Center for British Art), **Paul Rudolph** (School of Art and Architecture), **Eero Saarinen** (Morse and Ezra Stiles Colleges, Yale Co-Op et la patinoire), **Philip Johnson** (Kline Biology Tower) et **Gordon Bunshaft** (Beinecke Rare Book and Manuscript Library).

Le tour de l'université

Départ du visitor center sous l'arche de Phelps Gate [A] dans College Street; ouvert tous les jours de 10 h à 16 h; visite guidée (1 h) du campus du lundi au vendredi à 10 h 30 et 14 h, le week-end à 13 h 30; ☎ 203-432-2300.

Entrer dans le vieux campus.

Old Campus – Site original du premier collège, ce campus possède le plus ancien bâtiment de l'université: le **Connecticut Hall [B]**. Une statue de Nathan Hale, héros de la guerre d'Indépendance et ancien élève de Yale, se dresse devant cet édifice de style georgien où il étudia.

Traverser le vieux campus et s'engager dans High Street.

De l'autre côté de la rue se trouve la **Harkness Tower [C]** (1920), un campanile néo-gothique culminant à 67 m et lourdement orné de sculptures des plus célèbres élèves de Yale, notamment Noah Webster et Eli Whitney.

Harkness Tower (Yale University)

Michael Marsland/Yale University

Tourner à gauche dans High Street, passer sous une arche, puis s'engager à droite dans Chapel Street.

La **Yale University Art Gallery**, première œuvre majeure de Louis Kahn, fait face à sa dernière réalisation, le **Yale Center for British Art**. Le parti muséologique (qualité des matériaux, luminosité, utilisation des surfaces) développé par l'architecture de ces deux ensembles est particulièrement intéressant *(les collections de ces musées sont décrites plus loin).*

Continuer jusqu'à York Street.

L'ancienne église néo-gothique sur la gauche abrite le **Yale Repertory Theater [3]** *(voir plus haut)*, où travaille la Yale Repertory Company, troupe de comédiens professionnels attachée à l'université. Presque en face se dresse l'immense **School of Art and Architecture**, œuvre de l'architecte Paul Rudolph. Le bâtiment semble s'étager sur sept niveaux alors qu'il en comprend en réalité 36. Il faut y entrer pour s'en rendre compte.

Tourner à droite dans York Street et descendre la rue à moitié.

★ **Pierson and Davenport Colleges** – Derrière leurs façades néo-gothiques se cachent d'élégantes façades georgiennes uniquement visibles depuis les cours intérieures. De l'autre côté de la rue se trouve la **Wrexham Tower [D]** s'inspirant du clocher de l'église du Pays de Galles où Elihu Yale est inhumé.

Traverser Elm Street et suivre York Street. Au n° 306, tourner à gauche dans un étroit passage.

★ **Morse and Ezra Stiles Colleges** – Eero Saarinen s'est inspiré d'une petite ville italienne bâtie à flanc de coteau pour réaliser cet ensemble contemporain. L'ombre et la lumière s'y défient à toute heure du jour à travers un dédale de ruelles. A côté se trouve une autre réalisation de Saarinen, le **Yale Co-Op**, le magasin de l'université (connu sous le nom de West Co-Op depuis la construction d'un bâtiment adjacent appelé East Co-Op).

Sur Tower Parkway, face aux Morse and Ezra Stiles Colleges, se trouve le **Payne Whitney Gymnasium**, un des nombreux bâtiments de Yale à évoquer la silhouette d'une cathédrale.

Continuer le long de Tower Parkway pour gagner Grove Street.

A l'entrée du cimetière de Grove Street, remarquer la massive **porte★** de style Retour d'Égypte; on la doit à Henry Austin, qui a également signé plusieurs maisons (19ᵉ s.) de Hillhouse Avenue *(voir plus loin).*

Revenir sur York Street en empruntant Grove Street. Tourner à gauche dans York Street, puis encore à gauche dans Wall Street.

Sterling Law Buildings – Les étudiants en droit vivent dans ces bâtiments inspirés des écoles de droit anglaises bâties du 16e au 18e s. Remarquer les effigies de voleurs et de policiers sculptées au-dessus des fenêtres.

Traverser High Street.

★ **Beinecke Rare Book and Manuscript Library** – *121 Wall Street.* Les murs extérieurs de cette bibliothèque (1961, Gordon Bunshaft) sont composés de plaques de marbre translucide encastrées dans du granit. Entrer dans le bâtiment pour apprécier les effets de miroitement que la lumière procure en traversant le marbre. La mezzanine abrite une **bible de Gutenberg** et accueille des expositions présentées par roulement.

Des **sculptures [5]** aux formes géométriques, signées Isamu Noguchi, sont ancrées dans la cour opposée à la bibliothèque.

Face à la bibliothèque s'élèvent plusieurs bâtiments construits pour le bicentenaire de Yale: le **Woodbrige Hall [E]**, le **University Dining Hall [F]** et l'auditorium, le **Woolsey Hall [G]**. La rotonde, baptisée **Memorial Hall [H]**, renferme un grand nombre de plaques commémoratives. Sur la place proche du Woodbridge Hall, remarquer le stabile rouge d'Alexander Calder, *Gallows and Lollipops* (Potence et sucettes).

Retourner à l'angle de Wall Street et High Street et tourner à gauche dans Wall Street. Un grand nombre de statuettes ornent le faîte des bâtiments qui bordent cette rue.

Sterling Memorial Library – *120 High Street.* Les voûtes, les vitraux et les fresques de cette bibliothèque, la plus importante de Yale, lui confèrent un air de cathédrale.

Sous le Cross Campus *(sur la gauche)* se trouve une autre bibliothèque, la **Cross Campus Library [J]**, construite sous terre afin de préserver le green. La cour d'entrée est ornée d'une **fontaine-sculpture [6]** dédiée aux femmes de Yale, une œuvre de **Maya Lin**, une ancienne étudiante qui a également réalisé le monument commémoratif des vétérans de la Guerre du Viêt-nam à Washington.

Les musées

★★ **Yale University Art Gallery** – *1111 Chapel Street. Ouvert de 10 h à 17 h en semaine, de 14 h à 17 h le dimanche. Fermé le lundi et les jours fériés ainsi qu'au mois d'août.* ☎ *203-432-0600.* Ce musée fut fondé en 1832 grâce à un don d'une centaine d'œuvres du peintre **John Trumbull**. Le bâtiment se compose de deux parties reliées entre elles: l'une est de style néo-roman et a été construite en 1928, l'autre, ajoutée en 1953, a été conçue par Louis Kahn. Cette section dispose de cloisons mobiles permettant de mettre en valeur les collections.

Sous-sol – La collection d'art antique comporte un mithraeum, sanctuaire souterrain consacré au culte de Mithra (divinité solaire), merveilleusement orné de peintures et de reliefs et provenant de **Doura-Europos**, ancienne cité romaine de Syrie. Parmi les vases et sculptures grecs, étrusques et égyptiens, remarquer *Leda et le cygne* (370 av. J.-C.), copie romaine d'un original grec attribué à Timotheos. La **collection pré-colombienne** d'objets en pierre, argile et jade n'est pas moins remarquable. Les figurines nous renseignent sur la vie quotidienne de cette période.

Rez-de-chaussée – Ce niveau est réservé aux expositions temporaires et à l'art contemporain. Le Sculpture Hall renferme une œuvre de Richard Serra, *Stacks* (1990), deux blocs d'acier placés à 18 m l'un de l'autre. Dans l'Albert Corridor sont exposées par roulement certaines des 74 toiles et 110 estampes du fonds Joseph Albers, qui dirigea l'Institut d'art de Yale de 1950 à 1960.

1er étage – Outre de nombreux tableaux impressionnistes, la collection du 19e s. comprend des toiles de Manet *(Jeune Femme étendue dans un costume espagnol)*, Courbet *(Le Grand Pont)*, Van Gogh *(Café de nuit)*, Millet, Corot, Degas et Matisse. La section d'art moderne présente des œuvres de Marcel Duchamp *(Tu'm)*, Stella *(Brooklyn Bridge)*, Magritte *(La Boîte de Pandore)* et Dali *(La Charrette du fantôme)*, ainsi que des toiles de Tanguy, Ernst, Klee et Kandinsky.
La Ordway Gallery présente par roulement des expositions consacrées à l'art du 20e s. Des tableaux de Picasso *(Coquillages sur un piano, Femme assise)*, Renoir *(La Montagne Ste-Victoire)*, Pollock *(No. 4)*, Rothko *(No. 3, 1967)* et De Kooning sont également exposés.
La collection d'**art africain** comprend des masques et objets de cérémonie et d'apparat.

2e étage – La **collection Jarves** est consacrée aux primitifs italiens (13e-16e s.) et regroupe des joyaux tels que la *Vierge à l'Enfant* de Fabriano et le *Portrait de la femme au lapin* de Ghirlandaio. Les galeries adjacentes, consacrées à l'art européen, recèlent des œuvres d'artistes majeurs, tels Bosch (*Allégorie de l'Intempérance*), Hals, Holbein, Rubens et Le Corrège (*L'Assomption de la Vierge*). La **collection Garven** ★ d'art américain de l'époque coloniale et du début du 19e s. est présentée de façon didactique pour les besoins des cours universitaires. Le mobilier, l'argenterie, les étains et les autres objets en métal illustrent ici l'évolution des styles aux États-Unis.

La galerie de peinture et de sculpture américaines des 19e et 20e s. regroupe des chefs-d'œuvre de Eakins, Homer, Church, Cole, Remington, Hopper et O'Keefe. Une section est consacrée à l'œuvre de John Trumbull, dont *The Battle of Bunker Hill* et *Signing of the Declaration of Independence* qui servirent de modèle aux fresques du Capitole à Washington. Remarquer également *The Greek Slave*, une statue signée Hiram Power.

3e étage – Les galeries orientales abritent des sculptures japonaises ainsi que des bronzes, de la céramiques et des peintures provenant de Chine (du 12e s. av. J.-C. à nos jours).

★★ **Yale Center for British Art** – *1080 Chapel Street. Ouvert de 10 h à 17 h en semaine, de 12 h à 17 h le dimanche. Fermé le lundi et les jours fériés.* ♿ 🅿 ☎*203-432-2800.* En 1966, Paul Mellon, mécène de la National Gallery de Washington, fit don à Yale de sa collection d'art anglais qui comprenait 1 300 tableaux, 10 000 dessins, 20 000 gravures et 20 000 livres rares. Louis Kahn dessina les plans d'un nouveau bâtiment destiné à abriter la collection et inauguré en 1977. L'architecture conçue par Kahn permet à la lumière naturelle de pénétrer par de nombreuses verrières tout en étant filtrée par des patios s'étageant sur 3 ou 4 niveaux et ouvrant sur les galeries d'exposition.

La collection – Retraçant l'évolution de l'art anglais depuis le règne d'Élisabeth 1ère, la collection comprend des scènes de chasse, des vues de villes et des marines, des portraits et des tableaux de genre datant en majeure partie de 1700 à 1850.

Le **3e étage** abrite des tableaux et des sculptures présentés par ordre chronologique afin de donner une vue d'ensemble de l'art anglais de la fin du 16e s. au début du 19e s. Plusieurs salles de cet étage sont consacrées aux œuvres de **Gainsborough**, **Reynolds**, **Stubbs**, **Turner** et **Constable**. Au **1er étage** se trouve une sélection de tableaux et de sculptures des 19e et 20e s.

Peabody Museum – *170 Whitney Avenue. Visite toute l'année de 10 h à 17 h en semaine, de 12 h à 17 h le dimanche. Fermé le lundi et les jours fériés. 4 $ (entrée gratuite du mardi au vendredi de 15 h à 17 h).* ♿ ☎*203-432-5050.* Ce muséum d'histoire naturelle est surtout fameux pour sa collection de **dinosaures** (rez-de-chaussée), comportant notamment le premier stégosaure jamais reconstitué et le squelette d'un apatosaure (20 m de long pour 35 t). On peut aussi y voir un spécimen d'archélon, la plus grande tortue géante du monde (3 m de long et 75 millions d'années), et le fossile d'un déinonychus, espèce découverte en 1964 et armée d'une serre acérée en forme de faucille. *L'Ère des reptiles*, une fresque signée Rudolph Zallinger, représente des dinosaures et une flore âgés de 70 à 350 millions d'années. Au rez-de-chaussée se trouve également une collection de mammifères, de primates et d'objets relatifs aux cultures d'Amérique centrale, aux Indiens des prairies et à la Nouvelle-Guinée. Au 2e étage sont présentés des minéraux, une section ornithologique et des dioramas sur la flore et la faune nord-américaines. Au 1er étage sont organisées des expositions spéciales.

Yale Collection of Musical Instruments [K] – *15 Hillhouse Avenue. Visite le mardi, le mercredi et le jeudi, de 13 h à 16 h. Fermé en juillet et août et pendant les congés universitaires. 1 $. Concerts annuels avec des instruments de la collection.* ☎*203-432-0822.* La collection rassemble plus de 800 instruments (du 16e au 19e s.) représentatifs des traditions musicales d'Europe occidentale.

AUTRES CURIOSITÉS

★ **Green** – A l'époque où New Haven était encore une colonie puritaine, la ville fut divisée selon un quadrillage composé de 9 carrés. Celui du centre, le green, fut réservé à toutes les activités publiques, du pâturage aux parades, et même aux sépultures. Au fil des ans, ce quartier est resté le cœur de la ville. Les trois églises (1812-1815) bâties sur le green illustrent chacune un style architectural différent: **Trinity Church** (néo-gothique), **Center Church** (georgien) et **United Congregational Church** (fédéral).

Hillhouse Avenue – La plupart des belles demeures qui bordent cette avenue furent construites au 19ᵉ s. par de riches industriels et commerçants. Aujourd'hui propriété de l'université, elles présentent plusieurs styles (fédéral, néo-classique, néo-Renaissance), et même des influences de l'architecture hindoue.

★ **Ingalls Hockey Rink** – *Prospect Street.* L'architecte américano-finlandais Eero Saarinen s'est inspiré de la forme d'une baleine pour dessiner la patinoire de Yale (1957).

New Haven Colony Historical Society – *114 Whitney Avenue. Visite toute l'année, du mardi au vendredi de 10 h à 17 h, le week-end de 14 h à 17 h. Fermé le lundi et les jours fériés. 2 $. ⚙ 🅿 ☎203-562-4183.* Dans les 11 galeries d'exposition sont rassemblés des étains, des porcelaines et des jouets datant de l'époque où la ville s'appelait encore New Haven Colony.

East Rock Park – *Suivre Orange Street et traverser Mill River. Tourner à gauche, puis continuer toujours vers la droite. La route mène au parc de stationnement aménagé au sommet. De novembre à avril, la route n'est ouverte que le week-end et les jours fériés de 8 h à 16 h.* Du haut de cette barrière de basalte on bénéficie d'une large **vue★★** sur New Haven; on aperçoit au loin le détroit de Long Island.

EXCURSIONS

Shore Line Trolley Museum – *17 River Street, à East Haven: 5 miles à l'Est de New Haven. Prendre la route 95 jusqu'à la sortie 51, tourner à droite dans Hemingway Avenue, puis à gauche dans River Street. Visite de juin à août, tous les jours de 11 h à 17 h; en mai, septembre et octobre, uniquement le week-end de 11 h à 17 h; en avril et novembre, uniquement le dimanche de 11 h à 17 h. Fermé le Thanksgiving Day (4ᵉ jeudi de novembre) et le 25 décembre. 5 $. On peut effectuer une promenade de 5 km en tramway le long de la côte du Connecticut entre le musée et Short Beach. 🅿 ☎203-467-6927.* Le musée a été créé par des bénévoles passionnés par ce moyen de transport. Ils ont restauré eux-mêmes un tiers des 100 voitures présentées.

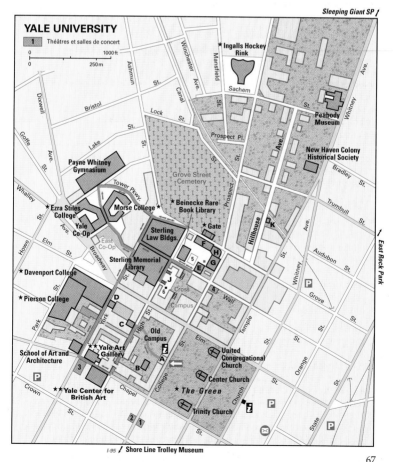

Sleeping Giant State Park – *A 6 miles de New Haven. Prendre Whitney Avenue (route 10) jusqu'à Hamden et tourner à droite dans Mt Carmel Avenue. Visite tous les jours de 8 h au coucher du soleil.* ▣ *(8 $ pour la voiture de mi-avril à novembre, le week-end et les jours fériés). Cartes des itinéraires et informations au bureau des gardes forestierss.* ♿ ☎ *203-566-2305. Voir chapitre Renseignements pratiques.* Ce parc aménagé pour le pique-nique offre plus de 48 km de sentiers sillonnant cette montagne. **Tower Path** *(circuit de 1 h 1/2)* mène au point culminant du parc où une tour de pierres offre une superbe **vue★★** sur la région.

NEW LONDON

28 540 h.
Voir Carte des Principales Curiosités
Renseignements touristiques ☎ 203-444-2206

Ce port situé à l'embouchure de la Thames River fut l'un des principaux refuges des corsaires pendant la guerre d'Indépendance, ce qui motiva les Britanniques à faire le siège de New London et de Groton en 1781. Lors de cette attaque commandée par Benedict Arnold, **Fort Trumbull** *(inaccessible au public)* et **Fort Griswold** tombèrent aux mains de l'ennemi, et la majeure partie de New London fut incendiée. Vers 1850, la ville était devenue l'un des principaux ports baleiniers. Certains quartiers résidentiels, épargnés par l'ère industrielle, recèlent encore d'élégantes maisons construites grâce aux revenus de cette activité. Aujourd'hui, la marine américaine a installé la célèbre US Coast Guard Academy à New London. L'industrie navale et la base sous-marine de la flotte américaine, située sur l'autre rive de la Thames, représentent les deux piliers de l'économie locale. Du reste, les scientifiques et les ingénieurs du Naval Underwater Systems Center développent ici une technologie de pointe pour

Starr Street

sous-marins. Le Connecticut College, école supérieure des beaux-arts située non loin de la Coast Guard Academy, accueille quelque 1 600 étudiants. Un programme de réhabilitation du centre ville a permis de restaurer plusieurs habitations néo-classiques (19e s.) de **Starr Street**, de même que la gare de l'Union Railroad datant de la même époque et conçue par H.H. Richardson.

CURIOSITÉS   *4 h. Voir plan ci-contre.*

★ **Hempsted Houses** – *Hempstead et Jay Street. Visite de mi-mai à mi-octobre, tous les jours sauf le lundi de 13 h à 17 h. 3 $.* ☎ 203-443-7949. Construite en 1678 par Joshua Hempsted, cette maison à colombage est un merveilleux exemple de l'architecture américaine du 17e s. Les murs ont été isolés avec des algues et percés de petites fenêtres à résilles de plomb. Les pièces, au plafond bas, contiennent de beaux meubles de la période coloniale. La maison de granit adjacente a été bâtie en 1759 par Nathaniel Hempsted, le petit-fils de Joshua. A l'intérieur se trouve un four à pain à la silhouette inhabituelle.

★ **Lyman Allyn Art Museum** – *625 William Street. Visite de juin au Labor Day (1er lundi de septembre) du mardi au samedi de 10 h à 17 h (le mercredi jusqu'à 21 h), le dimanche de 13 h à 17 h; de mi-juin à mai, du mardi au vendredi et le dimanche de 13 h à 17 h (le mercredi jusqu'à 21 h), le samedi de 11 h à 17 h. Fermé les jours fériés. 3 $.* ♿ ☎ 203-443-2545. Ce petit musée, créé grâce au don de la famille Allyn, est spécialisé dans la peinture et les arts décoratifs du Connecticut. Mobilier, tableaux, sculptures et objets décoratifs sont agréablement présentés, et sont l'occasion d'une rétrospective s'étalant depuis la période néo-classique jusqu'à nos jours. La **collection américaine** (1680-1920) se trouve dans les galeries Palmer (rez-de-chaussée). Les poupées et maisons de poupées situées au sous-sol sont très intéressantes à découvrir.

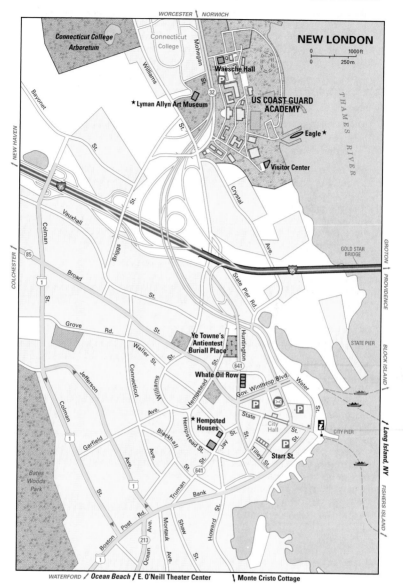

United States Coast Guard Academy – *15 Mohegan Avenue. Ouvert tous les jours de 9 h au coucher du soleil.* ♿ ☎ *203-444-8270.* Cette école militaire, où l'on forme durant quatre ans les futurs officiers de la brigade côtière, fut créée en 1876 lorsque la goélette *Dobbin* fut choisie comme bateau-école pour les cadets de la brigade douanière (l'ancêtre de l'actuelle Coast Guard). La *Dobbin* fut remplacée par d'autres vaisseaux jusqu'au début du 20ᵉ s., quand l'académie s'installa à Fort Trumbull. Elle occupe son site actuel sur la Thames depuis 1932.

Visitor Center – *Visite de mai à octobre, tous les jours de 10 h à 17 h; en avril, uniquement le week-end de 10 h à 17 h.* Présentation de l'histoire de la brigade côtière et programme audiovisuel sur la vie des élèves officiers *(5 min).*

Coast Guard Museum – *Dans Waesche Hall. Ouvert du lundi au vendredi de 9 h à 16 h 30, le samedi de 10 h à 17 h et le dimanche de 12 h à 17 h. Fermé les jours fériés.* Le musée retrace l'histoire de la brigade côtière.

Les quais – Le bateau-école **Eagle ★** y est amarré sporadiquement. Construit en Allemagne en 1936, le *Eagle* est un gracieux trois-mâts utilisé pour la formation des élèves officiers qui, à son bord, traversent l'Atlantique et la mer des Caraïbes en été. *Visite guidée:* ☎ *203-444-8595.*

Connecticut College Arboretum – *William Street. Ouvert tous les jours de l'aube au coucher du soleil. ☎203-439-2140. Plan disponible à l'entrée.* Ce parc de 170 ha possède de nombreux arbres et arbustes originaires de l'Est de l'Amérique du Nord. Le sentier principal *(3,2 km)* décrit une boucle autour d'un marais. Deux autres circuits mènent à une tourbière et un bois de ciguës.

Ye Towne's Antientest Buriall Place – *Huntington Street. Entrée par Hempstead Street.* Ce vieux cimetière compte de nombreuses stèles sculptées d'anges ailés, de têtes de mort, de motifs géométriques, etc.

Whale Oil Row – *105-119 Huntington Street.* Ces quatre grandes maisons blanches à colonnes massives sont très représentatives des résidences néo-classiques que les commerçants et armateurs se faisaient construire au 19ᵉ s.

Monte Cristo Cottage – *325 Pequot Avenue. Prendre Howard Street vers le Sud, puis tourner à gauche dans Pequot Avenue (en direction de Ocean Beach). Visite de mi-avril à mi-décembre, du lundi au vendredi de 13 h à 16 h. Fermé les jours fériés. 3 $.* L'auteur dramatique **Eugene O'Neill** (1888-1953) passait ses étés dans cette modeste maison offrant une vue sur la Thames. Elle servit de cadre à deux œuvres autobiographiques: *Long Day's Journey into Night* et *Ah, Wilderness!*
Un programme audiovisuel *(18 min)* évoque les séjours de O'Neill.

Ferry de New London à Orient Point (Long Island, New York) – *Départs de l'embarcadère de juin à octobre de 7 h à 21 h 45, de novembre à mai de 7 h à 20 h 45, sauf le 25 décembre. La traversée dure 1 h 20 min. 28 $ (voiture et conducteur). Réservations recommandées. ✗ ♿ Cross Sound Ferry Services ☎203-443-5281.*

EXCURSIONS

Ocean Beach – *A 5 miles au Sud de New London, sur Ocean Avenue.* Cette vaste plage de sable bordée d'une agréable promenade offre une aire de loisirs, un golf miniature, un stand de tir à l'arc et une base nautique.

Eugene O'Neill Theater Center – *305 Great Neck Road, à Waterford: 6 miles au Sud de New London. Emprunter Bank Street et tourner à gauche dans Ocean Avenue, puis continuer sur la route 213 (Niles Hill Road). Représentations de juin à début août. Pour connaître le programme: ☎203-443-5378.* Baptisé en l'honneur du dramaturge Eugene O'Neill, ce centre théâtral se consacre à l'éveil des jeunes talents qui brilleront peut-être un jour sur les scènes américaines. Plusieurs manifestations sont organisées dans cette propriété de 4 ha, notamment la conférence annuelle des théâtres musicaux nationaux. Le centre parraine l'Institut national du théâtre et l'Institut national des critiques.

NORWALK

78 331 h.
Voir Carte des Principales Curiosités
Renseignements touristiques ☎203-854-7825

C'est dans le quartier de **SoNo** (abréviation de South Norwalk), sur les berges de la Norwalk River, que souffle encore l'âme qui animait ce port maritime au siècle dernier. Les bâtiments victoriens bordant Washington Street, entre Main Street et Water Street, ont été restaurés et abritent restaurants, boutiques et galeries. Des bateaux relient Hope Dock à **Sheffield Island Lighthouse**, dont le phare a été élevé en 1868 *(accessible de fin-mai à mi-juin, le week-end et les jours fériés à 10 h, 12 h et 14 h; de fin juin au Labor Day, du lundi au vendredi à 9 h 30 et 13 h 30, le week-end et les jours fériés à 9 h 30, 11 h 30, 13 h 30 et 15 h 30; la traversée dure 3/4 h; 9 $; Norwalk Seaport Association ☎203-838-9444).*

★ **Maritime Center** – *10 Water Street. Visite de juillet au Labor Day (1ᵉʳ lundi de septembre), tous les jours de 10 h à 18 h; le reste de l'année de 10 h à 17 h. Fermé les jours fériés. 7,50 $. Des croisières consacrées à l'étude de la vie marine sont proposées de juin au Labor Day, du mercredi au dimanche à 13 h. 15 $. ✗ ☎203-852-0700.* Ce musée maritime est aménagé dans un entrepôt en briques construit au 19ᵉ s. au bord de la Norwalk River et récemment restauré. Y sont présentés des programmes audiovisuels interactifs, des expositions sur l'histoire maritime, des documents relatifs à la construction navale, un aquarium illustrant l'habitat du détroit de Long Island, des bassins où évoluent requins et phoques, ainsi qu'une salle de projection dotée d'un écran IMAX.

Lockwood-Mathews Mansion Museum – *295 West Avenue. Visite guidée (1 h) de mars à mi-décembre, du mardi au vendredi de 11 h à 15 h, le week-end de 13 h à 16 h. Fermé les jours fériés. 5 $.* ☎203-838-1434. Cette résidence d'été victorienne en granit, dotée de tourelles et de lucarnes et coiffée d'un toit à la Mansard, fut construite vers 1864. Elle comporte 50 pièces, une galerie d'art, un théâtre pour enfants et un salon mauresque. Les dalles de marbre abondent, tout comme les boiseries en acajou et en noyer sculptées par des artisans italiens. Avec ses 266 balustres, le grand escalier aurait coûté 50 000 dollars à lui seul.

EXCURSION

New Canaan – 17 864 h. *10 miles au Nord de Norwalk par la route 123.* Cette élégante banlieue du comté de Fairfield attire artistes et amateurs d'art depuis le début du siècle, lorsque fut créée la **Silvermine Guild of Artists**. Cette association, située sur Silvermine Road *(à l'Est de la route 123)*, entretient un ensemble d'ateliers, de galeries, de salles de cours et de laboratoires photographiques. Chaque année s'y déroule l'exposition **The Art of the Northeast** *(voir chapitre Renseignements pratiques).*

NORWICH

37 391 h.
Voir Carte des Principales Curiosités
Renseignements touristiques ☎203-444-2206

Situé à la confluence de la Yantic River et de la Shetucket River qui forment la Thames, Norwich est un important centre industriel depuis le 18ᵉ s. Un quartier historique entoure le **green** triangulaire et groupe un bel ensemble de maisons anciennes. Le **Rose Arts Festival** est organisé en juin sur le Chelsea Parade Grounds, série de manifestations très variées: concerts, sports, expositions, variétés, art et artisanat.

Leffingwell Inn – *348 Washington Street. Visite de mi-mai à mi-octobre, du mardi au samedi de 10 h à 15 h, le dimanche de 14 h à 16 h; le reste de l'année, uniquement sur rendez-vous. Fermé les jours fériés. 3 $.* ☎203-889-9440. Cette demeure fut le théâtre de nombreuses réunions politiques pendant la guerre d'Indépendance. Restaurée et transformée en musée, elle abrite du mobilier, de l'argenterie et divers objets fabriqués par des artisans de Norwich.

EXCURSIONS

Uncasville – *5 miles au Sud de Norwich par la route 32.* Baptisé en l'honneur de **Uncas**, le sachem des Mohegans, la localité d'Uncasville compte encore parmi ses habitants des membres de cette tribu indienne. Au 17ᵉ s., Uncas conclut une alliance avec les colons qui acceptèrent de l'aider à résister aux attaques de la puissante tribu Narragansett du Rhode Island. En 1643, au cours de la bataille décisive entre les deux tribus, Uncas captura et exécuta Miantonomo, le chef des Narragansetts.

Fort Shantok State Park – *La Fort Shantok Road coupe la route 32. Ouvert toute l'année de 8 h au coucher du soleil. Fermé les jours fériés.* ☎203-848-9876. *Voir chapitre Renseignements pratiques.* Le parc renferme un ancien cimetière indien et les ruines du fort dans lequel les Mohegans furent assiégés par les Narragansetts.

Tantaquidgeon Indian Museum – *Route 32. Ouvert de mai à octobre, tous les jours de 10 h à 16 h, sauf le lundi.* ♿ ☎203-848-9145. Ce petit musée construit par John Tantaquidgeon, un descendant de Uncas, le chef des Mohegans, rassemble des objets traditionnels fabriqués et utilisés par cette tribu, et présente également des souvenirs provenant d'autres tribus indiennes.

En fin de volume figurent d'indispensables **renseignements pratiques:**

- *manifestations touristiques*
- *organismes habilités à fournir toutes informations*
- *conseils divers…*

RIDGEFIELD

6 363 h.
Voir Carte des Principales Curiosités
Renseignements touristiques ☎203-743-0546

Bien qu'à une heure à peine du fourmillant quartier de Manhattan, cette charmante localité aux avenues bordées d'arbres est déjà bien caractéristique de la Nouvelle-Angleterre, avec ses boutiques et ses maisons anciennes.

Keeler Tavern – *132 Main Street. Visite guidée (3/4 h) toute l'année (sauf en janvier), le mercredi, le samedi et le dimanche de 13 h à 16 h. 3 $.* ☎*203-438-5485.* Auberge depuis l'époque coloniale jusqu'au début du 20e s., la Keeler Tavern reçut un hôte imprévu le 27 avril 1777 : un boulet de canon qui vint se loger dans le pilier du mur pendant la bataille de Ridgefield, projectile encore visible et qui a valu à l'auberge son surnom de Cannonball House.

Aldrich Museum of Contemporary Art – *258 Main Street. Visite tous les jours de 13 h à 17 h, sauf le lundi et les jours fériés. 3 $.* ☎*203-438-4519.* Cette somptueuse propriété coloniale sert de cadre à des expositions temporaires d'art contemporain. Dans les jardins sont installées quelque 20 **sculptures** dues entre autres à Sol LeWitt et Tony Smith (*visite toute l'année de l'aube au coucher du soleil*).

RIVERTON

315 h.
Voir Carte des Principales Curiosités
Renseignements touristiques ☎203-567-4506

Au début du 19e s., cette petite localité rurale baignée par un affluent de la Farming River s'appelait Hitchcocksville, du nom de la fabrique de chaises installée dans ses murs. Elle fut rebaptisée Riverton en 1865.

Hitchcock Chair Factory – *Route 20. Le magasin de l'usine est ouvert toute l'année de 10 h à 17 h, sauf le dimanche de Pâques, le Thanksgiving Day (4e jeudi de novembre) et le 25 décembre.* ♿ ☎*203-738-0141.* La fabrique fondée au début du 19e s. par Lambert Hitchcock produisait des milliers de chaises décorées au pochoir et commercialisées dans tous les États-Unis. Restaurée en 1946, l'usine produit à nouveau chaises, tables et commodes dans la plus pure tradition de l'entreprise Hitchcock.

Musée – *Robertsville Road, à partir de la route 20. Ouvert d'avril à décembre, le vendredi et le samedi de 11 h à 16 h, le dimanche de 12 h à 16 h.* ☎*203-738-4950. Un programme audiovisuel (1/4 h) sur l'histoire de l'entreprise Hitchcock est présenté sur demande.* Aménagé dans une ancienne église de granit située non loin de la fabrique, le musée renferme du mobilier peint et décoré à la main provenant de l'usine toute proche.

SUFFIELD

11 427 h.
Voir Carte des Principales Curiosités
Renseignements touristiques ☎203-763-2578

Cette petite ville fondée en 1670 est délimitée à l'Est par le fleuve Connecticut. Le long de la rue principale s'élèvent des maisons anciennes ainsi que les bâtiments en briques de la Suffield Academy, célèbre école privée.

Depuis toujours, la principale activité locale est l'agriculture. Jusqu'à la Première Guerre mondiale, la culture du tabac a occupé une place prépondérante. Certaines variétés continuent à être cultivées aujourd'hui, mais la plupart des champs ont été mis en fermage ou reconvertis en pépinières et parcs industriels.

Hatheway House – *55 S. Main Street. Visite de juillet à août, du mercredi au dimanche de 13 h à 16 h ; de mi-mai à juin et de septembre à mi-octobre, le mercredi et le week-end de 13 h à 16 h. 3 $.* ♿ ☎*203-668-0055.* Trois corps de bâtiment forment cette maison construite vers 1760. En fait, lorsque Oliver Phelps, négociant et spéculateur immobilier, acheta la propriété en 1788, il fit agrandir le corps principal de la maison en faisant ériger une aile Sud. Vers 1795, il fit construire l'aile Nord, en style fédéral. Simple et fonctionnel, le corps central recèle du mobilier Queen Anne et William and Mary, et contraste donc fortement avec l'élégance de l'aile fédérale décorée dans le style Adam et meublée de magnifiques pièces Hepplewhite, Sheraton et Chippendale. La finesse du papier peint français original (18e s.) ajoute au cachet de cette maison.

WETHERSFIELD ★

25 651 h.
Voir Carte des Principales Curiosités
Renseignements touristiques ☎203-520-4480

Fondé en 1694 grâce à sa situation sur le cours supérieur du Connecticut, Wethersfield fut un important port de commerce jusqu'au 18ᵉ s., lorsque des crues violentes modifièrent le cours du fleuve, réduisant le port naturel à un simple méandre. Frappé de plein fouet, le commerce était devenu essentiellement rural à la fin du siècle.

Épargnée par les méfaits de l'industrie, la ville est aujourd'hui une agréable banlieue résidentielle de Hartford. Son quartier historique, Old Wethersfield, a préservé son cachet en conservant quelque 150 maisons datant des 17ᵉ et 18ᵉ s. Un grand nombre d'entre elles, construites par de riches négociants et armateurs, ont fait l'objet d'une restauration récente.

★★ OLD WETHERSFIELD *3 h*

Main Street – Cette large artère est agréablement bordée de maisons restaurées. Sa maison commune ou **Congregational Meetinghouse** fut construite en briques en 1760, et jouxte un ancien cimetière dont certaines stèles funéraires datent du 17ᵉ s.

★★ **Webb-Deane-Stevens Museum** – *211 Main Street. Visite guidée (1 h) de mai à octobre, du mercredi au dimanche de 10 h à 16 h; de novembre à avril, uniquement le week-end de 10h à 16 h. Fermé le 1ᵉʳ janvier, le Thanksgiving Day (4ᵉ jeudi de novembre) et le 25 décembre. 6 $. ☎203-529-0612.* Ce groupe de maisons permet de comparer les différents styles que connurent les États-Unis de 1690 à 1840 du point de vue de l'architecture et des arts décoratifs, de même qu'il est l'occasion de découvrir le cadre quotidien d'un riche négociant, d'un homme politique et d'un modeste artisan.

Webb House – Cette élégante résidence georgienne, construite en 1752 par le fortuné homme d'affaires Joseph Webb senior, servit de cadre pendant quatre jours à un entretien entre le général George Washington et le comte Jean-Baptiste de Rochambeau. En mai 1781, ces deux chefs militaires y élaborèrent les plans de la campagne de Yorktown qui scella la défaite des Anglais dans la guerre d'Indépendance. La maison renferme une belle collection de mobilier et d'arts décoratifs de cette période. Le clou de la visite est le salon où se déroulèrent ces entretiens historiques et la chambre spécialement décorée à l'attention du général Washington.

Deane House – Cette maison fut construite en 1766 pour Silas Deane, diplomate américain envoyé en France pendant la guerre d'Indépendance afin d'obtenir des armes et du matériel pour son armée. Deane saisissait l'occasion de ces séjours pour mener ses propres affaires, ce qui ne manqua pas d'éveiller des soupçons sur sa loyauté. Accusé de trahison, il rentra chez lui et consacra le reste de sa vie à sa réhabilitation, mais sans succès. La grandeur des pièces et la situation décentrée de l'escalier sont tout à fait exceptionnelles pour une maison de cette époque.

Stevens House – Isaac Stevens était un tanneur qui construisit cette maison pour sa jeune épouse en 1788. Comparée au luxe des deux autres demeures, la simplicité du mobilier, des boiseries, des matériaux et de la décoration n'est pas dépourvue de charme.

Buttolph-Williams House – *249 Broad Street. Visite guidée (1/2 h) de mai à octobre, tous les jours sauf le mardi de 10h à 16 h. 3 $; billet combiné avec le Webb-Deane-Stevens Museum 7 $. ☎203-529-0460.* Cette humble maison coloniale (1692) contraste avec les villas élégantes et plus récentes qui bordent le green.

Old Academy – *150 Main Street. Visite toute l'année, du mardi au vendredi de 10 h à 16 h, le samedi de 13h à 16 h. ☎203-529-7656.* Ce beau bâtiment en briques (1804) a connu plusieurs usages: mairie, bibliothèque, armurerie, institution religieuse. Aujourd'hui, la Old Academy est le siège de la société historique de la ville qui organise des expositions sur le développement de Wethersfield au cours des 3 derniers siècles.

Cove Warehouse – *Dans Cove Park, dominant la baie. Visite de mi-mai à mi-octobre, le week-end de 13h à 16 h. 1 $.* Au 17ᵉ s., les marchandises acheminées par mer étaient stockées dans les sept entrepôts que comptait la ville, puis étaient distribuées dans l'arrière-pays. Vers 1700, les crues dévastèrent six de ces entrepôts, épargnant uniquement Cove Warehouse. Une exposition relate le commerce maritime de la ville, de 1650 à 1830.

WOODSTOCK

6 008 h.
Voir Carte des Principales Curiosités
Renseignements touristiques ☎203-928-1228

Le bourg de Woodstock se trouve dans une des parties les moins peuplées du Nord-Est de l'État. En face du green se dresse une résidence d'été du nom de Roseland Cottage.

Roseland Cottage – *Visite de juin à septembre, du mercredi au dimanche de 12 h à 17 h. 4 $.* ☎*203-928-4074.* Cette maison de campagne fut construite en 1846 par l'éditeur new-yorkais Henry Bowen. Au 19e s., le site devint célèbre en raison de la fête spectaculaire organisée par Bowen pour commémorer l'Independence Day. Des invités de marque comme les présidents Grant, Hayes et McKinley s'y croisèrent dans la rumeur confuse de la réception, de la musique du bal et des feux d'artifices.

Le **guide vert Michelin New York** vous emmène à la découverte

- de la grande métropole américaine,
- de ses monuments,
- de ses innombrables musées,
- de ses quartiers si divers où évolue une foule dynamique à l'ombre de gigantesques gratte-ciel.

Les villages de la Nouvelle-Angleterre

Les villages sont l'âme même de la Nouvelle-Angleterre, et un des éléments déterminants de son charme. Ils apparaissent au détour d'une route, ensemble de maisons blanches surmontées par la flèche de leur église.

Autour du **green** ou **common**, espace vert communautaire, s'élèvent l'église *(church* ou *meetinghouse),* la mairie *(town hall),* l'épicerie *(country store)* et l'auberge *(inn* ou *tavern).* Un peu à l'écart, le cimetière *(cemetery* ou *burying ground)* dresse dans l'herbe ses stèles d'ardoises gravées.

Quelques villages typiques

Center Sandwich★ (New Hampshire) *p. 235*
Craftsbury Common (Vermont) *p. 273*
Essex★ (Connecticut) *p. 48*
Litchfield★★ (Connecticut) *p. 60*
Newfane (Vermont) *p. 271*
Peacham★ (Vermont) *p. 275*
Stockbridge★★ (Massachusetts) *p. 203*
Stonington★ (Maine) *p. 82*
Woodstock★★ (Vermont) *p. 283*
York★ (Maine) *p. 108*

Œuvres de nostalgiques du «bon vieux temps», les villages reconstitués sont des réalisations muséographiques remarquables par leur présentation, par le soin porté à la reconstitution ou à la restauration des bâtiments et à leur décoration, et par la richesse des collections d'objets traditionnels ou régionaux qu'ils présentent.

Quelques villages reconstitués

Hancock Shaker Village★★★ (Massachusetts) *p. 174*
Historic Deerfield★★ (Massachusetts) *p. 172*
Old Sturbridge Village★★★ (Massachusetts) *p. 205*
Plimoth Plantation★★ (Massachusetts) *p. 193*
Shelburne Museum★★★ (Vermont) *p. 277*
Strawbery Banke★★ (New Hampshire) *p. 223*

Maine

Superficie: 86 082 km^2
Population: 1 227 928 h.
Capitale: Augusta
Surnom: Pine Tree State
Fleur emblème: la pomme de pin et le gland

L a superficie du Maine est égale à celle des cinq autres États de la Nouvelle-Angleterre réunis. Recouvert de denses forêts, ce vaste État est bordé par 5 600 km de côtes. L'origine de son nom n'est pas certaine. Quelques historiens l'attribuent à la région française du même nom, qui correspond aujourd'hui à la Mayenne et à la Sarthe, tandis que d'autres pensent qu'il dérive du terme *main* utilisé par les pêcheurs pour distinguer le continent *(mainland)* des îles côtières. On l'appelle aussi **DownEast** à cause des vents qui poussent les bateaux vers l'Est sur cette partie du littoral.

Le relief côtier, irrégulier et très découpé, a été modelé par les glaciers qui ont laissé des traces bien nettes orientées Nord-Ouest Sud-Est, façonnant de profondes péninsules et des caps. Au large, l'horizon est parsemé de centaines d'îlots, pics émergés de massifs montagneux recouverts par les eaux. Les pins sont si nombreux à travers la totalité du Maine qu'ils ont donné son surnom à l'État.

Histoire – La côte du Maine fut explorée par les Vikings dès le 11ᵉ s., puis par les pêcheurs européens quelques siècles plus tard. En 1604, Pierre du Gua, sieur de Monts, et Samuel de Champlain établirent une petite colonie sur une île de la rivière St-Croix d'où ils partirent fonder l'Acadie.

Les Anglais accostèrent plus tard; sir Popham fonda une modeste colonie à l'embouchure de la Kennebec River en 1607, puis en 1635 le roi d'Angleterre Charles Iᵉʳ donna cette région à sir Ferdinando Gorges qu'il fit «Lord of New England». Dès lors, la côte fut le théâtre de luttes permanentes entre les Français et les Anglais. En 1677, la colonie du Massachusetts acheta le Maine aux héritiers de sir Gorges et le garda sous sa juridiction jusqu'en 1820, date à laquelle le Maine fut reconnu comme État par le traité du Missouri.

Économie – Très diversifiée, la richesse du Maine était jadis essentiellement constituée par la sylviculture. A l'époque coloniale, tous les pins de plus de 60 cm de diamètre étaient propriété de la Couronne car ils étaient destinés à devenir des mâts sur les navires de la Royal Navy. Au 19ᵉ s., la **construction navale** connut son apogée avec les chantiers de Wiscasset, Bath et Searsport, qui s'étaient spécialisés dans la fabrication de superbes quatre-, cinq- et six-mâts. Aujourd'hui, la forêt est toujours la grande pourvoyeuse, et les **usines papetières** sont principalement disséminées dans le Nord: Jay, Millinocket, Rumford, Westbrook et Woodland.

L'autre grande activité du Maine est la pêche, surtout celle du homard: plus de 50 % des homards pêchés aux États-Unis proviennent du Maine. Toute la côte est bordée d'une multitude de petits ports et de milliers de bouées multicolores qui

Dianne Dietrich Leis

sur la mer signalent les emplacements des casiers. Le Maine est le premier producteur de sardines en boîte des États-Unis avec quelque 100 millions d'unités par an, et les pêcheurs de harengs de l'Atlantique réalisent un revenu annuel net de 5 millions de dollars pour un volume de 35 000 t.

Le Maine compte également quelques usines de textile, de chaussures et de bottes. Dans le domaine agricole, l'État arrive au 3ᵉ rang des producteurs de pommes de terre, et fournit 98 % des airelles consommées aux États-Unis.

AUGUSTA

21 325 h.
Voir Carte des Principales Curiosités
Renseignements touristiques ☎207-623-4559

Située sur les rives de la Kennebec, la capitale du Maine est une ville industrielle et résidentielle pleine d'attraits. Le fleuve et les forêts qui la bordent sont à l'origine de la prospérité d'Augusta depuis qu'au 17ᵉ s., des pèlerins de Plymouth établirent un comptoir sur la rive Est. Aux 18ᵉ et 19ᵉ s., la Kennebec était à la fois une importante voie de navigation et un réservoir de glace l'hiver. La sylviculture se développa aux abords du fleuve et contribua également à l'essor de la région. Aujourd'hui, l'industrie et le tourisme occupent une place prépondérante à Augusta, de même que les activités administratives, concentrées autour de State Street sur la rive Ouest de la Kennebec.

State House – *A l'angle de State Street et de Capitol Street. Ouvert toute l'année, du lundi au vendredi de 9 h à 17 h. Fermé les jours fériés. La visite débute au rez-de-chaussée de l'ancien musée.* ✕ ♿ ☎*207-287-2301.* Un parc situé au bord de la rivière offre une excellente vue sur cet imposant capitole surmonté d'un dôme. Construite de 1829 à 1832 d'après les plans de l'éminent architecte bostonien Charles Bulfinch, la State House fut ensuite transformée et agrandie. Toutefois, la façade à colonnes et de nombreux détails dessinés par Bulfinch ont été épargnés par cette intervention postérieure. La State House regroupe à la fois le parlement, le sénat et le gouvernement.

Blaine House – *192 State Street. Visite guidée (20 min) toute l'année, du mardi au jeudi de 14 h à 16 h.* ☎*207-289-2121.* Construite dans les années 1830 pour un capitaine de Bath, cette maison de style colonial fut la demeure de James G. Blaine (1830-1893), membre du Congrès, secrétaire d'État et candidat à la présidence en 1884. Elle est la résidence du gouverneur depuis 1919.
La visite conduit à travers les pièces publiques et privées du rez-de-chaussée.

Maine State Museum – *State Street. Visite toute l'année, du lundi au vendredi de 9 h à 17 h, le samedi de 10 h à 16 h et le dimanche de 13 h à 16 h. Fermé les jours fériés. 2 $.* ☎*207-287-2301.* Ce bâtiment moderne abrite la bibliothèque, les archives et le musée de l'État du Maine dont les expositions évoquent l'histoire, l'environnement et la vie quotidienne de ses habitants.

Old Fort Western – *16 Cony Street. Visite de début juillet à août, du lundi au vendredi de 10 h à 16 h, le week-end de 13 h à 16 h; de fin mai au 4 juillet, tous les jours de 13 h à 16 h; du Labor Day (1ᵉʳ lundi de septembre) à mi-octobre, uniquement le week-end de 13 h à 16 h. 4,50 $.* ♿ ☎*207-626-2385.* Au 17ᵉ s., les pèlerins de Plymouth choisirent ce site pour y établir leur comptoir. En 1754, le fort y fut construit, au bord du fleuve, afin de protéger les pionniers des attaques des Indiens. Les bastions et les palissades ont été reconstruits et les quartiers ont été restaurés; meublées d'époque, les 14 pièces sont telles qu'au 18ᵉ s. et recréent l'atmosphère d'une petite garnison. En fait, le fort ne fut jamais attaqué, et il servit de dépôt pour des postes situés plus en aval sur le fleuve. Vêtus de costumes anciens, les guides raniment un aspect de la vie quotidienne du fort.

BANGOR

33 181 h.
Voir Carte des Principales Curiosités
Renseignements touristiques ☎207-947-0307

Cette paisible bourgade située sur la rive Ouest de la Penobscot River est encadrée par les forêts du Maine d'un côté et par la mer de l'autre. Station terminale des trains de flottage provenant du Nord, Bangor, proche d'un débouché sur la mer, est devenu au 19ᵉ s. une capitale mondiale du bois. Les équipes de bûcherons qui abattaient les arbres durant l'hiver leur faisaient descendre la rivière au printemps, et passaient la saison creuse à Bangor où ils dépensaient une grande partie de leur paie toute fraîche. Obstinés et un peu gredins, ces forestiers se surnommaient «les tigres de Bangor». Lorsqu'ils arrivaient en ville, les tavernes, les bistrots et les maisons closes du quartier baptisé «Devil's Half-Acre» (arpent du Diable), étaient animés à toute heure du jour et de la nuit.
Un célèbre journaliste du Michigan créa le personnage légendaire de **Paul Bunyan**, exemple typique du tigre de Bangor. Une gigantesque **statue** de ce héros est érigée sur Main Street, en face du Bangor Civic Center.
L'aéroport international de Bangor sert d'escale aux longs courriers reliant l'Amérique du Nord et l'Europe.

BATH ★

9 799 h.
Voir Carte des Principales Curiosités
Renseignements touristiques ☎207-443-9751

Bath est un centre de construction navale depuis le 18ᵉ s. Située sur un chenal, la ville a su profiter de cet avantage géographique pour distancer ses concurrents régionaux. Jadis, le port possédait une flotte de navires marchands qui reliaient régulièrement les Antilles, la Californie et l'Extrême-Orient. De ses chantiers sortirent des deux-mâts gréés à traits carrés, des clippers et plusieurs goélettes parmi les plus grandes jamais construites.

Les bâtiments du Maine Maritime Museum (*ci-dessous*) et les belles demeures anciennes qui bordent Washington Street datent de cette époque. Les **Bath Iron Works** (BIW) situés sur la rive Ouest du fleuve construisent des bateaux depuis 1893 et sont le premier employeur de la ville. Le lancement d'un nouveau tanker, d'un porte-conteneurs, d'une frégate ou d'un cargo constitue toujours un événement majeur à Bath.

★★ MAINE MARITIME MUSEUM

Visite tous les jours de 9 h 30 à 17 h, sauf le 1ᵉʳ janvier, le Thanksgiving Day (4ᵉ jeudi de novembre) et le 25 décembre. 7 $. ✗ ⴠ ☎207-443-1316. Promenades (50 min) en bateau sur la Kennebec River (7 $ en supplément du billet d'entrée) de fin avril à octobre.

Consacré à la conservation de l'héritage maritime du Maine, le musée entretient un chantier naval classé et propose à des apprentis des stages consacrés aux techniques traditionnelles utilisées dans la construction des voiliers en bois. Dominant la Kennebec River, l'exposition **Maritime History of Maine** présente l'héritage côtier, la navigation, le commerce et la construction navale de cet État. Une salle est consacrée aux flottes familiales du Maine et des expositions temporaires sur l'art et l'artisanat maritimes sont également organisées.

Le musée – Le **Mold Loft** (1917) et le **Mill and Joiner Shop** (1899) présentent l'outillage utilisé dans la construction navale, des moteurs, des photographies anciennes ainsi que des planches illustrées expliquant la fabrication d'un bateau en bois. Ces bâtiments retracent également l'histoire du chantier Percy and Small et des grands vaisseaux qui en sortirent.

Dans le **Paint and Treenail Shop** (1897) où étaient produites les peintures et les chevilles de bois utilisées dans la construction des navires, sont organisées des expositions sur les métiers liés à la construction navale. Un bureau de chantier naval du 19ᵉ s. a été reconstitué, et l'on peut admirer une réplique du *Donnell Cordage Co* (1843) qui était primitivement amarré au Sud de Bath à l'aide d'un cordage de 300 m de long.

L'**Apprenticeshop** permet aux visiteurs de voir travailler les apprentis qui construisent et restaurent des bateaux en bois dans le cadre du programme organisé par le musée. Au sous-sol sont présentées de petites embarcations appartenant à la collection du musée.

Percy and Small Shipyard – Ce chantier naval qui fonctionna de 1894 à 1920 était spécialisé dans la construction des goélettes. Il réalisa notamment le *Wyoming*, un six-mâts de 3 720 t qui fut le plus grand voilier en bois à naviguer sous pavillon américain.

Les quais – Souvent amarrée le long de la Kennebec, la goélette *Sherman Zwicker* (1942) servit jusqu'en 1968 à la pêche à la morue sur les grands bancs au large de Terre-Neuve. Les visiteurs peuvent librement monter à son bord. Sur le pont, on a une belle vue sur le phare de Doubling Point et les chantiers Bath Iron Works, et notamment sur la grue de 122 m de haut qui est capable de soulever une charge de 220 t.

Une ancienne voilerie, reconstruite ici après avoir été transportée depuis le Nord de Bath, abrite l'exposition **Lobstering and the Maine Coast** qui relate l'histoire de la pêche au homard sur les côtes du Maine depuis 200 ans. Le clou de l'exposition est constitué par quatre bateaux de pêche restaurés et un film (*17 min*) consacré à l'industrie du homard et réalisé dans les années 1950 par **E.B. White**.

EXCURSION

★ **Popham Beach** – *A 16 miles au Sud de Bath par la route 209.* Cette villégiature située à l'extrémité d'une presqu'île à l'embouchure de la Kennebec River fut le premier établissement anglais des Amériques, en 1607. La colonie ne subsista qu'une année, mais cette période fut toutefois suffisante pour construire et mettre à l'eau le premier bateau anglais du Nouveau Monde : le *Virginia*, une pinasse de 30 t.

Fort Popham, forteresse de granit surplombant l'embouchure de la Kennebec, fut édifié pendant la guerre de Sécession pour empêcher les navires des Confédérés de remonter le fleuve vers Bath.

Non loin de là, le **Popham Beach State Park** possède une très belle plage de sable blanc *(accès de mi-avril à octobre, tous les jours de 9 h au coucher du soleil; 2 $; & ☎207-389-1335; voir chapitre Renseignements pratiques).*

BAXTER STATE PARK ★★
Voir Carte des Principales Curiosités

Dominé par le sommet le plus élevé de l'État, le **mont Katahdin** (alt. 1 605 m), ce parc est un vaste rectangle de 81 000 ha recouvert de forêts et situé au cœur du Maine. Il fut baptisé en l'honneur de **Percival Proctor Baxter** (1876-1969) qui passa sa vie et consacra sa fortune à en réunir les terres, dont il fit don aux habitants du Maine à la condition expresse de préserver à jamais l'état naturel et sauvage du site.

Selon les volontés de Baxter, le parc a pour mission principale de protéger les daims, élans, ours et innombrables animaux qui habitent ces paysages du Nord. Les routes sont étroites et non goudronnées *(vitesse limitée de 15 à 20 miles/h)*, les campings sont très rustiques, et l'on ne rencontre aucun motel, magasin ou restaurant dans l'enceinte du parc. La route offre peu de vues pittoresques, il faut donc s'aventurer sur les 280 km de sentiers de randonnée, notamment sur la partie septentrionale de l'Appalachian Trail, pour découvrir des points de vue magnifiques sur ces régions retirées. En raison des conditions exceptionnelles qui menèrent à sa création, le Baxter State Park relève d'une administration indépendante de celle des autres parcs d'État. Son siège est installé à Millinocket.

MONT KATAHDIN

Gigantesque monolithe de granit, le mont Katahdin est baptisé d'un nom indien signifiant «la plus haute montagne» et appartient depuis des générations à la mythologie des Indiens Abénaquis. De nombreuses légendes y sont rattachées, dont celle de Pamola, un dieu aux ailes et aux serres d'aigle, au torse et au bras d'homme, à tête d'élan, qui habitait à son sommet. Lorsqu'il se mettait en colère, Pamola provoquait de violentes tempêtes, déchaînait des éclairs et faisait retentir le tonnerre dans la vallée. Aujourd'hui, le mont Katahdin est un site de randonnées et de camping fort apprécié de ses visiteurs.

Le plus élevé des quatre sommets est Baxter Peak; les autres ont pour nom Hamlin Peak, Pamola Peak et South Peak. Depuis l'Est, on voit le **Great Basin**, un cirque particulièrement impressionnant façonné dans la montagne par l'activité glaciaire. Depuis l'Ouest, on admire le **Knife Edge**, une crête de granit dentelée qui relie Pamola Peak et South Peak en dessinant une crénelure sur l'horizon.

Visite *1 journée*
De fin mai au Labor Day (1er lundi de septembre), de 8 h à 16 h; le reste de l'année, uniquement le week-end de 8 h à 16 h. Fermé les jours fériés. 8 $ par voiture pour les non-résidents. Carte du parc disponible à l'entrée. △ ☎207-723-5140. Voir chapitre Renseignements pratiques.

Les entrées principales donnent accès à Park Road, la seule route qui traverse le parc. Cette route n'est pas très pittoresque, mais elle longe quelques sites intéressants, notamment les cascades **Abols Falls** et **Slide Dam**. *Pour découvrir les autres curiosités et vues du parc, il est nécessaire de marcher.*

Promenades à pied – *Avant de partir, il est recommandé aux randonneurs de contacter les gardes forestiers qui leur donneront des informations sur les conditions météorologiques et les itinéraires. L'ouvrage de Stephen Clark, «Baxter Park and Katahdin», est un guide complet des sentiers existants. La plupart sont concentrés dans le Sud du parc. Les sentiers sont marqués en bleu; en blanc pour l'Appalachian Trail.*

Sandy Stream Pond Trail – *Au Sud-Est du parc. 2,5 km; départ de Roaring Brook Campground.* Après 800 m, un petit chemin sur la gauche mène à Big Rock qui offre une belle vue sur le Great Basin et Hamlin Peak.

South Turner Mountain Trail – *6,5 km; départ à partir du Sandy Stream Pond Trail.* Après 800 m, une bifurcation rejoint à gauche le Russell Pond Trail. Prendre à droite et suivre les marques bleues jusqu'au sommet. L'ascension devient difficile à hauteur des blocs de rochers qui jonchent les pentes escarpées. L'effort du randonneur sera récompensé par une vue splendide sur le mont Katahdin et ses alentours.

Chimney Pond Trail – *5,5 km d'ascension (compter 2 h 3/4); départ de Roaring Brook Campground.* Situé au pied du Great Basin, Chimney Pond est le site d'un des nombreux campings du parc.

Appalachian Trail – *Au Sud-Ouest du parc. Promenade de 1,6 km de Daicey Pond à Big Niagara Falls; suivre les marques blanches.* Après 1,6 km, le sentier aboutit aux chutes de **Little Niagara Falls**; celles de **Big Niagara Falls** se trouvent un peu plus loin.

Hunt Trail – *12 km (compter 8 à 10 h); départ de Katahdin Stream Campground; suivre les marques blanches.* L'un des sentiers les plus empruntés pour se rendre au sommet du mont Katahdin. L'ascension et la descente prennent une journée entière. Long et ardu, il est réservé aux personnes en excellente condition physique. Un itinéraire très agréable et beaucoup plus court *(1,6 km)* quitte ce sentier pour conduire aux cascades de **Katahdin Stream Falls**.

EXCURSION

Patten – 1 234 h. *8 miles à l'Est de Baxter State Park par la Park Road puis la route 159.* Cette petite communauté agricole est située aux confins du riche comté d'Aroostook, célèbre pour ses pommes de terre et son grand domaine forestier. Ses routes de campagne sont souvent empruntées par de puissants semi-remorques transportant pâte à papier et troncs d'arbre. L'exploitation forestière est en effet une activité majeure à Patten, même si les camps de bûcherons et les trains de flottage ont disparu depuis longtemps.

Le **Lumberman's Museum** *(800 m à l'Ouest de Patten sur la route 159)* évoque la vie des bûcherons et présente tout ce qui a trait à l'histoire de ceux que l'on appelle ici les *lumberjacks*: de l'outil au camion à vapeur pour le transport du bois, de la scierie aux cabanes de bûcherons reconstituées. On peut notamment voir un baraquement datant de 1820 qui reproduit les conditions dans lesquelles vivaient jusqu'à une douzaine de bûcherons pendant la saison de l'abattage *(visite en juillet et août, du lundi au samedi de 9 h à 16 h, le dimanche de 11 h à 16 h; de fin mai à fin juin et en septembre, du mardi au samedi de 9 h à 16 h, le dimanche de 11 h à 16 h; de début octobre à mi-octobre, uniquement le week-end; 2,50 $;* ☎*207-528-2650).*

BETHEL

2 329 h.
Voir Carte des Principales Curiosités
Renseignements touristiques ☎207-824-2282

Située dans les White Mountains, Bethel est connue pour ses auberges, son école privée et ses maisons soigneusement conservées autour de son large green. Cet agréable lieu de séjour offre de nombreux loisirs tels la chasse, la pêche, le golf, les excursions dans les White Mountains ainsi que la recherche de minéraux dans les mines désaffectées de la région.

EXCURSIONS

★ **Grafton Notch State Park** – *25 miles au Nord-Ouest de Bethel par la route 26. Ouvert de mi-mai à octobre, tous les jours de 9 h au coucher du soleil. 1 $.* ☎*207-824-2912. Voir chapitre Renseignements pratiques.* La route traverse la vallée de la Bear River et le parc d'État. En sillonnant cette région sauvage des White Mountains, on découvre la gorge dominée par la **Old Speck Mountain** (alt. 1 274 m) à l'Ouest et la **Baldpate Mountain** à l'Est. Le long de la route, plusieurs aires de pique-nique sont signalées par des panneaux.

Screw Auger Falls – Ces chutes dégringolent de replat en replat dans des bassins peu profonds.

Mother Walker Falls – *1 mile au Nord des Screw Auger Falls.* Depuis ces petites chutes, on bénéficie d'une belle vue sur Old Speck.

★★ **Evans Notch** – *16 miles au Sud-Ouest de Bethel. Suivre la route 2 vers l'Ouest pendant 10 miles, puis tourner à gauche dans la route 113.* La route qui traverse cette gorge *(de Gilead à North Chatham)* de la forêt nationale des White Mountain procure des **vues**★★ superbes sur l'une des plus belles vallées de la région, celle de la Cold River.

BLUE HILL et DEER ISLE★★

Voir Carte des Principales Curiosités
Renseignements touristiques ☎207-348-6124

Cette paisible péninsule balayée par les vents, délimitée par la route 3 au Nord et par Stonington au Sud, semble avoir été tenue écartée de toute civilisation moderne. De petits villages retirés et des criques aux eaux calmes abritant les bateaux des pêcheurs de homards sont nichés dans les bois qui bordent le littoral. La baie de Penobscot et l'île du Mont-Désert offrent un tableau naturel très agréable; par beau temps, on est saisi par le contraste de la végétation verte des conifères et le bleu profond de la mer.

CIRCUIT AU DÉPART DE BUCKSPORT
96 miles. 1 journée. Voir schéma ci-dessous.

> *Quitter Bucksport (voir à ce nom) par la route 1/3 Nord, puis prendre à droite la route 175 Sud. Continuer tout droit jusqu'à la route 166, puis emprunter la 166A.*

★ **Castine** – *Voir à ce nom.*

> *Prendre la route 166, puis la route 199 jusqu'à la jonction avec la route 175 que l'on emprunte vers le Sud.*

Reversing Falls – A 5 miles au Sud de South Penobscot est aménagée une aire de pique-nique où l'on peut assister à un curieux phénomène. A cet endroit, le passage des eaux est très étroit. A chaque inversion de marée se forme un goulet d'étranglement dans lequel les eaux se trouvent précipitées avec une telle force qu'elles forment des chutes qui changent de sens selon le flux ou le reflux. C'est du pont qu'emprunte la route 175 que l'on observe le plus favorablement ce phénomène appelé «Reversing Falls» (chutes inversées). Après avoir traversé North Brooksville et Brooksville, la route s'élève. Sur la gauche, on aperçoit Blue Hill. Depuis **Caterpillar Rest Area** s'ouvre une **vue**★★ spectaculaire sur Deer Isle, la baie de Penobscot, Camden Hills et les îles de la baie.

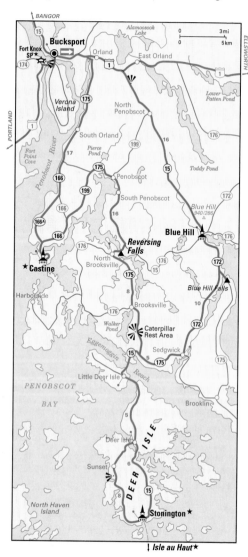

> *A la jonction des routes 175 et 15, traverser le pont qui mène à Little Deer Isle, puis continuer jusqu'à Deer Isle. La route 15 traverse le village du même nom et longe la côte orientale jusqu'à Stonington.*

★ **Stonington** – 1 252 h. Ce tranquille village de pêcheurs bâti à l'extrémité de la presqu'île illustre à merveille les localités côtières de la région. Ses anciennes carrières ont fourni du granit à de nombreux monuments officiels des États-Unis. Aujourd'hui, la plupart d'entre elles sont désaffectées, mais on aperçoit encore leurs grands treuils sur les îles situées en face du port. Depuis Stonington, un bateau rejoint l'**Isle au Haut**★, dans l'Acadia National Park *(voir Mount Desert Island)*.

> *Se diriger vers le village de Sunset aux abords duquel se dévoile une* **vue** *magnifique. Prendre la route 15 vers Little Deer Isle, puis traverser le pont pour suivre la route 175 vers l'Est. A Sedgwick, prendre à gauche la route 172 qui rejoint la route 175. Tourner à droite dans la route 175, et traverser deux ponts pour gagner les Blue Hill Falls qui présentent un phénomène similaire à celui rencontré à North Brooksville (voir plus haut). Revenir sur la route 172 qui mène à Blue Hill.*

Blue Hill – 1 941 h. Ce charmant village doit son nom à la colline qui le domine et qui foisonne de myrtilles tous les ans à la même époque. Ici vivent de nombreux artisans, écrivains et artistes. Un sentier conduit en haut de la colline de Blue Hill (alt. 286 m) d'où la vue s'étend depuis la baie du même nom jusqu'à l'île du Mont-Désert. En été, une école de musique de chambre accueille de nombreux musiciens, et des concerts sont donnés au Kneisel Hall *(en juillet et août, le vendredi à 18 h 15, le dimanche à 16 h; ☎207-374-2811).*

> *Prendre la route 15 vers le Nord.*

La route s'élève, passe au pied de la colline de Blue Hill, puis descend vers la route 3, offrant de magnifiques **vues** à l'approche de East Orland.

BOOTHBAY HARBOR★★

2 347 h.
Voir Carte des Principales Curiosités
Renseignements touristiques ☎207-633-2353

Boothbay Harbor est situé à l'extrémité de l'une de ces péninsules escarpées qui s'avancent dans la mer sur cette portion très découpée de la côte centrale du Maine. De nombreuses criques protégées offrant des ports naturels abrités font de la région un centre de nautisme recherché et un lieu de villégiature très agréable en été. De petites boutiques bordent les rues qui descendent vers les quais, et un grand nombre de motels, d'hôtels et d'auberges sont disséminés le long des caps et des criques, notamment à **Ocean Point**.

La pêche au homard est la principale activité locale, et l'on peut observer tout au long de l'année des centaines de pêcheurs récoltant ces crustacés bruns et brillants à l'aide de leurs casiers immergés. La plupart des restaurants servent du homard à leur menu, fraîchement pêché puis grillé, farci, à la nage ou en salade. Fin juin a lieu l'un des grands événements annuels de la Nouvelle-Angleterre: les **Windjammer Days**. Des goélettes deux- et trois-mâts se réunissent dans la baie au cours de cette festivité qui dure 2 ou 3 jours, et les habitants organisent des dîners, un cortège et une parade dans les rues du port.

La baie et les îles – De multiples croisières et promenades en mer sont proposées. *Des informations vous seront fournies par Goodtime Excursions sur Fisherman's Wharf (Pier 1)* ☎207-633-3244.

BRUNSWICK

14 683 h.
Voir Carte des Principales Curiosités
Renseignements touristiques ☎207-725-8797

Cette localité séduisante aux larges avenues est le site du Bowdoin College, dont le campus se trouve au cœur de la ville, autour du magnifique green aménagé par les habitants au début du 18e s. De grands arbres et de splendides demeures bordent Federal Street et les rues environnantes.

Un barrage hydroélectrique a été édifié en 1979 aux abords des chutes de l'Androscoggin River, alimentant en électricité les scieries et les usines textiles qui se développèrent à Brunswick dès le 19e s. Aujourd'hui, l'économie locale repose principalement sur de petites manufactures ainsi que sur la base aéronavale de l'armée américaine.

Bowdoin College – Fondé en 1794, ce petit collège très huppé compte parmi ses anciens élèves les écrivains Nathaniel Hawthorne et Henry Wadsworth Longfellow, les amiraux Robert Peary et Donald MacMillan, ainsi que le 14e président des États-Unis, Franklin Pierce. Harriet Beecher Stowe y séjourna lorsque son mari y enseignait, et c'est ici qu'elle écrivit *La Case de l'oncle Tom*.

L'institution a été baptisée d'après James Bowdoin, ancien gouverneur du Massachusetts (1785-1787) et descendant d'une famille française arrivée dans le Maine au 17e s. pour faire fortune à l'époque des colonies. Reconnaissante envers son pays d'adoption, la famille légua des terres au collège, ainsi qu'une forte somme d'argent et des toiles de maîtres choisies dans sa propre collection.

★ **Bowdoin College Museum of Art** – *Dans le Walker Art Building. Ouvert toute l'année, du mardi au samedi de 10 h à 17 h, le dimanche de 14 h à 17 h. Fermé les jours fériés et du 25 décembre au 1er janvier.* ♿ ☎207-725-3275. Ce bâtiment du 19e s. fut conçu par Charles Follen McKim, du prestigieux cabinet d'architectes McKim, Mead et White. Au rez-de-chaussée se trouve une sélection de portraits de primitifs américains, parmi lesquels Gilbert Stuart, Robert Feke, John Smibert, Joseph Blackburn et John Singleton Copley. Les autres galeries présentent des toiles américaines des 19e et 20e s. ainsi que des œuvres européennes, des antiquités grecques et romaines et de l'art asiatique et africain. Tous les ans est organisée une exposition de souvenirs, de dessins et de tableaux de Winslow Homer *(uniquement de mi-mai à mi-août).*

Peary-MacMillan Arctic Museum – *Visite toute l'année, du mardi au samedi de 10 h à 17 h, le dimanche de 14 h à 17 h. Fermé les jours fériés.* ✗ ♿ ☎207-725-3416. Dédié aux amiraux Robert Peary et Donald MacMillan, les deux grands explorateurs de l'Arctique, ce musée présente l'histoire des expéditions polaires depuis le début du 19e s. jusqu'à R. Peary, premier homme à atteindre le pôle Nord en 1909, et son disciple D. MacMillan.

La majeure partie de la collection est constituée de vêtements, d'instruments, d'outils et de journaux tenus pendant les expéditions des deux explorateurs. La dernière salle présente des photographies et des objets intéressants relatifs aux esquimaux du Groenland et du Labrador.

BUCKSPORT

2 989 h.
Voir Carte des Principales Curiosités
Renseignements touristiques ☎207-469-6818

La petite ville de Bucksport s'étend le long de l'embouchure du fleuve Penobscot, à l'endroit où il se divise autour de **Verona Island**. La grand-rue parallèle au fleuve est bordée de magasins; sa grande attraction est la **Jed Prouty Tavern**. A la sortie Nord de Bucksport s'active une grande usine de papier qui s'est dotée des plus récentes techniques pour éviter les mauvaises odeurs liées au processus de fabrication. Sur la rive opposée, la masse imposante de Fort Knox garde l'entrée de la Penobscot River.

★ **Fort Knox State Park** – *Visite de mai à octobre, tous les jours de 9 h au coucher du soleil. 2 $.* ☎207-469-7719. En 1840, la situation politique tendue entre les États-Unis et la Grande-Bretagne en raison du conflit sur la reconnaissance de la frontière entre le Canada et la Nouvelle-Angleterre conduisit l'armée américaine à édifier un fort sur ce site. La construction commença bien qu'un accord fût signé. Baptisé du nom du général Henry Knox *(voir Thomaston),* l'un des seconds de George Washington pendant la guerre d'Indépendance, le fort ne fut jamais achevé et servit à l'entraînement militaire durant la guerre de Sécession.

Ce fort au plan compliqué, bâti avec d'énormes blocs de granit, témoigne de la perfection de l'architecture militaire américaine du 19e s. Du haut du fort, on bénéficie d'une belle **vue** sur Bucksport et la Penobscot River.

CAMDEN ★★

4 022 h.
Voir Carte des Principales Curiosités
Renseignements touristiques ☎207-236-4404

Bien abrité entre les collines de Camden Hills et la baie de Penobscot parsemée d'îlots, Camdem est l'un des plus charmants ports de la Nouvelle-Angleterre. Les habitants y cultivent un art de vivre que traduit l'aménagement du centre ville et du front de mer. Dans le quartier commerçant abondent restaurants, galeries et boutiques décorées de fleurs, et les rues adjacentes sont bordées de magnifiques demeures. Dans le port de plaisance sont amarrés yachts et windjammers, ces deux-mâts qui servent aujourd'hui de bateaux-charters.

Camden (vue prise du mont Battie)

Derrière la **Camden Public Library**, qui est une bibliothèque fort joliment située, se trouve le **Bok Amphitheatre** où les concerts de plein air bénéficient de la baie comme toile de fond. Non loin de là, le parc est le meilleur endroit pour observer le va-et-vient du port.

★★ **Camden Hills State Park** – *Sur la route 1, au Nord de Camden. Visite de mi-mai à mi-octobre, tous les jours de 9 h au coucher du soleil. 2 $.* △ ☎*207-236-3109. Voir chapitre Renseignements pratiques.* Une route mène au sommet du **mont Battie** (alt. 244 m) d'où l'on a une **vue**★★★ superbe sur le port, la baie de Penobscot et ses îles. Ce tableau inspira Edna St Vincent Millay, poétesse native du Maine, pour son premier ouvrage, *Renascence* (1917).
En revenant au centre de Camden par la route 52, on bénéficie d'une autre belle vue sur les collines de Camden tombant à pic sur le lac Megunticook.

Old Conway House – *De Camden, prendre la route 1 vers le Sud et tourner à droite après 1 mile. Le domaine est situé entre Camden et Rockport. Visite guidée (1 h) en juillet et août, du mardi au vendredi (horaires communiqués par téléphone). 2 $.* ☎*207-236-2257.* Ce petit groupe de bâtiments, comprenant une ancienne grange, un corps de ferme, un musée et une sucrerie restaurée (1820), expose des objets et des souvenirs provenant de Camden et de Rockport.

EXCURSION

Rockport – *2 854 h. 3 miles au Sud de Camden par la route 1.* Ce village de bord de mer, jadis célèbre pour ses fours à chaux dont on peut voir les ruines dans le Marine Park, est un havre de paix très pittoresque.
Sur les hauteurs qui dominent le port, la **Artisans School** (*9 Elm Street, près de Walker Park*) perpétue les techniques traditionnelles de la construction des navires en bois. La senteur des écorces de cèdre flotte à l'intérieur de l'atelier où les étudiants fabriquent de petites embarcations dont la longueur varie entre 2,5 et 11,5 m (*ouvert en juillet et août, du lundi au vendredi de 8 h à 17 h, le week-end de 10 h à 17 h; le reste de l'année, du lundi au vendredi de 7 h à 17 h, le week-end de 10 h à 17 h; ⅙ ☎207-236-6071*).

CAMPOBELLO ISLAND (Canada)★★

Voir Carte des Principales Curiosités

Campobello Island appartient à la province canadienne du Nouveau-Brunswick. Se munir des pièces d'identité nécessaires au passage de la frontière. Le décalage horaire est de 1 h entre le Canada et le Maine (8 h à Lubec = 9 h à Campobello Island).

Située à l'embouchure de la baie de Fundy, l'île de Campobello est reliée à Lubec par le Franklin D. Roosevelt Memorial Bridge. Un accord international, signé entre les États-Unis et le Canada en 1964, y a créé un parc dédié au souvenir du président Roosevelt.

Un peu d'histoire – Découverte au 17ᵉ s. par Samuel de Champlain et le sieur de Monts, l'île fut baptisée en 1767 en l'honneur du gouverneur de la Nouvelle-Écosse William Campbell. De Campbell, on fit *campo bello*, pour mieux traduire la beauté de ses paysages. A la fin du 19ᵉ s., quelques riches Bostoniens et New-Yorkais, dont les Roosevelt, découvrirent à leur tour le charme de cette île et s'y firent construire de belles résidences d'été. Les promoteurs immobiliers de l'époque saisirent l'occasion pour vanter le climat de l'île d'une façon assez originale: leurs publicités déclaraient que «les bains de brouillard sont aussi nécessaires à la santé que les bains de soleil».

Aisément accessible depuis le continent, l'île de Campobello reçoit de nombreux visiteurs attirés par le parc international et la beauté sauvage de l'île. Au large, des **barrières** circulaires formées par des filets attachés à des pieux servent à pêcher le poisson comme le faisaient jadis les Indiens.

★★ **Roosevelt Campobello International Park** – *Visite de fin mai à début octobre, tous les jours de 10 h à 17 h 50.* ☎506-752-2922. **Franklin Delano Roosevelt**, le seul président de l'histoire des États-Unis ayant accompli quatre mandats consécutifs, passa tous les étés de son enfance à Campobello. Après son mariage avec Eleanor, il continua à venir passer ses vacances sur l'île jusqu'en août 1921, été au cours duquel il fut soudainement frappé de poliomyélite après une baignade dans les eaux glacées de la baie de Fundy. Presque entièrement paralysé, il entama une longue période de convalescence pendant laquelle il retrouva progressivement ses forces bien qu'il restât en partie paralysé pour le restant de ses jours.

Consacrant toute son énergie à la politique, il se fit élire gouverneur de New York en 1929, puis accéda en 1932 à la présidence des États-Unis pour le premier de ses quatre mandats. Il ne revint pas sur l'île avant 1933, douze ans après le début de sa grave maladie. Jusqu'à sa mort en 1945, il ne fit plus que de courts séjours à Campobello.

En 1963, la famille Hammer fit don du cottage et de la propriété des Roosevelt au gouvernement pour en faire un parc à la mémoire du président.

Visitor Center – Le pavillon d'accueil projette des films présentant le site et retraçant la vie de Roosevelt sur l'île.

★ **Roosevelt Cottage** – Face à Eastport, cette maison de 34 pièces est meublée très simplement. De nombreux souvenirs personnels évoquent les vacances des Roosevelt à Campobello: chapeau et canne à pêche du président, photos de famille et correspondance, etc.

★★ **Promenades dans le parc** – Ce vaste parc de 1 120 ha offre de magnifiques paysages de forêts, de marais, de lacs et de bords de mer. Le climat humide du littoral y favorise une végétation dense et très caractéristique. De **Friars Head** *(au Sud du Visitor Center, tourner à droite au panneau signalant l'aire de pique-nique)*, on a une belle vue sur Lubec et la côte du Maine.

A **Con Robinson's Point** *(suivre Glensevern Road vers l'Est jusqu'au bout)* s'ouvre une large vue sur la côte canadienne, entre **Herring Cove** et **Herring Cove Head**. A **Lower Duck Pond**, une plage de galets longe la côte rocheuse. Les forêts de l'île baignent souvent dans un épais voile de brume, d'où leur surnom: «les forêts du brouillard».

★ **East Quoddy Head Lighthouse** – *Non loin de Wilson's Beach au Nord par la route gravillonnée.* Ce phare situé dans un cadre pittoresque offre une belle vue sur Head Harbor Island.

CASTINE ★

1 161 h.
Voir Carte des Principales Curiosités

Castine séduit par la beauté tranquille de ses larges rues bordées d'arbres et de grandes demeures blanches. Le long de sa grand-rue descendant vers la mer, Main Street, se succèdent de petites boutiques. Les bâtiments en briques sont ceux de l'Académie maritime du Maine, l'une des plus célèbres écoles navales des États-Unis.

Chaque année au mois d'août, Castine sert de cadre à la **Retired Skippers Race**, une régate de voiliers réservée aux barreurs du troisième âge.

Les forts **George** et **Madison**, ainsi que les nombreuses plaques qui jalonnent les rues, évoquent le passé agité de cette ville aujourd'hui paisible.

Un peu d'histoire – Depuis sa fondation en 1629 par des pionniers anglais, ce port de la baie de Penobscot a été l'objet, pendant plus de 200 ans, de luttes incessantes. Tout d'abord baptisée Bagaduce, puis Fort Pentagoet, la ville resta sous domination anglaise jusqu'à sa prise par le baron de Saint-Castin en 1667, un Pyrénéen qui lui donna son nom. Elle tomba ensuite aux mains des Hollandais, puis les Anglais la reprirent.

Le traité de Paris de 1763 donna la Nouvelle-France aux Anglais, qui n'en jouirent que quelques années puisque l'Indépendance américaine fut déclarée 13 ans plus tard. Un second traité signé à Paris en 1783 définit le tracé de la frontière entre les États-Unis et le Canada sur la rivière St-Croix; Castine devint alors américaine. Fort St-George, construit par les Anglais aux 18ᵉ s., et la forteresse américaine de Fort Madison (1811) furent tous deux occupés par l'armée britannique pendant la guerre de 1812 entre l'Angleterre et les États-Unis.

Maine Maritime Academy – Établie en 1941, cette académie qui forme des officiers et des sous-officiers dans dix disciplines est spécialisée en océanographie et dans l'étude des fonds marins. On peut visiter le bateau-école **State of Maine** lorsqu'il est à quai (*visite guidée de 1/2 h en juillet et août, du lundi au vendredi de 9 h à 11 h et de 13 h à 16 h;* ☎207-326-4311). Ce navire de 162 m, conçu à l'origine pour le transport des passagers et du fret, a été affecté au transport des troupes pendant la guerre de Corée et celle du Viêt-nam.

COBSCOOK BAY ★

Voir Carte des Principales Curiosités
Renseignements touristiques ☎207-853-4644

Ouvrant sur la **baie de Passamaquoddy**, la baie de Cobscook forme de larges échancrures à l'intérieur des terres. Son entrée semble gardée par les villes de Lubec et Eastport. Par mer, ces deux ports ne sont séparés que de 5 km mais, par terre, il faut parcourir plus de 60 km pour les relier. La baie et ses alentours sont connus pour l'amplitude extraordinaire des marées (mouvement de 5,5 à 7,3 m). Impressionnés par ce phénomène naturel, les Indiens de la région lui donnèrent le nom de *Cobscook*, ce qui signifie «marées bouillonnantes».

Dans les années 1930, les États-Unis et le Canada s'associèrent et créèrent le **Passamaquoddy Tidal Power Project** afin d'exploiter la force marémotrice des baies de Passamaquoddy et de Cobscook. Le projet consistait à barrer toutes les issues de la baie à l'aide de digues. Les travaux débutèrent en 1935, puis furent abandonnés peu après faute de crédits, ce qui entraîna le licenciement de milliers d'ouvriers et la faillite de la ville d'Eastport. Le choc pétrolier des années 1970 et 1980 raviva provisoirement l'intérêt porté à l'ouvrage.

De Lubec à St Croix Island National Monument
76 miles. 1/2 journée. Voir schéma plus loin.

Lubec – 1 853 h. Aux 17ᵉ et 18ᵉ s., ce petit port de pêche était une plaque tournante de la contrebande entre les États-Unis et le Canada. Les navires autorisés à rallier l'Europe quittait Lubec pour y revenir quelques jours plus tard, chargés de rhum, de sucre et de toute autre denrée négociable. Personne ne s'interrogea sur les records de traversées établis au cours ces soi-disant «voyages transatlantiques» ô combien profitables qui consistaient en fait en de courts trajets vers le Canada, où les marchandises étaient disponibles à bas prix. A la fin du 19ᵉ s. s'ouvrirent à Lubec une vingtaine de sardineries constituant la principale activité économique de la ville. Aujourd'hui, seules deux d'entre elles sont encore exploitées.

Le pont Franklin Delano Roosevelt permet de se rendre au parc international de Campobello Island (voir à ce nom).

★ **Quoddy Head State Park** – *6 miles au Sud de Lubec. Prendre la route 189 sur 4 miles jusqu'à la station-service, et tourner à gauche au panneau indicateur. Visite de mi-mai à mi-octobre, tous les jours de 9 h au coucher du soleil. 1 $. ☎207-733-0911. Voir chapitre Renseignements pratiques.* Sur le territoire de ce parc se trouve le **Quoddy Head Lighthouse**. Ce phare rayé de rouge et de blanc marque le point le plus oriental des États-Unis et offre une belle vue sur l'île de Grand Manan (Nouveau-Brunswick).

Une très belle **promenade à pied** *(1 h 1/4 AR à partir du parking à droite du phare)* offre des **vues** superbes sur la mer et les hautes falaises de granit.

Prendre la route 189 vers l'Ouest. Peu après Lubec, la route s'élève jusqu'à un beau point de vue sur la baie de Passamaquoddy et le port. A Whiting, prendre la route 1 en direction du Nord.

Cobscook Bay State Park – *Visite de mi-mai à mi-octobre, tous les jours de 9 h au coucher du soleil. 2 $.* ⛺ ☎207-726-4412. Ce parc abrite des terrains de camping aménagés au bord de la baie de Cobscook. Les sapins enracinés dans la côte rocheuse dominent cette baie parsemée de petites îles.

Reprendre la route 1. A West Pembroke, prendre une petite route à droite (en face de la route 214) et suivre les panneaux vers le Reversing Falls Park.

★ **Reversing Falls Park** – C'est un des meilleurs endroits pour admirer la beauté de la baie de Cobscook, avec ses multiples criques et ses îles recouvertes de conifères. A chaque inversion de marée, on peut assister à ce phénomène exceptionnel de «marées bouillonnantes» *(voir plus haut).*

Revenir à la route 1, traverser Perry et prendre la route 190 vers le Sud.

Pleasant Point Federal Indian Reservation – Les habitations des Indiens de la tribu Passamaquoddy sont éparpillées à travers cette réserve. Originaires de l'une des douze tribus qui peuplaient le Maine, les Passamaquoddy ne forment plus aujourd'hui qu'une population de 2 500 hommes et femmes répartis dans tout l'État. Ils vivent essentiellement de la pêche, activité où ils excellent avec leurs étranges filets ronds installés au large.

La plupart des Indiens de la réserve sont catholiques et ont intégré les rites chrétiens à leurs cérémonies traditionnelles, à l'occasion desquelles ils revêtent leurs costumes traditionnels.

Entre Pleasant Point et Quoddy Village, la route 190 passe sur l'une des digues construites pour le projet de l'usine marémotrice.

Quoddy Village – Loin des méfaits de l'urbanisation, ce village dégage un charme particulier. Ses vastes habitations bâties dans les années 1930 pour loger les ouvriers du grand projet de l'usine marémotrice ont été transformées en appartements modernes et confortables.

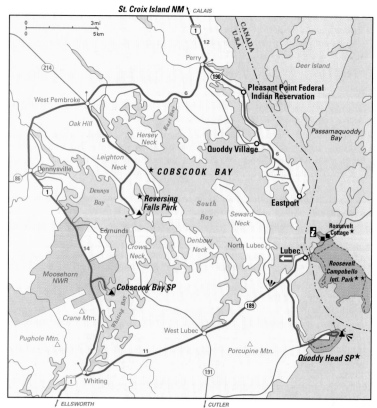

Eastport – 1 965 h. Située à la pointe la plus orientale des États-Unis, cette petite localité est bâtie sur l'île de Moose à l'entrée des baies de Cobscook et de Passamaquoddy. En raison de l'amplitude exceptionnelle des marées, les quais reposent sur de très hauts pilotis.

Entre 1875 et 1920, de nombreuses sardineries animaient la ville ainsi qu'une usine spécialisée dans la fabrication de farine de poisson et d'huile nacrée, obtenue à partir des écailles de sardines. Cette huile était utilisée dans la confection des perles artificielles. Aujourd'hui, la pisciculture est la principale activité d'Easport. Une récente opération de réaménagement lui a rendu son rôle de port en eau profonde tout en stimulant son économie.

Revenir à la route 1 et tourner à droite à Perry.

St Croix Island National Monument – C'est sur cette île faisant face aux côtes de granit rouge du continent qu'un groupe de 75 hommes, commandé par Samuel de Champlain et le sieur de Monts, s'installa en 1604 pour créer un premier comptoir en Acadie. L'hiver fut si rude qu'il coûta la vie à plusieurs colons, si bien que l'année suivante le camp fut transféré de l'autre côté de la baie de Fundy, en Nouvelle-Écosse. Plus tard, la rivière St-Croix fut choisie comme ligne frontière entre les États-Unis et le Canada.

COLUMBIA FALLS

552 h.
Voir Carte des Principales Curiosités

Ce fut l'un des multiples chantiers navals et centres d'abattage du bois qui jalonnaient la côte du Maine au 19e s. Construite en 1818, la **Ruggles House** est l'une des plus ravissantes demeures du village. Cette petite maison recèle un intérieur particulièrement confortable. La légende veut qu'un ange ait guidé la main du décorateur anglais qui façonna les boiseries, les cheminées et les corniches. *(Prendre la route 1 jusqu'au panneau signalant Columbia Falls. Tourner sur cette route et la suivre pendant 1/4 de mile. Visite guidée de 3/4 h de juin à mi-octobre, du lundi au samedi de 9 h 30 à 16 h 30, le dimanche de 11 h à 16 h 30; ☎207-483-4637).*

DAMARISCOTTA

1 811 h.
Voir Carte des Principales Curiosités
Renseignements touristiques ☎207-563-8340

Située en face de Newcastle, Damariscotta est une charmante petite ville côtière très bien équipée pour accueillir les touristes. Habitée jusque dans les années 1950, la **Chapman-Hall House** (1754) fut construite dans le style des maisons de Cape Cod. Son mobilier ancien et les objets qui y sont exposés évoquent la vie quotidienne des habitants entre 1750 et 1820 *(sur la route 1; visite de juin à septembre du mardi au dimanche de 13 h à 17 h; 1 $).*

ELLSWORTH

5 975 h.
Voir Carte des Principales Curiosités
Renseignements touristiques ☎207-667-2617

Alliant tradition et modernisme, Ellsworth est une petite ville comptant quelques beaux bâtiments, comme son curieux hôtel de ville d'inspiration scandinave et sa First Congregational Church. Détruit par un incendie en 1937, le quartier commercial a été reconstruit; d'anciennes demeures embellissent encore les rues résidentielles des alentours.

Black Mansion – *West Main Street. Visite guidée (3/4 h) de juin à mi-octobre, du lundi au samedi de 10 h à 17 h. Fermé le 4 juillet. 5 $. ☎207-667-8671.* L'élégance georgienne de cette maison de briques s'exprime dans les proportions harmonieuses de ses colonnes et balustrades, dans ses grandes cheminées et ses ailes symétriques; remarquer que la façade donnant sur la rue n'a pas d'entrée. A l'intérieur se trouvent du mobilier d'époque et des souvenirs personnels des anciens propriétaires de la maison, la famille Black.

FARMINGTON

7 436 h.
Voir Carte des Principales Curiosités
Renseignements touristiques ☎207-778-4215

Cette commune agricole est située dans le pays des lacs – Belgrade Lakes au Sud, Rangeley Lakes (*voir à ce nom*) à l'Ouest – et des stations de ski: Sugarloaf, Saddleback (*voir chapitre Renseignements pratiques*). Elle en est le centre commerçant.

Farmington connut son heure de gloire quand l'une de ses habitantes, **Lilian Norton** (1857-1914), devint une cantatrice de réputation internationale. Sa maison, **Nordica Homestead**, fut transformée en musée retraçant sa vie et sa carrière (*depuis le centre de Farmington, prendre la route 4 vers le Nord et tourner à droite dans Holley Road; visite guidée de 3/4 h de juin au Labor Day, du mardi au dimanche de 10 h à 12 h et de 13 h à 17 h; ☎207-778-2042*).

FREEPORT

6 905 h.
Voir Carte des Principales Curiosités
Renseignements touristiques ☎207-865-1212

Cette localité de la côte du Maine est connue dans toute l'Amérique du Nord pour son fameux magasin de sport L.L. Bean qui pratique la vente sur catalogue. Ce magasin, situé dans le centre de Freeport, propose vêtements, chaussures et tout article pour la chasse, le camping, la pêche, la randonnée et le canoë. Comme il est ouvert 365 jours par an et 24 h sur 24, il n'est pas rare de voir son parking complet à 3 ou 4 h du matin. La popularité de L.L. Bean et de ses 120 boutiques et comptoirs de vente établis à Freeport au cours des dernières années a fait de la ville un centre commerçant en plein développement.

Desert of Maine – *S'engager sur la route 95 et prendre la sortie 19. Continuer pendant 2 miles vers l'Ouest sur Desert Road. Visite guidée (1/2 h) de mi-mai à mi-octobre, tous les jours de 9 h à 18 h. 5 $. △ ☎207-865-6962.* Cette grande étendue de sable de 200 ha, insolite dans ce paysage de forêt, commença à apparaître au cours du 18ᵉ s. après qu'un fermier eut déboisé une partie de sa propriété pour y faire paître ses troupeaux. Le vent et la pluie érodèrent le sol, découvrant progressivement une nappe de sable autrefois souterraine. Avec le temps, le vent forma des dunes aujourd'hui entourées de forêts.

★ **Wolfe's Neck Woods State Park** – *A 5 miles du centre de Freeport. Prendre la route 1 et tourner à droite dans Bow Street, puis à nouveau à droite dans Wolfe's Neck Road. Visite de fin mai au Labor Day (1er lundi de septembre), tous les jours de 9 h au coucher du soleil; le reste de l'année de 9 h à 16 h. 2 $. ☎207-865-4465. Voir chapitre Renseignements pratiques.* Les aires de pique-nique et les sentiers de ce beau et paisible parc surplombant la baie de Casco contrastent agréablement avec les rues commerçantes de Freeport. Le Casco Bay Trail (*1/2 h*) est particulièrement pittoresque et offre une vue sur Googins Island.

Les KENNEBUNKS

14 029 h.
Voir Carte des Principales Curiosités
Renseignements touristiques ☎207-967-0857

Kennebunk, Kennebunkport, Kennebunk Beach, Goose Rocks, Arundel et **Cape Porpoise** sont autant de villages touristiques formant la région des Kennebunks, fréquentée par de nombreux artistes et écrivains. L'un d'entre eux, Kenneth Roberts, a fait de Kennebunkport le cadre de son roman *Arundel*. Plus récemment, les médias ont souvent mentionné Kennebunkport dans leurs colonnes car George Bush, 41ᵉ président des États-Unis (de 1989 à 1993), y possède une résidence d'été.

Des ormes magnifiques, des villas immaculées et des églises bordent les rues de Kennebunk et Kennebunkport. Ce cadre n'a pas changé depuis le siècle dernier, époque prospère d'un grand chantier naval. Une promenade architecturale (*voir plus loin*) du quartier historique permet de découvrir le style des bâtiments de la ville. Dock Square, le quartier commerçant de Kennebunkport, renferme un grand nombre de petites boutiques typiques.

Wedding Cake House – *A Kennebunk, sur la route 9A. L'atelier d'art situé dans la propriété est la seule partie accessible au public.* On raconte que le capitaine au long cour qui habitait cette maison devait se marier quand il fut soudain rappelé en mer. Il décida d'organiser la cérémonie aussitôt, mais il ne restait plus de temps pour confectionner un vrai gâteau de mariage. Pour consoler la jeune mariée, le capitaine et ses amis s'armèrent de scies et décorèrent la maison, fort classique, de manière qu'elle ressemblât à un gâteau.

Brick Store Museum – *117 Main Street à Kennebunk. Visite de mai à mi-décembre, du mardi au samedi de 10 h à 16 h 30; de janvier à avril, du mardi au vendredi de 10 h à 16 h 30. 3 $. ☎207-985-4802.* Cet ancien magasin général a été rénové et rattaché à la Taylor-Barry House pour former un musée. *Une promenade architecturale (1 h 1/2) du quartier historique de Kennebunk est proposée par les guides du musée de juin à septembre, le mercredi à 10 h et le vendredi à 13 h. 2,50 $. Le musée vend également de petits guides (5 $) permettant d'effectuer la visite de son côté.*

Seashore Trolley Museum – *A Kennebunkport. A Kennebunk, prendre la route 1 vers le Nord et tourner à droite dans Log Cabin Road après 3 miles. Continuer vers l'Est pendant 2 miles environ. Visite en juillet et août, tous les jours de 10 h à 17 h 30; en mai et juin, et de septembre à mi-octobre, du lundi au vendredi de 11 h à 15 h 30. 6 $. ✗☎207-967-2800.* Les visiteurs embarquent à bord d'un ancien trolleybus restauré pour un voyage nostalgique de 5,5 km. D'anciens tramways sont exposés.

Cape Porpoise – *A Kennebunkport, prendre la route 9 vers le Nord pendant 2 miles.* La côte découpée de Cape Porpoise abrite un charmant port de pêche qui se métamorphose en station balnéaire en été.

Goose Rocks Beach – *A Kennebunkport, prendre la route 9 vers le Nord pendant 4 miles. Tourner à droite au panneau signalant la plage. Les motels fournissent à leurs clients des étiquettes d'accès au parking.* Les herbages des marais salants encadrent cette belle plage de sable de plus de 3 km.

KITTERY

9 372 h.
Voir Carte des Principales Curiosités
Renseignements touristiques ☎207-439-7545

A la frontière du New Hampshire, ce beau village côtier vit depuis toujours de la pêche, du tourisme et de la construction navale. L'histoire des chantiers navals de Kittery commença en 1647 avec la construction de navires de guerre anglais. En 1778, le *Ranger*, lancé par les chantiers de Kittery, entra dans l'histoire des États-Unis. C'est à son bord que l'amiral John Paul Jones se rendit en France pour annoncer la capitulation du général Burgoyne. Pour la première fois, un bâtiment américain fut salué avec tous les honneurs par une puissance étrangère. La base navale de Portsmouth, établie sur plusieurs îles de la Piscataqua River en 1800, est depuis lors la principale activité de Kittery. La localité abrite également plusieurs petites entreprises spécialisées dans la construction de bateaux de plaisance. La route ombragée qui mène à Kittery Point offre de belles vues sur la rivière et d'élégantes maisons des 18e et 19e s.

Fort McClary Memorial – *A Kittery Point, sur la route 103, à l'Est de Kittery. Visite de fin mai à septembre, de 9 h au coucher du soleil. 1 $. ☎207-384-5160.* De ce petit fort construit au 17e s., il ne reste qu'un bastion hexagonal. D'abord appelé Fort William, il fut rebaptisé en l'honneur du major Andrew McClary, tombé à la bataille de Bunker Hill. L'endroit est agrémenté d'un parc tranquille situé face à la mer.

EXCURSIONS

★ **Hamilton House** – *9 miles à l'Ouest de Kittery. Prendre la route 236 vers South Berwick, puis tourner à gauche face au croisement de la route 91. Continuer jusqu'au bout de la route. Tourner à gauche, puis prendre à droite Vaughan's Lane. Visite guidée (50 min) de juin à mi-octobre, le mardi, le jeudi, le samedi et le dimanche de 12 h à 17 h. 4 $. ☎603-436-3205.* Une grande partie du roman de Sarah Orne Jewett, *The Tory Lover*, a pour cadre cette demeure georgienne et ses jardins. Construite en 1785 pour le négociant Jonathan Hamilton, la maison comporte des voûtes, des corniches et des baguettes sculptées. Le rez-de-chaussée contient du mobilier japonais laqué et peint ainsi que du papier peint représentant des sites régionaux.

Sarah Orne Jewett House – *10 miles au Nord de Kittery, à South Berwick, sur la route 236. Mêmes horaires et tarifs que pour la Hamilton House.* Ici vécut la célèbre femme écrivain **Sarah Orne Jewett**, née en 1849 et décédée en 1909. Elle fut l'auteur de deux œuvres devenues des classiques de la littérature américaine: *The Country of the Pointed Firs* (1896), hymne à la beauté du Maine et à ses habitants, et *The Tory Lover*, qui se déroule à Berwick pendant la guerre d'Indépendance. La maison a été laissée telle qu'elle avait été aménagée par l'écrivain.

MONHEGAN ISLAND ★★

88 h.
Voir schéma ci-contre

Cette île située à 16 km de la côte apparaît au loin comme une baleine émergeant de la mer. De plus près, on aperçoit d'abruptes falaises tombant à pic dans l'océan. Des marques trouvées sur l'îlot de Manana, en face du port de Monhegan, permettent de supposer que les Vikings s'arrêtèrent ici au 11ᵉ s. Plusieurs siècles plus tard, l'île servit d'étape aux pêcheurs européens.

Les quelques habitants qui résident toute l'année à Monhegan vivent de la pêche, notamment du homard. Comme la prise de ces crustacés n'est autorisée qu'au cours des six premiers mois de l'année, les homards des environs sont plus gros; ils sont aussi plus chers à l'achat. L'été, l'île de Monhegan se transforme en une colonie d'artistes et de touristes. Sa beauté rude et ses 27 km de sentiers attirent de nombreux randonneurs et photographes. *Les sentiers numérotés sont signalés par de petites pancartes de bois accrochées au troncs des arbres à la croisée des chemins. Compter 4h de marche pour l'itinéraire décrit plus loin.*

Renseignements pratiques ....Indicatif téléphonique: 207

Comment s'y rendre – De **Portland**, prendre les autoroutes 295 et 95, puis la route 1 toujours en direction du Nord pour se rendre aux points d'embarquement des bacs: **Port Clyde** (81 miles), route 1 vers le Nord, puis route 131 vers le Sud; **New Harbor** (57 miles), route 1 vers le Nord, route 130 vers le Sud, puis route 32; **Boothbay Harbor** (49 miles), route 1 vers le Nord, puis route 27 vers le Sud. Par **avion**: des vols internationaux et intérieurs desservent **Portland International Jetport** ☎774-7301. Principales sociétés de location de voitures (*voir chapitre Renseignements pratiques*). **Gare ferroviaire** la plus proche: Amtrak, South Station à Boston ☎800-872-7245. **Gare routière** la plus proche: Greyhound, à Portland ☎800-231-222.

Horaires des bacs – Réservations 2 à 3 mois à l'avance vivement recommandées.

Départs	Horaires	Durée	Tarif adulte	Compagnie
Port Clyde	de mai à octobre, tous les jours; le reste de l'année, uniquement le week-end	1 h 10min	24 $	**Boat Laura B** ☎372-8848
New Harbor	de mi-mai à mi-octobre	1 h	26 $	**Hardy Boat Cruises** ☎800-278-3346
Boothbay Harbor	du Memorial Day à septembre, tous les jours; 1ᵉʳᵉ quinzaine d'octobre, uniquement le week-end	1 h 30min	26 $	**Balmy Days Cruises** ☎633-2284

Informations touristiques – La visite de l'île de Monhegan s'effectue aisément à pied ou à vélo. Les voitures et les transports publics ne sont pas autorisés; les sentiers de randonnée sont interdits aux vélos. On peut commander un guide en anglais intitulé *A Visitor's Guide to Monhegan Island, Maine* en écrivant au Monhegan Store, PO Box 126, Monhegan ME 04852 ☎594-4126 (joindre une enveloppe timbrée libellée à son adresse).

Hébergement – Liste disponible à l'adresse ci-dessus. L'île ne compte que six hôtels; il est nécessaire de réserver d'avance (pour les locations d'été, réservations recommandées 3 à 4 mois à l'avance). Le camping est interdit.

Loisirs – Les **baignades** sont uniquement autorisées à Swim Beach, près du village (*voir chapitre Renseignements pratiques*). L'île comprend 27 km de **sentiers de randonnée** (carte disponible au Monhegan Store). **Observations ornithologiques** à Lobster Cove; des **phoques** sont visibles à Duck Rock à moyenne marée.

Coucher de soleil sur Monhegan Island

Burnt Head – Il faut se mettre en marche à partir du village et suivre le sentier n° 4. De cet endroit, la **vue★★** sur les hautes falaises de White Head est splendide.

★★ **White Head** – De Burnt Head, suivre le sentier n° 1 longeant la côte de granit gris foncé qui borde la forêt de conifères. On accède au sommet de White Head (alt. 46 m) que survolent des centaines de goélands.

Cathedral Woods – Le sentier n° 12 longe le marais de Long Swamp pour aboutir à une forêt de conifères dominant de toute leur hauteur un vert tapis de fougères et de mousses.

★ **Monhegan Lighthouse** – Du haut de la colline où se trouve le phare s'ouvre une belle et large **vue** sur le village et le port ainsi que sur l'îlot de Manana. La maison du gardien a été transformée en **musée** *(visite de juillet à mi-septembre, tous les jours de 11 h 30 à 15 h 30)* présentant photographies, souvenirs et gravures sur la faune, la flore et les habitants de l'île. Une exposition est consacrée à Ray Phillips (1897-1975), l'ermite qui vivait dans l'îlot de Manana et dont le baraquement est encore visible.

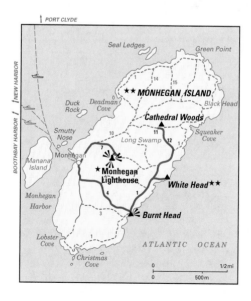

Voir Carte des Principales Curiosités
Renseignements touristiques ☎207-695-2702

Parsemé de centaines de petites îles, le lac le plus étendu de toute la Nouvelle-Angleterre (300 km²) est situé au Nord du Maine, dans une région de forêts qui s'étend jusqu'à la frontière canadienne. Ses 560 km de rives sont découpés par d'innombrables baies et criques, dont le profil général évoque la tête d'un élan *(moose)*.

La région est le paradis des sportifs depuis le 19e s. Chasseurs et pêcheurs se font déposer par hydravions dans les zones les plus retirées du lac. Les amateurs de canoë partent de ses rives pour remonter les rivières qui l'arrosent, notamment l'Allagash Wilderness Waterway *(voir ci-dessous)*.

Greenville – Située à l'extrémité Sud du lac Moosehead, cette station de villégiature est le siège de deux grandes compagnies papetières. Greenville sert également de point de départ aux expéditions de chasse, de pêche et de canoë qui s'aventurent dans le Nord. Le parc d'État de Lily Bay au Nord de la ville possède une plage, un terrain de camping, des aires de pique-nique, et offre un service de location de bateaux *(pour y accéder, emprunter la Lily Bay Road à la sortie Nord de Greenville)*. Enfin, le domaine skiable de Squaw Mountain n'est pas très éloigné de cette petite ville.

Mont Kineo – Paroi abrupte surmontant les eaux du lac Moosehead, le mont Kineo culmine à 550 m. De la route 15/6 au Nord de Rockwood, on a une belle vue sur ce promontoire. Les tribus indiennes venaient y installer leur camp lorsqu'elles voulaient s'approvisionner en silex afin de confectionner armes et outils.

Allagash Wilderness Waterway – *74 miles au Nord de Greenville.* Les 150 km de la rivière Allagash forment une superbe voie d'eau sauvage réservée aux canoéistes expérimentés. *Voir ci-dessous.*

Visiter le Nord du Maine .... Indicatif téléphonique: 207

Les informations précisées ci-dessous sont destinées à faciliter l'accès et l'orientation dans cette région retirée du Maine:

Comment s'y rendre – Le lac Moosehead est accessible depuis Greenville, la région du mont Katahdin depuis Millinocket. De **Bangor** à **Greenville** (72 miles): par la route 15 vers le Nord. De **Québec** à **Greenville** (219 miles): par la route 73 en direction du Sud, puis la route 173 toujours vers le Sud et la route 6/15. De **Bangor** à **Millinocket** (71 miles): par la route 95 vers le Nord, puis la route 11 en direction du Sud. De **Québec** à **Millinocket** (329 miles): par la route 73 vers le Sud, puis la route 173 et la route 201 toujours en direction du Sud, ensuite la route 16 vers l'Est, puis la route 6/16 et la route 11 vers le Nord. Par **avion**: des vols internationaux et intérieurs desservent **Bangor International Airport** ☎947-0384. Principales sociétés de location de voitures *(voir chapitre Renseignements pratiques)*. **Gare ferroviaire** (Canadian Via Rail): Greenville ☎800-561-3949. **Gare routière**: Greyhound, à Bangor ☎800-231-222.

Comment s'y déplacer – Les routes publiques sont rares dans le Nord du Maine. Les compagnies d'exploitation forestière entretiennent un réseau de routes privées dont la plupart sont ouvertes au public contre acquittement d'un droit de péage; il est recommandé d'utiliser un véhicule à quatre roues motrices. Les camions de transport du bois ont la priorité sur les routes forestières. De nombreux camps ne sont accessibles qu'en hydravion ou en canoë.

Hydravions – Région du lac Moosehead: **Folsom's Air Service** PO Box 507, Moosehead Lake, Greenville ME 04441-0507 ☎695-2821; **Currier's Flying Service** PO Box 351, Greenville Junction ME 04442 ☎695-2778; **Jack's Flying Service** PO Box 584, Greenville ME 04441 ☎695-3020. Région du mont Katahdin: **Katahdin Air Service Inc** PO Box 171, Millinocket ME 04462 ☎723-8378; **Scotty's Flying Service** RR 1 Box 256, Patten ME 04765 ☎528-2626.

Informations touristiques – L'accès aux zones sauvages dépend du **North Maine Woods**; des cartes topographiques détaillées sont disponibles en écrivant à PO Box 421, Ashland ME 04732 ☎435-6213. **Allagash Wilderness Waterway**: Maine Department of Conservation, Bureau of Parks & Recreation, State House Station 22, Augusta ME 04333 ☎289-3921. Avant de voyager sur l'Allagash Waterway, il faut se faire enregistrer auprès des gardes forestiers à Telos-Chamberlain entrance, ou aux postes de Churchill Dam, Umsaskis Lake ou Michaud Farm. On peut s'assurer les services de **guides** auprès du Maine Professional Guides Association, PO Box 591, Ellsworth ME 04605 ☎667-8807.

Bureaux d'information – Région du lac Moosehead: **Moosehead Vacation & Sportmen's Assn.** PO Box 366, Rockwood ME 04478 ☎534-7300. **Moosehead Lake Region Chamber of Commerce:** Main Street; adresse postale, PO Box 581, Greenville ME 04441 ☎695-2702. **Région du mont Katahdin: Katahdin Region Tourism Council** PO Box 502-KB, East Millinocket ME 04430 ☎746-5410. **Millinocket Chamber of Commerce,** le bureau d'accueil se trouve dans un pavillon situé sur la route 11 et ouvert en saison; adresse postale, PO Box 5, Millinocket ME 04462 ☎723-4443.

Hébergement – Motels, auberges historiques et bed and breakfasts sont concentrés à Greenville et Millinocket. On trouvera des **campements sportifs** à Greenville, Rockwood et Millinocket. **Terrains de camping:** à ceux des parcs d'État de Lily Bay et Baxter

John Gerlach/Dembinsky Photo Assoc.

(*voir à ce nom*) s'ajoutent plusieurs campings privés; réservations obligatoires. Information sur le camping: **Maine Forest Service** PO Box 1107, Greenville ME 04441 ☎695-3721. Renseignements sur l'hébergement également disponibles auprès des bureaux cités ci-dessus.

Loisirs – Pêche, pêche sur glace et chasse se pratiquent à travers toute la région (informations sur les saisons d'ouverture de la chasse au gibier auprès du Warden Service, PO Box 551, Greenville ME 04441 ☎695-3756). **Descentes de rapides** dans toute la région. Locations de **skis de fond** et cartes des pistes à Greenville et Millinocket. La **motoneige** se pratique sur le réseau de l'Interstate Trail System. **Ravitaillement** à Greenville et Millinocket. *Contacter les organismes cités ci-dessus.*

MOUNT DESERT ISLAND ★★★

Voir Carte des Principales Curiosités
Renseignements touristiques ☎207-276-5040

Très étendue et presque coupée en deux parties par le fjord de **Somes Sound**, Mount Desert Island reste une région sauvage parsemée de sommets de granit rose, de ténébreuses forêts et de lacs d'eau douce. L'île a été surnommée «l'endroit où les montagnes touchent la mer» en raison de sa topographie caractéristique: de hauts conifères bordent sa côte constituée de gros rochers tombant directement à pic dans les flots. Mount Desert Island englobe une grande partie de l'**Acadia National Park**.

Autrefois, les Indiens Penobscot et Passamaquody venaient établir sur l'île leurs campements d'été. En septembre 1604, **Samuel de Champlain** et le **sieur de Monts** – fondateurs de l'Acadie – accostèrent dans la baie qui s'appelle depuis **Frenchman Bay**. Surpris par le paysage, Champlain en fit la description suivante: «sept ou huit montagnes dont les sommets sont pour la plupart nus, je l'appelle l'île des monts déserts.» Neuf ans plus tard, un groupe de jésuites français s'y installa, mais leur colonie fut détruite un an plus tard par les Anglais.

Durant 150 ans, cette île fut le théâtre de conflits incessants entre Français et Anglais. A la fin du 17e s., le gouverneur du Canada donna l'île du Mont-Désert au Français **Antoine de la Mothe Cadillac** qui y resta tout l'été, puis alla fonder, à l'Ouest des Appalaches, la ville de Détroit. Après la défaite des Français à Québec en 1759, les Anglais s'installèrent de façon permanente. En 1783, cette île devint américaine après la signature du traité de Versailles qui vit les Britanniques reconnaître l'Indépendance américaine, et délimita la frontière des États-Unis et du Canada.

Au milieu du 19e s., des artistes découvrirent la beauté de ses paysages, les représentèrent et les dépeignirent. Leur enthousiasme attira de richissimes touristes qui s'y installèrent, et Bar Harbor devint un petit Newport, tandis que les ports de Northeast Harbor et Southwest Harbor se remplissaient de bateaux de plaisance.

Renseignements pratiques .... Indicatif téléphonique: 207

Comment s'y rendre – De **Portland** (127 miles): par la route 95 vers l'Est, puis la route 1 en direction du Nord jusque Belfast, emprunter ensuite la route 1/3 vers le Nord jusque Ellsworth, puis la route 3 en direction du Sud. De **Bangor** (46 miles): par la route 1A en direction du Sud jusqu'à Ellsworth, puis par la route 3 toujours vers le Sud. Par **avion**: des vols internationaux et intérieurs desservent **Bangor International Airport** ☎947-0384. Principales sociétés de location de voitures (*voir chapitre Renseignements pratiques*). **Gare ferroviaire** la plus proche: Amtrak, South Station à Boston ☎800-872-7245. **Gare routière**: Greyhound, à Bangor, liaison avec Bar Harbor (angle de Cottage Street et Kennebunk Street) de fin juin à début octobre ☎800-231-2222.

Comment s'y déplacer – Le meilleur moyen pour visiter l'île est la voiture, mais la plupart des sites sont également accessibles à vélo (location dans les villages) et à pied. Une **navette** entre Ellsworth et les villages de l'île (toute l'année, du lundi au vendredi) est assurée par Downeast Transportation, PO Box 914, Ellsworth ME 04605 ☎667-5796. Le **bac** circule toute l'année au départ de Northeast Harbor à destination des Cranberry Isles (Beal & Bunker, PO Box 33, Cranberry Isles ME 04625 ☎244-3575) et au départ de Bass Harbor à destination de Swans Isle (Maine State Ferry Service, PO Box 114, Bass Harbor ME 04653 ☎244-3254). D'autres compagnies assurent également un service au départ de ces deux ports à certaines périodes de l'année; renseignements auprès des Chambres de commerce (*adresses ci-dessous*).
Visite guidée: **Acadia National Park Tours** à partir du green de Bar Harbor, tous les jours de mi-mai à octobre, PO Box 794, Bar Harbor ME 04609 ☎288-9899. Visite du parc en **calèche** (*1 à 2 h*) depuis le haras de Wildwood, de mi-juin à mi-octobre ☎276-3622.

Informations touristiques – Bar Harbor Chamber of Commerce, bureau d'accueil: 93 Cottage Street. Adresse postale: PO Box 158, Bar Harbor ME 04609 ☎800-288-5103. **Mt Desert Chamber of Commerce**, bureau d'accueil: Sea Street Marina, Northeast Harbor (de juin à octobre). Adresse postale: PO Box 675, Northeast Harbor ME 04662. **Acadia National Park**, bureau d'accueil: porte de Hulls Cove, de mai à octobre; le reste de l'année, s'adresser au quartier général du parc à Eagle Lake (sur la route 233, 3 miles à l'Ouest de Bar Harbor). Adresse postale: Superintendent, Acadia National Park, Bar Harbor ME 04609 ☎288-3338.

Hébergement – Informations disponibles auprès des Chambres de commerce de Bar Harbor (*adresse ci-dessus*), **Southwest Harbor** (service de réservations) ☎244-9264 et Northeast Harbor ☎276-5040. Les chambres proposées sont situées dans des hôtels modestes, des bed and breakfasts ou des cottages. **Camping** (toute l'année) dans le Parc national d'Acadia (réservations au Blackwoods Campground MISTIX, PO Box 85705, San Diego CA 92186 ☎800-356-2267 ou 619-452-8787); d'autres terrains sont situés aux abords des villages; informations auprès des Chambres de commerce (*adresses ci-dessus*).

Loisirs – Dans le Parc national d'Acadia: **baignade** sur les plages d'Echo Lake et de Sand Beach (*voir plus loin dans ce chapitre*); **randonnée** et **ski de fond** (193 km de pistes); les **vélos** sont autorisés sur les routes carrossables (92 km). Permis de pêche et location d'équipement dans les villages de l'île. **Croisières** d'observation des baleines et de la flore au départ de Bar Harbor et de Northeast Harbor. Bar Harbor dispose d'un **centre commercial** où l'on trouve la plupart des articles de consommation courante. *Pour obtenir l'adresse des magasins de fourniture et de plus amples informations sur les loisirs, contacter les Chambres de commerce citées ci-dessus.*

★ BAR HARBOR

Située à la porte du Parc national d'Acadia, cette localité (4 443 h.) de Mount Desert Island est un lieu d'embarquement pour la Nouvelle-Écosse (*bac* ☎800-341-7981). Bar Harbor a l'habitude de voir passer un grand nombre de touristes depuis la fin du 19ᵉ s., époque à laquelle elle devint un lieu de villégiature à la mode fréquenté par les plus riches.
Hôtels, motels et pensions bordent les rues aux abords du quartier commerçant. Le centre compte un grand nombre de boutiques et de restaurants chic. L'hiver, la plupart des résidences et magasins sont fermés, et la localité retrouve une atmosphère paisible. Une grande partie des habitants travaillent pour le Jackson Laboratory (*voir plus loin*).

L'âge d'or – Dans les années 1900, Bar Harbor disputait à Newport *(voir à ce nom)* son rang de première station balnéaire pour milliardaires. Fraîchement arrivés par chemin de fer ou bateau à vapeur, les visiteurs fortunés étaient accueillis dans de spacieux hôtels victoriens tout confort donnant sur la mer. Les familles de la haute société, les Rockefeller, Astor ou Vanderbilt, se firent construire des «cottages» qui étaient de véritables palais. Dans l'un deux, le sol de la salle à manger pouvait s'ouvrir pour permettre d'escamoter la table. Au plat suivant, celle-ci remontait, entièrement garnie et décorée! La majorité de ces demeures disparurent dans l'incendie qui ravagea Bar Harbor en 1947.

★★★ ACADIA NATIONAL PARK

Le Parc national d'Acadia s'étend en grand partie sur Mount Desert Island, mais il comprend aussi **Schoodic Peninsula** *(voir plus loin)*, de l'autre côté de la baie de Frenchman, ainsi que la petite île de **Isle au Haut**, située plus au Sud.

C'est un groupe de vacanciers qui venaient régulièrement passer leurs étés au Mont-Désert qui décida de protéger l'environnement de l'île: vers 1913, plus de 2 000 ha furent déclarés réserve naturelle. Ces terres, données au gouvernement américain en 1916, furent classées parc national trois ans plus tard. En 1929, le parc reçut son nom définitif en souvenir de l'Acadie dont Mount Desert Island fit partie. Plus du tiers des 14 000 ha du parc fut donné par John D. Rockefeller Jr., qui fit également aménager 80 km de voies carrossables dans l'Est de l'île. Les 12 000 ha du parc sont situés sur Mount Desert Island. La principale attraction est la Loop Road qui longe une partie pittoresque de la côte et grimpe au sommet du mont Cadillac. La flore et la faune sont particulièrement riches, car l'île se trouve au contact des zones tempérée et subarctique. Plus de 500 sortes de fleurs, d'arbustes, d'arbres et de plantes poussent dans la région, et près de 300 espèces différentes d'oiseaux y ont été observées.

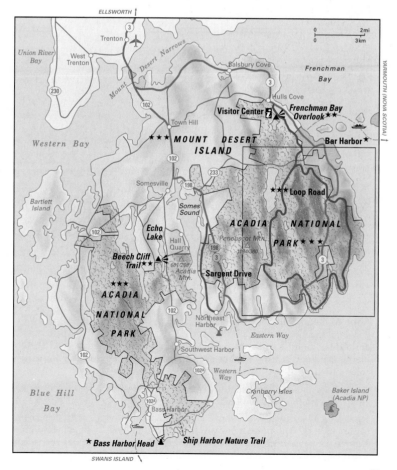

★★★ Loop Road *29 miles. 4 h. Voir les 2 schémas.*

Ponctuée de nombreux points de vue, esplanades et parcs de stationnement, cette route côtière permet de découvrir le littoral de l'île, avec ses paysages marins, ses montagnes de granit rose et ses eaux parsemées d'îlots. *Des brumes matinales obstruent parfois la vue.*

Partir du Visitor Center sur la route 3.

Visitor Center – *Hulls Cove. Visite de mi-juin à septembre, tous les jours de 8 h à 18 h; en mai et de mi-octobre au 1ᵉʳ novembre, tous les jours de 8 h à 16 h 30. Les gardes forestiers fournissent tout renseignement sur les sentiers et activités du parc. 7 $ par voiture (validité 7 jours).* ☎207-288-3338. Ce bâtiment moderne, mais au cachet rustique, fait face à la baie de Frenchman.

★★ **Frenchman Bay Overlook** – De ce belvédère, on a une **vue** dégagée sur Schoodic Peninsula et la baie découverte par Champlain. Une table d'orientation permet d'identifier les îlots ronds qui la parsèment.

La route traverse une forêt, et longe un pré puis un marais où l'on peut observer des castors, particulièrement actifs en fin d'après-midi.

Loop Road est en sens unique depuis l'entrée sur Spur Road jusqu'au Sud de Jordan Pond. Après 3 miles, tourner à droite vers Sieur De Monts Spring.

Sieur de Monts Spring – Ce site fut le premier acheté en vue de constituer une réserve naturelle. Il fut baptisé du nom du compagnon de Champlain.
Tout proche, le **Nature Center** abrite une exposition consacrée au parc *(visite de juin à mi-septembre, tous les jours de 9 h à 17 h; &).* Dans les **Wild Gardens of Acadia**, les arbres, fleurs et herbes sauvages de la régions sont présentées dans leur milieu naturel: marécages, tourbières, dunes et rochers.

Mount Desert Island (vue prise de Cadillac Mountain)

Abbe Museum [M] – *Visite en juillet et août, tous les jours de 9 h à 17 h; de mi-mai à mi-octobre, tous les jours de 10 h à 16 h. 2 $. & ☎207-288-3519.* Ce petit pavillon abrite des dioramas et des objets préhistoriques (outils et poteries de l'âge de la pierre) évoquant la vie des tribus dans Frenchman Bay et Blue Hill Bay avant la colonisation.

Revenir à la Loop Road. Après la route 3 que l'on traverse, on entre dans la partie du parcours appelée Ocean Drive.

Sur la gauche se dressent les bâtiments du **Jackson Laboratory**, institut de recherche sur le cancer de renommée mondiale. Les parois du mont Champlain se profilent à droite. Le paysage est caractéristique de l'Acadie: granit rose, majestueux conifères et roches parsemées de végétation sur les bas-côtés de la route.

Sand Beach – Voici l'unique plage que le parc ouvre sur l'océan. Son sable est formé de minuscules particules de coquillages. On peut s'y baigner si l'on ne craint pas l'eau froide (10°C en saison).

Du haut du parc de stationnement s'amorce un **sentier** qui longe Ocean Drive jusqu'à Otter Point et constitue une belle promenade *(2 h)* au sommet des falaises.

★ **Thunder Hole** – *Parc de stationnement sur la droite.* A marée haute, les vagues s'abattent dans cette anfractuosité dans un bruit effrayant, d'où son nom: «le trou du tonnerre».

★★ **Otter Cliffs** – Du haut de ces falaises de 33 m qui tombent à pic dans la mer, on a de très belles **vues**★★ sur la côte et le large.

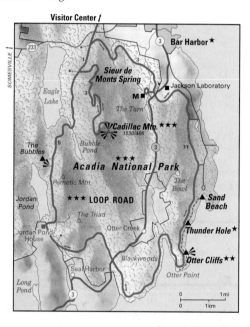

La route longe ensuite Otter Point et Otter Cove, arrive à l'embranchement de la route menant à Seal Harbor, puis suit les rives de **Jordan Pond**, un beau lac dominé par les falaises de Penobscot Mountain.

A l'extrémité Nord de ce lac, on aperçoit **The Bubbles**, bloc erratique qui semble en équilibre précaire sur la pente. Pour mieux l'observer, s'arrêter au parc de stationnement de Bubble Pond.

★★★ **Cadillac Mountain** – La montée vers ce sommet qui culmine à 466 m permet de découvrir Eagle Lake, Bar Harbor et les îles au large. Ce mont a reçu le nom du Français Antoine de la Mothe Cadillac qui fut le maître de l'île du Mont-Désert à la fin du 17e s. Des sentiers aménagés sur les pentes arides du sommet offrent de splendides **vues**★★★ sur la baie de Frenchman et l'ensemble du parc.

Revenir à la Loop Road, puis tourner à droite pour regagner le point de départ.

Autres Curiosités du Parc

★★ **Schoodic Peninsula** – Ce promontoire qui fait face à Mount Desert Island se compose de grands rochers plats de granit rose qui s'étendent entre la mer et une forêt de sapins. Le Parc national d'Acadia possède 800 ha au Sud de la péninsule. Depuis Schoodic Head, on a une belle vue sur Mount Desert Island située de l'autre côté de la baie de Frenchman.

★ **Isle au Haut** – *Pour la situation, voir la carte de Blue Hill et Deer Isle. Bateau au départ de Stonington de fin juin à mi-septembre, du lundi au samedi à 7 h, 11 h et 16 h, le dimanche à 11 h 30; de mi-avril à mi-octobre, uniquement du lundi au samedi; le reste de l'année du lundi au samedi à 7 h et 11 h (départ supplémentaire le mardi et le vendredi à 15 h). Durée de la traversée: 3/4 h. 9 $ (11 $ le dimanche, 5 $ en hiver). Isle au Haut Co. ☎207-367-5193. Le bateau postal s'arrête au port de plaisance de l'Isle au Haut. Le navire du matin continue jusqu'à Duck Harbor (de fin juin à mi-septembre uniquement).* La meilleure façon d'explorer cet îlot situé au Sud de Stonington consiste à emprunter les sentiers de randonnée du Parc national d'Acadia qui occupe les deux tiers de l'île.

AUTRES CURIOSITÉS *Voir 1er schéma*

★★ **Beech Cliff Trail** – *De Somesville, prendre la route 102 vers le Sud, tourner à droite puis à gauche dans Beech Cliff Road. Parc de stationnement au bout de la route.* Ce sentier facile *(1/2 h AR)* mène au sommet de falaises d'où l'on a une très belle **vue**★★ du lac Echo sur le mont Cadillac, situé au-delà de Somes Sound.

★ **Bass Harbor Head** – *Au bout de la route 102A.* Le phare de Bass Harbor se dressant au-dessus de gros rochers est un des sites les plus photographiés du parc, surtout au coucher du soleil.

Sargent Drive – *Réservé aux voitures. Partir de Northeast Harbor.* Cette route longe Somes Sound, une ancienne vallée glaciaire inondée par la mer.

Echo Lake – La baignade est autorisée dans ce lac d'eau douce dominé par les hautes falaises de Beech Cliff.

Ship Harbor Nature Trail – *Sur la route 102A. Pour parcourir tout le circuit à pied (1 h AR), tourner à droite au premier embranchement, puis prendre à droite au panneau signalant Ship Harbor Loop.* Ce sentier croise plusieurs curiosités naturelles, comme un tronc d'arbre ventru et un système de racines aériennes, et longe la falaise avant de pénétrer dans une forêt de sapins. A marée haute, la promenade est encore plus impressionnante avec le déferlement des vagues.

OGUNQUIT★

974 h.
Voir Carte des Principales Curiosités
Renseignements touristiques ☎207-646-2939

«Un bel endroit au bord de la mer», c'est ce que signifie Ogunquit en langue indienne. Les artistes qui découvrirent ce port de pêche à la fin du siècle dernier partagèrent cette opinion, et beaucoup s'installèrent près de ses rochers. Aujourd'hui, les artistes locaux exposent leurs œuvres dans les nombreuses galeries du village, dont la **Ogunquit Art Association Gallery** sur la route 1, au Sud d'Ogunquit Square, et la **Barn Gallery**, dans Shore Road. Dans cette même rue, un petit musée d'art moderne baptisé **Museum of American Art** a été aménagé face à la mer. En été, le théâtre, **Ogunquit Playhouse**, présente un spectacle différent chaque semaine.

★ **Perkins Cove** – Ce petit port de plaisance regorge de boutiques insolites, d'ateliers artisanaux et de restaurants spécialisés dans la dégustation de fruits de mer. La petite passerelle piétonnière s'ouvre au passage des bateaux comme un pont-levis. *Location de yachts pour la pêche au large, la pêche au homard ou l'organisation de cocktails. Contre une modeste rétribution, les touristes peuvent se joindre aux pêcheurs de homards qui sortent ramasser leurs casiers tous les jours.*

★ **Marginal Way** – *Prendre Cherry Lane jusqu'au Lookout Motel, tourner à droite et continuer jusqu'au parc de stationnement.* Ce chemin longe la côte et relie le centre de la ville à Perkins Cove, offrant de belles vues sur la mer.

EXCURSION

Wells – *8 845 h. 8 km au Nord d'Ogunquit sur la route 1.* Située sur la côte de sable fin qui s'étend entre Kittery et Portland, Wells est un centre de villégiature depuis le siècle dernier. Le **Wells Auto Museum** , situé au bord de la route 1, expose voitures, motos et vélos anciens *(visite de mi-juin à septembre, tous les jours de 10 h à 17 h; de fin mai à mi-juin et de début octobre à mi-octobre, uniquement le week-end de 10 h à 17 h; 3,50 $; ☎207-646-9064).*

PEMAQUID POINT★★

Voir Carte des Principales Curiosités

Sculptée par les glaciers, cette pointe est particulièrement spectaculaire avec ses rochers de pegmatite, formant de longues traînées noires et blanches, qui s'enfoncent dans la mer. Au-dessus de ces rochers se dresse la silhouette du phare qui se reflète dans les flaques laissées par les embruns: un site de rêve pour les photographes. Située au Sud de Damariscotta *(voir à ce nom)*, cette péninsule fut l'une des premières à être colonisée, avant même le 17e s. si l'on en juge par les nombreux objets découverts dans les fouilles de Colonial Pemaquid. On pense que des pêcheurs venus d'Europe y faisaient halte aux 15e et 16e s.

★★★ **Pemaquid Point Lighthouse Park** – *Visite de fin mai à mi-octobre, tous les jours de 9 h à 17 h. 1 $. ☎207-677-9068.* Depuis le phare *(inaccessible au public)*, on a des vues superbes sur la côte rocheuse, très accidentée à cet endroit.

Fishermen's Museum– *Visite de mi-mai à mi-octobre, du lundi au samedi de 10 h à 17 h, le dimanche de 11 h à 17 h. Contribution demandée.* ♿ ☎*207-677-2726.* Ce petit musée installé dans l'ancienne maison du gardien de phare contient des photographies et des souvenirs hétéroclites se rattachant à la vie des marins et des pêcheurs.

Pemaquid Beach – *Du phare, prendre la route 130, puis tourner à gauche dans Snowball Road (suivre le panneau signalant la plage).* Il est exceptionnel de rencontrer une aussi belle plage de sable fin sur cette côte rocheuse.

★ **Colonial Pemaquid State Historic Site** – *Après avoir dépassé Pemaquid Beach, poursuivre sur Snowball Road.* Autour de Fort William Henry, reconstitution d'un fort qui se dressait à cet emplacement au 17ᵉ s., se trouve un site de fouilles qui comprend un **musée** archéologique *(visite de juin à août, tous les jours de 9 h à 17 h; $2;* 🍴♿ ☎*207-677-2423).*

Pemaquid Point Lighthouse

Christmas Cove – *13 miles à l'Ouest de Colonial Pemaquid par la route 130. A Pemaquid Falls, tourner à gauche dans la route 129.* Formée de caps et d'îles, cette localité est située dans une baie baptisée par le capitaine John Smith qui y passa la nuit de Noël en 1614 lors de son périple le long de la côte de la Nouvelle-Angleterre.

PORTLAND★★

64 358 h.
Voir Carte des Principales Curiosités
Renseignements touristiques ☎207-772-5800

Principale ville du Maine, Portland est située dans la baie de Casco et est célèbre pour ses Calendar Islands. Elle est le centre financier, culturel et commercial de la partie la plus urbanisée du Nord de la Nouvelle-Angleterre. Son port de pêche et ses raffineries occupent une place importante dans l'économie locale, tout comme la ligne de ferry «Prince of Fundy» qui dessert la Nouvelle-Écosse. Après avoir accusé une période de déclin au début du siècle, Portland a connu un important renouveau économique et culturel au cours des années 1970 et 1980.

Resurgam: «je me relèverai» – Telle est la devise de Portland, ville qui aurait pu s'appeler Phoenix tant elle n'a cessé de renaître de ses cendres. Au début du 17ᵉ s., les Anglais y établirent un comptoir qui se développa pour former le village de Falmouth en 1658. Abandonné dans les années 1670 après plusieurs attaques indiennes, le village fut reconstruit en 1716 afin d'assurer le commerce des mâts avec l'Angleterre. L'hostilité des habitants de Falmouth vis-à-vis de la Couronne conduisit les Britanniques à bombarder la ville en octobre 1775 pour statuer un exemple. Après la guerre d'Indépendance, la centaine de colons restés à Falmouth reconstruisirent progressivement la ville et la rebaptisèrent Portland dix ans après la création des États-Unis.

Elle fut capitale du Maine de 1820 à 1832. Les demeures qui bordent High Street et State Street ainsi que la ligne de chemin de fer qui relie Portland à Montréal datent de cette époque. Le 4 juillet 1866, alors que Portland s'était assuré une grande prospérité grâce à la construction navale, un incendie ravagea les deux tiers de la ville, détruisant la plupart des bâtiments du quartier des affaires. Sur ses cendres s'édifièrent alors les nombreuses demeures victoriennes qui caractérisent l'allure générale de la ville.

Au cours des dernières décennies, Portland a connu un regain économique grâce à l'oléoduc qui alimente le Canada depuis son port. La rénovation de quartiers comme l'Old Port Exchange a suscité un nouvel intérêt commercial pour la ville dans les années 1970. Cette tendance s'est confirmée avec la réalisation de plusieurs projets immobiliers, dont le One City Center, l'extension des chantiers navals de Bath à Portland, et l'aménagement d'une jetée de 7 ha destinée aux pêcheurs.

Renseignements pratiques .... Indicatif téléphonique: 207

Comment s'y rendre – De **Boston** (109 miles): par la route 93 et la route 95 vers le Nord. Par **avion**: des vols intérieurs et en provenance du Canada desservent **Portland International Jetport** ☎774-7301; taxis (7,50 $ vers le centre de la ville) et navettes gratuites pour les hôtels. Principales agences de location de voitures (*voir chapitre Renseignements pratiques*). **Gare ferroviaire** la plus proche: Amtrak, South Station à Boston ☎800-872-7245. **Gare routière**: Greyhound, 950 Congress Street ☎800-231-2222. **Bac** au départ de la **Nouvelle-Écosse**: de mai à octobre (11 h), Prince of Fundy, 468 Commercial Street, Portland ME 04101 ☎800-341-7540.

Comment s'y déplacer – On trouve des parcs de stationnement publics dans toute la ville; la première heure est gratuite dans les centres commerciaux (faire valider son ticket dans le magasin). De nombreuses curiosités sont facilement accessibles à pied. Les lignes de bus de **Greater Portland Transit** assurent le transport dans le centre ville et desservent la banlieue ☎774-0351.

Informations touristiques – Convention and Visitors Bureau of Greater Portland, bureau d'accueil: 305 Commercial Street, Portland ME 04101 ☎772-5800.

Hébergement – Pour les hôtels de catégorie économique (de 50 $ à 130 $ la nuit) et les bed and breakfast (de 55 $ à 115 $ la nuit), s'informer auprès du Convention and Visitors Bureau (*voir ci-dessus*). **Auberge de jeunesse** (*ouverte de juin au 20 août*): Portland Hall, 645 Congress Street, Portland ME 04101 ☎874-3281. *Les tarifs indiqués sont les prix moyens pratiqués pour une chambre double.*

Loisirs – Les commerces sont concentrés dans le quartier de Old Port Exchange (*voir ci-dessous*) et dans Congress Street. Nombreux magasins de sport (plus de 125) à Freeport (*voir à ce nom*). Des **visites guidées** de la ville à pied et des cartes des quartiers historiques (1 $) sont proposées par **Greater Portland Landmarks**, 165 State Street ☎774-5561. Il existe des **promenades** sur Eastern Promenade, Back Cove Trail et Western Promenade. On peut aisément faire du **vélo** sur les rives de la Peaks Island, location sur place. **Baignade** à Crescent Beach State Park (*voir plus loin*). *Contacter le Convention and Visitors Bureau pour tout renseignement complémentaire sur les commerces et les loisirs à Portland*

CURIOSITÉS   *1 journée. Voir plan ci-contre.*

La partie de la ville qui s'avance dans la baie de Casco est bordée de parcs agréables et de sentiers invitant à la flânerie. Eastern Promenade et Western Promenade, toutes deux conçues par le célèbre architecte paysagiste américain Frederick Law Olmsted, offrent de très belles perspectives sur la baie. La meilleure vue de Portland s'ouvre depuis le chemin qui contourne Back Cove.

★★ **Old Port Exchange** – Cet ancien quartier d'entrepôts et de bureaux portuaires était devenu tellement insalubre qu'il fut décidé de le détruire en 1970. C'est alors que quelques habitants décidèrent de lui redonner vie en y ouvrant des magasins et des restaurants. Très vite, leur entreprise fut couronnée de succès, et ils furent bientôt imités par des entrepreneurs qui s'empressèrent de rénover des bâtiments afin d'installer des commerces et des bureaux dans ce secteur en expansion. On peut flâner le long de Middle Street, Exchange Street et Fore Street en admirant les vitrines, les galeries d'art et d'artisanat, ou apprécier quelques-uns des restaurants qui y sont installés par douzaines. L'architecture du 19e s. est particulièrement intéressante pour la variété des bâtiments et des styles (remarquer l'appareillage décoratif des briques, les clefs de voûte, les corniches et les bandeaux).

Exchange Street – Entre les n°s 103 et 107 se trouve un **ensemble [A]** de bâtiments italianisants. A l'angle de Middle Street, un **immeuble [B]** présente une façade en trompe-l'œil: quelles sont les vraies fenêtres, quelles sont les fausses?

Middle Street – Du n° 133 au n° 141, un **groupe d'immeubles [C]** inspiré de l'architecture française est coiffé de toits à la Mansart.

Fore Street – Au n° 373, le restaurant **Seaman's Club [D]** est de style néo-gothique; au n° 368, la **Mariner's Church [E]** est de style néo-classique, avec ses fenêtres hautes et son fronton triangulaire. Enfin, la **Custom House** (n°312), à l'imposante façade, témoigne de la prospérité maritime que connut Portland au 19e s.

★ **Portland Museum of Art** – *7 Congress Square. Visite toute l'année, du mardi au samedi de 10h à 17h (nocturne le jeudi jusque 21h), le dimanche de 12h à 17h. Fermé les principaux jours fériés. 6 $. ✗ ᬵ ☎207-775-6148.* Cette institution est le plus grand et le plus ancien musée public du Maine. Fondé en 1882, il occupa tout d'abord la McLellan-Sweat House à laquelle fut ajouté en 1911 le L.D.M. Sweat Memorial. L'extension la plus récente est un bâtiment en briques et granit, le Charles Shipman Payson Building, conçu en 1983 par Henry N. Cobb, architecte de l'agence I.M. Pei and Partners. Il abrite désormais la collection du musée. Sa façade mélange habilement les formes géométriques; les vastes galeries intérieures sont éclairées par de hautes coupoles.

Les collections – Particulièrement riche en art américain des 19e et 20e s., le musée expose un grand nombre d'œuvres d'artistes originaires du Maine, regroupées dans la **State of Maine** collection. Parmi les artistes représentés figurent Winslow Homer *(Weatherbeaten)*, Andrew Wyeth *(Broad Cove Farm, Cushing, Maine)*, Edward Hopper *(Pemaquid Light)* et John Marin *(Deer Isle Series: Mark Island Lighthouse)*, que les paysages du Maine inspirèrent. La collection, dont la première pièce fut une sculpture de Benjamin Aker, *Dead Pearl Diver*, fut rassemblée en 1888 et n'a cessé de s'enrichir depuis. Récemment, 17 toiles de Homer et plus de 50 œuvres du début du siècle provenant de la communauté artistique d'Ogunquit sont venues l'étoffer.

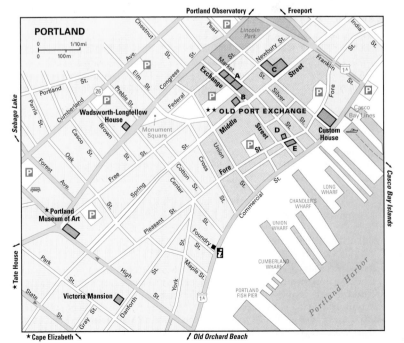

Plusieurs galeries sont consacrées à la verrerie américaine, aux céramiques anglaises et américaines ainsi qu'à l'art décoratif en général. On remarquera plus particulièrement les verreries de Portland, les tableaux et le mobilier de style fédéral ainsi que la collection d'argenterie de sir William Pepperrell, un natif du Maine qui commanda le siège de la forteresse française de Louisbourg en 1745. Des expositions temporaires sont organisées régulièrement en complément de la collection permanente.

Victoria Mansion (Morse-Libby House) – *109 Danforth Street. Visite guidée (3/4 h) de fin mai au Labor Day (1ᵉʳ lundi de septembre), du mardi au samedi de 10 h à 16 h, le dimanche de 13 h à 17 h; du Labor Day à mi-octobre, le vendredi et le samedi aux mêmes heures. Fermé les principaux jours fériés. 4 $.* ☎207-772-4841. Construite vers 1860 par l'architecte Henry Austin, cette maison en grès rouge témoigne de la splendeur des décors et du mobilier de style italianisant, très en faveur au cours de la période victorienne. L'intérieur est étourdissant de fresques, de boiseries sculptées et de vitraux.

Wadsworth-Longfellow House – *487 Congress Street. Visite guidée (3/4 h) de juin à octobre, du mardi au samedi de 10 h à 16 h. 4 $.* ☎207-879-0427. C'est dans cette maison de briques construite en 1785 que l'écrivain **Henry Wadsworth Longfellow** passa son enfance. Le style limpide et narratif de ses poèmes, s'inspirant des légendes de l'histoire américaine, le rendit célèbre aux États-Unis et dans le monde entier. Après sa mort, il fut le premier poète américain immortalisé par le «Coin des Poètes» de l'abbaye de Westminster. Exposition de meubles et de souvenirs liés au poète et à sa famille.

★ **Tate House** – *1270 Westbrook Street. Prendre Congress Street en direction de l'Ouest, tourner à droite dans St John Street, puis à gauche dans Park Avenue. Après avoir dépassé la route 295, continuer dans Congress Street jusqu'à Westbrook Street. Visite guidée (1 h) de juillet à mi-septembre, du mardi au samedi de 10 h à 16 h, le dimanche de 13 h à 16 h. Fermé les principaux jours fériés. 3 $.* 🅿 ☎207-774-9781. Située le long de la Fore River, dans le quartier de Stroudwater, cette demeure insolite coiffée d'un toit à la Mansart appartenait à George Tate, agent du roi d'Angleterre chargé du commerce des mâts. Son travail consistait à organiser le transport des arbres sélectionnés pour les navires de la Royal Navy. Tous les pins de plus de 22 m de hauteur et de 60 cm de diamètre étaient systématiquement propriété du roi et marqués pour rappeler aux colons l'interdiction de les abattre. Les troncs étaient tirés par des bœufs jusqu'à Portland d'où ils étaient embarqués à destination de l'Angleterre.

Joliment décorée, la Tate House contient des boiseries, des corniches, des encadrements de portes et du mobilier qui rappellent l'intérieur des maisons londoniennes du 18ᵉ s.

Portland Observatory – *138 Congress Street, au Nord-Est du centre ville. Visite en juillet et août, du dimanche au jeudi de 13 h à 17 h, le vendredi et le samedi de 10 h à 17 h; de fin-juin et en septembre et octobre, le vendredi et le dimanche de 13 h à 17 h, le samedi de 10 h à 17 h. 1,50 $.* ☎207-774-5561. Avant l'avènement du téléphone et du télégraphe, l'observatoire signalait, à l'aide de drapeaux, l'entrée des navires dans le port.

Du haut de sa tour, on bénéficie d'une belle vue sur Portland et la baie de Casco.

EXCURSIONS

Casco Bay Islands – *Départs au Casco Bay Ferry Terminal, à l'angle de Commercial Street et Franklin Street. Renseignements et réservations auprès des Casco Bay Lines* ☎207-774-7871. La Bailey Island Cruise *(5 h 3/4 AR)* permet de s'arrêter à Bailey Island *(départs du 25 juin au Labor Day, tous les jours à 10 h; 13,50 $; ♿ 🅿).*

La **US Mail Boat Cruise** assure le service postal et s'arrête dans plusieurs îles sans toutefois débarquer de passagers *(du 25 juin au Labor Day, départs à 10 h et 14 h; du Labor Day à mi-juin, départ à 14 h 45; 2 h 3/4 AR; 9,25 $; ♿ 🅿).*

En sortant du port, on voit l'oléoduc qui est relié à la ville de Montréal, ainsi que Fort George, solide structure de granit bâtie au 19ᵉ s.

Calendar Islands – Ces îles sont au nombre de 365, c'est-à-dire une pour chaque jour du calendrier. Du bateau, on aperçoit les maisons et les boutiques de **Peaks Island**, la plus peuplée, puis **Long Island** et ses plages de sable. **Great Chebeague**, la plus grande (5 km sur 8), compte 400 résidents en hiver et une population de 3 000 personnes en été. La tour de pierre isolée de **Mark Island** est dédiée aux marins naufragés; elle est constamment alimentée en nourriture et en eau pour secourir tout infortuné qui s'échouerait à proximité. **Bailey Island** est reliée au continent par un pont de granit dont les travées ont été étudiées pour ne pas créer de ressac.

★ **Cape Elizabeth** – *10 miles au Sud de Portland. Prendre la route 77 jusqu'à South Portland. A hauteur de la bibliothèque, tourner à droite dans Cottage Road, qui débouche sur Shore Road.* Cape Elizabeth et sa côte rocheuse constituent une belle excursion.

★ **Portland Head Light** – *Prendre Shore Road en direction du Nord jusqu'au phare situé à Fort Williams.* Ce fut le premier phare «américain» édifié sur la côte Est après l'Indépendance. Afin de réduire les coûts de la construction, les matériaux furent ramassés sur le rivage et dans la campagne environnante. Ce fanal de 300 000 bougies, selon l'ancienne unité de luminescence, est visible à 25 km à la ronde. Sa plate-forme offre une belle **vue**★ sur la baie de Casco.

Two Lights – Les deux phares voisins érigés sur cette partie du cap ont donné son nom à ce hameau. Non loin de là a été créé le **Two Lights State Park**★ *(ouvert toute l'année de 9h au coucher du soleil; ☎207-799-5871).*

Crescent Beach State Park – *Ouvert de fin mai à mi-octobre, de 9h au coucher du soleil. ⚄⚅☎207-767-3625.* Ce parc possède l'une des plus belles plages de sable du Maine.

Freeport – *20 miles au Nord de Portland par la route 1 ou la route 95. Voir à ce nom.*

Old Orchard Beach – *12 miles au Sud-Ouest de Portland par la route 1.* Plage de prédilection des Montréalais et des Québécois depuis près d'un siècle en raison de sa proximité avec la frontière canadienne, cette plage de 11 km est bordée de motels, de parcs et de restaurants.

Sebago Lake – *20 miles au Nord de Portland par la route 302.* Deuxième lac du Maine par sa superficie après celui de Moosehead *(voir à ce nom)*, le lac Sebago est l'un des buts de promenade favoris des habitants de Portland qui peuvent se baigner, pêcher, faire du bateau et camper dans le **Sebago Lake State Park** *(à 25 miles de Portland par la route 302)* qui longe le lac *(aires de pique-nique, terrains de camping et plage de sable; ouvert de mai à mi-octobre, de 9h au coucher du soleil; 2,50 $; ☎207-693-6611; voir chapitre Renseignements pratiques).*

Région des lacs RANGELEY ★

Voir Carte des Principales Curiosités
Renseignements touristiques ☎207-864-5571

Nichée dans les montagnes occidentales du Maine, cette région regorge d'étangs et de lacs dont les plus vastes se trouvent dans la chaîne de Rangeley. Les routes 4 et 7 foisonnent de panoramas spectaculaires sur les montagnes et les lacs. Des sentiers mènent à travers bois vers de paisibles rivières ou au sommet de monts où règne encore une quiétude que rien ni personne ne vient troubler. Depuis la route 17 au Sud d'Oquossoc s'offrent des **vues**★★★ splendides sur les plus grands lacs de la région. La route 4 reliant Oquossoc et le village de **Rangeley** procure également de belles vues.

Loisirs – A la belle saison, il est possible de pratiquer plusieurs sports: tennis, golf, baignade, canoë, alpinisme et pêche (notamment la truite et le saumon au printemps). L'hiver est également une saison active, avec les domaines skiables de **Saddleback** et **Sugarloaf.**

Rangeley Lake State Park – *En venant de la route 4 ou de la route 17, prendre Southshore Drive et suivre les panneaux signalant le parc. Ouvert de mi-mai à septembre, tous les jours de 9h au coucher du soleil. 2 $. ⚠⚅ ☎207-864-3858 (en saison). Voir chapitre Renseignements pratiques.* Ce parc s'étend sur la rive Sud du lac Rangeley et comprend un camping, une plage et des embarcadères pour les bateaux.

★★ **Eustic Ridge** – *26 miles au Nord de Rangeley par la route 16. Tourner à gauche dans la route 27. Après 3 miles, tourner à gauche dans une petite route.* Ce site offre une très belle **vue** sur la région. La route 27, qui mène au Canada, traverse de beaux paysages sauvages.

★ **Mt Blue State Park** – *31 miles au Sud-Est de Rangeley par la route 4, puis la route 142. Ouvert de mi-mai au 1ᵉʳ octobre, tous les jours de 9h au coucher du soleil. 2 $. ⚠ ☎207-585-2347. Voir chapitre Renseignements pratiques.* Ce parc de 515 ha situé sur les rives du **lac Webb**★ propose des activités variées dans un cadre superbe. La **State Park Beach Road** offre des vues agréables sur la montagne et le lac.

ROCKLAND

7 972 h.
Voir Carte des Principales Curiosités
Renseignements touristiques ☎207-596-0376

Traversé par la route 1, Rockland est très fréquenté par les voyageurs à destination des îles et des villages de la baie de Penobscot. Son port dynamique et moderne est un centre mondial de l'exportation du homard. L'économie locale repose également sur le tourisme, la fabrication des lampes et le commerce.

En été, Rockland accueille une grande flottille de clippers, les «windjammers». Lors du **Lobster Festival**, organisé durant le 1er week-end du mois d'août, on a l'occasion de déguster toutes les richesses qu'offre l'activité maritime de Rockland.

Farnsworth Art Museum – *19 Elm Street. Visite de juillet à septembre, du lundi au samedi de 10h à 17 h, le dimanche de 13h à 17 h. Fermé le lundi durant les autres mois de l'année. 5 $. ☎207-596-6457.* Des œuvres de Fitz Hugh Lane et de nombreuses toiles de Andrew Wyeth constituent les pièces maîtresses de cette collection de peinture américaine des 19e et 20e s. Les paysages de la Nouvelle-Angleterre ont fortement inspiré Wyeth, qui passait l'été dans le Maine.

EXCURSIONS

Owl's Head – *4 miles au Sud de Rockland.* Cette pointe est particulièrement célèbre pour son phare, **Owl's Head Lighthouse**, situé au sommet d'une falaise.

Owl's Head Transportation Museum – *2 miles au Sud de Rockland par la route 73. Le musée jouxte le Knox County Airport. Visite d'avril à octobre, tous les jours de 10h à 17 h; le reste de l'année, du lundi au vendredi de 10h à 16 h, le week-end de 10h à 15 h. Fermé le 1er janvier, le Thanksgiving Day (4e jeudi de novembre) et le 25 décembre. 4 $. ☎207-594-4418.* Les vélos, automobiles et avions de cette collection datent du début du siècle et sont encore en état de marche. En été et en automne, on peut assister à des démonstrations en plein air. *Téléphoner pour connaître les horaires.*

Vinalhaven and North Haven Island Ferries – *Des bacs desservent ces îles toute l'année. Pour Vinalhaven, départs tous les jours d'avril à octobre de 7h à 17 h, le reste de l'année de 7h à 15h 15 (1h 30 min); 6 $. Pour North Haven, départs tous les jours à 9h 30, 13h 30 et 16h 30 (1 h); 6 $; Maine State Ferry Service ☎207-596-2202.* Le bateau navigue au milieu des îles couvertes de sapins de la baie de Penobscot, choisie par Sarah Orne Jewett comme cadre pour son roman, *The Country of the Pointed Firs.*

Les habitants de **Vinalhaven** vivent surtout de la pêche au homard. Dans les paisibles criques qui parsèment sa côte sont amarrés les bateaux des pêcheurs de homards; les hangars regorgent de casiers et de bouées multicolores. Des carrières de granit abandonnées ont été aménagées en plan d'eau où l'on peut se baigner l'été. A la pointe Nord de l'île, on aperçoit **North Haven**, paisible îlot qui recèle de nombreuses résidences secondaires.

SABBATHDAY LAKE

Voir Carte des Principales Curiosités

Ce lac de montagne a été choisi par les Shakers pour y établir une communauté qui reste la dernière encore active à ce jour aux États-Unis. Fondé au 18e s. par des missionnaires de cette confession, le village fut épargné par la vague de dépeuplement qui frappa la plupart des communautés shaker aux 19e et 20e s. Bien que la population soit maintenant réduite à une douzaine de fidèles, les principes des Shakers, «des bras pour travailler et un cœur pour vénérer Dieu» et la pratique du culte, continuent de guider leurs vies.

Shaker Village and Museum – *S'engager sur la route 95 et prendre la sortie 11, puis parcourir 8 miles sur la route 26 vers le Nord. Visite guidée (1h 1/4) de fin mai à mi-octobre, du lundi au samedi de 10h à 16h 30. 4 $. ☎207-926-4597.* Les Shakers occupent encore quelques-uns de ces bâtiments dont l'intérieur n'est pas accessible au public. Avec sa corniche de granit et son joli porche de bois, l'élégante **Brick Dwelling House** contraste avec les maisons à auvent qui bordent les rues du village. Le musée, aménagé dans la maison commune ou **Meeting House** (1794), conserve du mobilier, des costumes et une série de produits et d'inventions fabriqués par les Shakers *(voir Hancock Shaker Village).*

EXCURSION

Poland Spring – *3 miles au Nord de Sabbathday Lake par la route 26.* Ce hameau, niché au bord d'un lac de montagne, doit sa célébrité à la guérison inattendue d'un malade qui recouvrit subitement la santé après avoir bu l'eau de la source de Ricker's Hill. Une petite usine d'embouteillage fut immédiatement fondée, puis un complexe hôtelier avec salle thermale, la Poland Spring House. La station, entièrement détruite par un incendie en 1975, avait une clientèle d'hommes d'affaires et de personnalités de premier plan qui aimaient venir y «prendre les eaux». Aujourd'hui, l'eau de Poland Spring est encore mise en bouteille et vendue dans les magasins et les supermarchés du monde entier. Du haut de la colline, on aperçoit les sommets du Sud de l'État.

SEARSPORT

2 603 h.
Voir Carte des Principales Curiosités
Renseignements touristiques ☎207-548-6510

Installé au bord de la baie de Penobscot, ce port fut au 19ᵉ s. un centre de construction navale qui vit naître plus de 10 % des capitaines au long cours américains. Ces marins sillonnaient les mers du globe et rendirent Searsport célèbre sur les côtes des Caraïbes, d'Europe, d'Afrique et d'Orient. De cette époque prestigieuse survivent leurs belles résidence, le long de la baie. Deuxième port du Maine par son volume d'activité, Searsport exporte entre autres les fameuses pommes de terre du comté d'Aroostook dans le Nord de l'État.

★ **Penobscot Marine Museum** – *Church Street. Visite de fin mai à mi-octobre, du lundi au samedi de 9 h 30 à 17 h, le dimanche de 13 h à 17 h. 5 $. &. ☎207-548-2529.* Composé de plusieurs bâtiments (maisons de capitaine restaurées, ancien Town Hall, Phillips Memorial Library, Douglas and Margaret Carver Memorial Gallery), ce musée fait revivre à travers sa riche collection de tableaux, de maquettes et d'objets artisanaux l'époque faste de la grande ère maritime. La **Fowler-True-Ross House** (1820) abrite des tapisseries, du mobilier, de la porcelaine et des tableaux ramenés de leurs voyages par les capitaines de Searsport. Ils admiraient beaucoup les artisans chinois pour la finesse de leurs réalisations et décoraient toutes les pièces de leur maison avec des objets d'origine orientale. Dans la grange de la **Nickels-Colcord-Duncan House** est présentée une exposition sur la pêche dans la baie de Penobscot ainsi que plusieurs canots. Le **Town Hall** abrite des maquettes de bateaux, des outils utilisés dans la construction navale, de l'artisanat oriental et une exposition permanente sur les grands navires qui sortaient des chantiers du Maine au 19ᵉ s. *(voir Introduction, La construction navale).*
Au rez-de-chaussée de la **Captain Merithew House** (vers 1850) se trouve une exposition sur les habitants et les ports de la baie de Penobscot. Au premier étage, on verra notamment des tableaux de Thomas et James Buttersworth, des maquettes de bateaux, des aquarelles et des œufs d'autruche gravés de scènes de chasse à la baleine.

THOMASTON

2 445 h.
Voir Carte des Principales Curiosités
Renseignements touristiques ☎207-596-0376

Petit port de plaisance, village agréable aux maisons et églises anciennes, Thomaston abrite la prison de l'État du Maine. Cette maison d'arrêt qui se trouve le long de la route 1 a ouvert un magasin où sont vendus des objets de bois sculptés par les détenus. Située à l'écart du centre, une cimenterie du nom de Dragon Products emploie la majeure partie des habitants du village.

Montpelier – *Sur la route 1 en direction du Sud. Visite guidée (3/4 h) de fin mai au 1ᵉʳ septembre, du mercredi au dimanche de 9 h à 17 h 30. 2,50 $. &. ☎207-596-2253.* Cette demeure est la copie de la majestueuse villa construite en 1794 par le général **Henry Knox**, second du général George Washington pendant la guerre d'Indépendance. Au cours de l'hiver 1775-1776, Knox conduisit une expédition pour convoyer des canons et des vivres de Fort Ticonderoga à Boston. Ce matériel joua un rôle décisif dans la prise de la ville qui était aux mains des Anglais. Nommé ministre de la Guerre, le général devint un riche propriétaire terrien et se retira à Thomaston. Cette maison de style fédéral contient du mobilier de la famille Knox, dont une bibliothèque qui aurait appartenu à la reine Marie-Antoinette.

WISCASSET ★★

3 339 h.
Voir Carte des Principales Curiosités

Avec ses larges rues ombragées bordées d'élégantes maisons georgiennes, de magasins d'antiquités et de restaurants, Wiscasset coule des jours tranquilles le long de la Sheepscot River… et se souvient avec nostalgie de son passé brillant qui fit d'elle, au 18ᵉ s., le port le plus actif au Nord de Boston. Ses chantiers navals produisaient alors ces superbes clippers qui ralliaient les Antilles chargés de bois et de glace, et qui s'en revenaient avec des cargaisons diverses et exotiques. Sur les berges de la rivière reposent encore les épaves de l'**Hesperus** et du **Luther Little**, deux goélettes dont les vents de l'Atlantique gonflèrent jadis les voiles.

A mi-chemin entre Wiscasset et l'embouchure de la Sheepscot, la centrale atomique de la Maine Yankee Atomic Power Company fonctionne depuis 1972.

★★ **Musical Wonder House** – *18 High Street. Visite de mi-mai à mi-octobre, tous les jours de 10 h à 18 h.* ☎*207-882-7163.* Cette demeure georgienne abrite une superbe collection de près de 500 instruments de musique mécaniques datant des 19ᵉ et 20ᵉ s., notamment des pianolas, des phonographes et des boîtes à musiques fonctionnant parfaitement. Construits à l'origine pour reproduire des mélodies à l'aide de disques ou de cylindres de métal, ces appareils étaient intégrés à des meubles ou des coffres considérés comme de véritables œuvres d'art par leurs acquéreurs. Parmi les modèles présentés, remarquer le Regina Orchestral Corona, muni d'un dispositif de changement de disques automatique, la boîte à musique Harpe Aeolienne, le polyphon Emerald avec ses cloches d'argent, et la fameuse Regina Sublima Drum Table, imitant une table Louis XV.

Lincoln County Museum and Old Jail – *Federal Street. Visite guidée (1/2 h) en juillet et août, du mardi au dimanche de 11 h à 16 h30. Fermé le 4 juillet. 2 $.* ☎*207-882-6817.* A l'époque de la colonisation, les crimes et les délits étaient passibles de coups de fouets ou d'autres formes de châtiments publics. Suite à la croissance rapide des villages de la côte, ces punitions ne suffirent plus, et on construisit cette sinistre prison (1809) aux épais murs de granit. Les deux étages de cellules pouvaient abriter jusqu'à 40 prisonniers. Le troisième étage fut construit ultérieurement pour serrer des insolvables et des malades mentaux.

Nickels-Sortwell House – *Angle de Main Street et de Federal Street. Visite guidée (50 min) de juin à septembre, du mercredi au dimanche de 12 h à 17 h. 4 $.* ☎*207-882-6218.* La très belle façade de cette maison de style fédéral (1807) donne sur la grand-rue. Construite par un armateur de Wiscassett, elle abrite du mobilier d'époque.

EXCURSION

Fort Edgecomb – *1 mile au Sud-Est de Wiscasset. Prendre la route 1, traverser la Sheepscot River, puis tourner à droite. Visite de fin mai au Labor Day (1ᵉʳ lundi de septembre), tous les jours de 9 h à 17 h. 1 $. Aire de pique-nique sur le domaine.* ☎*207-596-2253.* Ce fortin en bois fut construit pendant la guerre de 1812 pour protéger Wiscasset. Son plan octogonal permet de bénéficier de belles vues sur la rivière et Westport Island.

YORK ★

9 818 h.
Voir Carte des Principales Curiosités
Renseignements touristiques ☎207-363-4422

York comprend plusieurs communautés: le vieux village colonial, **York Village**, le port de plaisance à l'embouchure de la York River, **York Harbor**, la station balnéaire et sa plage, **York Beach**, et le village de **Cape Neddick.**

Un peu d'histoire – En 1624, des colons installèrent un comptoir du nom d'Agamenticus à l'emplacement actuel de York. Le petit établissement qui se développa fut choisi par **sir Ferdinando Gorges**, propriétaire du Maine, comme capitale de son vaste domaine du Nouveau Monde. En 1641, sir Gorges accorda une charte au village et le rebaptisa Gorgeana en son propre honneur, mais les rêves de cet ambitieux personnage furent brisés par la Massachusetts Bay Company qui prit le contrôle de cette partie de la côte en 1652, transformant Gorgeana en donnant naissance à la ville de York.

Bien qu'entièrement détruite par les attaques françaises et indiennes, York prospéra rapidement grâce à son port et devint la capitale du comté à la veille de la guerre d'Indépendance. Depuis le 19e s., ses habitants s'efforcent de préserver le charme colonial de leur ville.

★★ COLONIAL YORK *1/2 journée*

De nombreux bâtiments anciens sont groupés autour du green. D'un côté se trouve l'**église** (18e s.), avec sa girouette en forme de coq, et le **Town Hall**, qui servit longtemps de cour de justice pour le comté de York. Non loin se dressent l'Emerson-Wilcox House, une école du 18e s., le vieux cimetière et la Jefferds Tavern. En haut d'une colline trône la prison de Old Gaol *(visite de mi-juin au 29 septembre, du mardi au samedi de 10 h à 17 h, le dimanche de 13 h à 17 h; 6 $; caisse à la Jefferds Tavern; ☎207-363-4974).*

★ **Old Gaol Museum** – En 1720 fut construit un donjon de pierres pour servir de prison à toute la province du Maine. Au fil des années, le bâtiment fut agrandi, comprenant plusieurs cellules ainsi que le logement du geôlier et de sa famille. On peut voir les sombres cellules, froides et humides, à peine éclairées par de petites ouvertures percées dans les murs épais du bâtiment.

Emerson-Wilcox House – Construite en 1740, cette grande maison connut diverses destinations. Elle servit entre autres d'échoppe au tailleur, de taverne et de bureau de poste. La taverne était fréquentée par les voyageurs qui empruntaient la route postale, ainsi que par les habitants de la ville et les anciens détenus de Old Gaol. A l'intérieur: meubles d'époques différentes.

★ **Old Burying Ground** – Entouré de son muret de pierres, ce cimetière est très pittoresque avec ses pierres tombales de l'époque coloniale. Il faut surtout remarquer une tombe couverte d'une lourde dalle horizontale qui aurait été placée, à en croire une légende, pour empêcher une sorcière de s'échapper de sa dernière demeure. En réalité, le veuf de la défunte fit poser ce bloc pour protéger la tombe des animaux errants.

★ **Jefferds Tavern et ancienne école** – Cette taverne (1750) se trouvait à Wells *(voir Ogunquit)* et servait d'étape aux voyageurs sur la route reliant York à Kennebunk. A l'intérieur, la grande salle est accueillante, avec son plancher et son bar en bois. Les pièces du premier étage étaient réservées aux femmes et aux enfants qui ne se mêlaient pas aux hommes.
La petite école, qui sert aujourd'hui de centre d'orientation, abrite une exposition sur l'enseignement dans le Maine à l'époque coloniale.

Suivre Lindsay Road jusqu'au Sewall's Bridge, au bord de la York River.

A proximité se dressent le John Hancock Warehouse, le George Marshall Store (une épicerie transformée en magasin d'artisanat) et la baraque d'un pêcheur de homards couverte de bouées. L'attrayante demeure coloniale de briques rouges qui borde la rivière était la résidence d'**Elizabeth Perkins** (1879-1952), célèbre citoyenne de York.

John Hancock Warehouse – Il s'agit de l'un des innombrables entrepôts que possédait John Hancock, signataire de la déclaration d'Indépendance et commerçant prospère.

AUTRES CURIOSITÉS

York Harbor – Ce petit port de plaisance est extrêmement bien abrité. De belles maisons se dressent le long de ses quais ombragés. La **Sayward-Wheeler House** conserve les souvenirs de famille d'un riche négociant et de ses descendants *(79 Barrell Lane Extension, visite guidée de 3/4 h de juin à mi-octobre, du mercredi au dimanche de 12 h à 16 h; 4 $; ☎207-436-3205).*

En suivant la côte, on arrive à **Long Beach**, plage de sable de 3 km bordée de résidences secondaires.

★ **Nubble Light** – *Accès par la route 1A et Nubble Road à droite, jusqu'à la pointe de Cape Neddick.* Du rivage, on a une belle vue sur le phare et son île; au loin se trouvent les îles de Shoals.

York Beach – Cette station balnéaire borde la plage de Short Sands où se concentrent échoppes, restaurants et magasins de souvenirs. Quelques grands hôtels du siècle dernier sont groupés non loin de l'océan, et semblent monter fièrement la garde devant la promenade.

Massachusetts

Superficie: 20 961 km^2
Population: 6 016 425 h.
Capitale: Boston
Surnom: Bay State
Fleur emblème: la fleur de laurier *(mayflower)*

Entre l'Atlantique et l'État de New York, le Massachusetts présente tous les types de paysages caractéristiques de cette région: collines boisées des Berkshires à l'Ouest, vallée du Connecticut avec ses prairies fertiles au centre, côte aux longues plages sablonneuses au Sud de Boston, côte rocheuse accidentée dans le Nord. Cet État de forme rectangulaire est prolongé au Sud-Est par une langue de terre dotant le Massachusetts de centaines de kilomètres de côte supplémentaires.

Le berceau des États-Unis – C'est dans le Massachusetts que furent fondées les premières colonies importantes établies en Nouvelle-Angleterre. En quête de terres nouvelles où exercer librement leur religion, les pères pèlerins du *Mayflower* créèrent en 1620 la colonie de Plymouth, suivis dix ans plus tard par les puritains qui fondèrent Boston. Constatant la prospérité des colons, le Parlement britannique décida d'augmenter les impôts à verser à la Couronne. Mécontents de la politique anglaise de taxation sans droit de représentation, et entraînés par des orateurs éloquents comme **Samuel Adams**, **James Otis** et **John Hancock**, les colons réclamèrent leur indépendance vis-à-vis de l'Angleterre. Après l'adoption du Stamp Act en 1765, de nombreux incidents éclatèrent entre Anglais et colons, débouchant notamment sur le **Massacre de Boston** en 1770 et la **Boston Tea Party** en 1773. Ces événements annonçaient les combats de Concord et Lexington qui déclenchèrent la guerre d'Indépendance.

Économie – Pendant deux siècles, le Massachusetts vécut des ressources qu'il tirait de la mer: pêche, chasse à la baleine et commerce maritime (de nombreux colons firent fortune dans le négoce avec la Chine). Quand ce commerce déclina au 19e s., les capitaux furent immédiatement investis dans l'industrie.

Favorisés par l'abondance des voies navigables et par l'accroissement de la population et donc de la main-d'œuvre, les Berkshires, la côte Sud et la vallée de la Merrimack virent bientôt naître les «mill towns», ces petites villes industrielles aux bâtiments de briques. Le Massachusetts devint alors un grand centre de production textile et de cuir manufacturé. En 1850, **Lowell** *(voir à ce nom)*, première ville industrielle du pays à avoir été conçue comme telle, était le centre mondial de la production textile. Au début du 20e s., ces industries se déplacèrent vers le Sud et furent peu à peu remplacées par la production de machines-outils, d'équipements électriques et plus tard électroniques. Aujourd'hui, les principales sources de revenu de l'État proviennent de sa matière grise: l'éducation tout d'abord, avec les plus fameuses institutions des États-Unis, mais aussi la technologie de pointe et le monde de la finance. Grâce à ses grands ports de Gloucester et New Bedford, le Massachusetts surclasse tous les autres États de la Nouvelle-Angleterre dans le secteur de la pêche industrielle. Dans le domaine agricole, il est le premier producteur national de **canneberges**, dont les baies rouges sont récoltées dans la région de Cape Cod et à Plymouth.

Récolte de canneberges (Carver)

John Lazenby (f/STOP PICTURES)

Les BERKSHIRES★★★

Voir schéma plus loin
Renseignements touristiques ☎413-443-9186

A l'extrême Ouest du Massachusetts s'étend une vallée drainée par la Housatonic River et bordée par les collines boisées des Taconics et des Hoosacs. Cette région des Berkshires mélange les **mill towns**, ces petites villes industrielles du 19ᵉ s., et de confortables localités résidentielles où règne la douceur de vivre.

Cette région aux mille facettes est très prisée par les New-Yorkais et les Bostoniens qui y possèdent souvent une résidence secondaire. L'été y est doux et animé par de nombreuses manifestations culturelles; l'automne offre des couleurs magnifiques; l'hiver et son épais manteau neigeux attirent les skieurs. La région est indéniablement séduisante, et propose en outre une grande variété de loisirs sportifs à ses visiteurs: randonnée, pêche, golf, etc.

Les Mohicans – Les Mohicans vivaient autrefois le long de l'Hudson et venaient chasser dans la vallée de la Housatonic, «le lieu derrière les montagnes». Puis, décimés par les épidémies et les guerres, ils se retirèrent dans ces collines plus abritées. Ils y vécurent tranquillement jusqu'à l'arrivée des colons au 18ᵉ s. Souhaitant christianiser les indigènes, les pionniers fondèrent la mission de Stockbridge *(voir à ce nom)* en 1734, sur des terres qui leur appartenaient désormais légalement.

Un peu plus au Nord vivaient d'autres Indiens, les **Mohawks**. Alliés aux Anglais, ces Iroquois étaient les ennemis jurés des Mohicans et des Français. L'une des voies que suivaient les pionniers pendant la colonisation empruntait un ancien sentier indien, le «Mohawk Trail» *(voir à ce nom)*, qui rejoignait les Grands Lacs à travers les Appalaches.

De l'agriculture à l'industrie – Les premiers colons exploitèrent les terres de la région, mais après l'Indépendance beaucoup d'entre eux abandonnèrent leurs fermes pour partir vers l'Ouest à la conquête de plaines plus fertiles. Dans toute la Nouvelle-Angleterre, cette migration fut contemporaine des débuts de l'industrialisation, et les Berkshires devinrent un grand centre de manufactures. Apparurent alors des mill towns comme North Adams, Pittsfield, Dalton ou Lee, qui consistaient en un alignement monotone de bâtiments en briques abritant des usines. Le chemin de fer ne tarda pas à relier cette vallée au reste de l'État après le creusement du tunnel de Hoosac en 1875 *(voir Mohawk Trail, North Adams)*.

Les grandes propriétés – Vers le milieu du 19ᵉ s., plusieurs écrivains découvrirent les Berkshires et en firent des descriptions idylliques qui attirèrent des milliardaires. Ceux-ci, gagnés à leur tour par le charme de cette région, firent construire de magnifiques propriétés sur les pentes ensoleillées de Great Barrington, Lee, Lenox et Stockbridge. Au début du 20ᵉ s., Lenox concentrait 75 de ces luxueux domaines, dont le célèbre Tanglewood *(voir plus loin)* et la demeure d'Andrew Carnegie, l'homme le plus riche des Berkshires.

La hausse des impôts, l'inflation et la crise de 1929 mirent fin à cette époque fastueuse. La plupart de ces grands domaines furent abandonnés ou vendus et transformés en écoles et en centres de vacances. Aujourd'hui, plusieurs ont été aménagés en auberges ouvertes toute l'année.

Visiter les Berkshires

Nous recommandons de séjourner dans cette région en prenant le temps d'effectuer les excursions décrites plus loin et d'assister au moins à l'un des festivals de musique ou de danse qui s'y déroulent en été. Voici une petite sélection de ces événements. Le **Tanglewood Music Festival** *(☎413-637-1600 l'été, ☎617-266-1492 toute l'année)* est très réputé et le **South Mountain Concert Festival** *(☎413-442-2106)* présente un programme de qualité. Le **Jacob's Pillow Dance Festival** attire des danseurs classiques et modernes et des mimes du monde entier *(juillet et août; ☎413-243-0745)*. *Voir chapitre Renseignements pratiques.* Des pièces de théâtre sont présentées en été au **Berkshire Playhouse** de Stockbridge, au **Williamstown Theater** de Williamstown et au **Mount** de Lenox, qui est spécialisé dans le répertoire shakespearien.

En hiver, on peut aller skier dans les stations de **Butternut Basin**, **Brodie Mountain** et **Otis Ridge**.

Le schéma présenté plus loin ne couvre que les Berkshires du Sud. La partie Nord de cette région est également fort intéressante, notamment le **Mt Greylock** *(voir Mohawk Trail)* et **Williamstown**. *Pour tout renseignement sur les festivals et l'hébergement dans les Berkshires:* ☎413-443-9186 ou 800-237-5747.

> ■ **Programme pour une journée**
>
> Depuis le Sud, prendre la route 7 et s'arrêter à **Stockbridge** *(voir à ce nom)*: suivre l'itinéraire entre Stockbridge et Lenox *(voir plus loin)*, visiter le **Hancock Shaker Village** *(voir à ce nom)* près de Pittsfield, puis le **Clark Art Institute** à Williamstown.

★★ GREAT BARRINGTON ET ENVIRONS

Great Barrington – 7 725 h. Cette localité est un centre commerçant pour les nombreuses résidences secondaires qui l'environnent. Ancien site des campements Mohicans, les rapides de Great Barrington constituaient, au 18ᵉ s., la principale source d'énergie des manufactures locales. C'est ici, sur les rives de la Housatonic, que l'inventeur William Stanley fit la première démonstration de courant alternatif. Le 20 mars 1886, Great Barrington devint la première ville du monde éclairée à l'électricité.

Bartholomew's Cobble – *11 miles au Sud de Great Barrington. Prendre la route 7 vers le Sud, la route 7A jusqu'à Ashley Falls, la Rannapo Road, puis la Weatogue Road. Visite d'avril à octobre, tous les jours de 9 h à 17 h. 3 $.* ☎*413-229-8600.* Cette rocaille naturelle où poussent arbres, fleurs sauvages et fougères surplombe la Housatonic. Le **Ledges Trail** *(3/4 h AR)* a été aménagé le long de la Housatonic. Au point 17, traverser la rue et continuer sur le Hulburt's Hill Trail jusqu'à une prairie ouverte sur les flancs de la Miles Mountain (alt. 320 m) d'où l'on a une belle vue sur la vallée de la Housatonic.

★ **Bash Bish Falls** – *16 miles au Sud-Ouest de Great Barrington. Suivre la route 23 vers l'Ouest jusqu'à South Egremont et enchaîner les Mount Washington Road, East Street, West Street et Bash Bish Falls Road. Du parc de stationnement, un sentier abrupt signalé par des triangles bleus et blancs mène aux chutes. En continuant la route pendant 1 mile, on rencontre un autre parc de stationnement d'où s'amorce un chemin plus long permettant d'accéder plus facilement aux chutes. Le sentier abrupt peut être verglacé et dangereux en automne, en hiver et même au printemps. Ouvert toute l'année, tous les jours de 8 h à 20 h.* ☎*413-528-0330.* Dans un beau cadre forestier, le ruisseau de Bash Bish coule dans une gorge profonde, puis se précipite dans un bassin naturel en tombant d'une hauteur de 15 m.

★ **Monument Mountain** – *4,5 miles au Nord de Great Barrington sur la route 7. Du parc de stationnement, côté Ouest de la route 7, deux sentiers mènent au sommet. Le plus facile, Indian Monument Trail (1 h) s'amorce 500 m à gauche, le long de la route et pénètre dans la forêt où un panneau indique sur la droite l'Indian Monument (stèle funéraire à environ 900 m du sentier). Tourner à droite et continuer en choisissant toujours la voie de droite. Le plus difficile (3/4 h) s'amorce à droite du parc de stationnement. Il est balisé par des ronds blancs.* Du sommet, une crête surnommée Squaw Peak en souvenir d'une jeune Indienne qui se précipita dans le vide à cause d'un chagrin d'amour, on bénéficie d'un beau **panorama**★ sur les Berkshires. Une stèle au pied de la montagne marquerait l'emplacement de la sépulture de la jeune fille *(voir ci-dessus)*.

★ TYRINGHAM VALLEY

Au départ de Great Barrington, prendre la route 23 jusqu'à Monterey, puis tourner à gauche dans Tyringham Road qui devient plus loin Monterey Road.

Tyringham – 369 h. Ce charmant vallon fut occupé par une communauté shaker au 19ᵉ s. Son charme attira de nombreux artistes au début du siècle, notamment le sculpteur Henry Kitson, auteur du *Minuteman* de Lexington *(voir à ce nom)*. Ancien atelier de Kitson, la pittoresque **Gingerbread House**★ (maison en forme de pain d'épices) abrite aujourd'hui une galerie d'art, la Tyringham Art Galleries *(visite de fin mai à mi-octobre, tous les jours de 10 h à 17 h; 1 $; &* ☎*413-243-0654)*.

Continuer dans Main Street, puis Tyringham Road. Gagner la route 20.

Lee – 5 849 h. Au milieu du siècle dernier, cette localité comptait cinq usines à papier. A cette époque, une couche de marbre fut découverte dans le sous-sol d'un terrain dont personne ne voulait. Des carrières furent ouvertes et le marbre de Lee, devenu célèbre, servit à l'édification de nombreux bâtiments publics, notamment le Capitole de Washington.

★★★ DE STOCKBRIDGE À LENOX

★★ Stockbridge – *Voir à ce nom.*

> *Quitter Stockbridge par Pine Street en face de la Red Lion Inn. Tourner à gauche dans Prospect Street (Mahkeenac Road) et longer le lac Stockbridge Bowl. Continuer dans Hawthorne Road. A l'endroit où cette route rejoint la route 183, on jouit d'une agréable vue sur le lac.*

★ Tanglewood – Résidence d'été du Boston Symphony Orchestra, ce domaine abrite l'un des événements musicaux les plus fameux des États-Unis, le **Tanglewood Music Festival** *(voir plus haut pour les renseignements)*, auquel assistent plus de 300 000 personnes. Inauguré en 1934, ce festival débuta avec le New York Philharmonic Symphony, remplacé en 1936 par l'orchestre de Boston qui assure depuis ces représentations annuelles. Cette ancienne propriété de la famille Tappan fut léguée à la Berkshire Festival Society en 1937 pour accueillir le festival de façon permanente. Parmi les nombreux bâtiments disséminés à travers ses 200 ha, on recense la résidence principale, le Koussevitzky Music Shed, un amphithéâtre de 5 000 places conçu par Eliel Saarinen, et le Seiji Ozawa Hall, une salle de 1 180 places ouverte en 1994. Depuis les jardins s'offre une belle **vue** sur le lac, **Stockbridge Bowl**, et sur une réplique de la petite maison de Nathaniel Hawthorne, **Hawthorne Cottage** *(inaccessible au public)*, où l'auteur séjourna en 1850 et 1851 pendant l'écriture de son roman, *The House of the Seven Gables (voir Salem)*.

> *Prendre la route 183 jusqu'à Lenox.*

★ Lenox – 5 069 h. Cerné par de grandes propriétés occupées aujourd'hui par des collèges, des colonies de vacances et des maisons de retraite, le centre de Lenox est un ravissant ensemble de boutiques, d'auberges, de restaurants et de galeries d'art.

> *Prendre la route 7 vers le Nord et tourner à gauche en face du Quality Inn dans la West Dugway Road. Au carrefour suivant, tourner à gauche dans la West Mountain Road.*

Pleasant Valley Wildlife Sanctuary – *A 3 miles de Lenox. Visite toute l'année, du mardi au dimanche, de l'aube au coucher du soleil. 3 $.* ☎413-637-0320. Cette réserve propose 11 km de sentiers à travers champs et forêts permettant de découvrir la flore caractéristique de la région des Berkshires. Au fond de la vallée, une série de petits étangs s'égrenant en chapelet abrite une colonie de castors.

LA RÉGION DE PITTSFIELD

Pittsfield – 48 622 h. Capitale des Berkshires, cette ville est le centre commerçant de la région. La plus grande entreprise de Pittsfield, Martin Marietta, emploie quelque 1 900 personnes. Le **Berkshire Museum** *(39 South Street; visite en juillet et août, du lundi au samedi de 10 h à 17 h, le dimanche de 13 h à 17 h; le reste de l'année, du mardi au samedi de 10 h à 17 h, le dimanche de 13 h à 17 h; fermé les jours fériés; 3 $;* ☎413-443-7171*)* présente une belle collection de peinture et de sculpture européennes et américaines; voir aussi un petit aquarium et des expositions consacrées à l'histoire et les sciences.

Pittsfield State Forest – *A 3 miles du rond-point de Park Square. Prendre West Street, tourner à droite dans Churchill Street, puis à gauche dans Cascade Street, et continuer jusqu'à l'entrée. Visite toute l'année de 8 h à 20 h. 2 $ par véhicule.* △ �& ☎413-442-8992. Ce parc offre des activités sportives toute l'année, notamment la randonnée et le ski.

Arrowhead – *780 Holmes Road. De Park Square, prendre East Street vers l'Est, puis tourner à droite dans Elm Street et encore à droite dans Holmes Road. Visite guidée (1 h) de fin mai au Labor Day (1ᵉʳ lundi de septembre), tous les jours de 10 h à 16 h30; du Labor Day à octobre, le lundi et du vendredi au dimanche de 10 h à 16 h 30; le reste de l'année, uniquement sur rendez-vous. 4,50 $.* ☎413-442-1793. Cette demeure, où vécut Herman Melville de 1850 à 1863, a été restaurée afin de recréer l'atmosphère dans laquelle il écrivit plusieurs de ses principaux ouvrages, dont son chef-d'œuvre, *Moby Dick*. Sur la grande cheminée de la cuisine, on peut lire l'inscription de Melville «*I and My Chimney*» (Moi et ma cheminée). En haut de l'escalier, son bureau offre une vue agréable sur le mont Greylock. Cette pièce, ainsi que toutes les autres, contient du mobilier appartenant à la Berkshire County Historical Society, qui administre la maison.

★★★ Hancock Shaker Village – *3 miles à l'Ouest de Pittsfield par la route 20. Voir à ce nom.*

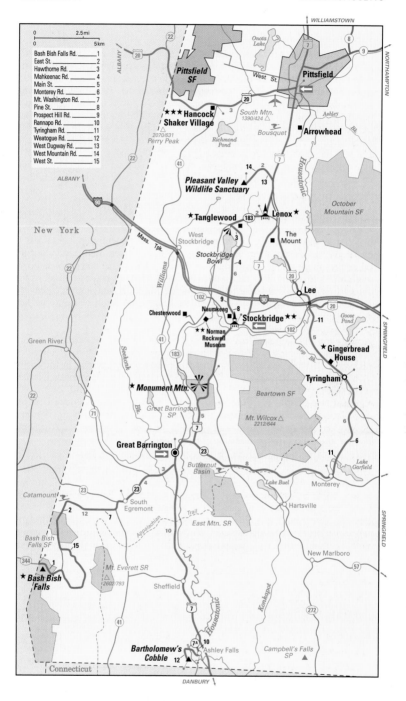

Bash Bish Falls Rd.	1
East St.	2
Hawthorne Rd.	3
Mahkeenac Rd.	4
Main St.	5
Monterey Rd.	6
Mt. Washington Rd.	7
Pine St.	8
Prospect Hill Rd.	9
Rannapo Rd.	10
Tyringham Rd.	11
Weatogue Rd.	12
West Dugway Rd.	13
West Mountain Rd.	14
West St.	15

Aimer la nature, c'est respecter

la pureté des sources,

la propreté des rivières,

des forêts, des montagnes...

c'est **laisser les emplacements nets
de toute trace de passage.**

BOSTON ★★★

574 283 h.
Voir Carte des Principales Curiosités
Renseignements touristiques ☎617-536-4100

Capitale historique du Massachusetts, Boston est une des villes américaines les plus séduisantes. Le «Hub» (le centre), comme ses habitants aiment à le surnommer, est le berceau de l'Indépendance et le poumon financier, administratif, culturel et universitaire de la Nouvelle-Angleterre. Bénéficiant de la proximité de Cambridge, sorte de Quartier Latin, Boston est devenu un véritable lieu de pèlerinage culturel. Les 4,7 millions d'habitants que totalisent ses différentes communautés urbaines en font la ville la plus peuplée de toute la Nouvelle-Angleterre. A elle seule, la ville de Boston couvre 120 km^2 et compte plus de 500 000 habitants d'origines ethniques les plus diverses. Tout en offrant les avantages d'une métropole moderne, elle a su rester agréable à vivre, comme en témoignent ses quartiers historiques: Beacon Hill, Back Bay et North End.

Un peu d'histoire

La naissance de Boston – En 1630, un millier de puritains conduits par **John Winthrop** débarquèrent sur cette côte à la recherche d'un emplacement où installer le siège de la Compagnie de la baie du Massachusetts. Déçus par les conditions de vie de Salem et de Charlestown, ils jetèrent leur dévolu sur une petite presqu'île appelée Shawmut par les Indiens, et qu'habitait alors un ermite anglican, le révérend **William Blackstone**. Celui-ci leur fit bon accueil, et ils fondèrent une colonie sur ses terres. Lorsque les puritains essayèrent de convertir Blackstone aux principes de leur église, celui-ci s'éloigna et partit vers les contrées plus paisibles du Rhode Island après avoir cédé les 20 ha que les puritains lui avaient laissés.

Après avoir été baptisée Trimountain en raison de sa topographie, la colonie adopta rapidement le nom de Boston en souvenir de la ville d'Angleterre dont plusieurs puritains étaient originaires. Une société théocratique et intolérante s'organisa sous la houlette du gouverneur John Winthrop. Une morale extrêmement stricte y était observée, et un pilori fut érigé sur le Common. La première victime de ce châtiment sévère fut le constructeur qui en avait demandé un prix trop élevé. Grâce à son commerce maritime et à ses chantiers navals, Boston se développa rapidement et devint la ville la plus importante des colonies d'Amérique – un rang qu'elle conserva jusque dans les années 1850.

Le berceau de l'Indépendance américaine – A la fin du 18e s., les colonies américaines étaient accablées par les impôts de plus en plus lourds que le Parlement anglais leur réclamait pour renflouer les caisses de la Couronne, vidées après les guerres coûteuses engagées contre les Français et les Indiens. Cette politique fiscale était perçue comme injuste par les colons qui, en tant que citoyens britanniques, revendiquaient des droits de représentation. Après la proclamation du **Stamp Act** en 1765 (le «droit du timbre» consistant à taxer tout document officiel), le peuple réagit par la violence. Des attroupements se

Boston en 1850

formèrent, la foule mit le feu à la maison du gouverneur et organisa un blocus. Malgré l'annulation du droit du timbre par le Parlement anglais l'année suivante, des manifestations éclatèrent à nouveau en 1767, suite à l'adoption de nouveaux droits de douane réglementés par les **Townshend Acts**. L'Angleterre réagit aussitôt par l'envoi de troupes pour faire appliquer et respecter la loi de la Couronne. L'hostilité des colons, particulièrement ceux qui devaient loger et nourrir les soldats britanniques, grandit de jour en jour. Des incidents finirent par éclater et opposèrent les Bostoniens aux Anglais.

Le **Massacre de Boston** fut le premier de cette série de troubles. Le 5 mars 1770, un groupe de Bostoniens se réunit devant la State House pour protester contre les récents événements. Un officier anglais répondit aux insultes lancées par la foule en déchargeant son mousquet. Il fut conspué, et face aux provocations des civils, plusieurs soldats chargèrent leurs armes et firent feu, tuant cinq personnes. L'activiste **Samuel Adams** se saisit de cet événement pour rallier une bonne partie de la population à sa cause.

Trois ans plus tard, la **Boston Tea Party** (la partie de thé) devait encore aggraver la situation. Le Parlement anglais avait annulé toutes les dispositions des Townshend Acts, hormis la taxe sur le thé conférant à la Compagnie des Indes l'exclusivité du commerce de cette plante avec l'Amérique. Cette taxe exaspérait tellement les Bostoniens qu'en novembre 1773, ils interdirent aux capitaines de trois navires de la Compagnie de décharger leur cargaison. Le 16 décembre de la même année, plusieurs colons se rendirent à une réunion tenue dans la Old South Meeting House pour essayer de résoudre la question. Les Anglais refusant tout compromis, Samuel Adams prononça une phrase restée célèbre: «Cette réunion ne peut plus contribuer à sauver le pays». 90 Bostoniens déguisés en Indiens prirent sur-le-champ la direction du port, se glissèrent à bord des vaisseaux anglais et jetèrent leur cargaison de thé à la mer. En représailles, les Anglais fermèrent le port de Boston et prirent des mesures punitives, ce qui ne fit qu'accroître l'exaspération des colons envers la Couronne. Dès lors, des milices s'organisèrent et commencèrent à s'entraîner sur les greens des villages.

La chevauchée de Paul Revere – En avril 1775, le général anglais Thomas Cage envoya 800 soldats dans les villes isolées de Concord et de Lexington pour se saisir des armes et des munitions dissimulées par les colons et arrêter les meneurs, **John Hancock** et Samuel Adams. Avertis par leur réseau d'espionnage, les patriotes s'organisèrent et décidèrent que la nuit où les troupes anglaises se mettraient en route vers Concord, le sacristain de l'église de Old North signalerait à l'aide de lanternes accrochées au clocher la direction choisie par les Anglais. Le signal fut donné, et Paul Revere partit aussitôt au grand galop prévenir Samuel Adams et John Hancock qui s'étaient réfugiés à Concord. Grâce à cette chevauchée légendaire de Paul Revere, William Dawes et Samuel Prescott, les miliciens purent se préparer à temps à l'attaque anglaise.

Le siège de Boston et la bataille de Bunker Hill – Après l'escarmouche de Lexington et la bataille de Concord, les Anglais se retranchèrent dans Boston tandis que les «Américains» les assiégeaient. Voulant renforcer leur position stratégique sur les hauteurs de la ville, les Britanniques décidèrent de fortifier Bunker Hill à Charlestown. Prévenus des plans de l'ennemi, les chefs rebelles se hâtèrent d'occuper les collines voisines de Breed's Hill. Le 17 juin 1775, lorsque les Anglais voulurent prendre position sur Bunker Hill, ils découvrirent que les «Américains» avaient érigé une redoute pendant la nuit. 5 000 soldats furent envoyés pour s'emparer de ce retranchement. Bien que les positions des colons ne fussent défendues que par 1 500 miliciens, les deux premières tentatives anglaises échouèrent. Mais, les colons manquèrent bientôt de munitions, et quand les Anglais lancèrent la troisième et dernière attaque contre Charlestown, le colonel américain Prescott prononça une phrase devenue historique: «Ne tirez que quand vous verrez l'ennemi dans le blanc des yeux!»

Les Anglais finirent par se saisir de ce retranchement, mais à quel prix! Plus de 10 % de la totalité des officiers anglais tués pendant la guerre d'Indépendance perdirent la vie au cours de cet assaut. Bien que les affrontements eurent lieu sur les hauteurs de Breed's Hill, cette bataille est connue sous le nom de bataille de Bunker Hill.

La retraite des Anglais – Durant les trois premiers mois de 1776, les armes et les munitions prises par les miliciens au Fort Ticonderoga (*voir Brandon, VT*) furent convoyées à travers toute la Nouvelle-Angleterre et amenées à Boston. Le 2 mars, l'artillerie rebelle commença à bombarder la ville; le 5 mars, le feu des canons installés sur les hauteurs de Dorchester Heights força les Anglais à accepter un compromis. Le général anglais Howe et ses troupes purent quitter Boston sans être inquiétés. En échange, les «Américains» purent reprendre Boston. Washington y fit une entrée triomphale, et la ville ne fut plus jamais le théâtre d'hostilités; elle servit de point de départ à des expéditions militaires vers New York, la Pennsylvanie et les États du Sud.

Topographie et architecture

Le visage actuel de Boston est le résultat de deux siècles de travaux de remblaiement. Les noms de certains quartiers comme Back Bay (la baie arrière), South End (l'extrémité Sud) et Dock Square (quartier des docks) sont les vestiges d'un passé où la superficie de la ville ne dépassait pas 317 ha. Depuis le 19ᵉ s., les transformations et les projets successifs ont presque quadrupler cette surface.

A l'assaut des collines et des baies – La presqu'île de Shawmut, où s'étaient installés les puritains, avait la forme d'une poire reliée à la terre par un mince cordon parallèle à l'actuelle Washington Street. A l'Ouest se dressaient les trois sommets de Trimountain dominés par Beacon Hill. Au Sud de cette colline, achetée au révérend Blackstone, se trouve encore aujourd'hui le Boston Common qui appartint à l'ermite. La rive orientale située face au port présentait une anfractuosité appelée Town ou East Cove, qui séparait le quartier résidentiel de North End des quartiers commerciaux et populaires florissant aux abords du port, baptisé South End à l'origine.

Au cours du 19ᵉ s., Boston connut une véritable explosion démographique, passant de 18 000 habitants en 1790 à 54 000 en 1825. Au début du 20ᵉ s., la ville dénombrait plus de 500 000 âmes. Un urgent besoin d'espace fit naître toute une série de projets de remblaiement qui transformèrent à jamais sa topographie. Selon l'historien Walter Muir Whitehill, ces programmes ambitieux «rabotèrent»

Terrains gagnés sur la mer depuis la fin du 19ᵉ s.

les collines pour combler les baies», et l'on déplaça donc de gigantesques quantités de terre afin que l'étroite presqu'île s'étendît au détriment des eaux qui l'entouraient. Ces travaux s'avérèrent décisifs pour le développement de la ville, car son centre fut désormais accessible aux chemins de fer.

La grande transformation de Boston fut entamée au début du 19ᵉ s. avec le développement de Beacon Hill. Les décennies suivantes virent le remblaiement des rives Est et Sud de la presqu'île, et la création du quartier résidentiel de South End. Le projet le plus spectaculaire du siècle fut réalisé dans la zone insalubre de Back Bay, au Nord du goulet. Après 40 années de travaux, la ville s'était agrandie de 182 ha et se targuait de posséder un des plus beaux quartiers résidentiels de tous les États-Unis. Après le grand incendie qui ravagea 776 bâtiments du centre en 1872, de nombreuses résidences et églises furent reconstruites dans le nouveau quartier de Back Bay, accélérant la transformation du centre ville en un quartier commerçant. Des programmes de remblaiement n'ont cessé d'étendre la superficie de Boston tout au long des 19ᵉ et 20ᵉ s., notamment autour de Charlestown et d'East Boston, où se trouve aujourd'hui le Logan International Airport.

Le premier architecte-paysagiste américain **Frederick Law Olmsted** planifia un réseau de parcs publics, d'allées et de places ombragées qui entoure la ville d'une ceinture verte pratiquement ininterrompue: l'**Emerald Necklace**. Partant du Common, cette ceinture verte s'étend en direction du Sud-Ouest et relie le Public Garden, Commonwealth Avenue, le Fenway, le Jamaica Park, l'Arborway, l'Arnold Arboretum et le Franklin Park.

Le nouveau Boston – Vers le milieu du 20e s., Boston connut une régression démographique et une récession urbaine et économique. Face à cette situation, les autorités de la ville décidèrent de prendre le problème en main, et établirent en 1957 le **Boston Redevelopment Authority** (B.R.A.). Cet organisme dirigé par **Edward Logue** réaménagea le quart du territoire de Boston. Ce programme fut très controversé, car il prévoyait de raser plusieurs secteurs tels que Scollay Square et les quartiers juifs et italiens des alentours qui composaient West End.

Dans les années 1960, on fit appel à l'architecte **Ieoh Ming Pei**, ancien étudiant de l'école d'architecture du Massachusetts Institute of Technology, pour élaborer les plans du nouveau **Government Center** devant être construit sur le site de Scollay Square, un ancien quartier chaud de Boston. Ce projet de 260 millions de dollars donna naissance au City Hall (hôtel de ville) et son énorme socle de brique, ainsi qu'à plusieurs bâtiments plus ou moins réussis du point de vue architectural, et permit de rénover un grand magasin du 19e s, le Sears Crescent. Au cours des décennies suivantes, I.M. Pei transforma l'architecture de la ville en réalisant plusieurs commandes importantes: la John Hancock Tower, la Kennedy Library et l'aile Ouest du Museum of Fine Arts.

Autre grand projet de réaménagement des années 1960, le Prudential Center souleva une vive controverse, car son gigantisme isola les quartiers voisins de Back Bay. Plus heureuse, la rénovation du Faneuil Hall Marketplace dans les années 1970 a redonné vie au centre historique de Boston.

Dans les années 1980, le **Financial District**, depuis longtemps établi aux abords de Federal Street et de Congress Street, commença à s'étendre en direction du quartier du port nouvellement réaménagé. La rénovation du front de mer, accélérée par le développement du Faneuil Hall Marketplace, a permis au centre historique de la ville d'être à nouveau ouvert sur la mer. Prochainement, de nouveaux embellissements seront apportés à ce secteur. Artère urbaine, l'inélégante autoroute 93 est surchargée d'automobiles, et sépare le front de mer et North End du centre ville: elle sera bientôt démolie. Un projet de 7,7 milliards de dollars a été lancé au début des années 1990: une voie express souterraine sera ouverte sous l'actuelle autoroute et un tunnel sera percé sous le port afin de faciliter l'accès à l'aéroport. Cet ouvrage ambitieux, qui sera achevé en l'an 2005, devrait soulager Boston de ses problèmes chroniques de circulation; il devrait en outre créer plus de 100 ha supplémentaires de verdure.

Boston aujourd'hui

Les Bostoniens – Constituée par diverses vagues d'immigration, la population est assez hétéroclite. Le **Bostonien typique** ou «Brahmin» descend des anciennes familles anglo-saxonnes de colons puritains et forme une caste assez repliée sur elle-même, comme l'illustre une maxime locale: «Boston est la ville où les Lowell ne s'adressent qu'aux Cabot et les Cabot à Dieu.» Le «proper Bostonian» est conservateur, cultivé, et a – si possible – étudié à Harvard, mais il représente aujourd'hui une minorité en voie de disparition.

Les **Irlandais** arrivèrent par milliers après la famine des années 1840. Désargentés mais travailleurs, ils s'intégrèrent facilement au mode de vie américain et nombre d'entre eux accédèrent à de hautes fonctions locales et fédérales. Leur représentant le plus célèbre fut John F. Kennedy.

Vers la fin du 19e s., de nombreux immigrants **italiens** quittèrent le Sud de leur pays pour venir s'installer à Boston. Ils remplacèrent les Irlandais et les Juifs dans les vieilles maisons de North End et dans le quartier de West End, aujourd'hui détruit.

La communauté **noire**, autrefois concentrée à Beacon Hill, habite en grande partie à Roxbury et dans les banlieues proches de Dorchester et Mattapan. Boston héberge l'une des communautés noires les plus anciennes des États-Unis, formée à l'origine par des esclaves venus des Antilles et arrivés à Boston en 1638, huit ans après la création de la première colonie. Un nombre croissant d'esclaves libres s'installèrent dans North End où ils furent coiffeurs, marins, ouvriers ou chauffeurs. Ils luttèrent pour l'Indépendance, à l'instar de **Crispus Attucks**, célèbre victime du Massacre de Boston. En 1780, l'esclavage fut officiellement aboli dans le Massachusetts, consacrant logiquement la politique abolitionniste menée par cet État. En 1806 fut inaugurée à Beacon Hill l'African Meeting House, une église qui attira à ses alentours les Noirs désireux d'améliorer leurs conditions de vie. Les quartiers de Cambridge, Back Bay et South End attirèrent les Noirs par leurs meilleurs logements, leurs écoles et les emplois qu'ils proposaient.

La population **latino-américaine**, qui augmente d'année en année, s'est installée dans des îlots situés dans South End, Jamaica Plain et East Boston. Des études ont déterminé qu'avec d'autres minorités comme les Asiatiques, ces groupes constituent aujourd'hui près d'un tiers de la population de la ville. Dans les années 1970 et 1980, Boston fut choisie pour tester un programme controversé d'intégration scolaire: pour relever le niveau d'instruction des élèves issus de catégories socio-économiques défavorisées, le gouvernement américain a essayé, sans trop de succès, de les intégrer aux écoles publiques de la ville.

Chaque année, les collèges et universités de la région attirent une nouvelle vague d'étudiants et de professeurs venus de toute l'Amérique, et même de l'étranger. Les **étudiants**, dont le nombre a été récemment estimé à 200 000, ajoutent à la diversité sociale et culturelle de Boston. Ils résident autour des nombreux campus disséminés dans la ville et ses banlieues. Leur présence est particulièrement manifeste à Cambridge, Brookline et Allston-Brighton.

Économie – Le commerce maritime fut à l'origine de la fortune de Boston. Après une période de marasme économique au début du siècle, la modernisation dans les années 1950 et 1960 des services portuaires et des quelque 40 km de quais a augmenté la capacité du fret. Néanmoins, Boston ne figure pas aujourd'hui parmi les 20 premiers ports américains.

Le secteur tertiaire a suivi la même évolution. Deux grandes compagnies d'assurances, Prudential et John Hancock, ont fait construire les deux plus hauts gratte-ciel de la ville dans le quartier de Back Bay. Les financiers qui contrôlent les fortunes générées par le commerce maritime et l'industrie sont établis dans Financial District. Ils exercent plus que jamais un rôle-clé dans l'économie de la Nouvelle-Angleterre.

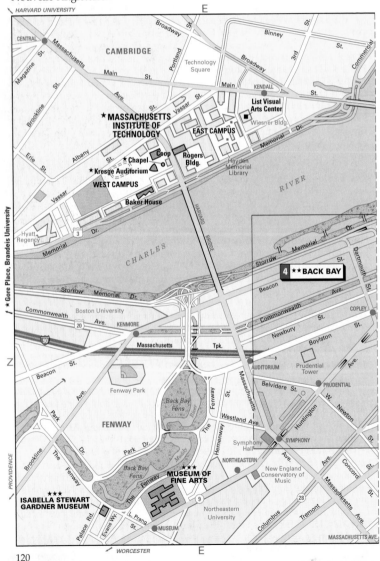

L'industrie a connu une ère nouvelle avec l'ouverture de la route 128, dans les années 1950, et l'installation le long de ce périphérique de quelque 700 firmes spécialisées dans la recherche et le développement électronique et informatique. Boston est considérée comme la capitale mondiale dans ces domaines, et ses universités sont des pépinières de chercheurs et de savants. La santé représente aussi un secteur de pointe pour la ville: ses hôpitaux sont de grands centres de recherche et de traitement, surtout le **Massachusetts General Hospital**, l'un des plus

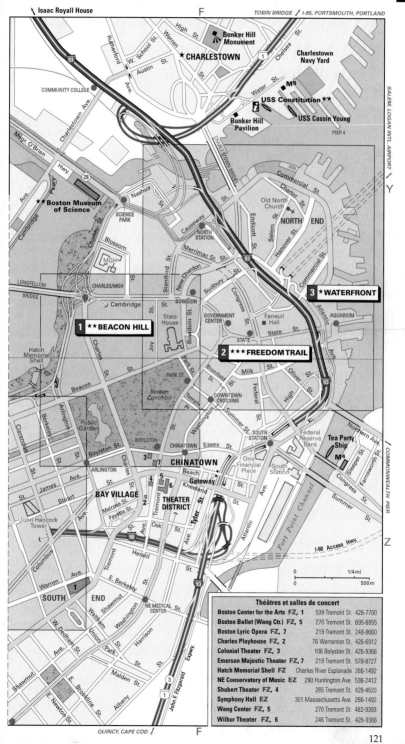

Théâtres et salles de concert		
Boston Center for the Arts FZ, 1	539 Tremont St.	426-7700
Boston Ballet (Wang Ctr.) FZ, 5	270 Tremont St.	695-6955
Boston Lyric Opera FZ, 7	219 Tremont St.	248-8660
Charles Playhouse FZ, 2	76 Warrenton St.	426-6912
Colonial Theater FZ, 3	106 Bolyston St.	426-9366
Emerson Majestic Theater FZ, 7	219 Tremont St.	578-8727
Hatch Memorial Shell FZ	Charles River Esplanade	266-1492
NE Conservatory of Music EZ	290 Huntington Ave.	536-2412
Shubert Theater FZ, 4	265 Tremont St.	426-4520
Symphony Hall EZ	301 Massachusetts Ave.	266-1492
Wang Center FZ, 5	270 Tremont St.	482-9393
Wilbur Theater FZ, 6	246 Tremont St.	426-9366

importants du monde. La récession dont a été frappée toute l'Amérique dans les années 1980 n'a pas épargné Boston. Le chômage a atteint des chiffres record, et le marché de l'immobilier a connu une forte stagnation. Les années 1990 laissent apparaître quelques signes de relance.

Un centre culturel – *Pour localiser les théâtres et les salles de concert, voir la carte des principales promenades plus haut.* Au 19e s., Boston fut surnommée «l'Athènes de l'Amérique», car de nombreux intellectuels et écrivains y vivaient et s'y réunissaient. Cultivés et férus d'art, ses habitants voyageaient avec curiosité et rapportaient de leurs pérégrinations d'innombrables merveilles qui constituèrent le fonds des magnifiques collections du Museum of Fine Arts, de l'Isabella Stewart Gardner Museum et des musées de Harvard. Un mécène, Henry Lee Higginson, créa en 1881 le **Boston Symphony Orchestra**, qui se produit toujours dans le Symphony Hall en alternance avec le répertoire plus populaire des **Boston Pops**. En été, ce dernier orchestre donne des concerts de plein air gratuits sur la Charles River Esplanade. Les salles du **Theater District** se concentrent autour de Tremont Street et Stuart Street. Les productions de Broadway y sont fréquemment présentées en avant-première. Le Colonial Theater, le Shubert Theater et le Willbur Theater affichent surtout des comédies musicales et des pièces de boulevard. Les amateurs de pièces dramatiques se rendent à la Charles Playhouse et dans les nombreux théâtres rattachés aux universités. La **Boston Ballet Company** se produit pendant la saison musicale au Wang Center.

Éducation – Boston fut créée par des puritains cultivés, soucieux d'établir un système d'éducation solide. C'est alors que furent fondés la Boston Public Latin School (vers 1630), puis Harvard (1636), premier collège des colonies d'Amérique. Depuis, Boston a gardé sa suprématie dans ce domaine, et l'on compte dans la ville et ses environs 68 établissements réputés dont: Harvard, Massachusetts Institute of Technology, Radcliffe, Boston University, New England Conservatory of Music, Boston College, Brandeis University, Tufts University et Wellesley College.

Ce plan montre les principales stations de métro de la MBTA.

RENSEIGNEMENTS PRATIQUES .... Indicatif téléphonique: 617

Comment s'y rendre

Avion – Le **Logan International Airport**, desservi par des vols nationaux et internationaux, est situé à 2 miles au Nord-Est du centre ☎800-235-6426. Service de taxis (de 10 $ à 15 $) et de navettes (8 $) vers le centre. Location de voitures (*voir chapitre Renseignements Pratiques*). **Métro**: ligne bleue, station Airport. Un **bac** relie l'aéroport à Rowes Wharf: Airport Water Shuttle ☎800-235-6486 ou 330-8680.

Autocar – Greyhound: South Station ☎800-231-2222; Peter Pan: 555 Atlantic Avenue ☎426-7838.

Train – Amtrak (grandes lignes): South Station ☎800-872-7245. Les trains de banlieue desservent North Station et South Station ☎722-3200.

Comment s'y déplacer

Transports publics – Métro et autobus (*voir ci-dessous*). Le **bac** de la Boston Harbor Cruises relie Long Wharf et Charlestown Navy Yard (*horaires, voir Charlestown*) ☎227-4321.

Visites commentées – Old Towne Trolley Tours (*tous les jours sauf Thanksgiving Day et 25 décembre; 16 $; 1 h 1/2*): le trolley s'arrête aux principales attractions pour prendre des voyageurs; commentaires en anglais ☎269-7150. En **bateau** avec: la **Bay State Cruise Co Inc**, depuis l'embarcadère de Long Wharf ☎723-7800; la **Boston Harbor Cruises** ☎227-4321; le **Schooner Liberty Tall Ship**, depuis l'embarcadère de Rowes Wharf ☎742-0333; la **Spirit of Boston Harbor Cruises** ☎457-1450. **Croisières d'observation des baleines** (*voir chapitre Renseignements pratiques*).

Voiture – La circulation s'avère difficile dans le centre, et les places de stationnement y sont rares. Il est donc conseillé de laisser sa voiture dans un parking (de 5 $ à 15 $ la journée) et de marcher ou d'utiliser les transports publics. Avant 10 h 30, certains exploitants accordent une réduction de 25 à 50 % appelée *early bird*. Par ailleurs, les chantiers de la construction du tunnel urbain entraîneront de nombreuses perturbations dans les prochaines années. Renseignements sur la fermeture des routes et les déviations: ☎228-4636.

Taxis

	☎		☎		☎
Boston Cab	536-5010	Checker Taxi	536-7000	Red Cab	734-5000
Red & White Cab	742-9090	Town Taxi	536-5000		

Métro et autobus

La Massachusetts Bay Transportation Authority (MBTA) administre les transports souterrains et de surface de l'agglomération de Boston. Les stations sont reconnaissables au signe Ⓣ. La plupart des rames circulent du lundi au samedi, de 5 h 15 à 0 h 30, le dimanche de 6 h à 0 h 30. Le tarif est de 85 cents pour le **métro**, et de 60 cents pour le **bus** (faire l'appoint). Il existe des formules de forfaits touristiques pour 3 ou 7 jours (9 $ et 18 $) permettant de circuler à volonté sur l'ensemble du réseau MBTA: disponibles dans certaines stations et dans les hôtels. Le plan du métro est disponible dans les stations principales. Le plan du réseau MBTA (2,50 $) est vendu au Globe Corner Bookstore, 1 School Street. *Renseignements sur les itinéraires et la vente des tickets*: ☎722-3200.

Informations générales

Bureaux d'information – **Greater Boston Convention and Visitors Bureau**. Au rez-de-chaussée du **Prudential Center** (*ouvert du lundi au vendredi de 8 h 30 à 18 h, le samedi de 10 h à 18 h et le dimanche de 11 h 30 à 18 h*).
Boston Common: à l'angle de Tremont Street et West Street (*ouvert du lundi au samedi de 8 h 30 à 17 h, le dimanche de 9 h à 17 h*); adresse postale: PO Box 490, Boston MA 02199 ☎800-888-5515 ou 536-4100. **National Park Service**: 15 State Street (*ouvert tous les jours de 9 h à 17 h*).

Numéros utiles

	☎
Police/Secours médical d'urgence/Pompiers	911
Police (sauf urgence)	343-4240
Urgence dentaire (24 h sur 24)	508-651-3521
Urgence médicale/médecin de garde (24 h sur 24)	431-5959
Phillips Drug Co (pharmacie ouverte de 7 h à minuit)	523-1028
Poste principale 25 Dorchester Avenue (24 h sur 24)	654-5327
Météo	936-1234

Hébergement – Services de réservation: **Citywide Reservation Services,** 25 Huntington Avenue, Suite 607, Boston MA 02116-5713 ☎267-7424; **Host Homes of Boston**, PO Box 117, Waban Branch, Boston MA 02168 ☎244-1308; **Bed and Breakfast Cambridge & Greater Boston**, PO Box 665, Cambridge MA 02140 ☎800-888-0178 ou 576-1430. Un guide intitulé

© Justine Hill

Boston Travel Planner est disponible gratuitement au Convention and Visitors Bureau *(coordonnées plus haut)*. On trouve des hôtels de toutes les catégories: depuis les grands hôtels luxueux du centre (de 195 $ à 260 $ la nuit) aux motels économiques (de 90 $ à 130 $ la nuit). La plupart des bed and breakfasts (de 40 $ à 75 $ la nuit) sont situés dans les quartiers résidentiels. *Les tarifs indiqués sont les prix moyens pratiqués pour une chambre double.*

Presse locale – Grands quotidiens: le *Boston Globe* est disponible dès le matin, et offre un calendrier des spectacles dans son édition du jeudi; le *Boston Herald*, également disponible le matin. Hebdomadaire: le *Boston Phoenix.*

Spectacles – Le calendrier des événements culturels et l'adresse des principaux théâtres sont fournis par les rubriques Arts et Spectacles des journaux locaux. Réservation des billets: le **Bostix Ticket Booth** à Faneuil Hall Marketplace vend des billets à moitié prix pour certains spectacles le jour même de la représentation *(vente sur place et paiement en liquide uniquement)* ☎723-8915. **Ticketmaster** ☎931-2000.

Faire ses courses à Boston

Dans ce quartier, vous trouverez…

Downtown	**Downtown Crossing**: des grands magasins dont Jordan Marsh, Filene's et Filene's Basement (soldes). **Faneuil Hall Marketplace** *(voir Quincy Market)*: un centre très animé, au cadre historique, avec des boutiques et des restaurants. **Haymarket**: un marché en plein air.
Back Bay	**Copley Place**: boutiques, restaurants, grand magasin Neiman-Marcus. **Prudential Center**: magasins de vêtements et spécialisés, notamment Lord & Taylor et Saks Fifth Avenue. **Newbury Street**: antiquaires, galeries d'art et boutiques.
Beacon Hill	**Charles Street**: antiquaires et galeries d'art.
Cambridge	**Harvard Square**: boutiques à la mode, magasins de disques et autres. **Cambridgeside Galleria**: plus de 100 magasins de vêtements et spécialisés.

Change de devises – *Voir chapitre Renseignements pratiques.* **Baybank**: guichet de change situé au terminal E du Logan International Airport *(ouvert du lundi au vendredi de 8 h à 21 h 30, le samedi de 11 h 30 à 21 h 30)* ☎800-788-5000.

Sports – Les billets pour les grandes manifestations sportives s'achètent sur place ou auprès de Ticketmaster *(voir ci-dessus)*. Le 3e lundi d'avril, journée historique commémorant la chevauché de Paul Revere, des centaines de Bostoniens participent au marathon qui couvre les 42,2 km traditionnels entre Hopkinton et Back Bay.

Sport	Équipe	Saison	Stade
Base-ball (Major League)	Red Sox	avr.–oct.	Fenway Park
Football américain	New England Patriots	sept.–déc.	Schaefer Stadium (Foxboro)
Basket	Celtics	nov.–mai	Boston Garden
Hockey sur glace	Bruins	sept.–avr.	Boston Garden

★★ 1 BEACON HILL *Voir plan plus loin*

Quartier par excellence de l'élite intellectuelle, mais aussi de la première communauté noire de la ville, Beacon Hill préserve une atmosphère toute provinciale aux abords immédiats de l'agitation de la grande métropole.

Un peu d'histoire – La colline de Beacon Hill est le seul vestige des trois sommets que comptait Trimountain à l'origine. Son nom lui vient du fanal *(beacon)* que les puritains édifièrent en 1634 pour alerter la population en cas d'attaques. De 1795 à 1798, le célèbre architecte Charles Bulfinch surveilla la réalisation de la nouvelle State House sur le versant Sud de la colline. La réussite de ce grand projet incita Bulfinch, Harrison Gray Otis et leurs associés à concevoir un élégant quartier résidentiel sur des terrains adjacents qu'ils achetèrent au peintre John Singleton Copley. De 1799 à 1850, ils transformèrent radicalement Trimountain: le sommet de Beacon Hill fut raboté de près de 20 m, et les deux autres hauteurs furent nivelées, ce qui fournit suffisamment de remblai pour combler les marais alentour. Des rues furent percées, bientôt embellies de demeures en briques de style anglais.

Entre Pinckney Street et le Common, le versant Sud ensoleillé était réservé à la haute société et à sa respectable communauté intellectuelle et artistique, représentée par Daniel Webster, Julia Ward Howe et la famille Alcott. Au 19e s., le flanc Nord devint le centre de la communauté noire de Boston, qui fournit de nombreux domestiques aux Bostoniens aisés de la colline. Aujourd'hui, Beacon Hill est un des quartiers les plus enviés de la ville. Une promenade le long de ses rues paisibles bordées de belles demeures et de lampadaires à gaz plonge le visiteur dans une époque depuis longtemps révolue.

Un musée architectural – Créé presque entièrement dans la première moitié du siècle dernier, ce quartier est un véritable musée à ciel ouvert. Les plus grands talents de l'époque y ont œuvré: Charles Bulfinch avec la State House et plusieurs maisons de style fédéral, ainsi que Asher Benjamin et Alexander Parris dont les demeures néo-classiques furent très en vogue dans les années 1820.

Les rues de Beacon Hill constituent un remarquable ensemble homogène de bâtiments en briques aux façades harmonieuses de 3 ou 4 étages. Des ruelles pittoresques laissent deviner les anciennes dépendances et annexes de ces maisons, et certaines impasses baignent encore d'une atmosphère mystérieuse. Seule la détermination des habitants du quartier à sauvegarder ce précieux héritage architectural a permis de conserver ce joyau urbain, classé quartier historique depuis 1955. *En mai, des jardins privés de Beacon Hill sont ouverts au public. Renseignements:* ☎617-227-4392.

Acorn Street (Beacon Hill)

Peter Vanderwarker

Promenade *2h (sans les visites guidées).* ⊤ *Park Street.*
Les promeneurs sont invités à faire preuve de prudence en cas de mauvais temps, car les pavés des trottoirs peuvent s'avérer très glissants. La visite commence à l'angle de Park Street et de Tremont Street. Remonter Park Street.

Cette rue en pente douce conduit agréablement à la State House et son dôme doré dominant **Beacon Street★**, que l'écrivain Oliver Wendell Holmes évoquait comme «une rue ensoleillée où réside la crème de la crème». Cet alignement de somptueux édifices sur le versant Sud de la colline offre des vues très convoitées sur le Common. Cette artère à la mode se prolonge vers l'Ouest dans le quartier de Back Bay et au-delà.

Tourner à droite dans Beacon Street.

★ **Boston Athenaeum** – *10 1/2 Beacon Street. Les deux niveaux inférieurs sont ouverts au public toute l'année, du lundi au vendredi de 9h à 17h (ainsi que le samedi de 9h à 16h de mai à octobre). La visite guidée (1h) proposée le mardi et le jeudi à 15h permet de voir le reste du bâtiment. Réserver la veille.* ☎617-227-0270. Lors de sa fondation en 1807, cette vénérable institution bostonienne était une des premières bibliothèques de prêt des États-Unis. Au cours du 19e s., un grand nombre de chefs-d'œuvre appartenant aux réserves de l'Athenaeum constituèrent le fonds de l'éminente collection du Museum of Fine Arts *(voir plus loin)*. Le bâtiment actuel fut construit dans les années 1840 pour abriter le patrimoine sans cesse plus volumineux de la bibliothèque qui regroupe aujourd'hui 750 000 ouvrages et œuvres d'art. En parcourant les augustes salles de lecture regorgeant de livres aux reliures de cuir et ornées de magnifiques statues, tableaux et gravures, les visiteurs sont plongés dans une atmosphère unique alliant tradition et érudition. Les pièces majeures de la collection sont signées Gilbert Stuart, Thomas Sully et Jean-Antoine Houdon. La galerie d'art *(1er étage)* expose des œuvres de la collection présentées par roulement. Plusieurs salles et terrasses offrent de belles **vues** sur l'ancien cimetière, Old Granary Burying Ground.

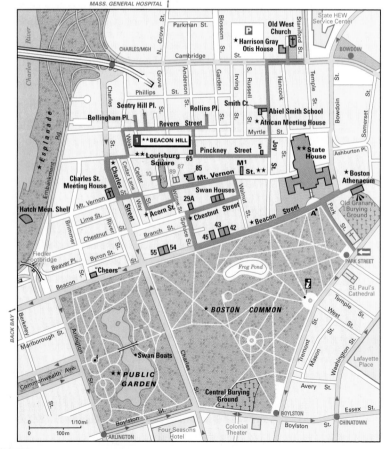

★★ **State House** – *A l'angle de Park Street et Beacon Street. Visite toute l'année, du lundi au vendredi de 10 h à 16 h sauf les jours fériés.* ⚊ ♿ ☎617-727-3676. Le dôme doré du siège du gouvernement du Massachusetts est chéri par les Bostoniens depuis près de deux siècles. Construit en 1798 par Charles Bulfinch, le bâtiment d'origine au portique très saillant fut agrandi de plusieurs ailes en 1895 et 1916. La plupart des ornements et décors intérieurs voulus par Bulfinch ont été préservés.

Les statues placées devant la State House représentent Anne Hutchinson (aile Ouest), bannie de la colonie au 17e s. pour ses conceptions théologiques, Mary Dyer (aile Est), pendue pour son appartenance aux quakers, l'orateur Daniel Webster (à gauche) et Horace Mann (à droite), pionnier de l'éducation américaine. L'entrée principale ouvre sur le **hall dorique**, qui doit son nom à ses colonnes. Tout en marbre, l'**escalier du Sénat** a été ajouté au 19e s. et est orné d'œuvres représentant la chevauchée de Paul Revere, le discours de James Otis et la Boston Tea Party. Dans le **hall des drapeaux**, construit pour abriter les drapeaux de la guerre de Sécession, on reconnaît le Mayflower, John Eliot évangélisant les Indiens et la bataille de Concord, le 19 avril 1775.

L'escalier principal mène au **hall** du 2e étage que domine la statue du gouverneur Wolcott signée Daniel Chester French. A ce niveau se trouvent également la chambre du Sénat, la salle de réception du Sénat, le bureau du gouverneur et la chambre des Représentants. Avant de quitter cette dernière salle, il faut remarquer la **morue** en bois sculpté, symbole de l'État: la pêche à la morue fut l'une des principales sources de revenu du Massachusetts.

En face de la State House, le **Show Civil War Monument★ [A]** est un bas-relief en bronze sculpté par Augustus Saint-Gaudens et dédié à la gloire du colonel Robert Gould Shaw et de son régiment, le 54e d'Infanterie, qui fut le premier a être composé de volontaires Noirs engagés dans la guerre de Sécession. Shaw fut tué en 1863 pendant l'attaque de Fort Wagner en Caroline du Sud.

Descendre Beacon Street.

Remarquer le **n° 42-43**, bâtiment de granit abritant le très sélect Somerset Club et dont la section droite est attribuée à Alexander Parris (1819), et le **n° 45**, la dernière des trois maisons que Bulfinch conçut pour Harrison Gray Otis sur Beacon Hill.

Dépasser Spruce Street.

Aux **n°s 54** et **55**, ces élégantes demeures néo-classiques seraient dues à Asher Benjamin, architecte de la Charles Street Meeting House et de l'Old West Church *(voir plus loin).*

Revenir à l'angle de Beacon Street et de Spruce Street, s'engager dans Spruce Street et tourner à droite dans Chestnut Street.

En passant à hauteur de l'étroite Branch Street, remarquer sur la gauche les modestes bâtiments où habitaient autrefois les domestiques.

★ **Chestnut Street** – Cette rue présente un intéressant ensemble architectural illustrant plusieurs styles en vogue entre 1800 et 1830. Le **n° 29A** (1800, Charles Bulfinch) est célèbre pour ses vitres devenues mauves sous l'effet du soleil. On peut voir d'autres exemples de cette coloration due à l'utilisation de dioxyde de manganèse dans la composition du verre: aux n°s 63 et 64 de Beacon Street. Du n° 13 au n° 17 se trouvent trois gracieuses maisons, les **Swan Houses** (maisons du cygne, vers 1805), bel exemple du style fédéral développé par Bulfinch.

Tourner à gauche dans Walnut Street pour gagner Mount Vernon Street.

★★ **Mt Vernon Street** – Qualifiée par Henry James de «seule rue respectable dans toute l'Amérique», Mount Vernon Street se targue de posséder les plus élégantes résidences de Beacon Hill. Au n° 55, le **Nichols House Museum [M¹]** *(visite guidée de 1/2 h de mai à octobre, du mardi au samedi de 12 h à 17 h; le reste de l'année, le lundi, le mercredi et le samedi de 12 h à 17 h; fermé en janvier et les jours fériés; 4 $;* ☎617-227-6993*)* est la seule maison du quartier accessible au public. Conçue en 1804 par Bulfinch, elle appartenait à une riche Bostonienne dont le mobilier et les bibelots ont été conservés.

En descendant Mount Vernon Street, s'arrêter à hauteur du **n° 85** (1802), l'une des seules maisons à être isolée dans un jardin; elle se situe 10 m en retrait de l'alignement de la rue. Avec sa façade rythmée de pilastres légers et couronnée d'une balustrade de bois et d'une tour octogonale, cette belle résidence fut la deuxième d'une série de trois que construisit Bulfinch pour Harrison Gray Otis. Les n°s 87 et 89 sont également signées Bulfinch.

★★ **Louisburg Square** – Baptisée en l'honneur de la victoire des miliciens du Massachusetts sur les Français à Louisbourg (Nouvelle-Écosse) en 1745, cette place est l'un des endroits les plus chic de Boston. Ses façades néo-classiques et son parc privatif ont très peu changé depuis leur création dans les années 1830 et 1840. Au n° 10 vécut l'écrivain Louisa May Alcott, de 1880 jusqu'à sa mort en 1888. Chaque année, à la veille de Noël, les Bostoniens perpétuent une tradition ancestrale en s'y réunissant pour chanter des chansons populaires.

Quitter Louisburg Square par Willow Street et tourner à droite dans Acorn Street.

★ **Acorn Street** – Cette ruelle romantique, grossièrement pavée de gros galets, est la rue la plus photographiée de Beacon Hill.

Au bout d'Acorn Street, tourner à droite dans West Cedar Street, puis à gauche dans Mount Vernon Street, et continuer jusqu'à Charles Street.

★ **Charles Street** – C'est la rue commerçante et animée de Beacon Hill, où voisinent antiquaires, galeries d'art et cafés. A l'angle formé avec Mount Vernon Street se trouve la **Charles Street Meeting House**, conçue vers 1807 par Asher Benjamin. Cette église servit de cadre aux réunions des célèbres abolitionnistes William Lloyd Garrison, Frederick Douglass et Sojourner Truth; elle a été convertie en bureaux au cours des années 1980.

Continuer sur Charles Street, et tourner à droite dans Pinckney Street.

Pinckney Street – Cette jolie rue délimitait le quartier élégant (versant Sud) et le quartier populaire des domestiques (versant Nord). Il est intéressant d'observer le contraste architectural des deux versants.

Tourner à gauche dans West Cedar Street, puis à droite dans Revere Street.

Revere Street – Sur la gauche se succèdent de pittoresques impasses où travaillaient autrefois les artisans: **Bellingham Place**, **Sentry Hill Place** et **Rollins Place**; au bout se dresse une façade blanche qui n'est qu'un décor.

Gagner Anderson Street et tourner à gauche.

Au **n° 65**, l'imposant édifice de briques (1824) qui surplombe l'intersection de Pinckney Street et Anderson Street abrita de 1844 à 1861 la Phillips Grammar School, première école de Boston à accueillir des élèves de couleur.

Remonter Pinckney Street.

Au **n° 5**, la petite maison en bardeaux construite pour deux Bostoniens de couleur dans les années 1790 est l'un des bâtiments les plus anciens de Beacon Hill.

Tourner à gauche dans Joy Street.

Joy Street – Cette longue rue qui descend le long du versant Nord fut le centre historique de la communauté noire de Boston de la fin du 18e au 19e s.

Smith Court – Après l'Indépendance, ce cul-de-sac devint le cœur de la communauté noire. Nombre de ses habitants travaillaient pour les familles aisées de l'autre versant. Au n° 46 se dresse l'élégante **Abiel Smith School** (années 1830), première école pour les élèves Noirs de la ville; à l'arrière se trouve la plus ancienne église de la communauté noire du pays, l'**African Meeting House★** *(visite toute l'année de 10h à 16h, sauf les jours fériés).* Construit en 1806 par des Noirs de confession baptiste las de la discrimination rencontrée dans les églises fréquentées par les Blancs, cet élégant édifice de briques fut un grand centre de la lutte anti-esclavagiste.

Pendant presque tout le 20e s., le sanctuaire servit de synagogue. Aujourd'hui classé bâtiment historique, il est administré par le National Park Service. Le niveau inférieur abrite le Museum of Afro-American History qui propose des expositions sur la communauté noire de la Nouvelle-Angleterre. Le niveau supérieur est réservé à la Meeting House. *Le Boston African-American National Historic Site, 46 Joy Street* ☎617-742-5415, *fournit gratuitement une brochure sur l'histoire des Noirs à Beacon Hill, proposant un itinéraire de 14 sites historiques majeurs (dont la plupart sont inclus dans cette visite).*

Au pied de Joy Street, traverser Cambridge Street.

★ **Harrison Gray Otis House** – *141 Cambridge Street. Visite guidée (3/4 h) toute l'année, du mardi au vendredi de 12h à 17h, le samedi de 10h à 17h. Fermé les jours fériés. 4 $.* ☎617-227-3956. Cette maison construite en 1796 est l'œuvre des deux hommes qui influencèrent considérablement l'architecture de Boston: Bulfinch, l'architecte, et Harrison Gray Otis, le promoteur immobilier, l'avocat et l'homme politique. Première des trois maisons que Bulfinch conçut pour Otis à Beacon Hill, ce bâtiment de style fédéral témoigne du goût pour l'élégance dont les Bostoniens firent preuve au lendemain de l'Indépendance. Au 1er étage, des fenêtres d'influence palladienne adoucissent la façade. A l'intérieur, il faut remarquer le mobilier d'époque, les moulures ouvragées, les décorations au pochoir et l'escalier sans mur de cage.

La maison abrite à la fois un musée et le siège de la Society for the Preservation of New England Antiquities fondée en 1910 et qui administre plus de 30 maisons-musées dans cinq États.

Old West Church – Conçu par Asher Benjamin en 1806, cet élégant édifice aux lignes verticales se marie parfaitement avec le style fédéral de l'Otis House voisine. En 1775, les troupes anglaises avaient rasé l'église qui s'y élevait primitivement parce qu'ils soupçonnaient les patriotes d'utiliser son clocher pour communiquer avec les troupes américaines.

Pour revenir sans transition au 20ᵉ s., il suffit de regarder du côté de Staniford Street vers le State Health, Education and Welfare Service Center. Cette immense structure de béton, construite en 1970 par Paul Rudolph, a remplacé des logements du quartier de West End. La façade ouvrant sur Staniford Street et Merrimac Street se caractérise par un escalier spectaculaire.

★★★ ② **THE FREEDOM TRAIL**   *1 journée. Voir plan ci-dessous.* Ⓣ *Park Street.*

Ce «chemin de la liberté» passe par les différents sites et monuments liés à l'histoire de l'Indépendance des États-Unis *(il se prolonge jusqu'à Charlestown, voir plus loin)*. L'itinéraire est matérialisé au sol par un pavement de briques rouges ou une ligne peinte de la même couleur.

Départ du Visitor Center situé sur le Common, à l'angle de Tremont Street et de West Street (ce bureau d'accueil est ouvert toute l'année, du lundi au samedi de 8h à 17 h, le dimanche de 9h à 17h; ☎617-536-4100).

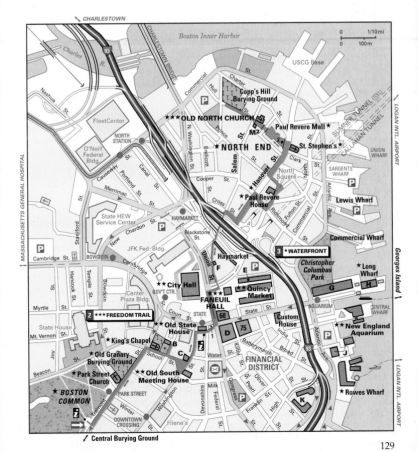

Le Centre

★ **Boston Common** – *Voir plan de Beacon Hill.* Vers 1630, le révérend Blackstone vendit ces 20 ha de terrain boisé aux puritains. L'endroit servit tour à tour de pâturage, de terrain de manœuvres, de site aux exécutions publiques, de lieu de rassemblements et de concerts. Aujourd'hui en plein cœur de la ville, ce parc paysager est parcouru d'innombrables sentiers ombragés qui mènent vers le centre, Beacon Hill et Back Bay. Le long de Boylston Street, le **Central Burying Ground** (1756) abrite la tombe du peintre américain Gilbert Stuart, célèbre pour ses portraits.

> *Se rendre à l'angle de Tremont Street et de Park Street, et suivre la ligne rouge jusqu'à la fin de l'itinéraire.*

★ **Park Street Church** – *Ouvert en juillet et août, du mardi au samedi de 9 h 30 à 15 h 30.* Son ravissant clocher de bois, haut de plus de 60 m, abrite un carillon électronique qui égrène toutes les heures les notes d'hymnes connus. C'est dans cette église de briques construite par Peter Banner en 1809, nettement influencé par l'architecte anglais Christopher Wren, que William Lloyd Garrison fit son premier discours anti-esclavagiste en 1829. L'hymne *America* fut chanté pour la première fois, le 4 juillet 1831, dans cet édifice emblématique de la ville de Boston.

★ **Old Granary Burying Ground** – Ce cimetière occupe l'ancien emplacement d'un grenier à grains *(granary)*. La plupart des grands révolutionnaires y sont enterrés: James Otis, Samuel Adams, Paul Revere et Crispus Attucks, tombé lors du Massacre de Boston. L'obélisque situé en son centre est dédié aux parents de Benjamin Franklin.

★ **King's Chapel** – *A l'angle de Tremont Street et de School Street. Ouvert de mi-juin au Labor Day (1ᵉʳ lundi de septembre), du lundi au samedi de 10 h à 16 h; de mi-mars à début juin et de mi-septembre à octobre le lundi, le vendredi et le samedi de 10 h à 16 h. Contribution demandée.* ☎617-523-1749. Première église anglicane de la Nouvelle-Angleterre, cet édifice en granit conçu par Peter Harrison en 1754 remplaça la chapelle en bois construite sur ce site dans les années 1680. La tour centrale fut enveloppée d'une colonnade ionique en bois vers 1780, mais le clocher qui devait la surmonter ne fut jamais construit par manque de crédits.
Neuf ans seulement après l'évacuation de Boston par les Anglais, l'édifice fut converti pour devenir la première église unitarienne des États-Unis. Son **intérieur** georgien est très élégant. Le petit **cimetière** qui jouxte l'église est le plus ancien de Boston; John Winthrop, premier gouverneur de la colonie, et John Alden y sont enterrés.

Old City Hall [B] – *45 School Street.* Ce majestueux édifice de granit (1865) a été construit à l'emplacement de la première école publique d'Amérique (Boston Public Latin School, vers 1630). C'est le plus bel exemple d'architecture de style Second Empire de Boston. Son architecte, Arthur Gilman, a également contribué à l'urbanisme de Back Bay. Après la construction du nouveau City Hall en 1968, le bâtiment a été affecté à un usage commercial. Une statue de Benjamin Franklin, né à proximité, orne l'esplanade.

Old Corner Bookstore [C] – *A l'angle de Washington Street et de School Street.* Ce bâtiment de briques qui date du 18ᵉ s. a été restauré et abrite désormais une librairie spécialisée dans les ouvrages sur Boston. Adresse importante du monde littéraire, il abrita longtemps l'éditeur de Longfellow, Ermerson et Hawthorne, les grands écrivains de la Nouvelle-Angleterre, ainsi que les bureaux des journaux *Atlantic Monthly* et *Boston Globe*.

★★ **Old South Meeting House** – *A l'angle de Washington Street et de Milk Street. Visite d'avril à octobre, tous les jours de 9 h 30 à 17 h; le reste de l'année, du lundi au vendredi de 10 h à 16 h et le samedi de 10 h à 17 h. 2,50 $.* ☎617-482-6439. Les grands orateurs de la révolution, Samuel Adams et James Otis, se succédèrent à la chaire de cette église pour inciter leurs compatriotes à les suivre, et c'est d'ici que partirent les faux Indiens à la Boston Tea Party, le 16 décembre 1773.
Inspiré des œuvres de Christopher Wren, l'édifice présente une modeste façade de briques et une tour coiffée d'un clocher de bois. L'intérieur fut transformé en écurie par les Anglais pendant le siège de Boston.
Une exposition retrace l'histoire de ce vénérable bâtiment: objets, souvenirs et documents sonores évoquent les discours passionnés et les conversations qui furent tenus dans ce lieu historique.

★★ **Old State House** – *A l'angle de Washington Street et de State Street. Visite toute l'année de 9 h 30 à 17 h, sauf les jours fériés. 3 $.* ☎*617-720-1713.* Le plus ancien bâtiment public de Boston (1713) servit de quartier général au gouvernement anglais jusqu'à l'Indépendance, et fut le cadre de plusieurs événements-clés de l'histoire des États-Unis. En 1770 se déroula sous ses fenêtres l'épisode du Massacre de Boston. Après que les colonies américaines se furent affranchies de la Couronne à Philadelphie le 4 juillet 1776, la Déclaration d'Indépendance fut lue pour la première fois en public depuis son balcon deux semaines plus tard. La foule en délire brûla alors le lion et la licorne, symboles de la Couronne, qui ornaient le gable du bâtiment (les figures actuelles sont des copies). Salle de réunion du gouvernement du Massachusetts jusqu'à la construction de la nouvelle State House en 1798, l'Old State House servit ensuite de magasin, puis de City Hall (hôtel de ville). En 1881 fut fondée la Bostonian Society afin de convertir l'édifice en un musée consacré à l'histoire de la ville. A l'intérieur, un ravissant escalier en spirale mène aux salles des étages supérieurs relatant le passé et le présent de Boston. Depuis la chambre du Conseil, on peut apercevoir le balcon où fut prononcée la déclaration historique.

Old State House

Derrière la State House, à l'angle de Congress Street et de State Street, se trouve un îlot où un cercle de pavés commémore le Massacre de Boston **[1]**. On y est brusquement confronté à l'architecture vertigineuse du 20e s., et notamment deux tours récentes qui se dressent au-dessus de State Street: sur la gauche se trouve le **60 State Street** (1977, Skidmore, Owings et Merrill), et sur la droite, le **Stock Exchange Place [D]** (1984, Peabody et Stearns), qui a partiellement absorbé un édifice de granit plus ancien. Presque dissimulé derrière le Stock Exchange Place pointe le gratte-ciel le plus singulier de Boston: **75 State Street**★ (1988, Skidmore, Owings et Merrill), reconnaissable à son couronnement de granit multicolore et de feuilles d'or. Plus bas dans State Street se trouve la **Custom House**: la base date de 1847 (A.B. Young), et la tour de 1915 (Peabody et Stearns).

Après l'intersection de Congress Street et de State Street, se retourner pour admirer la façade orientale de l'Old State House qui contraste avec une immense tour de métal noir, One Boston Place.

★★ **City Hall** – *Visite toute l'année, du lundi au vendredi de 8 h à 16 h, sauf les jours fériés.* ☎*617-635-4000.* Sur la gauche, on aperçoit la façade arrière de l'hôtel de ville *(on le verra mieux en gagnant la place accessible par les escaliers qui flanquent le bâtiment).* Émergeant de son socle de briques, cette pyramide de béton renversée reste l'une des réalisations architecturales les plus controversées de Boston depuis son achèvement en 1968. Cet édifice, reconnu comme une réussite dans toute l'Amérique, est l'œuvre de trois architectes: Kallman, McKinnell et Knowles, qui se sont inspirés du modernisme de Le Corbusier et ont contribué à faire reconnaître le brutalisme (terme employé par les architectes anglais) aux États-Unis. Les amateurs d'architecture flâneront avec plaisir dans les vastes espaces des niveaux inférieurs. Depuis les galeries du 4e étage, on peut observer les réunions du conseil municipal *(le mercredi à 16 h).*

Peter Vanderwarker

131

★★★ **Faneuil Hall** – *Dock Square. Entrée principale en face du Quincy Market. Visite toute l'année de 9 h à 17 h, sauf le 1er janvier, le Thanksgiving Day (4e jeudi de novembre) et le 25 décembre.* ☎617-242-5675. Légué à la ville de Boston par le riche négociant Peter Faneuil en 1742, ce vénérable bâtiment servit de salle de réunion pendant toute la guerre d'Indépendance.

A sa tribune se sont succédé de grandes figures de l'histoire américaine: Samuel Adams, Wendell Philips, Susan B. Anthony et plus récemment John F. Kennedy. Partiellement détruit par un incendie en 1762, Faneuil Hall fut reconstruit en respectant les plans originaux dessinés par John Smibert. En 1806, l'édifice fut agrandi par Charles Bulfinch qui doubla sa largeur.

Son dôme est surmonté de la fameuse girouette représentant une sauterelle, commandée par Peter Faneuil en 1742. Inspirée du bronze qui orne le Royal Stock Exchange de Londres, la sauterelle est l'emblème du port de Boston depuis le 18e s. Devant l'entrée se dresse une statue de Samuel Adams.

Un escalier conduit à la grande salle de réunion. Un tableau de George P. A. Healy représente Daniel Webster parlant devant le Sénat. A l'étage supérieur se trouve un musée militaire regroupant des armes, des uniformes, des drapeaux et des tableaux. Il est administré par la plus ancienne organisation militaire américaine, **The Ancient and Honorable Artillery Company** (*ouvert toute l'année, du lundi au vendredi de 9 h à 17 h;* ☎617-227-1638).

Quincy Market

★★ **Quincy Market** – *Derrière Faneuil Hall.* Le centre commerçant animé de Faneuil Hall Marketplace, plus connu sous le nom de son édifice principal, Quincy Market, illustre une rénovation urbaine réussie. Quelques années ont suffi pour transformer ce quartier d'entrepôts désaffectés en grand lieu de rendez-vous des Bostoniens et des touristes, attirés par les restaurants, les terrasses de café, les boutiques d'artisanat et les magasins spécialisés.

L'ensemble se compose de trois bâtiments en granit construits en 1825 par Alexander Parris. Au centre, Quincy Market consiste en une longue galerie de style néo-classique flanquée de verrières ajoutées lors de la restauration (années 1970) et abritant des douzaines d'échoppes et de restaurants. Dans les deux autres bâtiments sont installés des magasins plus luxueux. Dans North Market se trouve un restaurant très populaire et familial: **Durgin Park [E]**.

Union Street – A la fin du 18e s., cette rue était bordée de tavernes et de pubs. Le duc d'Orléans, futur roi de France sous le nom de Louis-Philippe, habita plusieurs mois au premier étage de **Ye Old Union Oyster House [F]**, qui est toujours un restaurant. Il y donnait des leçons de français pour assurer sa subsistance.

Traverser Blackstone Street pour gagner Haymarket où se tient le week-end un marché en plein air très animé. Emprunter le tunnel piétonnier pour gagner le quartier de North End.

★ North End

Ce quartier isolé du reste de la ville par la voie express a été habité dès 1630. Il fut le principal quartier résidentiel de Boston tout au long des 17e et 18e s., accueillant notamment une communauté d'esclaves noirs affranchis. Au 19e s. vinrent s'installer les Irlandais et les Juifs, bientôt remplacés par des immigrants du Sud de l'Italie dont la communauté est toujours très présente. Les rues principales, **Hanover Street★** et **Salem Street**, dégagent une ambiance toute méditerranéenne avec ses toits en terrasse, ses magasins fraîchement achalandés, ses restaurants et ses cafés aux bonnes odeurs de pâtes, de pizzas et d'expressos. Attachée à ses traditions, la communauté italienne continue de célébrer tout au long de l'année ses nombreux saints patrons *(le calendrier des fêtes est affiché sur la porte des magasins et des églises)* en organisant des processions religieuses et des manifestations qu'accompagnent des plats traditionnels vendus à même la rue.

★ **Paul Revere House** – *19 North Square. Visite d'avril à décembre, tous les jours de 9 h 30 à 17 h 15 (16 h 15 en novembre et en décembre ainsi que début avril); de janvier à mars, du mardi au dimanche de 9 h 30 à 16 h 15. Fermé le 1er janvier, le Thanksgiving Day (4e jeudi de novembre) et le 25 décembre. 2,50 $.* ☎617-523-2338. Cette maison en bois, la seule qui subsiste à Boston, était déjà vieille de cent ans lorsque Paul Revere l'acheta en 1770. C'est d'ici que cet orfèvre, de souche française huguenote, partit pour sa fameuse chevauchée vers Lexington, le 18 avril 1775 *(voir à ce nom)*. L'intérieur est équipé du mobilier ayant appartenu à la famille Revere.

★ **St Stephen's Church** – *A l'angle de Hanover Street et de Clark Street. Ouvert toute l'année de 7 h au coucher du soleil.* Remarquablement située en face du Paul Revere Mall, cette ancienne église congrégationaliste (1806) fut achetée et rebaptisée dans les années 1860 par le diocèse catholique de Boston. A l'époque, il fallait répondre aux besoins spirituels des immigrants nouvellement arrivés dans le quartier de North End. Des cinq églises de Boston conçues par Bulfinch, c'est la seule qui subsiste. L'intérieur est bien conservé et est flanqué d'une gracieuse colonnade supportant un balcon.

★ **Paul Revere Mall** – Lien entre les églises St Stephen et Old North, cette place au pavement de briques est l'un des plus jolis espaces publics de Boston. La **statue équestre [2]** représentant Paul Revere est de Cyrus Dallin et se détache sur la silhouette de Old North Church. Des plaques de bronze évoquent le rôle exercé par les habitants de North End dans l'histoire de la ville.

★★★ **Old North Church (Christ Church)** – *Entrée par le n° 193 de Salem Street. Ouvert toute l'année de 9 h à 17 h sauf le Thanksgiving Day (4e jeudi de novembre).* ☎617-523-6676. Les Américains éprouvent un attachement tout particulier pour cette église à laquelle Longfellow dédia l'un de ses poèmes les plus fameux évoquant les deux lanternes, accrochées au clocher, qui donnèrent l'alarme à Paul Revere. Construite en 1723, Old North Church était coiffée d'une flèche par deux fois démolie par des tempêtes; la flèche actuelle date de 1954. A l'intérieur, les bancs fermés, les larges baies et la chaire

Statue équestre de Paul Revere

d'où le président Gerald Ford inaugura le bicentenaire sont caractéristiques des églises coloniales de la Nouvelle-Angleterre. Les quatre anges placés près de l'orgue font partie d'un butin provenant d'un vaisseau français. Dans le **musée [M²]** attenant sont présentées des répliques des fameuses lanternes.

© Joanne Devereaux

Copp's Hill Burying Ground – *Ouvert tous les jours de 8h à 18h (fermeture à 15h à la fin de l'automne et en hiver).* ☎617-635-4505. Ce cimetière renferme les sépultures de grandes familles bostoniennes, notamment les Mather *(section Nord-Est près de la porte ouvrant sur Charter Street).* Il est également la dernière demeure de centaines de Noirs qui habitaient le quartier de North End au 18ᵉ s.

Revenir dans Hanover Street pour goûter quelques spécialités italiennes ou simplement se plonger dans l'ambiance locale. La ligne rouge du Freedom Trail se poursuit vers Charlestown (voir plus loin).

★ ③ **THE WATERFRONT** *2 h. Voir plan plus haut.* ☉ *Aquarium.*

Durant la prospérité maritime de Boston, les grands voiliers, chargés de leurs cargaisons exotiques, venaient accoster à ces quais animés. Pour favoriser le développement des chantiers navals, la superficie du port fut spectaculairement agrandie de 40 ha par un programme de remblaiement conduit dans la première moitié du 19ᵉ s. Vers 1900, la construction navale connut une grande régression et les quais commencèrent à se dégrader. Le tracé de deux nouvelles voies de circulation (Atlantic Avenue dans les années 1860 et la voie express dans les années 1950) isola le quartier du centre de Boston.

Des efforts de rénovation ne furent véritablement entrepris que dans les années 1960. Plusieurs entrepôts furent alors reconvertis en magasins et en logements, mais ce n'est qu'après la rehabilitation de Quincy Market dans les années 1970 qu'une communication fut rétablie entre le centre et le **Christopher Columbus Park**. Cette promenade très appréciée, située le long des quais reliant Commercial Wharf et Long Wharf, est aujourd'hui bordée de résidences et d'hôtels de luxe. Après l'achèvement du tunnel qui remplacera la disgracieuse voie express, le Waterfront renouera définitivement avec les quartiers du centre.

Curiosités

Commercial Wharf et Lewis Wharf – Construits dans les années 1830, ces entrepôts en granit ont été restaurés dans les années 1960 et abritent des bureaux et des appartements de luxe.

★ **Long Wharf** – Autrefois, cet embarcadère (1710) ressemblait à une avenue monumentale de plus de 600 m de long, entre la Custom House Tower et le port, et accueillait les navires de trop fort tonnage pour s'amarrer aux autres quais. Au cours des siècles, Long Wharf diminua de moitié et perdit peu à peu ses boutiques et ses entrepôts. La basse et longue silhouette du **Marriott Hotel Long Wharf [G]** (1982, Cossutta et associés) s'est harmonieusement intégrée à l'architecture traditionnelle du port, et l'ancien bureau des douxanes, le **Custom House Block [H]** (1837, Isaiah Rogers), a été transformé en ensemble commercial et résidentiel. Long Wharf est l'embarcadère des bateaux visitant le port et les îles, ainsi que de la navette reliant Charlestown.

Excursions en bateau – Les croisières et excursions (Provincetown, Nantasket) au départ du Waterfront constituent une merveilleuse façon de visiter le port et d'approcher Boston.

Excursions à Georges Island – *Départs de Long Wharf de fin mai au Labor Day (1ᵉʳ lundi de septembre), tous les jours de 10h à 16h (le week-end jusqu'à 17 h); de mi-septembre à début octobre, du mercredi au dimanche de 10h à 16 h. 3/4h AR. 6 $. ✗ ⟁ Bay State Cruise Co.* ☎617-723-7800. Cette île de 11 ha habitée à l'époque coloniale, puis fortifiée en raison de sa position stratégique, est un site de loisirs offrant des aires de pique-nique au bord de l'eau. Fort Warren, utilisé comme prison militaire pendant la guerre de Sécession, est resté en bon état. Parmi les détenus célèbres que compta le fort figuraient James Mason et John Sidell, personnages-clés de l'**affaire Trent** qui faillit déboucher sur l'entrée des Anglais dans la guerre de Sécession aux côtés des Confédérés.

Depuis la tour d'observation, on a de belles **vues** sur Boston et les nombreux îlots et îles qui composent le Boston Islands State Park. *En été, des navettes gratuites assurent la liaison avec plusieurs îles voisines.*

Croisières d'observation des baleines – *Plusieurs formules sont proposées (voir chapitre Renseignements pratiques).*

★★ **New England Aquarium** – *Central Wharf. Visite de juillet au Labor Day (1ᵉʳ lundi de septembre), du lundi au vendredi de 9h à 18h (fermeture à 20h le mercredi et le jeudi), le week-end de 9h à 19 h; le reste de l'année, du lundi au vendredi de 9h à 17h (fermeture à 20h le jeudi), le week-end de 9h à 18 h. 8,50 $. ✗* ☎617-973-5200. Une semi-pénombre y donne l'illusion d'un monde sous-marin. Poissons et autres animaux aquatiques sont répartis selon leur environnement naturel (eau froide, tempérée ou tropicale). Parmi les spécimens rares, on voit des hippocampes, un poisson flash, des pingouins et une anguille électrique.

Un **réservoir central** de 700 000 litres reconstitue un fond corallien de la mer des Antilles où évoluent des requins, des tortues géantes et d'autres espèces de poissons habitant cette mer chaude. Au bord du Sea Tidepool *(2ᵉ étage)*, les jeunes visiteurs peuvent manipuler crabes, étoiles et oursins de mer. A bord du **Discovery** amarré près de l'aquarium, on peut assister à une représentation d'otaries de Californie.

★ **Rowes Wharf** – Cette immense structure en briques (1987, Skidmore, Owings et Merrill), abritant le luxueux Boston Harbor Hotel ainsi que des résidences de grand standing et des bureaux, fait harmonieusement le lien entre les quartiers du centre et le Waterfront. Son entrée en arche monumentale permet d'accéder à la Waterfront Plaza et offre une belle vue sur le port. Remarquer le ravissant pavillon coiffé d'un dôme où vient accoster la navette pour l'aéroport.

Rowes Wharf est encadré au Nord et à l'Est par deux ensembles dont le format et le style rompent avec l'architecture traditionnelle des quais: les **Harbor Towers [J]** (1971, I.M. Pei), deux blocs de béton de 40 étages, et l'**International Place [K]** (1987, Burgee et Johnson), structure de 10 000 m² que domine une tour cylindrique disgracieuse.

Tea Party Ship – *Voir carte des principales promenades* [FZ]. *Congress Street Bridge. Visite de mars à novembre, tous les jours de 9 h à 17 h. Fermé le Thanksgiving Day (4ᵉ jeudi de novembre). 6 $.* ☎617-338-1773. Dans le Fort Point Channel est amarrée une réplique du *Beaver*, l'un des trois bateaux sur lesquels se déroula la fameuse Tea Party *(voir Un peu d'histoire)*, le 16 décembre 1773. A côté du navire se trouve un petit musée relatant cet épisode historique (tableaux, documents et programme audiovisuel de 12 min).

★★ 4 **BACK BAY** *Voir plan plus loin*

Considéré comme la réalisation marquante de l'urbanisme américain du 19ᵉ s., ce quartier élégant recèle une architecture très variée qui voit des rangées de maisons victoriennes merveilleusement conservées voisiner avec des gratte-ciel modernes à l'esthétique très inégale.

Un peu d'histoire – A l'origine, Back Bay était une étendue de vase recouverte à marée haute par les eaux de la Charles River. Au début du 19ᵉ s., une digue de 2,5 km fut construite le long de l'actuelle Beacon Street pour utiliser la force marémotrice. Cet ouvrage mit fin au drainage naturel de la zone, ce qui donna naissance à des hectares de marécages malsains. Vers le milieu du siècle, la nuisance s'était aggravée. Poussés par la nécessité de construire de nouvelles habitations, les autorités décidèrent de lancer un projet de remblaiement très ambitieux. De 1857 jusque dans les années 1890, plus de 180 ha – délimités aujourd'hui par la Charles River, le Public Garden et les avenues Huntington et Massachusetts – furent gagnés sur la mer. Pendant plus de 30 ans, 3 500 bennes de terre levée à 15 km de là furent transportées quotidiennement pour être déchargées dans ce marécage.

Chargé de l'urbanisme du projet, Arthur Gilman planifia 5 artères parallèles. La plus large, Commonwealth Avenue, est un grand boulevard divisé par une allée centrale de type parisien, c'est-à-dire plantée d'arbres. Copley Square devait servir d'adresse de prestige pour les grandes institutions, et des rangées de belles demeures et d'hôtels particuliers à trois ou quatre étages vinrent border les rues rectilignes de son projet. Le style des premières résidences construites à Back Bay s'inspirait de l'architecture française contemporaine: toit à la Mansard, élévation modérée et uniformité architecturale. A partir de 1870, les bâtiments affichèrent un style plus éclectique (néo-gothique, néo-roman, néo-Renaissance italienne, néo-georgien) que l'on rencontre surtout à l'Ouest de Darmouth Street.

Avec leurs élégantes boutiques et leurs somptueuses résidences, les rues proches du Public Garden sont très agréables à découvrir. Kenmore Square est très fréquenté par une population jeune et estudiantine qu'attirent des boutiques à la mode, des librairies et un grand magasin de disques, Tower Records Megastore *(360 Newbury Street)*. Les amateurs d'art se donnent rendez-vous dans les galeries de Newbury Street ou à l'Institute of Contemporary Art *(voir plus loin)*. Au Nord, l'esplanade qui borde la Charles River est un lieu de détente et de rassemblement.

Au Sud de l'active Boylston Street, l'architecture de Back Bay change brutalement d'époque. Des tours monumentales plongent subitement le visiteur au cœur même de la modernité. Un monde de ciment et d'acier remplace ici les façades de briques des rues résidentielles que l'on vient de quitter.

Promenade *1/2 journée. ⊙ Copley.*

★★ **Copley Square** – Au cours des années 1870 et 1880, la municipalité décida de construire plusieurs bâtiments publics à proximité d'un ancien dépôt ferroviaire. Le site fut dédié au peintre John Singleton Copley. Principale place publique de Back Bay, Copley Square recèle quelques trésors architecturaux parmi les plus célèbres de Boston et offre un curieux contraste entre la silhouette de la Trinity Church et l'immense John Hancock Tower. Au Sud se dresse la sobre façade calcaire du luxueux Copley Plaza Hotel (1912), pastiche de Renaissance italienne conçu par Henry J. Hardenbergh, l'architecte qui réalisa le Plaza Hotel de New York. À l'Ouest se trouve la belle façade de la Boston Public Library (19e s.), au Nord-Ouest l'étonnante New Old South Church.

★★ **Trinity Church** – *Ouvert toute l'année, tous les jours de 8h à 18 h.* ☎*617-536-0944.* Édifiée en 1877, cette église néo-romane de granit et de grès est l'œuvre maîtresse de l'architecte Henry Hobson Richardson. Celui-ci avait fait ses études aux Beaux-Arts de Paris où il avait été très marqué par l'architecture romane. Sa Trinity Church renouvela le débat architectural aux États-Unis et popularisa son style très personnel. L'ancienne cathédrale de Salamanque l'inspira pour le clocher, tandis que St-Trophime à Arles est à l'origine du tracé du porche Ouest décoré de statues bibliques.

Richardson chargea John La Farge du programme décoratif intérieur, un condisciple des Beaux-Arts de Paris, dont les fresques sont considérées comme l'une de ses plus belles réalisations. Les scènes de la vie du Christ et les figures de prêtres défunts qui ornent la chaire (1916) sont remarquablement ouvragées. Le chœur (1938) est richement décoré et semble uniquement éclairé par les reflets de la feuille de métal qui couvre le plafond.

Trinity Church

★★ **John Hancock Tower** – *Entrée dans St. James Avenue.* I.M. Pei fut le concepteur de cette tour de 60 étages revêtue de 10 344 plaquettes de verre trempé de 10 cm d'épaisseur. Élevé en 1975, ce gratte-ciel est le plus haut de toute la Nouvelle-Angleterre. Sa forme rhomboïdale insolite crée une variété de profils selon l'endroit d'où l'on observe la tour. Si on l'envisage depuis Boylston Street, elle apparaît comme une pointe qui s'avance sur la place; vue sous d'autres angles, elle semble un immense miroir où se reflètent le ciel et les bâtiments voisins, dont la Trinity Church et la pyramide du John Hancock Building (1947).

The Observatory – *Visite toute l'année, du lundi au samedi de 9h à 22 h, le dimanche de 10h à 22h (ouverture à 12h le dimanche de novembre à avril). Fermé le Thanksgiving Day (4ᵉ jeudi de novembre) et le 25 décembre. 3,50 $.* & 🅿 ☎617-247-1977. Au 60ᵉ étage, l'observatoire offre des **vues★★★** superbes sur Boston et sa région. Des écrans tactiles permettent au visiteur d'identifier les différents bâtiments et sites de la ville. Un film *(16 min)* retrace l'histoire de Boston et une maquette topographique représente la ville en 1775.

★★ **Boston Public Library** – *Darmouth Street. Entrée par Copley Square. Visite toute l'année, du lundi au vendredi de 9h à 21 h, le samedi de 9h à 17h et le dimanche de 13h à 17h. Fermé les jours fériés et le dimanche de mi-juin à mi-septembre.* ☎617-536-5400. Considérée aux États-Unis comme le bâtiment le plus représentatif du style néo-Renaissance italienne, cette bibliothèque a été réalisée par les architectes McKim, Mead et White (1895) et a influencé l'architecture publique américaine pendant plus d'un demi-siècle. Sa façade de granit est décorée d'impressionnantes lanternes en fer forgé, de reliefs signés Augustus Saint-Gaudens et d'une élégante rangée de fenêtres arquées. Les portes de bronze qui dominent le vestibule ont été sculptées par Daniel Chester French, auteur de la statue de Lincoln devant le Capitole de Washington. Elles ouvrent sur la **grande entrée** dont l'escalier monumental s'inscrit dans un décor de marbre de Sienne et de fresques dues à Puvis de Chavannes et intitulées *Les Muses.* Il faut s'arrêter sur le palier donnant sur la **cour intérieure** *(accessible par le rez-de-chaussée),* un havre de paix affectionné des lecteurs. Les salles peu éclairées des étages supérieurs sont ornées de peintures murales dues à Edwin Abbey *(Quest of the Holy Grail; salle de distribution, 1ᵉʳ étage)* et John Singer Sargent *(Judaism and Christianity; couloir, 2ᵉ étage).*
Sur Boylston Street, l'annexe moderne contiguë a été conçue par Philip Johnson, un architecte renommé dont la volonté fut de créer une certaine unité avec le bâtiment principal en utilisant du granit sombre.

De l'autre côté de Boylston Street se dresse la pittoresque **New Old South Church** (1874, Cummings et Sears) que coiffe un clocher élevé et un dôme de style vénitien, et que décore une profusion de détails néo-gothiques. Le célèbre marathon de Boston s'achève à hauteur de cette édifice.

Tourner à droite dans Exeter Street, et à nouveau à droite dans Newbury Street.

★ **Newbury Street** – Cette artère résidentielle, paisible à l'origine, est devenue la rue commerçante la plus chic de Boston. Ses anciennes demeures ont été transformées en boutiques de luxe et abritent des antiquaires ou des cafés. Exeter Street et Dartmouth Street délimitent une section où sont concentrées les galeries d'art. A l'angle de Newbury Street et de Exeter Street se dresse l'**Exeter Street Theater Building [L]** (1884, Hartwell et W.C. Richardson). Ce bâtiment, qui ressemble à une forteresse, fut initialement le premier temple de l'Église spiritualiste avant d'être reconverti en salle de cinéma – l'influence de

Newberry Street

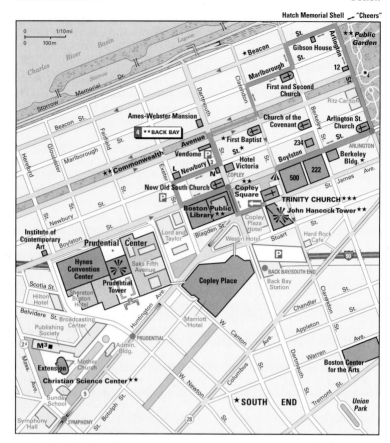

H.H. Richardson, l'auteur de la Trinity Church, est manifeste. Au carrefour de Newbury Street et Dartmouth Street, où automobiles et passants se croisent dans un flot incessant, il faut remarquer: l'ancien **Boston Arts Club [N]** (1881, W.R. Emerson) dont la tourelle d'angle hexagonale voisine avec la tour exubérante de la New Old South Church; l'ancien **Hotel Victoria** (1886) avec ses fenêtres mauresques; et une **fresque [3]** en trompe-l'œil représentant avec humour quelques personnalités bostoniennes *(en face du parc de stationnement)*.

Tourner à gauche dans Darmouth Street et continuer jusqu'à la Commonwealth Avenue.

★★ **Commonwealth Avenue** – Inspirée des grands boulevards parisiens percés sous Napoléon III, cette artère large de plus de 60 m fut un temps l'adresse obligée de la nouvelle classe aisée de Boston. Surnommée aujourd'hui «Comm' Ave'», cet axe a su préserver un peu de sa grandeur et de son élégance passées.
A l'angle Sud-Ouest (n° 160) se trouve le **Vendome** (1871, W.G. Preston), qui fut naguère le plus luxueux hôtel de Back Bay et où descendirent des célébrités comme Oscar Wilde, Mark Twain, Sarah Bernhardt et le président Ulysses Grant. Cet imposant édifice de style Second Empire, dont les étages supérieurs ont malheureusement été modifiés, a été converti en immeuble d'appartements dans les années 1970. En face du Vendome (306 Darmouth Street) se dresse l'**Ames-Webster Mansion** (1872-1882) *(inaccessible au public)* dont la modeste façade cache une extravagante salle de réception dont la décoration intérieure est considérée comme la plus la plus grandiose de Back Bay.

S'engager sur le mail et se diriger vers l'Est.

Bordé d'ormes et de statues, l'agréable **mail** de Commonwealth Avenue offre une belle perspective sur les maisons victoriennes qui flanquent ce grand boulevard.

Avant de parvenir au prochain carrefour, on aperçoit sur la droite la **First Baptist Church** (1872), une œuvre-clé de H.H. Richardson. La frise qui orne la partie supérieure du clocher est attribuée à Frédéric-Auguste Bartholdi, le créateur de la célèbre statue de la Liberté. Les visages des anges et des personnages s'inspirent de contemporains célèbres: Longfellow, Emerson et Hawthorne.

Tourner à gauche dans Clarendon Street, et à droite dans Marlborough Street.

Marlborough Street – Voici le plus tranquille des cinq axes qui traversent Back Bay d'Ouest en Est. Cette rue résidentielle généreusement ombragée, bordée de trottoirs pavés et de lampadaires à gaz, replonge le visiteur dans l'ambiance romantique du siècle dernier. Sur la droite, remarquer l'audacieux bâtiment en béton de la **First and Second Church** (1971, Paul Rudolph), qui a absorbé la tour, et plusieurs vestiges de l'ancienne église détruite par un incendie en 1968.

Tourner à gauche dans Berkeley Street et à droite dans Beacon Street.

★ **Beacon Street** – Cette autre adresse privilégiée des Bostoniens aisés du 19e s. est bordée de grandes demeures dont un grand nombre a été converti en collèges et institutions culturelles. Les résidences du côté Nord sont prisées pour leurs vues sur la Charles River.
Au no 137, la **Gibson House** (1859) a conservé son charme victorien. Son intérieur témoigne des goûts et de la vie quotidienne d'une famille opulente de Back Bay *(visite guidée de 1 h de mai à octobre, du mercredi au dimanche de 13 h à 15 h; le reste de l'année, uniquement le week-end; fermé les jours fériés; 4 $; ☎617-267-6338).*

Continuer jusqu'à l'angle de Beacon Street et de Arlington Street.

Les amateurs de séries télévisées s'arrêteront probablement devant le Bull and Finch Pub *(84 Beacon Street)*: cette maison en pierres et en briques a été popularisée par le feuilleton américain **Cheers**. Près du carrefour s'amorce un pont piétonnier, le Fiedler footbridge, qui permet d'accéder à l'**esplanade★** de la Charles River. Aménagé dans les années 1930, ce parc délicieux qui s'étire sur plusieurs kilomètres attire les amateurs de jogging ou de patinage à roulettes, mais aussi les cyclistes, les pique-niqueurs et les adeptes du canotage. En été, des manifestations de plein air ont lieu au **Hatch Memorial Shell**.

Retourner à l'angle de Beacon Street et de Arlington Street, et s'engager dans Arlington Street.

Arlington Street – Cette rue élégante bordant le Public Garden s'enorgueillit de posséder quelques-unes des plus anciennes demeures de Back Bay. Au **no 12**, un hôtel particulier de style Second Empire a été construit en 1860 par l'architecte Arthur Gilman pour la très respectable Mme Montgomery Sears dont le salon attirait les plus éminents artistes du moment. De l'autre côté de Commonwealth Avenue se dresse un bâtiment ajouté en 1981 au grand hôtel Ritz-Carlton.

Traverser la rue pour gagner le Public Garden.

★★ **Public Garden** – Près de l'entrée située sur Arlington Street s'élève la **statue équestre [4]** de George Washington (1878, Thomas Ball) dont le regard semble se perdre dans la Commonwealth Avenue. Ce parc rectangulaire de 10 ha, entouré d'une belle grille en fer forgé, fut gagné sur les marécages de Back Bay dans les années 1830 dans le but d'y aménager un jardin botanique. Aujourd'hui, cet écrin de verdure

Bateaux-cygnes du Public Garden

Dianne Dietrich Leis

où alternent parterres de fleurs, sentiers ombragés et statues commémoratives, est célèbre pour ses **bateaux-cygnes**. Depuis 1870, ces petites embarcations glissent sur les eaux paisibles du lac artificiel et passent sous un étonnant pont suspendu encadré de saules pleureurs. Au Nord-Est de ce parc se trouve un groupe de statues représentant les personnages de la fable enfantine *Le Vilain Petit Canard*.

Continuer jusqu'à l'angle de Arlington Street et de Boylston Street.

L'**Arlington Street Church** (1859, Arthur Gilman) semble monter la garde devant ce carrefour très fréquenté. Premier bâtiment construit sur les remblais de Back Bay, cette église unitarienne est fière de sa longue tradition et de l'engagement social et politique de ses membres.

Tourner à droite dans Boylston Street.

Boylston Street – Le côté Sud de cette artère bordée d'imposantes constructions contemporaines ne cesse de surprendre le visiteur qui débouche des rues situées plus au Nord. Au n° 420 s'élève le curieux **Berkeley Building**★ (1905, Codman et Despredelle), extravagante construction de verre et de terre cuite blanche que coiffe un parapet garni d'obélisques. De l'autre côté de la rue, au **234 Berkeley Street**, se trouve un édifice de briques et de pierres d'inspiration française (1863, W.G. Preston) qui abritait autrefois le muséum d'Histoire naturelle. Plus au Nord, dans Newbury Street, on aperçoit le haut clocher (71 m) de la **Church of the Covenant** (1867, Upjohn), de style néo-gothique.

Entre Berkeley Street et Clarendon Street pointent deux tours post-modernistes: **222 Berkeley Street**, gratte-ciel (1991, Robert Stern) se référant habilement à la tradition architecturale de la ville – remarquer le dôme miniature coiffant l'entrée sur Boylston Street et rappelant la State House; **500 Boylston Street**★, architecture géante (1988, Burgee et Johnson) que couronne une énorme baie semi-circulaire et une rangée d'urnes – cette tour est aujourd'hui indissociable du paysage urbain de la ville.

A l'angle de Boylston Street et de Clarendon Street, il serait dommage de ne pas profiter de la superbe **vue**★ sur la John Hancock Tower dont la façade de verre reflète les silhouettes déformées du John Hancock Building et de la Trinity Church.

Autres curiosités de Back Bay

Copley Place – *Accès par le Westin Hotel, à l'angle Sud-Ouest de Copley Square*. Entre Back Bay et South End, cet ensemble controversé d'une superficie de 4 ha a coûté 500 millions de dollars lors de sa construction en 1984. Il comprend deux hôtels de luxe (Westin et Marriott), quatre tours de bureaux, un centre commercial (magasin Neiman-Marcus et 100 boutiques et restaurants), des appartements, un cinéma de plusieurs salles et un parking de 1 500 places.
Des passerelles en verre le relient au Prudential Center et au Westin Hotel, dont la façade assez médiocre ferme l'angle Sud-Ouest de Copley Square.

Prudential Center – *Accès par Boylston Street*. Ce vaste centre polyvalent (Luckman et associés) fut un des grands chantiers de rénovation urbaine entrepris au cours des années 1960. Son architecture et ses dimensions ont aussitôt soulevé une vive polémique; il fut édifié à l'emplacement d'anciennes voies ferrées qui séparaient depuis longtemps Back Bay de South End. Juste à côté se dresse l'immense **Prudential Tower**, une tour de 52 étages surnommée «the Pru». L'ensemble comprend des appartements de standing, l'hôtel Sheraton, un centre de conférences, des restaurants, un parking et les magasins dont deux grandes surfaces (Lord and Taylor et Saks Fifth Avenue). Dans les années 1980, des travaux ont transformé ce complexe en lui ajoutant une agréable galerie commerçante (plus de 50 boutiques et restaurants) qui relie les différents bâtiments entre eux; des passages et des passerelles ouvrent sur les rues voisines et permettent de rejoindre Copley Place. Dans Boylston Street, remarquer l'élégante colonnade de la façade du **Hynes Convention Center**. Au 50e étage de cette tour, une plate-forme d'observation, le **Skywalk**, offre une **vue** imprenable sur les environs *(accès par la galerie du rez-de-chaussée: tourner à droite à hauteur du bureau d'accueil, puis à nouveau à droite jusqu'aux portes vitrées où se trouvent les ascenseurs; ouvert toute l'année, du lundi au samedi de 10 h à 22 h, le dimanche de 12 h à 22 h; fermé le 25 décembre; 2 $; ☎617-859-0648).*

★★ **Christian Science Center** – *Sortir du Prudential Center par Huntington Avenue.* Ce bel ensemble abrite le siège mondial de l'Église du Christ scientiste. La religion scientiste fut fondée en 1866 par Mary Baker Eddy. Gravement blessée, elle avait rapidement guéri après avoir lu la Bible. Après l'avoir étudiée durant une décennie, elle publia la première édition de son *Science and Health with Key to the Scriptures*. En 1879, elle créa The Church of Christ Scientist qui devint la First Church of Christ Scientist en 1892.
Chaque dimanche, les membres de la congrégation assistent à l'office où leur est fait la lecture de la Bible et des textes de Mary Baker Eddy.

Visite – *Ouvert toute l'année, du mardi au vendredi de 10 h à 16 h, le samedi de 12 h à 16 h et le dimanche de 11 h 30 à 14 h. Fermé le samedi, de novembre à mai, et les jours fériés.* ☎617-450-3790. Face à la Massachusetts Avenue, la monumentale **Mother Church Extension** (1904) se caractérise par quelques détails d'inspiration Renaissance, comme le vaste portique d'entrée et le dôme central qui s'élève à 33 m du sol. Derrière cet édifice se trouve la première église, Mother Church (1894), de style néo-roman, que l'on reconnaît à sa façade de granit brut et son clocher. L'intérieur est décoré de mosaïques et fresques au pochoir. Dans le Publishing Society building (1933), le **Mapparium [M³]**, un globe terrestre de 9 m de diamètre réalisé en vitraux, illustre l'expansion du scientisme dans les années 1930 *(ouvert toute l'année, du mardi au vendredi de 9 h 30 à 16 h et le samedi de 12 h à 16 h; fermé le samedi de novembre à mai).*

Dans les années 1970, un groupe d'architectes placés sous la direction de **I.M. Pei** a agrandi le Christian Science Center par trois bâtiments de béton: la tour de 26 étages de Administration Building, le Broadcasting Center et ses studios de radio et de télévision, et la Sunday School. L'ensemble évoque un groupe de sculptures abstraites disposées autour d'une vaste **pièce d'eau**.

LES MUSÉES

★★ **Museum of Fine Arts** – *Voir carte des principales promenades [EZ]. 465 Huntington Avenue.* Ⓣ *Museum. Visite toute l'année, de 10 h à 16 h 45 (21 h 45 du mercredi au vendredi). Fermé le lundi, le Thanksgiving Day (4ᵉ jeudi de novembre), les 24 et 25 décembre. 8 $.* 🖩 🗙 ♿ ☎617-267-9300. Ce musée, qui compte parmi les plus grands des États-Unis, possède des collections très vastes organisées en huit départements: Asie; Égypte, Nubie et Proche-Orient; Grèce et Rome; arts décoratifs et sculpture de l'Europe; arts décoratifs et sculpture de l'Amérique; peinture; art contemporain; gravures, dessins et photographies. Le bâtiment principal abrite la majeure partie des collections tandis que l'aile Ouest, plus récente, présente l'art du 20ᵉ s. et des expositions temporaires.

Le fonds du musée des Beaux-Arts a été constitué par les collections privées de ces riches Bostoniens qui voyageaient à travers le monde au 19ᵉ s., mais aussi par les œuvres qu'avaient réunies le Boston Athenaeum et l'Université de Harvard. Devant l'extension des collections, l'ancien musée inauguré en 1876 à Copley Square s'avéra trop exigu dès le début du 20ᵉ s. En 1909, on chargea l'architecte Guy Lowell de construire le bâtiment actuel près du parc de Back Bay Fens. De style néo-classique, il impressionne par son portail, ses colonnes et son dôme. L'**aile Ouest**, dessinée par I.M. Pei, fut édifiée en 1981. Cette structure moderniste en granit poli s'élève sur 3 niveaux et englobe une vaste galerie de 69 m recouverte d'une verrière en berceau. Ce bâtiment abrite en outre un centre de conférences, une librairie, une boutique, un restaurant et une cafétéria. *En parcourant les galeries, on découvrira des sièges dessinés tout spécialement pour cette institution; ils ont été conçus comme des œuvres d'art fonctionnelles. Il est à remarquer que l'inscription «Please be seated» les accompagne afin d'éviter toute confusion pour le visiteur qui peut donc s'y asseoir. Certaines des œuvres mentionnées ci-dessous sont susceptibles de ne pas être exposées, car le musée pratique une politique d'exposition par roulement. Se renseigner au préalable.*

★★★ **Asie** – Les collections japonaises et chinoises sont exceptionnelles. Dès 1879, **Edward Morse**, **Ernest Fenollosa** et **Sturgis Bigelow** firent de longs séjours au Japon. Ils en rapportèrent des collections d'œuvres d'art dont ils firent don au musée, et qui constituèrent la base de ce département. Une sélection de céramiques chinoises et coréennes issues de la **collection Hoyt** est également présentée.

L'art japonais commença à se développer au 6ᵉ s., quand la culture chinoise et le bouddhisme parvinrent au Japon via la Corée. La peinture fut l'un de ses moyens d'expression favoris. Le musée en possède de très beaux exemples, notamment sur paravents et parchemins, datant de différentes époques (du 13ᵉ au 18ᵉ s.), comme par exemple *L'Incendie du palais Sanjo* (Heiji Monogatari Emaki) qui évoque la violence des guerres civiles au Japon, et *Les Gais Quartiers de Kyoto* (17ᵉ s.), merveilleux témoignages sur les costumes et la vie quotidienne d'alors. De nombreuses représentations sculptées de Bouddha sont exposées, la plupart présentées dans un décor de temple.

L'art chinois se signale par une belle collection de céramiques, depuis le néolithique (3ᵉ millénaire av. J.-C.) juqu'aux dynasties Yuan. Il est très intéressant de comparer deux statues remarquables dont les poses sont très différentes: un **Bodhisattva** en pierre calcaire (6ᵉ s.), et la superbe statue en bois polychrome de **Kuan Yin** (12ᵉ s.). Cette section recèle en outre une série de **céladons coréens**, de paravents peints et de statues illustrant les traditions bouddhistes du Tibet et du Népal, ainsi que de la peinture, de la sculpture et de la verrerie indienne et **islamique**. Le **jardin japonais** Tenshin-En donne un bel exemple du style Karesansui où la disposition de larges pierres, de plantes et de graviers ratissés suggèrent des paysages naturels.

★★ **Égypte, Nubie et Proche-Orient** – Grâce aux fouilles entreprises par le musée et par l'Université de Harvard dès 1905, on voit ici une admirable collection d'art égyptien couvrant 4 millénaires. Les fouilles menées à Gizeh permirent de ramener des trésors datant de l'**Ancien Empire** (2778-2360 av. J.-C.), que seul le musée d'Égyptologie du Caire peut égaler. Parmi les pièces mises au jour dans les tombes et temples de la 4e dynastie, on voit des statues du pharaon **Mykerinos** et de la reine **Chamerernebti II**, qui comptent parmi les plus anciennes représentations d'un couple. Comparativement, le buste du prince **Ankh Haf** est d'un réalisme surprenant.

MUSEUM OF FINE ARTS

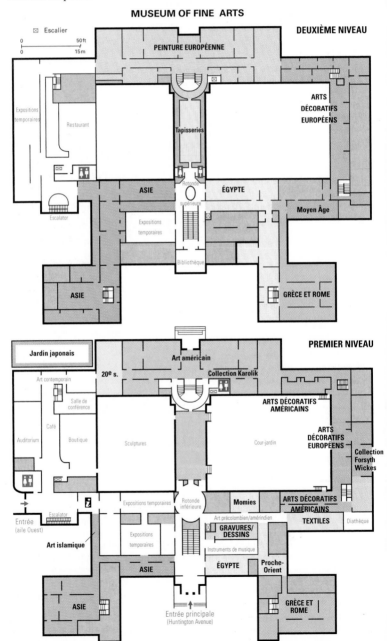

Une expédition conduite à Deir-el-Berseh et au Soudan permit de découvrir des œuvres datant de la 12e dynastie: les très beaux cercueils peints du **prince Djehuty-nekht** et de son **épouse**; la superbe statue en granit noir représentant **Sennoui**; les statuettes de serviteurs en bois peint destinées à servir dans l'au-delà; des joyaux de Meroë, capitale de l'ancienne civilisation éthiopienne des Koushites. Dans la section consacrée au **Proche-Orient**, remarquer la belle collection de **sceaux-cylindres** sculptés par des artisans mésopotamiens.

★★ **Grèce et Rome** – La collection de camées, de monnaies, de bronze et de vases grecs (5e s. av. J.-C.) fut rassemblée par **Edward Perry Warren**, conservateur du musée à la fin du siècle dernier. Sous sa direction, l'institution acquit la plus grande partie des pièces de ce département, notamment des céramiques de l'âge du bronze et des sceaux minoens, un bas-relief grec à trois côtés provenant de l'île de Thasos, et une exquise statuette minoenne en ivoire et or, la **Déesse aux serpents**, datant du 16e s. av. J.-C.

★★ **Art américain** – La collection américaine se compose principalement de peinture, de mobilier et d'argenterie. En peinture, les artistes américains ont pratiqué l'art du portrait dès le 17e s., ce dont témoigne le portrait naïf de Robert Gibbs, réalisé par un auteur anonyme. Le 18e s. fut dominé par deux grands portraitistes: Gilbert Stuart, dont les deux portraits les plus fameux représentant George et Martha Washington (dits *Athenaeum Portraits*) sont exposés en alternance ici et à la National Portrait Gallery de Washington, et John Singleton Copley, qui fut le peintre des marchands opulents de Boston et de leurs familles. Il exécuta entre autres les portraits de Samuel Adams et de Paul Revere.

Au 19e s., les peintres représentèrent davantage les paysages, surtout des marines, la mode étant aux voyages et à la découverte des océans, ce qu'illustrent les œuvres de Fitz Hugh Lane *(Boston Harbor; Owl's Head, Penobscot Bay, Maine)*, d'Albert Pinkham et de Winslow Homer *(Fog Warning; Lookout - "All's Well")*. A la même époque, John Singer Sargent et Mary Cassatt *(At the Opera)*, qui avaient vécu en Europe, étaient assez proches des impressionnistes. Pour composer *The Daughters of Edward Darley Boit*, Sargent s'inspira des *Ménines* de Vélasquez.

Depuis le milieu du 20e s., et plus particulièrement au cours de ces dernières décennies, les peintres américains ont été les initiateurs de nouveaux courants; citons Georgia O'Keefe *(White Rose with Larkspur No. 2)*, Joseph Stella *(Old Brooklyn Bridge)*, Jackson Pollock et Morris Louis.

Les **arts décoratifs américains** sont illustrés par du très beau mobilier réalisé par les premiers ébénistes de Boston, New York, Newport et Philadelphie. La plupart des pièces proviennent de la superbe collection réunie par les **Karolik**. Héritage anglais, l'argenterie américaine est magnifiquement présentée: remarquer le **Liberty Bowl** (1768, Paul Revere), dédié aux membres de la législature du Massachusetts qui s'étaient soulevés contre la Couronne.

Arts décoratifs européens – Ce département se divise en plusieurs salles illustrant des époques diverses: boiseries Tudor (15e s.), salon Louis XVI, chambre de l'Hamilton Palace, etc. Remarquer les belles sculptures médiévales en bois et en ivoire ainsi que la série d'émaux.

Au rez-de-chaussée, la **collection Forsyth Wickes** consiste en une suite de pièces rassemblant des meubles, de la porcelaine, de la peinture, des aquarelles et de la sculpture du 18e s. français. Le délicieux bureau laqué rouge et or fut confectionné pour la reine Marie Antoinette.

★★ **Peinture européenne** – La plupart des écoles européennes du moyen âge à nos jours sont représentées. Une chapelle catalane, décorée de fresques du 12e s. (dans l'abside) et de tableaux du 15e s., évoquent la peinture romane. L'École flamande est admirablement représentée avec *Saint Luc peignant la Vierge* de Rogier van der Weyden (15e s.). Les galeries suivantes exposent notamment *Le Temps dévoilant la Vérité* de Tiepolo, l'une des plus belles allégories de cet artiste, ainsi que des portraits de Rembrandt. L'École espagnole est représentée par Goya, Le Greco *(Frère Félix)*, Vélasquez et Zurbarán *(Saint François)*.

Les Américains, et particulièrement les Bostoniens, furent des amateurs précoces dans le soin qu'ils apportèrent à sélectionner les œuvres destinées à traverser l'Atlantique. En témoignent les toiles que l'on peut voir ici: le romantisme avec Delacroix, le réalisme avec Courbet, l'École de Barbizon avec Corot, l'impressionnisme et le post-impressionnisme avec quelques chefs-d'œuvre dont *Bal à Bougival* de Renoir, *La Japonaise*, *Les Meules de foin*, *La Cathédrale de Rouen* de Monet, *Équipage aux courses* de Degas, *Le Chanteur de rue* et *L'Exécution de Maximilien* de Manet, *Le Facteur Joseph Roulin* de Van Gogh et *Madame Cézanne dans un fauteuil*

John Singer Sargent: *The Daughters of Edward Darley Boit* (1882)

rouge de Cézanne. Le tableau le plus célèbre est *D'où venons-nous? Où sommes-nous? Où allons-nous?*, testament spirituel de Paul Gauguin qui illustre ses interrogations sur la vie et la destinée de l'homme. Plusieurs représentations de la vie paysanne idéalisée par Millet sont également exposées dans ce département, notamment *Le Semeur*.

Parmi les œuvres du **20ᵉ s.** se dégagent des œuvres de Picasso et Frida Kahlo *(dans une galerie du rez-de-chaussée)*. *L'Enlèvement des Sabines*, du grand peintre espagnol, évoque la profonde opposition à la guerre que revendiquait cet artiste.

★★★ **Isabella Stewart Gardner Museum** – *Voir carte des principales promenades* **[EZ]**. *280 The Fenway.* ⊤ *Museum. Visite toute l'année, de 11 h à 17 h. Fermé le lundi, le 1ᵉʳ janvier, le Thanksgiving Day (4ᵉ jeudi de novembre) et le 25 décembre. 7 $. Visite guidée (1 h) le vendredi à 14 h 30. Concerts le week-end à 13 h 30 de septembre à mai.* ✕ ♿ ☎617-566-1401. Isabella Stewart Gardner (1840-1924), New-Yorkaise devenue Bostonienne par son mariage avec Jack Lowell Gardner, devait toute sa vie défrayer la chronique mondaine de la vieille ville puritaine par ses excentricités à la Sarah Bernhardt. Outre la musique, sa passion était de rassembler des œuvres d'art. Elle fit de nombreux voyages en Europe d'où elle rapporta des merveilles, et en acquit d'autres par l'intermédiaire de ses agents américains. En 1899, elle fit édifier ce palais de style vénitien du 15ᵉ s., baptisé **Fenway Court**, pour présenter ses trésors.

C'est elle-même qui se chargea de l'aménagement des galeries, et rien n'a changé depuis sa mort. De beaux jardins fleuris entourent ce palais dont la cour intérieure, abritée par une verrière, donne l'impression d'un éternel été vénitien.

Rez-de-chaussée – Dans le **cloître espagnol**, des carreaux de céramique provenant d'une église mexicaine du 17ᵉ s. recouvrent les murs et servent de cadre au tableau de John Singer Sargent, *El Jaleo*.

Des sculptures classiques et un superbe pavement de mosaïques romaines (2ᵉ s.) provenant de la villa Livia ornent la **cour intérieure**. Avec son jardin et ses fenêtres vénitiennes, celle-ci est un merveilleux havre de paix assez insolite en pleine ville. Dans les **petites galeries** entourant la cour sont présentées des toiles françaises ou américaines des 19ᵉ et 20ᵉ s. On y verra des tableaux de Degas et Manet, des paysages de Whistler, Sargent et Matisse, dont la première œuvre introduite aux États-Unis, *La Terrasse de St-Tropez*, est exposée dans la salle jaune.

1er étage – La salle des **primitifs italiens** abrite un retable de Simone Martini, *Madone avec quatre saints*, deux panneaux allégoriques du Pesellino, une œuvre de Fra Angelico, *Dormition de la Vierge*, une très belle miniature de Gentile Bellini, *Portrait d'un artiste turc*, et un fragment de fresque de Piero della Francesca (15e s.) représentant Hercule.

La **salle Raphaël** doit son nom à deux œuvres de l'artiste: le *Portrait du comte Tommaso Inghirami* et une *Pietà*. En face, une *Annonciation* d'un auteur inconnu illustre les recherches menées sur la perspective par les peintres du 15e s. On verra également *La Tragédie de Lucrèce* de Sandro Botticelli, et une *Vierge à l'Enfant* de Giovanni Bellini.

La **petite galerie** voisine abrite un tableau de Anders Zorn représentant Mme Gardner dans la palais Barbaros, à Venise.

Traverser le petit salon décoré de boiseries vénitiennes du 18e s. et de tapisseries du 17e s. pour gagner la salle des tapisseries.

La **salle des tapisseries** sert de cadre aux concerts. Sur un chevalet a été placé Santa Engracia de l'artiste espagnol Bermejo (15e s.). Les nombreuses et belles tapisseries datent du 16e s.

Le fameux *Thomas Howard, comte d'Arundel* par Rubens, ainsi que des œuvres de Hans Holbein et Antoine van Dyck *(Femme à la rose)*, sont exposés dans la **salle hollandaise**.

John Kennard / Isabella Stewart Gardner Museum

Isabella Stewart Gardner Museum

2e étage – Après la **salle Véronèse**, dont les murs sont tendus de cuirs repoussés espagnols et vénitiens, on entre dans la **salle Titien** qui contient un chef-d'œuvre, *L'Enlèvement d'Europe*, commandé par Philippe II d'Espagne.

Dans la **longue galerie**, la sculpture en pied représentant une *Adoration de l'Enfant* (terre cuite) et attribuée à Matteo Civitali, est considérée comme l'un des plus beaux exemples de la sculpture Renaissance. Au-dessus est accroché un tableau de Botticelli, une *Madone à l'Eucharistie* (1410), qui orna le palais Chigi à Rome jusqu'au 19e s. Plus loin, le *Portrait d'une jeune femme* par Paolo Ucello est représentatif de l'art du portrait du 15e s. florentin.

La **salle gothique** présente le portrait en pied d'Isabella Steward Gardner par son ami John Singer Sargent. A côté, *La Présentation au Temple* est attribuée à Giotto, le maître de l'École florentine du 14e s.

★★ **Children's Museum** – *Voir carte des principales promenades* [**FZ M4**]. *300 Congress Street. Ⓣ South Station. Visite de 10 h à 17 h (21 h le vendredi). Fermé le lundi du Labor Day (1er lundi de septembre) à fin-mai, le 1er janvier, le Thanksgiving Day (4e jeudi de novembre) et le 25 décembre. 7 $ (1 $ le vendredi de 17 h à 21 h). ♿ ☎617-426-8855.* Ce musée conçu pour les enfants intéressera aussi les adultes. Sur quatre étages, les enfants peuvent apprendre à conduire une voiture de métro japonais, et réaliser des expériences de science physique ou leur propre émission de télévision. Des espaces de jeux accueillent les tout-petits.

★★ **Boston Museum of Science** – *Voir carte des principales promenades* [**FY**]. *Msgr O'Brien Highway (route 28). Ⓣ Science Park. Visite toute l'année, de 9 h à 17 h (21 h le vendredi). Fermé le Thanksgiving Day (4e jeudi de novembre) et le 25 décembre. 7 $. ✕ ♿ 🅿 ☎617-723-2500.* Installé dans un bâtiment moderne au bord de la Charles

River, ce musée invite parents et enfants à découvrir le monde de la science et de la technologie. La plupart des présentations incitent le visiteur à participer à cette exposition conçue sous forme de jeux. On peut générer la foudre, simuler un vol dans l'espace, voir des poussins éclore, entendre le rugissement des dinosaures ou regarder à travers la plus grande loupe du monde.

Les programmes du **Charles Hayden Planetarium** présentent les phénomènes du cosmos: étoiles, galaxies, pulsars, quasars… Le deux séances quotidiennes (parfois davantage) alternent avec des démonstrations de laser *(renseignements donnés par téléphone)*.

★ **Computer Museum** – *Voir carte des principales promenades* [**FZ M⁴**]. *300 Congress Street.* Ⓣ *South Station. Visite de mi-juin au Labor Day (1ᵉʳ lundi de septembre) de 10h à 18h; le reste de l'année, du mardi au dimanche de 10h à 17h. Fermé le 1ᵉʳ janvier, le Thanksgiving Day (4ᵉ jeudi de novembre) et le 25 décembre. 7 $.* ♿ ☎617-423-6758. Fervent adepte de l'informatique ou non, chacun s'étonnera des merveilles technologiques présentées ici. Un **ordinateur géant** dans lequel passent les visiteurs les familiarisera avec le monde intérieur de ces machines tout en expliquant leur fonctionnement de manière didactique. L'exposition **Outils et jouets** permet de se familiariser avec l'informatique domestique, de tester des programmes de graphisme ou d'entrer dans la réalité virtuelle d'un simulateur de vol. La galerie **L'homme et les ordinateurs** retrace les progrès technologiques inouïs réalisés dans le domaine de l'informatique, depuis les modèles précurseurs des années 1940 jusqu'aux portables actuels. Dans la section **Robots et machines intelligentes**, des prototypes démontrent que les ordinateurs sont capables d'entendre, de voir et même de servir à créer la vie.

Institute of Contemporary Art – *Voir plan de Back Bay. 955 Boylston Street.* Ⓣ *Hynes/ICA. Visite toute l'année, du mercredi au dimanche de 12h à 17h (21h le mercredi et le jeudi). Fermé les jours fériés. 5 $, gratuit le mercredi et le jeudi de 17h à 21h.* ◻ ☎617-266-5152. Ce bâtiment néo-roman tout empreint de l'influence de l'architecte H.H. Richardson abritait autrefois un poste de police. Il a été transformé en espace d'exposition. L'institut présente plusieurs programmes multimédias consacrés aux tendances et aux thèmes développés par l'art contemporain américain et international. Des documentaires expliquant les expositions sont projetés dans l'auditorium.

★ **Museum at the John Fitzgerald Kennedy Library** – *Voir schéma des environs de Boston. Columbia Point à Dorchester, près de l'University of Massachusetts.* Ⓣ *JFK/U Mass, à 800 m du musée; le bus est gratuit. Visite toute l'année, de 9h à 17h. Fermé le 1ᵉʳ janvier, le Thanksgiving Day (4ᵉ jeudi de novembre) et le 25 décembre. 6 $.* ✕♿◻ ☎617-929-4523. Cette bibliothèque, dédiée à la mémoire du président John F. Kennedy, a été réalisée par l'architecte I.M. Pei. Cette structure de béton et de

John F. Kennedy Library

verre édifiée sur une pointe de terre s'avançant dans la mer s'élance comme une flèche face à la ligne des gratte-ciel de Boston. Près d'un tiers du bâtiment est réservé au **contemplation pavilion** qui s'élève sur 9 étages. Ce pavillon de verre, consacré au recueillement, contient seulement un drapeau américain, un banc et des citations du président Kennedy.

La visite commence par un film *(17 min)* sur la jeunesse de John Kennedy. Des souvenirs personnels et des documents d'époque retracent sa vie et son œuvre. Aux étages supérieurs, les archives conservent des milliers de photographies, de films et d'enregistrements d'entretiens avec ceux qui l'ont connu.

★ CHARLESTOWN   *Voir carte des principales promenades* [FY]

Situé sur une colline au Nord de Boston, de l'autre côté de l'embouchure de la Charles River, Charlestown est repérable grâce à son obélisque: Bunker Hill Monument. Autre fierté de la ville, le navire *USS Constitution* est désormais amarré le long de ses quais. Les bâtiments coloniaux de Charlestown furent brûlés par les Anglais pendant la bataille de Bunker Hill et remplacés par les maisons de style fédéral qui bordent les rues montant vers le Monument. Un important programme de rénovation, entamé dans les années 1980, a transformé les quais en un ensemble moderne d'appartements de grand standing, de bureaux et de marinas. *Bac au départ de Long Wharf à Boston; arrivée au Pier 4 toute l'année, du lundi au vendredi de 6 h 30 à 20 h, le samedi de 10 h à 18 h. 1 $ (aller simple).* ℆ *Boston Harbor Cruises* ☎617-227-4321.

Bunker Hill Monument – *Visite toute l'année, de 9 h à 17 h.* ☎617-242-5601. Cet obélisque de 73 m, créé par Solomon Willard, commémore la bataille de Bunker Hill, le 17 juin 1775. Depuis l'observatoire (294 marches), on a une belle **vue★** sur Charlestown et le port de Boston.

Bunker Hill Pavilion – *Visite de juin à août de 9 h 30 à 17 h; en avril, mai, septembre, octobre et novembre de 9 h 30 à 16 h. Fermé le Thanksgiving Day (4ᵉ jeudi de novembre). 3 $.* ℆ ▯ ☎617-241-7575. Le spectacle audiovisuel «Whites of their Eyes» *(1/2 h, projeté en continu)* relate la bataille de Bunker Hill vue par un soldat américain.

Charlestown Navy Yard – En 1800, la création de ce chantier (fermé en 1974) fit de Charlestown un centre de construction navale de la marine américaine. Aujourd'hui, c'est un parc national historique comprenant un musée; le *USS Constitution* y est amarré en permanence.

Visitor Center – *Ouvert de juin à août, de 9 h à 18 h; le reste de l'année, de 9 h à 17 h.* ℆ ☎617-242-5601. Ce bureau d'accueil fournit des informations sur le chantier naval, le sentier de randonnée du Freedom Trail et le Parc national historique de Boston. Des visites guidées du chantier naval sont proposées par les gardes forestiers *(se renseigner par téléphone pour connaître les horaires).* Non loin de l'*USS Constitution* est amarré l'**USS Cassin Young**, un contre-torpilleur de la Seconde Guerre mondiale semblable à ceux construits ici dans les années 1930 et 1940 *(visite toute l'année, de 10 h à 17 h si les conditions météorologiques le permettent; visite guidée: inscription à bord).*

★★ USS Constitution – *Visite guidée (25 min) toute l'année de 9 h 30 à 15 h 50. Visite libre toute l'année de 15 h 50 au coucher du soleil.* ℆ ☎617-242-5670.

«Le vieil invincible» représente une page d'histoire dont la visite s'impose à tout Américain. Cette frégate de 44 canons fut construite en 1794, quand les 13 nouveaux États américains décidèrent d'avoir leur propre flotte. Le bois nécessaire fut fourni par la Georgie et le Maine. Quatre ans plus tard, ce vaisseau amiral sillonnait la Méditerranée à la tête de sa flotte lors des guerres contre les pirates barbaresques de Tripoli. Pendant la seconde guerre anglo-américaine de 1812, la frégate s'illustra en s'emparant de l'*HMS Guerrière* et du *Java*, ainsi que du *Cyane* et du *Levante* trois ans plus tard. C'est au cours de ce conflit que ce vaisseau acquit son surnom, lorsque la *Guerrière* tenta vainement de l'éventrer. «*Old Ironsides*» fut immortalisé en 1830 par le poète Oliver Wendell Holmes dans une sorte de pamphlet destiné à le sauver de la destruction. Sensibilisés, les Américains envoyèrent de l'argent et le bâtiment, rénové, repartit pour une nouvelle carrière. Il fut presque complètement remis à neuf en 1905, 1913 et 1973; il ne conserve que 18 % de sa charpente originale.

USS Constitution Museum [M¹] – *Pier 1. Visite de juin au Labor Day (1ᵉʳ lundi de septembre) de 10 h à 17 h 30; de mars à mai et de mi-septembre à novembre, de 10 h à 17 h; de décembre à février, de 10 h à 15 h. Fermé les jours fériés. 4 $.* ✕ ☎617-426-1812. Des expositions commémorent l'histoire mouvementée de l'*USS Constitution* de 1794 à nos jours.

ENVIRONS DE BOSTON

LOWELL

129
62
Burlington Ave.
Lowell St.
129
Salem St.
North Main St.
93

Cambridge Rd.
Wilmington Rd.
Burlington Ave.
Main St.

3
62
BURLINGTON

READING

South Main St.
Salem St.
Main St.
Vernon St.

Bedford
62
225
4

Main St.
128
95
WOBURN
38
Cambridge St.
3

STONEHAM
WAKEFIELD
28
Pond
Lynn St.
Spot Pond

★ Minute Man Natl. Historic Park
Mass. Ave.

LEXINGTON
Maple St.
Lowell St.

2
2A
Marrett Rd.
225
4

Summer St.
Mystic St.
2A

WINCHESTER
Winthrop St.
Middlesex Fells Reservation

MALDEN
Main St.
60

CONCORD
LINCOLN

Concord
Tpk.
2
ARLINGTON

Mystic
Mass. Ave.
High St.
MEDFORD

16
Valley
Royall House
Tufts University
SOMERVILLE

Pleasant St.
Salem St.
28
Fellsway
16

Cambridge Reservoir

WALTHAM
Lexington St.
Trapelo Rd.
Bacon St.
128
95

BELMONT
Pleasant St.
Common St.
2
Alewife Brook Pkwy.
2A
16

Ave.
McGrath Hwy.
93

117
Main
60
WATERTOWN
Spring St.
Mt. Auburn St.
3

CAMBRIDGE
Mass. Ave.

Charles
★ Gore Place
St.
20
Watertown St.
16
Tpk.
90
Memorial Dr.

★ Brandeis University
20

BOSTON

WESTON
South Sudbury
SPRINGFIELD
ALBANY

90
95
NEWTON
30
Commonwealth Ave.
Centre St.
Boston College
9
St.
Beacon St.

J. F. Kennedy NHS
Harvard St.
30

Mass. Ave.

Washington St.
Shirley-Eustis House
Roxbury
Hampden St.

WORCESTER

Worcester Tpk.
Boylston St.
BROOKLINE

Jamaicaway
Columbus Ave.

9
Boston-Worcester St.
WELLESLEY
Newton St.
Centre St.
Arborway
Savin Hill
Columbia Rd.
Dorchester Ave.

Great Plain Ave.
135
Highland Ave.
Needham Ave.

Charles

Arnold Arboretum
Franklin Park Zoo
28
Morton St.
Dorchester

NEEDHAM
Dedham Ave.
128
95
Pkwy.
W. Roxbury
Roslindale
Blue Hill Ave.
MATTAPAN
203
Gallivan

Common St.
Bridge St.
VFW Pkwy.
Washington St.
Stony Brook Reservation
Brook
Negonset
28
MILTON
Centre St.

109
High St.
Eastern Ave.
Mother
■ Fairbanks House
138
Canton Ave.
Randolph Ave.

DEDHAM
Blue Hill

Westwood
High St.
Washington St.
Blue Hills Reservation
Ave.

Central

109
1
95
Washington St.
93
24

148

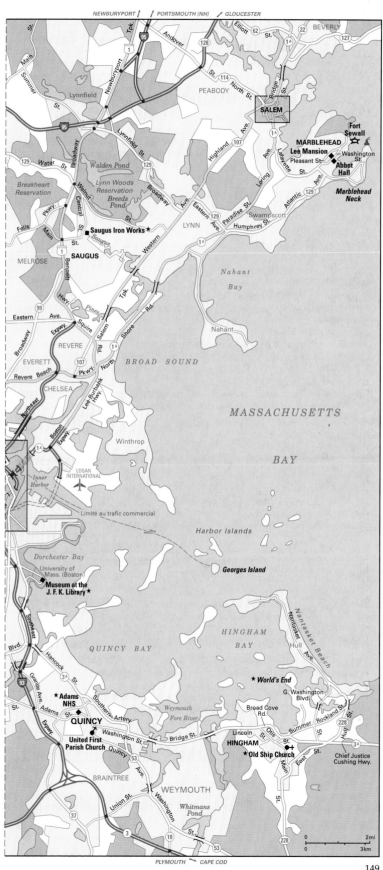

BEVERLY

Eliott St.

Andover

PEABODY

North St.

SALEM

Fort Sewall

MARBLEHEAD
Lee Mansion
Abbot Hall
Washington St.
Pleasant St.

Marblehead Neck

Lynnfield

Lynnfield St.

Highland Ave.

Lafayette Ave.

Walden Pond

Broadway

Lynn Woods Reservation
Breeds Pond

Breakheart Reservation

Eastern Ave.

Paradise St.

Loring Ave.

Atlantic Ave.

Swampscott

Saugus Iron Works ★

SAUGUS

LYNN

Paradise St.

Humphrey St.

MELROSE

Saugus

Western Ave.

Nahant Bay

Pines

Fells

Main St.

Salem St.

Shore Rd.

Nahant

Eastern Ave.

Squire Rd.

North Shore Rd.

BROAD SOUND

MASSACHUSETTS

Broadway

REVERE

Lee Burbank Hwy.

BAY

EVERETT
Revere Beach

CHELSEA

Boston Expwy.

Winthrop

LOGAN INTERNATIONAL

Inner Harbor

Limité au trafic commercial

Harbor Islands

Dorchester Bay

University of Mass. (Boston)
Museum at the J. F. K. Library ★

Georges Island

HINGHAM BAY

Nantasket Beach

Hull Ave.

QUINCY BAY

★ World's End

Southeast Expwy.

Hancock St.

Granite Ave.

G. Washington Blvd.

Broad Cove Rd.

Rockland St.

★ Adams NHS

QUINCY

Adams St.

Southern Artery

Weymouth Fore River

Lincoln St.

Otis St.

Summer St.

Hull St.

United First Parish Church

Washington St.

Bridge St.

HINGHAM

Quincy Ave.

★ Old Ship Church

Main St.

East St.

Chief Justice Cushing Hwy.

BRAINTREE

WEYMOUTH

Whitmans Pond

Union St.

Washington St.

0   2mi
0   3km

BROOKLINE   *Voir schéma des environs de Boston*

C'est dans cette élégante banlieue de Boston que naquit **John F. Kennedy** (1917-1963), 35e président des États-Unis. Depuis 1870, la ville de Boston a tenté à six reprises, mais en vain, d'annexer cette délicieuse communauté résidentielle située à quelques kilomètres au Sud-Ouest du centre. Avec ses 51 860 habitants, Brookline est l'une des villes les plus importantes du Massachusetts.

John Fitzgerald Kennedy National Historic Site – *83 Beals Street. Visite guidée (1/2 h) toute l'année, du mercredi au dimanche de 10 h à 16 h 30. Fermé le 1er janvier, le Thanksgiving Day (4e jeudi de novembre) et le 25 décembre. 1 $.* ☎617-566-7937. Les parents du célèbre président habitèrent cette modeste maison de bois de 1914 à 1921. Quatre de leurs enfants, dont John, y virent le jour. La maison a été restaurée pour retrouver son apparence de l'époque.

AUTRES CURIOSITÉS

★ **South End** – *Voir plan de Back Bay.* Longtemps déconsidéré par rapport aux quartiers chic comme Back Bay, South End est en train de devenir l'un des secteurs les plus dynamiques du centre de Boston. Ses maisons de briques de style victorien ont été construites entre 1840 et 1870 sur les terrains remblayés le long du cordon qui reliait à l'origine la presqu'île de Boston à la terre ferme. Momentanément à la mode, le quartier fut rapidement délaissé, et à la fin du siècle ne subsistaient plus que des appartements vétustes majoritairement habités par des immigrants et des gens de passage.

Au cours des dernières décennies, plusieurs rues de South End ont été réhabilitées. Ces transformations ont attiré des commerces et des institutions culturelles comme le **Boston Center for the Arts** *(541 Tremont Street)*, aménagé dans le fameux Cyclorama Building (1884). Le quartier est donc en pleine transition, et continue de brasser des populations de toutes les origines.

Ce regain de jeunesse est particulièrement perceptible aux abords de Tremont Street et de Clarendon Street, ponctuées de maisons restaurées avec soin, de restaurants à la mode et de boutiques spécialisées. **Union Park**, un écrin de verdure ovale très agréable, est bordé de splendides demeures victoriennes dont les perrons sont agrémentés de balustrades en fer forgé et en grès brun-rouge.

Chinatown – *Voir carte des principales promenades* [FZ]. Cultivant dialectes, ambiances et traditions, ce petit quartier est le centre régional des Chinois résidant en Nouvelle-Angleterre. Délimité par le Theater District, les rues commerçantes du centre et le Massachusetts Turnpike, ce quartier par ailleurs plutôt fade dégage un charme tout asiatique, avec ses plaques de rue en chinois, ses cabines téléphoniques coiffées de pagodes, ses marchés exotiques, ses boutiques de jade et de porcelaine et ses restaurants de spécialités orientales. Beach Street, la rue principale de Chinatown, est dominée par un **portail** monumental *(Hudson Street)*, à deux pas de la **Tyler Street** qui regorge de restaurants populaires.

Pour le Nouvel An chinois (en janvier ou février, selon les années) se déroule un festival animé d'une parade, de dragons et de pétards.

Bay Village – *Voir carte des principales promenades* [FZ]. Cette pittoresque enclave résidentielle, cachée à l'ombre de Park Square et des rues parfois délabrées du Theater District, fut érigée sur un marais assaini entre 1825 et 1840. Un grand nombre de ses maisons de briques ont été amoureusement restaurées.

Franklin Park Zoo – *Voir schéma des environs de Boston. A l'angle de Blue Hill Avenue et de Columbia Road. Depuis Boston, prendre la route 1 vers le Sud jusqu'à la route 203, puis suivre les panneaux indicateurs. Visite toute l'année, de 9 h à 16 h 30 (17 h le weekend). Fermé le 1er janvier, Thanksgiving Day (4e jeudi de novembre) et le 25 décembre. 5 $.* ☎617-442-2002. Le Franklin Park fait partie de la ceinture verte de Boston. Parmi les principales attractions du zoo figurent «A Bird's World» qui reconstitue le cadre naturel des oiseaux, une volière extérieure *(ouverte l'été uniquement)*, le «Children's petting zoo» où les enfants peuvent donner à manger à de petits animaux, et le Ranch qui réunit antilopes, chevaux et autres équidés. Dans le **pavillon de la forêt tropicale africaine★**, le visiteur a l'occasion de prendre conscience, si nécessaire, des environnements menacés de la planète. L'humidité, une végétation dense et des animaux exotiques recréent la vie de la forêt humide de l'Afrique équatoriale.

Arnold Arboretum of Harvard University – *Voir schéma des environs de Boston. Près du zoo, dans Arborway, Jamaica Plain. Visite toute l'année, de l'aube au coucher du soleil.* ☎617-524-1718. Cet arboretum de 107 ha, qui sert de centre de recherches et d'études, est administré par la Harvard University et le département des Parcs. Plus de 7 000 espèces d'arbres, fleurs et arbustes y poussent dans un cadre vallonné. C'est un superbe lieu de promenade, surtout en mai et juin au moment de la floraison des lilas, des rhododendrons, des azalées et des magnolias.

Suggestions de promenade – De Jamaica Plain Gate à l'étang *(1/4 h)*; de l'étang à la Bonsai House *(10 min)*; de la Bonsai House à Bussey Hill *(1/4 h)*, d'où l'on a un beau panorama sur l'arboretum.

EXCURSIONS

★★ **Cambridge** – *Voir à ce nom.*

★★ **Lexington** – *11 miles au Nord-Ouest de Boston. Voir à ce nom.*

★★ **Concord** – *17 miles au Nord-Ouest de Boston. Voir à ce nom.*

Medford – *Voir schéma des environs de Boston.* 57 407 h. Cette banlieue résidentielle au Nord de Boston abrite la **Tufts University.**

Isaac Royall House – *15 George Street. Visite guidée (3/4 h) de mai à octobre, tous les jours sauf le lundi et le vendredi, de 14h à 17 h. 3 $.* ☎617-396-9032. Cette belle demeure georgienne fut construite en 1732 pour le riche marchand anglais Isaac Royall Sr. qui arrivait des Antilles avec ses 27 esclaves. Solidaire de la cause américaine, son fils se réfugia à Halifax au début de la guerre d'Indépendance. La maison fut réquisitionnée pour servir de quartier général au général John Stark avant la retraite des Anglais en 1776. A l'intérieur, quelques-unes des boiseries originales ont été préservées. Les pièces contiennent de ravissants meubles anciens, dont une belle collection de pendules du 18e s. L'annexe où étaient logés les esclaves est le seul bâtiment du genre encore intact dans tout le Nord des États-Unis.

Saugus – *Voir schéma des environs de Boston.* 25 549 h. Dans cette petite ville de la banlieue Nord de Boston ont été reconstituées, en 1954, certaines des forges qui fonctionnaient au 17e s.

★ **Saugus Iron Works** – *244 Central Street. Visite toute l'année de 9h à 17h (16h de novembre à mars). Fermé le 1er janvier, le Thanksgiving Day (4e jeudi de novembre) et le 25 décembre.* ☎617-233-0050. En 1646, encouragé par l'intérêt que le gouvernement portait au développement des ressources naturelles, John Winthrop Jr., le fils du gouverneur du Massachusetts, créa les premières forges du Nouveau Monde à Hammersmith (Saugus). En dépit des techniques modernes mises en œuvre et de l'habileté des forgerons, l'entreprise fit faillite et ferma 30 ans plus tard, non sans avoir formé de nombreux ouvriers et permis de développer des forges similaires dans les colonies d'Amérique.

Musée – Exposition d'objets mis au jour par les fouilles, notamment une masse pesant 250 kg.

Iron Works House – Seul bâtiment d'origine, cette maison est un très bel exemple de l'architecture coloniale du 17e s., avec ses fenêtres à petits carreaux, ses vieilles portes à traverse, ses pignons à redents et son premier étage en encorbellement. Les bâtiments comprennent un **four**, où le minerai était transformé, la **forge** équipée de trois feux et quatre roues à eau, l'**atelier de laminage** et la **fonderie**, ainsi que le **magasin** où étaient stockés les produits de la forge avant d'être transportés jusqu'à Lynn et Boston par la Saugus River.

Waltham – *Voir schéma des environs de Boston.* 57 878 h. Waltham est un centre industriel important spécialisé dans la production de matériel électronique.

★ **Gore Place** – *52 Gore Street. Visite guidée (1 h) de mi-avril à mi-novembre, du mardi au samedi de 10h à 17 h, le dimanche de 14h à 17 h. Fermé les jours fériés; jardins accessibles toute l'année. 4 $.* ☎617-894-2798. 9 miles à l'Ouest de Boston se dresse cette élégante résidence de style fédéral où venait se reposer le politicien Christopher Gore (1758-1827). Attribuée à l'architecte français Jacques Guillaume Legrand, la maison comporte de vastes pièces ovales au pavement de marbre ainsi qu'un impressionnant escalier en colimaçon. Témoignant toutes du goût pour la profusion qu'affectionnaient les Gore, elles présentent du mobilier de différentes époques. On peut voir plusieurs portraits réalisés par d'éminents artistes américains tels que Copley, Stuart et Trumbull.

Brandeis University – *415 South Street.* Baptisée en l'honneur du grand procureur Louis D. Brandeis, cette université fut le premier établissement des États-Unis financé par la communauté juive, mais ouvert à toutes les confessions (1948).

Brandeis accueille 3 600 étudiants suivant 52 cursus différents. Le campus de 95 ha regroupe quelque 95 bâtiments modernes. Les trois chapelles (juive, protestante et catholique) conçues par **Max Abramowitz** sont les plus belles réalisations de cet ensemble harmonieux. Le **Rose Art Museum** présente de la peinture et de la sculpture contemporaine, notamment des œuvres de Willem de Kooning, Robert Rauchenberg et Andy Warhol (*ouvert toute l'année de 13 h à 17 h (21 h le jeudi); fermé le 1er janvier et le 25 décembre;* ♿ ☎*617-736-3434).* Le **Springold Theater Arts Center** offre des représentations théâtrales.

Weston – *15 miles à l'Ouest de Boston.* 10 200 h. De belles maisons agrémentées de superbes jardins bordent les rues de cette banlieue en pleine expansion.

Cardinal Spellman Philatelic Museum – *235 Wellesley Street. Visite toute l'année, du mardi au jeudi de 9 h à 16 h, le dimanche de 13 h à 17 h. Fermé les jours fériés.* ☎*617-894-6735.* Situé sur le campus du Regis College, ce bâtiment de briques abrite la collection philatélique du cardinal Spellman ainsi que d'autres collections célèbres réunissant 4 millions de timbres du monde entier. La bibliothèque conserve plus de 40 000 volumes.

South Sudbury – *21 miles à l'Ouest de Boston.* 14 358 h. La **Wayside Inn** *(sur la Old Post Road / route 20;* ☎*508-443-1776)* est une très belle auberge popularisée par les contes de Longfellow (*Tales of a Wayside Inn*). Elle est toujours en activité, mais on peut aussi s'y arrêter le temps d'une visite. On y voit notamment le salon de Longfellow où les objets décrits dans ses poèmes ont été précieusement conservés.

Dedham – *Voir schéma des environs de Boston.* 23 782 h. En avril 1920, le procès très discuté de Nicola Sacco et Bartolomeo Vanzetti fit connaître cette petite ville. Accusés de meurtre, ils furent exécutés, ce qui souleva une vague d'indignation dans l'opinion internationale.

Fairbanks House – *511 East Street, à l'angle de Eastern Avenue. Visite guidée (40 min) de mai à octobre, du mardi au samedi de 9 h à 17 h, le dimanche de 13 h à 17 h. 5 $.* ☎*617-326-1170.* Construite en 1636, cette maison en bois est l'une des plus anciennes des États-Unis. Souvent agrandie, elle compte onze pièces qui exposent du mobilier, des vêtements et des souvenirs des générations qui s'y succédèrent.

Sharon – *18 miles au Sud de Boston.* 15 517 h. Cette agréable petite ville est l'une des 90 localités qui constituent la région métropolitaine de Boston.

Kendall Whaling Museum – *27 Everett Street. 1 mile au Nord du centre de Sharon. Visite toute l'année, du mardi au samedi de 10 h à 17 h. 2 $.* ♿ ☎*617-784-5642.* Modeste en apparence, ce musée possède pourtant une étonnante collection consacrée à la pêche à la baleine qui mérite une visite. Outre des souvenirs, cette institution présente de superbes **peintures★** anglaises, hollandaises, américaines et japonaises évoquant l'industrie baleinière depuis ses débuts jusqu'à nos jours. La collection de **scrimshaws★** est tout aussi remarquable, notamment ce violon sculpté dans l'ivoire. Sont également exposés des outils, des maquettes, des vêtements inuits, une collection de sceaux, ainsi que de petites embarcations dont un kayak inuit et une barque utilisée à bord du *John R. Manta* (le dernier baleinier américain en service).

CAMBRIDGE ★★★

95 802 h.
Voir Carte des Principales Curiosités
Renseignements touristiques ☎617-497-1630

Face à Boston, de l'autre côté de la Charles River, s'étale la ville universitaire de Cambridge, à laquelle l'Université de Harvard et l'Institut de Technologie du Massachusetts (MIT) ont conféré une renommée mondiale.
Bâtiments universitaires, rues commerçantes et quartiers résidentiels s'y imbriquent les uns dans les autres. Principale artère de la ville, Massachusetts Avenue débute au Harvard Bridge, passe devant le campus de MIT, puis gagne, au centre de Cambridge, le **Harvard Square**, animé de cafés, de restaurants et de théâtres. Entre le Harvard Square et le Cambridge Common s'étendent des rues calmes aux belles demeures coloniales. Le long de la Charles River, **Memorial Drive** procure de très belles vues sur Boston.

Charles River (Harvard University)

Un peu d'histoire

De New Towne à Cambridge – En 1630, ce site fut choisi pour y établir la capitale de la colonie de la baie. On éleva des fortifications autour de la cité, et on la baptisa New Towne. Six ans plus tard, les puritains décidèrent d'y fonder un collège pour former les jeunes hommes aux plus hautes fonctions. Le gouvernement de la colonie lui affecta une somme égale à la recette fiscale qu'il percevait. En 1638, afin de souligner l'importance du collège pour la colonie, New Towne fut rebaptisée Cambridge, d'après la célèbre ville universitaire anglaise.

Le collège doit son nom au pasteur **John Harvard** qui mourut la même année à Charlestown, léguant à l'institution la moitié de sa fortune et sa bibliothèque.

Cambridge et les lettres – Au 17e s., Cambridge devint un centre de l'édition. Avec ses assistants, les frères Daye, la veuve d'un pasteur anglais y installa la première imprimerie des colonies américaines. Parmi les premiers ouvrages imprimés figuraient une bible en indien, un almanach et le *Bay Psalm Book*.

Le Harvard College attira un grand nombre de professeurs éminents et de chercheurs érudits qui vinrent s'établir à Cambridge. Vers le milieu du 19e s., la ville était devenue un pôle de la pensée progressiste où vivaient, étudiaient et enseignaient de distingués écrivains, des réformateurs et des intellectuels tels que Henry Wadsworth Longfellow, Oliver Wendell Holmes, Margaret Fuller et Dorothea Dix.

Cambridge et la guerre d'Indépendance – Après l'épisode de Lexington (*voir à ce nom*), les miliciens installèrent leurs quartiers généraux dans les bâtiments universitaires de Harvard et dans les maisons désertées par les tories (loyalistes qui s'étaient enfuis au Canada ou en Europe). Le 3 juillet 1775, George Washington prit le commandement de l'armée américaine sur le Common; il séjourna plusieurs mois dans la Vassal House de l'actuelle Brattle Street (*voir Longfellow National Historic Site, plus loin*).

Cambridge, ville du futur – Grâce au Massachusetts Institute of Technology et à la Harvard University, Cambridge est l'un des principaux centres de recherche des États-Unis. Des savants du monde entier travaillent à y faire progresser les technologies les plus avancées, plus particulièrement dans le domaine de l'informatique. Depuis la Seconde Guerre mondiale, Cambridge a vu se développer de nombreux laboratoires de recherche; ce secteur d'activités a joué un rôle essentiel dans le développement du parc industriel qui s'est regroupé autour de la route 128.

153

★★★ HARVARD UNIVERSITY *1 journée. Voir plan plus loin. ☉ Harvard.*

Harvard College – Premier collège créé sur le sol américain, Harvard est resté l'un des fleurons de l'enseignement aux États-Unis. Fondé en 1636 pour former les hauts fonctionnaires de l'Église et de l'État, de même que les grands administrateurs du secteur économique, le collège demeura sous le contrôle du Commonwealth of Massachusetts jusqu'en 1865. A cette date, de nombreuses donations lui permirent de devenir un établissement privé. L'année de la création du Harvard College, le nombre d'étudiants s'élevait à 12. Aujourd'hui, ce chiffre est passé 18 000, et les programmes extrêmement stricts des débuts se sont peu à peu libéralisés.

Harvard University – Harvard devint une université moderne lorsqu'elle ouvrit de nouvelles facultés: médecine (1782), théologie (1816), droit (1817), médecine dentaire (1867), arts et techniques (1872). D'éminents professeurs comme **James**

Massachusetts Hall (Harvard University)

Russell Lowell, **William James**, **Louis Agassiz** et **Henry Wadsworth Longfellow** élargirent le champ des matières enseignées. Harvard continua de s'agrandir au début du 20e s. et fit construire de nouveaux laboratoires, de nouvelles salles de cours, des musées et des bibliothèques.

Attaché à ses traditions académiques ancestrales, à un enseignement pluridisciplinaire et à la recherche, Harvard est devenue une institution universitaire de renommée mondiale. La bibliothèque renferme plus de 12 millions de volumes et le Fogg Art Museum *(voir plus loin)* compte parmi les plus prestigieux musées universitaires du monde. Harvard travaille en étroite collaboration avec plusieurs instituts de recherche tels que l'Astrophysical Observatory of the Smithsonian Institution, et incite ses chercheurs à confronter les problèmes touchant aux domaines de la santé, de l'enseignement et de l'administration publique.

Harvard bénéficie de la dotation la plus élevée du monde entier: 6 milliards de dollars. Ces fonds sont répartis entre le collège (études de 1er cycle) et les dix facultés: théologie, droit, dentisterie, médecine, arts et techniques, commerce, philosophie et lettres, santé publique, architecture et urbanisme, et la John F. Kennedy School of Government qui forme les futurs hauts fonctionnaires de la nation. Harvard est l'une des sept universités américaines faisant partie de la prestigieuse **Ivy League**. Elle n'accorde aucune bourse aux sportifs et n'enseigne pas l'éducation physique, mais finance néanmoins 40 équipes universitaires. Les rameurs du célèbre club d'aviron de Harvard s'entraînent souvent sur la Charles River.

Les étudiants – Quelque 6 600 étudiants s'inscrivent chaque année aux collèges de Harvard et de **Radcliffe** *(voir Le Cambridge historique, plus loin)*. Ce dernier fut fondé en 1879 pour ouvrir aux femmes l'accès aux études supérieures. Aujourd'hui, toutes les classes sont mixtes. Les étudiants habitent dans les 13 «houses», pour la plupart de beaux bâtiments de style georgien encadrant des cours intérieures.

Le campus *Voir plan plus loin*

L'Université de Harvard est une véritable ville dans la ville, avec environ 500 bâtiments dont plus de 100 bibliothèques, des douzaines de laboratoires et 9 musées répartis sur 154 ha. Tous les styles architecturaux y sont représentés, du style colonial aux réalisations modernes de Gropius (Harkness Commons et Graduate Center, 1950 **[L]**), Le Corbusier (Carpenter Center of Visual Arts) et James Stirling (Sackler Museum).

Partir du Harvard Information Center situé dans Holyoke Center.

★★ **Harvard Yard** – C'est le campus original qui rassemble la plupart des bâtiments administratifs, les dortoirs et la première chapelle de Harvard. Sur Massachusetts Avenue, la **Wadsworth House [A]**, maison à bardeaux jaunes construite en 1726, fut la résidence des recteurs de l'université jusqu'en 1849. A gauche se trouve le **Massachusetts Hall [B]** (1720), le plus ancien bâtiment de Harvard. En face, on voit le **Harvard Hall [C]** (1766) et, derrière, la ravissante **Holden Chapel [D]** avec son fronton décoré des armes bleues et blanches de la bienfaitrice, Madame Holden. De l'autre côté du Yard se dresse un édifice de granit, **University Hall [E]** (1815), réalisé par Charles Bulfinch. Devant s'élève la **statue de John Harvard [1]**, une œuvre de Daniel Chester French, appelée «la statue des trois mensonges» car sa plaque précise que John Harvard fut le fondateur du collège en 1638. Or, le collège fut fondé en 1636, J. Harvard n'en fut «que» le donateur, et la statue représente en réalité un étudiant de l'université qui posa près de 250 ans (en 1882) après la mort du célèbre pasteur.
Derrière le University Hall, l'imposante **Widener Memorial Library [G]** fait face à la **Memorial Church [F]**, dédiée aux anciens de Harvard tombés au cours des différents conflits que connut la planète. Cette bibliothèque est la plus importante du monde dans le domaine universitaire; elle doit son nom à un étudiant de Harvard disparu dans le naufrage du *Titanic*. A l'intérieur, les visiteurs peuvent apprécier sa belle rotonde octogonale de style Renaissance. Tout à côté, la **Pusey Library [H]** conserve les archives de l'université; la petite **Houghton Library [J]** recèle des livres rares et de vieux manuscrits. Avant de quitter le Yard, on passe ensuite devant la façade néo-romane du **Sever Hall [K]**, œuvre de l'architecte H.H. Richardson.

Tourner à gauche dans Quincy Street.

Le **Carpenter Center of Visual Arts** (1963), tout en béton et en verre, est l'unique réalisation de Le Corbusier en Amérique du Nord; sa rampe d'accès qui relie deux rues ne passe pas inaperçue. On voit ensuite le **Fogg Art Museum** *(voir plus loin)* et le **Sackler Museum** *(voir plus loin)*, un édifice contemporain en forme de L. Au-delà se dresse le **Gund Hall**, bâtiment de conception moderniste qui abrite l'école d'Architecture et d'Urbanisme. En face, le **Memorial Hall** est une énorme bâtisse de style néo-gothique coiffée d'une tour carrée et d'un toit pyramidal; une partie de cet édifice abrite le Sanders Theater.

Tourner à gauche dans Kirkland Street. Dépasser le Adolphus Busch Hall et l'étonnant Science Center (réalisé en 1973 par les architectes Jackson et Sert), puis traverser le Yard.

Le quartier des «Houses» *Voir plan plus loin*

Entre Massachusetts Avenue et la Charles River s'élèvent les résidences des étudiants de Harvard: **Adam House**, **Quincy House** et **Lowell House**. Leur plan est uniforme: d'élégants bâtiments de style georgien – la plupart en briques – s'élevant autour de larges cours intérieures gazonnées où les étudiants ont le loisir de jouer au *frisbee* ou plus sérieusement d'étudier leurs matières pendant la belle saison.

A partir de Massachusetts Avenue, tourner à droite dans Linden Street pour longer Adams House, puis traverser Mt Auburn Street.

A la jonction de Linden Street et de Mt Auburn Street, on peut voir un pastiche de château flamand. Ce bâtiment abrite les bureaux du journal satirique **Lampoon** (le Pamphlet), édité par les étudiants.

S'engager dans Holyoke Place.

En face s'élève le dôme bleu de la **Lowell House**. Jeter un coup d'œil à l'intérieur du yard pour remarquer l'élégance de ses bâtiments.

Poursuivre par Holyoke Street, puis traverser le yard qui lui fait face. Tourner à droite dans Memorial Drive. Sur l'autre berge de la Charles River se dressent les bâtiments de la Business School. Retourner vers Harvard Square par J.F. Kennedy Street. On longe la Eliot House et de nombreuses boutiques dont certaines groupées dans un ensemble appelé «The Garage».

Les musées *Voir plan ci-contre*

★★ **Harvard Museums of Cultural and Natural History** – *Entrées par Divinity Avenue et par 24 Oxford Street. Visite toute l'année, du lundi au samedi de 9 h à 16 h 30, le dimanche de 13 h à 16 h 30. Fermé le 1ᵉʳ janvier, le 4 juillet, le Thanksgiving Day (4ᵉ jeudi de novembre) et le 25 décembre. 4 $. ৬ ☎617-495-3045.* Regroupés sous un même toit, voici quatre musées qui recèlent une myriade d'objets et d'œuvres d'art dont l'ensemble compose les immenses collections de recherche de l'université. Un certain charme désuet émane de nombreuses galeries peu éclairées et dotées de vieilles vitrines, mais cette apparente sobriété ne doit pas faire oublier que les collections qu'elles renferment méritent une visite attentive. *Commencer par le Peabody Museum (entrée par Divinity Avenue).*

★ **Peabody Museum of Archaeology and Ethnology** – Fondé en 1866 par George Peabody, ce musée abrite les multiples objets et œuvres d'art rapportés par les missions archéologiques et ethnologiques financées par l'Université de Harvard. Au rez-de-chaussée se trouve la boutique du musée ainsi qu'une exposition sur l'évolution des diverses cultures nord-américaines. Au 2ᵉ étage sont présentés des pièces authentiques et des moulages de monuments précolombiens; cette exposition analyse également l'héritage archéologique de l'Amérique latine et l'impact européen sur cette culture. De style victorien, le 3ᵉ étage abrite une collection d'**art océanien**; les pièces présentées sont superbes et permettent d'apprécier la réelle dextérité des artisans. *Les autres musées sont accessibles depuis la galerie du 2ᵉ étage.*

Mineralogical and Geological Museum – Parmi les nombreux minéraux, pierres précieuses et météorites présentés dans ces trois galeries, remarquer les cristaux de gypse géants provenant du Mexique.

Botanical Museum – Les deux galeries de ce musée sont entièrement consacrées à une collection unique au monde: les **fleurs en verre de Blashka★★**. Réalisées en Allemagne par Léopold Blashka et son fils Rudolph entre 1877 et 1936, ce sont de véritables chefs-d'œuvre tant artistiques que scientifiques: plus de 780 sortes de plantes sont exposées, présentées comme sur une planche de botanique.

Museum of Comparative Zoology – La collection de fossiles comporte quelques spécimens rares, notamment un mastodonte de 25 000 ans mis au jour dans le New Jersey, un paléosaure comptant parmi les plus vieux dinosaures (180 millions d'années), et un kronosaure (120 millions d'années) considéré comme le plus grand reptile marin. Dans les galeries adjacentes, de nombreuses vitrines contiennent des animaux du monde entier, dont une magnifique collection d'oiseaux (650 espèces) d'Amérique du Nord.

★ **Fogg Art Museum** – *32 Quincy Street. Visite toute l'année de 10 h à 17 h sauf les jours fériés. 5 $ (billet combiné avec le Sackler Museum). ৬ ☎617-495-9400.* En entrant dans le musée, admirer la cour intérieure de style italianisant. Les galeries, réparties sur deux niveaux entourant la cour, présentent un panorama de l'art occidental du moyen âge à nos jours. On y verra surtout de très belles œuvres de la **Renaissance italienne**, ainsi que des tableaux et sculptures impressionnistes et post-impressionnistes.
Au 1ᵉʳ étage, un couloir conduit au **Busch-Reisinger Museum★**, consacré à l'art allemand du 20ᵉˢ. Sa collection de tableaux est exposée par roulement dans les six galeries. On y voit des toiles expressionnistes de Max Beckmann et d'artistes du mouvement Die Brücke ou du Blaue Reiter (Kandinsky, Klee, Feininger).

★ **Sackler Museum** – *485 Broadway. Mêmes conditions de visite que pour le Fogg Art Museum.* Ce bâtiment post-moderniste, conçu par l'Anglais James Sterling (1985), présente une architecture assez spectaculaire. Les sections d'art antique du Fogg Art Museum (Antiquité classique, Moyen-Orient, Extrême-Orient) y sont présentées. Parmi les pièces à ne pas manquer: céramique et sculpture de l'Asie; estampes japonaises; remarquable collection de **bronzes** et de **jades** chinois. Des expositions thématiques temporaires sont organisées dans les galeries du rez-de-chaussée.

★ **LE CAMBRIDGE HISTORIQUE** *2 h. Voir plan ci-contre.*

Cambridge Common – Centre de la ville depuis plus de 300 ans, le common fut choisi en 1775 par Washington pour y établir son quartier général. Selon la tradition, c'est sous un de ses ormes qu'il prit le commandement de l'armée continentale. Une plaque **[2]**, située sur Garden Street, marque l'emplacement de cet arbre qui disparut au cours des années 1920.

Christ Church – *Zero Garden Street. Ouvert toute l'année, le lundi de 13 h au coucher du soleil, et du mardi au dimanche de l'aube au coucher du soleil.* & ☎617-876-0200. Cette église, la plus ancienne de Cambridge, fut dessinée en 1760 par Peter Harrison. Elle est réputée pour la valeur de son intérieur de style georgien. Laissée à l'abandon au début de la guerre d'Indépendance, elle servit de dortoirs aux troupes américaines.

Radcliffe College – Baptisé en l'honneur de la riche donatrice Ann Radcliffe, ce collège fut fondé en 1879 pour donner aux jeunes filles un enseignement similaire à celui de Harvard. Les deux institutions furent officiellement jumelées en 1894. Depuis 1975, leurs administrations sont regroupées, et filles et garçons sont également admis; à leur sortie, les étudiants reçoivent des diplômes frappés du sceau des deux universités.

Le **Radcliffe Yard** est entouré de beaux bâtiments: **Fay House**, de style fédéral; le **Gymnasium**, qui abrite aujourd'hui le Murray Research Center et une école de danse; **Agassiz House**, où furent représentées les premières œuvres de Eugene O'Neill et David Mamet. Au bout du yard se dresse un bâtiment qui abrite la **Schlesinger Library**, la plus grande bibliothèque d'études féminines des États-Unis, et le **Bunting Institute**, centre pluridisciplinaire réservé aux femmes.

Avant de sortir du yard en direction de Mason Street, on aperçoit une église du 19ᵉ s., la First Church, que coiffe une girouette: un coq doré datant du 17ᵉ s., sculpté par Shem Drowne, l'artisan qui réalisa la sauterelle du Faneuil Hall de Boston *(voir à ce nom).*

★ **Brattle Street** – Cette rue possède encore quelques-unes des belles demeures que s'étaient fait construire les aristocrates loyalistes du 18ᵉ s., d'où son surnom: «Tory Row». Au nº 101, remarquer l'élégante Hastings House, et aux nᵒˢ 113 et 115, deux édifices ayant appartenu aux filles de Longfellow.

★ **Longfellow National Historic Site** – *105 Brattle Street. Visite guidée (40 min) de fin mai à mi-octobre, du mercredi au dimanche de 10 h à 16 h 30. 2 $.* ☎617-876-4491. Cette maison georgienne, construite en 1759 par le tory John Vassall, servit de quartier général à George Washington pendant le siège de Boston. En 1837, le poète **Henry Wadsworth Longfellow**, professeur à Harvard, vint y habiter et y demeura jusqu'à sa mort en 1882. Il y écrivit la plupart de ses poèmes, et la maison rassemble la

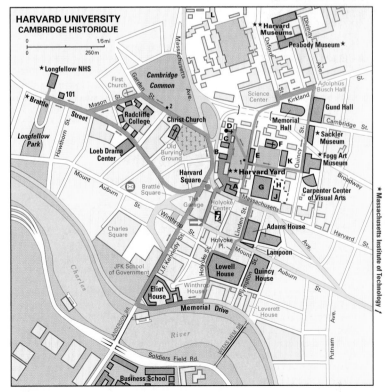

plupart de ses souvenirs. Longfellow est en quelque sorte le Victor Hugo américain. Face à la maison, le **Longfellow Park** s'étend jusqu'à la Charles River. En revenant vers Harvard Square par Brattle Street, on passe devant le **Loeb Drama Center** (n° 64), théâtre de Harvard de conception moderne.

★ MASSACHUSETTS INSTITUTE OF TECHNOLOGY (MIT)

Voir carte des principales promenades (Boston). Ⓣ *Kendall Center/MIT.*

Cet institut fut fondé à Boston en 1861 par **William Barton Rogers**, dont l'idée était d'insister sur la finalité pratique à donner aux études. En 1916, les locaux de Copley Square étant devenus trop exigus, le MIT s'installa à Cambridge, au bord de la Charles River. Ce fut l'occasion d'une célébration à laquelle assista Franklin Roosevelt en personne.

Le MIT a gardé l'orientation imprimée par Rogers. A l'avant-garde de la technologie, il est réputé dans le domaine de la recherche appliquée, et se compose de cinq écoles: ingénierie, sciences pures, sciences humaines et sociales, commerce, architecture et urbanisme. Celles-ci accueillent près de 9 700 étudiants, originaires de 50 États différents et de 101 pays étrangers, étudiants qui bénéficient des méthodes d'enseignement et des équipements les plus modernes. Un grand nombre d'ouvrages scientifiques diffusés dans le monde entier y sont publiés.

Campus Est – *A droite de Massachusetts Avenue en arrivant de Harvard Bridge.* Le long de Massachusetts Avenue s'élèvent d'imposants bâtiments néo-classiques dessinés par Welles Bosworth dans lesquels l'institut s'installa en 1916. Un dôme surbaissé coiffe le **Rogers Building** (n° 77). Le MIT Museum abrite les **Hart Nautical Collections** (*accès par le n° 77; ouvert toute l'année de 9 h à 20 h; ☈ ☎617-253-4444*), un ensemble de maquettes de bateaux illustrant l'évolution de la construction navale, et le **List Visual Arts Center** (*Wiesner Building; ouvert de septembre à juin, du mardi au vendredi de 12 h à 18 h, jusqu'à 20 h le mercredi, et le week-end de 13 h à 17 h; ☈ ☎617-253-4680*) qui présente des expositions d'art contemporain. Entre la Hayden Memorial Library et la haute tour du Science Center se déploie *La Grande Voile,* stabile d'Alexander Calder; non loin se dresse la sculpture en acier noir de Louise Nevelson, *Transparent Horizon.*

Campus Ouest – *A gauche de Massachusetts Avenue en arrivant de Harvard Bridge.* La silhouette moderne du Student Center abrite le **Coop** (magasin pour les étudiants), les salles réservées aux activités culturelles et les restaurants. Le **Kresge Auditorium★** et la **MIT Chapel★** furent dessinés par **Eero Saarinen** en 1956. Avec sa coque triangulaire reposant sur ses pointes, le Kresge Auditorium a inspiré le C.N.I.T de la Défense, à Paris. La chapelle œcuménique, structure cylindrique en briques dont le clocher traditionnel a été remplacé par une sculpture en aluminium de Théodore Roszak, présente un intérieur très intéressant. La lumière zénithale éclaire agréablement le mobile situé au-dessus de l'autel; par ailleurs, les murs sont animés par les reflets incessants créés par l'eau du fossé. En face, la **Baker House,** résidence universitaire, fut dessinée en 1947 par le Finlandais Alvar Aalto.

☙ CAPE ANN ★★

Voir Carte des Principales Curiosités
Renseignements touristiques ☎508-283-1601

Les petits ports de pêche et les charmants villages de cette péninsule rocheuse située au Nord de Boston sont balayés par des brises marines particulièrement vivifiantes. Exploré par Champlain en 1604, puis dessiné par le capitaine John Smith qui en dressa la carte en 1614, le cap fut baptisé en l'honneur de la reine Anne, épouse de Charles Ier d'Angleterre. Une petite colonie fut établie à Gloucester en 1623 par un groupe d'Anglais qui vivaient de la pêche. Leurs descendants ont fait de la région l'un des centres mondiaux de la pêche industrielle. Aujourd'hui, cette côte attire les Bostoniens qui viennent s'imprégner de son atmosphère maritime, visiter ses galeries d'art et se restaurer d'une excellente cuisine réputée pour ses produits de la mer. On peut flâner dans les boutiques de Cape Ann ou se promener dans ses superbes paysages accidentés. En été, les baleines migrent au large du cap, et des **croisières d'observation** sont proposées aux touristes *(voir chapitre Renseignements pratiques).* Les photographes se régalent à saisir la belle lumière de Cape Ann qui se réfléchit sur ses rochers et transforme continuellement les couleurs de la côte.

★★ LE TOUR DE CAPE ANN *32 miles. 1/2 journée. Voir schéma ci-dessous.*

Ce circuit emprunte les routes 127 et 127A qui longent la côte de Cape Ann, dotée de paisibles villages de pêcheurs.

Magnolia – Cet ancien port de pêche devint une station balnéaire réputée à la fin du 19e s. Nombre des vastes demeures de Magnolia servaient alors de résidence d'été; aujourd'hui, elles sont habitées toute l'année. En suivant Shore Road le long de la côte, on peut voir le petit port et, au loin, les silhouettes des tours de Boston.

De Shore Road, tourner à gauche dans Lexington Avenue puis à droite dans Norman Avenue qui devient Hesperus Avenue.

★ Hammond Castle Museum – *80 Hesperus Avenue, à environ 1 mile du centre de Magnolia. Visite de juin au Labor Day (1er lundi de septembre) de 10 h à 17 h (16 h le samedi, 18 h le dimanche); de novembre à mai, uniquement le week-end. Fermé les jours fériés. 5,50 $. ☎508-283-2080.* Ce château en pierres, inspiré d'une forteresse médiévale, se dresse au-dessus de la côte rocheuse face à la baie de Gloucester. Il fut construit par l'inventeur John Hammond Jr. en 1929 pour abriter sa collection de mobilier médiéval, de peinture et de sculpture. La grande salle abrite un orgue gigantesque comptant 8 200 tuyaux. C'est Hammond lui-même qui le réalisa, et il y consacra 20 ans de sa vie. Le petit récif de rochers visible au pied du musée, Norman's Woe, fut immortalisé par un poème de Longfellow.

Reprendre Hesperus Avenue qui rejoint la route 127 (Western Avenue).

On passe près du **Stage Fort Park** – c'est sur son site que fut installé le premier comptoir de la colonie de la baie du Massachusetts, en 1623 – puis on traverse le pont mobile qui enjambe le canal d'Annisquam séparant le cap du continent. Juste après ce pont, à droite, se dresse face à la mer la statue du **Gloucester Fisherman★ [A]**, sculptée par Leonard Craske et dédiée à tous les marins de Gloucester disparus en mer.

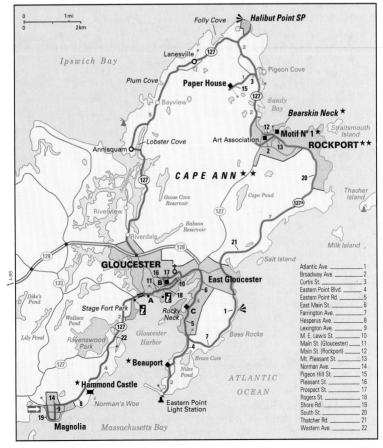

Atlantic Ave.	1
Broadway Ave.	2
Curtis St.	3
Eastern Point Blvd.	4
Eastern Point Rd.	5
East Main St.	6
Farrington Ave.	7
Hesperus Ave.	8
Lexington Ave.	9
M. E. Lewis St.	10
Main St. (Gloucester)	11
Main St. (Rockport)	12
Mt. Pleasant St.	13
Norman Ave.	14
Pigeon Hill St.	15
Pleasant St.	16
Prospect St.	17
Rogers St.	18
Shore Rd.	19
South St.	20
Thacher Rd.	21
Western Ave.	22

Gloucester – 28 716 h. Le plus vieux port de l'Amérique est toujours un port de pêche très important, bien abrité au fond de sa baie. Les fameux schooners, ces goélettes décrites par Kipling dans *Capitaines courageux*, ont été remplacés par des bateaux à moteur. Les marins, pour beaucoup d'origine portugaise ou italienne, sont très attachés aux traditions, surtout à la **bénédiction de la flotte** qui a lieu le dernier week-end de juin, lors de la fête de saint Pierre. Aujourd'hui, Gloucester est spécialisé dans le conditionnement du poisson congelé. Plusieurs usines bordent le port et reçoivent du poisson de toute la Nouvelle-Angleterre, du Canada, d'Islande, voire même de Scandinavie.

Entrer dans Gloucester par la route 127 (Rogers Street).

En haut d'une butte se dresse la sobre maison de pierres du paysagiste Fitz Hugh Lane, connu pour ses marines *(propriété ouverte toute l'année, de l'aube au coucher du soleil).* Depuis la butte, vue sur le port.

Tourner à gauche dans Manuel E. Lewis Street, puis à nouveau à gauche dans Main Street et à droite dans Pleasant Street.

★ **Cape Ann Historical Museum [B]** – *27 Pleasant Street. Visite du mardi au samedi de 10 h à 17 h. Fermé en février. 3,50 $. & ☎508-283-0455.* Ce musée est consacré aux traditions maritimes et artistiques de Cape Ann. Ses galeries retracent l'histoire des conserveries et de la pêche industrielle. Aux 19e et 20e s., beaucoup d'artistes ont été attirés par la lumière et le paysage du cap; le musée expose notamment des toiles de Maurice Prendergast et John Sloan. La collection de **marines★** de Fitz Hugh Lane (1804-1865) est la plus riche de tout les États-Unis. Ses représentations du port de Gloucester et de ses environs sont appréciées pour leur chaleur et leur luminosité, ainsi que pour l'attention que l'artiste portait aux détails.

Emprunter Prospect Street pour rejoindre la route 127 (Rogers Street).

On passe devant **Our Lady of Good Voyage Church**, église d'inspiration portugaise surmontée de deux dômes bleus.

Suivre la route 127 vers le Nord, et tourner à droite dans East Main Street.

East Gloucester – Le long de East Main Street se succèdent des boutiques d'antiquaires et des galeries d'art. L'une d'elles, **North Shore Arts Association [C]**, est installée dans une vieille grange rouge patinée par le temps *(197 East Main Street; visite de juin à septembre, du lundi au samedi de 10 h à 17 h et le dimanche de 13 h à 17 h; ☎508-283-1857)* et expose des œuvres d'artistes locaux. En face, la petite presqu'île de **Rocky Neck** abrite une colonie d'artistes depuis le 19e s.

Poursuivre Eastern Point Road. La route qui mène à Eastern Point est privée; cependant, les visiteurs pour Beauport peuvent l'emprunter.

★ **Beauport** – *Eastern Point Boulevard, à Eastern Point. Visite guidée (1 h) de mi-septembre à mi-octobre, du lundi au vendredi de 10 h à 16 h, le week-end de 13 h à 16 h; de mi-mai à début septembre, du lundi au vendredi de 10 h à 16 h. Fermé le Memorial Day, le 4 juillet et le Labor Day. 5 $. ☎508-283-0800.* Surplombant le port de Gloucester, cette résidence d'été d'où l'on aperçoit Boston est l'œuvre de l'architecte décorateur Henry Davis Sleeper (1873-1934), qui s'amusa à donner un style particulier à chacune des 40 pièces. Certaines sont inspirées de styles traditionnels, d'autres de personnages célèbres (Paul Revere, Byron), quelques unes de contrées exotiques (Inde, Chine), etc. Cette réalisation, dont le faîtage est un habile mélange de tuyaux de cheminées en spirale, de tourelles et de tours, fit de Sleeper l'un des décorateurs les plus en vue de son époque.

Au bout de Eastern Point, un phare, **Eastern Point Light Station**, domine la longue digue de granit qui protège l'entrée du port de Gloucester.

Revenir par Eastern Point Boulevard jusqu'à l'entrée de la route privée. Tourner à droite dans Farrington Avenue, puis à gauche dans Atlantic Road.

De cette route, on a une belle **vue** sur la côte et sur les deux phares de Thacher Island en face.

Rejoindre la route 127A (Thatcher Road) qui longe les plages et quelques marais salants, puis traverse un paysage rocheux et une forêt. A l'entrée de Rockport, Thatcher Road devient South Street.

★★ **Rockport** – 7 482 h. *Durant la saison touristique, des parkings sont aménagés à l'écart de la station et reliés au centre toutes les 15 min par des navettes (stationnement: 5 $ le week-end et les jours fériés).* Ce port de pêche tranquille, devenu une colonie d'artistes dans les années 1920, a connu une prospérité économique importante au 19e s., quand son granit était exporté jusqu'en Amérique du Sud. Aujourd'hui, Rockport attire de nombreux visiteurs par ses galeries d'art, ses boutiques de Main Street et le charme de son petit port, surtout en fin d'après-midi, lorsqu'une lumière dorée éclaire la mer, les rochers, les bateaux au large et le fameux hangar rouge surnommé **Motif n° 1★** en raison de la multitude d'œuvres qu'il inspira à d'innombrables paysagistes. Ce hangar est accessible depuis la pointe de **Bearskin Neck★**, couverte d'anciennes maisons de pêcheurs grises aménagées en boutiques. Des chemins étroits mènent jusqu'au bout de la pointe, d'où l'on aperçoit la côte rocheuse et le port. Au

Motif n° 1 (Rockport)

n° 12 de Main Street, la **Rockport Art Association** expose des œuvres d'artistes régionaux. Un sentier public traversant des propriétés privées et, longeant l'océan, conduit à quelques plages: Garden, North et South Beaches.

Sortir de Rockport par Mt Pleasant Street. To.urner à droite dans Broadway Avenue qui se prolonge par la route 127 (Railroad Avenue et Granite Street). Juste avant Pigeon Cove, tourner à gauche dans Curtis Street, puis dans Pigeon Hill Street.

Paper House – *52 Pigeon Hill Street. Visite de juillet au Labor Day (1er lundi de septembre), tous les jours de 10 h à 17 h. 1 $.* ☎508-546-2629. Les meubles et les murs de cette maison ont été entièrement fabriqués avec du papier journal, une réalisation à laquelle Elis Stenman et sa famille consacrèrent deux décennies.

Rejoindre la route 127 et parcourir 1 mile vers le Nord avant de tourner à droite dans Gott Avenue.

Halibut Point State Park – *Visite de mai à octobre, tous les jours de 8 h à 20 h; le reste de l'année, de l'aube au coucher du soleil. 2 $ par voiture.* ☎508-546-2997. *Voir chapitre Renseignements pratiques.* Du parc de stationnement s'amorcent de nombreux sentiers qui sillonnent à travers les bois et les anciennes carrières de granit de la pointe Nord *(visite guidée des carrières en juillet et août, le samedi à 10 h).* De la côte rocheuse, de vastes **vues★** s'étendent vers le Sud à travers la baie de Ipswich, et vers le Nord jusqu'au Maine. Les bureaux de l'administration du parc sont installés dans une tour d'observation datant de la Seconde Guerre mondiale.

Continuer sur la route 127.

Entre Pigeon Cove et **Annisquam**, la côte est très découpée et abrite de charmants petits ports: **Folly Cove, Lanesville, Plum Cove, Lobster Cove**. Après Annisquam, la route 127 rejoint la route 128 à Riverdale.

*Créez vos propres itinéraires à l'aide de la carte des **principales curiosités** et des **itinéraires de visite** en début de volume.*

CAPE COD ★★★

Produit d'une passionnante histoire géologique et humaine, cette curieuse avancée dans l'océan représente aujourd'hui, pour la plupart des Américains, 483 km de côtes et de plages surpeuplées en été. Le tourisme et le développement du parc automobile ont en effet transformé certains ports de pêche en stations balnéaires. Malgré un grand nombre de motels, de comptoirs de restauration rapide, de boutiques de souvenirs et d'immeubles , Cape Cod a su préserver sa beauté naturelle et son charme maritime. De petits villages traditionnels s'éparpillent le long de la côte Nord, «the Bay Side»; à l'Est, d'immenses étendues de dunes sont protégées par le Cape Cod National Seashore (CCNS). Cette péninsule recèle des tourbières où poussent les canneberges, des lagunes enfermées par des cordons littoraux d'où émergent de grandes herbes jaunes, des forêts de pins et de chênes, des dizaines de lacs, des baies abritant des ports de plaisance, ainsi que ces petites maisons couvertes de bardeaux gris, typiques du cap.

Des centaines d'antiquaires et d'artisans, installés le long des routes, produisent et vendent de la verrerie, des bougies, des oiseaux sculptés, de la poterie, du cuir travaillé et des tissus.

Renseignements pratiques .... Indicatif téléphonique: 508

Comment s'y rendre – De Boston à **Sagamore Bridge** (56 miles): par la route 93 Sud, puis la route 3 Sud; emprunter ensuite la route 6. Par **avion**: des vols internationaux et intérieurs desservent le **Logan International Airport** (Boston) et le **T.F. Green State Airport** (Providence) ☎401-737-4000. Principales sociétés de location de voitures *(voir chapitre Renseignements pratiques)*. **Gare ferroviaire** la plus proche: Amtrak à Boston ☎800-872-7245. **Gare routière** la plus proche: Greyhound à Hyannis ☎800-231-2222. Un **bac** relie Boston et Provincetown, tous les jours de juillet au Labor Day; uniquement le week-end du Memorial Day à fin juin et du Labor Day à mi-octobre; 3 h; 29 $; Bay State Cruises ☎617-723 7800. Une **navette** circule toute l'année entre l'aéroport international de Boston, Plymouth et Provincetown; Plymouth & Brockton Street Bus Co (Hyannis) ☎775-5524.

Comment s'y déplacer – Cape Cod se visite aisément en voiture ou à vélo. Location de vélos dans la plupart des villes de la presqu'île; location de voitures à Hyannis. Excursions en chemin de fer (1 h 3/4) au départ de la gare de Hyannis, de mai à octobre: Cape Cod Railroad ☎771-3788.

Informations touristiques – **Cape Cod Chamber of Commerce**: au carrefour des routes 6 et 132; guichets saisonniers aux ponts de Sagamore et de Bourne. Adresse postale: Hyannis MA 02601 ☎362-3225.

Hébergement – Services de réservation: **Bed & Breakfast Cape Cod**, Box 341, W. Hyannisport MA 02672-0341 ☎775-2772; **Golden Slumber Accomodations**, 640 Boulevard, Revere MA 02151 ☎800-892-3231; **Taylor-Made Reservations** ☎401-848-0300. La **Cape Cod Chamber of Commerce** *(adresse ci-dessus)* publie un guide intitulé *Cape Cod Resort Directory*, qui indique les différentes possibilités d'hébergement (disponible sur demande): chambres d'hôtel à prix modérés (de 50 $ à 125 $ la nuit) et bed and breakfasts (de 70 $ à 100 $ la nuit). *Les tarifs indiqués sont les prix moyens pratiqués pour une chambre double.*

Location de cottages et **campings** sur toute la presqu'île: s'adresser à la Chambre de commerce. **Auberges de jeunesse:** The Outermost Hostel, 28-30A Winslow Street, PO Box 491, Provincetown MA 02657 ☎487-4378.

Loisirs – **Baignade** dans les lacs et sur les plages de la presqu'île. L'eau est plus froide sur la côte Est que sur la côte Sud. Si la baie de Cape Cod est protégée de la houle, le ressac est violent sur le littoral Atlantique. L'été, le stationnement est payant aux abords de la plupart des plages publiques (de 5 $ à 8 $). Se renseigner auprès de l'office de tourisme local ou du personnel hôtelier pour connaître le tarif et le règlement d'accès particulier aux plages. Les bureaux d'information d'Eastham et de Provincetown publient des cartes des **pistes cyclables** (notamment le Cape Cod Rail Trail, qui relie South Dennis et Eastham: 32 km). **Golfs** publics à Brewster, Falmouth, Dennis et Mashpee. **Observations ornithologiques** sur toute la côte Est de la péninsule. **Boutiques** spécialisées et magasins dans la plupart des villes du cap. *Pour toute information concernant les commerces ou les loisirs, contacter les Chambres de commerce citées ci-dessus.*

L'enfant des glaciers – Au cours de la dernière glaciation, la calotte glaciaire des Laurentides, qui recouvrait le Canada et la Nouvelle-Angleterre, s'étendit jusqu'à Long Island (New York), l'Ohio et les Grands Lacs. Martha's Vineyard et Nantucket sont des restes émergés de moraines, formées de dépôts très épais de terre et de roche. La température s'élevant, les glaciers reculèrent vers le Nord et, à la fin de la glaciation, le niveau des eaux remonta et cerna Cape Cod, créant la presqu'île que nous connaissons actuellement.

Le vent et l'érosion marine commencèrent alors leur travail, découpant les hauts rochers de la partie la plus avancée, et formant la zone des Provincelands autour de Provincetown, un crochet de sable à la pointe du cap.

Dianne Dietrich Leis

Cape Cod National Seashore

Le cap de la morue – Le Cape Cod fut baptisé par l'explorateur **Bartholomew Gosnold** qui y accosta en 1602. Il avait été très impressionné par les bancs de morues – *cod* en anglais – qui pullulaient dans ces eaux. Dix-huit ans plus tard, les pères pèlerins du *Mayflower*, en route pour la Virginie, accostèrent à l'emplacement de l'actuelle Provincetown. Ce fut leur premier contact avec la terre américaine, mais ils préférèrent s'installer à Plymouth, et ce ne fut que vers 1630 que des colons s'implantèrent sur Cape Cod. Ceux-ci vivaient de l'agriculture et de la pêche, et harponnaient de temps en temps une baleine. Cette dernière occupation devint leur principale activité au 18e s. Aussi vit-on les ports de Barnstable, Truro, Wellfleet et Provincetown se constituer une flotte baleinière. Les récifs représentaient un danger redoutable pour les marins, même pour les plus expérimentés d'entre eux, et les naufrages furent très fréquents jusqu'à la construction du canal *(voir plus loin)*. Selon le coefficient de la marée basse, la mer découvre parfois les épaves de ces navires échoués.

Les îles de Cape Cod – Elles sont au nombre de trois: **Martha's Vineyard, Nantucket** et **Elizabeth**. Achetées par l'Anglais Thomas Mayhew en 1642, les îles devinrent des centres baleiniers aux 18e et 19e s., et ont été épargnées par l'ère industrielle. Leurs magnifiques plages, arrosées par le Gulf Stream, en font des sites touristiques très prisés.

Les «Cranberry Bogs» – Le Sud du Massachusetts produit la moitié de la récolte américaine de canneberges, sorte d'airelles au goût acide qui, servies sous forme de gelée, sont devenues l'accompagnement indispensable de la dinde traditionnelle du Thanksgiving Day. Avec ses marais, ses tourbières et ses sols sablonneux, Cape Cod se prête à merveille à cette culture. Celle-ci était difficile jusqu'à ce qu'Henry Hall, un habitant de Dennis, eût observé qu'aux endroits où du sable recouvrait ces plantes, elles fleurissaient mieux. Il en fit une méthode de culture: chaque printemps, on répandait donc du sable sur les plantes. Aujourd'hui, cette culture s'est mécanisée, et la récolte des fruits donne lieu chaque automne à de grandes fêtes qui réunissent toute la population de la péninsule.

★★ **LA CÔTE NORD** *30 miles. 1 journée. Voir schéma plus loin.*

La route 6A suit la côte Nord; elle est aussi appelée **Bay Side**, car elle donne sur la baie de Cape Cod. Elle traverse de nombreux villages qui furent des ports prospères au 19ᵉ s.

> *Au carrefour des routes 6A et 6, prendre la route 6A vers l'Est, et continuer pendant 1/2 mile.*

Pairpoint Glass Works – *851 Sandwich Road (route 6A), à Sagamore. Démonstrations de verre soufflé d'avril à janvier, du lundi au vendredi de 9 h à 16 h 30.* ♿ ☎*800-899-0953.* La visite de cette verrerie, la plus ancienne des États-Unis, permet d'observer le travail des artisans verriers qui soufflent le verre à la canne selon une technique remontant au siècle dernier. Leur production, essentiellement du cristal, est ensuite décorée à la main.

> *Suivre la route 6A. Tourner à droite dans la route 130, puis dans Pine Street.*

★★ **Heritage Plantation** – *Sur Pine Street. Voir à Sandwich.*

★ **Sandwich** – *Voir à ce nom.*

Près de Barnstable, la route 6A longe quelques champs de canneberges et suit la lagune partiellement fermée par le cordon littoral de **Sandy Neck**. Autrefois, sur ce long banc de sable, les pêcheurs de baleines faisaient fondre dans de grands chaudrons la graisse des cétacés. Aujourd'hui, **Sandy Neck Beach** attire des multitudes de baigneurs en été.

Barnstable – 40 949 h. Les bateaux de plaisance ont en grande partie remplacé les bateaux de pêche et les baleiniers qui venaient s'abriter dans ce havre que l'on aperçoit depuis une petite route à gauche *(suivre le panneau signalant Barnstable Harbor)* menant aux abords de l'eau. L'office des douanes a été transformé en un petit musée, le **Donald G. Trayser Museum**, qui évoque le passé maritime de Barnstable *(visite de mi-juin à septembre, du mardi au dimanche de 13 h 30 à 16 h 30; contribution demandée;* ♿ ☎*508-362-3021).*

Yarmouth Port – 21 174 h. Les belles maisons que les capitaines au long cours se firent construire le long de Main Street rappellent que Yarmouth fut un port important. Une maison typique de Cape Cod peut être visitée le long de la route 6A: **Winslow-Crocker House**, bâtie vers 1780 *(visite guidée de 1 h de juin à mi-octobre, les mardi, jeudi, samedi et dimanche de 12 h à 16 h; fermé les jours fériés; 4 $;* ☎*508-362-4385).*

Dennis – Comédies musicales et pièces dramatiques et de boulevard sont présentées dans son célèbre théâtre, **Cape Playhouse**. De la tour de **Scargo Hill** *(de la route 6A, tourner à droite après le cimetière, puis à gauche dans Scargo Hill Road)*, la **vue** s'étend de Plymouth à Provincetown.

★ **Brewster** – 8 440 h. Cette charmante station balnéaire, qui s'étend sur près de 13 km le long de la baie de Cape Cod, fut fondée vers 1750. Elle a su préserver bon nombre des somptueuses demeures que se faisaient construire les riches capitaines au long cours du siècle dernier. Les 8 plages publiques de la ville *(toutes accessibles par Main Street, c'est-à-dire la route 6A)* présentent un phénomène intéressant: une longue barrière de rochers grenat découverte à marée basse.

Sydensticker Glass Factory [A] – *Sur la route 6A, à West Brewster. Démonstrations toute l'année, du mardi au samedi de 14 h à 16 h.* ☎*508-385-3272.* Le créateur de cette verrerie a mis au point une technique très originale: chaque pièce se compose de deux plaques décorées séparément selon les techniques de l'émail, puis fondues ensemble. La fabrique produit également d'autres articles, notamment des couverts.

Cape Cod Museum of Natural History [B] – *869 Main Street. Visite toute l'année de 9 h 30 à 16 h 30 sauf les jours fériés. 4 $.* ☎*508-896-3867.* Petits et grands se passionneront pour les expositions interactives expliquant la faune et la géologie de Cape Cod. Trois **sentiers de nature** sillonnent le parc de 32 ha permettent de découvrir les paysages typiques de la région: marais salants, cultures de canneberges et côte sauvage. Les guides du musée proposent également des excursions sur l'île de Monomoy *(voir plus loin).*

New England Fire and History Museum [C] – *1439 Main Street. Visite de fin mai à mi-septembre, du lundi au vendredi de 10 h à 16 h, le week-end de 12 h à 16 h. 4,50 $.* ♿ ☎*508-896-5711.* Dans cinq bâtiments sont réunis des objets et du matériel rappelant l'histoire de la lutte contre le feu en Nouvelle-Angleterre et le rôle des pompiers volontaires dans toute l'Amérique. Un diorama illustre l'incendie de Chicago en 1871. Une échoppe de forgeron et une boutique d'apothicaire du siècle dernier ont été reconstituées.

Stoney Brook Mill [D] – *1 mile depuis la route 6A. Tourner à droite dans Stoney Brook Road. Ouvert en juillet et août, du jeudi au samedi de 14 h à 17 h.* Dans la petite rivière où baigne la roue d'un vieux moulin en activité, on peut assister en avril et en mai à la remontée spectaculaire des aloses. Poussés par l'instinct, ces poissons proches des harengs vont frayer dans l'eau douce comme les saumons.

Nickerson State Park – *Sur la route 6A. Ouvert de mi-avril à mi-octobre, tous les jours de 8 h à 20 h (24 h sur 24 en juillet et août).* ⚠ ♿ ☎508-896-3491. *Voir chapitre Renseignements pratiques.* Ancienne propriété du pionnier du rail Roland Nickerson, le parc dispose de plusieurs aires de pique-nique, d'un comptoir de location de vélos et d'un petit magasin. On peut se baigner dans l'étang de Flax Pond et y louer des bateaux.

Orleans – 5 838 h. C'est à partir de cette ville que l'on découvre les plages qui se succèdent face à l'océan Atlantique. Une longue plage de 16 km, **Nauset Beach**, protège Nauset Harbor, Pleasant Bay, Orleans et Chatham des violentes tempêtes qui s'abattent sur cette partie de la côte.

★ CAPE COD NATIONAL SEASHORE *Voir schéma plus loin*

En 1961, la côte Est de Cape Cod devenait une zone protégée, la Cape Cod National Seashore (CCNS), administrée par le service des parcs nationaux. Depuis lors, des pistes cyclables, des sentiers de nature et des pistes pour les véhicules à quatre roues motrices ont été tracés pour permettre aux visiteurs de profiter des diverses ressources qu'offre ce site. Deux centres d'information, situés chacun à une extrémité de ce parc de 10 927 ha, ont été ouverts, et il existe plusieurs plages surveillées: **Coast Guard Beach**, **Nauset Light Beach**, **Marconi Beach**, **Head of the Meadow Beach**, **Race Point Beach** et **Herring Cove Beach** *(parking 5 $).*

★ **Salt Pond Visitor Center** – *Sur la route 6, à Eastham. Ouvert de fin juin à mi-septembre, tous les jours de 9 h à 20 h; de fin septembre à mi-octobre, tous les jours de 9 h à 18 h; en janvier et février, uniquement le week-end de 9 h à 16 h 30. Fermé les jours fériés.* ♿ ☎508-255-3421. Des gardes forestiers sont à la disposition des touristes pour donner des conseils et distribuer des brochures. Dans une salle sont présentés, sous forme d'exposition, différents aspects de Cape Cod: géologie, histoire, faune, flore, architecture, etc.

Nauset Marsh Trail – *1,6 km (1/2 h). Accès près du bureau d'accueil.* Belles vues sur la lagune.

Fort Hill Trail – *3,2 km. Sur la route 6, prendre Governor Prince Road pour gagner le parking de Fort Hill.* Le sentier part de la Penniman House et traverse des prairies, le long de marais qui s'étendent à perte de vue.

Marconi Station – En 1901, le physicien italien **Guglielmo Marconi** établit ici une station de télégraphie sans fil qui permit la première communication transatlantique, le 19 janvier 1903. Les interlocuteurs étaient le président des États-Unis, Theodore Roosevelt, et le roi d'Angleterre, Edouard VII. Cette station cessa de fonctionner en 1917. Les antennes et les bâtiments n'ont pas résisté à l'érosion, dont on peut observer l'action sur les falaises.

★ **Atlantic White Cedar Swamp Trail** – *Sentier de nature (2 km) au départ du parking de Marconi Station.* Ce sentier permet de découvrir la richesse de la flore du Cape Cod. Des plantes grasses qui fixent le sable, on passe à une sorte de maquis avant de s'enfoncer dans une forêt de pins et de chênes. On découvre ensuite un marécage peuplé de cèdres blancs. On regagne le parking par l'ancienne route de la station de télégraphie.

Pilgrim Spring Trail – *Sentier de 800 m à partir du refuge situé près du parking de Pilgrim Heights.* Ce sentier mène, à travers une végétation de buissons et de pins, à la source que découvrirent les pères pèlerins du *Mayflower* en 1620.

★ **Province Lands Visitor Center** – *Race Point Road, à la sortie de Provincetown. Ouvert du 4 juillet au Labor Day (1er lundi de septembre) de 9 h à 18 h; d'avril à début juillet et de mi-septembre à novembre, de 9 h à 16 h 30.* ♿ ☎508-487-1256. Ce centre présente des expositions et des films consacrés à la géographie, la flore et la faune de la région, et propose un programme varié d'exposés et de visites guidées thématiques. Du haut du bâtiment, on bénéficie d'un beau **panorama★** sur les dunes.

Depuis le centre, une route conduit à **Race Point Beach**, grande étendue de sable où se dessine la charmante silhouette d'une ancienne station de sauvetage en mer *(accessible au public)*. Érigée initialement à Chatham, elle a été démontée et reconstruite ici.

Beech Forest Trail – *Sentier de 2,5 km à partir du parking de Beech Forest.* Ce sentier traverse une forêt de hêtres menacées par la progression des dunes. On aperçoit un étang en cours d'assèchement; il se transformera en marécage.

★★ **Provincetown** – *Voir à ce nom.*

LA CÔTE SUD *Voir schéma*

Beaucoup plus développée dans le domaine touristique que la côte Nord, cette côte est desservie par la route 28. Extrêmement commerçante par endroits, elle recèle toutefois des villages comme Chatham, Harwich et Falmouth qui ont conservé un charme très particulier.

★ **Chatham** – 6 579 h. Protégé par le cordon littoral de Nauset Beach, Chatham est un port de pêche actif. Il faut s'arrêter au **Fish Pier**, le long de Shore Road, pour voir les bateaux décharger le produit de leurs pêches. Shore Road conduit au **phare de Chatham** qui offre une belle vue sur Pleasant Bay et Nauset Beach.

Chatham Railroad Museum – *Depot Road. Ouvert de mi-juin à mi-septembre, du mardi au samedi de 10h à 16 h.* ⟁. Installé dans l'ancienne gare victorienne de Chatham, ce musée présente des maquettes de locomotives, d'anciennes affiches, un vieux guichet et beaucoup d'autres souvenirs évoquant l'histoire des chemins de fer.

Monomoy Island – *Accès par bateau uniquement. Renseignements:* ☎508-945-0594. Cette île est une étape importante pour les oiseaux migrateurs qui passent l'été

au Canada et l'hiver en Floride. Pour les protéger, l'île a été déclarée réserve naturelle: Monomoy National Wildlife Refuge *(visite toute l'année, de l'aube au coucher du soleil).*

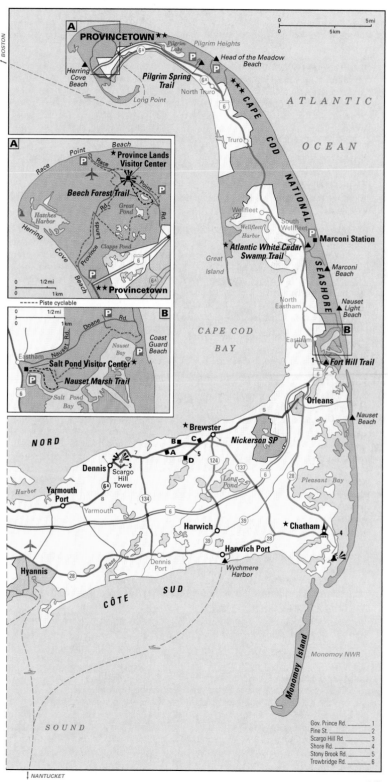

Harwich Port – De la route 28, on voit le charmant port de plaisance de **Wychmere Harbor**.

Harwich – 10 275 h. *Sur la route 39.* Le centre de Harwich est un bel ensemble de bâtiments blancs comprenant la **Brooks Free Library** et le **Harwich Community Museum at Brooks Academy** (*visite de juin à septembre, du jeudi au dimanche de 13 h à 16 h;* ㅎ ☎*508-432-8089*). Tout autour s'étendent les fondrières où sont cultivées les canneberges.

Hyannis – 11 258 h. Située au milieu de la côte Sud, cette ville est le grand centre commerçant de Cape Cod; son aérodrome est desservi régulièrement, et une ligne de bacs mène aux îles (*voir à Marblehead et Nantucket: Renseignements pratiques*). Le **John F. Kennedy Museum** présente des photos de famille prises à l'occasion de vacances à Cape Cod (*397 Main Street; visite de mi-avril à décembre, du lundi au samedi de 10 h à 16 h, le dimanche de 13 h à 16 h; le reste de l'année, du jeudi au samedi de 10 h à 16 h; fermé les jours fériés; 1 $;* ☎*508-790-3077*).

Hyannis Port – Élégante station balnéaire, Hyannis Port est connue pour être la résidence d'été de la famille Kennedy (*inaccessible au public*). Dans Ocean Street se trouve le **John F. Kennedy Memorial**, un médaillon de bronze scellé dans un mur en pierres brutes. A proximité, la plage de **Craigville Beach** (*accès par la route 28*) est un lieu de baignade agréable.

Mashpee – 7 884 h. *Sur la route 130.* Les Indiens Wampanoag vivaient déjà sur le Cape Cod lorsqu'arrivèrent les colons. Au 17ᵉ s., le pasteur anglais Richard Bourne intervint auprès du gouvernement du Massachusetts pour qu'on leur accordât des territoires. C'est ainsi que quelques centaines d'hectares devinrent Mashpee Plantation, qui elle-même donna naissance à la ville pendant le 19ᵉ s. La **Old Indian Meeting House**, construite en 1684, est la plus ancienne maison commune de Cape Cod (*Meeting House Road; accès par la route 28; ouvert de juin au Labor Day, le mercredi de 10 h à 16 h et le vendredi de 10 h à 15 h;* ☎*508-477-1536*).

★ **Falmouth** – 27 960 h. Malgré son développement touristique, Falmouth a gardé le charme d'une ville du siècle dernier. Autour de son green s'élèvent de belles maisons du 19ᵉ s.

Woods Hole – Cet ancien port baleinier est devenu l'un des grands centres mondiaux de la recherche océanographique. Deux laboratoires privés sont installés ici. Le **Marine Biological Laboratory**, où travaillent quelque 400 chercheurs, étudie plus particulièrement la flore et la faune sous-marines (*visite guidée de 1 h 1/2 de juin à août, du lundi au vendredi à 13 h et 14 h 30; réservations recommandées deux semaines à l'avance;* ☎*508-548-3705*). Le **Woods Hole Oceanographic Institution** est le plus grand laboratoire de recherche océanographique privé des États-Unis. Ses services s'intéressent à tous les aspects du milieu marin, des hauts fonds jusqu'à la surface. En septembre 1985, c'est un géologue de l'institut à la tête d'une équipe franco-américaine, le Dʳ Robert Ballard, qui découvrit l'épave du *Titanic* au large de Terre-Neuve (*15 School Street; visitor center ouvert de mi-mai à octobre, du mardi au samedi de 10 h à 16 h 30, le dimanche de 12 h à 16 h 30; le reste de l'année, se renseigner sur les horaires d'ouverture; 1 $;* ☎*508-289-3378*).

En outre, le US Geological Survey dispose ici de deux antennes: le **Branch of Atlantic Marine Geology** et le **National Marine Fisheries Service**. L'**Aquarium** de cet institut est accessible au public (*ouvert de mi-juin à mi-septembre, tous les jours de 10 h à 16 h; le reste de l'année, du lundi au vendredi;* ㅎ ☎*508-548-7648*). Ces deux laboratoires administrés par le gouvernement américain mènent des études concernant la pêche.

Croisières – *Départs des bacs pour Martha's Vineyard du Steamship Authority Pier (voir Martha's Vineyard, Renseignements pratiques).*

CAPE COD CANAL *Voir schéma plus haut*

Lorsque le canal fut creusé entre 1909 et 1914, Cape Cod devint une île, reliée au continent par le **Sagamore Bridge** et le **Bourne Bridge** ainsi que par le pont de chemin de fer dont la silhouette fait inévitablement penser au Tower Bridge de Londres. La partie centrale (187 m) du pont s'abaisse en moins de 3 min afin de permettre aux trains de traverser le canal. *Croisières (2 h et 3 h) sur le canal au départ d'Onset Bay Pier; de mai à mi-octobre, tous les jours à 10 h et 13 h 30; de mi-juin à début septembre, du lundi au samedi à 10 h, 13 h 30 et 16 h; 6,50 $ et 12 $;* ╳ ㅎ ☎*508-295-3883*.

Aptucxet Trading Post Museum [E] – *24 Aptucxet Road, à Bourne Village. Du rond-point qui se trouve à la sortie de Bourne Bridge (côté Cape Cod), suivre la direction de Mashpee, puis prendre Shore Road. Tourner à droite dans Aptucxet Road et suivre la signalisation. Visite en juillet et août, du lundi au samedi de 10 h à 17h, le dimanche de 14 h à 17 h; de mai à juin et de septembre à mi-octobre, fermé le lundi sauf les lundis fériés. 2 $.* ☎508-759-9487. Ce comptoir fut établi en 1627 par les habitants de Plymouth pour commercer avec les Hollandais de la Nouvelle Amsterdam (New York) et les Indiens Wampanoag, auxquels ils vendaient entre autres de la fourrure, du sucre et du tabac. La monnaie d'échange était le «wampum», que les Indiens fabriquaient à partir de coquillages.

Le bâtiment que l'on voit aujourd'hui fut reconstruit en 1930 sur les fondations de l'ancien comptoir. A l'intérieur sont exposés les objets mis au jour durant les fouilles. Remarquer une pierre marquée d'une inscription en alphabet runique (ancien alphabet scandinave). Une saline du même type que celles utilisées par les pionniers pour produire du sel a été construite près du canal.

CONCORD★★

17 076 h.
Voir Carte des Principales Curiosités
Renseignements touristiques ☎508-921-3120

Elégante banlieue de Boston, aux belles propriétés coloniales perdues dans la verdure, cette petite ville paisible peut être considérée comme l'une des âmes de l'histoire de la littérature américaine puisqu'elle abrita plusieurs intellectuels et écrivains comme Ralph Waldo Emerson, Nathaniel Hawthorne, Henry David Thoreau et Bronson Alcott. Son nom lui fut donné au début du 17e s. à la suite d'un traité de paix conclu entre Indiens et colons. Cent cinquante ans plus tard, fait paradoxal, c'est dans cette ville que la «discorde» entre Anglais et colons éclata lors d'un combat qui changea définitivement le cours de l'histoire américaine. Le 19 avril 1775, après une escarmouche à Lexington, les Anglais marchèrent sur Concord. Les patriotes, surnommés les «**minutemen**», les attendaient à **North Bridge**: ce fut la première bataille de la guerre d'Indépendance *(voir à Lexington)*.

Le Transcendantalisme – Natif de Concord, **Ralph Waldo Emerson** (1803-1882) vulgarisa le transcendantalisme, un système philosophique fondé sur la présence de Dieu dans l'homme et dans la nature. Il développa ses idées dans son *Essai sur la nature*, réunissant les textes des conférences qu'il donna dans tout les États-Unis. D'autres penseurs et écrivains, attirés par les idées libérales de cette philosophie qui s'opposait au puritanisme traditionnel de la Nouvelle-Angleterre, vinrent se fixer à Concord pour se rapprocher d'Emerson. Parmi eux, **Henry David Thoreau** (1817-1868), le Jean-Jacques Rousseau américain, se construisit une cabane en plein bois près du lac Walden et y vécut de 1845 à 1847.

Nathaniel Hawthorne, **Margaret Fuller** et quelques autres écrivains tentèrent une expérience communautaire à travers la «Brook Farm», près de West Roxbury, où l'on prônait le retour à la simplicité, loin des valeurs défendues par la société victorienne. Disciple du transcendantalisme, **Amos Bronson Alcott** fonda une école de philosophie à proximité de la Orchard House où sa fille **Louisa May Alcott** écrivit *Little Women*, livre que les francophones connaissent sous le titre *Les Quatre Filles du docteur March* et qui évoque son enfance avec ses trois sœurs.

Les maisons où vécurent ces écrivains peuvent être visitées: Emerson House, the Wayside où Nathaniel Hawthorne habita plusieurs années, Orchard House et l'école de philosophie des Alcott. Tous reposent dans le Sleepy Hollow Cemetery où leurs admirateurs viennent s'incliner sur leur tombe.

CURIOSITÉS *2 h. Voir plan plus loin.*

★ **Minute Man National Historical Park** – Ce parc a été créé pour commémorer les différents épisodes et affrontements qui se déroulèrent le 19 avril 1775 le long de la Battle Road (route 2A, entre Lexington et Concord). Long de 6,5 km, ce parc de 300 ha relie les villes historiques de Lexington, Lincoln et Concord.

Battle Road Visitor Center – *A Lexington, accès par la route 2A. Ouvert d'avril à octobre, tous les jours de 9 h à 17 h 30; le reste de l'année, horaires variables: se renseigner par téléphone.* ☎508-369-6993. Un film *(22 min)* évoque les épisodes du 19 avril qui se déroulèrent dans les environs.

★★ **North Bridge Unit** – La réplique du **North Bridge**★ **[1]**, le pont où s'est déroulé le fameux affrontement, est située dans un beau cadre verdoyant. Site emblématique de l'histoire américaine, North Bridge fut immortalisé par Ralph Waldo Emerson dans son célèbre poème *Concord Hymn (de courtes causeries explicatives ont lieu sur le site d'avril à octobre, si le climat le permet)*. Au bout du pont se dresse la statue du **Minute Man**, une œuvre de Daniel Chester French. Le **North Bridge Visitor Center** présente quelques expositions et propose des visites guidées *(à côté du pont; ouvert d'avril à octobre, tous les jours de 9 h à 17 h 30)*.

En s'éloignant du pont, on voit une grande maison sur la droite, **Old Manse**, où vécurent successivement Ralph Waldo Emerson et Nathaniel Hawthorne *(visite guidée de 40 min de mi-avril à octobre, le lundi et du mercredi au samedi de 10 h à 17 h, le dimanche de 13 h à 17 h; 4,50 $; ☎508-369-3909)*.

The Wayside – *455 Lexington Road. Visite guidée (1/2 h) d'avril à octobre, tous les jours de 11 h à 16 h sauf le mercredi, le jeudi et les jours fériés. 3 $. ☎508-369-6993*. En 1775, cette maison abritait le quartier du sergent recruteur de Concord qui avait pour mission d'enrôler des hommes en vue d'une éventuelle attaque anglaise. Un siècle plus tard, Nathaniel Hawthorne, qui baptisa la propriété, Margaret Sydney et Bronson Alcott, vinrent s'y installer dans l'espoir de fonder une communauté sur le modèle de Brook Farm *(voir plus haut)*.

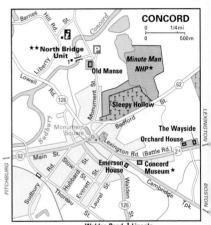

★ **Concord Museum** – *A l'angle de Lexington Road et du Cambridge Turnpike. Visite d'avril à décembre, du lundi au vendredi de 10 h à 17 h, le dimanche de 13 h à 17 h; le reste de l'année, du lundi au vendredi de 11 h à 16 h, le dimanche de 13 h à 16 h. Fermé le 1er janvier, le dimanche de Pâques et le 25 décembre. 6 $.* ☎508-369-9606. Cette collection très riche offre un excellent aperçu des arts décoratifs américains des 17e, 18e et 19e s. Elle a été rassemblée dans les années 1850 par Cummings E. Davis, un important négociant de la ville. Quinze salles sont meublées et décorées de pièces authentiques pour la plupart, illustrant la prospérité de Concord pendant la période coloniale. On y voit l'une des lanternes suspendues par Paul Revere au clocher de l'Old North Church à Boston, pendant la nuit du 18 avril 1775, mais aussi un diorama reconstituant la bataille de North Bridge, et des objets utilisés par Thoreau dans sa cabane de Walden Pond.

Orchard House and School of Philosophy – *399 Lexington Road. Visite guidée (3/4 h) d'avril à octobre, du lundi au vendredi de 10 h à 16 h 30, le dimanche de 13 h à 16 h 30; le reste de l'année, du lundi au vendredi de 11 h à 15 h, le samedi de 10 h à 16 h 30 et le dimanche de 13 h à 16 h 30. Fermé du 1er au 15 janvier, le dimanche de Pâques, le Thanksgiving Day (4e jeudi de novembre) et le 25 décembre. 4,50 $. ☎508-369-4118*. C'est à Orchard House qu'habita la famille Alcott pendant près de vingt années. Louisa May Alcott y rédigea son célèbre roman autobiographique, *Les Quatre Filles du docteur March* (1868). Sur le versant de la colline se dresse l'**école de philosophie** dirigée par Bronson Alcott jusqu'à la fin du 19e s. Elle abrite aujourd'hui des manifestations ouvertes au public.

Ralph Waldo Emerson House – *28 Cambridge Turnpike, au croisement de la route 2A. Visite guidée (1/2 h) de mi-avril à octobre, du jeudi au samedi de 10 h à 17 h, le dimanche de 14 h à 17 h. 3,50 $. ☎508-369-2236*. La maison est restée telle que l'avait aménagée le grand écrivain et philosophe Ralph Waldo Emerson, qui y résida de 1835 jusqu'à sa mort en 1882.

Walden Pond Reservation – *1,5 mile au Sud du centre de Concord par la route 126 (Walden Street)*. C'est au bord de ce lac que Henry Thoreau vécut son expérience d'homme des bois. L'emplacement où il avait construit sa cabane est marqué par un cairn. Pour y accéder, suivre le sentier qui s'amorce au parc de stationnement jusqu'à un poteau de granit et tourner à droite *(1/4 h)*.

Sleepy Hollow Cemetery – *Du centre de Concord, tourner à droite dans la route 62. Entrer dans le cimetière par la 2ᵉ porte à gauche. Suivre les panneaux signalant «Author's Ridge». Ouvert toute l'année de l'aube au coucher du soleil lorsque le temps le permet.* ☎*508-371-6299.* Du parking, une petite montée conduit à **Author's Ridge** où reposent de nombreuses célébrités: Bronson et Louise Alcott, Hawthorne, Emerson et Margaret Sydney.

EXCURSION

Lincoln – 7 666 h. *5 miles au Sud-Est de Concord par la route 126.* Cette banlieue cossue de Boston a su préserver le charme rural qui la caractérise depuis les années 1750.

Codman House – *Codman Road. Visite guidée (1 h) de juin à mi-octobre, du mercredi au dimanche de 12h à 16 h. Fermé les jours fériés. 4 $.* ☎*617-259-8843.* Cette propriété au charme bucolique abrite l'héritage d'une lignée de cinq générations. Construite en 1749 par un gentleman-farmer, la maison fut achetée à la fin du 18ᵉ s. par la famille Codman qui transforma le bâtiment georgien d'origine. L'intérieur illustre l'évolution du goût des résidents qui s'y succédèrent au cours des siècles: boiseries de style georgien, lambris victoriens, chaises contemporaines. Plusieurs toiles européennes (18ᵉ s.) sont exposées.
Un **jardin** à l'italienne décoré de statues et d'un long bassin de nénuphars a été aménagé vers 1920 dans un angle du parc.

Gropius House – *68 Baker Bridge Road. Visite de juin à mi-octobre, du vendredi au dimanche de 12h à 16 h; de novembre à mai, le premier week-end de chaque mois, de 12h à 16 h. Fermé les jours fériés. 5 $.* ☎*617-259-8843.* Cette maison où habita Walter Gropius (1883-1969), fondateur du Bauhaus et directeur de la Harvard School of Architecture, fut dessinée par le grand architecte en personne, avec la collaboration de Marcel Breuer en 1938.
Bâtie en style international, elle illustre à merveille les principes de l'esthétique industrielle prônée par Gropius, que l'on retrouve notamment dans l'utilisation de murs-rideaux autorisant de longs bandeaux de fenêtres, dans les larges surfaces planes ou les briques de verre. Cette architecture très fluide permet aux divisions intérieures de se prolonger à l'extérieur grâce à de larges baies vitrées et des terrasses. Le mobilier et les équipements, de style Bauhaus, et les souvenirs du célèbre architecte allemand dégagent un sentiment d'ordre et de plénitude.

★ **DeCordova Museum and Sculpture Park** – *Sandy Pond Road. Visite toute l'année du mardi au vendredi de 10h à 17 h, le week-end de 12h à 17 h. 4 $. L'accès au parc est gratuit. Les galeries devraient être fermées pour cause de rénovation jusqu'à la fin de 1996.* ☎*617-259-8355.* Ouvert en 1950 dans un très beau cadre de verdure par l'homme d'affaires bostonien Julian de Cordova, ce musée se consacre à la promotion de l'art américain contemporain, et plus particulièrement aux artistes de la Nouvelle-Angleterre. Dans le parc boisé de 14 ha sont exposées en alternance les œuvres monumentales de sculpteurs de renom. *L'été, des concerts de plein air ont lieu dans l'amphithéâtre.*

DEERFIELD ★★

5 018 h.
Voir Carte des Principales Curiosités
Renseignements touristiques ☎413-665-7333

La large rue principale de Deerfield, communément appelée «The Street», est bordée sur 2 km de maisons et de boutiques des 18ᵉ et 19ᵉ s. Ce véritable musée à ciel ouvert permet de comprendre la nature d'un centre rural à l'époque coloniale. Sur le **green**, les bâtiments de la **Deerfield Academy**, une école secondaire privée, voisinent avec l'église, **Brick Church** (1824), et la poste (réplique d'un lieu de culte puritain). On peut voir l'ancienne auberge, **Deerfield Inn** (1884), en continuant en contrebas.

Un passé mouvementé – Deerfield n'a pas toujours connu ce caractère paisible qu'on peut lui trouver aujourd'hui. Établi en 1672, le village fut abandonné trois ans plus tard, après le massacre de Bloody Brook, puis à nouveau en 1704 lorsque la ville fut rasée pendant la guerre opposant l'Angleterre à la France. Un traité de paix signé en 1735 incita les habitants à y retourner, et Deerfield devint l'une des villes les plus prospères de la région.

L'héritage architectural – Commencée en 1848, la restauration de Deerfield fut le premier projet de ce type dans le pays. Depuis, plusieurs maisons coloniales et fédérales ont été restaurées, meublées et décorées avec beaucoup de soin, témoignant de l'aisance de certains des premiers habitants. Nombre de ces demeures à deux étages sont couvertes de toits brisés et ornées de magnifiques encadrements de porte d'entrée, ce qui est caractéristique de la vallée du Connecticut. Les intérieurs surprennent par leur raffinement.

★★ HISTORIC DEERFIELD *1 journée.*

Visite de 9h 30 à 16h 30. Fermé le Thanksgiving Day (4ᵉ jeudi de novembre) ainsi que les 24 et 25 décembre. 10 $. Un film présentant le quartier historique est visible dans la Hall Tavern. ✕ ♿ ☎ 413-774-5581.

Treize bâtiments peuvent être visités: plusieurs maisons, deux tavernes, des galeries présentant des collections spéciales: tissus au **Helen Greier Flynt Textile Museum**; argenterie à l'**Henry Needham Flynt Silver and Metalware Collection**; mobilier à la George A. Cluett Collection of American Furniture.

★★ **Ashley House** – Cette maison (1730) est un excellent exemple des demeures de la vallée du Connecticut construites lors du renouveau de Deerfield. L'intérieur est particulièrement élégant, avec ses boiseries sculptées et ses très beaux meubles régionaux. Son propriétaire, Parson Jonathan Ashley, fut un loyaliste qui ne renia jamais sa fidélité à la Couronne lors de la guerre d'Indépendance, même lorsque les citoyens de la ville menacèrent de lui interdire l'accès de l'église.

★ **Wright House** – Cette maison de style fédéral (1824) abrite du mobilier Chippendale et fédéral provenant de Williamstown (collection Cluet), ainsi que des peintures américaines et des porcelaines.

★ **Asa Stebbins House** – Avec son entrée voûtée, cette maison (1810) fut la première de la ville à posséder une salle à manger. De magnifiques papiers peints français de Dufour y représentent les voyages du capitaine Cook dans les îles du Pacifique.

★ **Hall Tavern** – Cette ancienne taverne (1760) abrite aujourd'hui le bureau d'information du quartier. Elle comprend de nombreuses pièces meublées dans les styles développés aux 17ᵉ et 18ᵉ s. en Nouvelle-Angleterre. La salle de bal est décorée de dessins au pochoir.

©Paul Rocheleau

Dwight House

Frary House – Cette demeure (fin 18ᵉ s.) fut agrandie pour servir de taverne. Elle comprend une salle de bal avec une tribune d'orchestre, et des pièces où l'on peut apprécier de nombreuses antiquités, des étains et de la céramique.

Wells-Thorn House – C'est un exemple intéressant de l'évolution architecturale de Deerfield au 18ᵉ s. La cuisine – dont une partie date de 1717 – présente encore des caractéristiques coloniales, alors que l'élégance décorative de la partie la plus récente (1751) reflète l'aisance du propriétaire d'alors.

Dwight House – La façade de cette maison (1725) possède une très belle entrée dont le décor sculpté est typique de l'architecture de la vallée du Connecticut.

Memorial Hall – Ce bâtiment en briques abrite le musée de la **Pocumtuck Valley Memorial Association**, consacré à la culture des Indiens Pocumtuck et aux premiers colons de Deerfield. Parmi les pièces présentées figure la porte d'une ancienne maison indienne, la seule épargnée par l'attaque de 1704.

FALL RIVER

92 703 h.
Voir Carte des Principales Curiosités
Renseignements touristiques ☎508-997-1250

Aux abords de Fall River, de longues rangées d'usines et d'entrepôts du siècle dernier rappellent que cette ville fut l'un des principaux centres textiles du monde entre 1871 et 1929. Durant cette période, sa célèbre ligne de bateaux à vapeur, la **Fall River Line**, reliait New York, Boston et Long Island à Fall River et débarquait au passage les milliardaires de Newport.

Frappée de plein fouet par la grande crise de 1929, puis par la migration des manufactures vers le Sud et l'émergence des fibres synthétiques, Fall River est toutefois restée attachée à sa longue tradition textile. Aujourd'hui, cette ville mérite une halte pour son musée consacré aux navires de la Seconde Guerre mondiale.

★★ BATTLESHIP COVE

Accès par la route 195 Est, sortie 5. Visite de juin à septembre, tous les jours de 9h à 17h (19h en juillet et août). Fermé le 1er janvier, le Thanksgiving Day (4e jeudi de novembre) et le 25 décembre. 8 $. ✗ ☎508-678-1100.

Les navires – En 1965, le cuirassé *USS Massachusetts* effectua son dernier voyage pour s'immobiliser à Fall River, où il devint un monument commémoratif dédié aux 13 000 habitants du Massachusetts tombés au cours de la Seconde Guerre mondiale. Plusieurs bâtiments sont venus le rejoindre.

PT Boat 796 – La peinture de la coque de ce patrouilleur représente une mâchoire de requin, et symbolise la menace que ce type de petits bateaux exerçait sur l'ennemi. Il contient une exposition consacrée à ces navires de petit tonnage.

Submarine Lionfish – Ce sous-marin pouvait transporter 80 hommes et 20 torpilles. La visite de la salle de commande permet de voir l'équipement sophistiqué dont disposait le *Lionfish*, autrefois classé «top secret».

Destroyer USS Joseph P. Kennedy – Baptisé du nom de l'aîné des Kennedy, tué en mission lors du dernier conflit mondial, ce contre-torpilleur accueillait 275 hommes d'équipage.

Battleship USS Massachusetts – Impressionnant par sa taille, le *«Big Mamie»* emportait un équipage de 2 300 hommes. Entre 1942 et 1945, il parcourut près de 200 000 milles marins; il fut le premier cuirassé à faire feu en 1942 au large des côtes de l'Afrique du Nord.

A l'intérieur, une salle commémorative est consacrée à la mémoire des victimes de la Seconde Guerre mondiale. On verra également une exposition sur l'aviation américaine et une longue suite de coursives menant aux divers services qui animaient le bâtiment: cordonnerie, barbier, blanchisserie, imprimerie, etc.

Fall River Heritage State Park Visitor Center – *Prendre la passerelle à Battleship Cove. Visite toute l'année de 10h à 16 h. ✗ ☎508-675-5759. Un programme audiovisuel relate l'histoire de l'industrie textile (1/2h).* Ce bâtiment en briques ressemble à une usine du 19e s. De la tour, on bénéficie d'une vue étendue sur la région de la baie du mont Hope.

Marine Museum – *70 Water Street. Visite toute l'année, du mercredi au vendredi de 9 h à 16 h, le week-end de 12h à 16h (17h en juillet et août). 3 $. ☎508-674-3533.* Photographies, maquettes, gravures et peintures évoquent la vie maritime de la région, et surtout la célèbre Fall River Line. Des maquettes de superbes paquebots à vapeur comme le *Titanic* ou le *Puritan,* et des photos de leurs intérieurs victoriens dignes des plus grands palaces du siècle dernier y sont exposées.

FRUITLANDS MUSEUMS★★

Voir Carte des Principales Curiosités

En 1834, le philosophe Bronson Alcott (*voir Concord, le transcendantalisme*), le réformateur anglais **Charles Lane** et leurs disciples tentèrent une expérience de vie communautaire dans cette ferme du 18e s. appelée Fruitlands en raison du nombre d'arbres fruitiers qui l'entouraient. C'était une période d'idéalisme, par réaction à l'expansion économique et à la suprématie naissante de l'argent. Ce retour à la nature – ils étaient végétariens, vêtus d'une tunique de lin et passaient leurs journées aux champs – ne dura que quelques mois.

Leur maison a été transformée en musée du transcendantalisme, et plusieurs petits musées ayant trait à la civilisation américaine ont été créés sur cette colline dominant la vallée de Nashua. La terrasse du restaurant offre une belle **vue** sur la région, les monts Monadnock et Wachusett.

VISITE *2 h*

Ce musée se trouve sur Prospect Hill Road, à Harvard. De la route 2 (sortie 38A), prendre la route 110/111 de Boston jusqu'à Harvard, puis tourner dans la première rue à droite, Old Shirley Road. Suivre la signalisation. Visite de mi-mai à mi-octobre, du mardi au dimanche de 10 h à 17 h. 6 $. ⚷ & ☎508-456-3924.

Fruitlands – Installé dans la ferme du 18e s., le musée du transcendantalisme abrite quelques souvenirs de philosophes et écrivains de l'époque: Emerson, Thoreau, Alcott.

Shaker Museum – Une communauté shaker (*voir à Hancock*) s'était établie à Harvard en 1794; elle se dispersa en 1919. Cette maison en est un vestige, et renferme des meubles et des produits fabriqués par les shakers.

Indian Museum – Deux sculptures en bronze de Philip Sears, représentant des Indiens, invitent à pénétrer dans ce bâtiment où sont rassemblés des souvenirs des différentes tribus indiennes d'Amérique du Nord.

Picture Gallery – Dans ce petit bâtiment sont exposées des œuvres de deux écoles bien représentatives de la peinture américaine: d'une part les portraits naïfs réalisés dans la première moitié du 19e s. par des peintres itinérants; d'autre part les grands tableaux de l'**École de l'Hudson** (Cole, Bierstadt), évoquant avec romantisme les paysages grandioses de l'Amérique.

HANCOCK SHAKER VILLAGE★★★

Voir schéma des Berkshires

Fondé en 1790, abandonné par les shakers en 1980, le village de Hancock est aujourd'hui un musée consacré à cette secte qui réalisa une expérience de vie communautaire au cours des deux derniers siècles.

Les origines des shakers – En 1747, à Manchester en Angleterre, un groupe de quakers pratiquant des danses cérémonielles fut appelé les «Shaking Quakers» puis les «Shakers». Une jeune ouvrière textile, **Ann Lee**, se joignit à eux en 1758. Emprisonnée quelques années plus tard, elle eut des visions lui révélant la double nature (masculine et féminine) de Dieu. En 1774, Mère Ann émigra avec quelques disciples vers l'Amérique. La communauté s'installa dans l'État de New York, et éparpilla des missions dans toute la Nouvelle-Angleterre, faisant de nombreux adeptes. Les shakers mirent alors en pratique leurs quatre grands principes: vie à l'écart du monde séculier, vœu de célibat (avec séparation, mais égalité des sexes), propriété collective et confession publique des péchés. Vers 1825, 19 communautés avaient été fondées en Nouvelle-Angleterre, au Kentucky et dans l'Ohio. Vers le milieu du 19e s., le mouvement comptait 60 000 membres.

Les shakers ont intéressé de nombreux voyageurs européens, surtout des philosophes comme Engels, qui se penchèrent sur cette expérience communautaire à une époque où plusieurs tentatives similaires avaient échoué en Europe.

L'organisation – Les shakers vivaient en «familles» de 30 à 100 personnes, hommes et femmes, que l'on appelait frères et sœurs. Ces familles formaient elles-mêmes des villages. Les responsabilités étaient partagées par deux hommes et deux femmes (les aînés), et le travail était réparti entre les différents membres selon un emploi du temps très strict. Le vœu de célibat ne favorisant pas le renouvellement des effectifs, les shakers avaient pris l'habitude d'adopter des orphelins, ce qui explique la présence d'une école dans chaque communauté.

Les activités – Guidés par les paroles d'Ann Lee: «Travaille comme s'il te restait mille années à vivre, et comme si demain était ton dernier jour», les shakers étaient réputés pour la qualité de leurs produits vendus sur catalogue. Ils s'étaient spécialisés dans la culture des plantes médicinales, des graines et des semences, ainsi que dans la confection de balais et de meubles.

L'architecture – Simplicité, sobriété, fonctionnalisme sont les trois grands principes de toute réalisation shaker. Les bâtiments étaient conçus pour un besoin spécifique, dans des matériaux de construction adaptés à ce besoin. Grand, lumineux et organisé, le bâtiment se caractérisait par son aspect pratique, et il était doté d'innovations comme les portemanteaux le long des murs ou les chaises à dossier bas pouvant se glisser sous les tables.

VISITE *3 h*

Au croisement des routes 20 et 41, au Nord du Massachusetts Turnpike (sortie 1). Visite de fin mai à fin octobre, de 9 h 30 à 17 h. Visite guidée (1 h 1/2) d'avril à fin mai et de fin octobre à novembre, de 10 h à 15 h. Fermé le Thanksgiving Day (4ᵉ jeudi de novembre). 10 $. ✕ ☎413-443-0188. Un programme audiovisuel (10 min) et deux documentaires (18 min et 1 h) évoquent la vie des shakers.

Partant du pavillon d'accueil, on voit la **remise à outils** et le **jardin d'herbes médicinales**. De l'autre côté de la route 20 se trouvent le **cimetière**, l'**école** et le **magasin des shakers**.

Poultry House – Ce petit musée, aménagé dans un ancien poulailler, évoque la vie quotidienne des shakers, et présente les objets qu'ils fabriquaient.

★★ **Brick Dwelling** – Cette grande demeure fut construite pour abriter le réfectoire, les cuisines et les chambres. Y sont exposés des ustensiles pharmaceutiques et médicaux ainsi que des accessoires de couture qui se trouvaient auparavant dans des bâtiments aujourd'hui détruits.

Intérieur de style shaker (Brick Dwelling)

The shops – Dans ces ateliers, les frères confectionnaient des boîtes, des balais et des horloges, tandis que les sœurs séchaient des herbes, tissaient des vêtements et fabriquaient des produits laitiers. Aujourd'hui, des artisans reproduisent le savoir-faire artisanal shaker.

★★★ **The Round Stone Barn** – Considérée comme le chef-d'œuvre de l'architecture shaker pour l'ingéniosité de sa conception, cette grange fut construite en 1826. Cinquante-deux vaches occupaient les stalles rayonnant autour du silo à claire-voie dans lequel tombait le fourrage. Celui-ci était apporté par des charrettes pouvant pénétrer par le 1ᵉʳ étage, et qui déversaient directement leur chargement dans le silo. Sous les étables, un procédé permettait de recueillir le fumier. Une seule personne suffisait pour s'occuper de la totalité du troupeau.

Autour de l'étable ronde, on trouve la **Tan House** qui servait à la fois de forge, de cidrerie et de tannerie. Aujourd'hui, elle est occupée par un atelier d'ébénisterie. A proximité se trouvent également la **chambre froide** et le **Hired Men's Shop**.

Trustees Office and Store – Ce bâtiment abrite les bureaux ainsi que le magasin de la communauté, le shaker Fancy Goods Store.

Meeting House – Chaque dimanche, les shakers se réunissaient dans la grande salle pour danser et chanter. Les bureaux et les chambres du 1er étage étaient réservés aux autorités spirituelles de la communauté de Hancock.

Laundry and Machine Shop – De nombreuses machines sont exposées dans ce vaste bâtiment. Elles étaient alimentées par une turbine située au sous-sol. Une autre partie était réservée au nettoyage et au repassage du linge. Le grenier servait au séchage des plantes.

HINGHAM

19 821 h.
Voir schéma des environs de Boston
Renseignements touristiques ☎617-826-3136

Cette agréable banlieue de Boston au Sud de la baie du Massachusetts a gardé tout son charme avec ses rues bordées de maisons des 18e et 19es. L'une d'elles, **Old Ordinary**, abrite depuis peu un musée consacré à l'histoire de Hingham.

★ **Old Ship Church** – *90 Main Street. Ouvert de juin à août, du mardi au dimanche de 12 h à 16 h. Fermé les jours fériés.* ☎*617-749-1679.* Cette robuste structure carrée en bois, surmontée d'un petit clocheton, est la seule église puritaine encore existante. Elle fut construite en 1681 par des charpentiers de bateau qui se sont inspirés de la structure d'une coque pour la charpente – ce qui expliquerait le nom de ce sanctuaire. A l'intérieur, la belle chaire sculptée, les tribunes, les panneaux et les bancs sont restés très simples et n'ont reçu aucune peinture.

★ **World's End** – *Suivre la route 3A jusqu'au rond-point de Hingham Harbor, puis prendre Summer Street vers l'Est et continuer pendant 0,5 mile. Tourner à gauche dans Martin's Lane, et continuer pendant 0,75 mile jusqu'au panneau World's End. Visite toute l'année de 9h à 17h (20h de mai à août). 3,50 $. ♿* ☎*617-749-8956. Accès au sentier de randonnée depuis le parking. Pour gagner l'entrée, prendre à gauche la route recouverte de gravier; à chaque croisement, tourner à gauche (1h 1/2 AR).* Ce «bout du monde» ne se trouve qu'à 20 km de Boston. C'est une curieuse péninsule dessinant un 8, formée en réalité de deux *drumlins* (collines ovales composées de dépôts calcaires) couverts de pâturages, de sentiers ombragés et de fleurs sauvages. Le sentier traverse Pine Hill, Planters Hill, puis le Bar (un cordon littoral) avant d'arriver au bout de la presqu'île, qui offre de belles vues sur Boston et Nantasket Beach.

IPSWICH

11 873 h.
Voir Carte des Principales Curiosités
Renseignements touristiques ☎508-921-4990

Entourée de belles plages et de bois, Ipswich est une petite ville coloniale qui attire de nombreux artistes et touristes. Ses antiquaires et ses restaurants témoignent de ce succès. Les gastronomes s'y arrêtent toujours pour déguster la fameuse **Ipswich clam**, une palourde récoltée dans la région.

Whipple House – *1 South Village Green. Visite guidée (50 min) de mai à mi-octobre, du mercredi au samedi de 10h à 16 h, le dimanche de 13h à 16 h. 3 $.* ☎*508-356-2811.* Cette demeure, construite vers 1655 par John Whipple, est un très bel exemple du confort et du raffinement dans lesquels vivaient les premiers habitants aisés de la Nouvelle-Angleterre. Chauffées par d'énormes cheminées, les vastes pièces renferment du mobilier du 17e s.

★ **Richard T. Crane Beach Reservation** – *De la route 1A au Sud d'Ipswich, prendre la route 133 Est vers Essex. Tourner à gauche dans Northgate Road, et au bout de cette rue, tourner à droite dans Argilla Road. La route aboutit à Crane Beach. Ouvert toute l'année de 8h au coucher du soleil. De 3 $ à 12 $ par voiture (selon la saison). ♿* ☎*508-356-4354.* Cette très belle plage de sable blanc s'étend sur plusieurs kilomètres, devant des dunes recouvertes de pins et d'arbustes. Le **Pine Hollow Trail** *(départ à droite du parking, 3/4h AR)* est le meilleur moyen de découvrir les alentours. Sur la colline dominant Crane's Beach se trouve **Castle Hill,** l'ancienne propriété des Crane; des concerts y sont donnés en été (☎*508-356-4351).*

EXCURSION

Topsfield – 5 754 h. *7 miles au Sud-Ouest d'Ipswich par Topsfield Road. Du centre d'Ipswich, prendre Market Street jusqu'à Topsfield Road.* Village agricole jusqu'à la fin du siècle dernier, Topsfield est devenu aujourd'hui une bourgade résidentielle.

Parson Capen House – *1 Howlett Street, en face du green. Visite de mi-juin à mi-septembre, le mercredi, le vendredi et le dimanche de 13 h à 16 h. Fermé les jours fériés. 1 $.* ☎508-887-3998. Avec son toit en bâtière, sa cheminée centrale, ses étages en encorbellement et ses consoles, cette résidence de style élisabéthain (1683) témoigne de l'influence de l'architecture anglaise dans le Nouveau Monde.

LEXINGTON★★

28 974 h.
Voir Carte des Principales Curiosités
Renseignements touristiques ☎617-862-1450

Cette agréable banlieue résidentielle de Boston est indissociable de Concord *(voir à ce nom)* dans l'histoire des États-Unis. En effet, ces deux villages furent le théâtre des premiers affrontements entre l'armée anglaise et les colons, au tout début de la guerre d'Indépendance, d'où leur surnom: «le berceau de la République américaine». Aujourd'hui, les Américains y effectuent de véritables pèlerinages, suivant étape par étape les événements du 19 avril 1775.

Le 19 avril 1775 – La tension entre Anglais et colons n'avait cessé de croître au cours des dix années précédentes. Les «Américains», excédés par l'arbitrage des actes parlementaires, avaient organisé un premier congrès provincial à Concord en 1774, sous la présidence de John Hancock, où avaient été décidés la création d'une milice et le stockage des armes. Une nouvelle réunion se tint en mars-avril 1775. A ce moment, les autorités londoniennes, inquiètes des velléités révolutionnaires des colons, avaient renforcé les troupes à Boston sous le commandement du général Gage. Celui-ci décida de se saisir des armes entreposées à Concord. Quelques éclaireurs furent donc envoyés pour organiser un raid, mais les colons, en ayant eu vent, se préparèrent à riposter.

Le soir du 18 avril, 700 soldats anglais se mirent en marche vers Concord. Alerté par les lanternes accrochées à la Old North Church, Paul Revere s'élança aussitôt au triple galop vers Lexington pour alerter les deux chefs de la milice, Hancock et Adams. Après une nuit de veille dans la **Buckman Tavern**, 77 miliciens se réunirent sur le **green** pour attendre les troupes anglaises sous les ordres du capitaine Parker: «Restez à votre place, leur dit-il, et ne tirez pas avant qu'ils ne tirent, mais s'ils veulent une guerre, qu'elle commence ici.» Les troupes anglaises apparurent vers 5 h du matin. Alors qu'elles se déployaient pour combattre, Parker, impressionné par leur nombre, donna l'ordre à ses miliciens de se disperser. Il réagissait trop tard, car un coup de feu retentit bientôt et les Anglais chargèrent. Huit miliciens furent tués, et les Anglais poursuivirent vers Concord où s'étaient rassemblées d'autres troupes de miliciens venus des villages voisins. Ceux-ci se tenaient sur une colline, surveillant l'évolution des «Habits rouges». Ces derniers, ayant pénétré dans le village, cherchaient des armes. N'en trouvant pas, ils mirent le feu à la localité. Alarmés, les miliciens descendirent vers Concord et se trouvèrent face aux troupes anglaises sur **Old North Bridge**. Inévitable, la bataille fit rage. Au bout de quelques heures, les Anglais amorcèrent leur retraite sur Boston. D'autres miliciens, accourus de villages plus éloignés, les attendaient le long de leur chemin (Battle Road). Entre Concord et Charlestown, ce ne furent que pluies de balles; une escarmouche particulièrement meurtrière eut lieu à **Meriam's Corner**.

CURIOSITÉS *4 h. Voir plan plus loin.*

★★ **Lexington Green** – C'est sur ce triangle que se déroula le premier affrontement entre les troupes anglaises et les miliciens. La statue du **Minuteman [1]**, œuvre de Henry Kitson, représente le capitaine Parker et symbolise le courage de ces colons prêts à donner leur vie pour défendre leurs libertés. Sept d'entre eux reposent sous le **Revolutionary Monument [2]**.

★ **Buckman Tavern** – *1 Bedford Street. Visite guidée (1/2 h) d'avril à octobre, du lundi au vendredi de 10 h à 17 h, le dimanche de 13 h à 17 h. 3 $. Billet combiné (7 $) avec la Hancock-Clarke House et la Munroe Tavern.* ☎617-862-1703. Les miliciens y attendirent l'arrivée des troupes anglaises, le soir du 18 avril. Après l'affrontement sur le green, les miliciens blessés furent transportés dans la taverne transformée en hôpital de campagne. La visite de ce bâtiment du 18ᵉ s. permet de voir l'estaminet, les chambres, le grenier où l'on pouvait dormir moyennant une somme minime, la salle de bal et les pièces où se réunissaient les femmes après les offices religieux, pendant que les hommes trinquaient.

★ **Minute Man National Historical Park** – *Accès par la route 2A à l'Ouest du green. Voir à Concord.*

Old Burying Ground – Dans ce vieux cimetière adossé à l'église sont dispersées de belles pierres tombales du 17ᵉ s.

Hancock-Clarke House – *38 Hancock Street. Visite guidée (1/2 h) d'avril à octobre, du lundi au vendredi de 10h à 17 h, le dimanche de 13h à 17 h. 3 $.* ☎617-862-1703. John Hancock et Samuel Adams s'étaient réfugiés dans cette maison datant de 1698, quand Paul Revere vint les prévenir de l'arrivée imminente des Anglais.

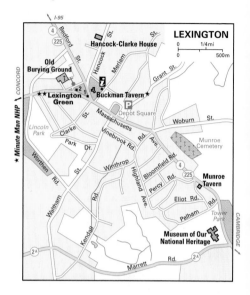

Munroe Tavern – *1332 Massachusetts Avenue. Mêmes conditions de visite que pour la Hancock-Clarke House.* Cette petite taverne servit de quartier général et d'hôpital aux Anglais pendant l'après-midi du 19 avril.

Museum of Our National Heritage – *Angle de la route 2A et de Massachusetts Avenue. Ouvert toute l'année de 10 h à 17 h, le dimanche de 12 h à 17 h. Fermé le 1ᵉʳ janvier, le Thanksgiving Day (4ᵉ jeudi de novembre), les 24, 25 et 31 décembre.* ☎617-861-6559. Ce bâtiment moderne, de briques et de verre, abrite une bibliothèque et un musée consacrés à l'histoire américaine. Des expositions temporaires relatent l'évolution des États-Unis, depuis leur fondation jusqu'à nos jours *(films, concerts et manifestations diverses le week-end)*.

LOWELL

103 439 h.
Voir Carte des Principales Curiosités
Renseignements touristiques ☎508-459-6150

Au début du 19ᵉ s., un marchand, Francis Cabot Lowell (1775-1817), parvint à convaincre un groupe d'investisseurs de créer à Waltham, sur les rives de la Charles River, la première ville industrielle américaine planifiée de toutes pièces. Lowell décéda peu après, et le site fut abandonné au profit d'une longue bande de terre bordant la Merrimack, à proximité des chutes des **Pawtucket Falls.** Construite en briques, la nouvelle «mill town» fut baptisée Lowell et compta bientôt un grand nombre d'usines, de dépôts, de magasins et d'églises, ainsi qu'un canal long de 9 km acheminant l'eau des chutes jusqu'aux turbines. Lowell reçut le statut de ville en 1826, et devint rapidement l'un des plus importants centres textiles des États-Unis. Les premières ouvrières étaient recrutées parmi la population agricole de la Nouvelle-Angleterre. Vers 1850, elles furent peu à peu remplacées par des immigrants irlandais et canadiens français qui acceptaient de travailler pour un salaire moins élevé. Plusieurs vagues d'immigrants se succédèrent ainsi, altérant le climat social et entraînant les premières grèves de l'histoire américaine. Le déclin de Lowell s'amorça dès la fin du 19ᵉ s. avec le développement des machines à vapeur et la concurrence des États du Sud, et fut définitivement scellé par la crise de 1929.

Dans les années 1970, Lowell redevint un centre industriel dynamique grâce à la sauvegarde de son patrimoine et à l'installation de plusieurs entreprises, comme par exemple les laboratoires Wang. De nombreux bâtiments, ainsi que le canal, ont été restaurés de façon exemplaire.

Lowell est le berceau de trois grandes personnalités des arts: le peintre **James Abbott McNeill Whistler** *(sa maison natale, transformée en musée, se trouve au 243 Worthen Street, non loin du visitor center)*, l'écrivain Jack Kerouac et l'actrice Bette Davis.

★★ **Lowell National Historic Park** – *S'adresser au visitor center pour obtenir une carte (gratuite). Voir ci-dessous pour l'horaire des différentes visites.* ☎508-970-5000. En 1978, certains secteurs de Lowell furent classés quartiers historiques dans le but de préserver et de faire connaître le patrimoine architectural et sociologique d'un exemple type de «mill town». Le **visitor center** *(246 Market Street; ouvert de juin à septembre de 8h 30 à 17h; le reste de l'année de 9h à 17h; fermé le 1er janvier, le Thanksgiving Day et le 25 décembre; &)*, aménagé dans une usine rénovée, présente un programme audiovisuel et une exposition retraçant l'histoire de la ville. Des anciens **tramways** *(gratuits)* circulant en permanence permettent aux touristes de se déplacer facilement parmi les curiosités.

Une visite guidée (Canal Tours) permet de comprendre le fonctionnement et l'utilité de ce réseau de canaux très élaboré, destiné à régulariser l'énergie hydraulique utilisée par les usines *(départ du visitor center de juin au Labor Day; 3 $; réservations recommandées)*.

★ **Boott Cotton Mills** – *Visite tous les jours de 9h à 17h. 3 $.* &. Situé entre le Eastern Canal et la Merrimack River, ce monumental complexe industriel agrémenté d'un beffroi central abrite l'exposition principale du parc. Au rez-de-chaussée, l'**atelier de tissage** comporte 88 métiers à tisser en activité et recrée l'atmosphère assourdissante d'une usine textile des années 1920.

Au 1er étage, les expositions sont consacrées à la révolution industrielle en Amérique, à l'histoire de Lowell, à la production textile et à la vie quotidienne dans une «mill town».

Autres curiosités – En face des Boott Mills se dresse un ancien pensionnat qui abrite une exposition sur la vie quotidienne des ouvriers: la «Working People Exhibit». Dans Merrimack Street se trouve la St Anne's Church (1825), édifice néo-gothique construit pour la communauté ouvrière. L'État du Massachusetts a mis en place une exposition sur l'utilisation de la force hydraulique à travers les siècles: la «Waterpower Exhibit» *(25 Shattuck Street, horaires variables)*. Le Suffolk Mill *(visite guidée)* possède encore une turbine et un métier du 19e s. en état de marche.

Longeant les Massachusetts Mills, East Canal Park possède un élégant groupe de monolithes de marbre portant des extraits d'œuvres de **Jack Kerouac** (1922-1969), natif de Lowell et auteur-culte de la génération hippie. *Le visitor center met à la disposition de chacun un plan indiquant tous les sites liés à Kerouac.*

Museum of American Textile History – *491 Dutton Street.* ☎*508-441-0400. Ouverture prévue pour 1997.* Situé à North Andover depuis 1960, ce musée s'installera prochainement dans le vaste Kitson Building *(en cours de restauration)*. Une exposition permanente rassemblera des outils, des documents et des machines afin de retracer l'évolution de l'industrie textile, et notamment son automatisation.

EXCURSION

Andover – *29 151 h. 11 miles au Nord-Est de Lowell par la route 495 (sortie 41), puis la route 28.* Une grande partie de la ville est occupée par la **Phillips Academy**, l'une des «prep' schools» (écoles privées) les plus connues des États-Unis. Autour du green, on remarque le Bulfinch Hall, l'Andover Inn (auberge-restaurant), l'Archaeological Museum et l'**Addison Gallery of American Art**, qui possède une belle collection de peintures et de sculptures américaines *(visite toute l'année du mardi au samedi de 10h à 17h, le dimanche de 13h à 17h; fermé en août et les jours fériés;* & ☎*508-749-4015).*

Pour trouver la description d'une curiosité, d'un événement historique ou d'un personnage faisant l'objet d'une mention dans ce guide, consultez les pages de l'index en fin de volume.

MARBLEHEAD★

A la veille de l'Indépendance, Marblehead était un port de pêche qui s'était enrichi grâce à l'exportation de poisson séché vers les Antilles. Les commerçants avaient fait construire ces belles demeures de style georgien et fédéral qui bordent toujours les rues tortueuses du vieux Marblehead. La guerre d'Indépendance, la concurrence des autres ports et la terrible tempête de 1846, qui fit 65 victimes et détruisit 10 bateaux, incitèrent les habitants à se reconvertir dans l'industrie, notamment la fabrication de chaussures.

Aujourd'hui, Marblehead a retrouvé sa vocation première. C'est le grand centre de yachting proche de Boston: plusieurs clubs de voile y ont élu domicile, et le nombre de bateaux amarrés au port est impressionnant. Il faut voir ce spectacle depuis **Fort Sewall** *(au bout de Front Street)*, **Crocker Park** *(adjacent à Front Street)*, ou, de l'autre côté de la baie, depuis le phare de **Marblehead Neck**, presqu'île très sélecte où ont été édifiées de superbes propriétés.

Jeremiah Lee Mansion – *161 Washington Street. Visite guidée (1 h) de mi-mai à mi-octobre, du lundi au samedi de 10 h à 16 h, le dimanche de 13 h à 16 h. 4 $.* ☎617-631-1069. Le colonel Jeremiah Lee, l'un des plus riches marchands de la ville, fit construire cette maison en 1768. De style georgien, elle s'inspirait d'une résidence londonienne. Bien que construite en bois, un judicieux trompe-l'œil donne l'impression qu'elle a été élevée en pierres.

Avec ses 16 pièces, elle est très importante pour son époque. Son hall et son immense cage d'escalier en acajou présentent des proportions inhabituelles. Les pièces sont décorées avec des objets ramenés du monde entier, dont de l'acajou de St-Domingue et des papiers peints réalisés à la main dans le style de Giovanni Pannini et représentant des ruines ou des scènes de pêche. Le mobilier, l'argenterie, la céramique et les tissus datent des 18e et 19e s. Au 1er étage sont exposées les œuvres d'un ancien pêcheur reconverti en peintre naïf: John Frost.

Abbott Hall – *Town Hall. Visite toute l'année (horaires variables); de novembre au 29 mai, fermé le week-end. Contribution demandée.* ☎617-631-0000. La toile **The Spirit of '76**, réalisée par A.M. Willard à l'occasion du centenaire de l'Indépendance américaine, est exposée dans la Selectman's Room. Elle fut donnée à la ville par le général John Devereux dont le fils est représenté sous les traits du tambour.

MARTHA'S VINEYARD★★

En 1602, quand Bartholomew Gosnold débarqua sur cette île, il y trouva quelques raisins sauvages et la baptisa la «Vigne de Marthe» d'après le prénom de sa fille. On ne trouve plus de raisins dans ce triangle de 32 km de large sur 16 de haut mais des paysages qui rappellent ceux de Cape Cod. Aux landes rases succèdent

Gay Head Cliffs

les lagunes fermées par des cordons littoraux, les lacs et les étangs, les forêts de pins et de chênes, les falaises colorées et les immenses plages de sable fin. Les villes, aujourd'hui stations balnéaires ou ports de plaisance, ont chacune une personnalité très marquée.

Renseignements pratiques .... Indicatif téléphonique: 508

Comment s'y rendre – De **Boston** à **New Bedford** (64 miles): par la route 93 vers le Sud, puis la route 24 vers l'Ouest et la route 140 vers l'Est. De **Boston** à Sagamore Bridge, **Cape Cod** (56 miles): par la route 93 vers le Sud, puis la route 3 vers le Sud; jusqu'à **Hyannis** (17 miles): prendre ensuite la route 6 vers l'Ouest et la route 132 vers l'Ouest; jusqu'à **Falmouth** (20 miles): emprunter la route 6 vers l'Ouest et la route 28 vers l'Est (continuer dans la Woods Hole Road jusqu'à Woods Hole).

Par **avion**: des vols internationaux et intérieurs desservent le **Logan International Airport** (Boston) et le **T.F. Green State Airport** (Providence) ☎401-737-4000. Principales agences de location de voitures (*voir chapitre Renseignements pratiques*). **Gare ferroviaire** la plus proche: Amtrak, à Providence ☎800-872-7245. **Gare routière**: Greyhound, à Hyannis ☎800-231-2222; Bonanza: Woods Hole ☎800-556-3815.

Horaires des bacs

Itinéraire	Période	Durée	Tarif adulte	Compagnie
Falmouth à Oak Bluffs	du Memorial Day au Columbus Day, tous les jours	40 min	9 $	**Island Commuter Corp.** ☎548-4800
Falmouth à Edgartown	de mi-mai à mi-octobre, tous les jours	3/4 h	22 $	**Falmouth Ferry Service** ☎548-9400
Hyannis à Oak Bluffs	de mai à octobre, tous les jours	1 h 3/4	22 $	**Hy-Line** ☎778-2600
Woods Hole à Vineyard Haven	toute l'année, tous les jours	3/4 h	9,50 $	**Steamship Authority** ☎477-8600
Woods Hole à Oak Bluffs	de mai à septembre, tous les jours	3/4 h	9,50 $	**Steamship Authority** ☎477-8600
Nantucket à Oak Bluffs	de juin à mi-septembre, tous les jours	2 h 1/4	22 $	**Hy-Line** ☎693-0112
New Bedford à Vineyard Haven	de mi-mai à mi-octobre, tous les jours	1 h 3/4	8,50 $	**Martha's Vineyard Ferry** ☎997-1688

Comment s'y déplacer – La circulation est souvent difficile dans les rues de l'île, et les places de stationnement sont rares (surtout en juillet et août). Il est donc conseillé d'utiliser un vélo ou les transports publics. Des navettes relient les principales villes, Vineyard Haven, Oak Bluffs et Edgartown: du Memorial Day à mi-octobre, par Martha's Vineyard Transportation Services ☎693-1589. Location de vélos et de voitures dans la plupart des villes de l'île.

Informations touristiques – **Martha's Vineyard Chamber of Commerce** visitor center: sur Beach Road; adresse postale: PO Box 1698, Vineyard Haven MA 02568 ☎693-0085.

Hébergement – Services de réservations: **About the Beach**, PO Box 269, Oak Bluffs MA 02557 ☎693-1718; **Destinnations**, PO Box 1173, Osterville MA 02655 ☎800-333-4667; **House Guest Cape Cod & The Islands**, PO Box 1881, Orleans MA 02653 ☎896-7053; **Martha's Vineyard & Nantucket Reservations**, PO Box 1322, Vineyard Haven MA 02568 ☎693-7200. Les chambres proposées sont situées dans des hôtels à prix modérés, des bed and breakfasts et des cottages. **Camping**: Vineyard Haven. **Auberge de jeunesse**: American Youth Hostel, Edgartown-West Tisbury Road; adresse postale: PO Box 3158, West Tisbury MA 02576 ☎693-2665.

Loisirs – Les rouleaux sont très importants sur les **plages** de la côte Sud, tandis que celles des côtes Nord et Est sont davantage protégées. **Location de bateaux** dans les principales villes; location de planches à voile à Vineyard Haven. **Pistes cyclables** sur toute l'île. **Boutiques** de spécialités et centres commerciaux dans la plupart des villes.
Pour obtenir l'adresse des magasins et de plus amples informations sur les loisirs, contacter la Chambre de commerce.

VISITE *1 journée. Voir schéma ci-dessous.*

Vineyard Haven – Sa grande rue, Main Street, a beaucoup de charme avec ses nombreuses boutiques et ses salons de thé.

★ **Oak Bluffs** – 2 804 h. A partir de 1835, les méthodistes d'Edgartown prirent l'habitude de se réunir au Nord de leur ville sous un chêne. Le rassemblement attira de plus en plus d'adeptes qui s'installaient pour l'été dans un campement de toile situé à proximité du chapiteau qui abritait les offices religieux. En 1859, plus de 12 000 personnes assistèrent aux services de Cottage City, surnom de cette ville improvisée. Elle ne devint Oak Bluffs qu'en 1870. Des constructions en dur avaient alors remplacé le village de toile. Plus d'un millier de petits cottages s'étaient édifiés autour du Tabernacle, le temple élevé en 1879.

★★ **Trinity Park et Gingerbread Cottages** – *Laisser sa voiture près du port et prendre Central Avenue jusqu'à Cottage City.* C'est l'ancienne Cottage City. Les petites maisons victoriennes aux coloris pittoresques et aux multiples détails décoratifs – les «gingerbread houses» – entourent le Tabernacle des méthodistes, l'un des plus beaux exemples de construction métallique aux États-Unis.

★ **Edgartown** – 3 062 h. De son passé de grand port baleinier, Edgartown a conservé de très belles maisons, construites pour la plupart entre 1820 et 1840. Un grand nombre se trouvent sur North Water Street en face du port. Les grands voiliers équipés pour la pêche à la baleine ont aujourd'hui fait place aux bateaux de plaisance. Face à Edgartown, l'île de **Chappaquiddick** abrite de grandes propriétés discrètement masquées par la végétation de leurs parcs. Le bac est surnommé *On time* (à l'heure), car il n'a pas d'horaire régulier.

Vineyard Museum of the Dukes County Historical Society – *Visite du 5 juillet à mi-octobre, du lundi au samedi de 10 h à 16 h 30, le dimanche de 12 h à 16 h 30. 5 $.* ☎508-627-4441. La maison de Thomas Cooke fut construite en 1765 par des charpentiers spécialisés dans la construction navale, ce qui apparaît nettement dans son architecture intérieure. Elle contient des souvenirs de l'époque baleinière, notamment une photographie du capitaine Valentine Pease dont Melville s'inspira pour créer le personnage du capitaine Ahab dans *Moby Dick*.

Katama Beach – Ce cordon littoral, qui relie Edgartown à Chappaquiddick, est une très belle plage qui s'étend sur toute la côte Sud.

Traverser l'île d'Est en Ouest, à travers les forêts de pins et de chênes. En approchant des falaises de Gay Head, la route s'élève au-dessus des lacs Menemsha

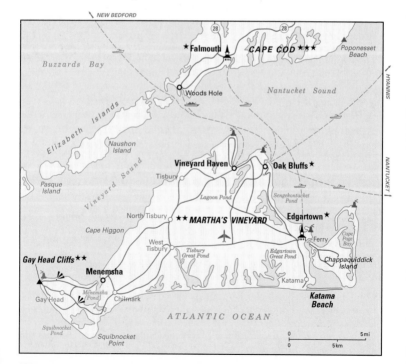

et Squibnocket où viennent frayer les aloses au printemps; on bénéficie d'une belle **vue** sur le port de Menemsha.

★★ **Gay Head Cliffs** – Cette falaise haute de 18 m forme un arc en ciel d'argile: des couches d'ocre, de gris, de rouille et de blanc s'y superposent. Vieille de 10 millions d'années, on y trouve les squelettes fossilisés de chameaux, de chevaux sauvages et de baleines. Lorsque le mer est agitée, l'eau se teinte d'ocre. La centaine d'Indiens qui constituent la majeure partie de la population de Gay Head se servent de cette argile pour confectionner des poteries multicolores.

Menemsha – Avec ses casiers à homard et ses cabanes grises, les *shanties*, ce petit port de pêche est un sujet de prédilection des photographes.

MOHAWK TRAIL ★★

Voir Carte des Principales Curiosités
Renseignements touristiques ☎413-664-6256

Les 63 miles de la route 2, entre Greenfield et la frontière de l'État de New York, ont été surnommés «le sentier Mohawk». Cette route suit en effet un ancien sentier indien qui longeait la Deerfield River et la Cold River, et traversait une partie de la vallée du Connecticut et les collines boisées des Berkshires. Il fut utilisé par les Mohawks pendant la guerre qui opposa les Français aux Indiens. Le Mohawk Trail passe par des hameaux, des gorges et des forêts épaisses, et offre de très belles vues sur l'ensemble de la région, particulièrement spectaculaire en automne.

DE GREENFIELD À WILLIAMSTOWN   *67 miles. 3 h.*

Greenfield – 14 016 h. Sa prospérité agricole a donné son nom à cette petite ville (le champ vert).

Suivre la route 2. Après 6 miles, elle s'élève et offre de belles vues sur la vallée. Continuer jusqu'au croisement avec la route menant aux Shelburne Falls (13,5 miles après Greenfield).

★ **Shelburne Falls** – 2 012 h.Ce paisible village de montagne est bercé par les chutes de la Deerfield River. Depuis la Deerfield Avenue, on peut apercevoir des marmites torrentielles laissées par l'érosion glaciaire.

Bridge of Flowers – *Au Sud du pont qui enjambe la Deerfield River.* Utilisé autrefois par les tramways, ce pont est aujourd'hui réservé aux piétons et surtout aux amateurs de fleurs: c'est un véritable jardin suspendu au-dessus de l'eau.

Revenir à la route 2.

Deux miles après Charlemont, la route passe devant la **Mohawk Trail State Forest** dont l'entrée est signalée par la statue d'un Indien baptisée **Hail to the Sunrise** (Incantation au lever du soleil) et élevée en l'honneur des cinq tribus indiennes qui vivaient le long du Mohawk Trail.
La route pénètre alors dans une zone montagneuse et accidentée. Entre Florida et North Adams, on bénéficie de belles vues vers le Nord sur les monts Monadnock et Greylock.
Depuis **Whitcomb Summit**, on voit les Green Mountains s'étirer au loin; depuis **Western Summit**, on aperçoit la vallée de la Hoosac. **Hairpin Curve** est un virage en épingle à cheveu (d'où son nom) qui offre une **vue★★** très étendue sur les Berkshires et les Taconics.

Juste avant North Adams, tourner à droite dans la route 8 en direction du Nord, puis à gauche après 1/2 mile.

★ **Natural Bridge State Park** – *Ouvert en juillet et août, tous les jours de 10 h à 18 h; de fin mai à juin et de septembre à mi-octobre, de 8 h à 16 h 30. 2 $ par voiture.* ☎413-663-6312. *Voir chapitre Renseignements pratiques.* Un pont naturel en marbre blanc s'élève 20 m au-dessus d'une sorte de gorge très étroite, longue de 150 m, dans laquelle l'eau s'engouffre en bouillonnant. Le marbre remonte à quelque 550 millions d'années et a été sculpté par les glaciers qui l'ont raboté et poli.

North Adams – 16 797 h. Ses grandes usines en briques rappellent le passé industriel de cette ville du 19e s. qui fut un grand centre de production textile du Massachusetts et attira des milliers de Canadiens et d'Italiens. Avec l'ouverture en 1875 du **tunnel Hoosac**, reliant le Massachusetts à l'Ouest du pays, North Adams devint un important centre ferroviaire. Des manufactures animent encore aujourd'hui l'économie locale.

Western Gateway Heritage State Park – *Route 8 vers le Sud.* Aménagé dans d'anciens entrepôts restaurés, ce parc urbain remémore l'époque où North Adams était en pleine expansion économique. Dans le **visitor center** *(visite toute l'année de 10 h à 17 h sauf le 1er janvier, le dimanche de Pâques et le 25 décembre; 1 $;* ✕ ⅋ ☎*413-663-8059)*, des expositions évoquent la construction du tunnel Hoosac qui était, à son inauguration, le plus long des États-Unis (7,7 km). Son percement dura près d'un quart de siècle (1851-1875) et coûta la vie à 200 ouvriers. C'était la première fois que l'on utilisait de la nitroglycérine pour ouvrir la roche.

Revenir à la route 2 en direction de l'Ouest. Après 1 mile, tourner à gauche dans Notch Road et suivre la signalisation pour Mt Greylock Reservation. La route s'élève jusqu'au sommet à travers les bois.

★★★ **Mt Greylock** – A mi-chemin entre les Taconics et la chaîne de Hoosac se dresse le sommet le plus élevé du Massachusetts, le mont Greylock (alt. 1 064 m). Il porte le nom d'un chef indien dont la tribu venait chasser sur ses versants. Du haut de la War Memorial Tower qui en marque le sommet, on jouit d'un **panorama**★★★ sur toute la région: les Berkshires, les Taconics et les États voisins (Vermont et New York).

Descendre vers North Adams et continuer la route 2 vers l'Ouest.

★★ **Williamstown** – *Voir à ce nom.*

NANTUCKET★★★

3 069 h.
Voir Carte des Principales Curiosités
Renseignements touristiques ☎508-228-1700

Nantucket, dont le nom indien signifie «l'île lointaine», dessine son triangle de 22 km sur 6 à 48 km au Sud de Cape Cod. L'écrivain Herman Melville l'évoqua dans son roman *Moby Dick*, la décrivant comme «une butte isolée et un coude de sable». Son relief assez plat, son sol sablonneux, ses étangs aux formes arrondies, ses landes parsemées de forêts de pins, sont révélateurs de son origine morainique. L'île de Nantucket comprend la ville du même nom, située à l'endroit où la lagune – magnifique havre protégé par le cordon littoral de Coatue – s'ouvre sur la mer, et deux villages: Siasconset et Madaket. L'histoire de l'île se confond avec celle du port qui fut certainement le plus célèbre centre baleinier du monde au 19e s.

Aujourd'hui, celle que les marins surnommaient «The Gray Lady of the Sea», La Dame grise de la mer, à cause de ses maisons poivre et sel couvertes de roses en été, est l'un des endroits les plus charmants de la côte Est. Épargnée par l'industrialisation de la fin du 19e s., l'île a préservé ses maisons confortables, ses quais et ses rues grossièrement pavées, comme il y a 150 ans.

La pêche à la baleine – Dès la fin du 17e s., les Indiens avaient appris aux colons à harponner les baleines à partir des côtes. Ramenées sur l'île, elles étaient dépecées sur les plages. Puis vinrent la découverte du cachalot et ces voyages au long cours qui devaient lancer les habitants de Nantucket à travers les océans.

De 1740 à 1840, Nantucket fut la capitale mondiale de la pêche à la baleine, ses marins chassant davantage dans les eaux peu exploitées de l'océan Pacifique. Par sa richesse, l'île se situait au troisième rang après Boston et Salem. Ses

Carolyn L. Bates (t/STOP PICTURES)

Cottage typique de Nantucket

184

baleiniers, au nombre de 125 à certaines périodes, revenaient chargés de quelques 30 000 barils de graisse par an, qu'ils revendaient à Londres ou dans d'autres ports européens. C'était l'époque des splendides demeures édifiées sur Main Street par les capitaines au long cours.

Puis ce fut le déclin. Le port n'était pas assez profond pour accueillir les nouveaux bateaux, et New Bedford prit la relève. En 1846, un terrible incendie diminua tragiquement la population du port. En outre, la découverte de l'or en Californie, qui drainait les esprits aventureux, et la découverte de puits de pétrole en Pennsylvanie, mirent un terme à l'époque faste de Nantucket. Celle-ci s'endormit pour quelques décennies, puis se réveilla avec l'essor du tourisme.

Les Nantucketers – La vie ardue des marins et la vie solitaire de leurs femmes, ainsi que la diffusion du quakerisme, ont donné à ces îliens un caractère solide, austère et courageux. Les célébrités locales sont **Peter Foulger**, le grand-père de Benjamin Franklin, et **Maria Mitchell**, la première femme astronome américaine. Moins illustre, mais merveilleux exemple de la volonté des Nantucketers, la femme du capitaine Charles Grant, lasse d'attendre pendant des mois le retour de son mari, décida, en 1849, de le suivre et passa 32 années à naviguer à ses côtés.

Renseignements pratiques .... Indicatif téléphonique: 508

Comment s'y rendre – De **Boston** à **Hyannis** (74 miles): par la route 93 vers le Sud, puis les routes 3 et 6 en direction du Sud jusqu'à la route 132 vers l'Est. Par **avion**: des vols internationaux et intérieurs desservent le **Logan International Airport** (Boston) et le **T.F. Green State Airport** (Providence); renseignements: ☎401-737-4000. Principales sociétés de location de voitures (*voir chapitre Renseignements pratiques*). Gare **ferroviaire** la plus proche: Amtrak, à Providence ☎800-872-7245. Gare **routière**: Greyhound, à Hyannis ☎800-231-2222.

Horaires des bacs

Départs	Période	Durée	Tarif adulte	Compagnie
Hyannis	toute l'année, tous les jours	2 h 1/4	10 $	**Steamship Authority** ☎477-8600
Harwich Port	de mi-mai à mi-octobre	1 h 3/4	29 $	**Freedom Cruise Line** ☎432-8999
Hyannis	de mai à octobre, tous les jours	1 h 50	11 $	**Hy-Line** ☎778-2600
Martha's Vineyard	de juin à mi-septembre, tous les jours	2 h 1/4	11 $	

Comment s'y déplacer – Le meilleur moyen pour visiter Nantucket est de se déplacer à pied ou à vélo. La circulation est souvent difficile dans les rues de l'île, et les places de stationnement sont rares (surtout de mai à septembre). Location de vélos et de cyclomoteurs sur l'île. Visite de Nantucket organisée par Steamship Authority ferries (180 $ AR, réservations recommandées).

Informations touristiques – **Nantucket Island Chamber of Commerce** visitor center: 48 Main Street, Nantucket MA 02554-3595 ☎228-1700. **Nantucket Visitor Services:** 25 Federal Street, Nantucket MA 02554; guichets d'information saisonniers dans toute l'île ☎228-0925.

Hébergement – Services de réservations: **Nantucket Accomodations**, PO Box 217, Nantucket MA 02554 ☎228-9559; **Destinnations** ☎800-333-4667; **House Guests Cape Cod & The Islands** ☎800-666-4678; **Nantucket & Martha's Vineyard Reservations** PO Box 1322, Lagoon Pond Road, Vineyard Haven MA 02568 ☎693-7200. La Chambre de commerce *(adresse ci-dessus)* édite un guide d'hébergement disponible sur demande. Les chambres proposées sont situées dans des hôtels et des auberges (de 85 $ à 300 $ la nuit) et des bed and breakfasts (de 90 $ à 150 $ la nuit). **Auberge de jeunesse:** American Youth Hostel, 31 Western Avenue, MA 02554 ☎228-0433. Camping interdit sur l'île. *Les prix indiqués sont les tarifs moyens pratiqués pour une chambre double.*

Loisirs – **Baignade** sur toutes les plages de l'île, et **surf** sur les plages de la côte Sud. Des **pistes cyclables** et des **sentiers de randonnée** sillonnent toute l'île. **Boutiques** de spécialités et centres commerciaux dans la ville de Nantucket.

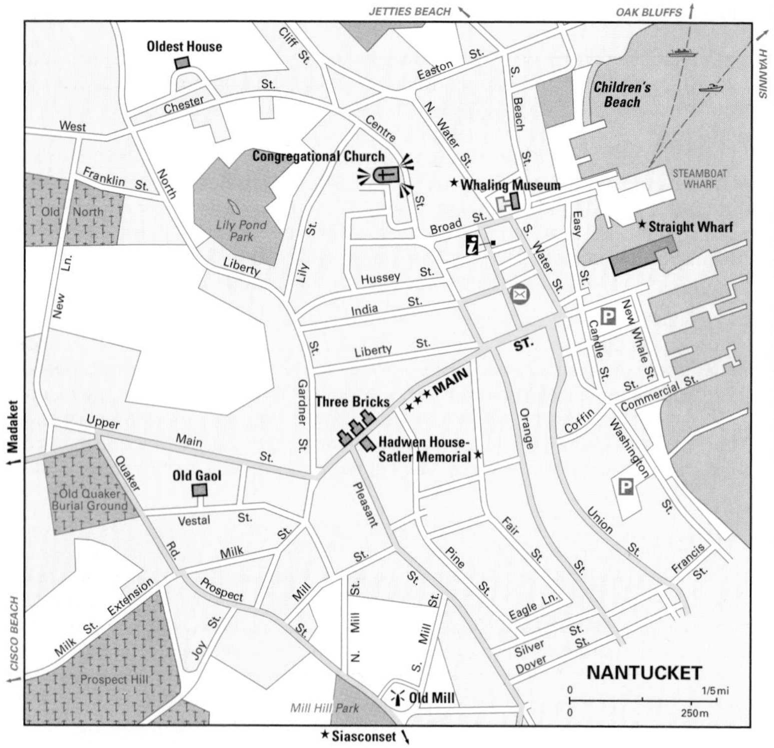

The map shows Nantucket town with labeled streets and landmarks.

★★★ **LA VILLE DE NANTUCKET** *1 journée. Voir plan ci-dessus.*
L'association historique de Nantucket vend un laissez-passer (8 $) pour la visite de tous les musées et maisons historiques de Nantucket qu'elle administre. On peut se le procurer dans chacun des sites. ☎508-228-1894.

★★★ **Main Street** – Ombragée par ses ormes centenaires, pavée de gros galets ronds, bordée de maisons de capitaines au long cours, de boutiques et de galeries d'art, Main Street diffuse une atmosphère d'un autre siècle. En été, les vacanciers y flânent en faisant du lèche-vitrines.

★ **Straight Wharf** – Au bas de Main Street, ce quai fait partie d'un ensemble de marinas modernes construites sur pilotis dans le style des anciennes maisons de pêcheurs. Des boutiques élégantes, des galeries d'art et des restaurants s'y sont installés. Yachts et bateaux de plaisance se balancent entre les pontons.

★ **Hadwen House-Satler Memorial** – *A l'angle de Main Street et de Pleasant Street. Visite guidée (1/2 h) de juin à mi-octobre, de 10 h à 17 h. 2 $.* Sa façade à fronton et colonnes néo-classiques ne passe pas inaperçue. Construite en 1845 pour un marchand d'huile, William Hadwen, cette demeure témoigne du train de vie luxueux de son propriétaire. Les pièces y sont grandes et contiennent un mobilier dont la finesse surprend sur cette île isolée.

En face se dressent trois maisons identiques en briques, **The Three Bricks**, qu'un riche marchand fit construire pour ses trois fils.

★ **Whaling Museum** – *Broad Street. Visite de juin à mi-octobre, tous les jours de 10 h à 17 h; en mai et de fin octobre à décembre, uniquement le week-end de 11 h à 15 h. 4 $.* &. Installé dans un bâtiment où l'on fabriquait jadis des chandelles avec du blanc de baleine, ce musée rassemble une importante collection d'objets ayant trait à la pêche de ce cétacé: superbe collection de scrimshaws *(voir chapitre Les Arts populaires de l'Introduction)*, une baleinière, des harpons, des maquettes, des marines, etc. Des ateliers d'artisanat (forge, voilerie, tonnellerie…) ont été reconstitués. Remarquer la maquette du **Camel**, un dock flottant qui fut utilisé vers le milieu du siècle dernier pour permettre aux navires de trop fort tonnage d'accoster dans le port de Nantucket.

Congregational Church – *Center Street. Ouvert de mi-juin à septembre, tous les jours de 10 h à 16 h. 1,50 $.* L'ancienne sacristie (Old Vestry) qui date de 1725 sert aujourd'hui de chapelle à l'église actuelle (1834). Un trompe-l'œil (murs et plafond) donne au visiteur l'impression de pénétrer dans un espace beaucoup plus grand. Au pied clocher, une exposition retrace l'histoire de Nanctucket; au sommet, on a une très belle vue★ sur la ville et l'île.

The Oldest House – *Sunset Hill. Visite guidée (20 min) de juin à mi-octobre, tous les jours de 10 h à 17 h. 3 $.* Un petit chemin couvert de galets, à la limite de la ville et de la campagne, mène à la plus vieille maison de l'île, la **Jethro Coffin House** (1686). Cette «boîte à sel», percée de petites fenêtres aux vitres en losanges, est typique du style colonial du 17ᵉ s. A l'intérieur, sa vaste cheminée en fer à cheval était sensée protéger ses habitants des sorcières.

Old Gaol – *Vestal Street. Visite de juin à mi-octobre, tous les jours de 10 h à 17 h.* Dans la cour de la «vieille prison», un pilori rappelle la sévérité des anciennes lois. A l'intérieur, les quatre cellules sont restées dans l'état où elles étaient au début du 19ᵉ s.

Old Mill – *Mill Hill. Visite guidée (20 min) de juin à mi-octobre, tous les jours de 10 h à 17 h. 2 $.* Ce vieux moulin (1746) est toujours en activité. Sa visite permet de comprendre le fonctionnement des moulins à vent.

AUTRES CURIOSITÉS *Schéma ci-dessous*

★ **Siasconset** – Les habitants de l'île l'ont abrégé en «Sconset». Au 17ᵉ s., les pêcheurs qui venaient y pêcher la morue construisirent des abris qui se transformèrent peu à peu en petites maisons grises, ces **shanties★** qui bordent aujourd'hui les rues centrales. Découvert à la fin du 19ᵉ s. par quelques artistes en quête de paysages sauvages et de repos, Siasconset devint un endroit très prisé, et les shanties

furent vite environnées de vastes demeures. De 1881 à 1918, un train relia Nantucket à Siasconset.

Sankaty Head Lighthouse – Ce phare est accessible depuis la route qui sépare l'océan des marais où sont cultivées les canneberges. Entre Quidnet et Nantucket, la route traverse une succession de paysages pittoresques.

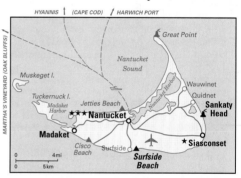

Surfside Beach – La Surfside Road et une piste cyclable mènent rapidement à la côte Sud: une vaste plage où il est fort agréable de se baigner.

Madaket – Une route pavée traverse les marais et conduit à la plage de Madaket, sur la côte Ouest de l'île. Ses gros rouleaux attirent les surfeurs.

NEW BEDFORD ★

99 922 h.
Voir Carte des Principales Curiosités
Renseignements touristiques ☎ 508-997-1250

A une heure au Sud de Boston, New Bedford, qui surclassa Nantucket comme capitale de la pêche à la baleine au cours du 19ᵉ s., est devenue une ville paisible vivant de l'industrie et de la pêche. Des rues pavées de gros galets ronds descendent jusqu'au port où foisonnent les antiquaires et les magasins d'équipement pour la navigation. Les bassins, autrefois fréquentés par les plus majestueux baleiniers, accueillent aujourd'hui des chalutiers modernes. On peut encore évoquer le passé prestigieux de New Bedford en se promenant le long des quais et sur la colline de Johnny Cake Hill, et en visitant le Whaling Museum et Seamen's Bethel, la chapelle des marins décrite dans *Moby Dick*.

L'âge d'or – En 1765, un habitant de Nantucket, Joseph Rotch, débarqua dans ce village de pêcheurs. Cet homme, qui avait établi l'industrie de la pêche à la baleine dans son île, la développa à New Bedford: 10 ans plus tard, une cinquantaine de bateaux parcouraient les mers à la recherche des cétacés. Dans les années 1830, la ville dépassa Nantucket; en 1857, la flotte baleinière de New Bedford comptait 329 bateaux et plus de 10 000 marins, c'est-à-dire la moitié de la population de la ville.

Dans le port, au pied de Johnny Cake Hill, c'était un éternel va-et-vient de baleiniers partant pour plusieurs années vers les mers lointaines ou revenant chargés de tonneaux de graisse. Les fabriques transformant le blanc de baleine en chandelles fonctionnaient sans cesse, tandis que les fanons étaient mis à sécher pour équiper les corsets ou les parapluies. Les quais retentissaient des coups de marteaux des constructeurs de bateaux, des tonneliers et des forgerons. Près des quais, les banquiers et les assureurs calculaient les profits pendant que les douaniers percevaient les taxes. Cette période de gloire dura une trentaine d'années.

Le déclin – Si la découverte du pétrole de Pennsylvanie fut l'une des causes majeures du déclin de New Bedford, d'autres facteurs eurent un rôle néfaste sur l'économie locale. Il y eut d'abord le triste épisode de la «flotte de pierres» durant la guerre de Sécession, en 1861 *(voir le chapitre La Nouvelle-Angleterre et l'Océan de l'Introduction)*. Puis, 10 ans plus tard, 32 baleiniers durent être abandonnés aux glaces de l'océan Arctique; les équipages purent heureusement être ramenés par les 7 navires restés en eau libre. Ce fut une véritable catastrophe pour New Bedford, qui se tourna dès lors vers l'industrie textile.

CURIOSITÉS *3 h*

★★ **New Bedford Whaling Museum** – *18 Johnny Cake Hill. De la route 95, prendre la sortie 15 et suivre les panneaux signalant Downtown New Bedford. Tourner à droite dans Elm Street, puis à gauche dans Bethel Street. Visite toute l'année, du lundi au samedi de 9 h à 17 h, le dimanche de 13 h à 17 h (ouverture à 11 h en juillet et août). Fermé le 1ᵉʳ janvier, le Thanksgiving Day (4ᵉ jeudi de novembre) et le 25 décembre. 4,50 $.* ☎508-997-0046. Les collections de ce musée consacré à la pêche à la baleine figurent parmi les plus prestigieuses du monde. Au rez-de-chaussée, la collection de **scrimshaws** *(voir le chapitre Les Arts populaires de l'Introduction)* est extrêmement riche. Remarquer le traîneau et la cage pour oiseaux, réalisés dans un os de baleine. Une immense salle abrite la maquette (modèle réduit de moitié) du **Lagoda★★**, un baleinier qui fut en service à New Bedford jusqu'en 1925. On peut y monter et voir comment était équipé ce type de navire.

La collection de marines (gravures, huiles et aquarelles) comprend des œuvres de **Benjamin Russell** et **William Bradford**, ainsi qu'une série de panneaux peints par Charles Raleigh vers 1870. Dans une galerie séparée est exposée une partie du vaste **panorama★** de B. Russell et **Caleb Purrington** représentant des scènes de pêche à la baleine autour du monde.

Plus d'un millier de journaux de bord, illustrés naïvement, racontent la vie des baleiniers. A l'étage supérieur sont reconstitués les boutiques et les ateliers des artisans dont le travail avait un rapport avec cette activité.

Seamen's Bethel – *15 Johnny Cake Hill. Visite de mi-mai au Labor Day (1ᵉʳ lundi de septembre), du lundi au samedi de 10 h à 16 h, le dimanche de 13 h à 16 h; le reste de l'année, du lundi au vendredi de 11 h à 13 h, le samedi de 11 h à 16 h et le dimanche de 13 h à 16 h. Fermé le 1ᵉʳ janvier, le Thanksgiving Day (4ᵉ jeudi de novembre) et le 25 décembre. Contribution demandée.* ☎508-992-3295. Cette chapelle (1832), évoquée par Melville dans *Moby Dick,* contient de nombreux souvenirs des hommes qui vécurent de la pêche à la baleine. Les marins en partance pour un voyage long et périlleux ne manquaient pas de venir y prier. A l'intérieur, remarquer la chaire en forme de proue.

Lightship New Bedford – *Inaccessible au public. A côté de la Coast Guard Exhibit (State Pier).* Ce bateau-feu était placé dans les endroits dangereux où l'on ne pouvait construire un phare en pierres.

NEWBURYPORT★

16 317 h.
Voir Carte des Principales Curiosités
Renseignements touristiques ☎508-459-6150

Cette petite ville, située à l'embouchure de la Merrimack, était le port d'attache d'une grande flotte de navires marchands aux 18ᵉ et 19ᵉ s. Les élégantes demeures fédérales construites dans **High Street** par les riches capitaines au long cours et les rues pittoresques que l'on voit entre Bartlett Mall et **Market Square District★** sont les témoins de l'époque glorieuse où Newburyport était un centre très important de la construction navale et du commerce maritime.

En redescendant vers le port, on découvre les bâtiments des chantiers navals qui, au siècle dernier, produisirent quelques clippers parmi les plus somptueux.

CURIOSITÉS

★ **High Street** – Ornées de porches et de colonnes, ses maisons témoignent de la plupart des styles architecturaux que connut la jeune Amérique indépendante, c'est-à-dire la fin du style georgien, le style fédéral et le style néo-classique. La **Court House** (palais de Justice), dessinée par Charles Bulfinch en 1800, fait face au **Bartlett Mall**, un bel espace vert qui entoure un étang: **Frog Pond**.

Cushing House – *N° 98. Visite guidée (3/4 h) de mai à octobre, du mardi au vendredi de 10 h à 16 h, le samedi de 10 h à 14 h. 3 $.* ☎508-462-2681. Cette maison en briques construite en 1808 vit se succéder trois générations de la famille Cushing. Le plus connu, Caleb Cushing, fut le premier Américain envoyé officiellement en Chine, en 1842. Les pièces exposées comprennent le mobilier qu'il ramena d'Asie, un petit groupe de primitifs américains et une collection d'argenterie, d'horloges et d'ouvrages réalisés à l'aiguille.

Custom House – *25 Water Street. Visite du 1er avril au 22 décembre, du lundi au samedi de 10 h à 16 h, le dimanche de 13 h à 16 h. 3 $.* ☎508-462-8681. Conçue par Robert Mills, architecte du Washington Monument érigé dans la capitale américaine, cette belle construction de granit n'accueille plus les marins de retour d'un long voyage, mais les visiteurs intéressés par les souvenirs de cette grande époque. Elle abrite le **Museum of the Maritime History of the Merrimack Valley**, qui évoque les chantiers navals et la brigade côtière.

EXCURSIONS

★★ **Plum Island – Parker River National Wildlife Refuge** – *A 3 miles de Newburyport par Water Street et Plum Island Turnpike. Visite toute l'année, de l'aube au coucher du soleil. Plage fermée d'avril à juin. 5 $. La réserve ferme ses portes lorsque la totalité des places de stationnement sont occupées. Une route équipée de parkings longe toute l'île, d'où il est possible d'atteindre des tours d'observation grâce à des sentiers. Camping interdit.* ☎508-465-5753. La partie Sud de cette île a été transformée en réserve naturelle, véritable paradis pour les ornithologues, notamment au moment des migrations (printemps et automne). Depuis les tours d'observation, on a de belles **vues** sur les 1 900 ha de dunes, de marécages et de plages. Les sentiers Hellcat Trail et Pines Trail traversent les marécages.

Haverhill – 51 418 h. Au siècle dernier, cette ville industrielle fut un grand centre manufacturier de la chaussure.

John Greenleaf Whittier Birthplace – *305 Whittier Road. A 13 miles de Newburyport par la route 1 vers le Nord, puis la route 110 vers l'Ouest. Visite toute l'année, du mardi au samedi de 10 h à 17 h, le dimanche de 13 h à 17 h. Fermé les principaux jours fériés. 2 $.* ☎508-373-3979. Dans cette maison naquit le poète quaker John Greenleaf Whittier, grand défenseur de l'abolition de l'esclavage et auteur d'œuvres au ton souvent moraliste.

PIONEER VALLEY ★

Voir Carte des Principales Curiosités
Renseignements touristiques ☎413-665-7333

La vallée du Connecticut au centre du Massachusetts fut l'un des grands axes de colonisation au 17e s., d'où son surnom de Pioneer Valley. Jusqu'au 18e s., elle représenta une limite occidentale que les colons ne se hasardaient pas à franchir, car au-delà des Berkshires, vers la vallée de l'Hudson, se situait le domaine des Hollandais.

Une vallée fertile au relief étonnant – Les calmes et riches paysages qui s'étendent de part et d'autre du fleuve Connecticut sont bordés par des **barrières de basalte** très spectaculaires. Vestiges d'une éruption volcanique, ces roches encadrent la vallée en formant des versants noirâtres, plus abrupts à l'Ouest qu'à l'Est. Du sommet de ces hauteurs se découvrent de très belles vues sur la vallée et son fleuve. Les terres, très fertiles, portent des cultures de légumes et de tabac, d'où la présence de longs hangars-séchoirs alignés dans les champs.

La vallée des dinosaures – Les empreintes de centaines d'espèces de dinosaures ont été relevées dans la vallée du Connecticut. Ces traces formées dans la boue furent cuites par le soleil quand l'eau s'évapora. Au fil des siècles, cette boue séchée se transforma en schistes, véritables documents d'histoire géologique concernant la vie des dinosaures qui vivaient ici voici quelque 200 millions d'années. Ces empreintes ont permis de déduire que ces dinosaures étaient d'une taille correspondant à celle d'un homme. C'est seulement 100 millions d'années plus tard que ces animaux atteignirent la taille gigantesque qu'on leur connaît. Le Pratt Museum de l'Amherst College conserve des empreintes provenant notamment de Rocky Hill *(voir Hartford)*.

Un centre de l'éducation – Plus de 60 000 étudiants sont répartis dans les différents collèges et universités de la Pioneer Valley. Les cinq plus célèbres établissements se sont réunis au sein d'une association qui leur permet par exemple de partager les installations d'une station de radio ou de disposer d'un même réseau de bus.

Ce groupement comprend: l'**University of Massachusetts** à Amherst, vaste campus aux hautes tours modernes où sont inscrits 26 000 étudiants; le **Amherst College**, créé en 1821; le **Hampshire College**, fondé en 1971 par les autres membres du groupement comme expérience pilote; le **Smith College** à Northampton, créé par Sophia Smith en 1875 et qui devint l'un des collèges les plus sélects pour jeunes filles; le **Mount Holyoke College**, de l'autre côté du fleuve, à South Hadley, qui fut fondé en 1837 et fut la première institution d'enseignement supérieur pour les femmes. La célèbre poétesse **Emily Dickinson** y étudia.

CURIOSITÉS

★★ **Deerfield** – *Voir à ce nom.*

★ **Quabbin Reservoir** – *Accès par la route 9. A 2 miles de Belchertown. Prendre Windsor Dam, puis suivre les panneaux indiquant Quabbin Hill Tower.* Cet immense réservoir (72 km^2; capacité de 1,6 milliard de m^3), dont le nom indien signifie «beaucoup d'eau», fut créé pour alimenter Boston. Quatre villages de la vallée disparurent sous la retenue, et les nombreuses îles qui parsèment ce grand lac de barrage sont en fait les sommets de collines submergées par les eaux. Depuis **Enfield Lookout** et la **tour d'observation** de Quabbin Hill, on bénéficie de magnifiques **vues★★**. Les possibilités de loisir sont multiples: pêche, randonnée, pique-nique, etc. *(la baignade et la chasse sont interdites)*.

Mt Sugarloaf State Reservation – *Suivre la signalisation à partir de la route 116.* Le sommet de ce piton de basalte, dont le nom signifie «pain de sucre», offre une **vue★★** très étendue sur les méandres du fleuve Connecticut et les villages disséminés dans la vallée.

Mt Tom State Reservation – *A partir de Holyoke, prendre la route 141 vers le Nord, et continuer pendant 3 miles. Visite toute l'année, du lundi au vendredi de 8 h au coucher du soleil, le week-end de 9 h au coucher du soleil. 2 $ par voiture (de mi-mai au Labor Day et le week-end en septembre et octobre)* ☎413-527-4805. En contrebas de la route d'accès à ce parc de loisirs de 728 ha, on aperçoit Easthampton et Northampton.

Du sommet, on domine un bras mort du Connecticut, que représenta un célèbre tableau de Thomas Cole, *The Oxbow* (Metropolitan Museum of Art, à New York), et on aperçoit Northampton et les collines des Berkshires. La réserve est sillonnée par quelque 50 km de sentiers de randonnée; le mont Tom est aussi une station de ski, et son aquaparc attire de nombreux adeptes du nautisme en été *(ouvert de juin à début septembre de 10 h à 20 h; 14,95 $;* ☎413-536-0516).

Northampton – 29 289 h. Cette ville de pionniers est devenue un centre commerçant. Dans Elm Street, le **Smith College Museum of Art** possède une collection de tableaux particulièrement riche en ce qui concerne les écoles françaises et américaines des 19e et 20e s. *(ouvert en août du mardi au dimanche, de 12 h à 16 h; le reste de l'année, se renseigner au préalable* ☎413-585-2760).

Skinner State Park – *De la route 47, suivre la signalisation pour la Summit House. Ouvert de mai à octobre, du lundi au vendredi de 8 h au coucher du soleil, le week-end de 10 h au coucher du soleil (lorsque les conditions météorologiques le permettent). 2 $ par voiture (uniquement le week-end et les jours fériés)* ☎413-586-0350. *Voir chapitre Renseignements pratiques.* Construit au sommet d'une barrière de basalte, le vieil hôtel *(visite de juin à octobre, uniquement le samedi et le dimanche après-midi)* offre de belles **vues★** sur la vallée, les tours de l'Université du Massachusetts et Amherst.

45 608 h.
Voir Carte des Principales Curiosités
Renseignements touristiques ☎617-826-3136

C'est en pèlerinage que les Américains se rendent à Plymouth. Ils viennent contempler l'endroit où accostèrent les premiers colons qui s'établirent en Nouvelle-Angleterre: les pères pèlerins du *Mayflower*.

Résidentielle et industrielle, Plymouth est une ville agréable, avec ses collines dominant une vaste baie. Ses rues en pente descendent vers le port où voisinent les restaurants de poissons et de fruits de mer. De **Burial Hill**, la colline sur laquelle s'étend le vieux cimetière, on jouit de très beaux points de vue sur la ville et la mer. A sa base s'écoule une petite rivière, **Town Brook**, longée par un beau parc public, **Brewster Gardens.**

De Plymouth à Plymouth – En Angleterre, au 16ᵉ s., s'étaient organisés des groupes de dissidents, les **séparatistes**, désireux de réformer l'Église anglicane dont ils trouvaient les règles et la morale trop relâchées. Ils furent vite persécutés et émigrèrent vers des terres plus tolérantes où ils pouvaient mettre leurs idées en pratique. Une première tentative les mena en Hollande en 1607.

En septembre 1620, 102 passagers (dont 35 séparatistes) s'embarquèrent à bord du *Mayflower* pour aller s'installer dans les terres lointaines de la colonie de Virginie, de l'autre côté de l'Atlantique. Ils appareillèrent de Plymouth, et après 2 mois de navigation difficile, ils aperçurent enfin la terre. Mais les vents les avaient détournés de leur destination initiale, et ces côtes étaient celles de Cape Cod et non celles de Virginie. Pendant plus d'un mois, ils explorèrent cette région et décidèrent finalement de s'installer dans la baie de Plymouth, qui avait été baptisée par le capitaine John Smith six ans plus tôt.

Le premier hiver – Les pèlerins se trouvèrent confrontés à un hiver terrible. Ils s'étaient construit de petites chaumières qui ne les protégeaient pas suffisamment du froid. La nourriture manquait et bientôt, la moitié des effectifs de la colonie disparurent. Les morts étaient enterrés secrètement la nuit sur **Cole's Hill**, et

Plimoth Plantation

aucun signe ne marquait leur tombe afin que les Indiens ne puissent dénombrer leurs pertes. Après quelques mois, des Indiens vinrent à leur rencontre et se montrèrent fort amicaux: ils enseignèrent aux Anglais comment cultiver la terre, pêcher et chasser. A l'automne suivant, la récolte fut si abondante qu'une grande fête fut organisée pour bénir les moissons: ce fut le premier **Thanksgiving**; cette fête traditionnelle est aujourd'hui l'une des plus populaires aux États-Unis.

Pilgrim's Progress – Chaque vendredi du mois d'août, et pour le Thanksgiving Day, des habitants de Plymouth revêtent les costumes des pères pèlerins et vont en procession de Leyden Street à Burial Hill. On y célèbre un office religieux semblable à ceux auxquels assistèrent les pèlerins à leur arrivée à Plymouth.

LE PLYMOUTH HISTORIQUE *1 journée. Voir plan ci-dessous.*
La visite commence au visitor center, 225 Water Street (ouvert de juillet à sep-
tembre de 9 h à 21 h; d'avril à juin de 8 h à 17 h; d'octobre à décembre de 9 h à 18 h;
☎ *800-872-1620).*

★★ **Mayflower II** – *State Pier. Visite d'avril à novembre, tous les jours de 9 h à 17 h (19 h en*
juillet et août). 5,75 $. ☎*508-746-1622).* Ce bateau est la réplique de celui qui trans-
porta les pèlerins en 1620. Il fut construit en Angleterre et refit le trajet
Plymouth-Plymouth en 1957.

★ **Plymouth Rock** – *Sur la plage qui borde Water Street.* C'est sur ce rocher que débarquèrent du *Mayflower* les pères pèlerins. Il est abrité par une construction en
granit. En face, la fontaine, **The Pilgrim Mother [1]**, est dédiée aux courageuses
femmes de ces pionniers.

Plymouth National Wax Museum [M¹] – *16 Carver Street. Visite en juillet et août,*
tous les jours de 9 h à 21 h; de mars à mai et en novembre, de 9 h à 17 h; en juin, sep-
tembre et octobre, de 9 h à 19 h. Également ouvert le premier week-end de décembre de

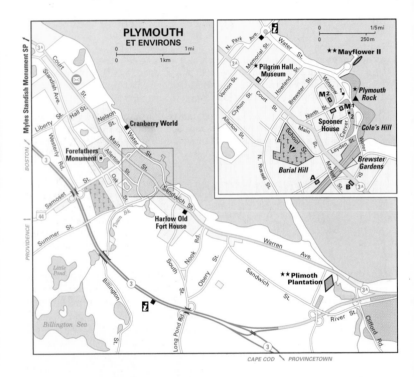

10 h à 16 h. 5 $. ☎*508-746-6468.* Situé sur **Cole's Hill**, la colline où furent enterrés
les premiers colons, ce musée de cire reconstitue en 26 dioramas grandeur nature
les différents épisodes de l'émigration des séparatistes: d'Angleterre en Hollande,
puis sur le *Mayflower*, ainsi que la première célébration de Thanksgiving en 1621.
Devant le musée s'élève la statue du chef indien **Massasoit [2]**, qui vint au secours
des premiers pionniers.

★ **Mayflower Society Museum [M²]** – *4 Winslow Street. Visite guidée (3/4 h) en juillet*
et août, de 10 h à 16 h 15; de fin mai à juin et de mi-septembre à mi-octobre, uniquement
le week-end de 10 h à 16 h 15. Ouvert le week-end de Thanksgiving. 2,50 $. ☎*508-746-*
2590. Cette maison, construite à l'époque coloniale, a été agrandie en 1898, d'où
le mélange de styles colonial et victorien que l'on y voit. Elle est surmontée d'un
widow walk, terrasse aménagée à hauteur de la toiture et qui permettait aux
femmes de surveiller le retour des bateaux. La coupole de verre ajoute une touche
harmonieuse à la façade en briques blanches.
A l'intérieur, un escalier sans mur de cage relie les pièces coloniales aux parties
victoriennes de la maison. Les carreaux de la cheminée du salon représentent des
scènes bibliques.

Spooner House – *27 North Street. Visite guidée (1/2 h) en juillet et août, du mardi au dimanche de 12 h à 16 h 30; de mi-mai à juin et de septembre à mi-octobre, du mercredi au samedi de 12 h à 16 h 30. Fermé les jours fériés. 2,50 $.* ☎508-746-0012. Cette curieuse demeure, érigée vers 1850, contient du mobilier rassemblé par les membres de la famille Spooner, propriétaire pendant plus de deux siècles.

Richard Sparrow House [A] – *42 Summer Street. Visite du 15 mai au 24 décembre, tous les jours sauf le mercredi de 10 h à 17 h. 1 $.* ☎508-747-1240. Cette maison historique, la plus ancienne de Plymouth (1640), contient du mobilier du 18e s. On peut y voir travailler un potier.

Pilgrim John Howland House [B] – *33 Sandwich Street. Visite guidée (3/4 h) de fin mai à mi-octobre, tous les jours de 10 h à 16 h 30; le week-end de Thanksgiving, de 10 h à 15 h. 2,50 $.* ☎508-746-9590. Cette maison est le seul vestige des cottages habités par les pères pèlerins.

★ **Pilgrim Hall Museum** – *75 Court Street. Visite de février à décembre, tous les jours de 9 h 30 à 16 h 30 (12 h les 24 et 31 décembre). Fermé le 25 décembre. 5 $.* ☎508-746-1620. Cet austère bâtiment de granit, conçu en 1824 par Alexander Parris, abrite un musée consacré à la colonie de Plymouth. Il contient des meubles et des objets ayant appartenus aux pèlerins, notamment le berceau de Peregine White, née à bord du *Mayflower*, et la bible du gouverneur William Bradford.

National Forefather's Monument – *Allerton Street, accès par la route 44.* Ce monument de 11 m commémore l'histoire des pères pèlerins et de leur petite colonie.

AUTRES CURIOSITÉS   *Voir plan ci-contre*

★★ **Plimoth Plantation** – *3 miles au Sud de Plymouth par la route 3, sortie 4. Visite d'avril à novembre, tous les jours de 9 h à 17 h; le reste de l'année, uniquement sur rendez-vous. 18,50 $ (billet comprenant la visite du Mayflower II).* ☎508-746-1622. C'est la reconstruction du village enclos de Plymouth tel qu'il apparaissait en 1627; l'orthographe Plimoth a été reprise aux premiers journaux de bord du gouverneur Bradford. Ce village était alors situé à l'emplacement de la ville actuelle.

Du **fort**, qui servait également de **meetinghouse**, à l'entrée, s'offre une vue d'ensemble, et notamment sur les maisons en bois couvertes de chaumes. Elles renferment du mobilier rustique anglais (jacobite et élisabéthain) tel que pouvaient en posséder les colons. Des personnages en costume animent le village et permettent au visiteur d'assister aux différentes tâches quotidiennes (jardinage, cuisine, récolte, etc.) qui occupaient les premiers colons.

Un chemin mène au **Hobbamock's Wampanoag Indian Homesite**, reconstitution d'un campement indien du 17e s. Ici aussi, le personnel montre les diverses activités qui occupaient les Wampanoags (culture de céréales, tissage, etc.). On peut également y voir des *wetus*, abris que construisait cette tribu.

Harlow Old Fort House – *114 Sandwich Street. Visite guidée (3/4 h) en juillet et août, du mardi au dimanche de 12 h à 16 h 30; de fin mai à juin et de septembre à mi-octobre, du mercredi au samedi de 12 h à 16 h 30. Fermé les jours fériés. 2,50 $.* ☎508-746-0012. La structure de cette maison (1677) a été construite avec du bois provenant d'un fort érigé sur Burial Hill (site du vieux cimetière) au 17e s.

Cranberry World Visitor Center – *De la route 3, prendre la route 44 vers l'Est pendant 0,75 mile, traverser la route 3A, reprendre la route 44 jusqu'au rond-point près des quais, puis tourner à gauche. Ouvert de mai à novembre, tous les jours de 9 h 30 à 17 h.* ☎508-747-2350. L'usine Ocean Spray Cranberry, qui traite les canneberges en sirops, gelées et confitures, a ouvert un centre d'information pour présenter aux touristes les méthodes de culture et les processus de transformation de ces airelles.

EXCURSION

Myles Standish Monument State Park – *A Duxbury. A 8 miles de Plymouth par la route 3A jusqu'à Crescent Street, puis tourner à droite. Prendre l'entrée à gauche. Ouvert toute l'année de 8 h à 16 h. Fermé le 1er janvier, le Thanksgiving Day (4e jeudi de novembre) et le 25 décembre.* ☎508-866-2526. Élevé à la mémoire du chef des pèlerins, Myles Standish, ce monument domine la baie de Plymouth. De son sommet se révèle une **vue**★★ magnifique sur Plymouth et la baie de Cape Cod. Par temps clair, on peut voir Provincetown, au bout de Cape Cod.

PROVINCETOWN★★

3 561 h.
Voir Carte des Principales Curiosités
Renseignements touristiques ☎508-362-3225

De la route 6 qui mène à l'extrémité Nord du parc national de Cape Cod, on aperçoit sur la gauche le port de Provincetown, et au loin un curieux monument commémoratif aux allures de campanile italien. Il faut longer un interminable chapelet de bungalows et de motels construits face à la mer avant de pouvoir découvrir la vieille ville que les Américains appellent «P-Town». A la fois port de pêche, colonie d'artistes, station balnéaire et attraction touristique, Provincetown s'étend à l'extrémité du bras de la péninsule.

En été, la population de la ville fait plus que décupler: elle passe en effet de 3 500 à 75 000 âmes. Une foule bariolée se déverse alors dans **Commercial Street★**, parmi les magasins de souvenirs, les galeries d'art et d'artisanat et les restaurants. Après le shopping, les touristes cherchent refuge sur les plages du voisinage: **Herring Cove Beach** et **Race Point Beach** (*voir schéma de Cape Cod; en été, des bus relient toutes les heures Bradford Street à Herring Cove Beach*). Organisme de recherche spécialisé dans la protection de la faune et la flore marines, le **Center for Coastal Studies** ou CCS (*☎508-487-3622*) organise des promenades commentées et des exposés.

Du Mayflower au port baleinier – Quand les pèlerins du *Mayflower* débarquèrent à cet endroit en novembre 1620, croyant accoster en Virginie, ce n'étaient qu'étendues sablonneuses à perte de vue. Ils explorèrent la région pendant plus d'un mois et rédigèrent une convention établissant les règles de leur gouvernement: le **Mayflower Compact**. Ils hissèrent ensuite à nouveau les voiles de leur bateau pour mettre, quelques jours plus tard, un terme définitif à leur voyage en accostant à Plymouth.

Cent ans plus tard, Provincetown devenait un important port de pêche et un grand centre baleinier, le troisième après Nantucket et New Bedford. Au milieu du 19ᵉ s., on y dénombrait 75 quais, et la côte environnante était couverte de salines – de curieuses constructions en bois où l'on faisait évaporer l'eau de mer – et de claies pour faire sécher le poisson. Les bateaux de Provincetown partaient recruter leurs équipages aux Açores et aux Iles du Cap Vert, ce qui explique l'importance de la communauté portugaise et le maintien de ses traditions dans cette ville.

D'autres «Provincetowners» trouvèrent l'aventure et la fortune à portée de main. Naufrageurs et contrebandiers bénéficiaient en effet d'un terrain extrêmement propice à leurs activités. Il allumaient des feux pour attirer les bateaux de passage sur les hauts-fonds, puis n'épargnaient personne afin de s'emparer de la marchandise. On ne tarda pas à appeler «Hell Town», la ville de l'enfer, le quartier où se réunissaient ces mauvais sujets.

Le Provincetown des artistes – Au début du 20ᵉ s., des artistes découvrirent le charme de ce port et de ses environs. En 1901, le peintre Charles Hawthorne fonda la **Cape Cod School of Art**. En 1915, une troupe de théâtre, le **Provincetown Players**, commença à y représenter des spectacles de Brooklyn. Provincetown devint une colonie d'artistes en été, et réunit bientôt des écrivains aussi célèbres que John Dos Passos, Sinclair Lewis, Eugene O'Neill ou Tennessee Williams. La ville accueillit également des peintres de renommée internationale comme Robert Motherwell et Mark Rothko. Cette tradition culturelle et artistique s'est maintenue jusqu'à nos jours, grâce à la **Provincetown Art Association** et aux différentes compagnies théâtrales dont la **Provincetown Theater Company.** *Le visitor center de MacMillan Wharf et la plupart des galeries publient un guide gratuit de toutes les manifestations.*

CURIOSITÉS *4 h. Voir plan ci-contre.*

MacMillan Wharf – *Au bout de Standish Street. Parking sur le quai.* C'est le cœur de Provincetown, où l'on retrouve l'animation propre aux ports de pêche. Les bateaux y arrivent le soir, suivis de leur bruyant cortège de goélands, et déchargent leurs cargaisons de morues, de haddocks, de maquereaux aussitôt emportées vers Boston ou New York. Le dernier dimanche de juin se déroule la **bénédiction de la flotte**, une fête d'origine portugaise: une longue procession de bateaux transportant des statues de saints se forme alors dans le port. MacMillan Wharf est également le point d'embarquement des **croisières d'observation des baleines** (*horaires disponibles au visitor center*).

Provincetown Heritage Museum – *A l'angle de Commercial Street et de Center Street. Visite de mi-juin à mi-octobre, tous les jours de 10 h à 18 h. 3 $.* ☎*508-487-7098.* Aménagé dans une ancienne église méthodiste néo-classique érigée en 1860, ce petit musée présente divers aspects du passé mouvementé de Provincetown à travers des objets, des photographies et du mobilier du siècle dernier. Le 1ᵉʳ étage est occupé par une gigantesque maquette du *Rose Dorothea*, une goélette de pêche qui sillonnait la région au début du 20ᵉ s.

★ **Pilgrim Monument et Provincetown Museum** – *Winslow Street. Visite de mi-avril à octobre, tous les jours de 9 h à 17 h (19 h en juillet et août); en novembre et de mars à début avril, tous les jours de 10 h à 16 h. 5 $.* ♿ ☎*508-487-1310.* Au pied du monument, le petit musée présente une exposition temporaire fascinante sur le bateau pirate *Whydah*, qui s'échoua près des côtes au 18ᵉ s. et ne fut découvert qu'en 1984. Les visiteurs peuvent observer le patient travail des restaurateurs penchés sur certaines sections de l'épave. La collection permanente retrace l'histoire de la ville à travers des documents et des objets ainsi qu'une maquette du *Mayflower*.

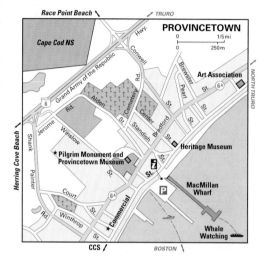

Le Pilgrim Monument est une tour inspirée des campaniles italiens du 14ᵉ s. Elle dresse ses 77 m au-dessus de la colline. Terminé en 1910, ce monument commémore l'arrivée du *Mayflower*. Depuis son sommet, on découvre un vaste **panorama**★★ sur Cape Cod *(ascension de 116 marches et 60 rampes; 1/4 h).*

★★ **Dunes Tour** – *Visite commentée (1 h 1/4) d'avril à octobre, tous les jours de 10 h au coucher du soleil. 9 $. Art's Dune Tours* ☎*508-487-1950.* Des minibus à quatre roues motrices proposent des excursions dans les dunes, modelées en permanence par les vents. Une visite très intéressante.

QUINCY

84 985 h.
Voir Carte des Principales Curiosités
Renseignements touristiques ☎617-826-3136

Quincy, ville industrielle de la grande banlieue de Boston, doit son intérêt touristique à la famille Adams, qui donna aux États-Unis leur deuxième et sixième présidents: **John Adams** et son fils **John Quincy Adams**. Au 19ᵉ s., Quincy fut célèbre pour ses carrières de granit, puis pour ses chantiers navals qui attirèrent une large main-d'œuvre d'immigrants. Ces Finlandais, Grecs, Irlandais, Italiens et autres arrivants d'Europe de l'Est sont à l'origine de la communauté pluri-ethnique que connaît aujourd'hui la ville. Ses chantiers ont construit le seul sept-mâts jamais lancé, un schooner baptisé le *Thomas W. Lawson*, ainsi que le premier bâtiment de surface propulsé par à l'énergie nucléaire.

Les Adams – John Adams (1735-1826) fut l'un des cinq rédacteurs de la Déclaration d'Indépendance. A partir de 1778, il fit une carrière diplomatique en France, en Hollande et en Angleterre, luttant pour faire connaître ces nouveaux États-Unis d'Amérique. Il fut deux fois vice-président sous George Washington à qui il succéda en 1796. Il se retira à Quincy en 1801 et mourut le 4 juillet 1826, exactement 50 ans après la Déclaration d'Indépendance, le même jour que Jefferson, autre signataire à devenir président.

John Quincy Adams (1767-1848) suivit les traces de son père, d'abord à Harvard puis dans la diplomatie en Prusse, aux Pays-Bas, en Russie et en Angleterre. En

1824, il fut élu président des États-Unis. Après sa défaite aux élections quatre années plus tard, il se retira dans sa ville natale, puis devint député, fonction qu'il exerça pendant 17 ans jusqu'à sa mort.

CURIOSITÉS *2 h. Voir schéma des environs de Boston.*

John Adams and John Quincy Adams Birthplaces – *1250 Hancock Street. Visite guidée (55 min) de mi-avril à mi-novembre, tous les jours de 9 h à 17 h. 2 $.* ☎617-770-1175. Ces petites maisons de la période coloniale où naquirent John Adams et son fils contiennent quelques souvenirs et meubles de cette époque.

★ **Adams National Historic Site** – *135 Adams Street. Mêmes conditions de visite que ci-dessus.* John Adams et sa femme Abigaël s'installèrent dans cette maison en 1787. Quatre générations d'Adams s'y succédèrent jusqu'en 1927. Ils surnommaient cette maison de famille «The Old House». Chacun contribua à y laisser des souvenirs, à la meubler, d'où la diversité des styles que l'on y rencontre. Typique des maisons bourgeoises du 18e s., elle est particulièrement élégante. Remarquer le cabinet de travail où mourut John Adams, et le mobilier français qui garnit la grande pièce. La bibliothèque (Stone Library) contient 12 000 ouvrages en 9 langues.

United First Parish Church – *1306 Hancock Street. Visite de mi-avril à mi-novembre, du lundi au vendredi de 9 h à 17 h, le dimanche de 13 h à 17 h. 1 $.* ☎617-773-1290. Cette église, surnommée «l'église des présidents», est un très bel exemple d'architecture néo-classique. Elle abrite une crypte où sont enterrés les deux présidents et leurs femmes.

SALEM ★★

38 091 h.
Voir Carte des Principales Curiosités
Renseignements touristiques ☎508-921-4990

Salem, la ville déchirée par la chasse aux sorcières au 17e s., le port qui lança plus d'un millier de navires au cours des siècles suivants, est aujourd'hui une cité paisible dont les quartiers historiques, témoins de la splendeur passée, côtoient les quartiers industriels. La fabrication de matériel électronique et la confection de jeux comme le *Monopoly* sont, avec le tourisme, les principales activités de la ville.

Autour de **Essex Street**, le centre a été aménagé en larges allées piétonnes où chaussées et bâtiments se fondent en une chaude harmonie due à la couleur de la brique. De nombreuses boutiques spécialisées dans les sciences occultes proposent les services de médiums et d'astrologues, et vendent des articles de spiritisme et «New Age». Non loin de Essex Street, une armurerie du début du siècle abrite le **visitor center** qui présente un film *(27 min)* relatant l'histoire du Comté d'Essex *(2 New Liberty Street; ouvert toute l'année de 9 h à 17 h; fermé le 1er janvier, le Thanksgiving Day et le 25 décembre; & ☎508-741-3648).*

Un peu d'histoire

La ville de la paix – Première ville de la colonie de la baie du Massachusetts, Salem tire son nom du mot hébreu *Shalom*, qui signifie paix. Elle fut fondée en 1626 par Roger Conant. Très puritaine, la «ville de la paix» se signala surtout par son intolérance. Après avoir persécuté les disciples de Roger Williams qui s'enfuit vers le Rhode Island en 1636, les Salemites se déchaînèrent lors du triste épisode de la chasse aux sorcières qui émergea au début des années 1690.

La chasse aux sorcières – En 1692 venaient de s'installer dans Salem Village (l'actuel Danvers) le pasteur Samuel Paris accompagné de sa femme, sa fille, sa nièce et deux serviteurs, John et Tituba, ramenés des Barbades. Tituba, pour distraire les petites filles, leur racontait des histoires de vaudou. Des jeunes femmes vinrent rapidement se joindre à l'auditoire, et celles-ci, impressionnées par ces récits, présentèrent bientôt de curieux symptômes: regard fixe, gestes incontrôlés, cris. Le médecin venu les examiner les déclara ensorcelées. Elles dénoncèrent aussitôt Tituba et deux autres femmes qui furent immédiatement arrêtées et jugées. Dès lors, accusations et arrestations se succédèrent, et un climat de suspicion se répandit sur la ville. La rivalité qu'entretenaient quelques familles influentes tourna à l'hystérie lorsque la femme du gouverneur William Phips fut accusée de sorcellerie. Plus de 200 personnes furent accusées, 150 furent jetées en prison, 19 furent pendues.

La splendeur maritime – Au 17ᵉ s., la flotte de Salem était déjà importante, mais c'est à partir de la guerre d'Indépendance qu'elle prit son réel essor. Les ports de New York et de Boston étaient alors occupés par les Anglais. Libres de tout mouvement, les navires de Salem se battirent comme «privateers» *(voir le chapitre La Nouvelle-Angleterre et l'Océan de l'Introduction)*, et leurs exploits ne se comptèrent bientôt plus: 158 vaisseaux salemites capturèrent plus de 400 bateaux anglais.

Après la guerre d'Indépendance, en 1786, un bâtiment de Salem, le *Grand Turc*, partit pour la Chine. Il en revint un an plus tard, chargé d'une cargaison extraordinaire. Aussitôt, ce fut une ruée vers l'Extrême-Orient. Ces bateaux et leurs chargements semblaient si riches aux Chinois qu'ils ne tardèrent pas à se persuader que Salem était un pays fabuleux. Deux ans plus tard, le *Peggy* ouvrit une voie commerciale avec l'Inde. En 1790, les taxes perçues à Salem sur les marchandises importées représentaient 8 % des revenus des États-Unis.

On l'imagine, ce commerce engendra des fortunes considérables. Elias Derby, Joseph Peabody, Jacob Crowninshield et bien d'autres firent construire des demeures vastes et somptueusement garnies de merveilles rapportées de ces lointaines expéditions. Les domestiques étaient des Chinois ou des Hindous enturbannés. Salem connaissait son heure de gloire. Celle-ci devait s'éteindre avec l'embargo décidé par Jefferson en 1807, et surtout avec la construction de navires plus importants que le port de Salem ne pouvait plus accueillir.

Deux grands hommes de Salem – Samuel McIntire (1757-1811) marqua de son sceau toute l'architecture de Salem. Originaire d'une famille de charpentiers, il pratiqua ce métier avant de devenir sculpteur sur bois puis architecte. Ses solides maisons carrées en bois ou en briques, surmontées de balustrades et rythmées par des porches gracieux, comptent parmi les plus beaux exemples de l'architecture américaine de cette époque. MacIntire est surtout célèbre pour les détails sculptés qui décoraient ses constructions (corniches, encadrements de porte, manteaux de cheminée, plafonds) et les motifs élégants (guirlandes, rosettes, corbeilles de fruits) qu'il leur appliquait.

Nathaniel Hawthorne (1804-1864), l'une des grandes figures littéraires du 19ᵉ s., fut élevé à Salem et y situa plusieurs de ses romans, dont *La Maison aux sept pignons*. Il travailla quatre ans comme officier du port. Aussi trouve-t-on dans l'une de ses œuvres, *La Lettre écarlate*, une description de la Custom House *(voir ci-dessous)*.

CURIOSITÉS *2 jours. Voir plan plus loin.*

Salem et la mer *3 h*

Le quartier historique de Salem se visite à pied. Débuter à partir du visitor center situé sur Central Wharf (voir ci-dessous).

Le vieux port de Salem qui s'était endormi au cours des derniers siècles a repris vie depuis l'édification d'une vaste marina, **Pickering Wharf**, où se sont installés de nombreux restaurants et magasins. Juste derrière se trouve le Salem Maritime National Historic Site, sur Derby Street.

★ **Salem Maritime National Historic Site** – *Visite tous les jours de 9 h à 17 h. Fermé le 1ᵉʳ janvier, le Thanksgiving Day (4ᵉ jeudi de novembre) et le 25 décembre.* ⎶ ☎508-745-1470. Le Service des parcs nationaux administre la partie historique du port de Salem. Des 40 embarcadères originaux, seul subsiste **Derby Wharf**, long de 650 m. Il appartenait aux plus riches armateurs de la ville: les Derby. Le **visitor center** présente un film *(18 min)* sur l'histoire maritime de Salem.

★ **Custom House [A]** – Construit en 1819 pour abriter les services des douanes, ce bâtiment en briques est un bel exemple du style fédéral (voir l'aigle qui orne la façade). A l'intérieur, les bureaux (19ᵉ s.) ont été reconstitués, et on peut voir celui où travaillait Nathaniel Hawthorne.

A l'arrière de la Custom House a été réaménagée la **Bonded Warehouse [B]**, un entrepôt où étaient stockés les boîtes à thé, les barils de rhum, les instruments de pesée, etc.

Derby House [C] – *Visite guidée.* De cette maison construite en 1761, le richissime armateur Elias Derby pouvait surveiller le port et l'arrivée de ses bateaux. De style georgien, elle fut le premier bâtiment en briques de Salem. A l'intérieur, remarquer la façon dont a été animée la décoration de la cage d'escalier et des balustres de l'escalier: on y reconnaît du cordage enroulé, un motif qui convenait merveilleusement à un homme qui avait bâti sa fortune sur le commerce maritime.

★ **House of the Seven Gables** – *54 Turner Street. Visite guidée (40 min) de juillet à octobre, tous les jours de 9 h à 18 h; le reste de l'année de 10 h à 16 h 30. 6,50 $.* ✕ ☎*508-744-0991.* Cette maison, dont la toiture se compose de plusieurs versants à pente raide, a été immortalisée par le célèbre roman de Nathaniel Hawthorne: *La Maison aux sept pignons.* Construite en 1668, elle fut restaurée trois cents ans plus tard. A l'intérieur, ceux qui ont lu ce roman reconnaîtront le mobilier décrit par l'auteur.

Dans le parc, on peut visiter d'autres bâtiments: la maison (vers 1750) où naquit Nathaniel Hawthorne, qui a été entièrement reconstruite ici (elle se situait dans Union Street), la Retire Becket House (1655, boutique du musée), la Hooper-Hathaway House (1682) et un ancien bureau de comptabilité (vers 1820).

House of the Seven Gables

★★ **Peabody Essex Museum** *1 journée 1/2*
East India Square. Visite toute l'année, du lundi au samedi de 10 h à 17 h (20 h le jeudi), le dimanche de 12 h à 17 h. Fermé le 1ᵉʳ janvier, le Thanksgiving Day (4ᵉ jeudi de novembre) et le 25 décembre. 7 $ (billet groupé avec les maisons du Salem historique). ♿ *Les «Historic Houses» (voir plus loin) font l'objet d'une visite guidée (3/4 h); réservations recommandées.* ☎*508-745-9500.*

Ce musée est consacré à l'histoire maritime américaine du 17ᵉ s. à nos jours, ainsi qu'au rôle historique de Salem et du comté d'Essex. L'époque glorieuse de cette ville, qui compta parmi les ports les plus importants des États-Unis, est fort agréablement évoquée. Les quelque 400 000 pièces constituant la collection ont été rapportées par les capitaines au long cours qui sillonnèrent les mers baignant l'Extrême-Orient, l'Inde, l'Afrique et les îles du Pacifique.

Un cabinet des curiosités – En 1799, considérant le nombre d'objets hétéroclites rapportés de leurs voyages autour du monde, les capitaines et les armateurs de Salem décidèrent de créer une association, la **Salem East India Marine Society**. Ils firent donc construire dans Essex Street le East India Marine Hall, un ensemble abritant une salle de réunion, une banque, une compagnie d'assurances et leur musée de curiosités «naturelles et artificielles». Le déclin économique de Salem menaça un moment l'association, mais un philanthrope, George Peabody, apporta son soutien financier pour sauver les collections, ce qui explique qu'en 1915, on rebaptisa le musée en son honneur. Des annexes furent ajoutées ultérieurement, et la surface d'exposition a été agrandie par deux nouvelles ailes en 1976 et en 1988. En 1992, dans le cadre du programme de rénovation des quartiers historiques de Salem, le Peabody Museum a fusionné avec l'Essex Institute, fondé en 1821 pour abriter des collections d'art décoratif, des manuscrits rares, des journaux de bord, des lettres et des chroniques évoquant et relatant la vie quotidienne des premiers habitants de Salem. Cet institut administre également neuf maisons historiques (*dont cinq sont actuellement ouvertes au public*).

Département d'art et d'histoire maritime – Cette section abrite une collection de marines exceptionnelle. Des toiles de grands peintres comme Antoine Roux et Fitz Hugh illustrent la vie portuaire et le commerce avec l'Orient, et plusieurs tableaux représentent des bateaux qui avaient Salem pour port d'attache (ces œuvres étaient commandées par les armateurs comme souvenirs). Des artistes américains de premier ordre sont également présents, tels John Singleton Copley et Gilbert Stuart. On verra en outre des instruments de navigation, des cartes marines, et une spectaculaire collection de figures de proue.

Département d'art asiatique d'exportation – Considérée comme l'une des plus importantes du genre, cette collection rassemble des porcelaines, de l'argenterie, des tissus et des objets précieux fabriqués aux 19e et 20e s. en Chine, au Japon, en Inde, aux Philippines et à Ceylan. Ces pièces étaient destinées à l'exportation, ce qui explique cette virtuosité asiatique mise au service des goûts occidentaux. Laque, ivoire, nacre, or et argent y sont travaillés avec une perfection et un souci du détail qui forcent l'admiration.

Département d'art asiatique, océanien et africain – Cette section très riche expose quelques pièces de très grande valeur. On y verra des tissus, des boucliers, des costumes rituels, des masques et des poteries (îles du Pacifique, Indonésie, Japon et Afrique). La collection japonaise d'artisanat et de costumes Meiji (19e s.), réunie par Edward Morse, est tout à fait remarquable.

Département d'archéologie amérindienne – Cette section présente des objets fabriqués par les tribus indiennes qui peuplaient l'Amérique.

Département d'histoire naturelle – Présentation de la flore et de la faune de l'Est des États-Unis.

Département d'art décoratif – La collection réunit du mobilier, des tableaux, des tissus, des jouets et des costumes, depuis la période coloniale jusqu'au début du 20e s.

Historic Houses – *Situées derrière le musée, ces maisons coloniales sont ouvertes au public (visité guidée de 3/4 h; réservations recommandées).*

★ **John Ward House [D]** – Avec ses bardeaux gris, ses pignons et ses fenêtres à petits carreaux, cette maison est un bel exemple de l'architecture coloniale du 17e s. A l'intérieur, on voit de beaux meubles de la même période.

Crowninshield-Bentley House [E] – Le toit en croupe, la symétrie des fenêtres et le fronton coiffant l'entrée sont typiques de l'architecture du milieu du 18e s. en Nouvelle-Angleterre. Le mobilier illustre différentes époques.

★★ **Gardner-Pingree House [F]** – Cette maison est l'un des chefs-d'œuvre de l'architecte MacIntire qui la réalisa pour l'armateur John Gardner en 1804. Construite en briques, sa silhouette cubique est allégée par sa balustrade, ses fenêtres et son porche arrondi que soutiennent des colonnes corinthiennes.
L'intérieur est tout en élégance et raffinement. Dans le hall d'entrée, l'escalier est joliment ouvragé (motifs typiques évoquant les cordages et les ondulations du large). Dans le petit salon, la décoration sculptée de la cheminée et de la porte (corbeilles de fruits et gerbes de blé) est l'œuvre de MacIntire. Les chambres témoignent du même raffinement; la plupart des meubles ont été confectionnés à Salem.

La visite comprend également la **Derby-Beebe Summer House [G]** (1799), un pavillon de jardin, et une échoppe de cordonnier, le **Lyle-Tapley Shoe Shop [H]** (1830).

★ **Salem Common** – Au 19e s., le Common (Washington Square) fut bordé d'une série de belles demeures fédérales construites pour des armateurs et des capitaines au long cours. Remarquer surtout celles qui se dressent du côté Nord du square.

★★ **Chestnut Street** – Cette belle et large rue illustre la richesse de Salem au début du 19e s. Ses maisons de style fédéral, bâties entre 1800 et 1820, semblent vouloir rivaliser par le format et la richesse ornementale de leurs façades.
Le n° 9, **Hamilton Hall**, fut édifié par MacIntire. Au n° 34, la **Stephen Phillips Memorial Trust House** est meublée et décorée d'objets provenant du monde entier *(visite guidée de 3/4 h de fin mai à mi-octobre, du lundi au samedi de 10 h à 16 h 30; 2 $;* ☎*508-744-0440).*

Goult-Pickman House [J] – *Charter Street. Inaccessible au public.* Cette maison coloniale (vers 1680) est toute proche de l'ancien cimetière de la ville, **Burying Point**, qui recèle quelques remarquables pierres tombales.

Pioneer Village – *Forest River Park, à l'Est du Salem State College, au croisement des routes 1A et 129. Visite guidée (1 h) de mai à octobre, du lundi au samedi de 10 h à 17 h, le dimanche de 12 h à 17 h. 4,50 $.* ☎*508-745-0525.* Dans ce village ont été reconstitués les deux principaux types de logements utilisés par les premiers pionniers: les *dug out* (planches et boue séchée) et les *wigwams* empruntés aux Indiens (pieux et branchages). Des guides en costume d'époque raniment les diverses activités domestiques de leurs habitants.

Salem et les sorcières *2 h*

Salem est récemment devenue la capitale du culte de Wicca, une ancienne croyance célébrant la nature et ses forces à travers cette déesse. Les adeptes de ce culte, qui aiment à se nommer sorciers et sorcières, sont plusieurs milliers à vivre dans la région. Ils y pratiquent leur religion tout en essayant de réhabiliter l'image de la sorcellerie dans l'opinion publique. Une ligue de défense a même été créée dans ce sens en 1986. Celle-ci est présidée par Laurie Cabot, nommée officiellement «sorcière de Salem» par l'ancien gouverneur et candidat à la Maison Blanche Michael Dukakis.

Plusieurs sites recréent l'histoire de la chasse aux sorcières et relatent celle de leurs malheureuses victimes. En 1992, Salem a célébré le tricentenaire des procès en sorcellerie. A Halloween, Salem accueille le «Haunted Happenings», un festival qui, durant dix jours, évoque le passé de la ville.

Salem Witch Museum [M¹] – *19 1/2 Washington Square North. Visite guidée (1/2 h) toute l'année de 10 h à 17 h (19 h en juillet et août). Fermé le 1ᵉʳ janvier, le Thanksgiving Day (4ᵉ jeudi de novembre) et le 25 décembre. 4 $.* ☎*508-744-1692.* Organisé dans une ancienne église, un spectacle audiovisuel *(1/2 h)* à sensations évoque les divers épisodes de la chasse aux sorcières en 1692 et 1693. En face du musée se trouve la statue de **Roger Conant**, fondateur de la ville.

Witch House – *310 1/2 Essex Street. Visite guidée (1/2 h) de mars au 1ᵉʳ décembre, tous les jours de 10 h à 16 h 30 (18 h en juillet et août). Fermé le dimanche de Pâques et le Thanksgiving Day (4ᵉ jeudi de novembre). 4 $.* ☎*508-744-0180.* Cette grande demeure coloniale (1842) appartenait à l'un des juges qui présida à la chasse aux sorcières. L'intérieur est resté intact depuis le 17ᵉ s., notamment le bureau où comparaissaient les accusées.

Witch Dungeon Museum [M²] – *16 Lynde Street. Visite guidée (25 min) d'avril au 1ᵉʳ décembre, tous les jours de 10 h à 17 h. 4 $.* ☎*508-741-3570.* Un spectacle *(25 min)* basé sur les procès-verbaux de 1692 recrée l'atmosphère hystérique qui frappa Salem et ses habitants à la fin du 17ᵉ s. Après la représentation, visite du donjon reconstruit où étaient emprisonnées les «sorcières».

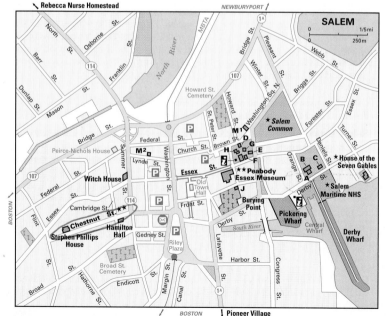

Rebecca Nurse Homestead – *149 Pine Street à Danvers. 4 miles au Nord de Salem. Visite guidée (1 h) de mi-juin au Labor Day (1er lundi de septembre), du mardi au dimanche de 13 h à 16 h 30; de mi-septembre à octobre, uniquement le week-end de 13 h à 16 h 30. 3,50 $.* ☎508-774-8799. Cette maison de type «boîte à sel» appartint à Rebecca Nurse, une des victimes de la chasse aux sorcières. De nombreux habitants de Salem signèrent une pétition en faveur de sa libération, mais en vain: elle fut condamnée, puis pendue. Non loin de là, une pierre marque la tombe supposée de Rebecca dans le Nurse Burial Ground.

SANDWICH★

15 489 h.
Voir Carte du Cape Cod National Seashore
Renseignements touristiques ☎508-362-3225

Au bord d'un charmant étang, Shawme Pound, le moulin Dexter et la maison Hoxie, tous deux construits au 17e s., évoquent l'atmosphère coloniale de Sandwich, fondée en 1637. Les colons qui s'y installèrent lui donnèrent le nom de ce comte anglais qui avait eu l'idée d'utiliser ce mets pour lui éviter de quitter sa table de jeu. La ville doit sa célébrité à une très fameuse fabrique de verre.

Boston and Sandwich Glass Company – En 1825, Deming Jarves créa une fabrique à Sandwich: la Boston and Sandwich Glass Company. Le choix du site n'était pas lié à la présence des étendues sablonneuses voisines, mais à celle de forêts dont le bois devait fournir le combustible nécessaire aux fours. Excellent organisateur, Jarves bâtit un village pour les ouvriers, fit venir de nombreux artisans d'Europe, et se lança dans les inventions. Il réutilisa le moule en bois ou métal en trois morceaux déjà employé par les Romains mais délaissé depuis, et mit au point la machine à presser le verre. Ces techniques lui permirent de développer une production industrielle imitant le verre gravé ou taillé: l'un des modèles les plus réputés de l'usine devint le verre à motif de dentelle, appelé depuis le «Sandwich glass». Vers 1850, le nombre d'ouvriers s'élevait à 500. En 1888, l'usine ferma ses portes suite à un différent ayant opposé les ouvriers à la direction, et les bâtiments furent démolis.

★ **Sandwich Glass Museum** – *129 Main Street. Visite d'avril à octobre, tous les jours de 9 h à 16 h 30; de novembre à mars, du mercredi au dimanche de 9 h 30 à 16 h. Fermé en janvier. 3,50 $.* & ☎508-888-0251. Fondé en 1907, ce musée abrite une collection très complète de verres de Sandwich. Ces objets, bon marché à l'époque, sont aujourd'hui très recherchés. Une première pièce présente un diorama reconstituant la fabrique de Sandwich et ses ouvriers au travail. On y voit les différentes opérations de la fabrication du verre: fonte du sable avec la potasse et le carbonate de soude, mise au four (la vitrification s'opère à 1 300° C), puis mise en forme du verre soufflé, moulé ou pressé.
Les verres exposés sont de toutes les formes (compotiers, tasses, lampes, vases, bougeoirs…) et de toutes les nuances (améthyste, opalescent, ambre, vert…). Remarquer les effets de loupe, les motifs et les modèles des différents moules, les boules presse-papiers fleuries et les pièces commémoratives.

★★ **Heritage Plantation of Sandwich** – *Du green, prendre la route 130 jusqu'à Pine Street, puis tourner à gauche. Visite de mi-mai à fin octobre, tous les jours de 10 h à 17 h. 7 $.* & ✗ ☎508-888-3300. Les collections de ce musée dédié à l'histoire et aux arts traditionnels américains sont présentées dans plusieurs bâtiments disséminés dans un splendide cadre de verdure couvrant 30 ha. Dans les années 1920 et 1930, cette propriété appartenait à un horticulteur, Charles Dexter, passionné de rhododendrons. Visite conseillée à l'époque de la floraison (mai et juin).

★★ **Automobile Museum** – La reproduction fidèle de la célèbre étable ronde des shakers de Hancock *(voir à ce nom)* abrite une trentaine de voitures de 1899 aux années 1930, dont la Duesenberg (1931) de Gary Cooper. Une projection de films muets *(10 min)* évoque l'épopée de l'automobile. Le moulin adjacent, **Old East Mill**, fut construit à Orleans vers 1800.

★ **Military Museum** – Réplique de la Publick House de New Windsor, qui servit de cantonnement pendant la guerre d'Indépendance, ce bâtiment en bois abrite une exposition d'armes (dont la carabine de Buffalo Bill), de drapeaux et de petits soldats de plomb. Ceux-ci, au nombre de 2 000, ont été peints à la main et représentent l'histoire militaire américaine de 1621 à 1900.

★ **Art Museum** – On pénètre dans une rotonde occupée par un très beau manège (1912) qui ravira les enfants. Les autres salles sont consacrées aux arts et traditions populaires: portraits naïfs, sculpture sur bois, objets en métal, scrimshaw, oiseaux sculptés par Elmer Crowell *(voir le chapitre Les Arts populaires de l'Introduction)*, estampes.

SPRINGFIELD

156 983 h.
Voir Carte des Principales Curiosités
Renseignements touristiques ☎413-787-1548

Springfield, fondée en 1636 comme comptoir le long du fleuve Connecticut, devint un centre industriel au 19ᵉ s. De 1794 à 1968, Springfield fut connue pour son arsenal, **Springfield Armory**, reproduction de celui de Charleville, qui fabriqua le premier fusil américain en 1795 et équipa une grande partie de l'armée nordiste pendant la guerre de Sécession. Son riche passé industriel a fait de Springfield le centre commerçant et financier de la Pioneer Valley *(voir à ce nom)* et la troisième ville du Massachusetts, spécialisée principalement dans la construction mécanique et les produits chimiques.

Chaque année en septembre s'y tient la principale foire commerciale de la Nouvelle-Angleterre, l'**Eastern States Exposition.** Installée sur 70 ha à West Springfield *(à 2 miles du centre par la route 147)*, «Big E.», comme on l'appelle communément ici, présente expositions et divertissements. C'est aussi l'occasion de visiter un village colonial restauré, **Old Storrowtown**. Le site accueille en juin une foire artisanale annuelle, l'**American CraftFair**, qui avait lieu auparavant à New York. Autre sujet de fierté pour la ville: c'est ici que fut inventé en 1891 le basket-ball, qui devint l'un des sports les plus populaires aux États-Unis.

CURIOSITÉS *4 h*

★ **Basketball Hall of Fame** – *1150 West Columbus Avenue. Visite de juillet au Labor Day (1ᵉʳ lundi de septembre), tous les jours de 9 h à 18 h; le reste de l'année de 9 h à 17 h. Fermé le 1ᵉʳ janvier, le Thanksgiving Day (4ᵉ jeudi de novembre) et le 25 décembre. 7 $.* ☎413-781-6500. Ce musée est dédié au basket-ball américain et à son inventeur James Naismith, qui imagina ce «sport d'intérieur» pour occuper ses étudiants du Springfield College pendant les mois d'hiver. A l'époque, le panier n'était pas troué, et il fallait aller chercher le ballon à l'aide d'une échelle à chaque fois qu'il atteignait son but.

Des expositions retracent l'histoire et le développement de ce sport devenu olympique en 1936. On y verra des photos grandeur nature des grandes vedettes nationales, dont Wilt Chamberlain et Bob Cousy, ainsi que des films consacrés aux meilleures équipes et aux célèbres Harlem Globe Trotters. On verra également de nombreux souvenirs, spécialement des maillots. Les visiteurs peuvent tester leur dextérité grâce à des panneaux mis à leur disposition ou tenter de dribbler d'anciennes stars dans un exercice tout en virtualité.

Court Square – Cet agréable jardin public au cœur de Springfield est entouré d'édifices de styles variés. Le **Municipal Group**★ (1913) est un ensemble regroupant les bâtiments classiques du City Hall et du Symphony Hall, ornés du même portique à colonnes et d'un campanile italianisant. La **First Church of Christ** (1819), côté Ouest, est coiffée d'un coq doré datant de 1750. Juste derrière se trouve la **Hampden County Courthouse**. Ce palais de Justice (1871), bâti en granit, a été modifié, mais son caractère néo-gothique est encore perceptible.

The Quadrangle – *Visite toute l'année, du mardi au dimanche de 12 h à 16 h. Fermé les jours fériés. 4 $.* ☎413-739-3871. Plusieurs musées et une bibliothèque sont rassemblés dans un quadrilatère situé à l'angle de State Street et de Chestnut Street.

Museum of Fine Arts – Ce musée possède une importante collection de tableaux européens: Écoles hollandaise du 17ᵉ s., italienne du 18ᵉ s. et française des 18ᵉ et 19ᵉ s. La section américaine expose des toiles de grands peintres du 19ᵉ s. dont Winslow Homer et Frederick Edwin Church, ainsi que le curieux *Historical Monument of the American Republic*, dû à Erastus Salisbury Field et réalisé à l'occasion du centenaire de la nation.

George Walter Vincent Smith Art Museum – Dans un bâtiment inspiré d'une villa italienne de la Renaissance sont rassemblées des collections d'art et de mobilier oriental et américain. Remarquer la collection de peintures américaines, ainsi que les armures, les paravents, les laques, les céramiques (Japon), et les émaux cloisonnés (Chine).

Connecticut Valley Historical Museum – On entre dans ce bâtiment par une porte dont l'encadrement est typique de la vallée du Connecticut. Ce musée propose par roulement des expositions de ses réserves: meubles, étains, argenterie et portraits. C'est une excellente occasion de s'intéresser au développement social et culturel de cette vallée depuis le 17ᵉ s. Le musée possède également une bibliothèque de généalogie et d'histoire locale.

Springfield Science Museum – Cette institution regroupe un planétarium et des expositions sur la flore, la faune, la géologie et la paléontologie.

Springfield Armory National Historic Site – *1 Armory Square. Visite de fin mai au Labor Day (1ᵉʳ lundi de septembre), tous les jours de 10 h à 17 h; le reste de l'année, du mardi au dimanche de 10 h à 17 h. Fermé le 1ᵉʳ janvier, le Thanksgiving Day (4ᵉ jeudi de novembre) et le 25 décembre. ☎413-734-8551.* Le bâtiment principal de l'ancien arsenal contient une collection d'armes à feu de divers calibres, ainsi que des équipements militaires (du 15ᵉ s. à nos jours); on verra de nombreuses armes manufacturées ici.

EXCURSION

Stanley Park – *400 Western Avenue à Westfield, à 15 miles de Springfield. Prendre la route 20, tourner à gauche dans Elm Street, à nouveau à gauche dans Court Street, puis derechef dans Granville Road. Visite de mi-mai à mi-octobre, tous les jours de 8 h au coucher du soleil. Concerts en été. ☎413-568-9312.* Parmi les nombreuses attractions qui font le charme de ce parc de 110 ha, on voit un carillon flamand à 61 cloches, un jardin anglais, une roseraie, un pont couvert, un vieux moulin, une échoppe de forgeron, etc.

STOCKBRIDGE★★

2 408 h.
Voir Carte de Principales Curiosités
Renseignements touristiques ☎413-443-9186

Située au centre des Bershires, Stockbridge est une charmante petite ville dont la grande rue, **Main Street★**, semble sortie d'une illustration naïve. Sa célèbre auberge **The Red Lion** voisine avec des boutiques anciennes et des demeures coloniales à bardeaux gris encadrées de vastes jardins. Son théâtre d'été, la Berkshire Playhouse, un ancien casino dessiné au 19ᵉ s. par McKim, Mead et White, est très fréquenté pour son Berkshire Theater Festival.
Fondée au début du 18ᵉ s. par les Mohicans, Stockbridge attire aujourd'hui de nombreux New-Yorkais et Bostoniens, des artistes et des écrivains séduits par la beauté de la région et l'agrément de la ville.

CURIOSITÉS *1 journée. Voir schéma des Berkshires.*

Mission House – *Route 102 (Main Street). Visite guidée (3/4 h) de fin mai à mi-octobre, du mardi au dimanche de 11 h à 16 h. 4 $. ☎413-298-3239.* Le missionnaire John Sergeant fut envoyé à Stockbridge en 1734 pour évangéliser les Indiens. Cinq ans plus tard, il fit construire cette maison très luxueuse pour l'époque. La porte d'entrée en bois fut fabriquée dans la vallée du Connecticut puis transportée en chariot à travers les montagnes. La visite de l'intérieur dans la pénombre (absence d'électricité) permet d'imaginer les conditions de vie du pasteur et de sa jeune femme. La plupart des meubles datent de cette période.

★★ **Norman Rockwell Museum** – *A 2,5 miles du centre de Stockbridge par la route 102 vers l'Ouest (Main Street, puis Church Street). Après 2 miles, tourner à gauche dans la route 183 et faire 0,6 mile jusqu'à l'entrée du musée, sur la gauche. Visite de mai à octobre, tous les jours de 10 h à 17 h; le reste de l'année, du lundi au vendredi de 11 h à 16 h, le week-end de 10 h à 17 h. Fermé le 1ᵉʳ janvier, le Thanksgiving Day (4ᵉ jeudi de novembre) et le 25 décembre. 8 $. ☎413-298-4100.* Ce musée, situé au cœur d'un domaine de près de 15 ha qui domine la vallée de la Housatonic River, présente une très importante collection d'œuvres du plus éminent illustrateur américain du 20ᵉ s.

Le chroniqueur de l'Amérique – Né le 3 février 1894 à New York, **Norman Rockwell** commença à dessiner très tôt, et devint à 22 ans l'un des principaux illustrateurs de la couverture du *Saturday Evening Post*, journal le plus populaire de l'époque. Il resta 47 ans au service de ce prestigieux magazine, réalisant au total 321 couvertures.

Ses dessins réalistes illustrent l'évolution de la vie quotidienne américaine. Son art s'est ainsi attaché à représenter des scènes enfantines et familiales, ou des situations saisissant les gestes les plus anodins, et c'est toujours avec humour et un sens du merveilleux que Rockwell a réalisé ses tableaux de l'Amérique profonde. A partir de 1930, il commença à peindre, d'après photos, des tableaux qui semblent précurseurs de l'hyperréalisme. Rockwell apportait en effet un soin extrême aux détails, une caractéristique de son œuvre que sa faculté d'observation exceptionnelle avait développée. Dans les années 1960, il abandonna ses sujets habituels pour s'intéresser aux problèmes de l'actualité, aux portraits de personnalités, aux scènes de racisme. Il mourut en 1978.

Visite – Le musée s'organise autour des collections personnelles de Rockwell, son atelier, sa bibliothèque, ses archives. Ce fonds s'est augmenté d'acquisitions et de dons qui portent à 500 le nombre des peintures et des dessins conservés ici, dont 172 œuvres de grand format. De 1969 à 1993, une partie de ce fonds a été exposée dans les petites pièces de l'Old Corner House, sur Main Street.

Pour accorder plus d'espace à cette collection, **Robert Stern**, éminent architecte post-moderniste, a réalisé le bâtiment actuel qui s'inspire de l'architecture néo-classique de la région, notamment de celle des Town Halls. Dans les neuf galeries sont présentées les principales œuvres de Norman Rockwell, notamment *Stockbridge Main Street at Christmas*. La salle centrale octogonale a été spécialement conçue pour accueillir les **Four Freedoms Series**, une série de quatre tableaux (1943, *Les Quatre Libertés*). Ils furent inspirés par un discours prononcé en 1941 par le président Roosevelt, et furent reproduits à des millions d'exemplaires sous forme de poster au cours de la Seconde Guerre mondiale afin de récolter des fonds pour soutenir l'effort de guerre. Ils rapportèrent 130 millions de dollars au gouvernement.

Le musée présente également des expositions temporaires consacrées à la vie et à l'art de Rockwell, ou plus généralement, à l'illustration.

Non loin du musée, l'**atelier de Rockwell** *(visite de mai à octobre)*, primitivement situé à Stockbridge, a été reconstruit sur une hauteur dominant la vallée.

Chesterwood – *A 3 miles de Stockbridge. Prendre la route 102 vers l'Ouest, et tourner à gauche dans la route 183. Parcourir 0,8 mile, et tourner à droite dans Mohawk Lake Road, puis à gauche dans Willow Street. Continuer 0,5 mile jusqu'à Chesterwood. Visite de mai à octobre, tous les jours de 10h à 17 h. 6 $.* ☎413-298-3579. Cette propriété fut

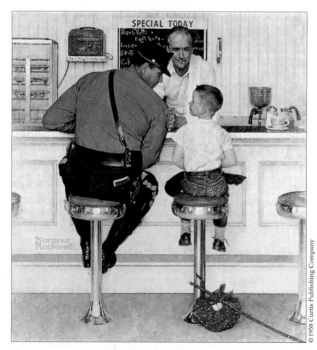

Norman Rockwell: *The Runaway*

celle du sculpteur **Daniel Chester French** (1850-1931) qui devint célèbre à 25 ans grâce à sa statue du *Minute Man* à Concord. Il est aussi l'auteur de l'immense *Abraham Lincoln* qui se trouve au Lincoln Memorial, à Washington. Il exécuta plus de 1 000 statues au cours de sa vie, dont un peu plus de 100 monuments publics. Chesterwood comprend plusieurs bâtiments. La **Barn Gallery** est une ancienne grange transformée qui abrite des maquettes et des moulages dont la *Dupont Circle Foutain* qui se trouve aujourd'hui à Washington. La **maison**, grande demeure victorienne construite par Henry Bacon, est restée meublée comme du vivant de l'artiste. L'**atelier** possède des doubles portes ouvrant sur toute la hauteur du bâtiment afin de pouvoir sortir des œuvres aux dimensions aussi importantes que le *Lincoln* assis de la capitale.

Un sentier *(20 min)* fait le tour de la propriété à travers les bois et offre de belles vues sur la campagne environnante.

Naumkeag – *A 2 miles de Stockbridge. Prendre Main Street et tourner à droite dans Pine Street, puis à gauche dans Shamrock Street, et continuer jusqu'à Prospect Street. Visite guidée (3/4 h) de fin mai à mi-octobre, du mardi au dimanche de 10 h à 17 h. 6 $ (maison et jardin).* ☎*413-298-3239.* C'est un ambassadeur américain en poste en Angleterre, Joseph Croate (1832-1917), qui se fit construire cette chaumière normande (1886, Stanford White) avec son vaste parc et son jardin chinois dont le portique est censé protéger du démon.

STURBRIDGE ★★★

7 775 h.
Voir Carte des Principales Curiosités
Renseignements touristiques ☎508-347-7594

A la croisée des voies Nord-Sud et Est-Ouest, Sturbridge fut, dès l'époque coloniale, un village actif où les voyageurs faisaient étape. Aujourd'hui, point de jonction du Massachusetts Turnpike et de la route 84, Sturbridge a plus que jamais un rôle de carrefour. C'est une situation idéale pour l'«Old Sturbridge Village », l'une des grandes curiosités que compte la Nouvelle-Angleterre.

★★★ OLD STURBRIDGE VILLAGE   *1 journée. Voir schéma plus loin.*
Visite d'avril à octobre, tous les jours de 9 h à 17 h; le reste de l'année, du mardi au dimanche de 10 h à 16 h. Fermé le 1ᵉʳ janvier et le 25 décembre. 15 $ (la 2ᵉ journée est gratuite). ✗ & ☎*508-347-3362.*

L'Old Sturbridge Village est la reconstitution d'une communauté rurale telle qu'elle pouvait se présenter entre 1790 et 1840. Fruit d'un travail de recherche considérable, cette réalisation est remarquable pour l'exactitude des détails et la beauté du site et des bâtiments. Des guides vêtus comme on l'était au début du 19ᵉ s. cultivent la terre, cuisinent à l'ancienne et fabriquent des outils selon des méthodes traditionnelles.
Les frères Albert et Joel Cheney Wells furent à l'origine de ce musée. Ces collectionneurs d'objets rustiques avaient fait tant d'acquisitions qu'ils décidèrent de les présenter au public. Ils eurent alors l'idée de recréer une communauté villageoise et se mirent en quête de maisons, de bâtiments de fermes et de boutiques construits en Nouvelle-Angleterre au début du 19ᵉ s. En 1946, ils accueillaient leurs premiers visiteurs.

Visitor Center – *Renseignements sur les manifestations organisées; guides et cartes disponibles.* La vie rurale communautaire au siècle dernier est évoquée à travers une projection de diapositives *(1/4 h)* et plusieurs expositions. En suivant le sentier menant au Common, on passe devant la **Friends Meetinghouse** (1796), petit bâtiment extrêmement sobre à l'image de l'austérité des quakers qui s'y réunissaient.

Le Common – Ce green correspond à notre place du village. On y tenait des réunions, on y faisait paître les animaux ou l'on y entraînait les soldats. Il est dominé à l'Ouest par l'église baptiste, la **Center Meetinghouse**, édifice néoclassique dont l'intérieur sobre est éclairé par de grandes fenêtres. Plusieurs styles architecturaux peuvent être observés sur le green. Rustique, la **Fenno House** est la plus ancienne maison du site (1704); son intérieur est garni de meubles fabriqués en Nouvelle-Angleterre, et les murs y sont doublés de panneaux typiques du début du 18ᵉ s. La **Fitch House** (1737) est bien plus élégante; son intérieur est celui d'un imprimeur prospère, et est éclairé par des fenêtres à guillotine. **Richardson Parsonage**, le presbytère, est une maison de type «boîte à sel» (1740). A côté, dans sa **Tin Shop**, le ferblantier fabrique toujours des ustensiles de ménage tels qu'on les utilisait au siècle dernier. De l'autre côté du presbytère se trouve un petit bureau de juge, le **Law Office**, où officia John McClellan dans le Connecticut. Le bâtiment voisin, le **Knight Store**, abritait une épicerie de village. Seule source d'approvisionnement pour les fermiers, ce magasin leur permettait également d'écouler leur propre production.

Towne House – Face à l'église, de l'autre côté du Common, cette demeure (1796) est représentative des maisons bourgeoises que l'on rencontrait dans les villages. De style fédéral, elle est meublée et décorée de façon luxueuse: boiseries ouvragées, porcelaine anglaise, tapis tissés à la main. Au 1er étage, une grande pièce aux murs décorés de ravissants dessins exécutés au pochoir, technique très répandue en Nouvelle-Angleterre, faisait fonction de salle de réunion ou de bal.

Thompson Bank – Ce charmant petit bâtiment néo-classique est un bel exemple du style architectural privilégié par les institutions financières implantées dans la région. Dans les années 1830, on rencontrait ce type de bureaux, spécialisés dans les prêts commerciaux et industriels, dans de nombreuses communes de la Nouvelle-Angleterre.

Moulin à broyer le grain

Printing office – Ce bâtiment de couleur jaune, situé derrière la banque, abritait une imprimerie. Au 19e s., des presses de ce type servirent à imprimer des livres commandités par les éditeurs des grandes villes, mais aussi des pamphlets et des manifestes.

Traverser le Common et suivre le chemin menant à la ferme, Freeman Farm. On dépasse l'enclos de **Town Pound** où étaient serrés les animaux errants, puis la cordonnerie, le **Shoe Shop**, l'école, la **District School**, et l'atelier du potier, la **Pottery Shop**.

Freeman Farm – Composée de différents corps de bâtiment, la ferme est animée par des figurants qui cuisinent, s'occupent des animaux et travaillent aux champs de la même façon que les fermiers s'y prenaient voici 150 ans. Selon la saison, on assiste au labourage, à la récolte, à la confection du sirop d'érable, à la tonte des moutons ou au battage de la crème pour obtenir du beurre.

Bixby House – Dernière acquisition de l'Old Sturbridge Village, cette maison donne une image précise de la vie quotidienne d'une famille d'artisans vers 1830. Elle appartenait à un forgeron du Massachusetts.

De l'autre côté de la rue se trouve une construction en pierres, le **Blacksmith Shop**, l'atelier du forgeron. Un peu plus loin, on voit les moulins, installés sur des voies d'eau: le moulin à tisser, **Carding Mill**, à broyer le grain, **Gristmill**, à scier le bois, **Sawmill**. En passant par le pont couvert, on accède à la **Bullard Tavern** qui sert des repas aux visiteurs.

Pour rejoindre la J. Cheney Wells Clock Gallery *(près du visitor center)*, traverser le Common et dépasser le Printing Office.

Expositions – Dans cette partie du village sont rassemblés de petits musées présentant des expositions consacrées aux arts et techniques.

Glass Exhibit – L'industrie du verre fut très prospère en Nouvelle-Angleterre au cours du 19ᵉ s. La collection présentée à Sturbridge constitue un remarquable échantillonnage de la production régionale: verres soufflés, moulés, pressés, etc.; sujets patriotiques, motifs décoratifs, formes variées, etc.

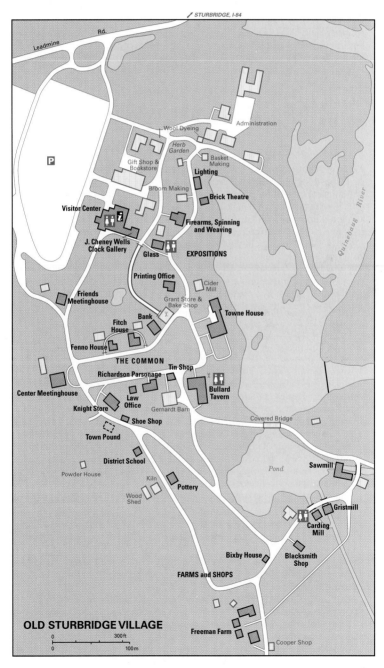

Firearms, Spinning and Weaving Exhibit – Des démonstrations expliquent les techniques du filage et du tissage. Des tissus anciens sont exposés. Dans le même bâtiment, on peut voir une collection d'armes et d'équipements militaires; des panneaux didactiques détaillent l'histoire militaire de la Nouvelle-Angleterre.
À côté, le **Brick Theatre** accueille des représentations théâtrales et musicales d'œuvres datant du siècle dernier. *Horaires précisés dans le guide disponible au visitor center.*

Lighting Exhibit – Cette exposition retrace l'histoire de l'éclairage, de l'Antiquité au 19e s. On y verra des lampes à huile romaines et grecques, les *betty lamps*, qui furent très utilisées en Nouvelle-Angleterre, et les *Cape Cod lamps* fonctionnant à l'huile de baleine.
De l'autre côté du chemin, dans la boutique voisine du jardin, sont organisées des expositions saisonnières d'artisanat: confection de balais, de paniers, teinture de la laine, etc.

J. Cheney Wells Clock Gallery – Cette collection présente plus d'une centaine d'horloges américaines réalisées entre 1725 et 1850 par les plus célèbres horlogers de la Nouvelle-Angleterre: Thomas Clagget, Caleb Wheaton, les *banjo clocks* de Simon Willard, les horloges du Connecticut de Eli Terry et Seth Thomas.

WILLIAMSTOWN★★

8 220 h.
Voir Carte des Principales Curiosités
Renseignements touristiques ☎413-664-6256

Au Nord-Ouest du Massachusetts, à l'endroit où le Mohawk Trail rejoint les Berkshires, s'étend l'un des plus beaux villages de la Nouvelle-Angleterre: Williamstown. Il fut fondé en 1753 par quelques soldats du Fort Massachusetts sous le nom de West Hoosuck. Quelques années plus tard, un de ses habitants, le colonel Ephraim Williams fit un legs testamentaire à ce village afin que l'on y créât une école gratuite, à condition que le village porte désormais son nom. C'est ainsi que West Hoosuck devint Williamstown et que son école fut à l'origine du Williams College.
Aujourd'hui, grâce à son collège qui possède musée, théâtre et bibliothèque et grâce à la magnifique collection de tableaux du Sterling and Francine Clark Institute, Williamstown est une petite ville réputée. Elle est également un très agréable lieu de villégiature situé sur les contreforts des Berkshires.

CURIOSITÉS *3 h*

★★★ **Sterling and Francine Clark Art Institute** – *225 South Street. Visite toute l'année, du mardi au dimanche de 10 h à 17 h. Fermé le 1er janvier, le Thanksgiving Day (4e jeudi de novembre) et le 25 décembre.* ♿ ☎413-458-2303. Robert Sterling Clark et sa femme Francine, une Française, furent de grands collectionneurs de peinture. D'abord attirés par les toiles classiques, ils s'orientèrent peu à peu vers les tableaux du 19e s. Leur collection, réunie entre la Première Guerre mondiale et 1956, est digne des plus grands musées. Désireux de la situer en dehors des centres urbains, car ceux-ci sont davantage menacés en temps de guerre, le couple choisit Williamstown pour y installer leur institut en raison de la beauté de cette petite ville. Le bâtiment en marbre blanc a été spécialement conçu pour conserver et exposer la collection; l'annexe en granit rouge (1973, Pietro Belluschi) abrite une galerie supplémentaire et la salle de conférence du musée.

Les collections – Les toiles les plus anciennes datent de la Renaissance. Cette section présente des œuvres magnifiques, dont un polyptyque à sept volets de Ugolino da Siena, une *Vierge à l'Enfant avec quatre anges* de **Piero Della Francesca**, et le *Portrait d'un homme* du flamand Jan Gossaert, dit Mabuse. Les 17e et 18e s. sont évoqués par des chefs-d'œuvre des écoles européennes: espagnole avec **Murillo** et **Goya**; anglaise avec **Gainsborough**, **Turner** et **Lawrence**; hollandaise et flamande avec **Ruysdael** et **Pynacker;** française avec **Lorrain** et **Fragonard;** italienne avec **Tiepolo.**
C'est principalement le 19e s. qu'honore cette collection, particulièrement grâce aux sections réservées aux Écoles française et américaine. Des artistes français majeurs sont représentés ici, et notamment **Corot**, dont on peut voir plusieurs paysages et portraits. Le *Trompette des Hussards,* du peintre romantique **Géricault**, est caractéristique de son style vigoureux, et contraste avec la douceur qui émane

des tableaux en demi-teinte de **Millet**. De nombreuses toiles impressionnistes sont exposées, parmi lesquelles quelque 30 œuvres de **Renoir** dont *Jeune Fille endormie avec un chat* et *Les Oignons*. Plusieurs toiles et sculptures de **Degas** représentent ses sujets favoris, les danseuses et les chevaux, illustrant l'extraordinaire sens du mouvement de cet artiste parisien. De **Monet**, on peut admirer *Les Falaises d'Étretat* et une série consacrée à la cathédrale de Rouen. Quatre œuvres magnifiques de **Toulouse-Lautrec** évoquent le post-impressionnisme, dont la poignante *Trachéotomie* rebaptisée *Le Docteur Jules Émile Péan opérant*.

L'une des salles de la section américaine permet de comprendre les différentes personnalités de trois artistes contemporains. **Frederic Remington**, le peintre de l'Ouest, réalisa plusieurs milliers de peintures et de sculptures très vivantes; ses sujets de prédilection étaient les cow-boys, les Indiens et la cavalerie. **Winslow Homer**, autre amateur des grands paysages, s'est attaché à représenter les contrées sauvages de la Nouvelle-Angleterre: les montagnes du New Hampshire et les côtes rocheuses du Maine. **John Singer Sargent** fut au contraire un portraitiste mondain, extrêmement prisé. C'est au cours d'un voyage à Tanger qu'il exécuta son fameux tableau *Fumée d'ambre gris*.

Le musée expose également des collections de porcelaine, de mobilier et d'orfèvrerie, dont une trentaine de pièces exécutées au 18e s. par l'orfèvre anglais **Paul de Lamerie**.

Williams College – Plus de 50 bâtiments construits à différentes périodes depuis 1793 sont disséminés dans la verdure. Dans Main Street et les rues avoisinantes, on voit des exemples de style georgien, fédéral (Sloane House, 1801, la résidence du doyen), néo-gothique (Thompson Memorial Chaple), néo-classique (Chapin Hall et le musée).

Williams College Museum of Art – *Sur Main Street, entre Spring Street et Water Street. Visite toute l'année de 10 h à 17 h. Fermé le lundi (sauf Memorial Day, Labor Day et Columbus Day), le 1er janvier, le Thanksgiving Day (4e jeudi de novembre) et le 25 décembre.* ♿ ☎413-597-2429. Ce bâtiment, le plus beau du campus, est un octogone néo-classique (1846) auquel ont été ajoutées deux annexes conçues par le grand architecte Charles Moore (en 1983 et en 1986). Derrière sa sobre façade se cache un superbe atrium et des galeries d'exposition magnifiquement éclairées.

La collection comprend des œuvres d'art asiatique, africain, européen et plus particulièrement américain avec des tableaux de Copley, Homer, Eakins, Hopper, Inness, O'Keeffe et Wood. Le musée organise également des expositions temporaires d'art contemporain.

WORCESTER

169 759 h.
Voir Carte des Principales Curiosités
Renseignements touristiques ☎508-753-2920

Située à 70 km à l'Ouest de Boston, Worcester (prononcer Wooster), la deuxième ville de la Nouvelle-Angleterre, est un centre industriel important et un nœud autoroutier. Le centre de la ville est en rénovation: un nouveau Civic Center, «The Centrum», lieu de loisirs et centre commercial a été créé; **Mechanics Hall**, joyau architectural du 19e s. (1857) a été transformé en salle de concerts. Pendant la guerre d'Indépendance, l'éditeur Isaiah Thomas fit de Worcester un centre de la propagande anti-britannique. Au lendemain de l'Indépendance, il fonda l'**American Antiquarian Society** qui possède aujourd'hui une collection importante de documents relatifs à l'époque coloniale.

Plusieurs collèges et universités se sont installés dans la ville, notamment le **Holy Cross College** et la **Clark University**. Sa bibliothèque très moderne a été baptisée du nom du professeur **Robert Goddard** (1882-1945), un natif de Worcester qui enseignait à la Clark University et qui développa des découvertes importantes sur la propulsion des fusées.

CURIOSITÉS *3 h*

★★ **Worcester Art Museum** – *55 Salisbury Street. Visite toute l'année, du mardi au vendredi de 11 h à 16 h, le samedi de 10 h à 17 h et le dimanche de 13 h à 17 h. Fermé les jours fériés. 5 $.* ✕ ♿ ☎508-799-4406. Ce musée possède des collections de peinture, de sculpture et d'art décoratif s'étalant de l'Antiquité à nos jours. Présentées dans un bâtiment inspiré de la Renaissance italienne, ces collections sont réparties dans des galeries entourant une cour intérieure décorée d'une magnifique mosaïque d'Antioche représentant des scènes de chasse (2ᵉ-6ᵉ s.). Des galeries sont consacrées aux gravures et aux dessins, à l'art contemporain et aux expositions temporaires. A l'extérieur, le jardin est embelli de sculptures.

Le **rez-de-chaussée** est consacré à l'Antiquité, au moyen âge et à l'art asiatique (voir les estampes japonaises de la période Edo). Remarquer la **salle capitulaire** du 12ᵉ s. provenant d'un couvent bénédictin du Poitou, et *La Cène*, l'une des fresques du 13ᵉ s. transportées depuis Spoleto en Italie.

Au 1ᵉʳ étage, la peinture européenne s'étend de la Renaissance au 20ᵉ s. On admire notamment une *Madeleine repentante* du Greco, *Le Repos pendant la fuite en Égypte* de Quentin Metsys, peintre flamand du 16ᵉ s., un charmant tableau de Gainsborough représentant ses filles, *Femme rêvant* de Gauguin, et *La Vocation de saint Mathieu*, spectaculaire composition de Bernardo Strozzi.

L'**aile américaine** comprend des œuvres de John Copley, Ralph Earl (un natif de Worcester), Winslow Homer, John Singer Sargent, Mary Cassatt et des paysagistes comme Inness, Ryder et Morse. Le tableau naïf, **Mrs. Elizabeth Freake and Baby Mary** *(voir le chapitre La Peinture de l'Introduction)*, œuvre d'un artiste inconnu, est considéré comme l'un des plus beaux portraits de la période coloniale. Une autre œuvre naïve, *The Peaceable Kingdom*, est une vision paradisiaque du peintre quaker Edward Hicks. Quelques toiles contemporaines sont également présentées, notamment *The Wave* de Marsden Hartley (1877-1943), qui introduisit le cubisme aux États-Unis après un long séjour en Europe.

La collection de sculptures comprend un buste égyptien de la 4ᵉ dynastie et une figure japonaise à 11 têtes (9ᵉ-10ᵉ s.).

Au 3ᵉ étage se trouve une superbe **collection précolombienne**: objets d'art en or, jade, argile, pierre et céramique réalisés par diverses civilisations précolombiennes telles que les Zapotèques (Mexique méridional) et les Chimu.

★ **Higgins Armory Museum** – *100 Barber Avenue. Visite toute l'année, du mardi au samedi de 10 h à 16 h, le dimanche de 12 h à 16 h. Fermé les jours fériés. 4,75 $. ☎508-853-6015.* John W. Higgins, président de la Worcester Pressed Steel Company, collectionna sa vie durant des armures, des armes, des outils, des cottes de mailles qu'il recherchait à travers l'Europe et les États-Unis. En 1931, il fit construire ce curieux bâtiment en acier et verre qui évoque lui-même une armure.

La collection est présentée dans une longue et haute galerie voûtée, inspirée de la grande salle d'un château médiéval autrichien. Plus de 60 armures d'apparat, de combat et de joute sont alignées le long des murs. La plupart datent des 14ᵉ, 15ᵉ et 16ᵉ s. Certaines sont composées de plus de 200 pièces et pèsent plus de 30 kg, d'autres sont complètement damasquinées. Quelques-unes sont de véritables œuvres d'art, comme celle de **Franz von Teuffenbach** (1554). Remarquer également l'armure de Maximilien, dont le nom est dû à l'intérêt que cet empereur portait aux armures cannelées. Dans les autres salles sont exposés des outils, des armes préhistoriques et un casque de gladiateur datant du 3ᵉ s. avant notre ère.

EXCURSION

Willard House and Clock Museum – *11 Willard Street, à Grafton. 11 miles au Sud-Est de Worcester. Prendre la route 122, puis la route 140 jusqu'au centre de Grafton où l'on suivra la signalisation. Visite guidée (1 h 1/2) toute l'année, du mardi au samedi de 10 h à 16 h, le dimanche de 13 h à 17 h. Fermé les jours fériés. 3 $. ☎508-839-3500.* Ce petit musée de l'horlogerie rassemble plus de 70 œuvres des quatre **frères Willard** (Simon, Benjamin, Aaron, Ephraim), fameux horlogers américains qui vécurent et travaillèrent dans cette maison au 18ᵉ s. Leurs pendules sont aujourd'hui parmi les plus recherchées des collectionneurs. La variété de leur production est surprenante, particulièrement les **Banjo Clocks**, qu'inventa Simon Willard.

Pouvez-vous situer Monhegan Island?
      les Kennebunks?
      la région des lacs Rangeley?
      le mont Monadnock?
Consultez la **carte des principales curiosités** *en début de volume.*

Lexique français–anglais

Quelques termes figurant dans les textes, cartes et plans de ce guide:

Airport .... *Aéroport*
Barn .... *Grange*
Beach .... *Plage*
Bluffs .... *Falaises*
Bridge .... *Pont*
Castle .... *Château*
Cave .... *Grotte*
Cemetery, burying ground .... *Cimetière*
Church .... *Église*
Cliff .... *Falaise*
City hall .... *Mairie*
Country store .... *Épicerie de village*
Courthouse .... *Palais de justice*
Cove .... *Baie, crique*
Custom house .... *Office des douanes*
Dam .... *Barrage*
Depot .... *Gare*
Downtown .... *Centre ville*
Floor .... *Niveau, étage*
Garden .... *Jardin*
General store .... *Bazar, épicerie*
Gondola .... *Téléphérique*
Green, common .... *Espace vert communal*
Hill .... *Colline*
House .... *Maison*
Inn, tavern .... *Auberge, taverne*
Island .... *Île*
Jail, gaol .... *Prison*
Lake .... *Lac*
Library .... *Bibliothèque*
Lighthouse .... *Phare*
Lightboat, lightship .... *Bateau-phare*

Mall .... *Mail*
Mansion .... *Manoir, demeure*
Market .... *Marché*
Meetinghouse .... *Église*
Mill .... *Moulin, fabrique*
Mill town .... *Ville manufacturière*
Mount .... *Mont*
Mountain .... *Montagne*
Museum .... *Musée*
Neck .... *Cap, péninsule*
Notch .... *Défilé*
Office building .... *Bureaux*
Pond .... *Étang*
Quarry .... *Carrière*
Railroad .... *Voie ferrée*
River .... *Rivière, fleuve*
Road .... *Route, chemin*
School .... *École*
Ski resort .... *Station de ski*
Square .... *Place*
State house .... *Parlement*
Station .... *Gare*
Steeple .... *Clocher*
Street .... *Rue*
Toll .... *Péage*
Tour .... *Circuit, visite guidée*
Tower .... *Tour*
Town hall .... *Mairie*
Trail .... *Sentier*
Waterfalls, falls .... *Chutes*
Waterfront .... *Front de mer, port*
Wildlife refuge .... *Réserve naturelle*
Wharf .... *Quai*

New Hampshire

Superficie: 24 097 km²
Population: 1 109 252 h.
Capitale: Concord
Surnom: Granite State
Fleur emblème: le lilas mauve

La forêt couvre 80 % de cet État de forme triangulaire (145 km de base pour 290 km de haut). Les reliefs escarpés des Appalaches, à l'Ouest et au Nord, contrastent avec le plateau doucement vallonné qui s'incline vers l'océan Atlantique. Ayant bénéficié ces dernières décennies de l'essor économique de la région de Boston, le Sud de l'État est fortement industrialisé et davantage peuplé que le reste du New Hampshire. Du reste, le Sud concentre les plus grandes agglomérations: **Concord**, **Keene**, **Manchester**, **Nashua**, et son unique port de mer, Portsmouth.

Histoire – «Ici, pas de propriétaire pour nous faire subir des loyers insupportables. Ici, tout homme peut rapidement devenir maître de ses terres.» Ainsi s'exprimait le capitaine John Smith lorsqu'il décrivait le New Hampshire en 1614. Malgré l'action de John Smith, l'installation des colons fut relativement lente. La première colonie s'établit sur la côte en 1623, puis fut suivie par quelques peuplements modestes. Administrativement, le New Hampshire dépendit du Massachusetts jusqu'en 1679, date à laquelle il devint province royale.

Ses habitants vivaient en autarcie. Taciturnes, industrieux et indociles, ils apportèrent un soutien sans faille à la lutte pour l'Indépendance. De fait, la colonie du New Hampshire proclama son autonomie et institua son propre gouvernement 7 mois avant la signature de la Déclaration d'Indépendance américaine. Les paroles historiques du colonel John Stark, héros de la guerre d'Indépendance, «Vivre libre ou mourir» *(Live free or die)*, sont devenues la devise de l'État.

Aux premiers habitants de souche anglo-saxonne se sont joints, au cours du 19ᵉ s. et au début du 20ᵉ s., de nombreux Canadiens français ainsi que des Européens.

Économie – Au cours du 19ᵉ s., des usines comme les **Amoskeag Mills** *(voir à ce nom)*, qui furent un moment la manufacture textile la plus importante du monde, furent édifiées le long de la Merrimack.

Des tissus y sont encore produits aujourd'hui, mais cette industrie a été peu à peu supplantée par celle du cuir, par les machines-outils, l'équipement électronique, les matières plastiques et le papier. Depuis les années 1960, plus de 250 sociétés basées au Massachusetts ont ouvert des filiales au New Hampshire, attirées par un régime fiscal privilégié et par la proximité de Boston.

En effet, le New Hampshire ne prélève ni impôts sur le revenu, ni taxes de vente, ses ressources provenant principalement de la vente des alcools, des courses de chevaux et des taxes perçues sur les bénéfices des entreprises, sur la restauration et l'hôtellerie.

Aujourd'hui, le tourisme et l'industrie se partagent de manière égale le rôle de moteur économique du New Hampshire. L'agriculture est essentiellement orientée vers la production laitière et la vente des arbres de Noël, ainsi que vers des produits dont elle s'est fait une spécialité,

Bob Grant

comme les pommes ou le sirop d'érable, sans oublier la culture maraîchère, l'élevage de bétail et de volailles. Les ressources minières sont surtout constituées par l'exploitation du sable, du gravier et du feldspath. Le granit fut longtemps une roche très utilisée en architecture, mais son industrie, qui avait donné son surnom à l'État, a quelque peu décliné suite à l'avènement de l'acier et du béton.

CANTERBURY CENTER ★

1 687 h.
Voir Carte des Principales Curiosités

Au 18ᵉ s., ayant reçu un territoire assez étendu aux environs de Canterbury, une communauté de shakers *(voir Hancock Shaker Village)*, séduite par la sérénité du paysage, s'établit à proximité de ce petit village. On peut encore voir aujourd'hui les 24 bâtiments d'origine, dispersés sur 280 ha.

★ **Canterbury Shaker Village** – *15 miles au Nord de Concord. Emprunter la route 93 et prendre la sortie 18, puis suivre les indications (pendant 7 miles) jusqu'au Shaker Village. Visite de mai à octobre, tous les jours de 10h à 17h; en novembre, décembre et avril, du vendredi au dimanche de 10h à 17h. 8 $.* ✗ ✆ 603-783-9511. A l'instar des autres communautés de shakers, les **Canterbury Shakers** étaient cultivateurs et fabriquaient leurs propres vêtements, outillage, mobilier et machines. Afin de pouvoir acheter les marchandises qu'ils ne pouvaient produire eux-mêmes, ils s'étaient spécialisés dans des préparations médicinales à base d'herbes qu'ils vendaient dans tous les États-Unis ainsi qu'à l'étranger.

La **Meeting House** (1792), lieu de réunion où les shakers se retrouvaient pour leurs offices religieux, présente un large éventail de leur production: meubles, outils et coffres en bois s'y côtoient; remarquer le balai plat et l'appareil à semer, inventés par les shakers. La sobriété de la Meeting House contraste avec le décor raffiné, le porche à fronton et le dôme du bâtiment d'habitation, la **Dwelling House**. Fort bien équipée, l'**école** témoigne de l'importance que les shakers accordaient à l'éducation des enfants de la communauté.

CONCORD

36 006 h.
Voir Carte des Principales Curiosités
Renseignements touristiques ✆ 603-224-2508

Capitale du New Hampshire depuis 1808, Concord s'enorgueillit d'abriter la plus grande assemblée législative de la nation, avec 424 représentants. Appelée à l'origine Rumford, la ville fut revendiquée à la fois par les colonies du Massachusetts et du New Hampshire. Une décision royale régla le différend en attribuant Rumford au New Hampshire en 1741, et la ville fut à juste titre rebaptisée Concord.

Au 19ᵉ s., elle devint célèbre pour ses carrières de granit et ses diligences, les **Concord coaches**, construites entre 1813 et 1900 par la firme Abbot-Downing. Offrant davantage de confort aux voyageurs, la «diligence de Concord» facilitait les longs trajets; on lui reconnut plus tard un rôle non négligeable dans la conquête de l'Ouest.

Centre administratif et commerçant animé, Concord est également un nœud routier et ferroviaire relié à l'ensemble du pays. Le dôme doré de la State House domine l'ensemble des bâtiments qui bordent la Merrimack.

State House – *107 N. Main Street. Visite de septembre à octobre, du lundi au vendredi de 8h à 16h 30 et le week-end de 11h à 16h; en juillet et août, du lundi au vendredi de 8h à 16h 30 et le samedi de 11h à 16h; le reste de l'année, du lundi au vendredi de 8h à 16h 30. Fermé les jours fériés.* ✗ ✆ 603-271-2154. Achevée en 1819, la State House de l'État du New Hampshire est le plus ancien capitole du pays. Les représentants s'y réunissent toujours dans les salles d'origine. Les drapeaux de plusieurs régiments ornent le Hall of Flags *(rez-de-chaussée)*, et des fresques de Barry Faulkner illustrent l'histoire du New Hampshire sur les murs de la chambre du Sénat *(1ᵉʳ étage)*. Des statues de John Stark, Daniel Webster et Franklin Pierce, natifs du New Hampshire, ornent le parc.

Museum of New Hampshire History – *Eagle Square. Visite toute l'année, du mardi au samedi de 9h 30 à 17h (20h 30 le jeudi), le dimanche de 12h à 17h. Fermé les jours fériés. 3,50 $.* ✆ 603-225-3381. Plus de cinq siècles d'histoire du New Hampshire sont illustrés par les collections de ce musée. On peut y voir une diligence fabriquée au 19ᵉ s. par la firme Abbot-Downing.

League of New Hampshire Crafsmen – *205 N. Main Street. Ouvert toute l'année de 9h à 17h. Fermé les jours fériés. La boutique se trouve au 36 N. Main Street.* ✆ 603-224-3375. Depuis sa création, la Ligue des artisans du New Hampshire a son siège à Concord. On peut y apprécier et y acheter des tissus, de la verrerie et de l'argenterie. La Ligue organise des expositions temporaires d'objets artisanaux.

EXCURSIONS

Hopkinton – 4 806 h. *8 miles à l'Ouest de Concord par la route 9.* Les amateurs de meubles et objets anciens connaissent et apprécient cette agréable banlieue de Concord. Le long de sa très large artère principale se succèdent d'élégantes maisons et boutiques. On y remarquera aussi l'hôtel de ville et l'église St. Andrew.

Henniker – 4 151 h. *15 miles à l'Ouest de Concord par la route 9.* Cette petite ville universitaire animée abrite le New England College. Depuis la route 114, entre le collège et le centre du village, se distingue la silhouette de son pont couvert.

Hillsborough – 4 498 h. *22 miles à l'Ouest de Concord par la route 9.* Petit centre commerçant, Hillsborough compte de nombreux édifices datant du siècle dernier. De la route 9, une route secondaire mène au ravissant hameau de **Hillsborough Center★** *(prendre School Street vers l'Ouest)* dont les bâtiments blancs et les murets de pierres irréguliers sont agréablement ombragés.

Région des lacs CONNECTICUT

Voir Carte des Principales Curiosités
Renseignements touristiques ☎603-538-7405

L'étroite langue de territoire qui borde la frontière canadienne est une région de forêts épaisses et de lacs, fort appréciée des amateurs de chasse et de pêche du fait de l'abondance et de la variété de la faune locale. Au Sud de la frontière canadienne, trois lacs donnent naissance au fleuve Connecticut qui coule vers le Sud-Ouest en séparant l'État du Vermont de celui du New Hampshire; il s'agit des **Third**, **Second** et **First Connecticut Lakes**. En empruntant la route 3, qui relie Pittsburg et la frontière canadienne, on aperçoit ces lacs à travers la forêt.

Lake Francis State Park – *7 miles au Nord-Est de Pittsburg par la route 3. Prendre à droite River Road. L'entrée du parc se situe 2 miles après le pont couvert. Visite de mai à octobre, tous les jours de 8 h 30 à 20 h. 2,50 $.* ⚠ ♿ ☎603-538-6965. *Voir chapitre Renseignements pratiques.* Dans cette région sauvage située dans la partie septentrionale du New Hampshire, les berges magnifiques du lac Francis offrent un site idéal pour camper et pique-niquer.

DIXVILLE NOTCH

Voir Carte des Principales Curiosités
Renseignements touristiques ☎603-337-8939

La route 26, qui relie Colebrook et Errol dans le Nord du New Hampshire, traverse une région de hautes falaises boisées: Dixville Notch, c'est-à-dire le «défilé de Dixville». C'est à proximité de son point le plus élevé (alt. 567 m) que se dresse le majestueux **Balsams Hotel**, édifié au 19ᵉ s. sur les rives du lac Gloriette. A l'Est de l'hôtel, deux sentiers faciles mènent à des chutes. Le premier s'amorce au **Flume Brook Parking Area**, sur la route 26. Le second, le **Cascades-Waterfalls Trail**, s'amorce 1 mile plus loin, à la limite du Dixville Notch State Park, et mène aux **Huntingdon Falls**.

GRAFTON CENTER

923 h.
Voir Carte des Principales Curiosités

Au Sud des White Mountains, de nombreux secteurs de terrain ont été exploités pour leurs gisements en minéraux. Ruggles Mine, qui compte parmi les mines désaffectées, est ouverte au public.

★ **Ruggles Mine** – *2 miles à partir du green de Grafton Center. Suivre les indications. Visite de mi-juin à mi-octobre, tous les jours de 9 h à 17 h; de mi-mai à mi-juin, uniquement le week-end. 10 $. Il est conseillé de se munir d'une lotion insectifuge, surtout après les périodes de pluie.* ✗. Cette ancienne mine de pegmatite, située sur Isinglass Mountain, ne manque pas d'étonner le visiteur. En effet, on peut y découvrir des tunnels de pierres voûtés, des galeries sinueuses, de grandes brèches taillées dans la montagne et des monceaux de déblais. Au 19ᵉ s., le fermier Sam Ruggles découvrit des dépôts de mica sur ses terres. Afin de préserver son secret, il ne travaillait que la nuit et écoulait sa production hors des États-Unis. La Ruggles Mine fut l'unique exploitation minière commerciale que connut le New Hampshire jusqu'en 1868.

Les géologues amateurs peuvent louer sur place le matériel nécessaire pour s'attaquer à la montagne, à la recherche de mica, de feldspath ou de l'un des 150 autres minéraux trouvés sur ce site.

HANOVER ★

9 212 h.
Voir Carte des Principales Curiosités
Renseignements touristiques ☎603-643-3115

Cette charmante petite ville coloniale, située au bord du fleuve Connecticut, abrite le Dartmouth College, l'une des écoles de la prestigieuse Ivy League, qui regroupe les universités les plus cotées du pays. Les activités et les bâtiments du collège sont indissociables du reste de la ville. Si Hanover est devenu un pôle régional, la ville n'a cependant rien perdu de son charme colonial, avec ses agréables rues ombragées.

★ DARTMOUTH COLLEGE

Fondé en 1769 par le révérend Eleazar Wheelock «pour l'éducation des jeunes des tribus indiennes, des jeunes Anglais, et de tous les autres», le Dartmouth College compte aujourd'hui 4 500 étudiants qui suivent des programmes de 1er cycle ou des spécialisations comme la médecine, les arts et métiers, les sciences et le commerce. Le collège compte des personnalités de grand renom parmi ses anciens élèves, dont Daniel Webster (1782-1852), avocat et brillant orateur, et Nelson A. Rockefeller (1908-1979), ancien gouverneur de New York et vice-président des États-Unis. Chaque année, en février, a lieu le **Winter Carnival**, carnaval d'hiver réputé notamment pour ses démonstrations de ski et de patinage ainsi que ses nombreuses manifestations culturelles.

★ **Green** – Cette vaste pelouse carrée est encadrée par le **Hanover Inn** et par plusieurs bâtiments du collège. Au carrefour de Main Street et de Wheelock Street, on bénéficie d'une belle vue sur Dartmouth Row, flanquée sur la droite par le Hopkins Center et sur la gauche par le Webster Hall, construit à l'origine comme centre de conférences. La Baker Library se trouve derrière le Webster Hall.

Hopkins Center – Ce centre culturel, édifié en 1962, est reconnaissable à ses fenêtres hautes. Il abrite plusieurs théâtres et deux salles de concert. Spectacles et représentations musicales y sont programmés tout au long de l'année.

Hood Art Museum – *Ouvert toute l'année, du mardi au samedi de 10 h à 17 h; le dimanche de 12 h à 17 h. Fermé le 1er janvier, le Thanksgiving Day (4e jeudi de novembre), les 24 et 25 décembre.* ✗ & ☎603-646-2808. Ce musée regroupe le Wilson Hall, de style néo-roman (1885), et le bâtiment moderne de l'Hopkins Center. Ouvert au public en

Dartmouth Hall (Dartmouth College)

1985, il présente des collections permanentes d'œuvres amérindiennes, américaines, européennes et africaines, ainsi que des pièces antiques. Au niveau inférieur, une section est consacrée à des reliefs assyriens datant du 9ᵉ s. av. J.-C. L'art contemporain occupe une grande salle du niveau supérieur.

Dartmouth Row – Au centre de ces quatre bâtiments coloniaux se trouve le **Dartmouth Hall**, réplique du bâtiment original (1784) détruit par un incendie en 1904.

Baker Memorial Library – *A l'extrémité Nord du green. Ouvert toute l'année sauf les jours fériés. Horaires variables.* ☎603-646-2560. Ce bâtiment abrite une série de fresques réalisées entre 1932 et 1934 par l'artiste mexicain José Clemente Orozco (1883-1949) et nommées **Epic of American Civilization★**, ou l'*Épopée de la civilisation américaine.* Puissantes et souvent brutales dans leur évocation des forces du bien et du mal, ces peintures relatent les 5 000 ans d'histoire des Amériques, traduits par la vision de cet artiste.

KEENE
22 430 h.
Voir Carte des Principales Curiosités
Renseignements touristiques ☎603-352-1303

Ce centre industriel et commerçant a connu une croissance spectaculaire depuis quelques décennies grâce à la proximité du Massachusetts, et donc à l'influence de son développement industriel. La céramique et la verrerie, qui comptaient parmi les activités principales du New Hampshire à la fin du 19ᵉ s. et au début du 20ᵉ s., ont peu à peu disparu et ont cédé la place à une bonne cinquantaine d'usines produisant de l'outillage, des pièces mécaniques, du textile et des produits pharmaceutiques.

Historical Society of Cheshire County Museum – *246 Main Street. Visite toute l'année, du lundi au vendredi de 9 h à 16 h. Une participation est demandée.* ☎603-352-1895. Cette demeure de style italianisant (1872) abrite une exposition de céramiques et d'objets en verre fabriqués à Keene et dans le village voisin de Stoddard. Parmi les nombreux exemples de verrerie locale, remarquer des flacons décorés présentant des scènes patriotiques, et des pièces uniques comme des cannes ou des miniatures. Les bouteilles, flacons et encriers réalisés à Keene présentent une teinte vert d'eau ou vert pâle, alors que la verrerie de Stoddard se caractérise par des tons ambrés.

EXCURSION

Ponts couverts de la rivière Ashuelot – Il est très agréable d'emprunter la route 10 vers le Sud afin d'observer les ponts couverts nᵒˢ 2, 4 et 5. *Des panneaux routiers indiquent la direction à suivre.*

MANCHESTER
99 567 h.
Voir Carte des Principales Curiosités
Renseignements touristiques ☎603-666-6600

Au 19ᵉ s., la plus grande usine textile du monde, **Amoskeag Mills**, fut établie au bord de la Merrimack. Cette interminable enfilade de bâtiments en briques longeant la rivière sur plus de 8 km ne peut laisser indifférent. Amoskeag Mills était le premier employeur de Manchester, et lorsque l'usine ferma définitivement ses portes en 1935, les finances de la ville s'effondrèrent. L'avenir semblait bien sombre, lorsqu'un groupe d'investisseurs – fermement décidés à ranimer Manchester – acheta les bâtiments dans le but de vendre ou de louer des locaux à diverses entreprises. En l'espace de dix ans, un grand nombre de compagnies s'installèrent dans l'ancien complexe, plaçant ainsi la ville sur la voie de la reprise économique. Aujourd'hui, le monde de la finance a relayé l'industrie, et les points de vente de vêtements et de chaussures constituent l'un des attraits de la ville.

★ **Currier Gallery of Art** – *192 Orange Street. Visite toute l'année, du mardi au samedi de 10 h à 16 h; le jeudi de 9 h à 16 h; le dimanche de 13 h à 17 h. Fermé les jours fériés. 4 $.* ♿ ☎ 603-669-6144. Ce musée, dont l'entrée Sud est flanquée de hauts panneaux de mosaïque et dont l'entrée Nord fait face à une cour pavée de granit, est réputé pour ses collections de peinture, de sculpture et d'arts décoratifs.

La galerie Ouest du rez-de-chaussée rassemble les **collections européennes**: primitifs italiens; dessins de **Tiepolo**; superbe autoportrait de Jean Gossaert, intitulé *Portrait d'un homme;* tableaux des Écoles française, espagnole, anglaise et hollandaise. L'aile Ouest est réservée à la peinture et à la sculpture américaines, représentées notamment par **Andrew Wyeth, Edward Hopper**, O'Keefe, Nevelson et Calder. La galerie Est et la galerie Henry Melville Fuller abritent les expositions temporaires.

Le 1er étage est consacré aux **arts décoratifs américains** du 17e au 19e s., une section mettant en valeur la production du New Hampshire. Parmi les tableaux, remarquer les portraits de Copley et Trumbull, ainsi que les paysages de Cole, Bierstadt et Church. Des portraits comme *Abraham Sleight and Ruth Rose Sleight* (1820-1825) de Ammi Phillips, et *Emily Mouton* (1852) de Samuel Miller, frappent par la qualité de leur simplicité. Une riche collection d'argenterie et d'étains américains est également visible à cet étage.

★ **Zimmerman House** – *Visite guidée (1 h) toute l'année, le jeudi et le vendredi à 14 h, le samedi à 11 h 30, 13 h et 15 h 30, le dimanche à 11 h 30, 12 h 45, 14 h 15 et 15 h 30. 5 $. Réservation obligatoire 2 à 3 semaines à l'avance.* ☎603-626-4158. Conçue par Frank Lloyd Wright en 1950, cette maison à toiture basse, construite en briques, béton et bois de cyprès, illustre à merveille la fameuse série des «usonian houses». Le grand architecte américain appelait ainsi les petites maisons à la fois fonctionnelles et élégantes qu'il proposa vers la fin de sa carrière pour pallier la crise du logement ayant suivi la Dépression. L'intérieur est décoré de tissus et de meubles créés par Wright. Cette maison fut léguée à la Currier Gallery en 1988.

EXCURSION

«America's Stonehenge» – *A 19 miles de Manchester. Prendre la route 93 en direction du Sud jusqu'à la sortie 3, puis suivre la route 111 vers l'Est pendant 5 miles; tourner à droite dans Island Pond Road pour rejoindre Haverhill Road. Visite de mi-juin à fin août, tous les jours de 9 h à 18 h; en avril, mai et novembre, tous les jours de 10 h à 17 h; en mars, uniquement le week-end de 10 h à 17 h; en décembre, uniquement le week-end de 10 h à 16 h. 6,50 $.* ✗ & ☎603-893-8300. Le nom attribué aux grandes pierres levées de granit qui constituent cet ensemble fait bien entendu référence au célèbre site anglais. De nombreuses théories ont été élaborées au sujet de l'origine et de la fonction de ces alignements de pierres. Certains chercheurs suggèrent qu'il pourrait s'agir des vestiges d'un calendrier dressé vers 4 000 ans avant notre ère par une civilisation avancée connaissant le mouvement des étoiles, de la lune et du soleil. On a procédé à la datation du monument au carbone 14 en 1967, et plus récemment en 1989.

Les noms de ces élévations, tels que la chambre des Oracles ou l'autel des Sacrifices, font penser à d'éventuelles fonctions. Le 21 juin et le 22 septembre, jours de solstice d'été et d'équinoxe d'automne, il est particulièrement intéressant de suivre la progression des rayons du soleil qui viennent frapper des pierres bien précises.

Région du mont MONADNOCK ★

Voir Carte des Principales Curiosités
Renseignements touristiques ☎603-352-1308

Le mont Monadnock (alt. 965 m) est le dernier vestige d'une ancienne chaîne montagneuse née voici des millions d'années. Son sommet domine les terres agricoles du Sud-Ouest du New Hampshire ainsi que de petits villages remontant à l'époque coloniale et caractérisés par les clochers blancs et pointus de leurs églises. Dérivé du vocabulaire des Indiens Algonquins, le terme **monadnock** désigne «une montagne isolée». Les géographes l'utilisent pour désigner un relief résiduel au cœur d'un paysage qui a traversé plusieurs cycles d'érosion. Au 19e s., l'ascension du mont Monadnock, qui offre une vue grandiose en son sommet, était devenue un véritable but d'excursion. Du reste, cette éminence demeure l'un des sommets les plus escaladés du monde: chaque année, quelque 125 000 personnes gravissent ses pentes pour profiter de son magnifique panorama.

DE FITZWILLIAM À HANCOCK   *7 miles. Compter une journée.*

Fitzwilliam – 2 011 h. Face au green se trouvent de grands édifices à auvent, l'ancienne meetinghouse, l'auberge et une église congrégationaliste au clocher ressemblant à une «pièce montée». A l'Ouest *(à 1,5 mile de la route 119)*, **Rhododendron State Park** (6,5 ha) offre en juin et juillet le magnifique tableau naturel de ses floraisons.

Prendre la route 119 vers l'Est. Au croisement avec la route 202, s'engager à gauche sur une route non signalisée qui conduit à la cathédrale.

★ **Cathedral of the Pines** – *Visite de mai à octobre, tous les jours de 9 h à 17 h; le parc est ouvert toute l'année, de l'aube au coucher du soleil. Une contribution est demandée.* ♿ ☎ 603-899-3300. Élevée au sommet d'une colline plantée de pins, cette cathédrale a été édifiée par un couple qui eut le malheur de perdre leur fils lors de la Seconde Guerre mondiale. Ce lieu de recueillement, qui commémore les soldats américains tombés au combat, est ouvert à toutes les confessions. Les offices sont célébrés sur l'**autel de la Nation**, autel de plein air faisant face au mont Monadnock et construit avec des pierres données par plusieurs présidents des États-Unis, des responsables militaires, ainsi que les 50 États et 4 territoires des États-Unis.
Le **Memorial Bell Tower** se dresse dans une clairière parmi les pins. Il est dédié aux femmes américaines qui ont servi leur pays en temps de guerre. Les reliefs placés au-dessus des arcs de la tour sont de Norman Rockwell *(voir à Stockbridge)*. Le **musée** présente des objets provenant du monde entier, dont des médailles de la Première Guerre mondiale *(ouvert de mai à octobre, tous les jours de 9 h à 17 h; en novembre et décembre, du lundi au vendredi de 9 h à 17 h)*.

Tourner à gauche en quittant la cathédrale. Après 1,5 mile, tourner à droite dans la route 124.

New Ipswich – 4 014 h. Le temps n'a pas altéré la **Barrett House**, belle maison de style fédéral située sur Main Street. Bâtie en 1800 par un riche propriétaire de filatures, Charles Barrett, qui en fit cadeau à son fils le jour de ses noces, la maison est garnie de meubles de famille et conserve deux salles de bains début de siècle *(visite guidée de 3/4 h de juin à mi-octobre, du mardi au dimanche de 12 h à 17 h; 4 $;* ☎ 603-878-2517).

Suivre la route 124 vers l'Ouest jusqu'à Jaffrey. Au pied du mont Monadnock, Jaffrey offre un accès facile au Monadnock State Park. Continuer sur la route 124.

Jaffrey Center – 2 558 h. Tous les ans, en juillet et août *(le vendredi à 19 h 30 dans l'ancienne meetinghouse, route 124)*, a lieu une série de conférences en mémoire de **Amos Fortune**, un ancien esclave qui légua une somme d'argent à l'école de Jaffrey. Les époux Fortune reposent dans le cimetière qui se trouve derrière la meetinghouse. La tombe d'Amos porte l'inscription suivante: «A la mémoire de Amos Fortune, qui naquit libre en Afrique, fut esclave en Amérique, acheta sa liberté, prêcha le christianisme, vécut honorablement, et mourut dans l'espérance.»

Prendre la route 124 vers l'Ouest, et tourner à droite 5 miles après la meetinghouse.

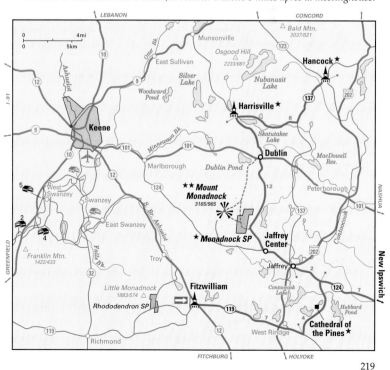

★ **Monadnock State Park** – *Visite tous les jours de 8 h au coucher du soleil. 2,50 $.*
⚠ ♿ ☎*603-532-8862. Voir chapitre Renseignements pratiques.* Les sentiers qui
mènent au sommet du mont Monadnock s'amorcent au bout de la route goudronnée, après le péage.

★★ **Mt Monadnock** – Des 40 sentiers qui conduisent au sommet, l'un des plus
fréquentés est le **White Dot Trail** *(plusieurs passages raides, de 3 à 4 h AR).* Comparable, le **White Cross Trail** présente un peu plus de difficultés. **Pumpelly Trail**
est le plus facile, mais aussi le plus long. D'autres sentiers sont assez longs et
moins fréquentés, comme **Cascade Link**, **Red Spot** et **Spellman** *(le plus raide).*
Du sommet, par temps clair, la **vue★★** embrasse l'horizon jusqu'au mont
Washington *(au Nord)* et l'agglomération de Boston *(au Sud-Est).* Ce sommet est
le seul endroit de Nouvelle-Angleterre d'où l'on aperçoive une partie des six
États qui la composent.

   En quittant le parc, tourner à gauche dans Upper Jaffrey Road.

Dublin – 1 474 h. Mark Twain aimait à passer l'été dans cet ancien hameau logé
à flanc de colline. Le village est le siège du *Yankee Magazine,* le mensuel le plus
populaire de la Nouvelle-Angleterre, et du *Old Farmers Almanac,* qui existe
depuis 1792.

   *Poursuivre vers le Nord par Upper Jaffrey Road. Prendre à droite la route 101, puis
   à gauche New Harrisonville Road.*

★ **Harrisville** – 981 h. Les eaux de l'étang de cette bourgade rurale reflètent
de modestes bâtiments de briques, des maisons, des filatures et une église
congrégationaliste, en somme un véritable tableau des débuts de l'industrie
textile. Afin de préserver l'authenticité de Harrisville, ses habitants ont restauré
eux-mêmes les bâtiments.
En 1970, lorsque l'usine textile, qui fonctionnait depuis deux siècles, ferma
ses portes, ils réussirent à convaincre plusieurs P.M.E. de venir s'installer à
Harrisville.

   *Suivre la route non signalisée vers l'Est, le long des lacs, puis tourner à gauche
   dans la route 137.*

★ **Hancock** – 1 604 h. La tranquillité de ce village de style colonial n'est perturbée
qu'une fois l'an, le 4 juillet, à l'occasion de l'anniversaire de l'Indépendance,
lorsque les cloches de l'église sonnent de minuit à une heure du matin. L'auberge
John Hancock Inn se trouve au centre du village, en face du general store. Au
bout de la rue, dans le vieux **cimetière**, plusieurs stèles témoignent du talent des
anciens tailleurs de pierre.

NASHUA

79 662 h.
Voir Carte des Principales Curiosités
Renseignements touristiques ☎603-881-8333

Située à 39 miles au Nord-Ouest de Boston, Nashua a connu une expansion
industrielle à partir des années 1960, devenant rapidement la deuxième ville du
New Hampshire.

EXCURSION

Anheuser-Busch Hamlet – *221 Daniel Webster Highway. A 7 miles de Nashua,
à Merrimack. Prendre la route 3 jusqu'à la sortie 10, serrer à droite, puis tourner à
gauche pour gagner le hameau, qui se trouve sur le terrain de la brasserie Anheuser-
Busch. Visite guidée (3/4 h) de mai à octobre, tous les jours de 9 h 30 à 17 h; le reste de
l'année, du mercredi au dimanche de 10 h à 16 h.* ♿ ☎*603-595-1202.* Dans ce hameau
pittoresque sont élevés et entraînés les clydesdales. Originaires d'Écosse, ces
chevaux de trait dits «à chaussettes blanches» sont l'emblème de la brasserie
Anheuser-Busch depuis 1933, date à laquelle la société fit l'acquisition d'un
premier attelage pour célébrer la fin de la Prohibition. Des équipages de
clydesdales parcourent la région et se produisent à l'occasion de défilés ou de
foires.

Côte du NEW HAMPSHIRE

Plages de sables, rochers et parcs d'État alternent le long du littoral du New Hampshire qui s'étend sur 29 km. La route côtière 1A, qui relie Seabrook à Portsmouth, dessert des stations balnéaires et de luxueuses propriétés privées, offrant ici et là de jolis points de vue sur l'océan.

Hampton Beach – *Sur la route 1A, à 1 mile au Nord de Seabrook.* Cette station balnéaire animée est bordée par de nombreux hôtels, des restaurants et des motels. Elle s'enorgueillit de posséder un casino et une plage de sable longue de 5,5 km. Au centre, sur la route 1A, se trouve le **New Hampshire Marine War Memorial**, une statue en granit représentant une sirène assise tournée vers le large. Au Nord de Hampton Beach, la route longe **Little Boars Head** où se succèdent d'immenses propriétés privées.

Fuller Gardens – *Sur la route 1A, juste au Nord de l'embranchement de la route 111 à Little Boars Head. Visite de mai à octobre, tous les jours de 10 h à 18 h. 4 $. & ☎603-964-5414.* Redessiné par Frederick Law Olmsted dans les années 1930, ce jardin régulier se trouve sur le domaine de la résidence d'été de Alvan T. Fuller, ancien gouverneur du Massachusetts. La promenade qui traverse les roseraies, les jardins japonais, les serres et les parterres de plantes vivaces et annuelles offre des vues sur la mer.

Rye Harbor State Park – *Sur la route 1A, à Rye. Ouvert de mai à octobre, tous les jours de 8 h à 18 h. 2,50 $. & ☎603-436-1552. Voir chapitre Renseignements pratiques.* Ce promontoire rocheux qui surplombe l'océan Atlantique a été aménagé pour les amateurs de pique-nique et de parties de pêche.

Wallis Sands State Park – *Sur la route 1A, à Rye. Ouvert tous les jours de 8 h à 18 h. 5 $ par voiture, 8 $ les week-ends et jours fériés. & ☎603-436-1552. Voir chapitre Renseignements pratiques.* Une plage longue de 400 m borde ce parc.

Odiorne Point – *Sur la route 1A, à Rye.* C'est à cet endroit que s'installèrent les premiers colons (Pannaway Plantation) au New Hampshire, en 1623.

NEW LONDON★

Au sommet d'une colline, New London domine un paysage vallonné et boisé qui s'embrase de coloris fauve durant l'été indien. Rue principale, la route 114 passe devant une vieille auberge confortable, le campus du **Colby Sawyer College** (fondé en 1837) et une église baptiste. Ce village de la Nouvelle-Angleterre a su préserver une telle authenticité que nombreux sont les voyageurs tentés d'y faire étape quelques jours.

EXCURSION

Mt Sunapee State Park – *A 13 miles de New London par la route 11 Sud. Après avoir traversé la route 89, prendre à gauche la route 103A Sud, puis la route 103 Ouest.* Le lac Sunapee et la montagne du même nom qui le domine sont fréquentés toute l'année par les touristes. Face à l'entrée du parc se trouve l'accès à la **State Beach**, plage de 1,6 km de long bordant le lac Sunapee *(ouvert de juin à août, tous les jours de 9 h 30 à 20 h; 2,50 $; ✗ & ☎603-763-2356).* C'est dans ce parc que, début août, la Ligue des artisans du New Hampshire organise sa fête annuelle.

Un téléphérique permet d'accéder au sommet du mont Sunapee (alt. 823 m) d'où l'on bénéficie de belles **vues★** sur la région *(à partir de North Peak Lodge, de juin au Labor Day, du mercredi au dimanche de 12 h à 19 h; du Labor Day à mi-octobre, uniquement le week-end de 9 h à 17 h; 4,50 $; &).*

Amateurs de camping, les sites comportant le symbole △ accueilleront votre tente et, selon les services proposés, votre caravane ou votre camping-car.

PLYMOUTH

5 811 h.
Carte des Principales Curiosités
Renseignements touristiques ☎603-536-1001

Plymouth, lieu de villégiature connu pour abriter le Plymouth State College, se situe tout près de la White Mountain National Forest.

Polar Caves Park – *Sur la route 25, à 5 miles à l'Ouest de Plymouth. Visite de mai à mi-octobre, tous les jours de 9h à 17 h. 8,50 $.* ✗ ☎*603-536-1888.* Ce spectaculaire amas de rochers, recélant une enfilade de grottes et de galeries, s'est formé au cours de la dernière glaciation, lorsque des températures très basses ont fracturé la roche des falaises qui s'élèvent sur ce site.

Un chemin de planches mène à la première grotte, Ice Cave, qui doit son nom à l'air froid qui y règne, puis à cinq autres grottes. On accède à la dernière d'entre elles, Smugglers Cave (ou grotte des contrebandiers), par un étroit passage appelé «presse-citron» ou par un couloir plus facile nommé «presse-orange». La grotte dite de l'obscurité totale renferme une série de minéraux fluorescents.

EXCURSION

★ **Hebron** – 386 h. *A 14 miles de Plymouth par la route 25 Ouest, puis la route 3A.* Hebron est un village typique de la Nouvelle-Angleterre: une green vert émeraude, une église à clocher pointu, un general store, un bureau de poste, et, tout à côté, une poignée d'habitations ravissantes. L'ensemble forme un tableau harmonieux et charmant.

Newfound Lake – Niché entre deux montagnes, ce lac offre un cadre paisible. On bénéficie de la plus jolie vue depuis la berge occidentale, au lieu-dit **Wellington State Beach**, au Sud de Hebron.

PORTSMOUTH ★★

25 925 h.
Voir Carte des Principales Curiosités
Renseignements touristiques ☎603-436-7678

Unique port de mer du New Hampshire et capitale de la colonie jusqu'en 1808, date à laquelle le siège du gouvernement fut transféré à Concord, la ville paisible de Portsmouth s'étend au bord du fleuve Piscataqua. Les rues qui descendent vers le front de mer sont bordées de belles demeures georgiennes qui rappellent le glorieux passé de Portsmouth comme centre du commerce du bois et porte de l'Océan.

Depuis les années 1950, des programmes de restauration ont été mis en œuvre dans les quartiers les plus anciens afin de préserver le caractère et le style colonial de Portsmouth. Le plus intéressant est la transformation en musée de **Strawbery Banke**, où s'établirent les premiers colons. Dans le quartier du port, il fait bon flâner le long de **Market Street**, **Ceres Street** et **Bow Street** dont les restaurants, les ateliers d'artisans et les boutiques d'antiquaires ont été restaurés, en admirant au passage les remorqueurs qui évoquent le temps où Portsmouth vivait essentiellement du commerce maritime. Bien que la ville soit demeurée une cité marchande, le chantier naval de Kittery, dans le Maine, est devenu le plus gros employeur local.

Un peu d'histoire – En 1623, un groupe de pionniers anglais aborda les rives du fleuve Piscataqua. Découvrant que les berges étaient envahies de fraisiers sauvages, ils baptisèrent l'endroit «Strawbery Banke», ou la rive aux fraises, nom qui lui resta jusqu'en 1653 lorsque ce «port à l'embouchure du fleuve» fut rebaptisé Portsmouth.

Les premiers colons vécurent de la pêche, de la construction navale et de l'exploitation du bois. Les nombreuses scieries de la région ont débité les plus hauts arbres du New Hampshire pour qu'ils soient utilisés comme mâts pour la Royal Navy de la Couronne britannique. Après la Déclaration d'Indépendance, le commerce maritime apporta une nouvelle prospérité à la ville, si bien qu'à partir du début du 18e s. et tout au long du 19e s., négociants et capitaines au long cours se firent construire des maisons traduisant leur réussite. Leurs résidences, de styles georgien et fédéral, figuraient au nombre des plus belles demeures de l'État.

En 1800, Portsmouth donna son nom à la nouvelle base navale établie à Kittery, dans le Maine, où fut signé en 1905 le traité de Portsmouth qui mit un terme à la guerre russo-japonaise.

Fred Sieb Photography

Portsmouth

★★ **STRAWBERY BANKE**   *2 h. Voir schéma plus loin.*

Le programme de rénovation couvre 4 ha, dont **Puddle Dock**, où s'installèrent les premiers colons de Portsmouth en 1630. Strawbery Banke est une réalisation originale aujourd'hui citée en exemple pour illustrer les techniques mises en œuvre pour réhabiliter un quartier entier. Dans les années 1950, lorsque l'on annonça que les projets de rénovation impliquaient la démolition de Puddle Dock, de nombreux habitants de Porsmouth proposèrent au contraire que des fonds fussent réunis afin de permettre la restauration des maisons et des boutiques anciennes de ce quartier. Cette mobilisation fut telle qu'en 1957, il fut décidé de réhabiliter Puddle Dock.

Dix-huit des 42 bâtiments de Strawbery Banke ont été complètement restaurés et sont ouverts au public. Les autres sont en cours de restauration.

Visite – *De mai à octobre, tous les jours de 10 h à 17 h. 10 $. On peut se procurer un plan à l'entrée (Marcy Street). Des visites guidées thématiques sont proposées (prix compris dans le billet d'entrée du musée). Consulter le programme du jour fourni avec le billet.* ✗ & ☎ 603-433-1100.

Sherburne House [1] – Ce bâtiment d'apparence médiévale, avec ses pignons jumelés et ses petites fenêtres à carreaux, est le seul édifice du 17e s. conservé sur Strawbery Banke.

Lowd House [2] – Cette maison sans prétention, de style fédéral (1810), contient une remarquable collection d'outils d'artisans (18e et 19e s.).

Joshua Jackson House [3] – Dans cette maison construite vers 1750, on peut constater les transformations successives apportées par ses différents propriétaires au cours des deux derniers siècles.

Wheelwright House [4] – Cette habitation bourgeoise du 18e s. renferme de très belles boiseries.

William Pitt Tavern [5] – Ce bâtiment de 3 étages (1766) a joué un rôle central dans la vie sociale des premiers habitants de la ville. C'était un gîte où l'on venait se restaurer, et qui servit même de loge maçonnique.

Aldrich House [6] – Précédée d'un ravissant jardin fleuri, cette maison de la fin du 18e s. a préservé l'atmosphère paisible que Thomas Bailey Aldrich, qui y vécut vers le milieu du 19e s., a superbement évoquée dans son autobiographie.

Chase House [7] – Cette belle résidence de style georgien (vers 1762) était la propriété d'une riche famille de marchands. Elle est équipée de très beaux meubles d'époque et décorée de boiseries ouvragées.

Walsh House [8] – Cett maison de la fin du 18e s. renferme un bel escalier courbe, du mobilier d'époque, et plusieurs exemples d'imitations de bois et de marbre.

Goodwin Mansion [9] – Un jardin charmant précède cette élégante et luxueuse demeure, ancienne résidence d'un gouverneur de l'État (1811). Le mobilier est de style victorien.

Jones House [10] – Cette modeste maison de la fin du 18e s. abrite des objets provenant de fouilles conduites à proximité, et un petit laboratoire d'archéologie.

Entre Strawbery Banke et le fleuve, **Prescott Park** est embelli en été par de ravissants parterres de fleurs. En face de l'entrée de Strawbery Banke se dresse le **liberty pole [A]**, mât de la Liberté semblable à ceux qu'érigeaient les patriotes pendant la guerre d'Indépendance pour manifester leur opposition à la Couronne. Sur les quais, **Sheafe Warehouse** est un ancien entrepôt où sont organisées des expositions temporaires.

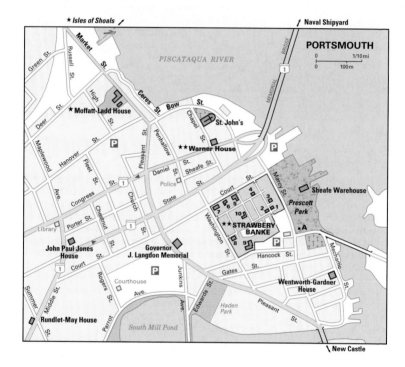

LES MAISONS HISTORIQUES   *Voir schéma ci-dessus*

★★ **Warner House** – *150 Daniel Street. Visite de mi-juin à octobre, du mardi au samedi de 10 h à 16 h 30, le dimanche de 13 h à 16 h. Fermé les principaux jours fériés. 4 $.* ☎*603-436-5909.* Cet hôtel particulier de style georgien, construit (1716) en briques pour le capitaine de vaisseau écossais Archibald Mac Pheadris, renferme du mobilier fabriqué en Europe et en Nouvelle-Angleterre ainsi qu'une série de portraits de la famille Warner par Joseph Blackburn. Les fresques (18e s.) qui ornent la cage d'escalier représentent en pied deux sachems de la tribu Mohawk qui firent le voyage de Londres avec Peter Schuyler, en 1710.

Derrière la maison se dresse la **St John's Church**.

★ **Moffatt-Ladd House** – *154 Market Street. Visite guidée (3/4 h) de mi-juin à mi-octobre, du lundi au samedi de 10 h à 16 h, le dimanche de 14 h à 17 h. 4 $.* ☎*603-436-8221.* Cette élégante demeure de style georgien fut construite en 1763 pour le propriétaire de chantier naval Samuel Moffatt. Sa famille la conserva jusqu'en 1913, date à laquelle elle fut ouverte au public comme musée. Les pièces sont dotées de mobilier fabriqué à Portsmouth et sont ornées de portraits de famille. Le grand vestibule a gardé son papier peint original et ses boiseries ouvragées qui font la fierté de cette demeure. Un charmant jardin en terrasses (milieu du 19e s.) complète la visite.

Wentworth-Gardner House – *Mechanic Street et Gardner Street. Visite guidée (1 h) de mi-juin à mi-octobre, du mardi au dimanche de 13 h à 16 h. Fermé les jours fériés. 4 $.* ☎*603-436-4406.* La façade de cette belle maison de style georgien, construite en

1760, se reflète dans les eaux de la Piscataqua. L'ananas sculpté au-dessus de la porte d'entrée symbolisait l'hospitalité à l'époque coloniale. Boiseries, corniches et balustres ouvragés décorent l'intérieur.

Governor John Langdon Memorial – *143 Pleasant Street. Visite guidée (3/4 h) de juin à mi-octobre, du mercredi au dimanche de 12 h à 17 h. 4 $.* ☎603-436-3205. Cette maison de style georgien (1784) est surtout connue pour avoir été la propriété de John Langdon, le premier président du Sénat américain et ancien gouverneur du New Hampshire. L'intérieur abrite de jolies boiseries et du mobilier fabriqué à Portsmouth aux 18e et 19e s.

John Paul Jones House – *43 Middle Street. Visite guidée (3/4 h) de juin à mi-octobre, du lundi au samedi de 10 h à 16 h, le dimanche de 12 h à 16 h. 4 $.* ☎603-436-8420. Héros de la marine américaine, John Paul Jones séjourna à deux reprises dans cette maison de style colonial pendant la guerre d'Indépendance. L'exposition comprend du mobilier, de la porcelaine, des vêtements et des objets de valeur historique appartenant à la Portsmouth Historical Society.

Rundlet-May House – *364 Middle Street. Visite guidée (3/4 h) de juin à mi-octobre, du mercredi au dimanche de 12 h à 17 h. 4 $.* ☎603-436-3205. Élégante demeure de style fédéral, érigée en 1807 sur une butte artificielle, Rundlet-May House témoigne des goûts et du cadre quotidien de ses propriétaires, une dynastie de marchands qui y habita jusqu'aux années 1970. Une grande partie de la décoration et des équipements originaux s'y trouve encore, notamment du mobilier fabriqué à Portsmouth, du papier peint anglais et une cuisine résolument moderne pour le début du 19e s. Des annexes et un jardin ajoutent au charme de cette habitation.

EXCURSIONS

★ **Isles of Shoals** – *Départs du quai de Market Street, de mi-juin au Labor Day (1er lundi de septembre), tous les jours à 7 h 30 et 11 h. Activité réduite au printemps et en automne. Circuit de 2 h 1/2 AR (sans arrêt) ou 5 h 3/4 AR (avec arrêts). Visite commentée. Réservations recommandées. De 8,50 $ à 16,50 $.* ✕ & *Isles of Shoal Steamship Co.* ☎603-431-5500. Cette croisière permet de visiter 9 îles. On longe d'abord les berges de la Piscataqua sur 5 miles avant de prendre la mer. La partie fluviale offre d'intéressantes vues sur les cales du chantier naval de Portsmouth, sur le **Fort Mc Clary** de Kittery – un ancien quartier de haute sécurité à la silhouette de château et qui serra jusqu'à 3 500 prisonniers –, sur **Fort Constitution** et les ravissantes maisons insulaires de New Castle.

Découvertes par le capitaine John Smith en 1614, les Isles of Shoals ne gardèrent que très brièvement leur premier nom de Smith's Isles, car les pêcheurs les rebaptisèrent en l'honneur de leurs eaux très poissonneuses (*shoals* est l'ancien terme pour désigner un banc de poissons). Lorsqu'en 1635, on établit la frontière entre le Maine et le New Hampshire, les deux États se partagèrent les îles. Au 19e s., leur beauté austère fut popularisée par l'écrivain Celia Thaxter qui, l'été, accueillait de nombreux auteurs sur Appledore Island. Les îles les plus importantes sont: **Appledore**, qui abrite des laboratoires marins appartenant aux universités de Cornell et du New Hampshire; **Smuttynose**, une île privée reliée par une digue à **Cedar Island**; **Star Island**, dominée par un vieil et curieux hôtel tenu par les églises unitariste et congrégationaliste pour recevoir en été des rassemblements religieux; et, perdue en mer, **White Island**, dont le phare solitaire est un sujet de prédilection pour les photographes.

New Castle – *815 h. Suivre Pleasant Street vers le Sud jusqu'à New Castle Avenue (route 1B).* Bâtie sur une île reliée au continent par un pont et une chaussée, New Castle est une petite ville résidentielle connue pour ses nombreuses habitations de style colonial. Son front de mer est blanchi par les façades en bois de **Wentworth-by-the-sea**, un ensemble hôtelier du 19e s. fréquenté sans interruption pendant près d'un siècle jusqu'à sa fermeture dans les années 1970.

Les murailles de **Fort Constitution**, l'un des plus anciens forts de la côte, surplombent l'embouchure de la Piscataqua.

Wentworth-Coolidge Mansion – *Sur Little Harbor Road à partir de la route 1A, à 2 miles du centre de Portsmouth en se dirigeant vers le Sud. Après avoir franchi la limite de Portsmouth (à 1/4 de mile, panneau « Welcome to Portsmouth »), tourner à droite juste avant le cimetière dans Little Harbor Road. Après 1 mile, le manoir est indiqué. Visite guidée (3/4 h) de mi-juin à mi-octobre, de 10 h à 17 h. 2,50 $.* ☎603-436-6607. Ce manoir du 18e s. construit au bord de la Piscataqua fut la résidence de Benning Wentworth, fils du premier gouverneur colonial du New Hampshire,

John Wentworth. Bien qu'il ne soit que partiellement meublé aujourd'hui, il demeure un exemple élégant de l'éveil de l'architecture américaine dans cette région de Portsmouth.

Exeter – 12 481 h. *13 miles au Sud-Ouest de Portsmouth par les routes 101 et 108.* Dès 1734, les habitants d'Exeter manifestèrent leur opposition à la Couronne en empêchant les agents du roi de venir couper les plus grands arbres de la région pour la marine de Sa Majesté. Exeter resta un fief des patriotes durant la guerre d'Indépendance et fut même la capitale provinciale du New Hampshire pendant les années de guerre de la décennie 1770. Aujourd'hui paisible et discrète, la ville s'enorgueillit de ses larges avenues ombragées et de ses résidences de style colonial qui témoignent qu'Exeter fut l'un des premiers peuplements de l'État.
La ville abrite la **Phillips Exeter Academy**, lycée privé très réputé fondé en 1781. Les bâtiments de l'école – plus d'une centaine, dont beaucoup de style georgien – sont dispersés sur un vaste terrain gazonné. L'Academy Building, grand édifice de style georgien érigé sur la pelouse qui fait face à Front Street, renferme la plupart des salles de classe. La bibliothèque de neuf étages fut conçue par Louis Kahn en 1965.

SAINT-GAUDENS NATIONAL HISTORIC SITE
Voir Carte des Principales Curiosités

Augustus Saint-Gaudens (1848-1907) fut le plus éminent sculpteur des États-Unis au 19e s. (*voir le chapitre Sculpture de l'Introduction*). Il débuta comme apprenti chez un graveur de camées, travailla ensuite à Rome puis étudia à l'École des Beaux-Arts de Paris avant de s'établir à New York où il connut une rapide célébrité. Ses œuvres les plus marquantes sont d'impressionnants monuments commémorant la guerre de Sécession tel le Shaw Memorial à Boston (*voir à ce nom*), ainsi que sa série de portraits qui lui valurent d'être décoré de la Légion d'honneur et admis à la Royal Academy de Londres.
Pendant les deux décennies où il résida à Cornish, Saint-Gaudens sculpta quelque 150 œuvres. Le National Park Service a transformé sa maison, ses ateliers et son parc en musée.

VISITE *1 h 30 min*
A Cornish, à 20 miles au Sud de Hanover. De Hanover, emprunter la route 10 vers le Sud jusqu'à la route 12A. Parcourir environ 15 miles sur la route 12A, puis suivre la signalisation. Visite de mai à octobre, tous les jours de 8 h 30 à 16 h 30. 2 $. & ☎ 603-675-2175. *Pour la maison, visite guidée uniquement (1/2 h).*

Maison – Saint-Gaudens acheta une taverne bâtie vers 1800. Il la rénova et la baptisa «Aspet», nom du village français où était né son père.

Ateliers et galerie – Dans le petit atelier où travaillait l'artiste, on peut voir une sélection de portraits en bas-relief, ainsi que la *Diane* qu'il avait sculptée pour la tour de l'ancien Madison Square Garden à New York. Un moulage de la statue *The Puritan*, qui se trouve à Springfield (Massachusetts), est visible dans la galerie parmi d'autres œuvres.
Le parc est orné d'une copie de l'**Adams Memorial**, monument énigmatique commandé en 1885 par Henry Adams pour la tombe de sa femme, Marian. Il figurerait la vision que l'artiste portait sur la mort, le deuil et la paix divine.

Les WHITE MOUNTAINS ★★★
Voir Carte des Principales Curiosités
Renseignements touristiques ☎ 603-745-8720

Région la plus montagneuse de la Nouvelle-Angleterre, les White Mountains s'étendent au Nord du New Hampshire et s'étirent jusqu'au Maine. Ces montagnes doivent leur nom au manteau de neige qui les recouvre presque toute l'année. Dominées par le mont Washington qui culmine à 1 917 m, elles se caractérisent par leurs sommets arrondis et de grandes vallées profondes en forme de U connues aux États-Unis sous le noms de **notches**, ce qui signifie entailles ou brèches.
Administrée par l'État, la White Mountain National Forest couvre une superficie de 312 000 ha. Elle est réputée pour ses paysages spectaculaires, ses aires de pique-nique, ses terrains de camping et ses 1 900 km de sentiers de randonnées.

La longueur de l'hiver permet aux skieurs de profiter de ses pentes, dans la National Forest comme dans les vallées de ses alentours. Tout au long de l'été, les randonneurs y apprécient la fraîcheur des sous-bois et des cascades, et se régalent des vues qu'offrent les sommets. En automne, les White Mountains deviennent un paradis où les feuilles mortes mêlent leurs couleurs éclatantes.

Renseignements pratiques ....Indicatif téléphonique: 603

Comment s'y rendre – Par le Sud (de **Boston** à **Lincoln**, 295 miles): prendre la route 93 vers le Nord; par l'Ouest (de **New York City** à **Warren/western White Mountains**, 309 miles): prendre la route 91 vers le Nord jusqu'à la route 25A, ou (de **New York City** à **Bretton Woods/Crawford Notch**, 331 miles) la route 91 vers le Nord, puis la route 302 vers l'Est; par le Nord (de **Montréal** à **Franconia Notch**, 233 miles): prendre la route 10 vers l'Ouest, la route 55/I-91 vers le Sud, puis la route 93 vers le Sud. Par **avion**: des vols intérieurs et internationaux desservent le Portland International Airport (Portland, Maine) ☎207-774-7301. Location de voitures *(voir chapitre Renseignements pratiques)*. **Gare ferroviaire** la plus proche: Amtrak, South Station à Boston (Massachusetts) ☎800-872-7245. **Gare routière** la plus proche: Greyhound, Stores Station à Concord (possibilité de rejoindre Franconia) ☎800-231-2222.

Comment s'y déplacer – De nombreuses routes pittoresques traversent la National Forest, dont: la route 93 de **Plymouth** à la sortie 35 (30 miles); la route 112 de **Lincoln** à **Conway** (37 miles); la route 15 de **Milton Mills**, au Sud de la National Forest, à **Gorham** (86 miles). La circulation automobile est interdite hors des routes. Certains points de vue ne sont accessibles qu'à pied.

Informations touristiques – Bureaux d'accueil de la **White Mountains National Forest**: 719 Main Street à Laconia ☎528-8721; **Saco Ranger Station**, Kancamagus Highway, près de la route 16 ☎447-5448; **Androscoggin Ranger Station**, 80 Glen Road (route 16), Gorham ☎466-2713; **Ammonoosuc Ranger Station**, routes 3 et 302 sur Trudeau Road, Bethelem ☎869-2626; **Evans Notch Ranger Station**, Bridge Street, Bethel ☎207-824-2134. Adresse postale: PO Box 638, Laconia NH 03247. Bureau d'accueil de l'**Appalachian Mountain Club (AMC)**: Pinkham Notch Camp, Gorham. ☎466-2725; l'*Appalachian Mountain Club White Mountains Guide* est disponible chez AMC Books, PO Box 298, Gorham NH 03581 ☎800-262-4455. Bureau d'accueil de la **Mt Washington Valley Chamber of Commerce**: Main Street, North Conway (ouvert toute l'année, du lundi au vendredi de 9 h à 17 h). Adresse postale: PO Box 2300, North Conway NH 03860 ☎356-3171.

Hébergement – Service de réservations: **Country Inns in the White Mountains**, PO Box 2025, North Conway ☎800-562-1300. La **Mt Washington Valley Chamber of Commerce** *(voir ci-dessus)* propose un service de réservations pour les villes situées au Sud-Est de la National Forest. L'**Appalachian Mountain Club** administre un réseau de chalets et de refuges, un pavillon d'hébergement au pied du mont Washington, ainsi que le **Crawford Notch Hostel** ☎466-2727. **Camping** toute l'année (possibilité de réserver dans de nombreux camps via MISTIX ☎800-283-2267); **camping sauvage** autorisé, se renseigner auprès des gardes forestiers.

Loisirs – Il existe plus de 1 800 km de **sentiers de randonnée**; des topoguides sont disponibles dans les stations de gardes forestiers et au bureau d'accueil de l'**Appalachian Mountain Club**. **Pêche** et **chasse** sont autorisées: permis et location de matériel sont disponibles dans les villes avoisinantes. **Baignade**, **canoë** et **kayak** sont autorisés dans et sur de nombreux lacs et rivières; contacter les stations de gardes forestiers pour de plus amples informations. Des pistes de **ski de fond** *(voir chapitre Renseignements pratiques)* sillonnent la région; le **ski alpin** *(voir chapitre Renseignements pratiques)* est principalement concentré dans les vallées du mont Washington et de Waterville, ainsi qu'à Franconia Notch. Il est possible d'effectuer des promenades en **voiture attelée** depuis North Conway et ses environs. Des **magasins spécialisés** se trouvent à North Conway, et des points de ventes à prix d'usine dans la vallée du mont Washington. *Pour de plus amples informations sur les activités proposées dans la région, contacter les organismes mentionnés ci-dessus.*

De brusques changements de climat peuvent survenir tout au long de l'année, il est donc recommandé de prendre connaissance des prévisions météorologiques locales avant de partir. Les randonneurs qui s'engagent sur le mont Washington doivent veiller à respecter les consignes de sécurité et se montrer extrêmement prudents.

Relief et Climat – Ces montagnes sont les vestiges d'une chaîne graniteuse très ancienne. Au cours de la dernière période de glaciation, elles furent recouvertes d'une immense calotte glaciaire qui en éroda et façonna les sommets, les dotant de leur forme arrondie actuelle. Lorsque cette calotte se retira, les glaciers creusèrent des vallées profondes en lissant leurs parois en forme de U. L'écoulement et le ruissellement de l'eau de fonte ont ensuite creusé d'énormes marmites torrentielles comme par exemple la cuvette visible à Franconia Notch *(voir à ce nom)*.
Le climat régnant sur ces sommets est particulièrement rude pour des montagnes d'une altitude aussi faible. Ainsi, la forêt des White Mountains connaît un climat sub-polaire comparable à celui de la forêt des Rocheuses du Colorado. La végétation des sommets ressemble à la flore de la toundra arctique et comprend des espèces que l'on ne trouve nulle part ailleurs dans le Nord-Est des États-Unis.

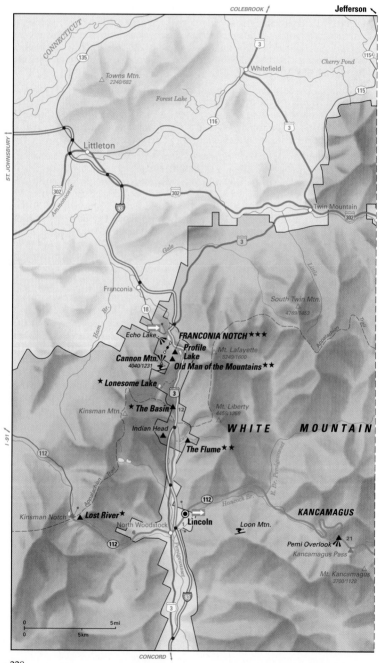

Un peu d'histoire – En 1524, Giovanni da Verrazano aperçut les White Mountains depuis la côte. En 1642, le sommet que l'on appelle aujourd'hui le mont Washington fut exploré par l'un des premiers colons. Peintres et écrivains visitèrent la région au début du 19ᵉ s., non sans évoquer dans leurs œuvres la rude beauté des White Mountains. A cette même époque, des notables du New Hampshire baptisèrent les plus hauts sommets de noms d'anciens présidents des États-Unis; c'est ainsi que le mont Washington appartient aujourd'hui à la Presidential Range (chaîne des Présidents).

Puis, peu à peu, le tourisme fit son apparition, et vers la fin du siècle, on vit de nombreux hôtels de style victorien pousser dans la vallée avec l'arrivée du rail. Un tourisme de masse était né. La plupart de ces beaux établissements surannés ont malheureusement brûlé, et ont été remplacés par des motels.

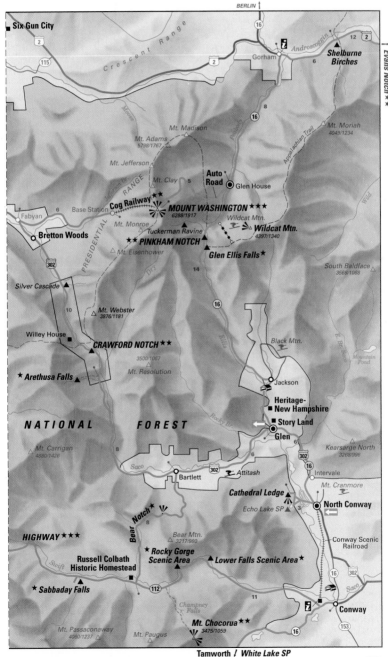

★★★ MOUNT WASHINGTON *Voir schéma plus haut*

Le mont Washington est le point culminant de la Nouvelle-Angleterre (alt. 1 917 m) et le principal sommet de la Presidential Range qui réunit les monts Adams, Clay, Jefferson, Madison, Monroe et, plus récemment, Eisenhower. Un climat sub-polaire, similaire à celui que connaît le Nord du Labrador, règne à son sommet. On n'y rencontre donc qu'une flore et une faune adaptées au froid, au vent et au gel. Seuls de toutes petites plantes et des sapins nains ont résisté à cet environnement hostile, et ont envahi cette confusion de roches qui composent le paysage s'élevant au-dessus de la forêt. C'est au sommet du mont Washington que les vents les plus violents du monde ont été enregistrés le 12 avril 1934, avec une vitesse de 372 km/h.

Des chutes de neige peuvent survenir tout au long de l'année sur ce sommet enveloppé de brouillard au moins 300 jours par an. Du reste, le groupe de bâtiments élevés au sommet est surnommé «la cité des nuages».

Le sommet – *Le train à crémaillère (Mt Washington Cog Railway, voir plus loin) et la route (voir plus loin), fermés en cas de tempête, sont les moyens les plus rapides d'atteindre le sommet. A condition d'être en forme et convenablement équipés, les randonneurs pourront s'attaquer à l'un des quatre raidillons qui mènent au sommet.* Parmi la demi-douzaine de bâtiments plantés au sommet du mont Washington se trouvent la Tip Top House (1853), des installations de télécommunication et le Summit Building. Le site et ses aménagements ont servi de terrain d'essai pour toutes sortes de produits, depuis les vêtements thermo-protecteurs jusqu'aux équipements destinés à contrôler le givrage des moteurs d'avion.

Bâtiment moderne ancré dans la montagne, le **Sherman Adams Summit Building** renferme le Mt Washington Weather Observatory (observatoire météorologique) ainsi qu'un petit musée consacré à la météorologie, la géologie et l'histoire du mont *(visite de mai à octobre, tous les jours de 8 h à 20 h;* ✗ ♿ ☎603-466-3347).

Par temps clair, la terrasse de ce bâtiment offre un **panorama★★★** grandiose. La vue porte à plus de 380 km, balaye la région toute entière et s'étend vers le Nord jusqu'à Montréal.

★★ Mt Washington Cog Railway – *6 miles à l'Est de Fabyan. Voir Crawford Notch.*

★★ PINKHAM NOTCH – de North Conway à Glen House

26 miles par la route 302/16 (qui se divise à hauteur de Glen). Compter 1/2 journée. Voir schéma plus haut.

North Conway – 2 032 h. Cette petite ville, très bien équipée en infrastructures touristiques, est la porte des White Mountains. Elle est située non loin des stations de ski d'Attitash, Mt Cranmore, Black Mountain et Wildcat Mountain *(voir chapitre Renseignements pratiques).*

Sur la route 16, la gare de chemin de fer (1874) présente un caractère romain. Elle a été transformée en musée et abrite la billetterie du **Conway Scenic Railroad**, une ancienne ligne dont le circuit (18 km) traverse la vallée de Saco *(départs du dépôt de North Conway de début juin à fin octobre, tous les jours à 10 h, 11 h, 12 h, 13 h, 14 h et 16 h; horaires variables au printemps ainsi qu'en novembre et décembre; circuit de 1 h ou 2 h; 7,50 $ ou 12,50 $;* ✗ ♿ *Conway Scenic Railroad* ☎603-356-5251*).*

Cathedral Ledge – *Après le Scenic Railroad, tourner à gauche face à la White Mountain Bank, poursuivre pendant 1,5 mile jusqu'au panneau signalant Cathedral Ledge, puis tourner à gauche.* Dominant la vallée d'une hauteur de plus de 300 m, cette terrasse vertigineuse offre une **vue★** superbe sur le lac Echo et sur la splendeur sauvage de la vallée du mont Washington.

> *Retourner sur la route 302/16 vers le Nord. Le mont Washington est visible de la route.*

Glen – Situé à la jonction des routes 16 et 302 (Crawford Notch), Glen est connu par ses deux attractions: le parc de Story Land et Heritage-New Hampshire.

Story Land – *Visite de mi-juin au Labor Day (1er lundi de septembre), tous les jours de 9 h à 18 h; du Labor Day à mi-octobre, uniquement le week-end de 10 h à 17 h. 15 $.* ✗ ♿ ☎603-383-4293. Ce parc d'attractions s'est inspiré de contes de fées et de chansons enfantines pour entraîner les enfants dans son domaine peuplé de personnages à leur échelle. Plusieurs circuits sont proposés, et il est possible de pique-niquer sous les arbres.

Heritage-New Hampshire – *Visite de mi-juin au Labor Day (1er lundi de septembre), tous les jours de 9 h à 18 h; du Labor Day à fin octobre, de 9 h à 17 h. 7,50 $.* ♿ ☎603-383-4293. Des reconstitutions grandeur nature animées d'effets spéciaux font revivre les étapes importantes de l'histoire du New Hampshire. Ainsi, la façade classique du bâtiment cache-t-elle le paysage montagneux de l'État et les tristes ateliers des Amoskeag Mills qui firent la grandeur de Manchester au 19e s. La visite se termine par une simulation d'excursion ferroviaire à travers Crawford Notch.

Continuer vers le Nord sur la route 16 qui traverse le village de Jackson. Passer le pont couvert de Jackson pour apercevoir les vieux hôtels du village.

★★ **Pinkham Notch** – (alt. 620 m). Ce passage sépare le mont Washington de la Wildcat Mountain.

★ **Glen Ellis Falls** – *Parking à gauche de la route.* Ces chutes et leurs bassins situés à l'Est de la route *(emprunter le passage souterrain)* sont alimentés par la rivière Ellis.

Wildcat Mountain – *Parking sur la route 16.* Face à Pinkham Notch et au mont Washington, les pentes de la Wildcat Mountain (alt. 1 340 m) ont été aménagées en pistes de ski. Le sommet est accessible en télécabine, et offre une belle vue★★ sur le mont Washington et les crêtes septentrionales de la Presidential Range *(la télécabine fonctionne de juillet à début octobre, tous les jours de 9 h à 17 h; de fin mai à fin juin et de début octobre à fin octobre, uniquement le week-end de 9 h à 17 h; de mi-novembre à avril, uniquement le week-end de 9 h à 16 h; 8 $; ✗ ☎603-466-3326).*

Auto Road – La piste de 8 miles qui mène au sommet du mont Washington s'amorce à **Glen House**. Il est possible de l'emprunter avec son véhicule ou de s'inscrire à une visite guidée *(voir ci-dessous).* Au sommet, comme en chemin, la vue sur la réserve naturelle, le Great Gulf Wilderness, et sur la Presidential Range est spectaculaire. *Route ouverte aux véhicules individuels, tous les jours de mi-mai à mi-octobre (si le temps le permet). 12 $ (voiture et conducteur), 5 $ par passager adulte supplémentaire. Les automobilistes souhaitant gagner le sommet en voiture doivent vérifier le bon état préalable de leur véhicule (essence, eau, freins). La route, mal empierrée par endroits, présente quelques passages étroits et raides. Pour des raisons de sécurité, l'accès est interdit aux camping-cars et aux véhicules surchargés. Visite guidée (1 h 30 min) au départ de Glen House. 18 $. ☎603-466-3988.*

Shelburne Birches – *A 14 miles de Glen House. Prendre la route 16, puis la route 2 qui traverse Gorham.* Cette route pittoresque est bordée de gracieux bouquets d'arbres, les «bouleaux de Shelburne».

★★ **Evans Notch** – *12 miles par la route 2 à partir de Shelburne Birches. Voir à ce nom.*

★★ CRAWFORD NOTCH – de Glen à Fabyan
24 miles par la route 302. 3 h. Voir schéma plus haut.

La route 302 suit la Saco River le long de Crawford Notch, large vallée qui s'étend au cœur des White Mountains. La route dépasse le domaine skiable de **Attitash** pour gagner **Bartlett**. A Bartlett, une route située juste après la bibliothèque mène au Sud vers la vallée de Bear Notch.

★ **Bear Notch** – *8 miles entre Bartlett et la Kancamagus Highway.* Lorsque la route, particulièrement magnifique en automne, quitte Crawford Notch (3,5 miles après Bartlett), la **vue** sur la vallée de l'Ours est splendide.

★★ **Crawford Notch** – (alt. 540 m). Ce défilé porte le nom de la famille Crawford, une des premières à s'engager dans les White Mountains. Au siècle dernier, cette famille, dont la maison servait de refuge aux randonneurs, traça le premier sentier vers le sommet du mont Washington.

★ **Arethusa Falls** – *Parking sur la gauche de la route. Traverser la voie ferrée pour s'engager à droite dans un chemin forestier.* Le sentier *(2 h AR)* suit un ruisseau qu'il traverse juste avant de gagner ces cascades au cadre particulièrement réparateur.

La route 302 passe devant la vieille **Willey House** et le **mont Webster** dont les pentes accusent par endroits de récents glissements de terrain. Plus loin, la route croise la **Silver Cascade** dont la chute est impressionnante.

Bretton Woods – Les versants de la Presidential Range servent d'arrière-plan au grand complexe hôtelier du **Mount Washington Resort**, l'une des rares auberges du 19e s. ayant survécu. En 1944, l'hôtel abrita la conférence des Nations-Unies sur les questions monétaires et financières qui aboutit au fameux accord de Bretton Woods, instituant le dollar comme monnaie de référence pour les échanges internationaux tandis qu'était projetée la création de la Banque Mondiale.

Continuer la route 302 vers le Nord. A Fabyan, prendre à droite la route qui mène au train à crémaillère.

Mt Washington Cog Railway

★★ **Mt Washington Cog Railway** – *Départs de la Marshfield Base Station, à 6 miles à l'Est de la route 302. Ouvert de juillet au Labor Day (1ᵉʳ lundi de septembre), tous les jours de 8 h à 16 h; du Labor Day à fin octobre de 9 h à 14 h (si le temps le permet); en mai, uniquement le week-end de 9 h à 14 h. 3 h AR. 35 $. ⚒ ♿ Mt Washington Cog Railway* ☎603-846-5404. Ce petit train à vapeur est pratiquement aussi célèbre que la montagne. Construit en 1869, son tracé de 5,6 km représentait une prouesse technologique pour l'époque. Il offre toujours à ses passagers des moments palpitants, surtout lors de l'ascension de la **Jacob's Ladder**, ou échelle de Jacob, la pente la plus vertigineuse (37 %) du trajet.

Il est intéressant de remarquer combien la végétation et le paysage varient avec l'altitude.

★★★ FRANCONIA NOTCH

13 miles par la route 3. Compter une demi-journée. Voir schéma plus haut.

La route 3, qui s'étire le long de cette très belle vallée blottie entre les hauteurs des Franconia et Kinsman Ranges, permet d'accéder à **Echo Lake** (route 18) et à plusieurs curiosités naturelles de la région.

Cannon Mountain – L'une des plus belles stations de ski du New Hampshire. Un **téléphérique** mène au sommet (alt. 1 232 m) qui surplombe le lac Echo et offre une magnifique **perspective★★** sur la vallée *(fonctionne de mi-mai à octobre, tous les jours de 9 h à 16 h 30; le reste de l'année, uniquement le week-end de 9 h à 15 h 45; 9 $;* ⚒ ♿ ☎*603-823-5563)*. A proximité de la gare du téléphérique, le **New England Ski Museum** retrace l'histoire de ce sport grâce à des présentations audiovisuelles et une exposition de photos, de matériel et de souvenirs *(ouvert de fin décembre à mars et de mai à mi-octobre, du mardi au jeudi de 12 h à 17 h; fermé le 1ᵉʳ janvier; ♿* ☎*603-823-7177)*.

★★ **Old Man of the Mountains et Profile Lake** – Une formation rocheuse évoquant le profil d'un homme (12 m du front au menton) surgit du flanc de la montagne qui surplombe Profile Lake. Les deux hommes, qui découvrirent en 1805 cette curiosité topographique, lui trouvèrent un air de ressemblance avec le président Jefferson. Hawthorne fit une description de ce profil dans sa nouvelle *The Great Stone Face* (Le Grand Visage de pierre), et quand P. T. Barnum *(voir Bridgeport)* voyagea dans la vallée presque 20 ans plus tard, il fut si impressionné qu'il souhaita acheter cette attraction pour son fameux cirque. C'est le bord du lac qui offre le meilleur point de vue sur le «Vieil Homme des Montagnes».

★ **Lonesome Lake** – *Départ du parking du camping Lafayette. Suivre les marques jaunes (3 h AR)*. Ce lac occupe une trouée à 300 m au-dessus de Franconia Notch. Le sentier qui le contourne mène au refuge de l'Appalachian Mountain Club, qui héberge les randonneurs en été.

★ **The Basin** – A force de battre la roche, l'eau des chutes a creusé dans le granit cette marmite torrentielle de 9 m.

★★ **The Flume** – *Visite de mi-mai à fin octobre, tous les jours de 9 h à 17 h. 6 $. Transport possible par autocar du bureau d'accueil jusqu'à Boulder Cabin (à 800 m de marche de la gorge).* ✗ ♿ ☎*603-745-8391.* A partir du bureau d'accueil, une série de sentiers forme un circuit en boucle de 3,2 km. **Flume Path**, formé de planches et d'escaliers, conduit les visiteurs dans cette étroite et profonde gorge de granit dans laquelle coule un torrent, Flume Brook. **Ridge Path** mène à la Liberty Cascade, puis au pont couvert de **Sentinel Pine Bridge**, qui enjambe les eaux limpides d'un bassin naturel. **Wilwood Path** achève la promenade en serpentant entre d'impressionnants rochers que les glaciers ont déposés voici des millénaires.

En quittant la gorge, il est possible de voir au-delà de la route 3 une formation rocheuse qui fait penser à un profil d'homme. On l'appelle **Indian Head**. La route 3 poursuit vers le Sud en direction du village de Lincoln.

Bob Grant

The Flume

Lincoln – 1 229 h. Situé à l'extrémité Sud de Franconia Notch, Lincoln est au centre des curiosités touristiques des environs, ce qui explique cette abondance de motels, de restaurants, de boutiques et d'attractions commerciales.

★ **Lost River** – *7 miles de Lincoln par la route 112 vers l'Ouest. Visite de mai à octobre, tous les jours de 9 h à 16 h (18 h en juillet et août). 7 $.* ✗ ☎*603-745-8031.* Située dans le Kinsman Notch et entre les vallées du Connecticut et de la Pemigewasset, la gorge de Lost River est une profonde entaille glaciaire encombrée de gigantesques blocs rocheux dans lesquels la rivière a sculpté des bassins. Une série de chemins de planches et d'escaliers permet aux visiteurs de découvrir les grottes, les cascades et les marmites torrentielles que recèle le défilé.

★★★ KANCAMAGUS HIGHWAY – de Lincoln à Conway

32 miles. 3 h. Voir schéma plus haut.

Cette route traverse la White Mountains National Forest en longeant **Hancock Brook**, qui se jette dans la Pemigewasset River, et en suivant la **Swift River**. En automne, ce parcours parmi les érables et les bouleaux est certainement l'un des plus magnifiques de la Nouvelle-Angleterre. Des aires de pique-nique et des terrains de camping invitent à la détente auprès des eaux limpides de torrents se transformant ci et là en rapides spectaculaires. Les montagnes situées au Sud de la route portent le nom d'illustres tribus indiennes du New Hampshire: Passaconaway, Kancamagus («ami des pionniers») et Chocorua. La route passe devant le **Loon Mountain Recreation Area**, une parc de loisirs fréquenté toute l'année, puis commence l'ascension du col Kancamagus. Pendant la montée, **Pemi Overlook** offre une **vue**★ remarquable sur la région. La route plonge ensuite vers la vallée de la Saco.

★ **Sabbaday Falls** – *Parking au Sud de la route. Le sentier de Sabbaday Brook Trail est facile (1/2 h AR).* Ces chutes en escalier alimentent deux marmites torrentielles avant de se jeter dans un ravin.

Russel Colbath Historic Homestead – *La maison est ouverte de fin mai à mi-octobre, tous les jours de 8 h 30 à 16 h 30. Démonstrations d'artisanat.* ☎603-447-5448. Ce bureau d'accueil et centre forestier de la White Mountains National Forest se situe au départ du sentier fléché du **Rail'N River Trail**. Ce sentier, ainsi nommé car il suit le tracé d'une ancienne ligne de chemin de fer, est l'occasion de s'intéresser aux arbres et aux arbustes qui occupent cette partie de la forêt.

On croise, sur la gauche, la route de Bear Notch (voir à ce nom).

★★ **Mt Chocorua** – *Au départ du parking de Champney Falls Trail, un sentier mène au sommet (5 h AR).* Suivre le **Champney Falls Trail-Piper Trail** qui monte légèrement pendant 2,4 km avant de conduire par une déviation *(sur la gauche)* vers les chutes de Champney. Reprendre ensuite le sentier principal. En amorçant l'ascension du sommet rocheux du mont Chocorua, la pente devient plus raide, et traverse diverses couches de végétation forestière. Du sommet, on bénéficie d'un splendide **panorama**★★★ sur les White Mountains ainsi que sur le lac Chocorua.
Lac et montagne ont été baptisés à la mémoire d'un chef indien qui, d'après la légende, vengea la mort de son fils en tuant toute la famille de l'homme soupçonné d'avoir empoisonné accidentellement le garçon. Un groupe de colons poursuivit Chocorua et l'accula au bord du vide, au sommet du mont qui porte aujourd'hui son nom. Chocorua proféra alors une malédiction sur tous les hommes blancs avant de se précipiter dans le vide. Les colons se souvinrent de la malédiction de l'Indien quand leur bétail fut décimé par une épidémie. On apprit plus tard que les bêtes avaient consommé de l'eau polluée.

Retourner au parking en faisant attention de bien suivre les panneaux signalant le Champney Falls Trail, car le nombre de sentiers est tel sur le mont Chocorua qu'il n'est pas rare de se tromper.

★ **Rocky Gorge Scenic Area** – A cet étranglement de la vallée, la rivière Swift forme des rapides.

★ **Lower Falls Scenic Area** – La partie orientale du site offre la meilleure vue des cascades formées par la rivière Swift.

Conway – 7 490 h. Cette station est équipée pour toutes les saisons. A l'extérieur de la ville, magasins spécialisés, motels et restaurants bordent la route 16. Cette même route permet d'apercevoir le pont couvert qui enjambe la rivière Saco, à moins d'un mile au Nord de Conway.

Tamworth – 2 165 h. *A 13 miles de Conway. Prendre la route 16 vers le Sud.* Après avoir parcouru 10 miles, on bénéficie d'une **vue**★★ idyllique sur le mont Chocorua qui se reflète dans le lac du même nom. Après avoir traversé le hameau de Chocorua, la route 113 mène vers l'Ouest au paisible village de Tamworth, avec ses maisons blanches et son auberge accueillante. Une troupe de théâtre locale, les **Barnstormers**, se produit ici en été.

AUTRES CURIOSITÉS

White Lake State Park – *14 miles au Sud de Conway, à un demi-mile au Nord de West Ossipee, sur la route 16. Visite de mi-mai au Labor Day (1ᵉʳ lundi de septembre) inclus, tous les jours de 8 h au coucher du soleil; du Labor Day à octobre, uniquement le week-end. 2,50 $.* ⚠ ☎603-323-7350. *Voir chapitre Renseignements pratiques.* Situé au Sud des White Mountains, ce parc fait la joie des pêcheurs et des baigneurs, avec sa plage de sable.

Mt Whittier – *Route 25 au départ de West Ossipee.* Ce mont (alt. 672 m) a reçu le nom du poète John Greenleaf Whittier *(voir Newburyport)* qui prenait ses quartiers d'été à proximité. De son sommet, on voit le mont Chocorua et les White Mountains.

Santa's Village – *Prendre la route 2 à Jefferson. Visite de juin au Labor Day (1ᵉʳ lundi de septembre), tous les jours de 9 h 30 à 18 h 30; du Labor Day à octobre, uniquement le week-end de 9 h 30 à 17 h. 13 $.* ✗ ☎603-586-4445. Ce village assure être la résidence d'été du Père Noël, de ses rennes et de ses lutins. Une quarantaine de bâtiments aux coloris et aux décors joyeux reposent à l'ombre d'arbres toujours verts.

Six Gun City – *Au Sud de l'embranchement des routes 2 et 115A, près de Jefferson. Visite de juin au Labor Day (1ᵉʳ lundi de septembre), tous les jours de 9 h à 18 h; du Labor Day à octobre de 9 h 30 à 17 h. 9,25 $.* ✗ ☎603-586-4592. Cette réplique de petite ville de western comprend un fortin, une prison, un saloon et 35 autres bâtiments. Plusieurs attractions sont proposées.

Voir Carte des Principales Curiosités
Renseignements touristiques ☎603-254-8555

Le plus grand lac du New Hampshire couvre une superficie de 115 km²; ses rives sont longues de 480 km, et il est parsemé de plus de 200 îlots. Le meilleur moyen de le découvrir est d'effectuer une excursion en bateau *(voir ci-dessous)*. Par temps clair, le site est superbe, avec les White Mountains en toile de fond. Le nom du lac provient d'une légende indienne. Une nuit, un guerrier traversait le lac en canoë. Soudain, le ciel s'assombrit et devint menaçant. De façon tout aussi subite, un rai de lumière brillante vint frapper la surface de l'eau, guidant en toute sécurité l'embarcation vers la rive. L'Indien y vit un miracle divin et baptisa le lac Winnipesaukee, ce qui signifie «le sourire du Grand Esprit».

Les villages du lac – Chaque village bordant le lac a son caractère propre. **Laconia** est le centre industriel et commerçant de la région. Avec ses grandes maisons au bord de l'eau, le charmant petit village de **Wolfeboro★** séduit les estivants depuis des décennies. Préservée des effets malheureux de l'ère industrielle, c'est une des plus jolies bourgades du lac Winnipesaukee. **Weirs Beach** est une station animée présentant au lac de jolies habitations victoriennes. **Center Harbor** et Meredith, tous deux blottis dans des abris naturels à l'extrémité Nord du lac, servent de point de ravitaillement aux campings et résidences des alentours.

Chaque été, des milliers de vacanciers viennent faire du bateau sur le lac où abondent pontons, marinas et rampes de mise à l'eau. Les plages renommées de Weirs Beach et **Ellacoya State Beach** attirent les baigneurs, pendant que les randonneurs sillonnent les collines des alentours. En hiver, **Gunstock Ski Area** *(Voir chapitre Renseignements pratiques)* et **Ragged Mountain Ski Area** connaissent une activité incessante. La pêche sur lac gelé, la motoneige et les compétitions de chiens de traîneaux qui se tiennent en février à Laconia, sont autant d'attractions supplémentaires.

★★ **Excursions en bateau** – *Organisées par la Winnipesaukee Flagship Corp.* ☎603-366-2628 *(possibilité de dîners-croisières).*

★★ **M/S Mount Washington** – *Départs de fin mai à mi-octobre de Weirs Beach, tous les jours à 9 h et 12 h 15 (en juillet et août, croisière supplémentaire de 2 h 1/4 avec départ à 15 h 30; 10,50 $); de Center Harbor, le lundi, le mercredi et le vendredi à 9 h 45; de Alton Bay, le mardi, le jeudi, le samedi et le dimanche à 10 h 15; de Wolfeboro, tous les jours à 11 h (en juillet et août, croisière supplémentaire de 2 h 1/4 avec départ à 14 h 15; 10,50$). 3 h 1/4 AR. Commentaires en anglais. 12,50 $.* ✕ &.

M/V Doris E. – *Départs de juillet au Labor Day (1ᵉʳ lundi de septembre) de Meredith, tous les jours à 10 h, 12 h et 18 h 30; Weirs Beach, tous les jours à 10 h 30, 11 h 30, 12 h 30, 13 h 30, 14 h 30 et 19 h. 2 h AR. Commentaires en anglais. 9 $.* ✕.

M/V Sophie C. – *Le Sophie C. est un bateau postal qui dessert les îles éloignées. Départs de Weirs Beach, de début juillet à début septembre, du lundi au samedi à 11 h et 13 h 30; de mi-juin à début juillet, uniquement à 13 h 30. Service réduit au printemps et en automne. 2 h AR. Commentaires en anglais. 9 $.* ✕.

★ **Castle in the Clouds** – *A Moultonborough, 18 miles au Nord de Wolfeboro par la route 109, puis la route 171. Visite de fin mai au Labor Day (1ᵉʳ lundi de septembre), tous les jours de 10 h à 17 h; du Labor Day à fin octobre, tous les jours de 10 h à 16 h. 10 $.* & ☎603-476-2352. Ce domaine de 2 400 ha fut acquis en 1910 par le millionnaire Thomas Plant, qui fit fortune en industrialisant des machines pour les usines de chaussures. Construite sur une hauteur des Ossipee Mountains, sa résidence domine lacs et forêts. De la terrasse, on bénéficie d'une **vue★★** sur le lac Winnipesaukee et sa myriade d'îlots boisés. Des kilomètres de sentiers pédestres et équestres traversent la propriété Plant *(location de chevaux pour 25 $/h)*. A environ 1,5 km du portail d'entrée, un chemin *(400 m)* mène à des chutes: **Fall of Song** et **Bridal Veil Falls** (La Chanson et Le Voile de mariée).

★ **Center Sandwich** – *5 miles au Nord de Moultonborough par la route 109*. Situé au pied des White Mountains, le village de Center Sandwich est l'un des plus jolis de la Nouvelle-Angleterre. En automne, ses simples maisons de bois peintes en blanc sont entourées d'une symphonie de couleurs chatoyantes. Sur le green se trouve la boutique des **Sandwich Home Industries**, fondateurs de la Ligue des Artisans du New Hampshire présente dans tout l'État.

*Amateurs de sports d'hiver? Le tableau pp. 302-303 vous permettra de découvrir les grands **domaines skiables** de la Nouvelle-Angleterre.*

Rhode Island

Superficie: 3 144 km²
Population: 1 003 464 h.
Capitale: Providence
Surnom: Ocean State
Fleur emblème: la violette

L'État le plus petit des États-Unis ne fait que 60 km de large sur 77 km de long. En 1524, le navigateur italien Giovanni da Verrazano pénétra dans la baie de Narragansett et longea l'île que les Indiens appelaient Aquidneck. Frappé par la luminosité naturelle du lieu, Verrazano compara Aquidneck à l'île grecque de Rhodes. Plus d'un siècle plus tard, Aquidneck fut rebaptisée Rhode Island. Son nom officiel, «State of Rhode Island and Providence Plantations», évoque encore les multiples peuplements qui s'y implantèrent à l'origine. La charte royale de 1644 a réuni ces diverses colonies établies au fond de la baie de Narragansett, et celles de Newport et de Portsmouth situées sur l'île Aquidneck. De nos jours, cet État est le troisième des États-Unis en fait de population.

La baie de Narragansett, qui coupe pratiquement l'État en deux parties puisqu'elle est profonde de 45 km, a très tôt favorisé les échanges commerciaux qui ont enrichi Newport, Bristol et Providence. Seul grand centre urbain de l'État, cette dernière ville s'étend progressivement vers l'intérieur des terres.

Une terre de tolérance – Les premiers colons s'installèrent au Rhode Island parce qu'ils n'avaient pas trouvé au Massachusetts la liberté religieuse qu'ils recherchaient. Le premier d'entre eux fut le **révérend Blackstone** *(voir à Boston, Un peu d'histoire)*, dont la retraite sur la presqu'île de Shawmut fut troublée en 1630 par une arrivée massive de puritains. Le pasteur **Roger Williams** lui emboîta le pas et fonda Providence en 1636. Exilé du Massachusetts pour ses «opinions nouvelles et dangereuses», Williams établit à Providence une communauté agricole sur des terres achetées aux Indiens Narragansett. Deux ans plus tard, un groupe de Bostoniens déçus acheta l'île Aquidneck et fonda la colonie de Portsmouth (au Nord de l'actuel Newport). **Anne Hutchinson**, qui était une autorité religieuse, ne tarda pas à les rejoindre, entraînant avec elle ses adeptes. Enfin, en 1639, suite à un différend politique, 11 colons de Portsmouth fondèrent Newport.

Les relations entre les colons et les Indiens demeurèrent amicales jusqu'en 1675, lorsque Philip, chef des Wampanoags, lança des raids contre les colons avec l'aide des Narragansetts et des Nipmucks (**guerre du roi Philip**, 1675-1676). Le 19 décembre 1675, à la bataille de Great Swamp au mont Hope, les colons menèrent une attaque surprise sur les Narragansetts, tribu la plus puissante du Rhode Island. La guerre épuisa les forces de la tribu et réduisit de manière importante la population indienne locale.

Économie – Pendant des siècles, l'activité du Rhode Island fut presque totalement maritime, Newport et Providence se disputant la place de premier port de l'État. Dans les années 1650, le Rhode Island assurait une partie du commerce entre la Nouvelle-Angleterre et les Antilles. Les grosses fortunes qui s'ensuivirent investirent dans l'industrie textile, plus particulièrement à Pawtucket *(voir à ce nom)* en 1793. Durant le 19ᵉ s., l'État fut l'un des plus importants centre de production textile du pays et devint rapidement le plus industrialisé de la nation. Après la Seconde Guerre mondiale, le déplacement vers le Sud des usines textiles provoqua une diversification industrielle qui représente aujourd'hui la principale source de revenus et d'emplois du Rhode Island. Il faut cependant remarquer que dès 1796, la production de machines-outils avait entraîné le développement industriel de secteurs comme la bijouterie et l'argenterie, activités qui sont restées très importantes pour l'économie de l'État. Actuellement, le tourisme y rapporte plus d'un milliard de dollars par an; l'agriculture, la pêche et les soins de santé sont également des sources de revenus de premier ordre.

Voir Carte des Principales Curiosités
Renseignements touristiques ☎401-466-5200

A 16 km au Sud du continent, cette île sauvage a préservé ses paysages de falaises, de dunes et de landes herbeuses. Probablement découverte au 16ᵉ s. par Verrazano, Block Island a adopté son nom de **Adrian Block**, le navigateur hollandais qui explora la région en 1614.

Les premiers colons abordèrent ses rives vers la fin du 17ᵉ s., charriant dans leur sillage contrebandiers et pirates, ainsi que des naufrageurs qui profitaient de la brume recouvrant fréquemment les côtes de Block Island.

A la fin du 19ᵉ s., l'île devint une villégiature estivale équipée de grands hôtels mondains de style victorien, comme en témoignent ceux de **Old Harbor**. Une douce brise de mer et un climat reposant séduisaient les touristes qui, aujourd'hui, viennent sur cette île paisible pour profiter de ses belles plages et s'adonner aux plaisirs de la voile et de la pêche en haute mer. **New Harbor** abrite un magnifique port de plaisance, et son plan d'eau est idéal pour les sports nautiques.

Renseignements pratiques ....Indicatif téléphonique: 401

Comment s'y rendre – De **Providence** à **Point Judith** (33 miles): emprunter la route 95 vers le Sud, la route 4 vers l'Ouest, la route 1 vers le Sud, puis la route 108. De **Newport** à **Port Judith** (20 miles): emprunter la route 138 vers l'Ouest, la route 1 vers le Sud, puis la route 108. Par **avion**: des vols intérieurs et internationaux desservent **T. F. Green State Airport**, Providence, ☎737-4000; service de cars pour Point Judith, ☎781-9400. Principales agences de location de voitures *(voir chapitre Renseignements pratiques)*. **Gare ferroviaire**: Amtrak, à New London, CT, ☎800-872-7245. **Gare routière** la plus proche: Greyhound, à Newport, ☎800-231-2222.

Horaires des ferries – Réservations vivement recommandées pour les véhicules.

Départs	Période	Durée	Tarif adulte	Compagnie
Point Judith	tous les jours, toute l'année	1 h	6,60 $	**Interstate Navigation** ☎783-4613
Newport	tous les jours, de mi-juin au Labor Day	4 h	9,25 $	
Providence	tous les jours, de mi-juin au Labor Day	2 h	10,65 $	
New London, CT	tous les jours, de mi-juin au Labor Day	1 h 1/2	13,50 $	
Montauk, NY	tous les jours, de début mai à septembre, le week-end jusqu'à mi-octobre;	1 h 3/4	15 $	**Viking Ferry** ☎516-668-5709
	tous les jours, de début juin à fin septembre		15 $	**Jigger III** ☎516-668-2214

Comment s'y déplacer – Le meilleur moyen de transport est le vélo, car les rues sont souvent encombrées et le stationnement peut s'avérer difficile, particulièrement en juillet et août. Location de vélos et de voitures à Old Harbor et New Harbor.

Informations touristiques – Auprès du bureau d'accueil de la **Block Island Chamber of Commerce** à Old Harbor. Adresse postale: Drawer D, Dodge Street, Block Island, RI 02807, ☎800-383-2474.

Hébergement – Informations auprès de la Chambre de commerce *(voir ci-dessus)*; de l'hôtel historique à la chambre d'hôte (de 85 $ à 125 $ par nuit). Camping interdit. *Prix moyens pour une chambre double.*

Loisirs – Les plages ouvertes à la baignade se situent entre Old Harbor et l'extrémité Nord de l'île. Plusieurs sentiers de randonnée sillonnent l'île et traversent notamment The Maze (le labyrinthe), réserve naturelle de 50 ha. Permis et équipements de pêche sont disponibles à New Harbor. La plupart des commerces sont concentrés à Old Harbor. *Contacter la Chambre de commerce pour tout renseignement sur le shopping et les loisirs.*

Block Island

CURIOSITÉS *4 h*

★★ **Mohegan Bluffs** – La côte Sud de l'île est formée d'un alignement de falaises multicolores et spectaculaires. De petits sentiers en pente raide permettent d'atteindre les plages.

★ **Sandy Point** – La pointe Nord de l'île est devenue une réserve naturelle pour les oiseaux et la faune sauvage. Un chemin de sable conduit au phare en pierres. Aujourd'hui désaffectée, cette construction a résisté, grâce à ses murs épais de près de 50 cm, aux assauts des tempêtes et aux mouvements des dunes.

Crescent Beach – *Accès par Corn Neck Road. Venant de Water Street, tourner à gauche dans Dodge Street puis, au carrefour, tourner à droite dans Corn Neck Road.* La plage municipale de Crescent Beach est surveillée et dispose de cabines, de douches et de services de restauration. *Il est recommandé de se baigner uniquement sur les plages surveillées, du fait de la puissance des courants et des vagues.*

BRISTOL

21 625 h.
Voir Carte des Principales Curiosités
Renseignements touristiques ☎401-245-0750

Après la guerre d'Indépendance, Bristol est devenu un important port maritime et un centre de constructions navales réputé. Ses citoyens les plus fortunés, dont l'opulence provenait du commerce avec l'Afrique, les Antilles et l'Extrême-Orient, firent élever de nombreuses demeures face à la mer.

Pendant plus de 80 ans, le chantier naval **Herreshoff** a produit des vapeurs et des voiliers parmi lesquels certains ont remporté la célèbre Coupe de l'America (*voir Newport*). En traversant le **Colt State Park** en voiture *(accès par la route 114)*, on bénéficie de belles vues sur la baie de Narragansett.

Aujourd'hui, Bristol est renommé pour son défilé du 4 juillet, inauguré en 1785; il serait le plus ancien du pays.

★ **Linden Place** – *500 Hope Street. Visite guidée (3/4 h) de fin mai à mi-octobre, du jeudi au dimanche de 10 h à 14 h. 4 $.* ☎401-253-0390. George DeWolf, fameux trafiquant d'esclaves du Rhode Island, dépensa 60 000 $ pour construire cette splendide maison. Conçue par Russell Warren, cette demeure de style fédéral, avec ses colonnes corinthiennes et ses fenêtres semi-circulaires à résilles de plomb, fut achevée en 1810. Le mobilier a appartenu à la famille DeWolf.

Blithewold Mansion and Gardens – *101 Ferry Road (route 114). Le parc est ouvert toute l'année, tous les jours de 10 h à 17 h. 4 $. Visite de la maison d'avril à octobre, du mardi au dimanche de 10 h à 16 h; en décembre de 12 h à 20 h. Fermé les jours fériés. 7,50 $.* ☎401-253-2707. Ce domaine aux magnifiques massifs de fleurs *(en saison)*

239

permet d'admirer des arbustes et des arbres provenant d'Orient et d'Europe. La propriété fut créée en 1907 pour Augustus van Wickle, magnat du charbon. Même hors saison, le site permet d'agréables promenades, avec ses larges points de vue sur la baie de Narragansett. Un jardin japonais et un jardin aquatique ont été aménagés non loin des rives de la baie. Près de l'habitation se dresse un séquoia de 30 m de haut.

La maison, bâtie en pierres et en stuc, rappelle les manoirs anglais. L'intérieur est décoré d'une multitude d'objets rapportés de leurs voyages par les Van Wickle. Douze pièces sont ouvertes au public.

Haffenreffer Museum of Anthropology – *Tower Street. De la route 136, prendre Tower Road vers l'Est et suivre la signalisation. Visite en juillet et août, du mardi au samedi de 10 h à 17 h; le reste de l'année, uniquement le week-end. Fermé les jours fériés. 2 $.* ☎401-253-8388. Ce petit musée richement fourni est rattaché au département d'anthropologie de Brown University *(voir Providence)*. L'exposition concerne les cultures primitives de l'Afrique, du Pacifique et des Amériques. Le musée possède une collection d'objets des régions arctiques recueillis par une expédition en Alaska financée par l'université.

Herreshoff Marine Museum – *7 Burnside Street. A 0,5 mile au Sud du centre ville. Visite de mai à octobre, du lundi au vendredi de 13 h à 16 h; le week-end de 11 h à 16 h. 3 $.* ♿ ☎401-253-5000. Entre 1863 et 1946, les chantiers navals qui s'étirent entre la côte et la route 114 furent la propriété de la Herreshoff Manufacturing Company, qui conçut les vedettes lance-torpilles de la Marine, des yachts en bois très renommés, ainsi que 7 bateaux ayant participé à la Coupe de l'America (1893-1934).

Situé dans un hangar, le musée évoque l'âge d'or de la compagnie: photographies, films et maquettes, ainsi qu'une quarantaine de bateaux à divers stades de restauration. Le musée abrite également l'**America's Cup Hall of Fame**.

LITTLE COMPTON

3 339 h.
Voir Carte des Principales Curiosités
Renseignements touristiques ☎401-849-8048

Situé dans la partie Sud-Est de l'État, réputée pour ses élevages de poulets «Rhode Island Red», Little Compton est, avec son green et son église congrégationaliste toute blanche, l'un des plus jolis villages du Rhode Island. Son vieux cimetière abrite le monument à la mémoire de Benjamin Church, le guerrier indien qui participa à la bataille de Great Swamp ainsi qu'à la capture et l'exécution du roi Philip *(voir Rhode Island, Introduction)*.

De nombreux marais bordent les routes étroites (comme la route 77) qui serpentent vers la côte à travers la campagne.

NARRAGANSETT PIER

14 985 h.
Voir Carte des Principales Curiosités
Renseignements touristiques ☎401-789-4422

Narragansett Pier et la côte qui s'étire vers le Sud en direction de Point Judith et Jerusalem possèdent quelques-unes des plus belles plages de la Nouvelle-Angleterre. L'ambiance animée de **Scarborough** attire les jeunes en grand nombre, alors que les amateurs de surf préfèrent les vagues de **East Matunuck State Beach**. Les familles avec des enfants en bas âge choisissent les eaux calmes de **Galilee Beach**.

Narragansett Pier devint une station chic au 19e s., après que le gouverneur du Rhode Island, William Sprague, y construisit sa résidence d'été. Toute l'animation se concentrait alors autour de la jetée (dont le seul nom *pier* a survécu) qui s'avançait dans l'océan à l'extrémité Sud de Town Beach. Face à la mer s'alignaient les palaces de style victorien; à l'arrière se trouvaient les villégiatures des hommes d'affaires et des personnalités politiques. Les **Towers**, deux édifices de pierres reliés par une arche enjambant Ocean Road, sont les seuls vestiges du luxueux casino de Narragansett conçu par McKim, Mead et White en 1884. La partie centrale du casino et un grand nombre des prestigieux hôtels de Narragansett Pier furent détruits par un incendie en 1900.

CÔTE DE NARRAGANSETT PIER À POINT JUDITH *6 miles. 1/2 h.*

Prendre Ocean Road (route 1A) vers le Sud en passant sous les Towers et en contournant les demeures du front de mer qui dominent les rouleaux de l'océan. Galilee se trouve environ 2 miles après Scarborough Beach.

Galilee – En septembre, ce village de pêcheurs accueille le **Rhode Island Tuna Tournament**, un concours de pêche au thon qui constitue une manifestation sportive très importante. Au départ de State Pier, des bacs *(voir Block Island, Renseignements pratiques)* relient Point Judith à Block Island toute l'année. Face à Point Judith Pond se trouve **Jerusalem**, un autre petit village de pêcheurs.

Point Judith – Avec son phare de forme octogonale, ce promontoire rocheux est fort connu des marins croisant au large.

NEWPORT★★★

28 227 h.
Voir Carte des Principales Curiosités
Renseignements touristiques ☎401-849-8048

L'arrivée par Newport Bridge *(2 $ par véhicule)* offre une vue particulièrement spectaculaire sur la situation magnifique de cette ville ancrée au cœur de la baie de Narragansett. Autrefois fréquentée par une clientèle de luxe, Newport est aujourd'hui l'une des capitales mondiales de la voile et le berceau du **Newport Music Festival**. Son histoire et son architecture en font une ville particulièrement attachante.

Un havre de tolérance – En 1639, suite à un différent l'ayant opposé à Anne Hutchinson *(voir Rhode Island, Introduction)*, **William Coddington** emmena un groupe de disciples dans le Sud de l'île Aquidneck et fonda Newport sur la rive d'une vaste baie protégée. D'autres minorités religieuses – quakers, Baptistes et Juifs – ne tardèrent pas à les rejoindre, les colonies du Rhode Island étant réputées pour leur tolérance religieuse. Hommes d'affaires talentueux et ne rechignant pas à la tâche, les premiers habitants permirent à la ville de connaître un essor rapide.

L'âge d'or – En 1761, Newport était devenu un port très actif, ne cédant la première place qu'à Boston. La colonie prospérait essentiellement grâce au **commerce triangulaire**: des vaisseaux chargés de rhum voguaient vers l'Afrique, où ils échangeaient leur cargaison contre des esclaves. Les négociants transportaient alors leur marchandise humaine aux Antilles, où ils en vendaient une partie en échange de mélasse, dont les distilleries de Newport avaient besoin pour produire du rhum. La traite des Noirs représentait une importante source de revenus pour Newport. La taxe d'importation prélevée sur chaque esclave arrivant au port suffisait à financer les routes et les ponts reliant entre elles les nouvelles zones de peuplement. Le rhum était également exporté vers l'Europe, où il était échangé contre des marchandises introuvables dans les colonies.

The Breakers

La guerre d'Indépendance – Newport connut un revers de fortune soudain lorsque la guerre d'Indépendance fut déclarée. Les Anglais occupèrent la ville de 1776 à 1779. Contraints de loger la soldatesque ennemie, les habitants subissaient en outre des pillages et des incendies criminels. A la suite de la défaite britannique, les troupes françaises alliées des Américains occupèrent Newport. C'est dans cette ville qu'eurent lieu les entretiens entre le général Washington et le comte Jean-Baptiste de Rochambeau *(voir Wethersfield)*.

A la fin de la guerre, Newport n'était plus qu'un amas de ruines. La plupart des armateurs ayant fui à Providence *(voir à ce nom)*, la colonie ne retrouva jamais sa splendeur commerciale.

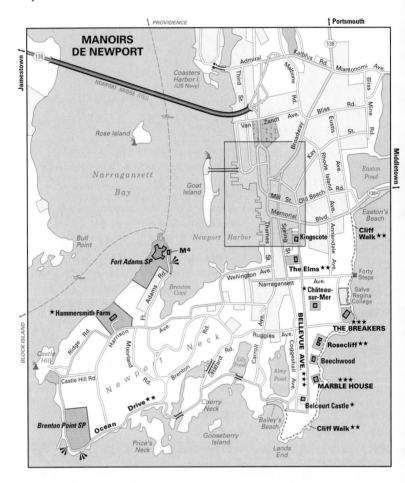

La villégiature estivale des milliardaires – Dans les années qui précédèrent la guerre d'Indépendance, les riches planteurs de Georgie et de Caroline du Nord et du Sud quittaient la chaleur des étés sudistes pour se reposer au bon air de Newport. A partir du milieu du 19ᵉ s., l'ouverture de la ligne de vapeurs entre New York et Newport amena chaque année un nombre croissant de visiteurs. Après la guerre de Sécession, les familles les plus fortunées des États-Unis, les Astor, les Belmont, les Vanderbilt, vinrent y séjourner l'été. Impressionnées par la magnificence des palais et des châteaux qu'elles avaient admirés en visitant l'Europe, elles s'offrirent les services des meilleurs architectes d'Amérique pour dessiner les *mansions* ou manoirs qui embellissent Ocean Drive et Bellevue Avenue.

En été, Newport devenait le théâtre de réceptions d'un luxe inégalé. Un grand besoin de distractions sortant de l'ordinaire conduisit à certaines excentricités telles que ce dîner au champagne et au caviar offert par Harry Lehr à ses amis et leurs animaux de compagnie, où maîtres et invités à quatre pattes furent servis à la même table pour déguster en chœur du foie de veau et de la fricassé d'os. Mesdames Astor, Belmont et Oelrichs et autres dames patronnesses de la haute société présidaient à ces soirées et ces bals fabuleux, et madame Oelrichs eut un jour l'idée de faire disposer sur l'océan une flotte de maquettes de bateaux grandeur nature afin de lui donner l'apparence d'un port…

Séduits par les dernières inventions à la mode, les riches résidents de Newport inaugurèrent les premières voitures, firent goudronner les premières routes, embellirent le port de yachts princiers taillés dans l'acajou et garnis de cuivre, et introduisirent les régates à Newport. Cette époque prit fin avec la Première Guerre mondiale.

Newport et les sports – Plusieurs sports doivent leur succès et leur développement à la haute société de Newport, dont les passe-temps favoris étaient le golf, le tennis et la voile. En 1881, le premier championnat de tennis américain eut lieu sur les terrains du casino de Newport. Des tournois annuels, dont les championnats sur gazon de l'**International Tennis Hall of Fame** (*début juillet*), s'y déroulent toujours. Le premier championnat amateur de golf des États-Unis eut lieu à Newport en 1894 sur un parcours de 9 trous créé à Brenton Point pour 400 membres du gratin new-yorkais et newportais.

Néanmoins, c'est au domaine de la voile, plus particulièrement du yachting, que Newport doit sa renommée internationale. Vers la fin du 19e s., plusieurs clubs de yachting s'établirent à Newport, et de 1930 à 1983, la ville accueillit les fameuses régates de la **Coupe de l'America**. Cette compétition internationale entre les bateaux les plus sophistiqués du monde débuta en 1851 quand le New York Yacht Club fit traverser l'Atlantique à sa goélette *America* pour défier les Britanniques dans la prestigieuse Hundred Guineas Cup. L'*America* remporta les régates et rentra en Amérique avec cette coupe en argent qui porte depuis le nom de Coupe de l'America.

Ces régates n'ont eu lieu qu'à 26 reprises depuis 1851, du fait des dépenses énormes qu'elles entraînent. Les États-Unis remportèrent la coupe jusqu'en 1983, lorsque le trophée fut conquis par l'Australie. En 1987, la victoire du challenger américain *Stars and Stripes* permit de ramener la coupe aux États-Unis.

Newport voit aussi le départ de la **Newport-Bermuda Race**, course bisannuelle, et est la destination de la **Traversée de l'Atlantique en solitaire**, qui part de Plymouth en Angleterre.

Newport Music Festival – S'étalant sur dix jours, le festival de musique de Newport propose une série de concerts donnés au cours du mois de juillet dans les grandes demeures de la ville (Rosecliff, Beechwood, The Elms et The Breakers). Né en 1954, le **Newport Jazz Festival** est une manifestation annuelle célèbre dans le monde de la musique. Déplacé à New York pendant les années 1970, il est revenu à Newport et se nomme aujourd'hui le JVC Jazz Festival. Les concerts ont lieu au Fort Adams State Park.

L'architecture de Newport – La ville a l'avantage d'offrir un éventail des styles architecturaux élégants qu'ont connu les États-Unis entre le 17e et le 19e s. Le style colonial est fortement présent, de la simple et austère Quaker Meetinghouse à la Trinity Church qui s'inspira des travaux de Christopher Wren. On trouve aussi des édifices de style georgien conçus par **Peter Harrison** (*voir le chapitre Architecture de l'Introduction*): la Redwood Library, la Touro Synagogue et le Brick Market. Une soixantaine d'habitations ont été restaurées dans les quartiers de Easton's Point et de Historic Hill.

Les splendides demeures de Bellevue Avenue et Ocean Drive comptent parmi les résidences privées les plus spectaculaires des États-Unis. L'évolution du style de ces manoirs s'amorce avec l'éclectisme de la période victorienne au milieu du 19e s., ce dont témoignent Kingscote (1839) et Château-sur-Mer (1852). Faisant montre d'un faste encore jamais exprimé dans l'architecture américaine, Marble House (1892), The Breakers (1895), The Elms (1901) et Rosecliff (1902) sont de soigneuses imitations de châteaux français et de palais italiens.

★★ LES MANOIRS   *Voir plan ci-contre*

Les manoirs de Newport ne peuvent être visités qu'en compagnie d'un guide (1 h chacun). Des billets forfaitaires combinent de deux à huit visites. ☎401-847-1000.

On peut voir plusieurs des somptueuses demeures de la ville en longeant **Bellevue Avenue★★** et **Ocean Drive★★** (*10 miles*). Ocean Drive suit la côte jusqu'à l'extrémité Sud de l'île où les **vues**, au coucher du soleil, sont tout à fait splendides, surtout depuis **Brenton Point State Park**.

Sentier de 5 km, le **Cliff Walk**★★ parcourt la côte rocheuse qui sépare The Breakers, Rosecliff, Marble House et le Salve Regina College de la mer. Au 19ᵉ s., les propriétaires de ces grands domaines essayèrent de faire fermer le chemin, mais les pêcheurs protestèrent, et l'État trancha en faveur des «travailleurs de la mer»: le chemin est resté une voie publique. Cliff Walk relie Memorial Boulevard *(près de Easton Beach)* et Bailey's Beach *(plage privée)*, que l'on peut aussi rejoindre par les Forty Steps. *Pour ce chemin, il est recommandé de porter de bonnes chaussures de marche, surtout après une averse.*

★★★ **The Breakers** – *Visite d'avril à octobre, tous les jours de 10 h à 17 h. 8 $.* 🅿. En 1885, **Cornelius Vanderbilt II**, petit-fils du «Commodore» qui avait fait fortune dans la marine à vapeur et le chemin de fer, acheta le terrain de Ochre Point et chargea **Richard Morris Hunt** d'y bâtir une résidence d'été. Cette opulente demeure de 70 pièces se voulait le reflet de la fortune des Vanderbilt, par sa référence aux palais de la Renaissance italienne (arcades, colonnes cannelées et corniches) et par l'utilisation de pierres, de marbres et d'albâtres provenant de France et d'Italie. A l'intérieur, «Les Brisants» marie marbres précieux, ornements de bois, plâtres dorés, mosaïques et plafonds peints.

Intérieur – La **grande salle** est une véritable débauche de colonnes et de pilastres, de plaques de marbre et de corniches ouvragées. Autour de cette salle au décor théâtral, les pièces se répartissent de façon symétrique. Le **grand salon** (salon de musique) présente un plafond à caissons peint d'allégories de la Musique, de l'Harmonie, du Chant et de la Mélodie. Les angles du **petit salon** abritent chacun un panneau présentant une huile réalisée sur feuille d'argent et représentant les muses. Cette pièce ouvre sur une loggia où l'on peut voir une belle mosaïque italienne. La pièce la plus impressionnante est la **salle à manger**, où les Vanderbilt recevaient leurs invités dans un luxueux décor d'albâtre rouge, de bronzes et de dorures. A l'étage supérieur se trouve la spacieuse chambre ovale de Mme Vanderbilt, l'une des pièces de l'étage décorées par Ogden Codman.

★★★ **Marble House** – *Visite d'avril à octobre, tous les jours de 10 h à 17 h; de novembre à mars, uniquement le week-end de 10 h à 16 h. 6,50 $.* 🅿. Une allée gracieusement incurvée et joliment bordée d'une balustrade mène à la façade à colonnes de Marble House, l'une des demeures de Newport conçues par **Richard Morris Hunt**. Construite pour le millionnaire **William K. Vanderbilt**, Marble House s'inspirerait de la Maison Blanche à Washington et du Petit Trianon de Versailles. L'une des soirées les plus éblouissantes qui s'y tinrent fut le premier bal de Consuelo Vanderbilt, qui s'enferma dans sa chambre après son entrée dans le monde pour protester contre son mariage arrangé avec le 9ᵉ duc de Marlborough. Le mariage eut néanmoins lieu peu de temps après, en 1895.

Intérieur – Par son faste, l'intérieur répond à ce que l'extérieur laisse présager. Des tapisseries des Gobelins décorent l'immense hall revêtu de marbre jaune de Sienne. La **salle de bal** est la plus richement décorée de Newport: lambris dorés à la feuille, pilastres, marbres, miroirs et lustres en cristal en font une salle très lumineuse. L'atmosphère recueillie de la **salle gothique** offre un contraste brutal. La collection médiévale des Vanderbilt y est exposée. La **salle à manger** est somptueuse avec son marbre rose d'Algérie. Lourdes de quelque 35 kg, les chaises Louis XIV en bronze obligeaient le maître des lieux à prévoir un valet de pied par invité pour manœuvrer la chaise lorsque celui-ci voulait s'asseoir ou quitter la table. La visite continue par la **cuisine**, vaste pièce qui ne manque pas de cachet avec sa cuisinière large de plus de 7 m, ses compartiments à glace encastrés et ses casseroles à monogramme.

La **maison de thé chinoise** *(accessible de mai à octobre)*, dessinée par les fils de Hunt, contient dix panneaux de bois de 2,5 m de haut portant des scènes inspirées par un peintre de Cour du 15ᵉ s. chinois.

★★ **The Elms** – *Visite de mai à octobre, tous les jours de 10 h à 17 h; de novembre à avril, uniquement le week-end de 10 h à 16 h. 7,50 $.* 🅿. C'est au cours de la seconde moitié du 19ᵉ s. que **Edward Julius Berwind**, fils d'immigrants allemands, devint le roi des charbonnages américains. Ses mines de Pennsylvanie, de Virginie Occidentale et du Kentucky fournissaient l'essentiel des besoins des États-Unis et de nombreux autres pays. En 1899, devenu riche et puissant, il commanda à **Horace Trumbauer** une résidence qui pût rivaliser avec celles des millionnaires déjà établis à Newport, qui le considéraient comme un parvenu et un intrus.

S'inspirant du château d'Asnières (18ᵉ s.), près de Paris, Trumbauer conçut «Les Ormes», vaste demeure aux allures de gentilhommière et recelant un intérieur grandiose. En août 1901, le bal donné pour son inauguration fut le clou de la saison. D'innombrables variétés de plantes exotiques furent commandées pour décorer la propriété, et des singes furent lâchés dans le parc.

Intérieur – Les proportions gigantesques des pièces, notamment du hall et de la **salle de bal**, sont très impressionnantes. Malgré ses dimensions, cette pièce reste accueillante grâce à sa luminosité et à l'arrondi de ses angles. Le style classique français règne ici en maître : le **jardin d'hiver** fut conçu pour abriter des plantes tropicales; le **salon de réception** est de style Louis XVI; les stucs et les belles boiseries de la salle de bal évoquent l'aube du style Louis XV. La **salle du petit déjeuner** est ornée de quatre très beaux panneaux en laque noir et or datant de la période K'ang Hsi (17e s.).

★★ **Rosecliff** – *Visite d'avril à octobre, tous les jours de 10 h à 17 h. 6,50 $.* ▣. En 1891, **Mme Hermann Oelrichs**, fille d'un richissime immigrant irlandais qui avait découvert des mines d'or dans le Nebraska, décida de s'installer à Newport avec son époux. Ils achetèrent le domaine de Rosecliff, ainsi nommé pour sa roseraie. Trouvant la maison trop modeste à leur goût, ils chargèrent **Stanford White** d'en concevoir une plus sophistiquée. Ce dernier leur proposa de bâtir une élégante imitation du Grand Trianon de Versailles.

Les murs extérieurs sont recouverts de terre cuite émaillée blanc cassé imitant la pierre, une technique pratiquée en Italie.

Conçue principalement pour y organiser des réceptions, Rosecliff possède la plus grande **salle de bal** de Newport (24 m sur 12 m); encore les fenêtres ouvrent-elles sur des terrasses qui prolongent la salle. Des scènes de *Gatsby le Magnifique* y furent tournées en 1974. Mme Oelrichs était une des hôtesses les plus recherchées de la haute société. Ses splendides réceptions furent mémorables; on se souvint longtemps du bal d'ouverture donné à Rosecliff en 1902, du célèbre bal blanc où personne ne pouvait porter de couleur, ainsi que du bal de la Mère l'Oie qui vit chaque invité déguisé en un personnage de contes de fées. Un escalier en forme de cœur conduit aux chambres de l'étage.

Salle de bal (Rosecliff)

★ **Château-sur-Mer** – *Visite de mai à septembre, tous les jours de 10 h à 17 h; d'octobre à avril, uniquement le week-end de 10 h à 16 h. 6,50 $.* ▣. En 1877, on déclarait à qui voulait l'entendre que Château-sur-Mer était «la plus imposante et la plus chère des résidences de Newport». Ce château de bord de mer à la silhouette un peu massive et asymétrique fut construit en 1852, façon Second Empire, pour **William S. Wetmore** qui avait fait fortune dans le commerce avec la Chine. Déjà très vaste et luxueuse pour l'époque, elle fut agrandie en 1872 par **Richard Morris Hunt**. L'intérieur présente divers effets décoratifs intéressants. Le hall, aux boiseries de chêne fortement ouvragées, est éclairé par une verrière zénithale installée à

14 m du sol. Des moulures et des ornements en stuc imitant le bois embellissent la salle de bal. La cage d'escalier, éclairée par les vitraux des fenêtres, est recouverte de toiles peintes imitant les verdures des tapisseries. Avec son mobilier et ses objets décoratifs orientaux, européens et américains, le salon turc est éminemment victorien. La bibliothèque et la salle à manger furent décorées dans le style Renaissance par le florentin Luigi Frullini.

★ **Belcourt Castle** – *Visite de mai à septembre, tous les jours de 9h à 17h; le reste de l'année de 10h à 16h. Fermé le 1er janvier, le Thanksgiving Day (4e jeudi de novembre) et le 25 décembre. 6,50 $.* ◻ ☎*401-846-0669.* Richard Morris Hunt s'inspira d'un pavillon de chasse Louis XIII pour concevoir ce château construit en 1896 pour **Oliver Hazard Perry Belmont**, célibataire de 35 ans qui épousa en 1898 Alva Smith Vanderbilt, ex-femme de William K. Vanderbilt *(voir Marble House)*. Depuis 1959, cette demeure est la propriété de la famille Tinney. Elle renferme une remarquable collection de mobilier européen.

La décoration intérieure s'inspire de différents styles français, italien et anglais. La gigantesque **salle de banquet**, décorée d'opulentes tapisseries rouges et de vitraux, peut facilement accueillir 250 convives. Du plafond pend un énorme lustre en cristal qui ornait jadis un palais russe.

Au 1er étage, la salle à manger familiale, de forme ovale, offre une belle vue sur l'océan. La spacieuse **salle de bal** néo-gothique contient des vitraux du 13e s., des tapisseries, des tapis d'Orient, et une énorme cheminée en forme de château fort.

★ **Hammersmith Farm** – *Visite guidée (1/2 h) de fin mai au Labor Day (1er lundi de septembre), tous les jours de 10h à 19h; d'avril à fin mai, de 10h à 17h; de mi-septembre à mi-octobre, de 10h à 16h. 7,50 $.* ◻ ☎*401-846-7346.* Cette propriété a appartenu à **Mme Hugh Auchincloss**, dont la fille Jacqueline épousa John F. Kennedy en 1953, précisément à Hammersmith Farm. Par la suite, les Kennedy y séjournèrent à plusieurs reprises, transformant parfois les lieux en Maison Blanche d'été après l'élection de John F. Kennedy à la présidence des États-Unis.

La maison (1887) doit son nom à la ferme construite en 1640 sur le domaine. D'aspect modeste, l'extérieur est entièrement recouvert de bardeaux de bois, ce qui est typique du Shingle style, fort répandu à la fin du 19e s. Sa situation face à la baie et à Newport, rehaussée par les jardins dessinés par **Frederick Law Olmsted**, est exceptionnelle.

La maison est meublée simplement, mais avec confort. L'intérieur abrite de nombreux souvenirs évoquant le séjour de Jacqueline Kennedy avant son mariage, ainsi que ceux qu'elle effectua ici avec son mari et ses enfants.

Kingscote – *Visite de mai à septembre, tous les jours de 10h à 17h; en avril et en octobre, uniquement le week-end. 6,50 $.* ◻. Conçu en 1839 par **Richard Upjohn**, Kingscote occupe une place de transition dans l'histoire de l'architecture américaine. C'est en effet l'un des premiers exemples de néo-gothique appliqué à une habitation privée construite en bois. Sa silhouette irrégulière tout en pignons, voûtes et gouttières constitue un contraste saisissant avec les constructions antérieures, symétriques et uniformes.

Cette résidence fut bâtie pour un planteur sudiste, **George Noble Jones**, puis fut vendue dans les années 1860 à **William H. King**, auquel Kingscote (King's Cottage) doit son nom. L'intérieur est très victorien, avec ses vitraux de Tiffany, son mobilier massif et ses pièces sombres. Il recèle cependant une belle collection de peintures orientales, de tapis, de porcelaine, ainsi que du mobilier attribué à Goddard et Townsend, ébénistes à Newport.

Beechwood – *580 Bellevue Avenue. Visite de mi-mai à décembre, tous les jours de 10h à 17h; de février à mi-mai, de 10h à 16h. 7,75 $.* ◻ ☎*401-846-3772.* La visite de cette villa de style méditerranéen, acquise en 1880 par **William** et **Caroline Astor**, est très différente de celles proposées par ses luxueuses voisines. En effet, une fois le seuil franchi, les visiteurs sont accueillis par un majordome. Transportés dans les années 1890, ils seront accompagnés par des domestiques et des invités joués par les membres d'une troupe de théâtre.

Baptisée du nom des hêtres *(beeches)* qui ornent le parc, la maison avait été construite par Calvert Vaux pour le marchand Daniel Parish. Détruite lors d'un incendie en 1855, elle fut rebâtie pour Parish par Andrew Jackson Downing, et fut ensuite redécorée et réaménagée par la famille Astor. La salle de bal, ajoutée à cette occasion par Richard Morris Hunt, fut un temps la plus vaste de Newport. Beechwood doit sa célébrité à Caroline Astor – «La Madame Astor», comme elle tenait à être appelée. Son mari était le petit-fils de John Jacob Astor. Mme Astor était la grande dame de la haute société de New York et de Newport. Sa liste des «400» fut célèbre: elle correspondait aux nombres de personnes, triées sur le volet, que pouvait accueillir sa salle de bal.

Une copie du portrait de Mme Astor par Duran est accrochée dans le vestibule. Parmi les pièces ouvertes au public, la **salle de bal**, baignée de lumière grâce à ses 450 miroirs, est décorée de dorures et de plâtres.

A l'étage supérieur, la chambre de style victorien de Mme Astor domine l'océan. On raconte qu'elle fit murer la fenêtre qui donnait sur Rosecliff quand elle apprit qu'on y avait construit une salle de bal plus grande que celle de Beechwood.

★★ LE NEWPORT HISTORIQUE   *4 h. Voir plan ci-dessous.*

Newport a conservé un nombre exceptionnel de bâtiments de style colonial, constituant ainsi l'un des plus précieux trésors architecturaux du pays. L'itinéraire proposé ci-dessous permet d'en découvrir une grande partie.

> *A partir du Gateway Visitors Center, se diriger vers le Sud sur America's Cup Avenue et tourner à gauche dans Marlborough Street. S'engager à droite dans Thames Street et gagner Brick Market.*

★ **Brick Market** – *Thames Street.* En 1762, **Peter Harrison** dessina ce beau bâtiment de 3 étages. Avec ses arcades au rez-de-chaussée, que surmonte un ordre de pilastres massifs, il constitue l'un des plus beaux exemples de l'influence du style palladien sur l'architecture georgienne. Brick Market était le centre commerçant de Newport; le rez-de-chaussée était occupé par le marché, les étages étant réservés aux bureaux et aux entrepôts.

Aujourd'hui, le **Museum of Newport History [M¹]**, qui présente une exposition relatant la vie quotidienne des premiers colons, le commerce maritime et l'histoire navale de la ville, occupe deux étages du bâtiment (*visite toute l'année, le lundi et du mercredi au samedi de 10 h à 17 h; le dimanche de 13 h à 17 h; 5 $; ☎401-841-8770*).

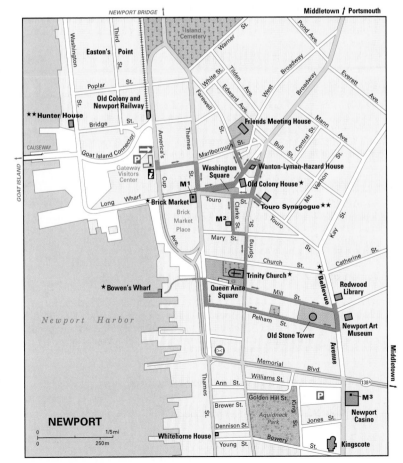

Washington Square – Toute proche de Brick Market Place, cette place était le centre de Newport à l'époque coloniale. A l'extrémité opposée au marché se dressait la Old Colony House. Maisons, boutiques et entrepôts formaient les autres côtés.

★ **Old Colony House** – *Washington Square. Visite uniquement sur rendez-vous. Il est recommandé de réserver 2 semaines à l'avance.* ☎401-277-6200. Ce bâtiment, conçu par **Richard Munday**, fut le siège du gouvernement colonial du Rhode Island jusqu'au début du 19e s. En 1781, le général Washington et le comte de Rochambeau, commandant des troupes françaises, s'y rencontrèrent pour décider du plan de la bataille de Yorktown.

L'intérieur comprend du mobilier de Goddard et Townsend, ainsi qu'un portrait en pied de George Washington par Gilbert Stuart.

Tourner à gauche dans Farewell Street pour gagner Marlborough Street.

Friends Meeting House – *Marlborough Street. Visite uniquement sur rendez-vous. Il est recommandé de réserver 2 semaines à l'avance.* ☎401-846-0813. A la fin du 17e s., Newport comprenait une importante communauté de quakers. Ce lieu de culte et de rencontre, édifié en 1699 par la «Society of Friends» (la société des Amis, nom que se donnaient les quakers) et agrandi à mesure que le groupe s'accroissait, devint le centre régional des quakers de la Nouvelle-Angleterre. L'architecture du bâtiment est intéressante pour ses panneaux actionnés par un système de poulies, ses piliers de pierre, évitant au rez-de-chaussée de reposer directement sur le sol, et sa remarquable voûte.

Regagner Broadway et tourner à gauche.

Wanton-Lyman-Hazard House – *17 Broadway. Visite guidée (1/2 h) en juillet et août, du mercredi au dimanche de 10 h à 16 h. 3 $.* ☎401-846-0813. Avant l'Indépendance, cette maison appartenait à Martin Howard, un percepteur que sa charge rendait impopulaire. Pendant les émeutes du Stamp Act (acte du timbre), il dut s'enfuir de Newport pendant que les révoltés pillaient sa maison. S'estimant heureux d'en avoir réchappé, il finit par s'installer en Angleterre et ne revit jamais Newport.

Contourner la maison et gagner Spring Street. Tourner à droite, puis à gauche dans Touro Street.

★★ **Touro Synagogue** – *82 Touro Street. Visite guidée (1/2 h) de mi-juin au Labor Day (1er lundi de septembre), du lundi au jeudi et le dimanche de 10 h à 16 h 30, le vendredi de 10 h à 15 h; horaires variables le reste de l'année.* 🅿 ☎401-847-4794. Les premiers immigrants juifs arrivèrent de Lisbonne et Amsterdam en 1650. Cependant, il leur fallut plus d'un siècle pour parvenir à édifier une synagogue, à l'instigation de leur chef Isaac de Touro (en 1759). Ce fut l'une des premières sur le sol des États-Unis.

Ce bâtiment, conçu par l'architecte **Peter Harrison**, marie avec bonheur le style georgien et la tradition juive séfarade. Situé dans une rue paisible, d'aspect sévère, il est placé de façon à ce que son mur Est soit orienté vers Jérusalem. L'intérieur est richement orné de boiseries, de balustrades et de colonnes sculptées. Douze colonnes soutiennent les tribunes, douze autres le plafond, symbolisant les douze tribus d'Israël. Dans l'Arche est conservée la Torah.

Traverser Spring Street pour gagner Clarke Street, et tourner à gauche.

Armory of the Artillery Company of Newport [M²] – *23 Clarke Street. Visite de juin à septembre, du vendredi au dimanche de 9 h à 16 h; le reste de l'année, uniquement sur rendez-vous. 3 $.* ☎401-846-8488. La Newport Artillery Company prit part à chaque campagne militaire importante, de l'époque coloniale à la fin de la Première Guerre mondiale. Ce bâtiment néo-classique en granit, construit en 1836 pour servir d'armurerie, renferme aujourd'hui des collections d'armes, d'uniformes et de drapeaux militaires américains et étrangers, ainsi que des objets ayant appartenu à des militaires célèbres.

Au bout de Clarke Street, tourner à gauche dans Mary Street, puis à droite dans Spring Street.

★ **Trinity Church** – *Queen Anne Square. Visite de mai à octobre, tous les jours de 10 h à 16 h; de novembre à avril, du lundi au vendredi de 10 h à 13 h. Fermé les jours fériés.* ☎401-846-0660. Dominant **Queen Anne Square**, cette église blanche construite par Richard Munday en 1725-1726 est contemporaine de l'Old North Church *(voir à ce nom)* à Boston. Ces deux édifices se sont inspirés des conceptions de Christopher Wren. Le clocher est surmonté d'une grande flèche de style colonial, visible de loin. A l'intérieur, la chaire à trois niveaux est le seul modèle de ce type subsistant aux États-Unis. Deux vitraux de Tiffany embellissent le mur gauche de la nef. L'un d'entre eux est dédié à la mémoire de Cornelius Vanderbilt, que l'on reconnaîtrait dans le personnage.

Les maisons coloniales qui bordent la place y ont été déplacées par la **Newport Restoration Foundation**, organisation fondée en 1968 pour sauvegarder l'architecture ancienne de Newport.

> *Poursuivre vers le Sud sur Spring Street et tourner à gauche dans Mill Street.*

Old Stone Tower – Surnommé la tour mystérieuse en raison des différentes légendes qui entourent sa construction, cet édifice de pierres a été attribué aux Vikings, aux Portugais, aux Indiens, aux Irlandais. Une hypothèse moins romantique, mais plus réaliste, laisse entendre que la tour serait un vestige d'une filature du 17e s.

> *Poursuivre vers l'Est sur Mill Street, puis tourner à gauche dans Bellevue Avenue.*

Redwood Library – *50 Bellevue Avenue.* En 1748, l'architecte **Peter Harrison** s'inspira d'un temple romain pour dessiner cette bibliothèque, sa première réalisation importante. La conception du bâtiment, classique par son entrée à colonnades, semble un peu vaniteuse par rapport à la modestie de ses dimensions; de plus, les imitations de pierres des boiseries extérieures renforcent l'aspect factice de la construction. Cependant, cette bibliothèque fut le premier bâtiment des États-Unis à présenter un corps de portique, ce qui était une véritable innovation pour l'architecture américaine.

Newport Art Museum – *76 Bellevue Avenue. Visite de fin mai au Labor Day (1er lundi de septembre), tous les jours de 10 h à 17 h; le reste de l'année, du mardi au samedi de 10 h à 16 h, le dimanche de 12 h à 16 h; Fermé le Thanksgiving Day (4e jeudi de novembre) et à Noël. 4 $. ☁ 🅿 ☎401-848-8200.* Dessinée par **Richard Morris Hunt**, la Griswold House illustre le Stick style, avec notamment des plate-bandes décoratives placées sur les murs extérieurs pour souligner la structure du bâtiment. La maison abrite des expositions temporaires. Le bâtiment voisin, la Cushing Memorial Gallery, présente la collection d'art américain du musée, principalement constituée d'huiles du 19e s. réalisées par Winslow Homer, George Inness, Fitz Hugh Lane, William Trost Richards et bien d'autres.

> *Poursuivre sur Bellevue Avenue, et tourner à droite dans Pelham Street, qui est bordée de bâtiments de style colonial. Emprunter Thames Street sur la droite, puis tourner à gauche dans Mill Street pour gagner le front de mer.*

★ **Bowen's Wharf** – Sur les quais, d'anciens entrepôts ont été transformés en restaurants dotés de terrasses. Des boutiques et des ateliers d'artisans animent la proximité des bassins.

AUTRES CURIOSITÉS

★★ **Hunter House** – *54 Washington Street. Visite guidée (1 h) de mai à septembre, tous les jours de 10 h à 17 h; en avril et en octobre, uniquement le week-end. 6,50 $. Possibilité de billets forfaitaires pour les demeures historiques ouvertes au public. 🅿 ☎401-847-1000.* Cette élégante maison, construite en 1748 par un riche marchand, fut achetée par un ambassadeur, William Hunter. Elle servit ensuite de résidence à deux gouverneurs avant d'abriter le quartier général de l'amiral Charles de Ternay, commandant de la flotte française

Preservation Society of Newport County

Hunter House

pendant la guerre d'Indépendance. C'est un très bel exemple du style colonial du 18ᵉ s. L'ananas sculpté au centre du fronton surmontant la porte symbolise l'hospitalité. Cet usage remonte à la période coloniale: lorsqu'un capitaine revenait d'un voyage au long cours, il plaçait un ananas au pas de sa porte pour annoncer qu'il était arrivé sain et sauf et qu'il invitait chacun à venir prendre un rafraîchissement dans la maison. A l'intérieur a été réunie une collection exceptionnelle de meubles créés par **Goddard** et **Townsend**; les boiseries sont remarquablement ouvragées.

Easton's Point – La plupart des maisons restaurées de ce quartier calme et résidentiel datent du 18ᵉ s., époque à laquelle Easton's Point était habité par une communauté de marchands prospères. Les quakers donnèrent aux rues des noms d'arbres et des numéros pour éviter le culte de la personnalité. C'est donc plus tard que l'on baptisa Washington Street en l'honneur de George Washington.

Old Colony and Newport Railway – *America's Cup Avenue. Départ du train touristique de fin juin à mi-septembre, le week-end et les principaux jours fériés; de mai à mi-juin, le dimanche et les jours fériés; de fin septembre à novembre, uniquement le dimanche. De 5 $ à 6 $. Old Colony Railway* ☎401-624-6951. En service depuis le 19ᵉ s., cette ligne connut sa plus grande activité en 1913, lorsque 24 trains quotidiens, dont le «Dandy Express» venant de Boston, arrivaient ou partaient de Newport.
Aujourd'hui, le train circule *(3 h AR)* sur la rive orientale de la baie de Narragansett, entre Newport et Portsmouth, et s'arrête à la base navale, au Bend Boat Basin à Melville, et à Portsmouth où une halte *(1 h)* permet aux passagers de visiter le Green Animals Topiary Gardens *(voir plus loin)*.

Samuel Whitehorne House – *416 Thames Street. Visite guidée (1 h) de mai à octobre, le lundi, le samedi et le dimanche de 10 h à 16 h; le vendredi de 13 h à 16 h. 5 $.* ☎401-847-2448. Cette maison de style fédéral coiffée d'un dôme fut construite en 1811 pour Samuel Whitehorne, capitaine au long cours. Divisée par la suite en appartements, la maison était en piteux état quand la Newport Restoration Foundation l'acheta pour la restaurer. L'intérieur abrite aujourd'hui une **collection**★ de mobilier du 18ᵉ s. dont une bonne partie provient des ateliers de Goddard et Townsend.

Newport Casino – *194 Bellevue Avenue.* Avec ses magasins au rez-de-chaussée, le bâtiment a l'allure d'un centre commercial. A son ouverture en 1880, c'est-à-dire au moment de l'apogée de Newport, le casino était le plus fameux Country Club de la côte Est. En passant sous l'arcade de l'entrée, on découvre les courts de tennis et les bâtiments en Shingle style construits par **McKim, Mead et White**. C'est sur ces courts en gazon que se disputa en 1881 le premier tournoi masculin de l'US Lawn Tennis Association. Transféré ensuite à Forest Hills à New York, ce tournoi est aujourd'hui connu sous le nom de US Open. Des tournois ont toujours lieu ici en juillet.

International Tennis Hall of Fame [M³] – *A l'intérieur du casino. Visite toute l'année, de 10 h à 17 h. 6 $.* ✗ ☎401-849-3990. Y sont exposés de nombreux objets relatifs à l'histoire du tennis, constituant l'une des plus vastes collections du pays. Parmi les trophées figure la coupe en argent remportée par le Bostonien Richard Sears, premier champion des États-Unis.

Fort Adams State Park – *Voir 1ᵉʳ plan. Fort Adams Road; accès par Ocean Drive. Visite toute l'année, de l'aube au coucher du soleil. 4 $ par voiture (de mai à septembre).* ♿ 🅿 ☎401-847-2400. Fort Adams, construit en granit du Maine transporté par goélette, avait pour mission de défendre l'entrée de la baie de Narragansett. Il abrita ensuite un poste de commandement des batteries côtières du Nord-Est. Jusqu'en 1945, il fut au cœur du système de défense de la baie et du détroit de Long Island.
Aujourd'hui, le fort et son terrain ont été transformés en parc fédéral. Chaque été celui-ci sert de cadre au JVC Jazz Festival. Depuis les routes qui traversent le parc on a une belle **vue**★★ sur le site de Newport et la ville elle-même. *Pour des raisons de sécurité, les ruines de l'ancien fort sont fermées au public.*
Le petit **Museum of Yachting [M⁴]** *(visite de mi-mai à octobre, tous les jours de 10 h à 17 h; 3 $;* ☎401-847-1018*)* expose de petits bateaux et relate l'histoire du yachting à Newport. On y projette en permanence des films sur les yachts de 12 m et sur le *Shamrock V*, un sloop qui remporta la Coupe de l'America en 1930 et qui est au mouillage devant le musée *(montée à bord non autorisée)*.

EXCURSIONS

Jamestown – *4 999 h. 3 miles à l'Ouest de Newport via Newport Bridge (pont à péage). Sur l'île Conanicut, dans la baie de Narragansett.* Sur la North Road au centre de l'île se trouve le **Jamestown Windmill** *(moulin à vent de 1787, visite de mi-juin à mi-septembre, le week-end de 13 h à 16 h; ☎401-423-1798).* Depuis le phare, **Beaver Tail Lighthouse** *(au bout de la Beaver Tail Road)*, le regard porte sur la côte Sud de l'île. De **Fort Wetherhill** *(non loin de la route 138 et de Walcott Avenue)*, on bénéficie d'une belle vue sur la baie et sur Newport; les remparts du fort ont été dressés sur un rocher de granit haut de 30 m. Le rivage de la pittoresque **Mackerel Cove**, l'anse aux maquereaux, est parsemé de résidences d'été.

★ **Watson Farm** – *455 North Road. Visite de juin à mi-octobre, le mardi, le jeudi et le dimanche de 13 h à 17 h. 3 $. &. ☎401-423-0005.* Cette ferme, achetée par Job Watson en 1789, fut exploitée jusqu'en 1979 par cinq générations de Watson. Toujours active, elle est spécialisée dans l'élevage de bœufs et de moutons; ses basses-cours, champs de fourrage, vergers et pâturages sont dispersés sur les 90 ha de terrain. Le site offre des **vues**★ sublimes sur la baie de Narragansett.

Middletown – *19 460 h. Au Nord de Newport par Memorial Boulevard.* Cette petite bourgade est un mélange de paysages champêtres et de longues plages de sable.

Whitehall Museum House – *311 Berkeley Avenue. De Memorial Boulevard, prendre Aquidneck Avenue jusqu'à Green End Avenue. Poursuivre vers l'Est jusqu'à Berkeley Avenue et suivre les indications. Visite de juillet au Labor Day (1er lundi de septembre), tous les jours de 10 h à 17 h. 3 $. ☎401-846-3116.* Ce corps de ferme de la période georgienne fut construit en 1729 par l'évêque anglican George Berkeley. Ce philosophe espérait que la ferme financerait une école qu'il souhaitait établir aux Bermudes. En 1731, son projet ayant échoué, Berkeley fit don de sa ferme à l'Université de Yale et retourna en Irlande. L'intérieur contient du mobilier d'époque.

Prescott Farm – *2009 W. Main Road (route 114). Visite d'avril à novembre, de 10 h à 16 h. 3 $. ☎401-847-6230.* Le cadre champêtre de Prescott Farm présente une série de bâtiments historiques (certains ont été déplacés pour être reconstruits ici), dont le corps de garde du général Richard Prescott (vers 1730), un moulin à vent en Shingle style, qui continue à produire de la farine de maïs, et l'ancienne maison (vers 1715) d'un capitaine de bac transformée en épicerie campagnarde.

Portsmouth – *16 857 h. Au Nord de Newport par la route 114.* En 1639, des colons établis à Portsmouth se déplacèrent vers le Sud pour fonder Newport *(voir à ce nom)*. Aujourd'hui, cette banlieue urbaine est très fréquentée en été.

Green Animals Topiary Gardens – *De la route 114, tourner à gauche dans Cory's Lane. Visite de mai à octobre, tous les jours de 10 h à 17 h. 6,50 $. Possibilité de billets forfaitaires pour les demeures historiques ouvertes au public. ☎401-847-1000.* Quatre-vingts massifs de fleurs colorées, taillés en forme d'animaux (girafe, lion ou éléphant), forment un curieux jardin de sculptures végétales. La maison renferme un musée du jouet, une collection de poupées et des maisons de poupées.

*Les pages d'introduction consacrées à l'**architecture**, à la **sculpture**, au **mobilier**, à la **peinture** et aux **arts populaires** offrent une vision générale des créations artistiques et artisanales de la Nouvelle-Angleterre, et permettent de replacer dans son contexte un monument ou une œuvre au moment de sa découverte.*

Elles peuvent en outre donner des idées d'itinéraires de visite.

Un conseil: parcourez-les avant de partir!

PAWTUCKET

72 644 h.
Voir Carte des Principales Curiosités
Renseignements touristiques ☎401-274-1636

Cette ville animée, située juste au Nord de Providence, est considérée comme le berceau de la révolution industrielle aux États-Unis. C'est ici, au pied des chutes de la Blackstone River, que l'on édifia en 1793 la première filature des États-Unis dont les machines mécaniques étaient actionnées par l'énergie hydraulique: **Slater Mill**. Cette usine textile put voir le jour grâce à l'association de **Samuel Slater**, qui avait travaillé dans une usine textile en Angleterre, et de **Moses Brown**, un riche quaker de Providence *(voir à ce nom)*. Le premier apportait sa compétence technologique, le second ses capitaux, et cette union scella le passage de l'artisanat à la production industrielle. Slater Mill fut à l'origine du développement de l'industrie textile sur l'ensemble du territoire de la Nouvelle-Angleterre.

En 1810, Wilkinson Mill, usine spécialisée dans la fabrication de machines-outils, fut construite à proximité. Ces deux usines, ainsi qu'une maison de la même époque, ont été restaurées et aménagées en un site historique de 2 ha qui relate les débuts de l'ère industrielle aux États-Unis.

★ **Slater Mill Historic Site** – *De la route 95 Sud, prendre la sortie 29 (Downtown Pawtucket). Suivre Broadway, traverser Main Street Bridge, puis tourner à droite dans Roosevelt Avenue. Visite guidée (1h 1/2) de juin au Labor Day (1er lundi de septembre), du mardi au samedi de 10h à 17h, le dimanche de 13h à 17h; de mars à mai et de début septembre à mi-décembre, uniquement le week-end de 13h à 17h. Fermé les principaux jours fériés, sauf Colombus Day (2e lundi d'octobre) et Veteran's Day (11 novembre). 5 $. ☎401-725-8638.*

Slater Mill

Slater Mill – On y voit les différentes machines utilisées pour la transformation du coton, depuis la balle jusqu'au tissu: cardeuse, fileuse et renvideur, métiers à tisser électriques, machines à tresser et tricoter.

Wilkinson Mill – Cette usine renferme un atelier du 19e s. et ses machines-outils entraînées par des courroies: une scie sauteuse, des tours, des perceuses, des rabots et des emboutisseuses. Le système hydraulique, avec sa grande roue de 8 t actionnée par les eaux détournées de la Blackstone River, a été reconstitué et permet de faire fonctionner l'ensemble des machines-outils. A l'origine, l'usine comprenait un atelier où l'on construisait et réparait les machines textiles. La laine et le coton était produits à l'étage supérieur.

Sylvanus Brown House – Meublée comme elle l'était au tout début du 19e s., cette maison datée de 1758 était occupée par un fabricant de modèles pour métiers à tisser. On assiste à des démonstrations de filage et de tissage tels qu'ils étaient exécutés dans cette habitation.

PROVIDENCE★★

160 728 h.
Voir Carte des Principales Curiosités
Renseignements touristiques ☎401-274-1636

Capitale du Rhode Island, troisième ville de la Nouvelle-Angleterre, Providence est un centre industriel et commerçant au cœur d'une région urbanisée qui compte plus de 900 000 habitants.

Son site protégé, au fond de la baie de Narragansett, en fait un havre naturel qui a permis à la ville de se développer grâce au commerce maritime et au transit commercial. Avec ses ravissants bâtiments des 18e et 19e s., le quartier résidentiel de College Hill témoigne de cette expansion. Il est aujourd'hui le domaine des étudiants de la Brown University et de la Rhode Island School of Design. Sur la colline en face, l'édifice majestueux du capitole domine le quartier des affaires. Prestigieuse troupe théâtrale, la **Trinity Repertory Company** présente des spectacles de septembre à juin (*Lederer Theater, 201 Washington Street;* ☎*401-351-4242*).

Un peu d'histoire

Providence Plantations – Banni de sa paroisse de Salem par la colonie du Massachusetts, **Roger Williams** prit la route du Sud avec un groupe de disciples, et atteignit en juin 1636 les berges de la rivière Moshassuck (appelée Providence par la suite). Ayant décidé de s'y installer, ils achetèrent des terres aux Indiens Narragansett et baptisèrent leur nouvel établissement «Providence Plantations» pour remercier Dieu de sa divine providence qui, pensaient-ils, les avait conduits jusqu'à cet endroit. Williams déclara alors que cette nouvelle colonie serait un refuge pour toute personne recherchant la liberté de conscience.

En 1644, il se rendit en Angleterre pour demander au gouvernement britannique une charte pour sa colonie de Providence et pour celle du Rhode Island (Newport). Cette charte réunissait les deux colonies, puis elle fut invalidée en 1660 lors de la restauration des Stuart. Trois ans plus tard, Charles II d'Angleterre signa une charte royale octroyant à tous les habitants du Rhode Island «la liberté pleine et entière en matière religieuse».

L'expansion de Providence – A l'origine, Providence n'était qu'un ensemble de fermes s'étalant le long de la rivière, puis la ville s'orienta vers le commerce maritime et devint rapidement un centre commerçant. Au milieu du 18e s., les bateaux de Providence prenaient part au commerce triangulaire. En 1772, lorsque le parlement britannique adopta une loi visant à limiter le commerce maritime américain, les habitants de la ville réagirent immédiatement. Un soir de juin, ils obligèrent la goélette des douanes britanniques, le *Gaspee*, à s'échouer à Warwick. Ils incendièrent le navire et firent prisonnier l'équipage. Les coupables ne furent jamais trouvés, malgré la forte récompense offerte par la Couronne pour leur capture.

Farouchement défendue pendant la guerre d'Indépendance, car elle permettait d'approvisionner Boston, Providence fut un refuge pour les corsaires. Au lendemain de la guerre, la ville était devenue le premier port du Rhode Island. En 1787, **John Brown** (*voir ci-dessous*) expédia son premier navire vers la Chine. D'autres marchands lui emboîtèrent le pas et firent fortune dans le commerce avec ce pays.

Lorsque le trafic maritime déclina, les capitaux furent investis dans l'industrie, et Providence attira des milliers d'immigrants venus travailler dans ses nombreuses usines de textiles, d'outillage et de machines à vapeur. Après la Seconde Guerre mondiale, la ville connut une grave crise économique quand un bon nombre d'industries partirent s'implanter dans le Sud. Aujourd'hui, Providence a retrouvé son dynamisme et s'est spécialisée dans la bijouterie et l'argenterie.

Les frères Brown – Ce nom, que l'on retrouve dans de nombreux domaines (industrie, culture, politique, affaires), est celui d'une des familles parmi les plus anciennes et les plus célèbres de Providence. A la fin du 18e s., les quatre frères Brown furent les grands «leaders» de la ville. **John**, audacieux et aventurier, fut l'un des meneurs de l'attaque du *Gaspee*, et il fut le premier à envoyer un de ses bateaux en Chine. **Joseph**, l'architecte, conçut notamment la Market House, l'église baptiste et la John Brown House. **Moses**, le quaker, fonda la Providence Bank et fut l'un des premiers promoteurs de l'industrie textile aux États-Unis. **Nicholas**, brillant homme d'affaires, développa une entreprise commerciale connue dans le monde entier.

Leurs initiatives s'exercèrent dans le commerce, l'industrie, la culture, l'art, la politique et ils jouèrent un rôle important pendant la guerre d'Indépendance.

★★ COLLEGE HILL   *1/2 journée. Voir plan ci-dessous.*

Au début du 18^{e}s., l'artère principale de la ville – l'actuelle **Main Street** (North et South) – croulait littéralement sous les entrepôts et les magasins qui encombraient les quais. Pour remédier à cet encombrement, on décida d'élargir le sentier qui permettait de gagner le sommet de la colline s'élevant derrière la rue principale. Cette opération, décrétée d'intérêt public, «au bénéfice de tous», donna son nom à Benefit Street. De riches marchands y firent construire leur résidence, sur les hauteurs et face à la mer, si bien qu'au début du 19^{e}s., la colline était devenue une enclave résidentielle recherchée. En 1770, on y implanta l'Université du Rhode Island (aujourd'hui Brown University), et le quartier prit le nom de College Hill.

Ce charmant secteur, dont les rues ombragées sont bordées d'habitations aux architectures coloniale ou italianisante, forme l'un des quartiers historiques les plus harmonieusement conservés du pays. Au sommet de la colline, **Thayer Street** est la rue commerçante de la communauté universitaire avec ses librairies, ses cafés, ses restaurants et ses nombreux magasins. Dans South Main Street, près de la rivière, d'anciens magasins et entrepôts convertis en boutiques et en restaurants complètent le cachet historique de College Hill.

Promenade

A partir du croisement de Main Street et de College Street, se diriger vers le Nord sur Main Street.

Market House – *4 South Main Street.* C'était jadis le centre commerçant de Providence. La proximité du cours d'eau permettait aux navires de débarquer et d'embarquer les marchandises. Aujourd'hui, le bâtiment est la propriété de la Rhode Island School of Design *(voir plus loin).*

Continuer sur Main Street, et dépasser Waterman Street.

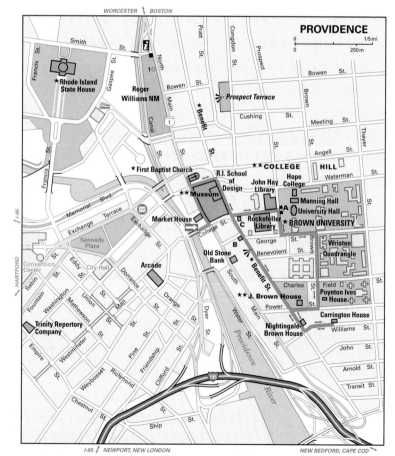

★ **First Baptist Church** – *75 North Main Street. Ouvert toute l'année, du lundi au vendredi de 9 h à 16 h.* ✆*401-454-3418.* L'Église baptiste fut fondée en 1638 par Roger Williams, et le premier lieu de culte des États-Unis fut bâti sur North Main Street, non loin du site de l'église actuelle, construite en 1775 par Joseph Brown. La superbe flèche pointe a une hauteur de 56 m. A l'intérieur, il faut remarquer les boiseries, les frontons à volutes, les urnes et les arcs peints dans des tons pastels vert et blanc. Des colonnes massives soutiennent les tribunes, et la toiture et dirigent le regard vers le plafond sculpté.

Revenir sur ses pas pour s'engager à gauche dans Waterman Street puis tourner immédiatement à droite dans Benefit Street.

★ **Benefit Street** – Il faut prendre le temps d'admirer l'ensemble harmonieux de ces jolies façades restaurées qui s'alignent de part et d'autre de cette rue. Plus d'une centaine d'entre elles présentent leur style colonial ou victorien aux passants qui empruntent les rues étroites et les allées pavées menant à la Rhode Island School of Design et à la Brown University.

Rhode Island School of Design – Fondée au 19e s. pour former des artisans pour les manufactures, la RISD (prononcer *Rizdi*) est une école renommée pour son enseignement dans les domaines du design, de l'architecture et des arts graphiques. Ses 1 990 étudiants ont la possibilité de travailler dans plusieurs types d'ateliers où ils apprennent notamment la sculpture, le stylisme, la création de tissus et le travail du bois et du métal.

★★ **Museum of Art** – *224 Benefit Street. Visite de début septembre à mi-juin, le mardi, le mercredi, le vendredi et le samedi de 10 h 30 à 17 h, le jeudi de 12 h à 20 h, le dimanche de 14 h à 17 h; le reste de l'année, du mercredi au samedi de 12 h à 17 h. Fermé le 1er janvier, le 4 juillet, le Thanksgiving Day (4e jeudi de novembre) et le 25 Décembre. 2 $.* ✆*401-454-6500.* Agréablement présenté, ce musée possède des collections représentatives de différentes civilisations: Égypte, Grèce, Rome, Asie, Europe, Afrique et Amérique. Si de nombreuses sections sont classées par ordre chronologique, elles n'hésitent cependant pas à traverser les frontières du temps pour mettre en lumière des parallèles entre l'art ancien et les tendances actuelles (sculpture, peinture, tissus). Le 4e niveau *(entrée)* est consacré à la sculpture médiévale, à la peinture française et américaine du 19e s. et aux bronzes grecs. Au 5e niveau sont exposées des collections d'art du Moyen- et de l'Extrême-Orient, ainsi que des collections égyptiennes et d'art primitif. Le **Buddha Dainichi** (Japon, 10e s.) domine l'une des galeries: il s'agit d'un bouddha en bois découvert en 1933 dans les combles d'une ferme.

Annexe du musée, la **Pendleton House**★ fut bâtie en 1904 pour abriter la **collection Charles Pendleton**★★, qui rassemble du mobilier et des arts décoratifs du 18e s. Très élégant avec ses riches boiseries en acajou, l'intérieur se compose d'un vaste hall central et de plusieurs pièces luxueuses.

Construite en 1933, l'aile Daphne Farago présente des expositions temporaires consacrées à l'art contemporain sous toutes ses formes.

Dans la cour du musée se trouvent plusieurs œuvres de sculpteurs contemporains, parmi lesquels George Rickey et Clement Meadmore.

Tourner à gauche dans College Street.

★ **Brown University** – Septième université fondée aux États-Unis (1764), cette école appartenant à la prestigieuse Ivy League fut établie à Warren sous le nom de Rhode Island College. Elle fut rebaptisée en 1804 en l'honneur de son principal bienfaiteur, Nicholas Brown II.

Quelque 5 600 étudiants de 1er cycle et 1 700 étudiants de cycle supérieur vivent sur le campus de College Hill, qui couvre 57 ha et compte environ 245 bâtiments. Les grands «halls» abritent les salles de cours et les bureaux administratifs, les résidences universitaires, les bibliothèques et un complexe sportif comprenant un stade de football américain de 20 400 places. Les cinq bibliothèques universitaires renferment plus de 4,7 millions de volumes et revues, et recèlent en outre une remarquable collection d'incunables (ouvrages imprimés avant 1501) et de documents relatifs à la période coloniale. Le Pembroke College, fondé en 1891 par l'université pour accueillir les jeunes filles, y a été rattaché en 1971.

A l'entrée principale de la Brown University, dans Prospect Street, les portes des **Van Wickle Gates [A]** ne sont ouvertes que deux fois l'an: vers l'intérieur le jour de l'entrée des nouveaux venus, et vers l'extérieur le jour de la remise des diplômes. Une fois les portes franchies *(voir à gauche une table d'orientation du campus)*, on peut voir les bâtiments les plus anciens: **University Hall** (1770), imposante construction de briques connue sous le nom de «College Edifice» et qui fut l'unique construction jusqu'en 1822; **Manning Hall** (1835), avec ses quatre colonnes néoclassiques en granit, dans lequel se trouve la chapelle de l'université; **Hope College** (1822), qui abrite les résidences.

De l'autre côté de Prospect Street se trouvent la **John Hay Library** (1910) et la **Rockefeller Library** (1964). La «Rock'» renferme les ouvrages de sciences humaines et sociales de l'université.

> *Continuer vers le Sud sur Prospect Street, et tourner à gauche dans George Street, puis à droite dans Brown Street.*

Dans Brown Street, on passe devant **Wriston Quadrangle** (1952) où logent quelque 1 000 étudiants.

> *Continuer vers le Sud sur Brown Street, jusqu'à Power Street.*

Power Street – A l'angle de Brown Street et de Power Street se dresse la **Poynton Ives House** (n° 66), un bel exemple de l'architecture fédérale.

★★ **John Brown House** – *52 Power Street. Visite guidée (1 h) de mars à décembre, du mardi au samedi de 11 h à 16 h, le dimanche de 13 h à 16 h; de janvier à février, le samedi de 11 h à 16 h, le dimanche de 13 h à 16 h. Fermé le 1ᵉʳ janvier, le dimanche de Pâques et le 25 décembre. 5 $.* ☎401-331-8575. Cette grande demeure de briques, construite en 1788 par Joseph Brown pour son frère John, a impressionné de nombreux visiteurs. John Quincy Adams (6ᵉ président des États-Unis) déclara après sa visite que «c'était la plus belle maison qu'il ait jamais vue sur ce continent».

A l'intérieur, les encadrements de porte, les colonnes, les cheminées, les corniches, les ornements de bois finement polis et les stucs des plafonds forment un cadre très élégant pour la superbe collection de meubles du Rhode Island, dont la plus grande partie des pièces a appartenu à la famille Brown. Le **secrétaire** à 9 coquilles est l'un des plus beaux meubles américains de la période coloniale. Cette pièce unique – habituellement les secrétaires à coquilles n'en ont que six – est attribuée à John Goddard, ébéniste du Rhode Island.

> *Continuer vers l'Ouest sur Power Street, et tourner à gauche dans Benefit Street.*

Au n° 357, on peut voir une belle maison de style fédéral, la **Nightingale-Brown House**, qu'entoure un agréable parc *(visite guidée de 1/2 h toute l'année, le vendredi de 13 h à 16 h; fermé les principaux jours fériés; 3 $;* ☎401-272-0357).

> *Continuer vers le Sud sur Benefit Street, et tourner à gauche dans Williams Street. Au n° 66 se trouve une autre demeure de style fédéral, Carrington House. Reprendre Benefit Street et poursuivre vers le Nord.*

Juste après Benevolent Street, on bénéficie d'une belle **vue** sur le dôme nervuré de l'**Old Stone Bank**. Un peu plus loin sur la gauche se trouve la silhouette rouge de la **Stephen Hopkins House** (n° 43) **[B]**, ancienne demeure de Stephen Hopkins, signataire de la Déclaration d'Indépendance et gouverneur du Rhode Island à dix reprises. Le style néo-classique est représenté plus loin par le **Providence Athenaeum [C]**, édifié en 1838 par William Strickland. Après la mort de sa femme en 1847, Edgar Allan Poe y aurait fait la cour à la poétesse Sarah Whitman, qui habitait Benefit Street.

Secrétaire (v. 1760)

Rhode Island Historical Society

AUTRES CURIOSITÉS *Voir plan plus haut*

★ **Rhode Island State House** – *Smith Street. Ouvert toute l'année, du lundi au vendredi de 8 h 30 à 16 h 30. Fermé les principaux jours fériés.* ⚒ ☎401-277-2357. Le bâtiment du capitole, édifié en 1901 par McKim, Mead et White, domine le centre de Providence du haut de Smith Hill. Par beau temps, le marbre blanc de ses murs dressés sur fond de ciel bleu frappe particulièrement le regard.

Le dôme – La partie centrale du bâtiment est surmontée d'un immense dôme sans soutènement. Il est, par ses dimensions, le second du monde (le premier étant celui de St-Pierre de Rome), et est coiffé de la statue de l'**Independent Man**, symbole de l'esprit de liberté et de tolérance du Rhode Island.

Du rez-de-chaussée, on peut admirer les fresques de la coupole qui relatent l'histoire du Rhode Island, et lire l'inscription latine dont la transcription est: «Rare bonheur des temps où l'on peut penser librement et dire ce que l'on pense.»

Legislative Chambers and Governor's Office – *1er étage.* Un portrait en pied de George Washington par Gilbert Stuart orne le salon de réception du gouverneur. La charte royale de 1663 y est exposée parmi d'autres documents historiques.

Roger Williams National Memorial – *Entre Smith Street et Park Row. Le centre d'information (282 North Main Street) est ouvert toute l'année, tous les jours de 8 h à 16 h 30. Fermé le 1er janvier, le Thanksgiving Day (4e jeudi de novembre) et le 25 décembre.* ♿ ☎401-521-7266. Ce parc paysager de 2 ha a été créé autour de la **source [1]** près de laquelle, selon la tradition, Roger Williams aurait choisi de fonder la colonie de Providence. L'endroit où la source jaillissait du sol est marqué par une margelle de pierres.

Prospect Terrace – Ce jardin public situé sur Congdon Street, sur les hauteurs de College Hill, offre une belle **vue★** sur la ville et la silhouette impressionnante du capitole.

Providence Arcade – Ce temple du commerce, de style néo-classique, s'étend de Weybosset Street à Westminster Street. Conçue par Russell Warren et James Bucklin en 1828, cette galerie marchande est l'une des rares du genre ayant subsisté aux États-Unis.

SAUNDERSTOWN

Voir Carte des Principales Curiosités
Renseignements touristiques ☎401-789-4422

Gilbert Stuart, célèbre portraitiste américain du 18e s., naquit dans ce district rural de North Kingstown.

Gilbert Stuart Birthplace – *De la route 1A, prendre la Gilbert Stuart Road et continuer sur 1,5 mile. Visite d'avril à octobre, du lundi au jeudi et le week-end de 11 h à 16 h 30. 3 $.* ☎401-294-3001. Né en 1755 dans les colonies américaines, Gilbert Stuart partit étudier à Londres et à Dublin avant de revenir aux États-Unis où il réalisa ses œuvres les plus célèbres *(voir le chapitre Peinture de l'Introduction).* Il doit surtout sa renommée à ses portraits de George Washington: deux portraits en pied ornent aujourd'hui le capitole du Rhode Island et la Old Colony House à Newport; l'Athenaeum Portrait est reproduit sur le billet de 1 dollar.

Gilbert Stuart vécut dans cette petite maison de bois jusqu'à l'âge de six ans. Située dans un cadre boisé, elle contient des meubles d'époque et un moulin pour moudre le tabac à priser ayant appartenu au père de l'artiste.

Casey Farm – *Route 1A, à 2 miles au Sud du pont de Jamestown. Visite de juin à mi-octobre, le mardi, le jeudi et le samedi de 13 h à 17 h. 3 $.* ☎401-295-1030. *Visite guidée (1/2 h).* Cette ferme spartiate, construite au milieu du 18e s,. se dresse sur un domaine de 120 ha établi en 1702 au bord de la baie de Narragansett. Cette ancienne laiterie est aujourd'hui une ferme communautaire où l'on pratique la culture biologique et l'élevage de poules pondeuses. Un jardin clos de murets de pierres, un cimetière familial et des sentiers ombragés complètent la visite.

WATCH HILL

Voir Carte des Principales Curiosités
Renseignements touristiques ☎401- 789-4422

Située à l'extrémité Sud-Ouest de la partie continentale du Rhode Island, Watch Hill est une station balnéaire recherchée comptant de nombreuses et élégantes résidences d'été, dont plusieurs sont typiques du Shingle style de la fin du 19e s. Baignade, nautisme et golf constituent les activités principales de cette villégiature où l'on peut également faire du lèche-vitrine. Du phare, **Watch Hill Lighthouse** *(au Sud, sur Watch Hill Road),* on aperçoit Fishers Island, une île privée au large de la côte du Connecticut. Non loin de Watch Hill se trouve **Misquamicut State Beach**, une plage bien aménagée.

WICKFORD

Ce village, fondé à l'époque coloniale et situé au bord de la baie de Narragansett, était au 18ᵉ s. un port prospère où l'on embarquait les marchandises en provenance des plantations du continent et à destination de Newport. Après la guerre d'Indépendance, le port s'orienta vers la pêche et la construction navale. C'est de cette époque (18ᵉ et 19ᵉ s.) que datent les belles maisons qui donnent à Wickford tout son cachet.

Smith's Castle – *A 1,5 mile au Nord de Wickford par la route 1. Visite guidée (1/2 h) de juin à août, du jeudi au lundi de 12h à 16 h; en mai et septembre, du vendredi au dimanche de 12h à 16h; le reste de l'année, sur rendez-vous. 3 $ (entrée libre durant les travaux de restauration du bâtiment).* ♿ ☎401-294-3521. En 1640, le site était occupé par une garnison située à proximité du comptoir établi par Roger Williams. Les Indiens détruisirent le bâtiment pendant la guerre du roi Philip. Deux ans plus tard, en 1678, une petite maison y fut construite, qui fut agrandie par la suite. La maison contient du mobilier des 18ᵉ et 19ᵉ s.

*Pour visiter les villes
ou parcourir les paysages grandioses
de Terre-Neuve à Vancouver,
et de la frontière des États-Unis au Grand Nord canadien,
utilisez le **guide vert Michelin Canada**.*

Les villes et les musées de la Nouvelle-Angleterre

Les villes se sont surtout développées sur la côte, tournées vers la mer et le reste du monde, d'où la richesse de l'architecture et des décorations des maisons, tout particulièrement dans les lieux suivants:

Nantucket★★★ (Massachusetts) *p. 186*
Newburyport★ (Massachusetts) *p. 188*
Newport★★★ (Rhode Island) *p. 241*
Plymouth★★ (Massachusetts) *p. 191*
Portsmouth★★ (New Hampshire) *p. 222*
Salem★★ (Massachusetts) *p. 196*
Wiscasset★★ (Maine) *p. 108*

Un grand mouvement de rénovation a redonné vie aux anciens quartiers. Des boutiques, des artisans, des restaurants s'y sont installés et aujourd'hui, on a vraiment plaisir à flâner, à dîner dans les quartiers suivants:

Bowen's Wharf★ (Newport) *p. 249*
Faneuil Hall★★★ (Boston) *p. 132*
Market Square District★ (Newburyport) *p. 188*
Old Port Exchange★★ (Portland) *p. 102*

Les musées sont très variés dans leur conception et leur contenu. Nous citons ci-dessous ceux qu'il faut absolument voir:

Beaux-arts

Sterling and Francine Clark Art Institute★★★ (Williamstown) *p. 208*
Isabella Stewart Gardner Museum★★★ (Boston) *p. 144*
Museum of Fine Arts★★★ (Boston) *p. 141*
Rhode Island School of Design Museum of Art★★ (Providence) *p. 255*
Wadsworth Atheneum★★ (Hartford) *p. 54*
Yale University Art Gallery★★ (New Haven) *p. 65*

Marine

Maine Maritime Museum★★ (Bath) *p. 79*
Mystic Seaport★★★ (Mystic) *p. 61*
Peabody Essex Museum★★ (Salem) *p. 198*
Penobscot Marine Museum★ (Searsport) *p. 107*
Whaling Museum★ (Nantucket) *p. 186*
Whaling Museum★★ (New Bedford) *p. 188*

Vermont

Superficie: 24 887 km^2
Population: 562 758 h.
Capitale: Montpelier
Surnom: Green Mountain State
Fleur emblème: le trèfle

Les verts monts!» s'écria l'explorateur français Samuel de Champlain quand, en 1609, il aperçut pour la première fois les montagnes boisées qui s'étendent au Sud du lac qui porte aujourd'hui son nom. Plus d'un siècle plus tard, cette description du paysage par Champlain fut officiellement adoptée par l'État.

Région champêtre et peu peuplée, le Vermont ne possède pas de grande ville ou de centre industriel – Burlington, la ville la plus importante, compte 39 127 habitants. Des centaines de kilomètres de routes secondaires longent des torrents semés de pierres, et traversent des ponts de bois couverts qui parsèment le paysage. Endormie en hiver sous un épais manteau de neige, la région s'éveille au printemps et en été, saisons qui gonflent ses torrents et recouvrent ses hauteurs d'une riche palette de verts, puis s'embrase en automne sous les coloris chatoyants des feuilles mortes.

Un État indépendant – Terrain de luttes des Anglais contre les Français et les Indiens, le Vermont demeura pratiquement inoccupé alors que des colons s'étaient déjà implantés dans d'autres parties de la Nouvelle-Angleterre. Il fallut attendre la victoire des Britanniques sur les Français en 1759 à Québec pour que des colons s'y installassent. Dès qu'éclata la guerre d'Indépendance, **Ethan Allen** (voir Bennington) et ses «Green Mountain Boys» prirent le Fort Ticonderoga avec l'aide des troupes de Benedict Arnold. Les armes et les munitions dont ils venaient de s'emparer permirent d'armer les milices américaines du siège de Boston (voir à ce nom).

En 1777, le Vermont proclama son indépendance. Une constitution fut aussitôt rédigée, qui abolissait l'esclavage et libéralisait l'accès au vote en supprimant les conditions préalables de fortune et de propriété. Revendiqué par l'État de New York, le Vermont demeura indépendant pendant 14 ans. Il frappait sa propre monnaie, avait organisé son propre réseau postal, et négociait directement avec les pays étrangers. En 1791, le différend avec New York fut levé, et le

Vermont devint le 14e État de l'Union. Mais, les habitants du Vermont ont entretenu, de génération en génération, un esprit d'indépendance et le principe d'un gouvernement local fort.

Économie – Si quelque 80 % du territoire sont recouverts de forêts, c'est toutefois l'agriculture qui domine l'économie, et tout particulièrement l'élevage laitier. Les fermes du Vermont se sont donc spécialisées, en fabriquant notamment le fameux cheddar du Vermont, et alimentent la région de Boston et le Sud

C. Cochrane/State of New Hampshire Tourism

de la Nouvelle-Angleterre. Le **sirop d'érable** est la deuxième ressource agricole de l'État. Au début du printemps, on peut voir la fumée s'échapper des petites cabanes à sucre dans lesquelles les fermiers font chauffer la sève de l'érable afin d'en obtenir un concentré ambré.

Les gisements de **granit** (Barre) et de **marbre** (Green Mountains) représentent d'importants produits d'exportation pour l'État. Dans le domaine industriel, le Vermont produit des outils, des composants électroniques, des meubles et du papier. Le tourisme reste une importante source de revenus et fonctionne tout au long de l'année (le ski générant à lui seul quelque 290 millions de dollars par an). L'affichage publicitaire étant interdit par la loi, un réseau de panneaux standardisés indique les hébergements et les services à travers tout l'État.

BARRE

9 482 h.
Voir Carte des Principales Curiosités
Renseignements touristiques ☎802-229-5711

Sur les contreforts orientaux des Green Mountains, la région de Barre (prononcer Bai-ri) est le site des plus importantes carrières de granit du pays. Depuis plus de 150 ans, son granit d'excellente qualité est transporté par bateau à travers les États-Unis. Il servait autrefois à la construction des édifices publics; monuments, pierres tombales et équipements industriels l'utilisent aujourd'hui. Des dizaines de carrières ont été creusées depuis 1812. En 1833, le capitole de Montpelier *(voir à ce nom)* fut le premier édifice public des États-Unis construit en granit de Barre. Deux carrières sont toujours en activité sur Millstone Hill. Elles sont exploitées par la Rock of Ages Company, qui administre également la taillerie voisine.

★ **Rock of Ages Quarry** – *A 4 miles du Barre Information Center (Main Street) par la route 14 Sud. Après 2 miles, tourner à gauche dans Middle Road, et suivre les indications Visitor Center & Quarries Rock of Ages (situés à Graniteville). Visite de mai à octobre, tous les jours de 8 h à 17 h; le reste de l'année, le dimanche de 12 h à 17 h. Fermé les principaux jours fériés.* ⚒ &. *Visite des carrières en autocar (1/2 h) de juin à mi-octobre, du lundi au vendredi de 9 h 30 à 15 h. 2,50 $.* ☎802-476-3119.

Les carrières – Il est impressionnant de se pencher au bord du gouffre de 145 m qu'a creusé l'une de ces carrières. D'énormes treuils sont utilisés pour soulever des blocs de granit pesant jusqu'à 100 t. Si l'outillage moderne (marteaux-piqueurs et découpeurs à flammes, par exemple) a nettement amélioré le rendement, les conditions de travail demeurent particulièrement périlleuses.

Craftsmen Center – *Visite toute l'année, du lundi au vendredi de 8 h à 15 h 30. Fermé en juillet et les principaux jours fériés.* Les visiteurs peuvent apprécier le travail d'artisans dont le savoir-faire transforme le granit brut en sculptures et en monuments parfaitement polis.

★ **Hope Cemetery** – *Sur la route 14, au Nord du centre de Barre. Ouvert tous les jours de 7 h au coucher du soleil.* ☎802-476-6245. Ce cimetière est considéré comme un musée à ciel ouvert. Les pierres tombales sont en granit et ont été sculptées par des carriers pour des membres de leur famille. Plusieurs dénotent un véritable sens artistique; voir surtout les pierres décorées de scènes champêtres.

EXCURSION

Brookfield – 1 089 h. *A 15 miles au Sud de Barre par la route 14, puis la route 65 Ouest*. Hors des sentiers battus, ce petit village pittoresque situé au bord du lac Sunset est réputé pour son auberge, son restaurant au bord de l'eau (une ancienne fabrique de fourches) et son **pont flottant** permettant aux automobilistes de gagner l'autre rive. Ce pont est constitué d'un assemblage de 380 fûts qui s'adaptent au niveau de l'eau. Construit en 1973, il est le dernier d'une série de ce type dont le premier fut mis en service en 1832.

BENNINGTON ★

16 451 h.
Voir Carte des Principales Curiosités
Renseignements touristiques ☎802-447-3311

Située dans la partie Sud du Vermont, entre les monts Taconics et les Green Mountains, cette localité comprend un centre commerçant à North Bennington, un quartier historique à Old Bennington, riche d'un bel ensemble architectural de l'époque coloniale, et le **Bennington College**, réputé pour la qualité de son enseignement et ses idées progressistes. Aux premiers jours de la révolution, c'est à Bennington que résidait le héros de la guerre d'Indépendance: Ethan Allen et ses «Green Mountain Boys».

La bataille de Bennington – Déjà avant le début de la guerre d'Indépendance, Bennington était un important centre de ralliement des «révolutionnaires américains» ainsi qu'un dépôt de munitions pour les troupes coloniales. En mai 1775, Ethan Allen et ses compagnons attaquèrent le Fort Ticonderoga *(voir à ce nom)*. Deux ans plus tard, en 1777, le nom de Bennington fut à nouveau synonyme de victoire pour les patriotes, grâce à la bataille qui s'y déroula le 11 août. Le général anglais John Burgoyne envoya le lieutenant-colonel Friederich Baum et ses troupes à Bennington pour s'emparer des armes et des munitions qui s'y trouvaient.

Ayant eu vent de ce projet, le général **John Stark** conduisit les milices du Vermont dans l'État de New York afin de couper la route à l'ennemi: la rencontre eut lieu sur le site actuel de Wallomsac Heights (New York). Le général Stark entraîna ses miliciens au combat en leur criant: «Voici les Habits rouges! Ce soir, ils seront à nous, ou Molly Stark sera veuve!»

Ce fut une déroute pour les Anglais. Quant à la victoire américaine, elle préludait la défaite de l'armée du général Burgoyne à Saratoga, le 17 octobre de la même année.

★★ OLD BENNINGTON *3 h*

Une brochure est disponible auprès de la Chambre de commerce, sur Veterans Memorial Drive ☎802-447-3311.

★ **Old First Church** – *Monument Avenue. Au carrefour des routes 9 et 7, prendre la route 9 vers l'Ouest et tourner à gauche dans Monument Avenue. Ouvert de juillet à mi-octobre, du lundi au samedi de 10 h à 12 h et de 13 h à 16 h, le dimanche de 13 h à 16 h; de fin mai à juin, uniquement le week-end.* ☎802-447-1223.

Cette église blanche à bardeaux (1805) est si gracieuse, avec son clocher à trois niveaux, qu'elle a souvent fait le bonheur des peintres et des photographes. L'intérieur a été restauré tel qu'il était au 19e s. On y voit des bancs fermés et six hautes colonnes taillées chacune dans un seul tronc de pin. Dans le vieux cimetière, situé derrière l'église, reposent des soldats de la guerre d'Indépendance et plusieurs fondateurs du Vermont. Une stèle en marbre blanc marque la tombe du poète **Robert Frost** (1874-1963) *(voir le chapitre Littérature de l'Introduction)* qui rédigea sa propre épitaphe: «J'ai vécu une querelle d'amoureux avec le monde.»

Old First Church

Vermont Dept. of Travel & Tourism

Bennington Battle Monument – *Prendre la route 9 vers l'Ouest et tourner à droite dans Monument Avenue. Visite de mi-avril à octobre, tous les jours de 9 h à 17 h. 1 $. &* ☎802-447-0550. Cet obélisque d'une hauteur de 93 m fut érigé en 1891 pour commémorer la bataille de Bennington *(voir plus haut)*. La **vue★★** que l'on a depuis l'observatoire *(accessible par ascenseur)* englobe les collines du Berkshire, les Green Mountains et l'État de New York.

★ **Bennington Museum** – *A 1 mile à l'Ouest du centre de Bennington sur Main Street (route 9). Visite tous les jours de 9 h à 17 h. Fermé le 1er janvier, le Thanksgiving Day (4e jeudi de novembre) et du 23 au 31 décembre. 5 $.* ☎802-447-1751. Les collections variées de ce musée illustrent l'histoire et la vie quotidienne du Vermont et de la Nouvelle-Angleterre. Remarquer la verrerie et le mobilier américains, les poteries de Bennington (19e s.) et la première «bannière étoilée» qui symbolisa les États-Unis (Bennington Flag). Dans une galerie du rez-de-chaussée sont exposées un grand nombre de toiles de **Grandma Moses**.

Grandma Moses Schoolhouse – *Annexe du Bennington Museum.* La biographie d'Anna Mary Robertson Moses *(voir le chapitre Peinture de l'Introduction)* est aussi attachante que ses tableaux. Grandma Moses, nom sous lequel elle devint célèbre, ne reçut aucune formation artistique et commença à peindre à l'âge de 70 ans. Ses tableaux naïfs, qui représentent des scènes de la vie quotidienne de la campagne, plurent au public. En 1940, sa première exposition lui valut une notoriété immédiate. A 90 ans, elle fut reçue par le président Truman, et continua à peindre jusqu'à sa mort, à 101 ans. Ses œuvres ont fait le tour des États-Unis et de l'Europe; et il est fréquent d'en rencontrer des reproductions sur des cartes de vœux, par exemple. Plusieurs de ses tableaux et des souvenirs sont présentés dans la Grandma Moses Schoolhouse, la salle de classe de son enfance.

EXCURSIONS

★ **Park-McCullough House** – *North Bennington. Du centre de Bennington, suivre la route 7 vers le Nord jusqu'à la route 7A. Continuer sur la route 67A durant 3 miles, puis tourner à gauche dans West Street. Visite guidée (1 h) de mi-mai à mi-octobre, tous les jours de 10 h à 16 h. 5 $. ☎802-442-5441.* Entouré d'un parc boisé de plus de 2 ha, ce manoir (1865) de style Second Empire fut la résidence des familles Hall, Park et McCullough, toutes célèbres dans le Vermont (gouverneurs, fondateurs du Bennington College, personnalités du monde des affaires). L'architecte, Trenor Park, la conçut comme une villégiature estivale. Elle est richement lambrissée et renferme une collection de verrerie, des toiles américaines et européennes, de l'art décoratif et des souvenirs familiaux.

Molly Stark Trail – La route 9 entre Bennington et Brattleboro *(40 miles)* porte le nom de l'épouse du général John Stark *(voir plus haut)*. Du sommet de la Hogback Mountain (alt. 735 m), la vue porte vers l'Est jusqu'au mont Monadnock (alt. 965 m) au New Hampshire, et vers le Sud sur les Berkshire Hills et la chaîne des Holyoke au Massachusetts.

Woodford State Park – *A 10 miles à l'Est de Bennington sur la route 9. Ouvert de fin mai à mi-octobre, tous les jours de 10 h au coucher du soleil. 1,50 $. ⚠ ♿ ☎802-241-3655 (l'été) et 802-447-7169 (le reste de l'année). Voir chapitre Renseignements pratiques.* Les 160 ha du parc s'étendent le long du réservoir Adams, site paisible entouré d'arbres.

Cols de BRANDON et de MIDDLEBURY ★

Circuit de 81 miles. 1 journée. Voir schéma ci-dessous.

Cet itinéraire, qui passe par les cols de Brandon et de Middlebury, offre de belles vues et traverse les vastes terres agricoles de la vallée du lac Champlain.

Quitter la route 100 à Rochester et prendre la route 73 vers le col de Brandon.

Lorsqu'elle pénètre dans la Green Mountain National Forest, la route 73 longe la vallée de la White River où se succèdent de petites habitations et des prairies tranquilles. Elle contourne le **mont Horrid** (alt. 980 m) qui doit son nom à ses roches noires, puis accède au col de Brandon, **Brandon Gap**★ (alt. 661 m). On y jouit d'une formidable **vue**★ sur la vallée du lac Champlain jusqu'aux monts Adirondacks. Par le versant Ouest, la route mène au village de **Brandon**, groupé autour de son auberge historique ouverte en 1786. L'hôtellerie actuelle recèle un

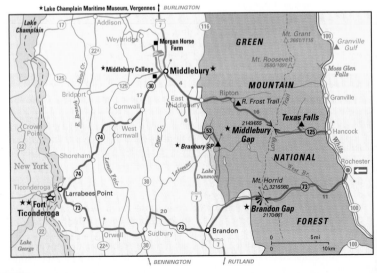

intérieur de style colonial hollandais de la fin du 19ᵉ s. Derrière l'auberge se trouve le **Vermont Ski Museum**, récemment ouvert, qui expose des skis anciens et des souvenirs des Jeux olympiques *(visite de mai à octobre, du mardi au dimanche de 9h à 16h; 2 $;* ☎*802-247-8080)*. Après Brandon, la route se dirige vers le lac Champlain en offrant des vues sur une campagne parsemée de rochers et de fermes laitières, ainsi que sur la ligne des monts Adirondacks.

Un bac *(voir Lake Champlain pour les horaires)* part de **Larrabees Point** et traverse le lac Champlain, très étroit à cette hauteur, et permet de rejoindre le Fort Ticonderoga dans l'État de New York.

★★ **Fort Ticonderoga** – *Route 74, Ticonderoga (NY). Visite de mi-mai à mi-octobre, tous les jours de 9h à 17h (18h en juillet et août). 7 $. Musique militaire avec fifres et tambours chaque jour en juillet et août.* ✗ ☎*518-585-2821.* Construit en 1755 par les Français, le Fort Ticonderoga fut pris par les Anglais en 1759. Il doit sa renommée à l'attaque surprise menée le 10 mai 1775 par **Ethan Allen** et ses Green Mountain Boys, aidés de **Benedict Arnold** et de ses hommes. Les armes et munitions dont ils s'emparèrent devaient permettre au général Washington de battre les Anglais au cours du siège de Boston.

En juillet et août, des figurants en costume militaire français procèdent tous les jours à des manœuvres d'artillerie au Fort Ticonderoga. Le **Military Museum** possède une belle collection d'armes à feu du 18ᵉ s., ainsi que des armes blanches et des souvenirs évoquant les troupes françaises, les Indiens et la guerre d'Indépendance.

Reprendre le bac pour le Vermont et suivre la route 74 qui traverse Shoreham et West Cornwall. A Cornwall, prendre la route 30 vers le Nord.

★ **Middlebury** – *Voir à ce nom.*

De Middlebury, prendre la route 125 vers l'Est, baptisée Robert Frost Memorial Drive en l'honneur de ce célèbre poète natif du Vermont.

Sur la route 125, 2 miles après Ripton, le **Robert Frost Interpretive Trail** est un sentier de randonnée dont la boucle de 1,6 km traverse de beaux paysages de marais et de forêts, jalonné de balises sur lesquelles sont inscrits des vers du célèbre poète.

Continuer sur la route 125 et parcourir environ 1 mile.

Vertes et jaunes, les maisons de bois du campus de montagne du Middlebury College servaient de villégiature au 19ᵉ s. Ils accueillent la Writers' Conference, où sont intervenues des personnalités comme Robert Frost, Willa Cather, Sinclair Lewis et d'autres figures littéraires du 20ᵉ s. La route continue ensuite vers le col de Middlebury, **Middlebury Gap**★ (alt. 655 m).

Texas Falls Recreation Area – *A gauche de la route 125.* Un sentier conduit à une série de cascades alimentant des marmites torrentielles creusées par les glaciers.

Le circuit s'achève au village de Hancock.

BRATTLEBORO

12 241 h.
Voir Carte des Principales Curiosités
Renseignements touristiques ☎802-254-4565

Au Sud-Est du Vermont, à proximité du fleuve Connecticut, Brattleboro est un petit centre commerçant et industriel, ainsi qu'un carrefour routier et ferroviaire, comme l'atteste le nombre de ses motels et restaurants. Les premiers colons du Vermont s'y implantèrent en 1724, et la ville se développa ensuite grâce à l'industrie et au tourisme. De beaux édifices en briques du 19ᵉ s. forment le cœur de la localité, et ont préservé un peu de l'atmosphère de l'époque où Brattleboro n'était encore qu'un village. Sixième ville de l'État par sa population, Brattleboro possède des usines de bois et de papier. On y produit des meubles, des objets en cuir et des outils de précision.

Brattleboro Museum and Art Center – *Main Street et Vernon Street. Visite de mi-mai à mi-novembre, du mardi au dimanche de 12h à 18h. Fermé les principaux jours fériés. 2 $.* ♿ ☎*802-257-0124.* Dans cette ancienne gare de chemin de fer se tiennent des expositions temporaires d'œuvres d'artistes du Vermont. Une exposition permanente évoque le séjour de Rudyard Kipling dans le Vermont (de 1892 à 1896) et présente des réalisations du facteur d'orgues local, la société Estey.

BURLINGTON

39 127 h.
Voir Carte des Principales Curiosités
Renseignements touristiques ☎802-863-3489

Situé au bord du lac Champlain, Burlington est la ville la plus populeuse de l'État, le grand centre urbain et industriel du Vermont. Ses belles résidences du 19ᵉ s. témoignent de son passé de port marchand et de ville industrielle. Aujourd'hui, Burlington connaît un renouveau avec les implantations de I.B.M., de Digital Equipment et de General Electric. Très animé, le centre est délimité à l'Est par l'Université du Vermont, et à l'Ouest par la rive du lac Champlain d'où l'on aperçoit les monts Adirondacks, dans l'État de New York. Les quatre pâtés de maisons de **Church Street Marketplace**, large périmètre piétonnier, recèlent de nombreux cafés et boutiques, et baignent dans une sympathique ambiance estudiantine. Les **Battery Park** et **Ethan Allen Park** (de North Avenue à Ethan Allen Parkway) ainsi que les croisières en bateau (voir Lake Champlain) offrent les plus belles vues du lac et de ses environs. Chaque année, Burlington accueille le **Vermont Mozart Festival** (voir chapitre Renseignements pratiques) et des manifestations culturelles organisées par l'université (concerts, pièces de théâtre et expositions).

University of Vermont – Aussi ancienne que l'État, cette université a été fondée en 1791. Tout au long de son existence, elle n'a cessé de prôner le progrès social, la liberté religieuse et l'égalité pour les femmes et les minorités. Entre South Prospect Street et University Place, la pelouse du campus s'élève vers une ligne de bâtiments dont se détache la **Ira Allen Chapel** (1925), édifice néo-georgien conçu par McKim, Mead et White. Tout à côté, le **Billings Center** (1885) illustre le style roman popularisé par l'architecte Henry Hobson Richardson.

★ **Robert Hull Fleming Museum** – *Visite de mai à août, le lundi de 12 h à 16 h, du mardi au vendredi de 9 h à 16 h, le week-end de 13 h à 17 h; le reste de l'année, le week-end de 13h à 17 h. 2 $. ☎802-656-2090.* Cet autre bâtiment conçu par McKim, Mead et White, en style néo-colonial, a été construit en 1930 et restauré en 1984. Sa construction a été financée par l'héritier de Robert Hull Fleming, un homme d'affaires de Chicago diplômé de l'université. Le musée abrite des pièces égyptiennes, extrême-orientales et amérindiennes. L'**American Gallery** est consacrée à la peinture et aux arts décoratifs américains des 18ᵉ et 19ᵉ s., l'**European Gallery** à des œuvres européennes du 17ᵉ au 19ᵉ s. Dans le parc se trouve un groupe de l'artiste du Vermont Judith Brown (1931-1992), *Lamentations Group* (1989).

EXCURSIONS

★★★ **Shelburne** – *A 12 miles vers le Sud par la route 7. Voir à ce nom.*

Ethan Allen Homestead – *A 2 miles vers le Nord, sur la route 127. De Burlington, prendre la route 7 vers le Nord, tourner à gauche dans Pearl Street, puis à droite dans N. Champlain Street. Au bout de N. Champlain Street, tourner à gauche, puis immédiatement à droite pour s'engager dans la route 127 Nord. Sortir à North Avenue Beaches. Prendre la première à droite au panneau signalant le domaine. Visite de mi-mai au Labor Day (1ᵉʳ lundi de septembre), tous les jours de 10 h à 17 h; du Labor Day à mi-octobre, tous les jours de 13 h à 17 h; de mi-mai au 19 juin, du mardi au dimanche de 13 h à 17 h. 3,50 $. & ☎802-865-4556.* Sur ce domaine de 2 ha traversé par la Winooski River et dédié au fameux héros, Ethan Allen (voir à ce nom), se dresse une maison (vers 1785) qui a été reconstruite et dont on pense qu'elle fut sa dernière résidence. Le bureau d'accueil présente une exposition consacrée à l'histoire locale et aux aventures de Ethan Allen et de ses Green Mountain Boys. Une taverne y a été reconstituée, et sert de décor à des présentations multimédia (1/4 h) relatives aux héros. Des sentiers longent la rivière.

JAY PEAK

Voir Carte des Principales Curiosités

A 8 miles seulement de North Troy, village situé à la frontière canadienne, Jay Peak (alt. 1177 m) est une importante station de ski dans le Nord du Vermont (voir chapitre Renseignements pratiques). Un **téléphérique** emporte les voyageurs au sommet (de fin juin au Labor Day, tous les jours de 10 h à 17 h; 6 $; ✗ & ☎800-451-4449) d'où l'on bénéficie d'un superbe **panorama★★** sur le lac Champlain, les monts Adirondacks, les White Mountains et le Canada.

Plusieurs circuits sont particulièrement pittoresques pendant l'été indien. La **route 242**, de Montgomery Center à la route 101, et la **route 58**, de Lowell à Irasburg, permettent de découvrir les beaux paysages du Nord de l'État.

LAKE CHAMPLAIN

Voir Carte des Principales Curiosités
Renseignements touristiques ☎802-524-2444

Ce lac immense (200 km de long), que traverse la frontière des États de New York et du Vermont, a été découvert par Samuel de Champlain en 1609. A la fin de l'ère glaciaire, une vaste mer salée envahit les basses terres séparant le Nord de la Nouvelle-Angleterre du reste du continent. Libérés du poids des glaciers, des secteurs de terrains se soulevèrent peu à peu, et la mer recula, abandonnant derrière elle le plus grand plan d'eau des États-Unis après les Grands Lacs.

Au creux d'une large vallée bordée par les monts Adirondacks et les Green Mountains, le lac et ses alentours sont devenus une villégiature appréciée des vacanciers. A son extrémité Nord, des ponts permettent de rejoindre trois îles: Isle La Motte, North Hero et Grand Isle. Depuis quelques années, North Hero est devenue la résidence d'été des célèbres **étalons royaux Lippizans** *(voir chapitre Renseignements pratiques)*.

Isle la Motte – Un **sanctuaire** dédié à sainte Anne marque l'emplacement du Fort Sainte-Anne (1666) construit par les Français pour se protéger des Indiens Mohawks. La **statue de Champlain** (3,6 m) a été sculptée par un artiste du Vermont, Ferdinand Weber, pour l'Exposition universelle de Montréal en 1967 *(ouvert de mi-mai à mi-octobre, tous les jours de l'aube au coucher du soleil; ☎802-928-3362)*.

★ **Croisière** – Le *Spirit of Ethan Allen* et sa roue à aubes emmènent les visiteurs en croisière sur le lac Champlain. Très belles vues sur les îles et les monts Adirondacks. *Départs de Burlington Boathouse, College Street, de fin mai à mi-octobre, tous les jours de 10 h à 16 h. 1 h 30 AR. 7,75 $. ✕ & Green Mountains Boat Lines Ltd. ☎802-862-9685.*

Ferries – Des services de bac permettent de passer d'un État à l'autre. *Les tarifs indiqués ci-dessous concernent le véhicule et son conducteur, à l'exception de Larrabees Point-Fort Ticonderoga (passagers inclus). Service en hiver lorsque le climat le permet. Du Nord au Sud:*

De Grand Isle à Plattsburgh – *Départs de Gordon Landing (route 314) tous les jours de 5 h à 13 h (de 7 h 40 à 11 h les jours fériés). 25 min AR. 10,75 $. ✕ & Lake Champlain Transportation Co. ☎802-864-9804.*

De Burlington à Port Kent – *Départs du quai de King Street de fin juin à fin août, tous les jours de 7 h 15 à 19 h 45. Service réduit au printemps et en automne. 2 h AR. 21 $. ✕ & Lake Champlain Transportation Co. ☎802-864-9804.*

De Charlotte à Essex – *Départs de Ferry Road de mi-mai à mi-octobre, tous les jours de 6 h 30 à 22 h. Service réduit au printemps et en automne. 40 min AR. 10,75 $. & Lake Champlain Transportation Co. ☎802-864-9804.*

De Larrabees Point à Fort Ticonderoga – *Départs de Shoreham (route 74) en juillet et août, tous les jours de 7 h à 20 h; en mai et juin ainsi qu'en septembre et octobre, de 8 h à 18 h. 20 min AR. 10 $. Shorewell Ferries Inc. ☎802-897-7999.*

MAD RIVER VALLEY★

Voir Carte des Principales Curiosités

La «vallée de la rivière folle» est une tranquille vallée rurale située au cœur d'une vaste région de monts et de collines. Ce lieu de villégiature est animé tout au long de l'année, notamment à cause de ses stations de ski: **Sugarbush** et **Mad River Glen** *(voir chapitre Renseignements pratiques)*, dont l'ouverture en 1947 a métamorphosé cette campagne paisible. Vers la fin des années 1950, Sugarbush fut créé et devint Sugarbush North vers 1965. Ce site agréable est doté de nombreuses installations et d'un excellent domaine skiable (ski alpin et ski de fond), d'où son grand succès. A partir de **Granville**, la route 100 offre de belles **vues**★★ sur cette région encore sauvage; la route 17 qui passe par l'**Appalachian Gap** (alt. 720 m) est tout aussi splendide. Le paysage qui s'étend le long de la East Warren Road, entre Warren et Waitsfield, est particulièrement pittoresque.

★ **DE WARREN À WAITSFIELD** *8 miles. Compter 1 h.*

A partir de la route 100, prendre vers l'Est la route pour Warren.

Warren – 1 172 h. Ce petit village possède des boutiques d'artisanat et une épicerie générale réputée pour sa cuisine au four et ses salades maison. Le pont couvert de Warren se reflète dans la Mad River.

Quitter le village par l'Est, et prendre East Warren Road en direction du Nord.

Grange ronde (environs de Waitsfield)

East Warren Road longe la Mad River et les Green Mountains à l'Ouest. Après 5 miles on aperçoit une **Round Barn** (1908-1909), l'une des nombreuses granges rondes bâties dans la vallée, qui fait aujourd'hui partie d'une auberge.

La route continue tout droit et passe le pont couvert de Waitsfield (1833), qui enjambe la Mad River.

Waitsfield – 1 422 h. Ce bourg est un carrefour commerçant depuis le 19ᵉ s., époque où la diligence de Waitsfield reliait tous les jours la vallée à la proche gare de Middlesex. Aujourd'hui, deux centres commerciaux perpétuent la tradition. L'agriculture demeure une activité essentielle de Waitsfield, même si la petite ville a récemment attiré des professions libérales ou artistiques.

MANCHESTER ★

3 622 h.
Voir Carte des Principales Curiosités
Renseignements touristiques ☎802-362-2100

Pendant plus d'un siècle, Manchester a été une station estivale très cotée avant de développer un tourisme hivernal grâce aux stations de ski de Bromley et Stratton *(voir chapitre Renseignements pratiques)*.

Le **centre** de Manchester est animé toute l'année, avec ses rangées de restaurants et de boutiques. Au Sud, sur la route 7A, de magnifiques propriétés se nichent au pied des Taconics. A **Manchester Village ★**, l'**Equinox Hotel**, majestueux édifice du 19ᵉ s. où séjourna une clientèle huppée (dont les présidents Harrison, Grant, Theodore Roosevelt et Taft), a été rénové pour répondre aux exigences du confort moderne tout en préservant l'accueil et le service qui firent sa renommée.

Manchester est le siège de la Orvis Company, l'une des plus anciennes fabriques de matériel de pêche des États-Unis (1856). Les vingt dernières années ont vu fleurir des magasins de vente de vêtements à prix d'usine le long des routes 7A et 11.

CURIOSITÉS

★ **Hildene** – *Voir schéma plus loin. Sur la route 7A, à 2 miles au Sud du croisement des routes 7 et 11/30. Visite guidée (1 h 30 min) de mi-mai à fin octobre, tous les jours de 9 h 30 à 17 h; de novembre à mi-mai, de 9 h à 16 h. 6 $. ✗ ⅋ ☎802-362-1788.* Ce domaine vallonné de 167 ha appartenait à **Robert Todd Lincoln** (1843-1926), aîné des quatre enfants de Abraham et Mary Lincoln. Lorsque Robert était étudiant, la famille Lincoln venait en vacances à Manchester. Quand il prit la présidence de la Pullman Company, il choisit Hildene, entouré des monts Taconics et des Green Mountains, comme résidence de campagne. La famille Lincoln l'occupa jusque dans les années 1970.

La demeure de 24 pièces a été construite en style néo-georgien. Un élégant escalier s'amorce dans le vestibule qui se trouve entre la salle à manger, au curieux papier peint, et la bibliothèque, aux sombres boiseries d'acajou veiné. Le mobilier est celui de la famille Lincoln. Les jardins offrent de belles **vues★** sur les montagnes et la vallée.

American Museum of Fly Fishing – *Seminary Avenue. Au Nord de l'Equinox Hotel sur la route 7A. Visite de mai à octobre, tous les jours de 10 h à 16 h; le reste de l'année, uniquement en semaine. Fermé les principaux jours fériés. 2 $.* ☎*802-362-3300.* Débutants et chevronnés de la pêche à la ligne seront passionnés par ce musée consacré à l'histoire et à la tradition de la pêche à la mouche. Parmi les objets exposés, on peut voir des livres anciens sur le sujet, une impressionnante collection de mouches artificielles de toutes les couleurs, et du matériel de pêche ayant appartenu à Daniel Webster, Andrew Carnegie, Ernest Hemingway et d'autres Américains célèbres.

Southern Vermont Art Center – *West Road. Depuis le green, prendre la West Road vers le Nord pendant 1 mile. Visite de mai à octobre, du mardi au samedi de 10 h à 17 h, le dimanche de 12 h à 17 h; de décembre à mars, du lundi au samedi de 10 h à 16 h. Fermé les principaux jours fériés. 3 $.* ✗ & ☎*802-362-1405.* Des expositions temporaires de peinture, de sculpture, de gravures et de photographies se succèdent dans cette belle demeure de style georgien installée à flanc de montagne.

★ **Dorset** – *1 918 h. Voir schéma plus loin. A 6 miles au Nord de Manchester par la route 30.* Après 4 miles, on peut voir à droite une ancienne **carrière** de marbre aujourd'hui inondée, l'une des premières qui furent exploitées dans le Vermont. Le site est devenu un lieu de baignade très fréquenté en été.

Dorset abrite plusieurs peintres et écrivains, séduits par le charme montagnard du village. La **Dorset Playhouse** affiche des représentations théâtrales tous les étés.

Equinox Skyline Drive – *Voir schéma plus loin. A 5 miles au Sud de Manchester par la route 7A. Visite de mai à octobre, tous les jours de 8 h à 22 h. 6 $ par véhicule.* ✗ ☎*802-362-1114.* Cette route de 5,5 miles conduit au sommet du mont Equinox (alt. 1163 m), point culminant de la chaîne des Taconics. De la route, on aperçoit l'unique Chartreuse *(inaccessible au public)* des États-Unis. Au sommet a été installé un relais de télécommunications ainsi qu'une auberge. La vue plonge vers la vallée de l'Hudson et les Green Mountains.

Arlington – *2 299 h. Voir schéma plus loin. A 8 miles au Sud de Manchester par la route 7A.* Ce village paisible et ses habitants ont servis de modèles à l'illustrateur **Norman Rockwell** *(voir Stockbridge)*, qui y vécut un moment.
Grâce à la rivière **Batten Kill**, Arlington possède l'une des plus importantes réserves de pêche à la truite de Nouvelle-Angleterre. Depuis la route 7A, on peut admirer la St James Episcopal Church ainsi que les monuments et pierres tombales de son vieux cimetière.

★★ LES VILLAGES DU SUD VERMONT

97 miles. 1 journée. Voir schéma plus loin.

> *Quitter Manchester Village par la route 7A. A Manchester Center, prendre la route 30 vers l'Est et continuer sur la route 11.*

Bromley Mountain – La station de ski de Bromley *(voir chapitre Renseignements pratiques)* est devenue populaire en été grâce à l'installation de l'**Alpine Slide** *(accessible de juin à mi-octobre, tous les jours de 9 h 30 à 17 h; 4,50 $;* ✗ & ☎*802-824-5522),* une sorte de bobsleigh sur piste de béton. On peut gagner le sommet de la station (alt. 994 m) par des sentiers de randonnée *(voir ci-dessous)* et bénéficier de **vues** sur les Green Mountains. *Le télésiège fonctionne de fin mai à mi-octobre, tous les jours de 9 h 30 à 17 h; 4,50 $;* ✗ & ☎*802-824-5522.*

Long Trail to Bromley Summit – *De la station de ski de Bromley, suivre la route 11 vers l'Est pendant environ 2 miles. Un petit panneau indique le sentier de randonnée. Parking sur la droite. 9 km; 3 h AR. Un chemin de terre conduit du parking au sentier (sur la gauche).* Ce sentier est un tronçon commun au Long Trail *(voir chapitre Renseignements pratiques)* et à l'Appalachian Trail. Après 3 km de montée facile à travers les bois, la pente s'accentue fortement avant de traverser des pâturages. De la tour d'orientation, on jouit d'un **panorama★★** sur Stratton Mountain (au Sud) et les Green Mountains.

> *Deux miles après Bromley, prendre à gauche la route qui traverse Peru. A l'embranchement, prendre à gauche et continuer en traversant North Landgrove. Tourner à gauche devant l'hôtel de ville. Après l'auberge de Village Inn, prendre à droite à l'embranchement et poursuivre vers Weston.*

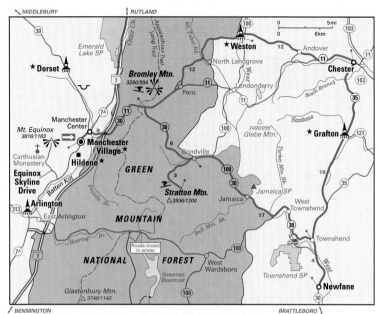

★ **Weston** – 488 h. Avec son green séduisant, ses boutiques d'artisanat et ses magasins, Weston est une importante étape touristique sur la route 100. Une ancienne
taverne de la fin du 18ᵉ s., **Farrar-Mansur House**, donne sur le green. Elle abrite
aujourd'hui un musée d'histoire locale *(visite guidée de 1 h de fin mai au Labor Day,
tous les jours de 12h 30 à 16 h; de mi-septembre à mi-octobre, uniquement le week-end; 2 $).*
Derrière la Farrar-Mansur House, le **Weston Mill Museum** présente une collection
(19ᵉ s.) d'outils de tonnelier, de ferblantier, de tisserand, et du matériel agricole
*(visite de fin mai au Labor Day, tous les jours de 11 h à 16 h; de mi-septembre à mi-octobre,
uniquement le week-end).* A côté se trouve la **Weston Playhouse**, théâtre bâti sur le
modèle d'une église détruite par un incendie en 1963 *(représentations en été).* Le
Vermont Country Store est connu dans tout l'État pour la variété de ses étalages
(ouvert toute l'année, du lundi au samedi de 9 h à 17 h; ☎802-824-3184).

> *De Weston, prendre la route 100 qui longe le green, puis prendre à droite au panneau
> signalant Chester. Traverser Andover, et prendre la route 11 vers l'Est.*

Chester – 2 832 h. La large rue principale de cette bourgade est bordée d'habitations et de magasins dont plusieurs occupent des bâtiments historiques *(brochure
disponible au bureau d'information du green, de juin à octobre).* Ici sont installés
(depuis 1912) les bureaux du National Survey, institut cartographique de
Nouvelle-Angleterre.

> *De Chester, prendre la route 35 jusqu'à Grafton.*

★ **Grafton** – 602 h. Au 19ᵉ s., ce village situé sur l'ancienne route de poste reliant
Albany à Boston abritait une communauté prospère (élevage de moutons, filatures de laine, moulins à blé, tanneries, scieries, carrière de stéatite). Vers le milieu
du siècle, l'activité ralentit et ne cessa même de décliner. En 1963, la Fondation
Windham fut créée par un bienfaiteur privé afin de «rendre au village sa vitalité
économique». A ce jour, plus de la moitié des bâtiments datant du 19ᵉ s. ont été
restaurés par la fondation, qui est également propriétaire de la fabrique de fromages, la **Grafton Village Cheese Company** *(visite sur demande: ☎802-843-2221),* de
la **Red Barns**, une ancienne grange qui renferme des voitures hippomobiles et une
exposition consacrée à l'élevage du mouton et au travail de la forge, et de l'**Old
Tavern** (1801). Cet édifice de briques, qui accueillit jadis des célébrités comme le
président Ulysses S. Grant et les écrivains Oliver Wendell Holmes et Rudyard
Kipling, a retrouvé sa vocation première d'hôtellerie. Son mobilier rustique comprend des pièces de style fédéral. *Visites de la ville en voiture attelée, tous les jours du
vendredi au lundi. Wilbur's Horse Drawn Rides ☎802-875-3643.*

> *A Grafton, tourner à droite, traverser le pont et tourner à gauche avant la taverne pour
> gagner la route 35 qui mène à Townshend. Prendre la route 30 vers le Sud en direction
> de Newfane.*

Newfane – 1 555 h. Au cœur des Green Mountains, ce village a subi peu de transformations depuis le 18ᵉ s., époque à laquelle y siégeait le tribunal du comté de Windham. Le **green**★ de Newfane est absolument charmant, et fait le bonheur des photographes, surtout en automne. Il est bordé par la Congregational Church, la **Windham County Courthouse** et deux anciennes auberges.

Reprendre la route 30 et traverser Townshend. Entre Townshend et West Townshend, passer le pont couvert sur la gauche. Poursuivre sur Bondville après avoir traversé Jamaica. A Bondville, une route à gauche mène à la station de ski de Stratton Mountain.

Stratton Mountain – (alt. 1200 m). C'est l'une des principales stations de ski du Vermont: 92 pistes de ski alpin et de ski de fond sont accessibles par téléphérique et télésièges *(voir chapitre Renseignements pratiques)*. En septembre et octobre a lieu le Stratton Arts Festival qui expose des objets d'art et d'artisanat réalisés dans le Vermont (pavillon de la station).

Retourner à Manchester par la route 30.

MIDDLEBURY ★

8 034 h.
Voir Carte des Principales Curiosités
Renseignements touristiques ☎802-388-7951

Au cœur d'une région vallonnée, Middlebury est une ville agréable, avec sa simple église congrégationaliste et ses bâtiments de style victorien transformés en magasins et en restaurants. La ville abrite la majestueuse Middlebury Inn (1827) et le Middlebury College.

CURIOSITÉS

★ **Middlebury College** – Fondée en 1800, cette université appartient à ce qu'il est convenu d'appeler la «Little Ivy League». Elle est réputée pour la qualité de son enseignement de culture générale, ses cours d'été de langues étrangères et les séminaires de littérature de la Bread Loaf Writers' Conference *(voir cols de Brandon et de Middlebury)* dont Robert Frost fut l'un des principaux fondateurs. *En été, les visiteurs sont priés de parler à voix basse s'ils s'expriment en anglais, car les étudiants sont tenus de parler des langues étrangères.* Le campus principal couvre approximativement 200 ha et compte des édifices éclectiques impressionnants bâtis en pierres et en marbre. Remarquer le **Painter Hall** (1815), le plus ancien des édifices universitaires de l'État encore debout, et **Le Château** (1925), dont l'architecture s'inspire d'un pavillon du château de Fontainebleau. La Starr Library abrite une salle consacrée à R. Frost, la **Frost Room**.

Center for the Arts – Ce bâtiment récent (1992) incorpore audacieusement des types architecturaux traditionnels du Vermont (granges et silos), et abrite des ateliers de danse et de théâtre, une salle de concert, et le **musée d'Art**★ de l'université. Sa collection permanente comprend des œuvres d'artistes réputés du Vermont, tels Hiram Powers, Gilbert Stuart, Alexander Calder et John Frederick Kensett *(ouvert toute l'année, du mardi au vendredi de 10 h à 17 h; le week-end de 12 h à 17 h; ☎802-388-3711).*

Sheldon Museum – *1 Park Street. Visite toute l'année, du lundi au vendredi de 10 h à 17 h, le samedi de 10 h à 16 h. 3,50 $. ☎802-388-2117.* En 1882, Henry Sheldon aménagea dans cette maison de briques et y installa ses pianos, ses vieilles horloges et ses livres… puis il accrocha à sa façade un panneau sur lequel on pouvait lire: «Sheldon Art Museum and Archeological Society». Il fut ainsi le précurseur des nombreux petits musées et sociétés historiques qui virent plus tard le jour à travers toute la Nouvelle-Angleterre. Celui-ci possède une collection de mobilier du 19ᵉ s., des jouets de l'époque victorienne et des archives personnelles.

Frog Hollow – Ce quartier plein de charme *(Main Street et Mill Street)*, dont les petites boutiques sont perchées au-dessus des eaux de l'Otter Creek, abrite le **Vermont State Craft Center**. Ce centre d'artisanat de l'État est installé dans un ancien moulin restauré, et expose et vend de beaux objets en verre soufflé, en métal ou en bois, des bijoux et des tissus réalisés par des artisans réputés du Vermont *(ouvert toute l'année, du lundi au samedi de 9 h 30 à 17 h, jusqu'à 19 h le vendredi, le dimanche de 12 h à 17 h; ☎802-388-3177).*

EXCURSIONS   *Voir schéma des cols de Brandon et de Middlebury*

Morgan Horse Farm – *A Weybridge, à 2,5 miles au Nord-Ouest de Middlebury. A partir du centre de Middlebury, prendre College Street sur la droite (route 125), puis tourner à droite dans la route 23 (Weybridge Street). Suivre les indications pour la ferme, et tourner à gauche à l'embranchement avec le pont couvert. Visite de mai à octobre, tous les jours de 9 h à 16 h. 3,50 $.* ♿ ☎802-388-2011. Lorsque, dans les années 1780, l'instituteur **Justin Morgan** reçut un poulain en paiement d'une dette, il ne soupçonnait pas que l'animal allait engendrer la première race chevaline de selle spécifiquement américaine: le Morgan. Puissant, bien charpenté et rapide, l'étalon se montra capable de haler des troncs d'arbre plus efficacement que des chevaux de trait, et de dépasser à la course certains des meilleurs pur-sang. Depuis les années 1790, le Vermont est devenu le lieu de reproduction, d'élevage et de dressage des descendants de ce cheval. Important produit d'exportation au 19ᵉ s., le Morgan fut choisi comme animal-emblème de l'État en 1961.

Propriété de l'Université du Vermont *(voir Burlington)*, le haras est un centre de reproduction et de dressage. On visite l'écurie (19ᵉ s.) où sont logés les descendants de cette prestigieuse lignée *(toutes les heures, présentation de diapositives; 20 min)*.

★ **Branbury State Park** – *Près de Brandon, à 10 miles au Sud-Est de Middlebury par la route 7 Sud, puis la route 53. Visite de fin mai à octobre, tous les jours de 10 h au coucher du soleil. 1,50 $.* △ ☓ ♿ ☎802-247-5925 *(en été),* 802-483-2314 *(le reste de l'année). Voir chapitre Renseignements pratiques*. Très fréquenté par temps chaud, le site dispose d'une vaste plage de sable sur le lac Dunmore *(possibilité de canotage)*, et est sillonné par des sentiers de randonnée menant à des chutes, les **Falls of Llana** *(1,8 km; 3/4 h AR; quelques passages difficiles)*, et au **lac Silver** *(5 km; 1 h 30 min AR)*.

Vergennes – 2 578 h. *13 miles au Nord-Ouest de Middlebury par la route 7 vers le Nord.* Avec ses 4,7 km² de superficie, Vergennes est la plus petite commune des États-Unis.

Button Bay State Park – *6 miles à l'Ouest de Vergennes. Prendre West Main Street jusqu'à Panton Road. Tourner à droite dans Basin Harbor Road, puis à gauche sur une route non signalisée. Visite de fin mai à mi-octobre, tous les jours de 10 h au coucher du soleil. 1,50 $.* △12 $. ☓ ☎802-475-2377. *Voir chapitre Renseignements pratiques.* Baptisé d'après ses curieuses concrétions argileuses qui ressemblent à des «boutons», le parc offre de belles vues sur le lac Champlain et les monts Adirondacks. Un centre d'initiation à la nature présente un échantillonnage de «boutons» de tailles diverses et une exposition sur la géologie locale.

★ **Lake Champlain Maritime Museum** – *A Basin Harbor, à 21 miles au Nord-Ouest de Middlebury. Prendre la route 7 vers Vergennes, puis la West Main Street pour gagner Panton Road. Tourner à droite dans Basin Harbor Road. Visite de début mai à mi-octobre, tous les jours de 10 h à 17 h. 3 $.* ☎802-475-2022. Cinq bâtiments d'exposition, dont une ancienne école (vers 1818), retracent l'histoire du lac. Plusieurs types de bateaux y sont exposés. Une réplique du *Philadelphia*, canonnière de 54 pieds datant de la guerre d'Indépendance, est ancrée près du musée.

MONTPELIER

8 247 h.
Voir Carte des Principales Curiosités
Renseignements touristiques ☎802-229-5711

Cette petite ville, nichée parmi les collines boisées qui dominent la Winooski River, est la capitale du Vermont depuis 1805. Visible de toutes parts, le dôme doré de son capitole brille de mille feux sous le soleil et offre un magnifique spectacle quand les arbres qui l'entourent prennent leur couleur d'automne. Si l'industrie du granit a jadis assuré la prospérité de Montpelier, c'est aujourd'hui les activités administratives fédérales et une importante compagnie d'assurances qui dynamisent la ville.

CURIOSITÉS   *1 h*

State House – *State Street. Visite de juillet à mi-octobre, du lundi au vendredi de 8 h à 16 h 15, le samedi de 11 h à 15 h; le reste de l'année, du lundi au vendredi. Fermé les principaux jours fériés.* ☓ ♿ ☎802-828-2228. Cet élégant édifice néo-classique construit en 1857 est le troisième capitole édifié à cet emplacement. Les deux premiers

(1808 et 1836) brûlèrent. Le bâtiment actuel a conservé le portique dorique du capitole précédent, inspiré du temple de Thésée à Athènes. Une statue de Cérès, déesse romaine de l'agriculture, domine de ses 4 m le pinacle du dôme doré.

★ **Vermont Museum** – *109 State Street, dans le bâtiment du Pavilion Office. Visite toute l'année, du mardi au vendredi de 9 h à 16 h 30, le samedi de 9 h à 16 h, le dimanche de 12 h à 16 h. 3 $. ☎802-828-2291.* La belle façade victorienne du bâtiment est inspirée du Pavilion Hotel qui occupa le site de 1876 à 1965. A l'intérieur, on a reconstruit le hall d'entrée du 19e s. qui ouvre sur les pièces occupées par la Vermont Historical Society. Son exposition relate l'histoire, la vie économique et les traditions du Vermont.

NORTHEAST KINGDOM★★

Voir Carte des Principales Curiosités

Cette région de forêts, de lacs, de larges vallées et de routes secondaires qui traversent de petits villages, comprend les trois comtés du Nord-Est de l'État: Caledonia, Essex et Orleans. Le «Royaume du Nord-Est» est centré autour de St. Johnsbury *(voir à ce nom)*, et s'étend jusqu'aux frontières du Canada et du New Hampshire. Cette région peu habitée s'anime en automne, lorsque sa campagne devient une symphonie de couleurs mêlant les ors aux tons cuivrés et au rouge éclatant d'érables innombrables. C'est alors que chaque petite communauté s'active en organisant sa fête des moissons, sa brocante ou son marché aux puces. Le **Northeast Kingdom Foliage Festival**, qui dure une semaine, rassemble sept villages: Barnet, Cabot, Groton, Marshfield, Peacham, Plainfield et Walden. Chaque jour, un village différent organise une série d'activités allant du petit-déjeuner dressé dans l'église à des visites de maisons ou des expositions artisanales *(fin septembre-début octobre; réservations recommandées)*.

Deux autres villages attirent le public par des manifestations originales: **Craftsbury Common**, dont l'immense green semble se perdre dans le ciel, et Danville *(voir plus loin)* où se déroule le congrès annuel des sourciers américains.

★ **LAKE WILLOUGHBY ET BROWNINGTON**

Circuit en boucle au Nord de St Johnsbury. 87 miles. Compter 1 journée, randonnée comprise.

De St Johnsbury, prendre la route 5. Traverser Lyndonville pour prendre la route 114 Nord jusqu'à East Burke, où une route non signalisée mène à Burke Hollow et West Burke.

The Burkes – East Burke, Burke Hollow et West Burke sont trois hameaux au pied de la station de ski de Burke Mountain *(voir chapitre Renseignements pratiques)*. Le paysage montagneux des alentours est très harmonieux, surtout vu de la route qui monte au sommet de Burke Mountain (alt. 994 m). Vers le Nord-Ouest, au-delà du col, on aperçoit au loin le lac Willoughby. *Accéder à la route à péage de Burke Mountain (Auto Road) par la route 114 à East Burke.*

De West Burke, prendre la route 5A vers le lac Willoughby.

★ **Lake Willoughby** – *Baignade autorisée en saison.* On repère l'emplacement du lac Willoughby grâce aux deux versants montagneux qui s'élèvent abruptement en faisant songer à l'entrée d'un défilé. La plus haute des ces deux montagnes, qui surplombe l'extrémité Sud-Est du lac, est le **mont Pisgah** (alt. 838 m).

South Trail to Mt Pisgah – *A 5,6 miles au Nord de West Burke. Se garer à l'extrémité Sud du lac, à côté de la route 5A. Du parking, traverser la route pour s'engager dans le sentier. 6,5 km; 2 h 1/2 AR.* Après avoir traversé une zone marécageuse, le sentier grimpe vers une forêt en offrant des vues sur le lac Willoughby. En s'éloignant du lac, la pente s'accentue parmi les hêtres et les arbres à feuilles persistantes, jusqu'au sommet d'où l'on jouit de **vues★★** magnifiques sur les montagnes environnantes et le mont Washington situé au New Hampshire. Un sentier annexe de 3,3 km mène à un beau point de vue qui domine le lac.

Suivre la route 5A qui longe le lac vers le Nord, puis prendre la route 58 vers l'Ouest. Rouler pendant environ 4 miles jusqu'au village de Evansville. Tourner à droite sur la route en mauvais état signalant Brownington Center. Prendre la deuxième à gauche, et poursuivre vers Brownington Center où l'on prendra à droite sur la colline pour gagner le Brownington Village Historic District.

★ **Brownington Village Historic District** – Jadis fort animé, ce hameau charmant a peu changé depuis le début du 19ᵉ s., époque à laquelle il abritait la Brownington Academy. Cette institution privée fut fondée par le révérend Alexander Twilight (1795-1857). Cet ancien élève du Middlebury College fut, dit-on, le premier Noir diplômé d'une université américaine. L'institution servit d'école aux 25 villages des alentours pendant 25 ans. Le bâtiment des dortoirs, l'**Old Stone House** (1836), édifice de quatre étages en granit, abrite aujourd'hui un musée où l'on peut voir d'anciennes salles de classe et des expositions sur l'école *(visite en juillet et août, tous les jours de 11 h à 17 h; de mi-mai à juin et de septembre à mi-octobre, du vendredi au mardi de 11 h à 17 h; 3 $;* ☎*802-754-2022)*. Au Nord du village, sur Prospect Hill, une plate-forme d'orientation offre un **panorama**★★ sur le col de Willoughby (au Sud-Est), le mont Mansfield (au Sud-Ouest), Jay Peak (à l'Ouest) et le lac Memphrémagog (au Nord).

> *De Prospect Hill, tourner à droite pour passer devant l'église congrégationaliste, et suivre la route non signalée sur 2 miles vers l'Ouest jusqu'au croisement avec la route 58. Tourner à droite et traverser Orleans (1 mile). Prendre la route 5 vers le Sud pendant 5 miles, puis la route 16 vers le Sud. Traverser Glover, puis prendre à gauche la route 122 vers le Sud pendant environ 1 mile pour gagner le Bread and Puppet Museum.*

Bread and Puppet Museum – *Route 122. Ouvert de mi-mai à mi-octobre, tous les jours de 10 h à 17 h.* ☎*802-525-6972.* Dans une grande grange obscure bâtie en 1863, la Bread and Puppet Company a disposé de manière impressionnante ses marionnettes plus grandes que nature. Ces masques et ces mannequins sont le résultat de 30 années de travail de Peter Schumann, chorégraphe et sculpteur né en Silésie.

> *Retourner à St Johnsbury par la route 5.*

★ **PEACHAM ET BARNET CENTER**
Circuit au Sud de St Johnsbury. 65 miles. Compter 3 h 1/2.

> *De St Johnsbury, prendre la route 2 vers l'Ouest.*

Danville – 1 917 h. Grâce à son altitude, cette bourgade rurale et agricole jouit de brises fraîches et d'air pur, même pendant les grandes chaleurs estivales. Danville est le siège de l'**American Society of Dowsers**, association américaine de sourciers. Leur convention annuelle se tient en août à Lyndonville, et réunit pendant 4 jours des sourciers provenant de tout le pays. Les sourciers emploient une branche fourchue ou une baguette divinatoire pour détecter l'eau souterraine ou les métaux enfouis.

> *Continuer vers le Sud sur la route 2 jusqu'à Marshfield. Prendre à droite la route 215.*

Peacham

Cabot – 1 043 h. En exploitation depuis 1919, la **Cabot Creamery** est certainement le fournisseur de produits laitiers le plus connu du Vermont, notamment pour sa variété de fromages *(dégustation gratuite)*. La visite des installations *(1/2 h; 1 $)* débute par un court programme audiovisuel consacré à la fabrication du fromage, du beurre et du yaourt *(ouvert de mi-juin à mi-octobre, du lundi au samedi de 9 h à 17 h; le reste de l'année, de 9 h à 16 h; ☎ 802-563-2231)*.

Retourner à Danville par les routes 215 et 2. Prendre vers le Sud la route non signalisée qui traverse Harvey et Ewell Mills.

★ **Peacham** – 627 h. Dans un cadre superbe de vallons et de collines, Peacham est probablement en automne la localité la plus photographiée du Vermont. Ses jolies maisons blanches se serrent autour de l'église, du general store et de l'école privée de la Peacham Academy.

Poursuivre vers Barnet Center en traversant South Peacham, et prendre à gauche vers West Barnet. A Barnet Center, tourner à gauche avant l'église, et suivre la route qui monte sur la colline.

Barnet Center – 1 415 h. Après avoir dépassé l'église, on découvre, juste avant le sommet de la colline, un charmant paysage champêtre avec une grange et son silo. Au-delà, la **vue★★** s'étend vers le lointain.

Redescendre au pied de la colline. Prendre à gauche en direction de Barnet où l'on s'engage dans la route 5 pour rejoindre St Johnsbury.

PLYMOUTH ★

440 h.
Voir Carte des Principales Curiosités

C'est dans ce hameau adossé aux Green Mountains que naquit **Calvin Coolidge** (1872-1933), 30e président des États-Unis. Le 3 août 1923, le vice-président Coolidge y apprit la mort du président Warren Harding. Fait exceptionnel dans l'histoire de la nation, il prêta serment devant son père, John Coolidge, notaire, qui investit son fils dans ses nouvelles fonctions.
On visite plusieurs bâtiments du Plymouth Notch Historic District sur la route 100A (au village de Plymouth Notch) relatant la vie de Calvin Coolidge (de mi-mai à mi-octobre, tous les jours de 9 h 30 à 17 h 30; 4 $; ✗ ♿ ☎ 802-672-3773).

Coolidge Birthplace – Calvin Coolidge naquit dans cette petite maison modeste, attenante à l'épicerie de ses parents.

Coolidge Homestead – C'est dans cette maison, où Coolidge passa son enfance, qu'il prêta serment en 1923.
On verra également une grange transformée en musée de l'outillage, et la **Plymouth Cheese Corporation**, petite fabrique de fromages appartenant à la famille Coolidge, et où l'on assiste à l'élaboration du traditionnel fromage blanc caillé. La **tombe de Coolidge** se trouve dans le cimetière du village, de l'autre côté de la route 100A.

PROCTOR ★

1 979 h.
Voir Carte des Principales Curiosités

Avec ses gisements s'étendant de Dorset au lac Champlain, le Vermont était naguère le premier producteur de marbre des États-Unis. La Vermont Marble Company, anciennement établie à Proctor, exploitait la presque totalité des carrières de l'État.

★ **Marble Exhibit** – *62 Main Street. Visite de mi-mai à octobre, tous les jours de 9 h à 17 h 30; le reste de l'année, du lundi au samedi de 9 h à 16 h. 3,50 $. ♿ ☎ 802-459-2300.* Cette exposition explique la formation et l'exploitation du marbre. Des plaques de marbre poli provenant du Vermont comme du monde entier illustrent la richesse et la variété des textures et des couleurs qui caractérisent cette pierre. Les visiteurs peuvent visionner un programme audiovisuel *(13 min)*, observer un carrier au travail et apprécier des sculptures. Une galerie rassemble des bas-reliefs de marbre représentant tous les présidents des États-Unis.

Wilson Castle – *West Proctor Road. A 4 miles au Sud de Proctor. Visite guidée (3/4 h) de fin mai à mi-octobre, tous les jours de 9 h à 18 h. 6 $.* ☎*802-773-3284.* Cette imposante demeure de briques (1867) construite par un médecin du Vermont est représentative du luxe dans lequel vivait la grande bourgeoisie américaine au 19ᵉ s. Les objets d'art et le mobilier sont rehaussés par des boiseries très ouvragées, par des vitraux et la polychromie des plafonds. Remarquer la boîte à bijoux Louis XVI.

RUTLAND

18 230 h.
Voir Carte des Principales Curiosités
Renseignements touristiques ☎802-773-2747

Fondée dans les années 1770 à la confluence de Otter Creek et de East Creek, Rutland est la deuxième ville du Vermont. Au 19ᵉ s., la ville était un carrefour ferroviaire, et l'exploitation du marbre y était florissante, ce qui lui valut le surnom de «ville du marbre». Elle abrite aujourd'hui un grand nombre de petites industries dynamiques.
Les lacs et les montagnes des environs attirent tout au long de l'année les amateurs d'activités de plein air. Non loin se trouvent Killington, importante station de ski, et Pico *(voir chapitre Renseignements pratiques).*

Norman Rockwell Museum – *2 miles à l'Est de Rutland par la route 4. Visite tous les jours de 9 h à 18 h. Fermé le 1ᵉʳ janvier, le dimanche de Pâques, le Thanksgiving Day (4ᵉ jeudi de novembre) et le 25 décembre. 2,50 $. &* ☎*802-773-6095.* Le musée contient des centaines d'œuvres de Norman Rockwell *(voir le chapitre Peinture de l'Introduction),* illustrateur, humoriste et chroniqueur de plus d'un demi-siècle de vie américaine. L'exposition rassemble plus de 300 couvertures du magazine *Saturday Evening Post* dessinées par Rockwell – et qui l'ont fait connaître – ainsi que d'autres couvertures de magazines, des affiches, des publicités, des calendriers et des cartes de vœux qui ont également contribué à sa renommée.

EXCURSIONS

★ **Proctor** – *A 6 miles de Rutland par West Street, puis la route 3 vers le Nord. Voir à ce nom.*

Hubbardton Battle Site – *18 miles au Nord-Est de Rutland, à East Hubbardton. Prendre la route 4 vers l'Ouest jusqu'à la sortie 5. Suivre la signalisation vers le Nord.* Un monument et un bâtiment commémorent la bataille qui se déroula à Hubbardton en 1777, pendant la guerre d'Indépendance.
Début juillet 1777, les troupes américaines qui tenaient depuis deux ans le Fort Ticonderoga furent forcées de l'abandonner aux Anglais. Poursuivies par ces derniers, elles battirent en retraite dans le Vermont où les Anglais avaient positionné une arrière-garde. Les deux armées s'affrontèrent le 7 juillet sur une colline située à proximité de East Hubbardton. Après cette bataille qui laissa des centaines de victimes de chaque côté, les Anglais décidèrent d'abandonner la poursuite et de retourner au fort. Décimés et fourbus, les Américains s'estimèrent satisfaits de cette forme de victoire et poursuivirent leur retraite dans le Vermont.

Visitor Center – *Visite de mi-mai à mi-octobre, tous les jours de 11 h à 17 h. 1 $. &* ☎*802-759-2412.* Ce bâtiment contient un petit musée et un diorama de la bataille.

Killington – *10 miles à l'Est de Rutland par la route 4. Téléphérique à 15 miles à l'Est de Rutland, sur la route 4.* Avec ses 155 pistes tracées sur six montagnes, Killington est l'une des stations de sports d'hiver les plus populaires de la Nouvelle-Angleterre *(voir chapitre Renseignements pratiques).* Le téléphérique de Killington (4 km) est la plus longue remontée mécanique des États-Unis *(tarifs réduits de mi-septembre à mi-octobre afin de pouvoir admirer les feuillages d'automne;* ✗ ☎*802-422-3333)* et offre de belles **vues★★** sur les Green Mountains.

Lake St Catherine State Park – *20 miles au Sud-Ouest de Rutland, sur la route 30 au Sud de Poultney. Prendre la route 4 jusqu'à la sortie 4, puis la route 30 vers le Sud. Visite de juin à octobre, tous les jours de 10 h à 21 h. 1,50 $.* △& ☎*802-287-9158. Voir chapitre Renseignements pratiques.* Une bonne brise souffle à la surface du lac Ste-Catherine, attirant les amateurs de voile et de planche à voile, ainsi que les pêcheurs de truite et de brochet.

ST JOHNSBURY

7 608 h.
Voir Carte des Principales Curiosités
Renseignements touristiques ☎802-748-3678

Cette bourgade commença à prospérer dans les années 1830, quand un épicier du nom de Thaddeus Fairbanks inventa la balance à plateaux et se lança dans sa fabrication. Depuis, des balances Fairbanks furent expédiées dans le monde entier. Fortune faite, les Fairbanks, grands protecteurs de la ville, ont fait construire dans le centre l'Athenaeum et le Fairbanks Museum and Planetarium. Quelques industries et la production de sirop d'érable constituent aujourd'hui les principales activités économiques de Fairbanks.

★ **Athenaeum** – *30 Main Street. Ouvert toute l'année, du lundi au vendredi de 10 h à 17 h 30 (20 h le lundi et le mercredi), le samedi de 9 h 30 à 16 h. Fermé les principaux jours fériés.* ⚹ ☎*802-748-8291.* En 1871, Horace Fairbanks fit construire cet édifice de style Second Empire pour servir de bibliothèque publique. Deux ans plus tard, il fit ajouter une **galerie d'art** à l'arrière du bâtiment. La galerie a conservé son décor de salon victorien. Dominée par une œuvre monumentale d'Albert Bierstadt, *Domes of Yosemite*, la collection comprend des toiles de Asher B. Durand et d'autres représentants de l'École de l'Hudson ainsi que plusieurs tableaux d'artistes natifs du Vermont comme Hiram Powers et Thomas Waterman Wood. Remarquer les boiseries de la bibliothèque et les salons de lecture des mezzanines.

Fairbanks Museum and Planetarium – *Main Street et Prospect Street. Visite toute l'année, du lundi au samedi de 10 h à 16 h (18 h en juillet et août), le dimanche de 13 h à 17 h. Fermé le 1ᵉʳ janvier, le dimanche de Pâques, le Thanksgiving Day (4ᵉ jeudi de novembre) et le 25 décembre. 4 $.* ⚹ ☎*802-748-2372.* Cette institution fut fondée en 1891 par Franklin Fairbanks, qui lui légua sa collection d'animaux naturalisés. Aujourd'hui, le musée présente 4 500 oiseaux et mammifères, une riche collection de poupées anciennes et des objets provenant de nombreux pays. Ce bâtiment en grès rouge et de style néo-roman a été conçu par l'architecte Lambert Packard, natif du Vermont. L'intérieur est embelli d'un magnifique plafond en berceau. Un escalier tournant orné de boiseries mène aux expositions historiques et culturelles de la galerie du 1ᵉʳ étage.

Maple Grove Farms – *Sur la route 2, à l'Est du centre. Visite toute l'année, du lundi au vendredi de 8 h à 17 h. Cabane à sucre ouverte de mai à octobre, tous les jours de 8 h à 17 h. Fermé les principaux jours fériés.* ☎*802-748-5141.* Illustrée par de petits films, la visite permet de s'initier à la récolte et à la fabrication du sirop d'érable. Le tour de la fabrique *(1/4 h, 0,75 $)* explique la transformation du sirop d'érable en sucreries; la cabane à sucre abrite un raffineur de sève qui fonctionne en permanence.

EXCURSION

★★ **Northeast Kingdom** – *Voir à ce nom.*

SHELBURNE ★★★

5 871 h.
Voir Carte des Principales Curiosités

La ville de Shelburne est formée de Shelburne Village, Shelburne Falls et Shelburne Harbor, trois paisibles communautés bucoliques situées en bordure du lac Champlain, en vue des monts Adirondacks et des Green Mountains. Pendant la grande époque de la navigation à vapeur, un chantier naval situé sur la baie de Shelburne construisait des bateaux transportant marchandises et passagers sur le lac. Le dernier de ces vapeurs, le *SS Ticonderoga (voir plus loin)* y fut lancé en 1906. Shelburne, qui fut longtemps une villégiature très fréquentée, est de nos jours surtout célèbre pour son musée dont la riche collection d'arts et traditions populaires représente en quelque sorte la mémoire américaine.

★★★ **SHELBURNE MUSEUM** *1 journée. Voir plan plus loin.*

Le musée de Shelburne possède de remarquables collections d'objets domestiques, d'arts populaires, d'outillage divers, de moyens de transport, d'œuvres artistiques, de mobilier et d'architecture couvrant trois siècles de vie quotidienne, d'histoire et d'art de l'Amérique. Cette «collection de collections» est superbement présentée dans 37 bâtiments répartis sur 18 ha au bord du lac Champlain. Le musée a été fondé en 1947 par **Electra Havemeyer Webb** et son époux **J. Watson Webb**. Passionnée par les objets traditionnels de l'artisanat américain, elle passa sa vie à les rechercher et les acquérir, achetant peu à peu plusieurs bâtiments d'intérêt historique qu'elle fit installer sur le terrain de Shelburne pour y abriter ses collections. Une décennie permit à Shelburne de posséder son église, son école, sa prison, des granges, plusieurs maisons, un general store, un phare, un dépôt ferroviaire et même un vapeur.

Visite

Sur la route 7. Visite de fin mai à fin octobre, tous les jours de 10 h à 17 h. 15 $. Visite guidée (2 h) le reste de l'année, tous les jours à 13 h. 6 $. Le samedi, une visite guidée autorisant à toucher les pièces débute à 11 h (réservation obligatoire). 6 $. Fermé les principaux jours fériés. ✗ ♿ ☎802-985-3346.

★★ **Round Barn** – Construite en 1901, cette grange ronde en bois est l'une des rares subsistant dans le Vermont. Ce type de grange circulaire, qui économisait du travail, se répandit au début du siècle, avant le développement des technologies modernes. Le foin était entassé dans l'immense silo central depuis le niveau supérieur et le bétail parqué autour du silo au niveau médian pouvait aisément être nourri par un seul ouvrier. La grange, qui abrite le bureau d'accueil, contient du matériel agricole; projection de diapositives sur le musée *(1/4 h, niveau inférieur)*.

★ **Circus Parade Building** – Ce bâtiment semi-circulaire abrite des chevaux de bois, des affiches de cirque et un cirque miniature de 5 000 pièces sculptées avec précision.

Beach Gallery and Beach Hunting Lodge – Ces deux bâtiments sont consacrés à la vie dans la nature et à la chasse: paysages de western, scènes de la vie sauvage, trophées et objets façonnés par les Indiens des plaines et de la côte Nord-Ouest.

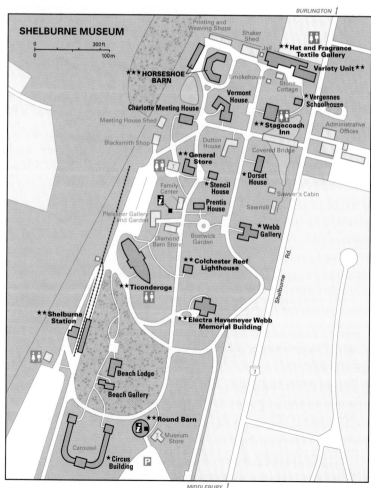

★★ **Shelburne Railroad Station** – Elle est tout à fait représentative des gares victoriennes construites à travers les États-Unis au cours du 19e s. A l'extérieur, on peut voir la *Grand Isle*, voiture qui appartenait à William C. Smith, gouverneur du Vermont.

★★ **SS Ticonderoga** – Après avoir sillonné les eaux du lac Champlain pendant près de 50 ans, le *«Ti»*, dernier vapeur à piston vertical et roues à aubes latérales encore intact visible aux États-Unis, fut sauvé de la démolition dans les années 1950 par Electra Havermeyer Webb.

Une rampe construite spécialement permit aux ouvriers de hisser le bateau hors de l'eau et de le haler sur plusieurs kilomètres jusqu'à Shelburne. Un film *(10 min)* présenté en permanence à bord, illustre cet exploit. A l'intérieur, les objets exposés et le décor somptueux rappellent l'époque où le *«Ti»* était un vapeur de luxe.

★★ **Colchester Reef Lighthouse** – Construit en 1871 au large de la pointe de Colchester sur le lac Champlain, le phare a été transféré à Shelburne et sert aujourd'hui de galerie d'exposition d'art maritime. Peintures, photographies, figures de proue, scrimshaws et lithographies évoquent la pêche à la baleine et l'âge d'or de la marine à voile.

Prentis House – Cette maison (1733) contient du mobilier ancien.

★ **Stencil House** – Cette maison (1790) doit son nom à la très belle décoration au pochoir de ses murs.

★★ **Tuckaway General Store** – Ce bâtiment en briques (1840) qui se trouvait autrefois à Shelburne abrite une épicerie générale, un bureau de poste, une boutique de barbier, un cabinet de dentiste, une officine de médecin, une salle de bistrot et un magasin d'apothicaire. Une variété inouïe d'objets servant à la vie quotidienne sont visibles dans la ferme laitière, encombrant les étagères, pendant du plafond ou accrochés aux poutres apparentes. A l'étage supérieur, on peut découvrir les instruments du médecin et du dentiste. La boutique de l'apothicaire est une vaste pharmacie contenant des collections de remèdes en tout genre et une impressionnante série de rasoirs.

Charlotte Meeting House – Cette modeste église en briques (1840) a été remeublée avec des bancs de bois et des panneaux muraux en trompe-l'œil.

Vermont House – Reconstituant le mobilier de la maison d'un capitaine au long cours de la Nouvelle-Angleterre, cette habitation (1790) est décorée de beaux papiers peints représentant des scènes portuaires.

★★★ **Horseshoe Barn** – Cette grange (1949) en forme d'énorme fer à cheval (d'où son nom) renferme plus de 140 traîneaux et voitures hippomobiles. Parmi les phaétons et les diligences du 1er étage se trouvent une calèche et une luxueuse **berline** à l'intérieur capitonné de satin. Des diligences de Concord, une charrette de Conestoga, des cabriolets et des chariots de colporteurs aux couleurs vives sont rangés dans l'annexe.

Tuckaway General Store

★★ **Hat and Fragrance Textile Gallery** – Ce bâtiment du début du 19e s. renferme une splendide collection de courtepointes américaines du 17e s. à nos jours. Ces admirables réalisations en patchwork et aux motifs compliqués sont considérées comme des œuvres d'art.

Des maisons de poupées victoriennes, des robes du soir parisiennes dessinées au 19e s. pour les femmes les plus fortunées des États-Unis, des tapis au crochet, des dentelles et une série travaux à l'aiguille complètent l'exposition.

★★ **Variety Unit** – C'est le seul bâtiment (vers 1835) qui se trouvait initialement sur le terrain du domaine. Il abrite une importante collection d'étains, de porcelaine, d'horloges, ainsi qu'une série de cruches anthropomorphes assez amusantes, les *Toby mugs*. Au 1er étage est présentée une foule de poupées en porcelaine, biscuit, cire, pommes séchées, bois et papier mâché.

★ **Vergennes Schoolhouse** – Cette école (1830) se résume à une simple salle de classe et semble toujours attendre l'arrivée des élèves avec son tableau noir, ses livres et ses cartes murales.

★★ **Stagecoach Inn** – Dans cette ancienne auberge, construite en 1783 sur la route des diligences qui reliait le Sud de la Nouvelle Angleterre et le Canada, est réunie une remarquable collection de sculptures populaires américaines. Parmi les nombreux aigles en bois, on voit celui qui fut réalisé pour la base navale de Portsmouth. On peut également s'intéresser aux girouettes, aux figures de proue, aux plaques de poupe, aux personnages de carrousel, aux Indiens de tous formats qui servaient d'enseignes aux marchands de tabac.

★ **Dorset House** – Cette maison, bâtie vers 1840, expose plus de 1 000 leurres pour canards, oies, cygnes et échassiers. Certains d'entre eux témoignent du réel talent de leurs auteurs qui sculptaient des objets réalistes pour le plus grand bonheur des chasseurs; d'autres étaient uniquement décoratifs, notamment ceux réalisés par A. Elmer Crowell.

★ **Webb Gallery** – Cette galerie présente trois siècles de peinture américaine: depuis les simples portraits naïfs et anonymes de la période coloniale aux toiles de Grandma Moses et Andrew Wyeth, des marines de Fitz Hugh Lane aux paysages de l'École de l'Hudson.

★★ **Electra Havemeyer Webb Memorial Building** – Cette imposante demeure néoclassique est dédiée à le mémoire de la fondatrice du musée, et contient des œuvres d'art acquises par ses parents, ainsi que les six pièces de son appartement new-yorkais de Park Avenue.

L'intérieur chaleureux est d'une élégance discrète. Les boiseries anglaises et le mobilier européen sont rehaussés par des tableaux de Rembrandt, Corot, Manet, Degas et Monet.

AUTRE CURIOSITÉ

Shelburne Farms – *Du carrefour de Shelburne Village, prendre Harbor Road vers l'Est pendant 1,5 mile. Visite guidée (1 h 1/2) de fin mai à mi-octobre, tous les jours de 9 h à 17 h. 6,50 $.* ☎ *802-985-8442. Le visitor center est ouvert tous les jours de 9 h à 17 h.* Ce domaine agricole appartenait au magnat des chemins de fer **William Seward Webb** et à son épouse **Lila Vanderbilt Webb**, petite-fille de Cornelius Vanderbilt, l'ancêtre de cette dynastie, plus connu sous le surnom de «Commodore». Attirés par la beauté de ce site au bord du lac Champlain, les Webb acquièrent la trentaine de fermes qui composaient le domaine. Ils chargèrent l'architecte Robert Robertson, le paysagiste Frederick Law Olmsted, et l'un des premiers spécialistes de l'environnement, Gifford Pinchot, de concevoir et aménager Shelburne Farms. Le terrain fut nivelé, et les bâtiments furent rasés afin de créer un parc paysager animé de collines et de bosquets et parsemé d'édifices de style Queen Anne.

Cette résidence familiale comprenait 1 500 ha de champs, de pâturages et de bois, et fut également une ferme modèle connue pour ses méthodes avancées en culture et en élevage.

Réduite à environ 400 ha, l'exploitation agricole est aujourd'hui un centre consacré à l'écologie, comprenant une ferme laitière. **Farm Barn** (1888), énorme édifice à tourelles entourant une cour de 800 m², et **Coach Barn** (1901) servent aujourd'hui de cadre à des programmes de protection de l'environnement.

Shelburne House (1889), vaste résidence de campagne de 110 pièces, a été entièrement restaurée. Elle abrite aujourd'hui une hôtellerie offrant une **vue**★★ splendide sur le lac Champlain et les monts Adirondacks. Des conférences et des manifestations culturelles s'y déroulent (concerts dans le parc en été).

EXCURSION

Vermont Wildflower Farm – *Sur la route 7, à Charlotte (5 miles au Sud de Shelburne). Visite de mai à octobre, tous les jours de 10 h à 17 h. 3 $. & ☎802-425-3500. La présentation audiovisuelle sur les fleurs sauvages du Vermont est comprise dans le prix du billet (1/4 h).* Du printemps à l'automne, de nombreuses variétés de fleurs des champs et des bois transforment les paysages du Vermont en un spectacle aux couleurs changeantes. Ici

Vermont Wildflower Farm

poussent en abondance – à côté de dizaines d'autres variétés moins connues – le *Jack-in-the-Pulpit* ou arum (*Arisaema triphyllium*), le *Black-eyed Susan* (*Rudbeckia*), l'aster et le *Devil's paintbrush* (*Hieracium aurantiacum*). Des panneaux accompagnent chaque plante, expliquant leur histoire, leur utilisation, leur légende ou les anecdotes s'y rattachant; par exemple, le nom anglais de la marguerite, *daisy*, vient de la déformation de *day's eye*, qui signifie œil du jour (les anciens pensaient que le cœur doré de la fleur représentait le soleil).

STOWE ★

3 433 h.
Voir Carte des Principales Curiosités
Renseignements touristiques ☎802-253-7321

A mesure que la route 108 serpente à travers cette petite bourgade sise au pied du mont Mansfield – qui signale de loin l'emplacement du village – on découvre la gracieuse flèche blanche de la Christ Community Church. Stowe est considéré comme la capitale du ski de l'Est du pays en raison de l'enneigement exceptionnel dont bénéficie la région, de ses nombreux chalets à la suisse, et de la densité des infrastructures hôtelières. En hiver, ce sont quelque 8 000 skieurs qui viennent profiter du domaine skiable de la station qui s'étend sur deux massifs, le **mont Mansfield** (alt. 1 340 m), point culminant du Vermont, et **Spruce Peak** (alt. 1 012 m) *(voir chapitre Renseignements pratiques)*. En été, des randonnées équestres et pédestres, la baignade, l'escalade, ainsi que des concerts et des représentations théâtrales animent la localité. *Cartes et informations sur les loisirs régionaux sont disponibles auprès du Green Mountain Club, route 100 à Waterbury Center, au Sud de Stowe ☎802-244-7037.*

CURIOSITÉS *3 h*

Trapp Family Lodge – *Prendre la route 106 vers le Nord pendant 2 miles, puis tourner à gauche à hauteur du panneau Trapp Family devant l'église peinte en blanc.* La Famille Trapp, popularisée par le film *La Mélodie du bonheur*, choisit de s'installer ici car le site leur rappelait leur Autriche natale. Depuis cette villégiature de montagne (comprenant un chalet tyrolien, des maisons d'hôtes et des appartements en co-propriété) s'amorcent près de 100 km de pistes de ski de fond *(voir chapitre Renseignements pratiques)*.

★★ **Mt Mansfield** – Du sommet, on bénéficie d'une très large **vue**★★ sur la région: Jay Peak au Nord-Est, le lac Champlain et les monts Adirondacks de l'État de New York à l'Ouest, les White Mountains du New Hampshire à l'Est. Par temps clair, on aperçoit la ville de Montréal.
Pendant les années 1930, époque où les skieurs devaient faire l'ascension de la montagne avant de la descendre à ski, l'unique piste était la route à péage non damée de Stowe. Aujourd'hui, les pentes du massif sont couvertes d'un réseau de pistes de ski et de sentiers de randonnée remarquablement balisés et entretenus.

Mt Mansfield Auto Road – *7 miles au Nord de Stowe par la route 108. Ouvert de mi-mai à mi-octobre, tous les jours de 10 h à 17 h (si le climat le permet). 12 $.* ✗ ♿ ☎802-253-3000. Cette route gravillonnée à péage monte au sommet (4,5 miles).

Mt Mansfield Gondola – *8 miles au Nord de Stowe par la route 108. Ouvert de mi-juin à mi-octobre, tous les jours de 10 h à 17 h; de fin mai à mi-juin et de mi-octobre à fin octobre, uniquement le week-end. 9 $.* ☎802-253-3000. Cette télécabine (8 places) emmène les visiteurs à la Cliff House, proche du sommet.

Bingham Falls – *A 0,5 mile au Nord de la route à péage se trouve un sentier (difficile à repérer) sur la droite qui conduit à travers les bois jusqu'aux chutes.* La West Branch forme ici une série de cascades en suivant une gorge.

★★ **Smugglers Notch** – *7 miles au Nord de Stowe par la route 108. Fermé en hiver.* La route qui relie Stowe à Jeffersonville est très étroite et monte brutalement lorsqu'elle serpente à travers cette gorge sauvage et pittoresque (alt. 659 m), située entre le mont Mansfield et le Spruce Park. La forêt n'y laisse pas filtrer beaucoup de lumière, même par grand beau temps. *La prudence est conseillée pour circuler au pied des grands rochers qui ont roulé jusqu'aux bords de la route.* Smugglers Notch, le «défilé des contrebandiers», doit son nom au trafic d'esclaves et de marchandises diverses qui eut lieu entre le Canada et les États-Unis pendant la guerre de 1812.

★ **Ben & Jerry's Ice Cream Factory** – *Route 100, 9 miles au Sud de Stowe. Visite tous les jours de 9 h à 17 h (20 h en juillet et août).* ✗ ☎802-244-6957. Cette entreprise produit des crèmes glacées réputées dans tous les États-Unis. L'amusante décoration de son bâtiment illustre l'approche ludique des fondateurs de la société, Ben Cohen et Jerry Greenfield. Ces deux hommes démarrèrent leur activité en 1977 en vendant par correspondance un cours sur la fabrication des crèmes glacées. L'année suivante, ils ouvrirent leur premier magasin de glaces dans une station service rénovée de Burlington. Aujourd'hui, on achète leur production dans le monde entier. La visite *(1/2 h; 1 $)* comprend une projection de diapositives *(1/4 h)* sur l'histoire de l'entreprise et ses réalisations sociales, ainsi qu'un tour de l'usine.

Moss Glen Falls – *3 miles au Nord de Stowe par la route 100. De la route 100, prendre Randolph Road, puis la première à droite jusqu'au petit parking.* Un court sentier mène aux chutes et se poursuit en pente assez raide *(mal balisé)* vers l'amont pour rejoindre un ruisseau où l'on peut se baigner dans une eau assez fraîche.

Alpine Slide – *Spruce Peak. 8,5 miles au Nord de Stowe par la route 108. Ouvert de mi-juin au Labor Day (1ᵉʳ lundi de septembre), tous les jours de 10 h à 17 h; de mi-mai à mi-juin et de mi-septembre à mi-octobre, uniquement le week-end. 6 $.* ☎802-253-3000. Stowe est une des stations de ski de la Nouvelle-Angleterre où il est possible de pratiquer la luge même lorsqu'il n'y a pas de neige.

WINDSOR

3 714 h.
Voir Carte des Principales Curiosités
Renseignements touristiques ☎802-674-5910

En 1777, le Vermont fut baptisé dans cette ville historique située au bord du fleuve Connecticut. Cette année-là, des délégués réunis à Windsor s'accordèrent sur le nom officiel de l'État et le déclarèrent République indépendante. Ils rédigèrent sa constitution, la première du pays à abolir l'esclavage et à accorder le droit de vote sans condition de propriété foncière ou de richesse personnelle.
Au 19ᵉ s., Windsor fut le berceau de plusieurs inventions telles que la pompe hydraulique et le percolateur à café. Cette petite ville est aujourd'hui un centre de production de machines-outils.

Constitution House – *16 North Main Street. Visite de mi-mai à octobre, tous les jours de 11 h à 17 h. 1 $.* ☎802-672-3773. C'est dans cette ancienne taverne que se réunirent en 1777 les délégués qui rédigèrent la première constitution du Vermont. L'exposition présente l'évolution de la constitution de l'État, ainsi que d'anciens objets artisanaux du Vermont.

Vermont State Craft Center in Windsor – *Main Street. Visite de juin à décembre, du lundi au vendredi de 10 h à 18 h (20 h le vendredi), le dimanche de 11 h à 16 h; de janvier à mai, du lundi au vendredi de 11 h à 16 h, le samedi de 10 h à 17 h.* ♿ ☎802-674-6729. Installé à l'intérieur de la Windsor House, hôtel néo-classique qui a été restauré, le centre expose les réalisations des meilleurs artisans du Vermont. Les galeries s'étalent sur deux niveaux et présentent des centaines d'objets originaux, parmi lesquels de la céramique, des tissus, des bijoux, des objets en cuir, de la verrerie et des produits du terroir.

American Precision Museum – *196 Main Street. Visite de mi-mai à novembre, du lundi au vendredi de 9 h à 17 h, le week-end et les jours fériés de 10 h à 16 h. 3,50 $.* ☎*802-674-5781.* A l'origine, ce grand bâtiment en briques d'allure austère abritait la manufacture d'armes à feu Robbins and Lawrence (1846). Celle-ci mit en place la première chaîne de fabrication utilisant des pièces interchangeables à grande échelle. Le musée présente une riche collection de machines de précision et d'armes à feu, retraçant l'histoire des techniques industrielles en Amérique du milieu du 19e s. au milieu du 20e s.

Windsor-Cornish Covered Bridge – *Au Sud de la Constitution House. Prendre à gauche au deuxième feux de croisement.* Le plus long pont couvert (140 m) de la Nouvelle-Angleterre enjambe le Connecticut pour relier le Vermont au New Hampshire.

WOODSTOCK ★★

3 212 h.
Voir Carte des Principales Curiosités
Renseignements touristiques ☎802-457-3555

Depuis le 18e s., époque où ce joli bourg fut choisi comme chef-lieu du comté de Windsor, Woodstock a conservé un air d'élégance discrète. La localité attira durant deux siècles des hommes d'affaires, des avocats, des médecins et des professeurs qui firent édifier des bâtiments publics et privés dans des matériaux variés (bois, briques et pierres), témoignant de la prospérité de la communauté. Les charmantes constructions des 18e et 19e s. qui bordent le green ainsi que Elm Street, Pleasant Street et Central Street, sont demeurées intactes grâce à l'absence de tout développement industriel au cours du 19e s. et grâce aux soins que les habitants de Woodstock ont de tout temps apportés à leur patrimoine architectural.

Un peu d'histoire

Fondé en 1761 par des colons venus du Massachusetts, Woodstock se développa rapidement après avoir été désigné comme siège du comté. On bâtit des moulins autour du village, des commerces s'établirent autour du green, et Woodstock prospéra de façon autarcique. Au 19e s., avec la vogue du thermalisme, le village devint une station recherchée.

En 1934, quelques skieurs eurent l'idée d'installer un câble tiré par un moteur de Ford T sur les pentes d'une colline située près du mont Tom (à la sortie de Woodstock). Vingt ans après cette première aux États-Unis, le Vermont équipait ses premières stations de sport d'hiver de remonte-pentes, puis de systèmes plus perfectionnés comme les télésièges et les télécabines. Aujourd'hui, les équipements les plus modernes desservent la station de **Suicide Six** (*voir chapitre Renseignements pratiques*).

Ouvert en 1969, l'hôtel **Woodstock Inn**, face au green, attire les hommes d'affaires (salles de conférence) comme les touristes. Le general store du village, F.H. Gillingham & Sons, n'a pas changé depuis 1886, et vend des articles fabriqués dans le Vermont.

CURIOSITÉS *2 h*

Pour bien découvrir Woodstock, rien de tel que de se promener le long de **Elm Street** et **Pleasant Street**, de flâner devant les boutiques et les galeries d'art de **Central Street**, de traverser le pont couvert qui enjambe la rivière Ottauquechee au centre de la localité. Le panneau d'affichage du *Town Crier*, situé à proximité de l'angle de Elm Street et de Central Street, informe sur les ventes aux enchères, les marchés aux puces et toute autre manifestation locale.

★ **Green** – De forme ovale, il est entouré de bâtiments de styles très différents: des demeures de style fédéral, la **Windsor County Courthouse** de style néo-classique et la **Norman Williams Library** de style néo-roman.

★ **Dana House Museum** – *26 Elm Street. Visite guidée (1 h) de juin à octobre, du lundi au samedi de 10 h à 17 h, le dimanche de 14 h à 17 h. 3,50 $.* ☎*802-457-1822.* Construite en 1807 pour le marchand Charles Dana, cette maison abrite le siège de la Woodstock Historical Society. Parmi les objets exposés figurent du mobilier, des horloges, des poupées et des vêtements ayant jadis appartenu à des familles de Woodstock.

★★ **Billings Farm & Museum** – *Sur River Road. Suivre Elm Street, traverser le pont puis tourner à droite et parcourir 0,2 mile sur River Street. Visite de mai à octobre, tous les jours de 10 h à 17 h; en novembre et décembre, uniquement le week-end de 10 h à 16 h. 7 \$.* ✗ & ☎ *802-457-2355. La projection de diapositives (8 min) est une bonne introduction à la vie quotidienne paysanne dans le Vermont à la fin du 19ᵉ s.* L'ensemble des bâtiments comprend une ferme moderne en exploitation et un musée retraçant la vie rurale dans le Vermont en 1890. La ferme fut créée en 1871 par un juriste, **Frederick Billings**, qui s'intéressait au reboisement de la région et à l'élevage de vaches jersiaises. Le troupeau constitué par Billings remporta de nombreux concours agricoles et continue à se distinguer aujourd'hui.

Le **corps de ferme** (1890) a été restauré et garni de mobilier d'époque; voir les cheminées décorées de carreaux de faïence et la crémerie, au sous-sol.

Dans plusieurs granges restaurées, des expositions évoquent les travaux quotidiens et saisonniers d'une famille paysanne du Vermont au 19ᵉ s.

De nombreuses fleurs et des légumes sont présentés dans un jardin du 19ᵉ s. recréé (dans la ferme située en contrebas).

EXCURSIONS

★ **Plymouth** – *14 miles au Sud-Ouest de Woodstock par les routes 4 et 100A. Voir à ce nom.*

Quechee Gorge – *6 miles à l'Est de Woodstock, sur la route 4.* Creusée pendant des milliers d'années par la Ottauquechee River, Quechee Gorge est enjambée par le pont de la route 4 qui offre la meilleure vue sur la gorge. Les parois à pic du ravin dominent la rivière d'environ 50 m.

Un sentier *(2,5 km, 3/4 h AR)*, raide par endroits, conduit au fond du ravin où l'on peut se baigner à la belle saison. *Possibilité de se garer près de la boutique de souvenirs, à l'Est du pont.*

Deux miles plus loin se trouve le joli village de Quechee. Son **glass shop** est réputé pour sa verrerie signée Simon Pearce; ce magasin est installé dans l'ancienne filature de laine du village, au bord de la rivière. Les visiteurs peuvent y voir des souffleurs de verre et des potiers à l'ouvrage *(ouvert tous les jours de 10 h à 17 h;* ✗ ☎ *802-295-2711).*

Silver Lake State Park – *A Barnard, 10 miles au Nord de Woodstock par la route 12. Visite de mi-mai au Labor Day (1ᵉʳ lundi de septembre), tous les jours de 10 h au coucher du soleil. 1,50 \$.* △ ☎ *802-234-9451. Voir chapitre Renseignements pratiques.* Ce parc, auquel on peut se rendre à pied depuis le village de Barnard, possède une petite plage au bord du lac, une aire de pique-nique, une épicerie campagnarde et plusieurs terrains de camping agréablement aménagés dans une pinède.

Lexique français-anglais
Quelques mots et expressions à retenir:

Vocabulaire général

S'il vous plaît ....*Please*
Merci ....*Thank you*
Je vous en prie ......*You're welcome*
Bonjour................*Hi, good morning*
Bonne nuit ....*Good night*
Au revoir ....*Good bye*
À bientôt ....*See you soon*
À tout à l'heure ......*See you later*
Pardon................*Sorry*
Aujourd'hui...........*Today*
Hier..................*Yesterday*
Demain................*Tomorrow*
À gauche ....*Left*
À droite..............*Right*
Avant.................*Before*
Après.................*After*
Ouvert................*Open*
Fermé.................*Closed*
Loin...................*Far*
Proche ....*Close*
Cher ....*Expensive*
Bon marché ....*Cheap*
Plus ....*More*
Moins.................*Less*
Grand.................*Big*
Petit ....*Small*
(Grand) magasin......*(Department) store*
Cinéma ....*Movie theater*
Où ....*Where*
Quand ....*When*
Aller ....*To go*
Venir..................*To come*
Se rendre ....*To get to*
Acheter ....*To buy*
Billet ....*Ticket*
Toilettes ....*Restrooms*
Vêtements ....*Clothes*

Restaurant

Repas ....*Meal*
Petit déjeuner ....*Breakfast*
Déjeuner...............*Lunch*
Dîner..................*Dinner, supper*
Serveur ....*Waiter*
Serveuse ....*Waitress*
Eau ....*Water*
Vin ....*Wine*
Viande ....*Meat*
Poisson ....*Fish*
Puis-je avoir le menu? .*May I have the menu?*
L'addition
 s'il vous plaît ....*The check, please*
Pourboire ....*Tip*

Circulation

Route
(non goudronnée)......*(Dirt) road*
Autoroute ....*Interstate highway*
Sortie ....*Exit*
Péage ....*Toll*
Amende ....*Fine*
Demi-tour interdit .....*No U turn*
Sens unique ....*One way*
Voiture ....*Car*
Station-service ....*Gas station*
Essence ....*Gas*
Le plein s'il vous plaît .*Fill it up please*

Courrier

Poste ....*Post office*
Poste restante..........*General delivery*
Carte postale...........*Post card*
Timbre................*Stamp*
Téléphoner ....*To call*
Indicatif ....*Area code*
Boîte aux lettres ....*Mail box*
Code postal............*Zip code*

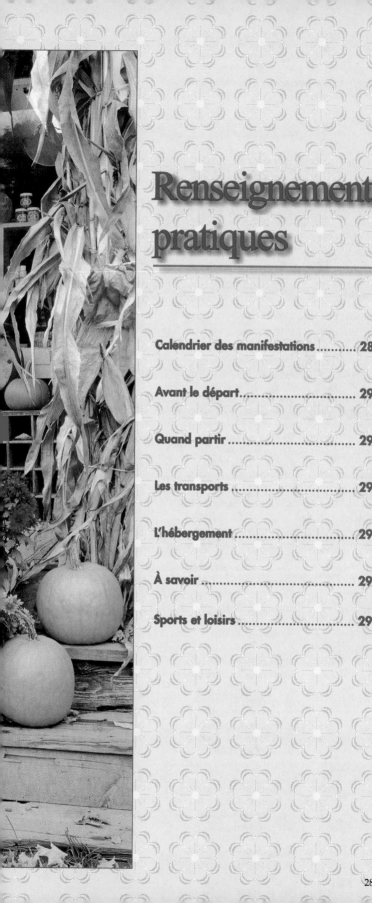

Renseignements pratiques

Calendrier des manifestations

Voici une liste des manifestations annuelles les plus populaires en Nouvelle-Angleterre. Certaines dates peuvent changer d'une année à l'autre. Pour de plus amples renseignements, s'informer auprès des offices de tourisme locaux (*numéros de téléphone indiqués sous chaque titre souligné en bleu dans ce guide*) ou des états (*voir chapitre Avant le départ*).

Date	**Manifestation**	*Localité*
Printemps		
début avril	**Legends of Freestyle Tournament**	*Newry* (ME)
3ème lundi d'avril	**Marathon de Boston** (p. 124)	*Boston* (MA)
	Célébrations du Patriots' Day	*Lexington & Concord* (MA)
mai–juin	**Art of the Northeast** (p. 71)	*New Canaan* (CT)
mi-mai	**Dogwood Festival** (Festival des Cornouillers)	*Fairfield* (CT)
	Sheep & Wool Festival (Fête du Mouton et de la Laine)	*New Boston* (NH)
mi-mai, juil. & sept.	**Brimfield Outdoor Antiques Show** (Salon des Antiquaires)	*Brimfield* (MA)
fin mai	**Lilac Sunday** (Dimanche des Lilas)	*Shelburne* (VT)
fin-mai–mi-juin	**Gaspee Days Festival**	*Cranston & Warwick* (RI)
dernier week-end de mai	**Lobsterfest** (Fête du Homard)	*Mystic* (CT)
Eté		
1er samedi de juin	**Régate Harvard-Yale**	*New London* (CT)
début juin	**Festival of Historic Houses** (Manoirs historiques)	*Providence* (RI)
	Market Square Days Celebration	*Portsmouth* (NH)
mi-juin–août	**Williamstown Theater Festival**	*Williamstown* (MA)
mi-juin–fin juin	**American CraftFair** (p. 202)	*West Springfield* (MA)
fin juin	**Fête de saint Pierre** (p. 160)	*Gloucester* (MA)
	Block Island Race Week (Courses)	*Block Island* (RI)
	Rose Arts Festival (p. 71)	*Norwich* (CT)
	Portsmouth Jazz Festival	*Portsmouth* (NH)
fin juin–fin août	**Berkshires Theater Festival**	*Stockbridge* (MA)
dernier week-end de juin	**Windjammer Days** (p. 83)	*Boothbay Harbor* (ME)
juillet–fin août	**Tanglewood Music Festival** (p. 112)	*Lenox* (MA)
juillet–septembre	**Etalons royaux Lippizans** (p. 267)	*North Hero* (VT)
début juillet	**Riverfest** (Fête de la Rivière)	*Hartford* (CT)
	Harborfest (Fête du Port)	*Boston* (MA)
	Oyster Festival (Festival des Huîtres)	*Damariscotta* (ME)
début juillet–mi-juillet	**International Tennis Hall of Fame** (p. 250)	*Newport* (RI)
	Grass Court Championships (tennis sur gazon)	
début juillet–fin août	**Jacob's Pillow Dance Festival** (p. 112)	*Becket* (MA)
4 juillet	**Bristol Civic, Military & Fireman's Parade**	*Bristol* (RI)
1er week-end après le 4 juillet	**Great Schooner Days** (Jours des Grandes Goélettes)	*Rockland* (ME)
2ème week-end de juillet	**Vermont Quilt Festival** (artisanat)	*Northfield* (VT)
mi-juillet	**Open House Tour** (journée «portes ouvertes»)	*Litchfield* (CT)
	Newport Music Festival (p. 243)	*Newport* (RI)
fin juillet	**Friendship Sloop Days**	*Boothbay Harbor* (ME)
	Bénédiction de la Flotte	*Galilee* (RI)
	Black Ships Festival	*Newport* (RI)
tous les vendredis d'août	**Pilgrim's Progress Procession** (p.191)	*Plymouth* (MA)
début août	**Lobster Festival** (p.106)	*Rockland* (ME)
	Craftsmen's Fair (artisanat)	*Newbury* (NH)
	Southern Vermont Craft Fair (artisanat)	*Manchester* (VT)
2ème week-end d'août	**JVC Jazz Festival** (p.243)	*Newport* (RI)
mi-août	**Mystic Outdoor Art Festival**	*Mystic* (CT)
	Retired Skippers Race (p.86)	*Castine* (ME)

Calendrier des manifestations

Automne

septembre– début octobre	**South Mountain Concert Festival** *(p. 112)*	*Pittsfield* (MA)
début septembre	**Rhode Island Tuna Tournament** *(p. 241)* **Vermont State Fair** **Woodstock Fair**	*Galilee & Narragansett* (RI) *Rutland* (VT) *South Woodstock* (CT)
mi-septembre	**Eastern States Exposition** *(p. 202)*	*West Springfield* (MA)
mi-septembre– mi-octobre	**Stratton Arts Festival** *(p. 271)*	*Stratton* (VT)
fin septembre	**Concours de banjo** **Old Time Fiddlers Contest**	*Craftsbury Common* (VT) *Barre* (VT)
fin septembre– début octobre	**Northeast Kingdom Fall Foliage Festival** *(p. 273)*	*Northeast Kingdom* (VT)
dernier week-end de septembre	**Old Fashioned Harvest Market** (foire agricole)	*Underhill* (VT)
semaine de Halloween (30 oct.)	**Haunted Happenings** *(p. 200)*	*Salem* (MA)
Jour de Thanks- giving (4ème jeudi de novembre)	**Pilgrims' Progress Procession** *(p. 191)*	*Plymouth* (MA)

Hiver

24 décembre	**Torchlight Parade** (défilé aux flambeaux)	*Old Saybrook* (CT)
mi-janvier	**Carnaval d'hiver**	*Stowe* (VT)
fin janvier–février	**Défilé du Nouvel An chinois** *(p. 150)*	*Boston* (MA)
février	**Dartmouth Winter Carnival** *(p. 216)*	*Hanover* (NH)
début février– mi-février	**World Championship Sled Dog Derby** (championnat de chiens de traîneau)	*Laconia* (NH)
mi février–mi-mars	**Vermont Mozart Festival** *(p. 266)*	*Burlington* (VT)
début mars	**New England Spring Flower Show** (floralies)	*Boston* (MA)

Vermont State Fair (Rutland)

Alan L. Graham (t/STOP PICTURES)

Dans cette rubrique, on utilisera les abréviations suivantes:

⓪ Nouvelle-Angleterre

⓪ Connecticut   ⓪ Maine   ⓪ Massachusetts

⓪ Rhode Island   ⓪ New Hampshire   ⓪ Vermont

Consulter les pages suivantes pour les informations pratiques concernant:
Block Island *(p. 238)*, **Boston** *(pp. 123-124)*, **Cape Cod** *(p. 162)*, **Martha's Vineyard** *(p. 181)*, **Monhegan Island** *(p. 92)*, **Mount Desert Island** *(p. 96)*, **Nantucket Island** *(p. 185)*, **Nord du Maine** *(pp. 94-95)*, **Portland** *(p. 102)*, les **White Mountains** *(p.227)*.

Avant le départ

Pour organiser son voyage, rassembler la documentation nécessaire ou vérifier certaines informations, s'adresser à l'Office de tourisme, l'ambassade ou le consulat des États-Unis les plus proches de son lieu de résidence. A titre indicatif:

Canada – Ambassade des États-Unis: 100 Wellington Street, Ottawa ON K1P 5T1, ☎613-238-5335. Les citoyens canadiens ne sont pas tenus de présenter un passeport ou visa à l'entrée des États-Unis. On pourra néanmoins leur demander à tout moment une preuve d'identité et une attestation de nationalité (le passeport est le document idéal, mais un certificat de naissance canadien et une pièce d'identité avec photo suffisent généralement). Les citoyens canadiens naturalisés doivent avoir sur eux leur attestation de nationalité.

Europe – Tous les pays d'Europe, excepté la Grèce et le Portugal, participent à un programme d'exemption de visa qui permet à leurs ressortissants d'entrer aux États-Unis sans visa si les conditions suivantes sont remplies: la compagnie aérienne ou maritime choisie doit être affiliée au programme d'exemption de visa; en cas d'étapes prévues dans d'autres pays avant d'entrer en territoire américain, se renseigner auprès de l'ambassade ou du consulat des États-Unis de son pays de résidence; même chose pour connaître les vaccinations recommandées (généralement aucune, mais cela dépend des pays visités préalablement).

- prévoir un séjour inférieur à 90 jours
- posséder un passeport en cours de validité
- présenter un billet de transport aller-retour
- compléter un formulaire à l'entrée des États-Unis.

France – Office de tourisme des États-Unis, BP 1 91167, Longjumeau Cedex 9 (uniquement par correspondance). Ambassade des États-Unis: 2 Avenue Gabriel, 75008 Paris ☎(1) 36 70 14 88. Consulat général des États-Unis: 2 Rue St Florentin, 75382 Paris Cedex 08 ☎(1) 43 12 48 66 (du lundi au vendredi, de 14 h à 17 h).

On pourra aussi obtenir des renseignements sur les États-Unis par téléphone au ☎(1) 42 60 57 15 (du lundi au vendredi de 10 h à 17 h) ou par Minitel (3615 USA).

Suisse – Ambassade des États-Unis, Jubiläumstrasse 93, 3005 Berne ☎031 357 70 11 (de 8h 30 à 17h 30).

Belgique – Office de Tourisme des États-Unis, 350 Avenue Louise 1050 Bruxelles. ☎02 648 43 56 (du lundi au vendredi, de 10 h à 17 h). Ambassade des États-Unis , 27 Boulevard du Régent 1000 Bruxelles ☎02 513 38 30.

Offices de tourisme régionaux – Les visiteurs pourront également obtenir, auprès des bureaux suivants, toutes sortes de cartes routières, plans de villes et brochures détaillées comportant les principales curiosités à voir, événements au programme, différents types de séjour, formules d'hébergement, sports et loisirs.

État	Office de tourisme	☎
⓪	**Department of Economic Development** 865 Brook St Rocky Hill CT 06067	800-282-6863
⓪	**Maine Publicity Bureau** PO Box 2300 Hallowell ME 04347	207-623-0363

	Office of Travel & Tourism	617-727-3201
	100 Cambridge St	
	Boston MA 02202	
	Office of Travel & Tourism Development	603-271-2666
	PO Box 1856	800-386-4664
	Concord NH 03302-1856	
	State Tourism Division	401-277-2601
	7 Jackson Walkway	
	Providence RI 02903	
	Department of Travel & Tourism	802-828-3236
	134 State St	
	Montpelier VT 05602	

Assurance Maladie – Les visiteurs en provenance de l'étranger doivent vérifier auprès de leur assurance-maladie si celle-ci couvre les frais de consultation médicale, de pharmacie et d'hospitalisation aux États-Unis. Les médicaments emportés par les voyageurs doivent être clairement identifiés et accompagnés d'une copie de l'ordonnance.

Douanes américaines – Tous les articles importés aux États-Unis doivent être déclarés à l'entrée du pays. Pour tout renseignement concernant les douanes américaines, contacter l'ambassade ou le consulat des États-Unis avant le départ. Il est également recommandé aux touristes de consulter leurs propres services douaniers sur les conditions de retour dans leur pays de résidence.

Change – La plupart des succursales des banques nationales proposent un service de change, moyennant un pourcentage modéré. Il est bon de contacter son agence pour obtenir des renseignements à ce sujet. De manière générale, les bureaux de change privés prennent un pourcentage plus élevé. Les facilités de change sont souvent limitées en milieu rural. Il est recommandé de se munir de monnaie américaine ou de traveller's chèques.

Voyageurs handicapés – Une réglementation fédérale récente exige que les entreprises en activité (y compris les hôtels et restaurants) aménagent l'accès de leur établissement et fournissent des équipements adaptés à l'intention des personnes handicapées. Les restaurants et hôtels récemment construits sont tenus d'offrir des accès pour fauteuils roulants, des équipements pour malentendants et des places de parking réservées.

Sharon Cummings/Dembinsky Photo Assoc.

Metcalf Pond (Vermont)

Quand partir

Région très pittoresque, la Nouvelle-Angleterre attire à longueur d'année un grand nombre de vacanciers charmés par ses superbes paysages et sa douceur de vivre. Les mois d'**été** sont généralement doux, les températures journalières le long de la côte et dans le Nord oscillant entre 21°C et 27°C. Dans le centre, elles dépassent parfois 32°C. Les nuits d'été sont agréablement fraîches.

Températures moyennes journalières		
	Janvier	Juillet
Connecticut	-2,5°C	23°C
Maine	-9°C	19°C
Massachusetts	-3°C	21°C
New Hampshire	-10°C	15°C
Rhode Island	-1°C	21,5°C
Vermont	-9°C	21°C

Au Nord, vers la fin du mois d'août, les longues journées d'été commencent à laisser la place à l'air vif des beaux jours d'**automne**. La campagne s'anime de mille manifestations: foires agricoles *(p.299)*, ventes aux enchères *(p.299)* et marchés aux puces. Période de températures douces en fin d'automne ou début d'hiver, l'**été indien** s'accompagne d'un flamboyant spectacle des feuilles aux tons les plus divers. Un service d'information spécial *(p.299)* permet même aux intéressés de suivre l'évolution des couleurs d'automne!

Les skieurs attendent avec impatience le long **hiver** de Nouvelle-Angleterre, qui dure généralement de fin novembre à fin avril. Les températures journalières dans le Sud et le long de la côte vont en moyenne de -7°C à -1°C. Dans le Nord, ou à des altitudes plus élevées, le thermomètre peut rester en-dessous de -18°C pendant 60 jours de l'année. Les chutes de neige sont plus abondantes en altitude, avec une moyenne annuelle de 150 cm. Les plus fortes chutes ont lieu en janvier. Il y a plus de 100 stations de ski en Nouvelle-Angleterre *(pp.302-303)*, et les occasions de pratiquer le patin à glace et la motoneige *(p.301)* sont nombreuses. Orages de méchante réputation qui durent deux à trois jours, les **Northeasters** peuvent déverser 25 cm de neige ou plus au cours d'une seule journée.

Période idéale pour récolter le sirop d'érable *(p.299)*, le **printemps** offre un spectacle surprenant de corolles perçant la couche de neige. À cette époque de l'année, les nuits sont froides et les journées plutôt tièdes.

La plupart des centres d'intérêt touristique sont ouverts de Memorial Day (dernier lundi de mai, ou 30 mai) à mi-octobre, sauf dans les grandes villes; ils sont toutefois nombreux à ouvrir entre mi-avril et fin octobre.

Les transports

Avion – La plupart des vols à destination de la Nouvelle-Angleterre font escale aux aéroports La Guardia ou J.F. Kennedy International à New York, ou au Logan International Airport à Boston, et desservent par des correspondances les principaux aéroports de la région: Bradley International Airport (**Hartford** CT), Bangor International (**Bangor** ME), Portland International (**Portland** ME), Manchester Airport (**Manchester** NH) et T.F. Green State Airport (**Providence** RI).

La **Travelers Aid Society** (Société d'Aide aux Voyageurs), dont le bureau se trouve au Terminal E du Logan Airport, fournit une assistance aux voyageurs en difficulté. Elle propose également des services d'interprétation et de traduction (téléphoner au moins une semaine à l'avance) ☎617-542-7286.

Train – Le réseau ferroviaire Amtrack dessert plus de 44 communes de Nouvelle-Angleterre, et offre au voyageur peu pressé une alternative délassante. Il est recommandé de réserver, afin de profiter de réductions et de s'assurer de la disponibilité des places, première classe *(first class)*, deuxième classe *(coach)* ou couchettes. Les tarifs sont compétitifs par rapport aux lignes aériennes. Le *New England Express* relie New York à Boston en à peine plus de cinq heures. Il est conseillé aux voyageurs en provenance du Canada de se renseigner sur les liaisons Amtrack/VIA Rail auprès de leur agence de voyage. La carte **USARail Pass** (proposée ni aux citoyens américains ou canadiens, ni aux résidents) offre des tarifs réduits avec kilométrage illimité dans les régions déterminées par Amtrack, pour une durée de 15 ou 30 jours. Information sur les horaires et destinations auprès des agences de voyages et, en Amérique du Nord uniquement, en composant le ☎800-872-7245.

Bus – La plus importante compagnie d'autocars américaine, *Greyhound*, dessert à une allure tranquille la plupart des villes de Nouvelle-Angleterre. Les tarifs sont dans l'ensemble inférieurs à ceux des autres moyens de transport. La carte **Ameripass** offre un kilométrage illimité pour 7 jours, 14 jours ou 21 jours. Certains voyageurs pourront trouver inconfortable un long voyage en autocar sans possibilité de s'allonger pour dormir. Réservations recommandées. Renseignements sur les horaires et destinations: ☎800-231-2222.

Voiture – La Nouvelle-Angleterre dispose d'un réseau étendu de routes principales bien entretenues. Dans les zones reculées, les petites routes sont souvent non marquées et on peut s'y perdre. Il est recommandé de préparer un plan de route qui suive les routes nationales et autoroutes numérotées. La prudence est conseillée dans les régions de montagne et sur les routes secondaires. Ces dernières sont souvent étroites, sinueuses et pentues. Nombre d'entre elles ne sont pas goudronnées. On doit respecter les avertissements des panneaux routiers et les limitations de vitesse.

Le permis de conduire international n'est pas obligatoire pour les visiteurs étrangers. Un permis du pays d'origine en cours de validité suffit. Les conducteurs doivent être munis des papiers et/ou du contrat de location du véhicule. Le certificat d'assurance peut aussi être réclamé par la police.

Le **carburant** est vendu au *gallon* (1 gallon US = 3,8 litres). Les stations-service sont en général regroupées à l'entrée des villes ou à l'intersection des autoroutes. Les stations en libre-service n'ont pas d'atelier de réparations, mais beaucoup vendent toutefois des pièces détachées de consommation courante.

Location de voitures – La plupart des agences de location de voitures ont des bureaux dans les aéroports et les grandes villes de Nouvelle-Angleterre. Les agences suivantes mettent à la disposition des usagers un service de réservation international pour la Nouvelle-Angleterre:

Avis	☎800-331-1212
Budget	☎800-527-0700
Dollar	☎800-421-6868
Hertz	☎800-654-3131
National	☎800-227-7368

Code de la route – La vitesse maximum autorisée sur les autoroutes est fixée à 65mph (105 km/h) dans les zones rurales et 55mph (90 km/h) aux abords et à l'intérieur des agglomérations. Dans le Connecticut et à Rhode Island, la vitesse est limitée à 90 km/h. En ville, la vitesse maximum autorisée varie de 30 à 40mph (45-65 km/h). Elle est de 20 à 30mph (30-45km/h) dans les zones résidentielles. Le port de la ceinture de sécurité est obligatoire pour tous les passagers (sauf dans le New Hampshire, pour les moins de 12 ans seulement; et dans le Maine, pour les moins de 19 ans uniquement).

Les sièges autos pour les enfants sont obligatoires pour les moins de 6 ans dans le Vermont, les moins de 5 ans dans le Massachusetts et le Connecticut, les moins de 4 ans dans le Maine, le New Hampshire et Rhode Island. On peut se procurer ces sièges dans la plupart des agences de location de voitures. La réglementation concernant les autocars scolaires, en vigueur dans les six états, exige l'arrêt complet des véhicules lorsqu'un de ces bus fait usage de ses feux clignotants. Sauf indication contraire, il est permis de tourner à droite au feu rouge après avoir marqué l'arrêt. Les places de parking portant le logo ♿ sont réservées aux handicapés. Un conducteur utilisant sans justificatif l'un de ces emplacements est passible d'amende.

Autoroutes à péage – Les principales routes à péage de Nouvelle-Angleterre sont: l'I-95, qui rejoint l'I-495 entre York et Augusta (Maine); l'I-95, de la frontière du Massachusetts à Portsmouth (New Hampshire); l'I-90 (ou Massachusetts Turnpike), qui relie Boston à la frontière séparant l'état de New-York et le Massachusetts; et l'I-93, de Nashua à Concord (New Hampshire).

En cas d'accident – En cas d'accident ayant occasionné des dommages corporels ou matériels, alerter la police locale et ne pas quitter les lieux avant d'y avoir été autorisé par les agents chargés de l'enquête. Si les véhicules entravent la circulation, ils doivent être dégagés dans la mesure du possible.

L'hébergement

Les **hôtels** de luxe sont généralement localisés dans les grandes villes. Les **motels** se trouvent plutôt en périphérie ou à l'intersection des autoroutes, et dans les zones rurales, sur les routes fréquentées par les touristes. Les **Bed & Breakfasts** (chambres d'hôtes) accueillent les voyageurs dans les quartiers résidentiels des villes et des villages.

Les offices de tourisme locaux fournissent des informations détaillées sur l'hébergement *(leurs numéros de téléphone apparaissent sous chaque titre souligné de bleu dans ce guide)*. Il est recommandé de réserver à l'avance en saison et pendant les week-ends, et de prévenir la réception en cas d'arrivée tardive, sinon les chambres, même réservées, peuvent être libérées après 18 h. Les prix en semaine et hors saison sont généralement plus bas. De nombreux hôteliers de Nouvelle-Angleterre proposent les forfaits *American Plan* (pension complète) ou le «MAP» (*Modified American Plan*), avec petit-déjeuner et dîner inclus.

Hôtels et motels – Voici la liste des principales chaînes hôtelières présentes dans toute la Nouvelle-Angleterre:

	☎		☎
Best Western	800-528-1234	Howard Johnson	800-446-4656
Comfort Inn	800-228-5150	Marriott	800-228-9290
Days Inn	800-325-2525	Radisson	800-333-3333
Hampton Inn	800-426-7866	Ramada Inn	800-272-6232
Holiday Inn	800-465-4329	Westin Hotels	800-228-3000

Les offres d'hébergement vont de l'hôtel de luxe au motel bon marché. Les prix varient en fonction de la saison et de l'emplacement. Ils sont souvent plus élevés en ville, sur la côte et sur les sites de vacances. De nombreux hôtels et motels proposent des forfaits (comprenant repas, entrées de musées et accès aux animations organisées par l'hôtel) et des tarifs de week-end. Leurs équipements incluent la télévision, le restaurant, la piscine et les chambres fumeurs/non-fumeurs. Les hôtels plus distingués offrent la restauration dans la chambre et disposent de personnel de service. **Service de réservations**: NE International Reservations Services Limited ☎800-365-6962 ou 203-792-6772.

Auberges et chambres d'hôtes – De nombreux Bed & Breakfasts (B&B) appartiennent à des personnes privées, et se situent dans des demeures historiques. Quant aux auberges, certaines fonctionnent depuis l'époque coloniale. Le petit-déjeuner est généralement compris, mais on ne dispose pas toujours d'une salle de bains privée. Fumer est parfois interdit dans les locaux. Certains établissements peuvent compter 10 à 15% de plus pour le service: s'informer auprès du service de réservations. Les auberges possèdent souvent aussi un restaurant, qui sert trois repas par jour. Le petit-déjeuner peut ne pas être inclus dans le prix de la chambre, comme c'est le cas pour les B&B. De nombreux B&B et auberges servent de gîte d'étape dans les circuits organisés à la journée ou pour le week-end pour les randonneurs, les cyclistes et les skieurs de fond.

Longfellow's Wayside Inn (Massachusetts)

Informations – ⊕: Bed & Breakfast Inns of New England Reservation Service, 329 Lake Drive, Guilford CT 06437 ☎800-582-0853 ou 203-457-0042. ⊕: Covered Bridge B&B Reservation Service, 69 Maple Avenue, PO Box 447, Norfolk CT 06058 ☎203-542-5944. ⊕: Maine Innkeepers Association Lodging & Food Guide, 305 Commercial St, Portland ME 04101 ☎207-773-7670. ⊕: Bed & Breakfast Rhode Island, PO Box 3291, Newport RI 02840 ☎800-828-0000 ou 401-849-1298. ⊕: Vermont Bed & Breakfast, Main Street, East Fairfield VT 05048 ☎802-827-3827.

Camping – Parc nationaux et parcs d'états (*liste p. 297*), forêts nationales et domaines privés proposent une gamme étendue de campings. Les tarifs varient selon les services proposés (tables de pique-nique, bornes eau/électricité, salles de bains avec douches, restaurants, machines à laver, équipements de loisirs, épiceries, etc.). Réservations recommandées entre mi-mai et mi-octobre. Possibilité de **camping sauvage**. Pour de plus amples renseignements, contacter les offices du tourisme de la localité ou de l'état concerné (*pp. 290-291*).

Auberges de jeunesse – Elles proposent aux visiteurs tout un réseau d'étapes bon marché (environ 12 \$ par nuit et par personne). L'hébergement est simple: chambres de style dortoir (couverture et oreiller fournis), douches, machines à laver, cuisine en accès libre. La carte de membre est recommandée. **Hostellling International**, 733 15th Street, NW, #840, Washington DC 20005 ☎202-783-6161.

Vacances à la ferme – Certaines fermes invitent leurs hôtes payants à participer aux activités quotidiennes d'une exploitation agricole. Les prix vont de 28 \$ à 60 \$ la nuit. Pour de plus amples renseignements, contacter: ⊕: Dept of Agriculture, 165 Capital Avenue, Rm 263, Hartford CT 06106 ☎203-566-4845, ⊕: Maine Farm Vacation B&B Association, RR1, Box 1145, Hallowell ME 04347 ☎207-622-2708, ⊕: Dept of Agriculture, 116 State St, Montpelier VT 05620-2901 ☎802-828-2416.

À savoir

Heures d'ouverture des commerces, services et bureaux – Du lundi au vendredi de 9 h ou 10 h à 17 h. Certains commerces de détail peuvent rester ouverts jusqu'à 21 h le jeudi. Centres commerciaux: du lundi au vendredi de 9h 30 à 20 h ou 21 h (certains ferment plus tard le vendredi). Dans les grandes villes, les banques sont parfois ouvertes le samedi matin.

Heure locale – Le décalage horaire est de 6 heures entre Paris et la Nouvelle-Angleterre, qui se situe dans la zone EST (Eastern Standard Time): quand il est 15 h en France, il est 9 h à Boston. Ce décalage est de 7 h en avril et de 5 h en octobre, selon les différents horaires d'été et d'hiver.

Jours fériés – La plupart des banques et administrations sont fermées les jours suivants (**nombreux commerces et restaurants ouverts*):

Jour férié	État(s)	Date
New Year's Day (Jour de l'An)	⊕	1er janvier
Martin Luther King's Birthday*	⊕ ⊕ ⊕ ⊕ ⊕	3ème lundi de janvier
Lincoln's Birthday*	⊕ ⊕	2ème lundi de février
George Washington's Birthday (Presidents' Day)*	⊕	3ème lundi de février
Town Meeting Day	⊕	1er mardi de mars
Patriots' Day	⊕ ⊕	le lundi le plus proche du 19 avril
Fast Day	⊕	dernier lundi d'avril
Memorial Day (Fête du souvenir)	⊕	dernier lundi de mai ou 30 mai
Independence Day (Fête nationale)	⊕	4 juillet
Victory Day	⊕	2ème lundi d'août
Bennington Battle Day	⊕	16 août
Labor Day (Fête du travail)	⊕	1er lundi de septembre
Columbus Day*	⊕	2ème lundi d'octobre
Election Day	⊕	2ème mardi de novembre
Veterans Day (Anciens combattants)*	⊕	10 ou 11 novembre
Thanksgiving Day (Action de grâces)	⊕	4ème jeudi de novembre
Christmas Day (Noël)	⊕	25 décembre

Courrier – Tarif rapide à l'intérieur des États-Unis: lettre 0,32 $ (28 g), carte postale 0,20 $. Etranger: lettre 0,60 $ (14 g), carte postale 0,50 $. Pour plus d'informations, s'adresser directement au bureau de poste le plus proche.

Téléphone – Urgences (police–pompiers–ambulances): faire le 911. Pour effectuer un appel interurbain à l'intérieur des États-Unis ou au Canada, composer le 1 (appel direct) ou le 0 (opérateur) + indicatif de zone (3 chiffres) + numéro du correspondant (7 chiffres). Pour appeler l'étranger, composer le 011(appel direct) ou le 01 (opérateur) + indicatif du pays + numéro du correspondant. Beaucoup d'hôtels majorent les appels. Il est donc recommandé de téléphoner d'une cabine publique (on en trouve à tous les coins de rues et dans les lieux publics; elles acceptent des pièces de 5, 10 ou 25 cents, et parfois même les cartes de crédit; on peut aussi, bien sûr, se servir d'une carte d'appel internationale). Le coût d'une communication locale est de 0,25 $ (0,10 $ pour Boston). Noter que les numéros de téléphone précédés de l'indicatif 800 sont **gratuits** à l'intérieur des États-Unis.

Pourboires – Dans les restaurants, il est d'usage de laisser un pourboire de 15% du montant de la note pour le service. Dans les hôtels, on donne aux portiers 1 $ par valise. Le pourboire habituel des chauffeurs de taxi correspond à 15% du montant de la course.

Électricité – Aux États-Unis, la tension est de 120 volts et 60 périodes. Les appareils européens nécessitent un adaptateur à fiches plates.

Unités de mesure – Les états de la Nouvelle-Angleterre suivent le système de référence américain. Les températures sont données en degrés Fahrenheit (F°), on vend les liquides à la pinte, au quart ou au gallon, et les produits d'épicerie se mesurent en onces et en livres. Toutes les distances et les limitations de vitesse sont exprimées en miles. Quelques exemples utiles d'équivalents «métriques»:

1 mile (mi) = 1,6 km
1 foot (ft) = 30,5 cm
1 inch (in) = 2,5 cm
1 gallon (gal) = 3,8 litres
1 pound (lb = livre) = 0,45 kg
1 ounce (oz = once) = 28,3 g

Loi sur les alcools – En Nouvelle-Angleterre, l'âge légal de consommation d'alcool est de 21 ans. La présentation d'une attestation peut être exigée. Marchands de spiritueux, drugstores et épiceries proposent toute une sélection d'alcools. Les boissons alcoolisées sont vendues selon des horaires précis: ● : du lundi au samedi de 8 h à 20 h; ● : du lundi au samedi de 6 h à 13 h, dimanche de 12 h à 13 h; ● : législation locale, horaires variables; ● : tous les jours de 6 h à 11h 45; ● : juin à octobre du lundi au samedi de 7 h à 11 h, reste de l'année jusquà 10h; ● : du lundi au samedi de 7 h à 19 h, dimanche de 10 h à 16 h (vente de bière et de vin permise à toute heure).

Réglementation sur le tabac – De nombreuses villes de Nouvelle-Angleterre ont adopté des mesures qui interdisent de fumer dans les lieux publics et réservent aux fumeurs des zones désignées.

	Taxe d'état sur les ventes			
État	taxe générale	taxe d'hébergement	taxe de restauration	articles exemptés
●	6%	12%	6%	Vêtements d'une valeur inférieure à 50 $, épicerie
●	6%	7%	7%	Épicerie
●	5%	5,7-9,7%	5%	Vêtements d'une valeur inférieure à 175 $, épicerie
●	—	8%	8%	Aucun
	7%	12%	7%	Vêtements, épicerie
●	5%	8%	8%	Épicerie

Sports et loisirs

Quelques parcs d'État

	☎	△	Ҭ	!	⇒ baignade	⇒ pêche
◉ Connecticut	code tél.: 203					
Office of State Parks & Recreation, 165 Capital Ave, Hartford CT 06106	**566-2304**					
Fort Shantok SP *(p. 71)*	848-9876			●	●	●
Gillette Castle SP *(p. 49)*	526-2336			●	●	
Housatonic Meadows SP *(p. 59)*	927-3238	●		●	●	●
Kent Falls SP *(p. 59)*	927-3238			●	●	●
Macedonia Brook SP *(p. 59)*	927-3238	●		●	●	●
Sleeping Giant SP *(p. 68)*	566-2305	●		●	●	●
Talcott Mountain SP *(p. 57)*	677-0662			●	●	
◉ Maine	code tél.: 207					
Bureau of Parks & Recreation, Station 22, Augusta ME 04333	**287-3821**					
Baxter SP *(p. 80)*	723-5140	●		●	●	●
Camden Hills SP *(p. 85)*	236-3109	●		●	●	
Cobscook Bay SP *(p. 88)*	726-4412	●		●	●	●
Crescent Beach SP *(p. 105)*	767-3625			●	●	
Grafton Notch SP *(p. 81)*	824-2912			●	●	
Mt Blue SP *(p. 105)*	585-2347	●		●	●	●
Popham Beach SP *(p. 80)*	389-1335			●	●	●
Quoddy Head SP *(p. 87)*	773-0911			●	●	
Rangeley Lake SP *(p. 105)*	864-3858	●		●	●	●
Sebago Lake SP *(p. 105)*	693-6615	●		●	●	●
Two Lights SP *(p. 105)*	799-5871			●		
Wolfe's Neck Woods SP *(p. 90)*	865-4465			●	●	
◉ Massachusetts						
Division of Forests & Parks, 100 Cambridge St, 19th Floor, Boston MA 02202	**617-727-318**					
Halibut Point SP *(p. 161)*	508-546-2997			●	●	●
Natural Bridge SP *(p. 183)*	413-663-6312			●	●	●
Nickerson SP *(p. 165)*	508-896-3491	●		●	●	●
Skinner SP *(p. 190)*	413-586-0350			●	●	
Western Gateway Heritage SP *(p. 184)*	413-663-8059			●		
◉ New Hampshire	code tél.: 603					
Division of Parks & Recreation, PO Box 1856, Concord NH 03301	**271-3556**					
Lake Francis SP *(p. 215)*	538-6965	●		●		●
Monadnock SP *(p. 220)*	532-8862	●		●	●	
Mt Sunapee SP *(p. 221)*	736-2356			●	●	●
Rhododendron SP *(p. 218)*				●	●	
Rye Harbor SP *(p. 221)*	436-1552			●		
Wallis Sands SP *(p. 221)*	436-1552					●
Wellington SP *(p. 222)*				●	●	●
White Lake SP *(p. 234)*	323-7350	●		●	●	●
◉ Rhode Island	code tél.: 401					
Department of Parks & Recreation, 2321 Hartford Ave, Johnston RI 02919	**277-2632**					
Brenton Point SP *(p. 243)*	847-2400			●		●
Colt SP *(p. 239)*	253-7482			●	●	●
Fort Adams SP *(p. 250)*	847-2400			●		
◉ Vermont	code tél.: 802					
Department of Parks & Recreation, 103 S. Main St, Waterbury VT 05671-0301	241-3660					
Branbury SP *(p. 272)*	247-5925	●		●	●	●
Button Bay SP *(p. 272)*	475-2377	●		●	●	●
Lake St Catherine SP *(p. 276)*	287-9158	●		●	●	●
Silver Lake SP *(p. 284)*	234-9451	●		●	●	●
Woodford SP *(p. 264)*	241-3655	●		●	●	

△ *camping* Ҭ *aire de pique-nique* ! *randonnée* ⇒ *baignade* ⇒ *pêche*

Sports

Randonnée pédestre/à bicyclette – De nombreux sentiers de randonnée sillonnent la région. Les parcs d'état et parcs locaux offrent des possibilités de randonnée
à pied ou à bicyclette. Le **Long Trail** (427km) dans le Vermont court du Nord au
Sud le long des Green Mountains, de la frontière du Canada à celle du Massachusetts. L'**Appalachian Trail** traverse la Nouvelle-Angleterre du Mt Katahdin dans
le Maine jusqu'à la frontière entre le Connecticut et l'état de New-York. L'**Acadia
National Park** *(p. 97)* offre des sentiers de randonnée d'accès relativement facile sur
14 000 ha. Les sentiers en pleine nature sur les 82 000 ha de **Baxter State Park** *(p. 80)* et
les 313 000 ha de **White Mountain National Forest** *(p. 227)* demandent un effort plus
soutenu. A cela, il faut ajouter les 734 km d'anciennes voies ferrées qui ont été recon-
verties, à travers toute la Nouvelle-Angleterre, en chemins de terre ou pistes
goudronnées accessibles aux randonneurs et aux cyclistes (contacter **Rails-To-Trails
Conservancy**, 1400 16th Street NW, Suite 300, Washington DC 20036 ☎202-797-5400
pour obtenir cartes et renseignements). L'agence **Llama Tours**, en proposant ses
placides lamas pour le portage du ravitaillement et du matériel, permet d'apprécier
la randonnée sous un nouveau jour: Northeast Kingdom Llama Expeditions, RR 2
Box 71-A Groton VT 05046 ☎802-584-3198; Northern Vermont Llama Co., Rd 1,
Box 544, Waterville VT 05492; Telemark Inn's Llama Treks, RFD 2, Box 800, Bethel
ME 04217 ☎207-836-2703.
Il est recommandé de suivre les chemins balisés lors de randonnées dans l'arrière-
pays. Prendre des raccourcis est dangereux et érode le terrain. Avant de partir, les
randonneurs solitaires doivent aviser quelqu'un de leur destination et de l'horaire
approximatif de leur retour.
Les bicyclettes sont interdites sur la plupart des chemins de terre. Les cyclistes sont
tenus d'emprunter pistes et routes goudronnées, de rouler à droite et l'un derrière
l'autre. Casques et autres équipements de protection sont vivement conseillés.
Il est recommandé aux randonneurs et cyclistes de s'équiper correctement (notamment de cartes détaillées des régions à explorer), et de tenir compte des prévisions
météorologiques, en particulier dans les zones d'altitude. Pour obtenir de plus
amples informations sur les sentiers, et connaître la réglementation locale concernant les VTT, contacter les offices de tourisme des différentes localités.

Information sur les circuits, pistes et sentiers – 🌐: New England Hiking Holidays,
PO Box 1648, North Conway NH 03860, ☎603-356-9696. Cycle America PO Box
485-O, Cannon Falls MN 55009 ☎800-245-3263 ou 507-263-2665; Appalachian
Mountain Club, Five Joy St, Boston MA 02108 ☎617-523-0636; Appalachian
Trail Conference, PO Box 807, Harpers Ferry, WV 25425 0807 ☎304-535-6331.
🌐: Back Country Excursions, RFD 2, Box 365, Lemerick ME 04048 ☎207-625-8189.
🌐: Bike Vermont Inc, Box 207 TL, Woodstock VT 05091 ☎800-257-2226 ou 802-457-
3553; Vermont Bicycle Touring, PO Box 711, Bristol VT 05443 ☎802-453-4811;
Vermont Department of Forests, Parks & Recreation, Waterbury VT 05671-0601
☎802-241 3655; Green Mountain National Forest, Supervisor, PO Box 519, Rutland
VT 05702 ☎802-747-6700; The Green Mountain Club, RR 1, Box 650, Waterbury
Center VT 05677 ☎802-244-7037.

Chasse et pêche – L'abondance de gibier et de poisson (daims, élans, truites, pêche
en mer) fait de la Nouvelle-Angleterre un paradis pour les amateurs de chasse et de
pêche. Les six états exigent un permis de pêche pour pratiquer ces activités. Les
magasins de matériel de pêche proposent des permis à la journée pour les non-
résidents. Certains louent les équipements. On peut pêcher de nombreux poissons
tout au long de l'année, alors qu'on ne chasse la plupart du gibier qu'en saison. Les
permis de chasse pour non-résidents sont souvent beaucoup plus chers que ceux
pour résidents. Fusils ou carabines doivent être déchargés et placés dans un étui sûr
pour le transport (pas de permis obligatoire). Pour des renseignements plus précis,
notamment sur la législation concernant l'exportation du gibier hors des états, voir
les agences suivantes: 🌐: Dept of Environmental Protection, Wildlife Division,
79 Elm Street, Hartford CT 06106 ☎203-566-4683. 🌐: Department of Inland
Fisheries and Wildlife, 284 State Street, August ME 04333 ☎207-287-2871; *Maine
Guide to Hunting and Fishing,* publié par le Maine Publicity Bureau ☎207-439-1319.
🌐: Division of Fisheries and Wildlife, Field Headquarters, Westboro MA 01581
☎508-792-7270. 🌐: Fish & Game Dept, 2 Hazen Drive, Concord NH 03301 ☎603-
271-3421. 🌐: Division of Fish & Wildlife, Government Center, Tower Hill Road,
Wakefield RI 02879 ☎401-789-3094. 🌐: Department of Fish and Wildlife, 103 South
Main Street, Waterbury VT 05671 0501 ☎802-241-3700.

Baignade dans l'océan – Les plages le long de la côte de Nouvelle-Angleterre sont généralement propres et sablonneuses, mais plusieurs sont recouvertes de rochers, ou d'un mélange de sable et de galets inconfortable pour les pieds nus. La température de l'eau est variable en été: dans le Connecticut et à Rhode Island, elle va de 18°C à 24°C; au Sud du Massachusetts (Cape Cod compris), elle avoisine les 18°C-24°C; la température moyenne de l'eau au Nord du Massachusetts, dans le New Hampshire et le Maine oscille fraîchement entre 10° et 18°C. Le littoral du Rhode Island, du Massachusetts et du Maine est idéal pour les amateurs de surf. Les baigneurs doivent être avertis du danger que représentent parfois les inversions de marée et les puissants courants sous-marins (*undertow*) qui peuvent les entraîner au large. De nombreuses communes de Nouvelle-Angleterre emploient en saison des maîtres-nageurs-sauveteurs. La prudence s'impose pour la baignade sur les plages non surveillées. Les enfants doivent rester sous surveillance constante.

Loisirs

Pour chiner – En Nouvelle-Angleterre, les antiquités présentées dans les élégantes boutiques de Boston, ou plus humblement sur le bord des routes de campagne, sauront ravir à la fois l'amateur éclairé et le collectionneur débutant par leur variété et leur qualité. Les ventes aux enchères, annoncées traditionnellement dans l'édition du jeudi ou du week-end des journaux locaux, sont le paradis des amateurs de bonnes affaires.

Les organismes suivants éditent des catalogues des antiquaires et brocanteurs: ⓥ ⓒ ⓜ: Vermont Antiques Dealers' Association Directory, c/o James Harley, Yellow House Antiques, RR1, Box 155, Reading VT 05062 (joindre une enveloppe timbrée à votre adresse). ⓥ ⓒ: *Antique Hunter's Guide to Route 7*, A&L Travel Guides, Box 6, Ripton VT 05766. ⓜ: Maine Antique Dealers' Association, PO Box 253, Newcastle ME 04553. ⓝ: New Hampshire Antiques Dealers' Association RFD 1, Box 305C, Tilton NH 03276 ☎603-286-7506.

Feuillages d'automne – Pour une information actualisée sur les couleurs de l'automne, contacter en septembre-octobre les numéros suivants:

ⓒ 203-566 5348	ⓡ 800-533-9595	ⓜ 800-447-6277
ⓝ 800-556 2484	ⓡ 800-258-3608	ⓥ 802-828-3239

Feuillages d'automne – *Itinéraires routiers en début de volume.* La grande saison des feuillages commence en principe début septembre au long de la frontière canadienne et en altitude, puis descend progressivement vers le Sud jusqu'à la fin du mois d'octobre. Le paysage est alors ravissant le long de la plupart des routes de campagne. De nombreuses agences de voyages proposent des forfaits de week-end qui comprennent hébergement et circuits commentés.

Marchés fermiers – A la période des récoltes en Nouvelle-Angleterre (mi-juin/fin juin jusqu'à début octobre), de nombreux fermiers proposent les produits frais de la ferme sur des étals le long des routes, à des prix modiques. Les visiteurs peuvent aussi cueillir leurs propres fruits et légumes dans des fermes ouvertes au public, en échange d'une modeste contribution. Pour obtenir une liste des stands en bordure de route et des fermes-cueillettes, contacter: ⓒ: Dept of Agricultural, Marketing Division, 165 Capital Avenue, Hartford CT 06106 ☎203-566-4845. ⓝ: Dept of Agricultural, PO Box 2042, Concord NH 03302-2042 ☎603-271-3788. ⓥ: Dept of Agricultural, 116 State Street, Drawer 20, Montpelier VT 05620-2901 ☎802-828-2416. Le **sirop d'érable** est récolté au printemps. Les fermiers recueillent la sève des érables, qui poussent dans des petits bois communément appelés *sugar bushes* (buissons à sucre), et font réduire cette substance fluide pour obtenir le sirop. Les visiteurs sont bienvenus dans de nombreuses «cabanes à sucre». (Pour en obtenir la liste, contacter le Vermont Department of Agriculture, 116 State Street, Montpelier VT 05620-2901 ☎802-828-2416, ou le Greater Springfield Convention & Visitors Bureau, 34 Boland Way, Springfield MA 31103 ☎800-723-1548 ou 413-787-1548). Les **foires agricoles** offrent, dans un cadre animé, l'occasion d'admirer (et d'acquérir) bétail primé, produits frais, et œuvres d'artisans locaux.

Ferme du Vermont

Circuits historiques – Les organismes suivants offrent à leurs membres l'accès gratuit dans leurs propriétés historiques de Nouvelle-Angleterre: 🅐 🅒 🅜 🅝 🅡 : Society for The Preservation of New England Antiquities 141 Cambridge Street, Boston MA 02114 ☎617-227-3956, cotisation annuelle 25 $. 🅒 : The Antiquarian and Landmarks Society 394 Main St, Hartford CT 06103 9857 ☎203-247-8996, cotisation annuelle 25 $. National Trust for Historic Preservation (sites dans tous le pays) 1785 Massachusetts Avenue, NW Washington DC 20036 ☎202-673-4166, cotisation annuelle 20 $.

A la rencontre des baleines – Du début du printemps à mi-octobre, en raison de l'abondance du plancton, on peut voir un grand nombre de baleines sur leur route de migration des Caraïbes au Groenland et à Terre-Neuve, notamment le long du Stelwegon Bank (à 27 miles à l'Est de Boston, dans le golfe du Maine).

Croisières d'observation

Compagnie	Port d'attache	☎	Saison
🅜 **Massachusetts**			
Boston Harbor Cruises	Boston	617-227-4321	mai à mi-octobre
Boston Harbor Whale Watch	Boston	617-345-9866	mi-juin à Labor Day
New England Aquarium	Boston	617-973-5277	avril à mi-octobre
Cape Ann Whale Watch	Gloucester	508-283-5110	mi-avril à mi-octobre
Captain Bill's Whale Watch	Gloucester	508-283-6995	mai à octobre
Seven Seas Whale Watching	Gloucester	508-283-1776	mai à mi-octobre
Yankee Whale Watch	Gloucester	508-283-0313	avril à octobre
Hyannis Whale Watcher Cruises	Hyannis	508-362-6088	avril à octobre
Captain John Boats	Plymouth	508-746-2643	avril à octobre
Cape Cod Cruises	Provincetown	508-747-2400	avril à octobre
Provincetown's Portuguese Princess Whale Watch	Provincetown	508-487-2651	avril à octobre
East India Cruise Co	Salem	508-741-0434	mai à octobre
🅜 **Maine**			
Acadian Whale Watcher	Bar Harbor	207-288-9794	mai à octobre
Frenchman Bay Co	Bar Harbor	207-288-3322	fin mai à fin octobre

A la découverte des macareux – On peut voir les macareux lorsqu'ils se regroupent en été dans le golfe du Maine sur Eastern Egg Rock, Matinicus Rock et Machias Seal Island, généralement entre juin et début août (période idéale: juillet). Il n'est possible de descendre à terre que sur Machias Seal Island (se munir de jumelles). Compagnies recommandées: Cap'n Fish Boat Cruises, Boothbay Harbor, ☎207-633-3244; Hardy Boat Cruises, New Harbor ☎207-677-2026.

Sports d'hiver

Ski – Les stations de ski les plus importantes de Nouvelle-Angleterre se trouvent dans les Green Mountains du Vermont, et les White Mountains du New Hampshire. On trouve également d'excellentes stations dans le Nord-Ouest du Maine, l'Ouest du Connecticut, et les Monts Berkshires du Massachusetts *(tableau des stations pp. 302-303)*. De nombreuses stations de sports d'hiver offrent une gamme d'héber-

Information sur les pistes		
État	Ski de descente	Ski de fond
Massachusetts	800-632-8038	
New Hampshire	800-258-3608	800-262-6660
Rhode Island		401-277-2632
Vermont	802-229-0531	802-828-3239

gements *(p. 294)* comprenant les grandes chaînes hôtelières, des B&B et des petits chalets. Il y a souvent possibilité de prendre des forfaits pour 2-3 jours incluant location de matériel, transport au bas des pistes, remontées mécaniques, repas.
Les stations de radio de toute la région du Nord-Est émettent des bulletins sur l'enneigement et les conditions de ski. La plupart des stations sont équipées de canons à neige.

Ski de fond – De nombreux parcs naturels locaux et organismes responsables des loisirs entretiennent des pistes de ski de fond qui sillonnent les aires de plein air et les forêts. On doit toujours demander l'accord du propriétaire avant de traverser un domaine privé. Certaines pistes sont équipées de cahutes pour se réchauffer (warming huts), d'autres proposent des refuges avec couchage. La plupart des pistes de l'arrière-pays ne sont pas damées.

Motoneige – Les amateurs apprécieront les kilomètres de pistes entretenues, traversant domaines publics et privés. De nombreuses maisons de sports *(voir ci-dessous)* proposent des circuits commentés et la location d'équipement.
The Vermont Association of Snow Travelers (VAST) entretient un réseau de 5 600km pour ses membres ($57 l'année), qui s'étend de la frontière Nord à la frontière Sud de l'état. Contacter VAST, PO Box 839, Montpelier VT 05601 ☎802-229-0005. ✆ : Snowmobile Assocs., PO Box 77, Augusta ME 04330 ☎207-622-6983.

Information sur les pistes – ✆ : Office of State Parks & Recreation *(p. 297)*. ✆ : Trails Bureau, Division of Parks & Recreation *(p. 297)*. Snowmobile Association, PO Box 38, Concord NH 03301 ☎207-224-8906. ✆ : Dept of Parks & Recreation *(p. 297)*.

Traîneaux à chiens –
Cet ancien moyen de transport offre une manière unique de découvrir la beauté des régions sauvages du Maine en hiver. La durée des excursions est variable, de une heure à un ou deux jours. Agences: **Mahoosuc Mountain Adventures**, Bear River Road, Newry ME 04261 (excursions d'un ou deux jours dans la région des Lacs Rangley) ☎207-824-2073. **White Howling Express**, PO Box 147, Stratton ME 04982 (promenades d'une heure à Sugarloaf Ski Center près de Farmington) ☎207-246-4461.

Killington (Vermont)

Vermont Dept. of Travel & Tourism

Stations de ski conseillées	Ville	☎	Dénivelé (en m)	Nombre de pistes	Descente Débutants	Descente Moyens	Descente Confirmés	Fond
Connecticut		code tél.: 203						
Cedar Brook	West Suffield	668-5026						10 km
Mohawk Mountain	Cornwall	672-6100	200	23	20%	60%	20%	160 ha
Mount Southington	Southington	628-0954	130	14	33%	33%	33%	
White Memorial Foundation	Litchfield	567-0857						56 km
Woodbury Ski & Racquet	Woodbury	263-2203	90	12	33%	33%	33%	32 km
Maine		code tél.: 207						
Sunday River Ski Resort	Newry	824-3000	700	102	25%	40%	35%	
Sugarloaf *(p.90)*	Farmington	237-2000	860	101	33%	33%	33%	90 km
Saddleback *(p. 90)*	Rangley	864-5671	560	41	33%	33%	33%	40 km
Squaw Mountain *(p.94)*	Greenville	695-2272	540	18	33%	33%	33%	Oui
Massachusetts		code tél.: 413						
Mt Tom Ski Area *(p.190)*	Holyoke	536-0416	200	15	33%	47%	20%	
Butternut Basin	Great Barrington	528-2000	300	22	20%	60%	20%	7 km
Brodie Mountain	New Ashford	443-4752	380	28	33%	33%	33%	25 km
New Hampshire		code tél.: 603						
Attitash *(p.231)*	Bartlett	374-2368	530	40	13%	57%	30%	
Balsams/Wilderness	Dixville Notch	255-3951	300	15	25%	50%	25%	90 km
Black Mountain *(p.230)*	Jackson	383-4490	350	26	30%	40%	30%	
Bretton Woods	Bretton Woods	278-5000	460	30	30%	43%	27%	90 km
Cannon Mountain *(p.232)*	Franconia	823-7771	650	38	21%	53%	26%	
Mt Cranmore	N. Conway	356-5543	360	32	22%	53%	25%	Oui
Franconia Inn	Franconia	823-5542						65 km
Gunstock *(p.235)*	Gilford	293-4345	20	40	25%	50%	25%	50 km
Highland Mtn Ski Area	Tilton	286-2414	240	21	40%	30%	30%	Oui
Jackson Ski Touring Foundations	Jackson	383-9355						154 km
King Ridge	New London	526-6966	260	23	57%	22%	22%	
Loon Mountain	Lincoln	745-8111	640	41	27%	49%	24%	35 km
McIntyre	Manchester	624-6571	50	3	50%	50%		Oui
Mt Sunapee	Sunapee	763-2356	460	36	24%	60%	16%	
Mt Washington Valley Ski Touring	Intervale	356-9920						20 km
Nordic Skier	Wolfeboro	569-3151						20 km
Norsk Cross-Country Center	New London	526-4685						90 km
Pat's Peak	Henniker	428-3245	220	19	58%	16%	26%	
Ragged Mountain	Danbury	768-3475	380	23	30%	40%	30%	
Sugar Shack Nordic Village	Thornton	726-3867						32 km
Sunset Hill Nordic Center	Sugar Hill	823-5522						30 km
Temple Mountain	Peterborough	924-6949	180	15	40%	40%	20%	40 km
Waterville Valley	Waterville Valley	236-8311	620	53	20%	60%	20%	105 km
Wildcat Mountain *(p.231)*	Jackson	466-3326	640	31	20%	45%	35%	
Windblown Cross-Country	New Ipswich	878-2869						40 km

| Stations de ski conseillées ❄❄❄ | | | Dénivelé (en m) | Nombre de pistes | Descente | | | Fond |
Station	Ville	☎			Débutants	Moyens	Confirmés	
Rhode Island		code tél.: 401						
Yawgoo Valley	Exeter	294-3802	240	12	60%	20%	20%	
Vermont		code tél.: 802						
Ascutney Mountain Resort	Brownsville	484-7711	470	31	26%	39%	35%	32 km
Blueberry Hill	Goshen	247-6735						60 km
Blueberry Lake	East Warren	496-6687						23 km
Bolton Valley	Bolton	434-2131	500	48	28%	49%	23%	100 km
Brattleboro Outing Club	Brattleboro	254-4081						20 km
Bromley *(p.269)*	Manchester Ctr	824-5522	400	36	35%	34%	31%	
Burke Mountain *(p.273)*	East Burke	626-3305	610	30	30%	40%	30%	65 km
Camel's Hump Nordic	Huntington	434-2704						70 km
Catamount Family Ctr	Williston	879-6001						40 km
Craftsbury Nordic	Craftsbury Common	586-7767						120 km
Edson Hill Manor	Stowe	253-8954						25 km
Green Mountain	Randolph	728-5575						35 km
Green Trails	Brookfield	276-3412						34 km
Hazen's Notch	Montgomery Ctr	326-4708						45 km
Hermitage	Wilmington	464-3511						50 km
Hildene	Manchester	362-1788						18 km
Jay Peak *(p.266)*	Jay	988-2611	660	61	20%	55%	25%	10 km
Killington *(p.276)*	Killington	422-3261	960	162	50%	18%	32%	
Lake Morey Inn	Fairlee	333-4800						65 km
Mad River Glen *(p.267)*	Waitsfield	496-3551	610	33	30%	30%	40%	
Maple Valley Ski Area	W. Dummerston	254-6083	300	17	25%	50%	25%	
Middlebury College Snow Bowl	Middlebury	388-4356	370	13	23%	54%	23%	
Mount Snow/Haystack	Wilmington	464-3333	520	127	21%	62%	17%	
Mountain Meadows	Killington	775-7077						50 km
Mountain Top	Chittenden	483-6089						110 km
Nordic Inn	Landgrove	824-6444						26 km
Okemo	Ludlow	228-4041	660	83	30%	50%	20%	
Pico *(p.276)*	Rutland	775-4345	600	42	20%	60%	20%	
Prospect Ski Mountain	Woodford	442-2575						40 km
Rikert's	Ripton	388-2759						42 km
Round Barn Farm	Waitsfield	496-2276						30 km
Sitzmark	Wilmington	464-3384						24 km
Stowe Mountain Resort	Stowe	253-3000	720	45	16%	59%	25%	70 km
Stratton *(p.271)*	Stratton Mtn	297-2200	610	92	23%	27%	50%	70 km
Sugarbush *(p.267)*	Warren	583-2381	790	110	23%	48%	29%	21 km
Suicide Six *(p.283)*	Woodstock	457-1666	200	19	33%	33%	33%	
Tater Hill	Chester	875-2518						25 km
Topnotch	Stowe	253-8585						Oui
Trapp Family Lodge *(p.281)*	Stowe	253-8511						60 km
Viking Ctr	Londonderry	824-3933						40 km
White House	Wilmington	464-2135						45 km
Wild Wings	Peru	824-6793						25 km
Wilderness Trails	Quechee	295-7620						18 km
Woodstock	Woodstock	457-2114						60 km

Index

New Haven   Curiosité, site, localité ou autre point d'intérêt.
Hébergement   Renseignements pratiques.
Paul Revere   Nom historique ou terme faisant l'objet d'une explication.
74, **89**, *195*   Numéro de page, **référence principale**, *illustration*.

Les États sont abrégés de la façon suivante: CT Connecticut, ME Maine, MA Massachusetts, NH New Hampshire, RI Rhode Island, VT Vermont.

Sont répertoriés séparément les Manoirs de Newport RI, les Navires d'intérêt historique et les Plages ainsi que les principales curiosités des villes de Boston MA, Hartford CT et Providence RI. La liste des **parcs d'État** figure à la page 297. Celle des **plans** et **schémas** contenus dans ce guide figure à la page 9.

MANUFACTURE FRANÇAISE DES PNEUMATIQUES MICHELIN
Société en commandite par actions au capital de 2 000 000 000 de francs
Place des Carmes-Déchaux – 63 Clermont-Ferrand (France)
R.C.S. Clermont-Fd B 855 200 507
© Michelin et Cie, Propriétaires-Éditeurs 1997
Dépôt légal janvier 97 — ISBN 2-06-056805-6 — ISSN 02933-9436

Printed in the United States of America 01.97
Motheral Printing Company, Fort Worth, Texas